中国旅游业普通高等教育应用型规划教材

# 酒店管理

## （第二版）

主编 邓爱民 任斐

中国旅游出版社

# 再版前言

2019 年年底，新冠肺炎疫情的爆发给我国乃至整个世界带来的影响是前所未有的，也是始料未及的。酒店业在疫情面前承受了巨大的压力和冲击，同时也在疫情面前用实际行动展现出了行业应有的责任和担当。随着我国经济和社会的不断发展，酒店业不仅是推动我国经济发展的重要支柱产业，也逐渐在社会发展和社会责任的担当中体现出越来越重要的作用。经济与社会的发展推动了行业的发展，新的时代也赋予了行业更多新的要求和责任。《酒店管理》是面向高等院校旅游管理专业的师生的，作为一本专业性的教材，应该时刻保持对行业变化的跟踪呈现，因此，在此教材成书 4 年以后我与我的学生郑州大学旅游管理学院的教师任斐共同对本教材进行了修订。

编者在编制这本教材时从学生的实际出发，结合行业发展和职业要求来呈现内容。在进行章节安排时，由浅入深，循序渐进，充分考虑了章节之间的逻辑性和学生学习的进程，每章前设有学习目标、章前引例、章后设有本章小节和案例分析，有利于学生有效地进行预习、学习和复习各章节的内容。有效的酒店管理有利于提高企业的市场竞争能力，尤其是在后疫情时代，酒店面临的形势更加严峻，了解消费者的新需求，顺应市场发展趋势，对酒店进行全面高效的管理显得尤为重要，是酒店实现经济效益，达到企业发展目标，最终实现企业的社会价值的重要手段和途径。本教材立足于酒店发展的新趋势及对市场变化和消费者需求转换的判断，将案例与最新的酒店管理理念相结合，深入浅出、全面细致地介绍了酒店管理的知识。修订后的版本保留了第一版的框架结构，紧跟时代和行业的发展更新了部分章节的内容，增加了部分有代表性的前沿案例，帮助学生了解行业的新变化，提高对专业问题的分析和判断能力。

本书由中南财经政法大学邓爱民教授负责拟定大纲与组织撰写，郑州大学旅游管理学院任斐老师负责统筹工作及文本的统稿与校对。各章分工如下：第一章、第二章、第三章：李明龙、任斐；第四章：张大鹏；第五章任斐、程雪、张若琳；第六章唐静；第七章：任斐、郭朴、张若琳；第八章：邓爱民、肖子薇；第九章：邓爱民、张馨方；第十章：任斐、曹憧憬；第十一章：邓爱民、黄梓绵；第十二章：邓爱民、庞梦溪；第十三章：邓爱民、祝小林。

第二版的修订工作由中南财经政法大学旅游管理学院邓爱民教授拟定方案及统稿校对，由郑州大学旅游管理学院任斐老师负责内容的修改、替换、更新工作。在这里也要感谢参与本教材第一版编写工作的老师和同学们，感谢为本教材的编写、修订提供文献参考和各种帮助的专家学者以及出版社的工作人员。本书作为教学和理论研究的阶段性成果，难免有不足和不当之处，欢迎广大专家学者和读者批评指正。

邓爱民

2021 年 6 月 23 日

# 前　言

近年来，随着我国社会经济的不断发展，许多新型企业相继而起。目前，酒店已经逐渐成为推动我国经济增长的重要力量，与此同时，社会也越来越关注我国酒店业的发展，如何管理好、发展好酒店企业已经成为人们热议的话题。

酒店管理包含了许多方面，大体上包括经营模式、人才培养、酒店文化、客户服务、基础设施建设等方面的具体管理，所以有效的酒店管理是从酒店发展的各个方面入手，具有一定的全面性与完善性，可以从根本上推动酒店企业的建设与成长。由此可见，有效的酒店管理有利于提高企业的市场竞争力，占据市场发展优势，实现经济效益，最终有效实现酒店发展目标与企业价值。本书立足于酒店发展的新形势及对市场变化动态和宾客需求的判断，将案例与最新的酒店管理理念相结合，深入浅出、全面细致地介绍了酒店管理知识。

编者从学生实际出发，在进行章节安排时，由浅入深、循序渐进、富有逻辑。每章前设有学习目标、章前引例，章后设有本章小结与案例分析。这种结构有利于学生在较短时间内预习、学习和复习各部分内容。

本书由邓爱民负责拟定大纲与组织撰写，张若琳负责文本统稿与校对。各章参与分工如下。第一章、第二章、第三章：李明龙；第四章：张大鹏；第五章：程雪、张若琳；第六章：唐静；第七章：郭朴、张若琳；第八章：邓爱民、肖子薇；第九章：邓爱民、张馨方；第十章：曹憧憬、张若琳；第十一章：邓爱民、黄梓绵；第十二章：邓爱民、庞梦溪；第十三章：邓爱民、祝小林。

　　感谢为本教材编写提供文献参考和各种帮助的专家学者以及出版社工作人员。本书作为教学与理论研究的阶段性成果，难免有不当之处，欢迎广大专家和读者批评指正。

邓爱民

2017 年 3 月 20 日

# 目 录
## CONTENTS

# 第一章

# 酒店及酒店业概述

## 【学习目标】

学习本章后，你应当能够：

1. 理解酒店的概念及其基本特征；

2. 理解酒店的资源、目标及管理特征；

3. 了解酒店的发展历史及其功能演变；

4. 熟悉酒店的分类；

5. 了解酒店的外延，包括几种代表中国酒店和酒店发展趋势的酒店业态；

6. 理解酒店在社会、经济、就业等多方面的地位和作用。

## 【章前引例】

2016 年 12 月某日晚上，武汉四星级宾馆的商务中心文员小刘正要准备下班时，看到一位客人急急忙忙地走进商务中心。小刘顿时没有了好情绪，但还是礼貌性地向客人问好，并问道："先生，您好，请问有什么能帮到您？"客人回答："小姐，你好，我需要打印三份文件，现在急用。"小刘询问了客人的文件，并说明了打印所需的费用，客人随即表示价格太高，有点难以接受。小刘一边看了看时钟，一边无奈地告诉客人："先生，非常对不起，这个价格是酒店规定的，我想您也不会在乎那点钱的。"客人无奈地点了点头。打印结束后，客人签上字，要求将文件传真给一个朋友。可是发送传真时却一再出问题，酒店的传真机显示对方无应答，传真失败，而客人的朋友那边却坚称传真机是 24 小时自动接收的。小刘眼看下班时间快到了，就对客人说："先生，我们传真机没有问题，您朋友那边可能线路出了问题，既然试了几次都失败了，要不然您扫描或拍照发电子版过去，如今还有几个人用传真啊。"客人没有说话，转身离去。第二天，大堂副理接到了这位客人的投诉电话，小刘被狠狠地批评了一顿。

# 第一节　酒店的含义与特征

## 一、酒店的含义

酒店由于与人们日常生活关系密切，作为一般用语已被理解与广泛应用。在我国甚至全世界，酒店广泛分布于城乡各地，为多数人尤其是外出旅游者所熟知。酒店的存在也有较长的历史，对酒店相关的报道、记述等也较为广泛。当然，有关酒店含义的解释可能不一，出于教学需要，本书对其概念进行统一界定仍然是非常必要的。

《辞海》将"酒店"定义为较大而设备较好的旅馆。这强调了酒店对设备的依赖性和其建筑特征。从专业的角度上说，酒店首先是一个企业，它以建筑物为基础，向公众（主要是旅游者）提供住宿设施和相关的餐饮、商务、康乐等服务。例如，《旅行、旅游与接待业大字典》（*Dictionary of Travel, Tourism, & Hospitality*）将"酒店"定义为"主要为旅游者和临时居住人员提供住宿、食品、饮料以获取报酬，也经常为其他使用者提供餐饮服务、设施设备、商务服务等的企业"。因而，酒店的含义包括以下几个方面：

第一，提供住宿设施、满足客人的住宿需求是酒店的核心。现代酒店种类繁多，所提供的服务组合也各有差异，但是住宿作为人类一项最基本的生理需求，是所有酒店必不可少的一部分。在我国，很多经济型酒店，如如家、汉庭等并不提供餐饮服务，很多民宿、家庭旅馆等也没有像大型酒店才有的商务中心和健身房，但是这些酒店却无一例外地都有可供住宿的客房。因而酒店是以建筑物为基础的，在核心功能上与房地产较为相似。两者的相同之处是都为顾客提供住宿服务，不同之处是房地产将房间设施所有的产权及其功能一次性转让给顾客，而酒店则将客房的住宿分割成每一个夜晚按日销售给顾客。当然两者中间还存在各种不同住宿形态的连续体，比如分时度假、产权酒店，表现为客房住宿单元的分割比例位于两者之间。

第二，酒店的主要产品是服务。服务具有无形性、差异性、不可分离性、不可储存性等特点。所谓无形性，指的是服务的提供不能有形化为一定的载体，只能进行感知。例如，酒店前台服务员为顾客办理入住登记手续。差异性指的是同样的服务对于不同的顾客感知上会存在差异。例如，酒店服务员同样的问候与手势在不同的顾客看来可能会有不同的感受，在不同的情境下也可能存在一定的差异。服务的不可分离性指酒店的服务提供与顾客对该服务的消费在时间和空间上是不可分离的。例如，顾客可以在武汉吃上天津生产的方便面，却无法在家里享受酒店的服务。这种不可分离性又进一步导致酒店服务的不可储存性。酒店的客房按日出售，如果某一日未售出，将无法储存到另一个时间段销售。由于酒店服务的不可储存性的特点，能灵活进行收益管理的酒店往往会在最后的时刻以低于原客房标价的价格销售给犹豫不决的顾客，以尽可能有效地利用客房资源。当然，服务是与物相对的，而酒店也部分提供物化的产品，如饮食。服务与物也是一个连续体，而酒店一般既提供服务，也提供部分物化商品，如图 1–1 所示。

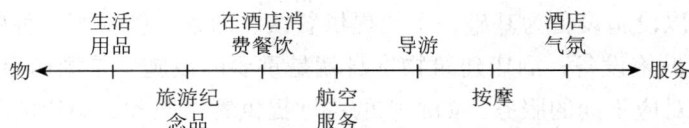

**图 1–1 与酒店相关的物与服务连续体**

第三，酒店与旅游有着密切的联系。酒店的主要服务对象是旅游者和临时居住人员，因而酒店往往被看作旅游的一部分。例如，美国酒店业协会将旅行与旅游业划为五个分支，酒店是其中的一部分，如图 1–2 所示。

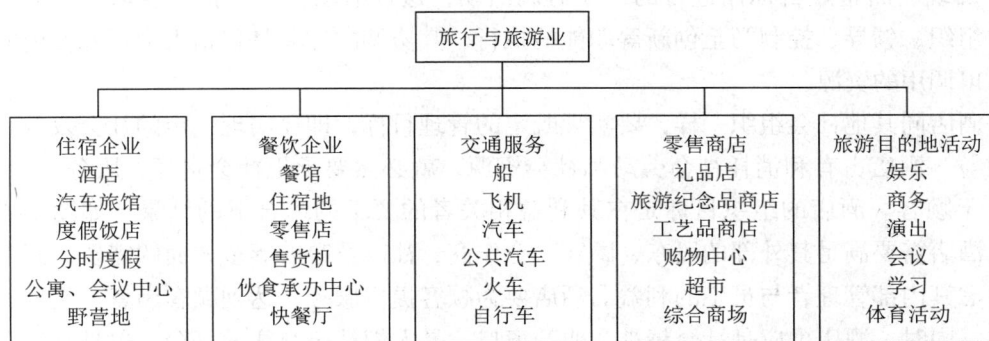

**图 1–2 酒店在旅行与旅游业中的位置**

基于旅游在酒店中的重要地位，多数学者认为酒店是旅游的产物（如戴斌，1998），由人类复杂性与简单性的心理平衡所导致。人们出门旅游往往是受复杂性的心理所驱使，表现为追求新奇、刺激，受与惯常环境不一样的吸引物影响，这往往表现为前往异地的旅行活动。而得到异域享受的旅游者还有追求简单性心理的一面，他们希望在一个陌生的环境中有熟悉的休息空间和高质量的睡眠，于是酒店作为"家外之家"便出现了。

然而，许多酒店的顾客并不仅仅局限于旅游者。它们在服务旅游者的同时，也可能为当地居民提供餐饮、会议等服务。国际上往往将旅游业与接待业并列，而酒店是接待业的主要组成部分。因此，严格意义上说，旅游部分地包含了酒店，如图 1–3 所示。

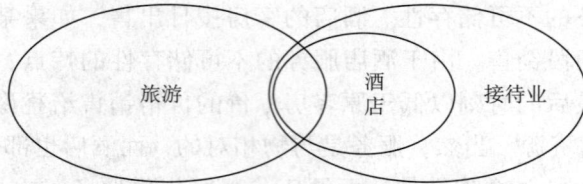

图 1-3　旅游与酒店的关系

第四，酒店以设施设备为基础，可能提供餐饮、商务、健身等多种服务。酒店的服务提供有赖于其设施设备，酒店建筑物本身就是重要的设施，是酒店重要的固定资产。不同的设施设备对应不同的服务，如酒店的餐厅提供餐饮服务，酒店的健身房、游泳池等为顾客提供康体服务。

## 二、酒店企业的目标、资源与管理

作为服务于公众住宿需求的酒店，在其不断满足顾客需求与实现自身目标的过程中，也必须有管理活动。因此，酒店管理是酒店运用管理手段实现企业目标的结果，是为了实现酒店企业目标而进行的一项协调活动，这种活动伴随着信息获取、决策、计划、组织、领导、控制乃至创新等职能的执行，其协调的对象是包括人力资源在内的一切可以调用的资源。

酒店同其他社会组织一样，要实现既定的管理目标，即要实现一定的社会效益和经济效益。酒店占有和消耗社会劳动和社会资源，就必然要承担社会责任，服务于社会，服务于顾客。酒店的组织目标是在其利益相关者的要求的综合下的结果，如图 1-4 所示，酒店需要满足其外部的股东、顾客、合作商、社区及政府等多方面的需要，同时也要考虑其内部管理者与员工的利益。酒店要为顾客提供服务，达到顾客满意，实现经济效益。同时，酒店也应是社会精神文明的窗口，是人们社会交往的舞台，也具有社会劳动力的需求，解决社会就业问题，获得社会效益。此外，酒店还应注意社会公德，倡导环境保护，体现环境效益。

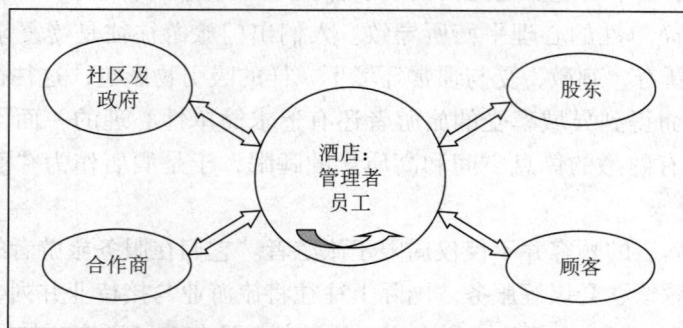

图 1-4　酒店组织的目标要求

酒店管理的重要活动便是履行管理职能。酒店作为一个典型的服务性企业，其信息获取、决策、计划、组织、指挥、协调、控制乃至创新等职能活动具备一切组织的共通性，同时也具有自身的特殊性。本书将在后面的章节中对此做进一步的论述。

资源是酒店管理的依托，也是其酒店管理的主要对象。一个酒店所具有的资源主要有财务资源、物质资源、人力资源和无形资产等，如图1-5所示。酒店的财务资源主要表现为资金融通与管理的优势；物质资源主要表现在酒店的服务设施设备、地理位置和原材料获得等方面；人力资源则包括具有管理技能的管理人员、训练有素的服务人员和其他具有专门知识技能的人员；而酒店的无形资产则主要表现在酒店的声誉、品牌与专利、与客户的合约以及公共关系等。在这些资源中，人员是最重要的。酒店组织中同时存在人与人、人与物的关系，但人与物的关系最终仍表现为人与人的关系，任何资源的分配、协调实际上都是以人为中心的，所以酒店管理要以人为中心，主要协调人的活动。

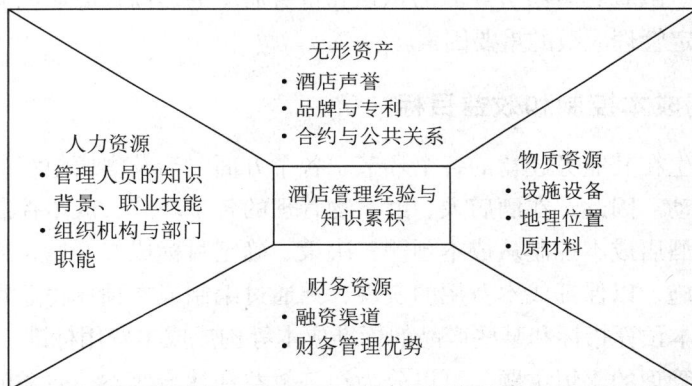

**图1-5　酒店企业的资源**

# 三、酒店管理的特征

酒店作为一个典型的企业组织，其管理必然要遵循一般的管理理论与原理，然而，酒店运营又有其自身的特点与规律，决定了其管理的特殊性。

## （一）以人为本，体现人性化

酒店业是服务于人的行业，它由酒店员工从事服务工作，从而为更多的人提供便利与享受。酒店直接服务对象就是活生生、有情感、有思想的人，因此，从顾客的角度上看，必然要求酒店的管理体现人性化，而"热情好客、宾至如归""顾客就是上帝"等理念正是这种人性化管理的一种体现。此外，与其他制造类行业不同，酒店的服务形式是员工直接面对顾客服务，顾客通过员工来感知服务质量和企业形象，因而员工的言行、服务态度也构成了服务的一部分，在这种人际交往密切而复杂的氛围下，在知识劳动复合密集型的酒店里，自然要求管理以人为本。酒店管理只有服务好自身的员工，才能让员工服务好顾客。

### （二）注重细节

酒店管理不能忽视细节的把握。重视细节不仅是一种服务态度，也是一种管理理念。无论是在服务上还是在管理上都要重视细节，一家酒店管理和服务水平的高低，就是通过一些细节体现出来的。服务重视细节，客人才会有细致、周到、体贴入微的感觉。管理重视了细节，才能体现管理的规范、细致、严谨。酒店管理是由许多细节组成的，管理人员和检查人员要学会做挑剔的宾客，努力对酒店的各个区域、每一项设施吹毛求疵。酒店的细节管理作为评价酒店管理是否成功的一项重要标准，作为提高宾客满意程度的重要环节，理应引起酒店管理者的高度重视。商业酒店管理之父艾·米·斯塔特勒（E.M.Statler）就非常重视细节管理，将细小问题的发现视为管理的进步，并写进酒店服务规范中。随着宾客消费经验的积累和自身需求的提高，酒店的服务细节愈发重要，往往成为决定管理成败的重要因素。

### （三）强调成本控制和效益目标

酒店成本发生在其业务经营的各个环节、各个方面，涉及酒店组织的每个部门以及每一个员工的活动。因此，在酒店人、财、物管理的各个环节，成本控制始终处于核心和关键的位置。酒店成本控制从成本预测、决策、确定目标成本开始，通过成本分析制定降低成本的措施，以保证成本费用的实现，并通过编制成本预算将总目标成本费用分解为各单位的成本预算指标和某些产品的标准成本等构成成本费用标准。

效益是酒店管理的永恒主题，可以分为经济效益和社会效益，效益的高低直接影响着酒店的生存和发展。效益是一种有益的效果，具体地说，它反映了人们的投入与所带来的利益之间的关系。在酒店管理中，效果、效率和效益都是对投入与产出之间关系的评价，效果的概念侧重于主观的方面，强调合乎目的的程度；效率的概念侧重于客观的方面，判断投入与产出的比率；而效益的概念则要求从主观与客观两个方面的统一中来进行判断，即既要完成目标，又要体现效率。

# 第二节　酒店的历史与功能

酒店古已有之，其发展到今天经历了一个漫长的过程。在不同的历史时期，酒店表现出不同的特点，扮演不同的角色，并提供了不同的社会功能，满足了不同顾客的需求。整体而言，酒店的发展经历了古代客栈时期、大饭店时期、商业酒店时期和现代酒店时期四个阶段。

## 一、古代客栈时期

同今天的旅行者一样，古代的旅行者也需要住宿和膳食。一些小客栈在提供住宿和餐食的同时，还向客人提供含酒精的饮料和娱乐活动。小客栈的店主将民房进行布置（有时要分割），出租给异地经商的留宿者或进京赶考的学生，将所有可以利用的食物制成餐食，提供给留宿的客人或往来的公职人员。影视桥段中经常出现的"客官，您是要打尖还是住店"说明具有住宿和餐饮功能的酒店古已有之。在罗马帝国时期，客栈已经非常普及。

在中世纪，天主教会管理着许多招待所（客栈的一种）、寺院和其他宗教寓所，以此为旅行者提供休息场所。成立于 1048 年的宗教团体——耶路撒冷圣约翰骑士团（The Knights of Saint John of Jerusalem），曾建立了很多教堂和寺院，用以保护来往于耶路撒冷的朝圣旅行者。可以说，是天主教会经营了第一家连锁酒店。

早在 1400 年，英国的一些客栈或"酒馆"（ale houses）就已经开始出租房间。它们一般坐落在城镇、主要十字路口、摆渡码头和易于穿行的道路旁。不管是步行、骑马、乘马车或乘船，旅行者总是要休息和用餐，客栈就为这些旅行者提供必要的住宿和餐饮服务。有些客栈实际上是带有一两个额外客房的私人住宅，其他客栈则是拥有二三十个房间的较大建筑物。

美国早期的客栈发展与英国在形式上相似。虽然住宿设施相对简单，但都位于交通便利处。提供的餐食也较简单，但是数量充足，还提供啤酒和朗姆酒。科尔客旅店是 1634 年在波士顿由塞缪尔·科尔开办的一家知名旅店，它是波士顿的第一家旅店。美国与其他地方一样，其住宿业和餐饮服务是伴随着旅行线路发展起来的。

中国的酒店也是由古时候的客栈、"驿站""迎宾馆"等住宿形态发展而来，宋朝时期客栈已比较发达，客栈结构已基本成型。当然，早期的客栈住宿设施简陋，仅提供最基本的食宿，没有其他更多的服务。同时，多数客栈声誉较差，以此谋生的人员、行业被人轻视。

## 二、大饭店时期

从 18 世纪末开始，由于工业革命在先进资本主义国家的传播效应，加之工业化进程加速引致的第二次工业革命爆发，欧美国家社会生产力大幅度提高，人们的生活水平得到显著提高，消费能力大大增强。在此背景下，出现了一批贵族和上层人物度假者、公务旅行者等，推动酒店进入了大饭店时期或豪华酒店时期。

大饭店时期的酒店建筑规模宏大，设施设备较齐全且豪华，价格昂贵，服务周全、上档次，讲究服务礼节，尽可能满足宾客的要求，餐食精美考究，主要服务于王公贵族和富有阶层等上流社会人员。同时，酒店的投资者往往不太重视经营成本的控制，接待目的往往具有非营利性。最典型的代表是法国巴黎的里兹酒店和美国纽约的首都酒店。

出生在瑞士的塞萨尔·里兹年轻时在瑞士的旅馆打工，但多次被酒店主辞退，原因是被认为"不适合旅馆工作"。但里兹并没有放弃，不断更换酒店从头做起，从打杂一直升到经理。此后，瑞士卢塞恩的一家酒店因为经营不善，处于每况愈下的亏损境地，里兹受聘担任总经理后，把长期以来积累的酒店管理理论付诸实践。他认为，为了能使顾客高兴，没有什么小事不屑一做，也没有什么大事不敢去做，只花了两年时间，他就创下了奇迹，使酒店扭亏为盈。

1898 年，里兹在巴黎旺多姆广场上开设了巴黎最大的一家酒店。酒店设施十分奢华，客人能在酒店一边聊天，一边喝着茶或咖啡。里兹在酒店花园中设置了一应俱全的桌椅。同时，他摒弃在墙上装裱墙纸的老式做法，而是改用油漆刷墙。此外，里兹还在酒店的卧室里安装了私用浴盆，这在当时的酒店业界尚属首次。里兹对酒店服务的要求非常高，认为顾客有一种被服侍的需求，服务必须周到而不露痕迹。里兹及其酒店代表了大饭店时期酒店在生产与服务方面的许多特点，这与早期的旅游活动多集中于上层人士的背景是分不开的。

## 三、商业酒店时期

从 20 世纪初开始，生产力的进一步提高和社会经济的进一步发展，加之火车的大发展以及飞机的出现，促使商务旅游迅速发展。由于当时的社会等级制度，这些数量不断增加的商务客人没有资格住大酒店，但他们也不愿意住设施简陋而廉价的小客栈，这便产生了一个新的市场空白点——商业酒店由此产生。

商业酒店时期的酒店设施不再强调豪华，而讲求方便、舒适、安全、清洁。这些酒店的服务虽然仍较简单，但已日渐健全。酒店的经营突出营利性，开始以客人为中心，价格也趋于合理。随着商业酒店的迅速发展，连锁酒店出现，酒店的所有权和经营权逐渐分离。最典型的代表是美国的斯塔特勒酒店。

斯塔特勒被誉为"现代酒店之父"，他在酒店管理上做了许多创新，如在每间客房中安装电话，电灯开关安装在房门旁边等。他曾提出"客人永远是对的"，强调酒店的设计、服务应该以顾客为中心，顾客满意了，才会增加消费，酒店才会产生更多盈利。"客人永远是对的"这条原则逐渐成为后来的酒店业、服务业通行的商业原则。斯塔特勒非常强调酒店的便利性，他曾指出，"酒店成功的三要素是位置、位置和位置"。斯塔特勒的经验和思想对今天的酒店管理仍然有一定的启示意义。

## 四、现代酒店时期

第二次世界大战之后，全球政治稳定，经济逐步复苏，人们的生活水平有了大幅提高，同时，科技发展迅速，交通更为便利，这些都促使了战后旅游的大发展，大众旅游由此出现，引起了对酒店需求的剧增，并使酒店进入了现代酒店时期。

现代酒店时期的酒店功能更加多样化，服务更具综合性，酒店重视采用科学合理的手段进行市场营销、成本控制和人力资源管理。这些酒店重视规模经济效益，连锁经营日渐普遍，成为多数迅速发展的酒店的选择。最典型的代表是美国的万豪酒店集团和希尔顿国际酒店集团、英国的洲际酒店集团和法国的雅高酒店集团。

法国雅高是一个比较年轻的酒店集团。从 1964 年酒店设计到 1966 年第一家诺富特酒店的问世，再到诺富特酒店连锁经营的出现，直至雅高酒店的并购与集团化，至今仅仅 50 年，便跻身世界酒店集团的前列。雅高的成功是发人深思的。诺富特产生之初，世界上其他饭店集团如希尔顿、假日早已名声赫赫，但雅高仅用了 30 年的时间就跻身世界著名饭店集团前列，发展成为一个"银河系帝国"，不能不说是一大奇迹。这个庞大帝国的产生是多方面因素作用的结果，如优秀的人才、科学的融资、持续的创新等。其中连锁经营的成功十分关键，这也是现代酒店时期的重要特点。

在现代酒店时期，作为连锁经营核心的酒店管理公司在酒店经营中扮演着重要的角色。酒店管理公司主要为酒店企业提供专业化的服务，如酒店业务咨询、人才培训、市场营销等，其中最主要的是移植公司经过长期经验积累所产生的管理模式。这种服务的好坏是由酒店业主根据酒店的经营状况来判断的，但酒店企业并不是最终的顾客，它也服务于终端消费者（如旅行者），因此，酒店消费者是酒店服务的评判者，也是酒店管理公司服务的最终检验者。酒店管理公司既要服务于酒店企业，同时也间接地服务于最终的消费者，这便形成了如图 1-6 所示的酒店管理公司与酒店、消费者的复杂关系。

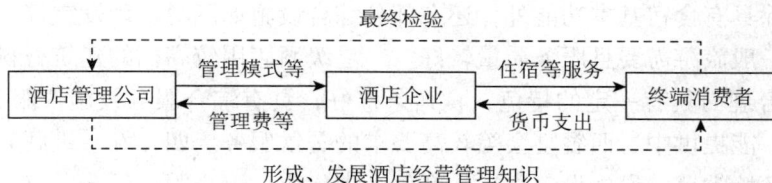

图 1-6 酒店管理公司与酒店、消费者的关系

我国酒店的连锁化与国际化开始得比较晚。1982 年，中国第一家中外合资酒店——北京建国饭店首次引进了国际酒店管理公司，其正式开业是我国现代酒店集团化管理的一个开端。此后，我国酒店发展迅速，包括如家酒店、锦江之星、格林豪泰、华住酒店、城市快捷等众多酒店连锁集团，如今已在世界酒店业中占有重要一席。

回顾酒店的历史与功能，在于进一步了解酒店，对今后的酒店经营与管理有一定的借鉴意义。

# 第三节　酒店的分类及业态

## 一、酒店的分类

酒店按照不同的标准可以划分为不同的类型。

### （一）按酒店建筑规模

按建筑和产出规模，酒店可划分为大型、中型和小型酒店。目前对于酒店规模尚没有统一的划分标准，比较通行的方法是依据酒店的客房和床位数。例如，*Hotels* 等杂志就以酒店客房数为标准，每年对世界各地的酒店进行评选。国内的酒店评比有时也会将客房数和床位数结合起来。一般说来，客房数在 300 间以下的酒店被视为小型酒店；客房数在 300~600 间的则是中型酒店；如果客房数达到 600 间以上，则为大型酒店。

### （二）按酒店等级

世界上酒店等级的评定多采用星级制，我国是根据《旅游饭店星级的划分与评定》国家标准，按一星、二星、三星、四星、五星来划分酒店等级的。五星级为最高级，在五星级的基础上，再产生白金五星。目前我国共有北京中国大饭店、上海波特曼丽嘉酒店、广州花园酒店、济南山东大厦四家酒店属于首批白金五星级酒店。

酒店的星级是按其建筑、装潢、设备、设施条件和维修保养状况，管理水平和服务质量的高低，服务项目的多少进行全面考察、综合评价后确定的。具体标准为：一星级酒店，设施设备简单，强调用材经济，具有食宿两个最基本的功能，有空调、电梯，能满足客人最简单的旅游需要，提供基本的服务。二星级酒店，要求建筑用材稍好，设备比较一般，除具有食宿基本功能外，还有部分综合设施如酒吧、理发室等，服务项目更多，能满足一般旅游需要且服务质量较好。三星级酒店用较高档的建筑材料，设施设备齐全，布局合理而具有一定的特色，食宿条件好，具有综合服务设施，服务项目更多，服务质量好，能提供中、西餐宴会等较高要求的餐饮服务。四、五星级酒店，要求建筑用材高档，环境幽美，设施设备先进、豪华、现代化，综合服务设施、娱乐设施配套完善，服务项目十分齐全，服务质量追求完美，属于高级乃至豪华的酒店，也是会议、娱乐、购物、消遣、保健的活动中心。

### （三）按酒店接待功能

酒店按服务对象或接待功能，可以分为商务型酒店、度假型酒店、观光型酒店、会议型酒店、长住型酒店等。

商务型酒店主要为那些从事商务活动的消费者提供住宿、膳食和商务服务。这类客人对酒店的地理位置要求较高，要求酒店靠近城区或商业中心区。因此，此类酒店多位于城市的中心，交通便利，内外装修富丽堂皇，设备设施豪华，适应性较广，在酒店业中占的比例最大。由于商务客人的季节性不明显，因而商务酒店的客流量一般不随季节更换而产生大的变化。

度假型酒店是指为满足顾客度假、开会、疗养等需求而提供食宿及娱乐活动的酒店类型。这些酒店多位于交通便利的海滨、山区、温泉、海岛、森林等地，一般都远离喧闹的大都市区，提供各种娱乐活动项目，如滑雪、骑马、狩猎、垂钓、划船、潜水、冲浪、高尔夫球、网球等，并以阳光、新鲜空气等优美的自由环境来吸引游客。目前，此类酒店多分布于旅游度假胜地，如三亚、大连、桂林、北戴河等地。

观光型酒店主要为观光旅游者服务，多建在旅游点，其经营特点是不仅要满足旅游者食住的需要，还要求有公共服务设施，以满足旅游者休息、娱乐、购物的综合需要，使旅游生活丰富多彩、得到精神和物质上的享受。由于观光型旅游具有一定的季节性，观光型酒店一般会出现客流的高峰和低谷期，有一定的波动性。

会议型酒店是以接待会议旅客为主的酒店，除食宿娱乐外还为会议代表提供接送站、会议资料打印、录像摄像、旅游等服务。要求有较为完善的会议服务设施（大小会议室、同声传译设备、投影仪等）和功能齐全的娱乐设施。

长住型酒店供消费者长期或半永久性居住，因而其主要消费对象是住宿期较长、在当地短期工作或度假的客人或家庭。此类酒店客房多采取家庭式结构，以套房为主，房间大者可供一个家庭使用，小者有仅供一人使用的单人房间。它既提供一般酒店的服务，又提供一般家庭的服务。

## 二、酒店的业态

旅游形态纷繁复杂，顾客多种多样，这就导致酒店表现出不同的形态。同时，社会的发展和人们生活方式的变迁，也使酒店呈现出不同的业态，如经济型酒店、精品酒店等。本节简单介绍三类有重要影响力的酒店形态：经济型酒店、民居客栈（民宿）和绿色饭店。

### （一）经济型酒店

自 1996 年第一家经济型酒店——锦江之星成立至今，我国经济型酒店在短短 20 年间经历了井喷式的发展，其中不仅有外国经济型酒店品牌，更为突出的是中国本土品牌的迅速成长与扩张。以不断增长的客源市场为基础，出现了如家酒店、7 天连锁酒店、汉庭快捷酒店、锦江之星等众多经济型酒店品牌和集团，经济型酒店在数量上也达到相当的规模。以目前主流的经济型酒店品牌为例，截至 2021 年年初，如家酒店集团已经拥有 4000 余家分店，7 天连锁酒店总数达 3000 多家，华住集团汉庭快捷酒店也增至 2600 家分店。

虽然经济型酒店在数量上得到巨大的发展，但目前的竞争却也日趋激烈。经过长时间的高利润、高增长之后，经济型酒店的市场逐渐趋于饱和。利润低和市场竞争的白热化致使很多问题不断暴露出来，尤其是产品的同质化问题日趋严重。在不断完善的市场条件下，未来经济型酒店市场区分化是必然趋势。同时，以经济型酒店市场细分为基础，针对不同市场需求，对经济型酒店的产品进行差异化的生产与服务，必然成为一项重要的产品区分标准。

在经济型酒店快速发展的大背景下，对于经济型酒店产品以市场为标准，针对不同的客户需求，给予相关客户群体具有针对性的产品和服务。个性化的服务可以避免产品与服务普遍化带来的竞争压力，针对消费者的需求所提供的产品也更能赢取消费者的青睐。经济型酒店市场形成专业的市场细分，使得经济型酒店产品形态更加丰富，市场发展更具可持续性。

除了同行之间的竞争之外，经济型酒店与销售渠道商（如旅游代理商）等利益相关者的竞争也变得愈加激烈。对于仅提供有限服务的经济型酒店来说，在保证较高的客房出租率的同时，最大限度地控制营销成本和费用的需求显得更为强烈。因此，经济型酒店对营销渠道的选择及如何组合尤为重要。然而，现阶段经济型酒店在营销渠道组合的管理上存在一定的问题，影响了经济型酒店产品价值的实现。例如，2009 年，携程与格林豪泰酒店就酒店的销售代理、价格等发生冲突，导致携程在其网站下架了所有格林豪泰酒店的产品。"携格事件"反映出酒店运营商与渠道商的矛盾，也凸显出经济型酒店营销渠道管理方面存在着对客源渠道缺乏控制和第三方渠道商的相对垄断的问题。

经济型酒店提供有限服务，但是在酒店安全方面仍有待加强。安全需求是顾客最基本的要求，也是酒店应该提供的服务。2016 年 4 月，一位女性顾客在某酒店入住时遭陌生男子尾随挟持，引发安全问题。事件发生后，酒店的品牌声誉和市场销售受到明显影响。因此，只有为顾客提供安全、高质量的服务，才能达到顾客满意，从而获得持续发展。

## （二）民居客栈

### 1. 民居客栈概述

民居客栈，有时也称为民宿，是依托于风景名胜区，尤其是生活气息、文化氛围浓厚的古城古镇，经民居改造、发展而成的一种以接待往来游客为主要营业内容的住宿设施。在一般风景名胜区，民居客栈是当地主体住宿设施的重要补充，而在民俗风情或传统文化氛围较浓的古城、古镇、古村，如云南的丽江、苏州的周庄、安徽的宏村等，民居客栈往往在当地住宿业中起主导作用，是当地文化的组成部分，也是构成旅游地吸引力的重要因素。民居客栈一般由家庭经营，其设施简单，服务有限（相比于星级饭店），因而运营成本较低，价格普遍低廉。一方面，民居客栈在最大限度吸引民间资金、解决当地居民就业、激发旅游地居民旅游建设热情和增加旅游地经济收益等方面起着重要作用。另一方面，民居客栈也是外地游客体会当地文化的重要渠道，它对保护历史景观、传统文化同样具有重要的意义。

### 2. 民居客栈的成长背景

随着大众旅游的深入，人们的旅游消费日益理性和成熟，我国传统以自然景观为主要内容、以走马观花式被动游览为主要表现形式的观光旅游，正逐步向休闲度假旅游转变。以休闲度假为主要目的的旅游者到达旅游目的地后，一般活动范围不大，主要局限于度假地及其周围地区，他们强调休闲、娱乐和回归，重视体验，对旅游景区的传统文化、民风民俗有较大的兴趣，因而休闲、度假旅游者构成了民居客栈的客源主体，他们入住民居客栈的主要目的也是出于对当地文化的浓厚兴趣。以外国旅游者为例，国内一次抽样调查表明，来华美国游客中主要目的是欣赏名胜古迹的占 26%，而对中国人的生活方式、风土人情最感兴趣的却达 56.7%。另一项调查也表明，美国来华游客中 56% 是为了体会中国人的生活和社会风俗；而日本来华游客中则有 68% 是为了体验我国的民族风俗。民居客栈作为当地文化、生活方式的载体，正是在适应这种市场需要的基础上发展起来的。

假日旅游的兴起也为民居客栈创造了客源条件。相比于旅游饭店，民居客栈具有较大的供给弹性，有利于解决黄金周旅游住宿供求矛盾状况。自 1999 年我国实施黄金周制度以来，假日住宿难的问题一直没有解决，反而有加剧的趋势。建招待所和宾馆可能是一条出路，但却受到旅游地承载力的限制，更大的问题是，它在非假日期间会因闲置造成资源浪费。而开发民居客栈，利用的是现有民间房源，不但能有效解决游客住宿难问题，还能为居民带来旅游收入。因此，杭州市政府早在 2000 年 9 月就出台了《家庭旅馆审批管理办法》，该办法规定，凡有条件的杭州市民，在经有关部门核准以后，可以将自家住房开设成民居客栈，接待国庆期间来杭游玩的游客。

民居客栈是旅游地文化的重要组成部分，与旅游景区的发展息息相关。纵观改革开放以来我国旅游业的发展，旅游景区的开发经历了三个发展阶段，与此相对应，其住宿业在不同的发展阶段呈现出不同的特点，最终导致了民居客栈的产生和发展。

重点风景名胜区大规模开发阶段。1985 年 6 月 7 日，国务院发布《风景名胜区管理暂行条例》，我国开始大规模开发景区景点旅游资源。在该阶段，政府在开发中起绝对主导作用，社区居民的参与相对较少。与此相对应，住宿接待工作主要由相关的国有饭店负责，此时，虽然有的古客栈在发挥着住宿接待的功能，但它的主要功能在于作为人文景观的吸引要素，且基本上是由政府来经营的，真正意义上的民居客栈却并未产生。

景区资源普遍开发、"三化"现象突出阶段。1992 年，在党的十四大精神指导下，为强化风景名胜区工作，国务院办公厅以国办发〔1992〕50 号文转发了建设部《关于加强风景名胜区工作的报告》，要求各地区、各部门贯彻执行；并发布通知，争取有关部门的支持，实行优惠政策，调动社会各方面积极性，增加对风景名胜区的投入，加快建设步伐。因此，各地开始加快开发风景名胜区的步伐，景区矛盾也日益突出。应国务院的号召，许多景区民居开始接待外来游客，民居客栈作为建设风景名胜区的一支力量由此产生。然而，各景区更多地采取优惠政策吸引外资建饭店，民居客栈尚未引起重视，其发展水平不如其他住宿机构。

矛盾发展中寻求理性回归的阶段。前一阶段的景区开发暴露出许多问题，尤其是景区环境保护问题。因此，景区建设开始寻求理性的回归，强调景区资源的保护，1999 年《风景名胜区规划规范》（GB 50298—1999）的出台正是其标志。随着旅游景区的发展，住宿业的供需矛盾突出。一方面，目前的住宿设施难以满足日益增加的住宿需求；另一方面，新建住宿设施只会对景区造成更大的破坏。而民居客栈正是一个可行的解决办法，它不仅可以增加住宿的供给力量，而且对保护当地文化有利。因而各旅游景区开始倡导民居客栈，给予政策支持，民居客栈得到全面的发展。

综上，风景名胜区的发展促成了民居客栈的产生与发展，如图 1-7 所示，随着景区建设的进一步深入和可持续发展理念的加强，民居客栈必将得到更大的发展。

```
┌──────────────┐      ┌──────────────┐      ┌──────────────┐
│ 风景名胜区开始 │ ──→  │ 景区资源普遍开 │ ──→  │ 矛盾发展中的   │
│ 大规模开发    │      │ 发，矛盾突出   │      │ 理性回归      │
└──────────────┘      └──────────────┘      └──────────────┘
        ↕                     ↕                     ↕
┌──────────────┐      ┌──────────────┐      ┌──────────────┐
│ 民居         │ ──→  │ 民居客栈产生   │ ──→  │ 民居客栈全面   │
│              │      │               │      │ 发展          │
└──────────────┘      └──────────────┘      └──────────────┘
```

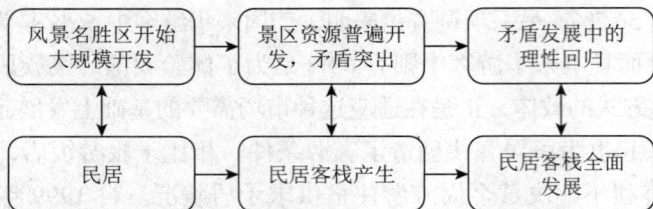

**图1-7　风景名胜区发展与民居客栈的发展关系**

### 3. 民居客栈的发展现状

民居客栈的发展历史较短，但发展迅速，作为一种住宿业的新兴业态，它以其灵活的经营方式，无可替代的个性化服务，获得了游客的青睐，其发展现状如下：

（1）民居客栈总体发展形势良好，但发展不平衡，集中趋向于民俗文化、传统文化比较浓厚的古城古镇等。我国民居客栈的发展极不平衡，大部分集中于地方文化气息浓郁的古城古镇，比较典型的代表是江苏周庄的民居客栈。在景色迷人的古镇里，总会发觉一些充满特色的客栈，客栈经营者无须做什么广告，自然会有那些热爱自由、酷爱探险、崇尚民俗文化的旅游者前来，在这里追求生活情调和一份别样的浪漫。而在其他类的旅游景区，由于缺乏文化底蕴，民居客栈难以构筑自身特色，在设施、服务各方面都较另外的饭店差一些，因而，民居客栈的发展较慢，甚至缺乏成长的基础。

（2）竞争手段比较单一，价格竞争明显。一般饭店存在的价格竞争问题同样也存在于民居客栈。在云南丽江古城，一方面，一遇到旅游淡季，许多客栈入住率很低，一些地理位置较差的客栈甚至没有住客，为了抢夺客源，各家客栈使用的主要策略就是降价。因为民居客栈的运营费用低，店主们可无限制地压价。另一方面，旅游旺季时的抬价问题也同样严重。纯粹的价格竞争容易导致价格战，最终将损害整体民居客栈的利益。

（3）从客栈管理上看，民居客栈缺乏应有的规范服务。目前的民居客栈在设施、服务等各方面都不统一，不具有规范性。一方面，这种民居客栈的多样性、差异性正是吸引游客的所在。许多接受过安徽宏村民居客栈服务的游客反映，缺乏规范服务的客栈有着生活的迹象，没有职业微笑的老板娘就像是邻家的大嫂，这是追求体验民风民俗和传统文化的游客所欢迎的。另一方面，适当的规范服务是必要的，许多客栈存在服务质量问题和安全隐患，这将不利于民居客栈的长远发展。

### 4. 民居客栈的发展战略

从行业角度看，民居客栈需要适当的规范与自律。在民居客栈发展到一定程度之后，可以组成行业自律组织，以实现家庭旅馆的资源优化配置和利用效益的最大化。就目前的形势看，这个目标难以实现，但政府可以出台相应的法律法规，在客栈的规范发展上发挥作用。以四川阆中古城为例，古民居客栈是阆中独具风韵的亮点。古城区内有不少古民居客栈，但由于建筑方面的限制，其卫生间、客房面积、停车场等配套设施均不能满足游客需求，有些客栈的服务质量也不尽如人意。为此，阆中制定了《古民居客栈星级划分与评定标准》。这部具有鲜明地方特色的旅游规定，突出了古民居客栈的特殊性，对古民居客栈的设计、改造、服务、环境、设施等都做了具体规定和要求，有效地提升了古民居客栈的服务质量和水平。

广泛的战略联盟有助于民居客栈发展。民居客栈规模小，且往往作为个体孤立存在，其在战略发展、营销意识与手段等各方面都存在很大的缺陷，而战略联盟正是其有效出路。一方面，民居客栈可以建立自身的联盟，在策划、营销上形成优势，克服目前依靠口头相传为主的销售手段的局限性。另一方面，民居客栈既然与整个旅游地区息息相关，就应加强与景区、旅行社等的合作，并在适当的时机建立战略联盟。丽江的民居客栈以当地旅游结算中心的"一卡通"旅游为机遇，加强了与旅行社等的合作。根据"一卡通"旅游，各旅行社将资金存入银行账户，然后运用网络技术，将团队信息写入IC卡内，导游人员持卡可到相应的景点、酒店、餐饮等地消费。民居客栈每年向结算中心申报一次房价，旅游结算遵循"先付款，后消费"的原则，旅行社无须向客栈付现金。这一做法有效避免了客栈之间的削价竞争及三角债。

打造优秀民居客栈品牌。我国多数的民居客栈都缺乏一种品牌意识，往往在经营中采取短视行为，忽视整体形象的塑造和长远的发展。因而，民居客栈经营者要加强品牌意识和管理，依托风景名胜区的声誉，以独特文化为主题，向游客提供个性化、差异化的服务，来强化顾客认知和印象，建立起自身品牌。由于民居客栈对旅游景区的依赖性比较强，离开了景区，民居客栈将不复存在，因而，其品牌发展的可行途径是多元化战略，尤其是同心多元化，这已被许多客栈的实践证明。

### （三）绿色饭店

自20世纪末以来，社会对于环境的关注和要求越来越高，环境保护、崇尚自然已成为共识。受此潮流影响，国外的饭店管理集团率先实施绿色行动，当然，最初的绿色仅限于硬件设施方面。此后，以环境保护为主题的绿色饭店的概念提出，成为饭店建设的一个新趋势。

我国的绿色饭店建设始于21世纪初。2003年2月，国家经济贸易委员会发布了中国酒店行业首部《绿色饭店等级评定规定》（SB/T10356—2002）行业标准，同时，由中国饭店协会组建中国绿色饭店指导委员会，召开数期绿色饭店审核员培训班、抓好绿色饭店示范点工作、建立中国绿色饭店专门网站、举办绿色饭店论坛、建立绿色饭店检测体系，并鼓励饭店设备及用品供应商做好绿色产品的研发和生产工作。2006年3月，国家旅游局制定并实施了《绿色旅游饭店》（LB/T 007—2006），受到广泛的欢迎。例如，北京市主要奥运签约酒店都积极进入绿色饭店的行列。此后，中国旅游饭店业协会和饭店现代化杂志社联合举办"绿色饭店万里行"活动，推广绿色饭店内涵，以企业和个人签名承诺的方式，倡导在生产经营过程中加强对环境的永续保护和资源的合理利用。

我国的绿色饭店的发展呈现出以下趋势：

**1. 绿色饭店的评定标准逐步完善和出台**

随着绿色行动在全国的展开，绿色饭店评定标准出现并实施，绿色饭店的评定总分为300分。其中，绿色饭店需要具备的基本要求不计分，绿色设计满分40分，包括环境设计、建筑设计和流程设计；安全管理满分17分；节能管理满分60分，包括能量计量、计划控制、设备设施节能和可再生能源利用四项指标；环境保护满分50分；健康管理满分102分，包括室内通风良好、新风系统、绿色客房和绿色餐饮四项指标；最后是绿色宣传，满分31分。

**2. 对创绿的责任感逐步加强**

随着全球环境危机的出现，不管是政府还是企业都提出了节能环保的口号，节能、环保、减排一直是人们关注的焦点。这一点从"光盘行动""世界环保大会"和《哥本哈根协议》可以看出，饭店管理者也意识到了创绿的重要性，真正把创建绿色饭店列入工作的范围，顾客也逐步改变了以往对绿色饭店的片面认识，不会认为饭店节约成本来创建绿色饭店是对他们利益的剥削，绿色消费将成为未来的一种时尚。

**3. 越来越多的饭店开始注重绿色产品和服务的生产**

目前许多饭店的房间内都放了一张提醒客人的告示牌，即如果客人不需要更换床单，就把卡片放在枕头上，有许多顾客响应了此项措施，这样不仅节约了饭店的用水、用电和洗漱用品，还为客人提供了方便的服务，因为床单如果第一天没有弄脏，不换也许住起来更舒适。而且，越来越多的饭店开始推出绿色餐饮和绿色客房服务，也得到了许多顾客的响应。

进行绿色饭店建设与管理，绿色产品是关键，它包括三个方面的内容，即绿色客房、绿色餐饮和绿色服务。饭店在提供这些产品时要做到以最少的环境代价换来最大的经济效益，减少能源的损耗，还要把绿色的企业文化传达给顾客，让顾客体会到绿色建设所带来的切身利益。同时，顾客也会因此对绿色饭店有一个全新的理解，支持饭店的绿色化建设。首先，饭店要提供绿色客房。绿色客房是指饭店所提供的客房达到环保的要求，建筑的装修和材料有利于人体的健康，绿色客房的建设要求对客用品环境、设施设备加强绿化管理。其次，饭店要提供绿色餐饮。绿色餐饮是指饭店所提供的食品符合安全、优质、健康和环保的要求，选择符合国家绿色食品标准的食品原材料，绿色食品要求选取天然无污染的原材料，同时生产环境和储存环境都要达到相应的环境质量标准。最后，饭店要提供绿色服务。绿色服务是指饭店所提供的产品和服务有利于消费者的身体健康，有助于保护自然资源，符合健康的生活方式，同时确保资源的利用率最高。

# 第四节　酒店的地位及作用

酒店作为旅游业重要服务设施之一，与旅行社、旅游交通一起，被称为旅游业的三大支柱。酒店在满足人们需求、活跃经济、创造就业等多方面具有重要的作用和意义。

## 一、提供多方面的产品／服务，满足顾客需求

酒店的首要任务是提供优质的产品／服务，来满足社会大众的多方面需求。一般而言，酒店的产品包含三个基本的层次，如图 1-8 所示。

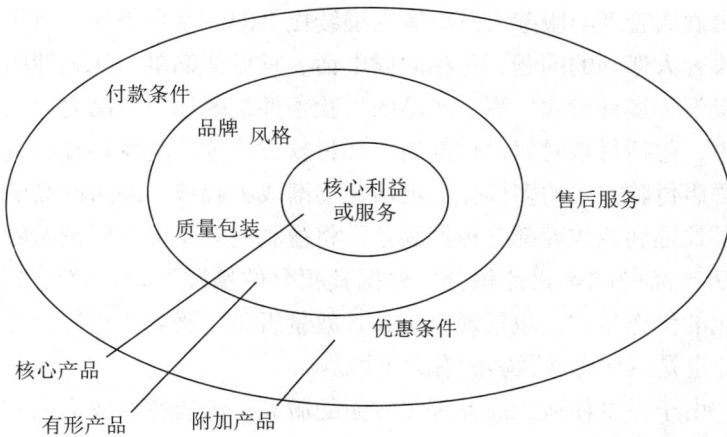

图 1-8 酒店产品／服务的层次

酒店产品的核心部分体现在为客人提供核心利益，比如安心的睡眠。只有把顾客需要置于首位，重视顾客满意度和忠诚度，企业的服务价值才能得以实现。这些产品又有其外在的有形部分，也即实际产品，属于酒店围绕着产品的核心利益建立的实际部分，包括质量、风格、品牌、包装等。酒店产品多属于无形的服务产品，因此更需要有形部分来把信息与产品传递给消费者。酒店产品质量意味着服务特征对企业的规定和需求的符合程度，聚焦于生产率和酒店企业内部效率，其效果反映在以最小的成本获得最大的产出；也可以理解为服务达到或超过期望的程度，反映在其所提供的服务的顾客满意程度。酒店产品还表现出不同的风格。不同酒店设计出的产品具有各自的风格，这种风格以一种很不明显的方式影响着产品在游客心中的印象。产品／服务的风格是产品设计者或服务提供者工作风格的物化，是一种相对稳定的特征。酒店产品还外在表现为品牌，其实质是关系，是产品及其名称与顾客发生的各种关系的总和。品牌首先是某种标志、符号，其次是消费者使用产品的体验和感受。品牌在酒店营销中起着重要的作用，既减少了顾客的信息搜寻和决策时间，也满足了顾客的个性、虚荣等心理需求。产品包装在鼓励顾客购买产品的过程中扮演了一个重要角色，尤其是当顾客对产品的品牌缺乏忠诚度并有很多同类产品可供选择时。包装可以显示酒店产品品牌名称、有关产品的重要信息，如产品主要构成、特点和价格等。酒店产品是无形产品，虽然不能像有形产品一样被装在保护性的容器内加以储存或展示，但是也需要把产品展示给潜在顾客，因为顾客需要信息帮助他们选择合适的客房、餐食等。酒店可以把宣传手册当作产品的容器，向消费者展示酒店及其品牌名称、产品的特点（如酒店外的环境与酒店内的氛围）以及价格等。

　　酒店产品的附加部分是指围绕着核心与有形部分附加的服务与利益，包括售后服务、付款条件、优惠条件等，它可以进一步提高顾客的满意度。例如，酒店提供的咨询与投诉处理就是其附加服务。如今，越来越多的酒店竞争都体现在产品的附加部分，因为它不仅能满足顾客的需要，而且能使顾客获得愉悦的心情。酒店的售后服务是指在顾客离店之后，由酒店管理与服务人员向客人继续提供的一系列服务，旨在加强同客人的联系和主动解决客人遇到的问题，包括问候电话、意见征询单、问候性明信片和促销性明信片、节日祝贺等多种形式。酒店产品的付款条件是附加于产品之上的，表现在酒店产品交易过程中，包括付款时间、付款地点和付款方式等。随着科技的进步和人们生活方式的变化，酒店付款方式的多样化、灵活化逐渐成为趋势。酒店产品的优惠条件可以理解为酒店为了长远利益放弃部分短期利益，将盈利的一小部分回馈给顾客。例如，酒店给购买了酒店产品的顾客累计积分，根据其积分的情况给予价格优惠或增加服务内容。形式多样化的优惠条款，包括现金折扣、数量折扣、服务优惠等，可以作为吸引顾客的重要方式，也是留住忠诚顾客的有力手段。

　　具体而言，由于提供住宿、商务等多方面的服务，酒店往往成为人们交流的一个重要场所。各种类型的酒店是重要政治、经济、文化活动的场所，是家庭和亲友情感互动的空间，是人类传统文化与现代科技，世界先进文明与本国民族习俗相融相生之地。

## 二、活跃经济，吸收外汇

　　在改革开放初期，我国大部分酒店被称为涉外酒店，主要用于接待外国人、华侨、港澳同胞和台湾同胞。这时的酒店主要起到吸收外汇的作用，为其他国际贸易提供资金。20世纪90年代以来，国内旅游逐渐兴起，酒店的创汇作用呈下降趋势，但其对经济的拉动作用日益明显。如图1-9所示，21世纪以来，星级酒店的总收入持续增长，是旅游业收入增长的重要组成部分。

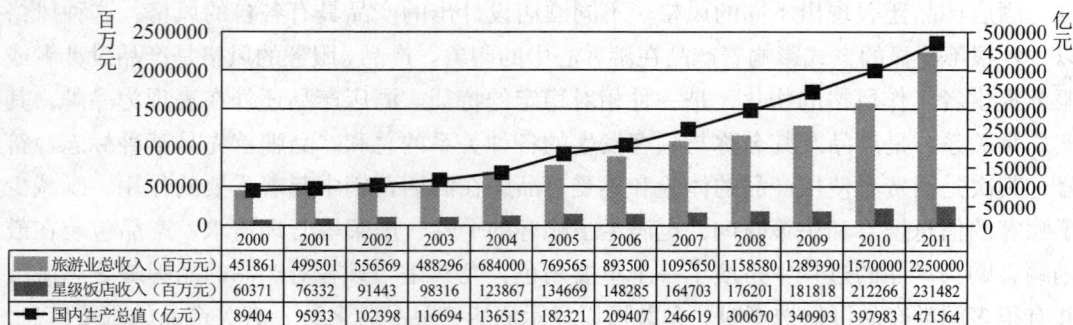

| | 2000 | 2001 | 2002 | 2003 | 2004 | 2005 | 2006 | 2007 | 2008 | 2009 | 2010 | 2011 |
|---|---|---|---|---|---|---|---|---|---|---|---|---|
| 旅游业总收入（百万元） | 451861 | 499501 | 556569 | 488296 | 684000 | 769565 | 893500 | 1095650 | 1158580 | 1289390 | 1570000 | 2250000 |
| 星级饭店收入（百万元） | 60371 | 76332 | 91443 | 98316 | 123867 | 134669 | 148285 | 164703 | 176201 | 181818 | 212266 | 231482 |
| 国内生产总值（亿元） | 89404 | 95933 | 102398 | 116694 | 136515 | 182321 | 209407 | 246619 | 300670 | 340903 | 397983 | 471564 |

图1-9　星级酒店、旅游业及国内总收入变化（2000—2011年）

　　从经营角度上说，酒店属于固定资产高但变动成本低的行业，其产生的持续现金流十分可观。因而，酒店的货币回笼较快，有利于经济的活跃。

## 三、提供就业机会

酒店业就业容量大，在吸纳人才、解决就业方面发挥着重大作用。酒店是劳动密集型产业，对劳动力的需求大。2016 年，我国星级饭店从业人员达 136.2 万人，同时 200 万家"农家乐"（有住宿功能）共吸纳就业人口 600 万人。酒店业涉及领域广泛，人才的需求也多样化，根据岗位层次的不同，不同层次的劳动力都可以找到自己的合适岗位。这个产业既需要一些高学历、高知识的管理、规划等人才，也需要提供简单技能的普通劳动力。而且，简单劳动力（如酒店服务员）需求量往往比较大，这样还可以照顾到再就业人员、农村人口和弱势群体的就业。

酒店业带动相关产业的发展，从而间接增加就业机会。与酒店相关联的建筑设计、物业管理、顾问公司等都将从酒店业的发展中受益，并吸纳大量的就业机会。例如，物业公司为酒店进行保洁和维护工作，为酒店提供服务人员（以及培训）的劳务公司与酒店直接相关，他们都受益于酒店的发展，酒店行业规模的不断扩大，使得从业人员也在不断增加。

## 【本章小结】

酒店作为最基本的住宿形态，在服务旅游者或临时居住者等方面扮演着重要的角色。本章首先讲述了酒店的含义与特征，解释了酒店在住宿、服务、与旅游的关系等方面的含义，介绍了酒店的目标与资源，以及酒店管理的特征，即人性化管理、重视细节等。第二节介绍了酒店的历史与功能，讲述酒店在古代客栈时期、大饭店时期、商业酒店时期和现代酒店时期等不同阶段的发展背景和不同特点、功能，使读者进一步了解酒店。酒店的外延体现在其不同的分类及多种业态上。按照规模、等级、客源市场定位等不同的标准，酒店可划分为不同的类型。根据不同的市场和特征，酒店表现为不同的形态，本章介绍了经济型酒店、民宿、绿色饭店、精品酒店等发展较快的几种形态。酒店在旅游、经济、社会中扮演着重要的角色，起到促进交流、发展经济等多方面的作用。酒店还为旅游从业人员提供相应的职业发展机会。

## 【案例分析】

### 精品酒店：小众、个性化酒店的代表

#### 一、精品酒店的产生背景

20 世纪 80 年代，随着大众旅游的深入发展，酒店顾客经验不断增加，顾客变得越来越成熟和挑剔，旅游消费需求逐步向高级阶段，即个性消费阶段发展。酒店顾客越来越多地讲究消费的品位和内涵，因而"流行"概念也更趋向多样化和个性化。当时美国著名的未来学家托夫勒指出，人类社会生产力的发展已经从近代传统机器生产力进入现

代智能机器生产力，与智能机器生产力一起到来的是人的需求的个性化。精品酒店正是在这种时代背景下产生的。

最早的精品酒店（Boutique Hotel）出现在伦敦。1981 年，Anouska Hempel 设计的 Blakes 酒店率先在伦敦开业，从此，精品酒店以一种新式的酒店经营模式，打开了传统酒店的缺口，风靡西方国家，至今长盛不衰。同年，Bill Kimpton 在洛杉矶的联合广场推出他的第一个精品酒店 Bedford。然而较有影响力的是 1984 年，纽约麦迪逊大街出现了由法国设计师 Andree Putnam 设计的第一家 Morgans 精品酒店，它强调个性，装修豪华，更类似一个高档会所。Morgans 精品酒店开业后，生意非常好，给同行以极大的震动（许多学者认为它才是真正精品酒店的开始）。至此，"Boutique Hotel" 逐渐成为这类酒店的代名词，它们通常面向中高收入人群，地点选择在大城市的次繁华地段和度假胜地。

到了 20 世纪 90 年代，Boutique Hotel 便在欧美流行开来，尤其在欧洲，城堡、修道院等老宅被重新利用起来，脱胎换骨成一个个 Boutique Hotel。每晚住宿价格通常超过五星级酒店的标准价格，低于顶级豪华酒店。在国外，人们常常在 "boutique" 之前加上一些形容词，来界定该酒店的风格。

精品酒店是一种反标准化的产品，实际上，它代表的是一种与主流酒店的标准化和雷同化相对应的个性化产品。精品酒店在 20 世纪 90 年代获得迅速增长，新生代的青年企业家们对于非传统形式的精品酒店给予极大关注，进入 21 世纪后，在欧美表现出越来越流行的趋势。

## 二、精品酒店在中国的发展概况

（一）精品酒店的产生

2004 年，亚洲首家由法国设计大师 Philippe Starck 设计的精品酒店——JIA Boutique Hotel 在香港开业，拥有 54 间房，包括两间套房，这是我国较早出现的精品酒店之一。

在中国大陆，最早的精品酒店可追溯到衡山马勒别墅酒店。2001 年 1 月，国内大型旅游集团——上海衡山集团入驻著名的马勒住宅，以"历史加功能"为主导思想，在保护原建筑风格、外貌、结构体系的基础上，对其进行全面修缮。经过半年多的改造，马勒住宅"摇身"一变正式更名为"衡山马勒别墅酒店"。目前酒店共有各类客房 45 间（套），其中 1 号楼老别墅 16 间（套），保留了原建筑的欧式风貌，原汁原味，新建的 2 号楼拥有标准客房 29 间。酒店以高档商务散客和小型商务会议为市场定位，每间客房均配备了中央空调、卫星电视、宽带网络、安防监控等现代化设施。酒店于 2002 年 5 月正式对外营业，从而揭开了其神秘的面纱，成为目前国内城市中唯——家由一类近代保护建筑修建的现代宾馆，并成为申城首家精品酒店。

（二）精品酒店的存量状况

目前，"精品酒店"的概念在我国业界尚未形成统一共识，因而，有的标榜"精品酒店"的酒店就其实质而言还不能算精品酒店，而有的酒店虽然具有了精品酒店的性质，却尚未引起关注。因此，精品酒店在中国的存量状况难以确定，但可以肯定的是，其总体数量不多，市场潜力巨大。

从空间布局上看，我国精品酒店主要分布于经济发达、客源充足的中心城市，这些地区消费者需求层次高且多样化，因而能够支持精品酒店的发展。在我国的上海、北京、深圳、南京、武汉、丽江等地，一批精品酒店已经出现了，它们中的上海璞邸精品酒店、北京的公社酒店、丽江迈豪精品酒店等已成为中国精品酒店的先锋和杰出代表。

（三）精品酒店的增量状况

中国精品酒店的出现虽然较晚，但其发展却十分迅速。以深圳市为例，自2004年3月首家精品酒店——深圳丹枫白露酒店出现后，在短短的十几年时间内，深圳市便出现了十几家精品酒店（或兴建，或改造），其典型代表有深圳万科精品酒店、深圳绿化大厦、深圳京潮时尚酒店等。

出于对中国经济形势和酒店行业发展的信心，国外许多知名酒店集团如喜达屋集团、万豪、雅高、精品酒店集团等都计划在中国投资精品酒店。2006年，由法国雅高酒店集团管理的璞邸精品酒店在上海开业，这也是国际连锁酒店集团在国内的第一家精品酒店，开业不久，酒店迅速创下中国大陆酒店业房价的新高。之后，璞丽、首席公馆等一系列"精品酒店"陆续在上海宣告开业。意大利博驰路集团也表示，会在上海、北京建成有博驰路风格的精品酒店，它们将成为当地最豪华的酒店之一。

**三、精品酒店的投资与管理**

对中国精品酒店的投资，富有经验的外国投资管理公司尤其活跃。最早在中国投资精品酒店的是雅高集团。2005年8月28日，雅高签署了上海佘山索菲特大酒店以及璞邸酒店的管理合同。2006年年初，雅高与南利集团签约管理位于上海雁荡路步行街以及南昌路交界处的精品酒店璞邸开业，有52间客房，这也是雅高在中国管理的第一家不用自身品牌的酒店。璞邸酒店规划的精品酒店管理理念与价值体系已经为世界知名的精品酒店协会 Small Luxury Hotels 所接纳。雅高方面也表示，希望璞邸酒店的发展经验，能够很快成为中国精品酒店发展的参考标准。创立璞邸精品酒店的南利集团，面对璞邸开业的鼓舞，也表示将陆续推出不同的精品酒店类型，形成功能互补型的组合。此外，南利集团此后陆续在长三角地区开了四家精品酒店。

如今，众多传统大型酒店集团和房地产开发商开始涌入精品酒店市场。喜达屋酒店集团推出了 w 品牌的精品酒店产品，万豪国际酒店集团与意大利珠宝商和奢侈品制造商 bulgarispa 共同创立了一个新的精品酒店品牌 bulgari。房地产开发商也开始进入这个市场，波士顿的 intercontinental 房地产成功开发了 ninezero 精品酒店，美国最佳西方国际酒店集团在南宁兴建了最佳西方（精品）红林大酒店。

在精品酒店的投资运营中，政府作为重要的一方（甚至可能是投资方）发挥着重大的作用。例如，为提升宏村接待档次，加强其旅游建设，黟县人民政府与中国台湾投资商共同签订了《宏村奇墅湖精品酒店投资合作协议》，该县的副县长、人大及政协的一些领导都参与了签字仪式。

在国内，相对于房地产市场来说，璞缇客酒店运营成本较低，受房地产宏观调控政策的影响小，投资风险也相对较小，因此正受到越来越多房地产业界投资商的关注。同时，众多投资商正在把璞缇客的目标消费群体慢慢推向中产阶级，这部分人有殷实的经济基础但不是最富有的；不享受最优越的生活品质但是对品位有孜孜不倦的追求。

精品酒店的出现引起了许多投资管理、咨询公司的注意。美国博迪凯酒店顾问公司就是一间为精品酒店投资商提供全方位顾问服务的专业公司。公司主要针对酒店地产前期开发做酒店可行性研究、酒店策划、酒店投资分析、酒店定位、酒店设计指导、酒店功能布局规划、酒店设计、酒店筹建顾问及技术支持，对酒店开业筹备及经营提供委托管理服务，对酒店改造提供顾问服务等。东莞新世纪集团与善美方程集团联手成立的东莞新世界善美方程休闲会经营时尚性的精品酒店；上海富趣投资经营管理有限公司也从事投资经营管理连锁精品酒店的业务，其在上海、北京等地也有精品酒店的业务。

虽然目前中国精品酒店数量有限，但是其影响力已经显现。从 2007 年开始，精品酒店已陆续在中国酒店之林的竞争中突出，并被授予不同的称号。如 2006 年中国酒店星光奖颁奖典礼暨首届亚洲酒店竞争力年会中，东莞塘厦三正半山酒店荣获"中国十大最具魅力酒店"奖以及"中国最佳精品酒店"奖。从 2012 年开始，由酒店行业主要评选机构发起的评选活动中，"中国最佳精品酒店"就作为其中一个专项进行评价。在2015 年度第七届中国最佳酒店评选中，成都钓鱼台精品酒店、上海虹桥凯莱逸郡酒店和海南七仙岭龙湾珺唐酒店荣获"最佳精品酒店奖"。可见，精品酒店的管理与市场表现已经受到越来越多的关注，并取得了一定的行业影响力。

分析内容：

根据上述案例，并结合相关知识，思考：

1. 精品酒店产生的原因及在中国的起源；
2. 精品酒店发展的动力与市场基础；
3. 精品酒店与其他类型酒店（如商务酒店）的联系与区别。

# 第二章

## 酒店计划与战略管理

【学习目标】

学习本章后，你应当能够：

1. 理解酒店计划的含义、重要性及分类；

2. 了解酒店计划的编制，熟悉酒店计划编制中的指标；

3. 理解酒店目标管理的含义、步骤和实施条件；

4. 应用酒店的市场分析工具分析其行业竞争状况；

5. 熟悉常用的酒店竞争战略；

6. 了解计划的执行保障条件以及常用的计划控制方法。

【章前引例】

A 酒店集团是 2002 年创建的，酒店成立初期定位于中低端商务客人，仅提供住宿和其他简单服务。由于国家经济的发展和商务客人的需求，A 酒店得到巨大的发展。但是经过十多年的发展，酒店的发展遇到了瓶颈，经营业绩时有波动。为此，A 酒店集团开始制订未来的发展计划。"我们酒店的使命是用我们的专业知识和精心规划，为我们的客户提供高质量的服务，让我们的员工工作满意，同时使得投资者能够获得有吸引力的回报。然而我们过去把重点都集中于经济发达的北京和上海，对其他地区有所忽略，对快速发展的市场下力不足，是一个错误。"A 酒店集团首席执行官张某如此解释道，并表示，未来 5 年左右，A 酒店集团要在广东、浙江、山东、辽宁兴建酒店数量达到 2000 家左右。集团还确定了其他的具体目标，如通过 5 年的努力，使酒店客房平均出租率达到 98%，每间可供客房出租收入达到 300 元，市场占有率达到 20%，酒店利润率达到 10%。但 A 酒店集团的市场总监认为酒店集团所定目标有点不切实际。酒店目前的每间可供客房出租收入仅250元，要提高酒店房价，必然导致客房出租率的下降，而且今后几年经济增长放缓，市场的增加量难以支持现有计划目标的实现。因此，他对计划目标的制订提出了质疑。

# 第一节 酒店计划的层次与编制

## 一、酒店计划的定义与重要性

### （一）酒店计划的定义

酒店计划是指管理者根据实际情况，通过科学的预测，权衡客观的需要和主观的可能，提出在未来一定时期内酒店要达到的目标，以及实现目标的途径，并据此拟定出具体措施和行动步骤的一种书面文件。作为连通现状与未来的桥梁，酒店的计划具有目标性、预见性和指导性等特点。

酒店计划是由酒店企业目标引起的，是企业目标的具体化，是为了实现目标而制定的方案体系，是一级组织或个人对未来所要采取的行动的一种基础性、思想性设计。计划的过程是一个管理者根据酒店外部环境与市场需求，以及酒店内部资源与能力，分析并选择行动方案的过程。计划的基本任务以及最后要产生的结果可以用"5W1H"表示，如图2-1所示。

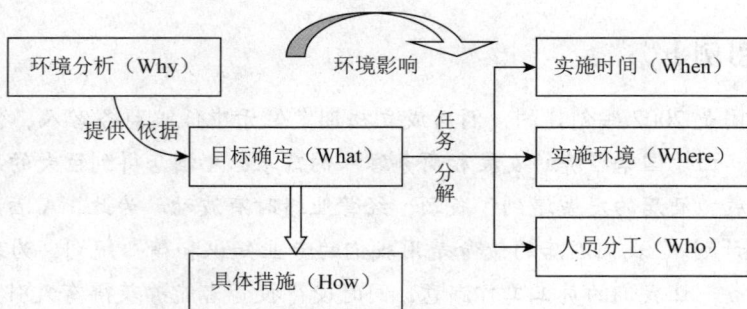

图 2-1 酒店计划制订的任务

第一，目标确定：做什么（What to do）。明确酒店企业的使命、战略、目标，以及行动计划的具体任务和要求，明确一个时期的中心任务和工作重点。

第二，环境分析：为什么做（Why to do）。对上述酒店的使命、战略、目标和行动计划的可能性和可行性进行论证，即提供制定的依据。

第三，实施时间：何时做（When to do）。规定计划中各项工作的开始和完成的进度，以便进行有效的控制和对能力及资源进行平衡。

第四，实施环境：何地做（Where to do）。规定计划的实施地点或场所，了解计划实施的环境条件和限制，以便合理安排计划实施的空间组织和布局。

第五，人员分工：谁去做（Who to do）。即明确规定目标、任务、地点，进度，负责部门和负责人。

第六，具体措施：怎么做（How to do）。制订实行计划的措施，以及相应的政策和规则，对资源进行合理分配和集中使用，对人力、生产能力进行平衡，对各种派生计划进行合理平衡等。

## （二）酒店计划的重要性

计划是酒店管理的五大职能之一，在酒店管理中具有重要的意义。

### 1. 明确组织目标

上文提到，酒店计划有六大任务，其中目标确定是酒店管理的首要任务，这是酒店存在与管理导向的关键。计划是酒店管理的起始点和最终目的，如图 2-2 所示，起着总揽全局的作用。

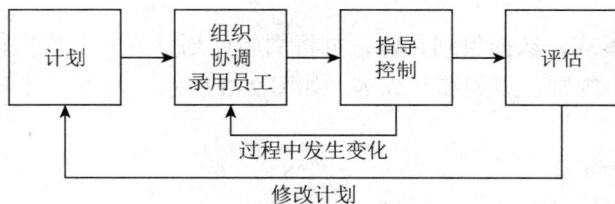

图 2-2　计划在酒店管理中的地位

### 2. 减少不确定性

酒店计划为实现目标提供了保证。酒店所处的环境是复杂而多变的，管理者可以通过计划预测变化，考虑这些变化的冲击和制订适当的措施来响应这些变化，从而通过一系列战略、措施来与未来沟通，减少不确定性。

### 3. 避免重复决策

计划可以减少活动的重复和浪费。当企业活动围绕已经确立的计划进行时，时间和资源的浪费以及冗余就会被降至最低。由于计划明确，组织内部的指挥、协调也变得更明确，减少了内部交易费用。

### 4. 提供控制标准

计划为控制提供标准，为管理提供考核依据。只有酒店确认了想要实现什么，才能对是否实现了目标进行判断。从这个意义上讲，计划影响了所有的管理活动和其他管理职能。

## 二、酒店计划的类型

计划是对未来行动的事先安排。计划的种类很多，可按不同的标志进行分类，最普遍的划分计划类型的方法是根据计划的形式、职能、广度、时间跨度和明确性进行分类，如表 2-1 所示。

表 2-1　酒店计划的类型

| 分类标志 | 类　型 |
|---|---|
| 形　式 | 使命、目标、战略、政策、规则、程序、规划和预算 |
| 职　能 | 销售计划、财务计划、人事计划、业务接待计划、采购计划等 |
| 广　度 | 战略性计划和业务性计划 |
| 时间跨度 | 短期计划、中期计划和长期计划 |
| 明确性 | 具体性计划和指导性计划 |

### （一）酒店计划层次

按不同的表现形式，从抽象到具体，可将酒店计划分为一个层次体系：使命、目标、战略、政策、程序、规则、规划和预算等，如图 2-3 所示。可见，计划是多种多样的。

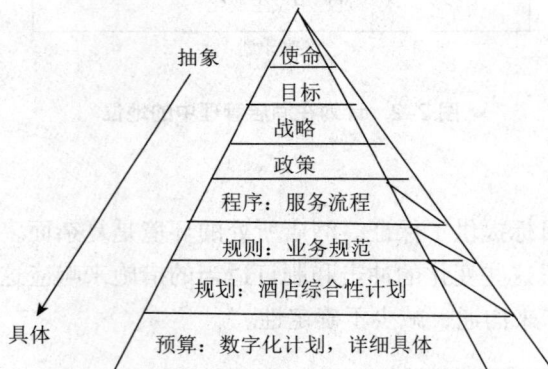

抽象

具体

使命
目标
战略
政策
程序：服务流程
规则：业务规范
规划：酒店综合性计划
预算：数字化计划，详细具体

图 2-3　酒店计划的层次体系

### （二）酒店的职能计划

从酒店的职能与部门来看，酒店计划可以划分为销售计划、财务计划、人事计划、业务接待计划、采购计划等。

销售计划旨在明确酒店产品销售与客源吸引所需达到的目标，以及具体的营销手段与安排。财务计划研究如何从资本的提供和利用上促进酒店业务活动的有效进行。人事计划则分析如何为业务规模的维持或扩大提供人力资源的保证。业务接待计划不仅要关注酒店本身产品与服务的价值实现情况，还要注意提高顾客的满意度和忠诚度。酒店所需的设施设备、产品原料需要及时补充以保证基本运营，而这正是酒店采购计划的内容。

## （三）酒店战略性计划和业务性计划

酒店计划按其影响程度可分为战略性计划和业务性计划，按其明确性可分为指导性计划和具体性计划。战略性计划是关于酒店总体目标和战略方案的计划，它对酒店的影响是全面而深刻的；战略性计划的制订者必须有较高的风险意识，能在不确定中选定企业未来的行动目标和经营方向。比如，由于休闲度假旅游的兴起，某酒店分析未来市场发展趋势，将自身定位于度假客源市场，进而提出一套整体发展规划，这就属于战略性、指导性的计划。

业务性计划或战术计划是有关酒店具体如何运作的计划，它主要用来规定酒店经营目标如何实现的具体实施方案和细节。如果说战略计划侧重于确定酒店要做什么事（What）以及为什么（Why）要做这件事，则战术计划是规定需由何人（Who）在何时（When）、何地（Where），通过何种办法（How），以及使用多少资源（How much）来做这件事。

酒店战略性、指导性计划主要由酒店管理高层来完成，而业务性、具体性计划则更多的由中低层管理者完成，如图2-4所示。

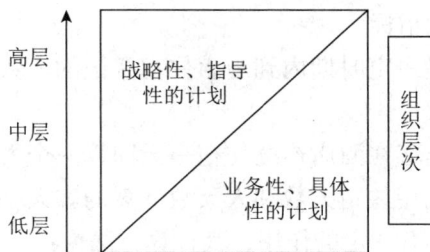

图2-4　酒店计划与组织层次

## （四）长期计划、中期计划和短期计划

酒店计划从时间长短的角度，可分为长期计划、中期计划和短期计划。

长期计划的内容主要涉及组织的长远目标和发展方向，时间长度往往在3年以上。酒店的长期计划往往包括其经营目标、战略、方针，远期的产品开发计划、规模等。总的来说，长期计划只规定酒店的长远目标及达到长远目标的总的方法，而不规定具体做法。目前已有越来越多的酒店开始重视长远目标的打算，编制了长期计划。

中期计划根据组织的长期计划进行编制，主要起衔接长期计划和短期计划的作用，时间范围多在 1~3 年。长期计划以问题、目标为中心，中期计划则以时间为中心，具体说明各年应达到的目标和应开展的工作。中期计划为长期计划提供具体内容，又为短期计划指明方向。

短期计划时间往往在一年以内，它比中期计划更为详尽，更具操作性，在执行中灵活选择的范围较小。它主要说明计划期内必须达到的目标，以及具体的工作要求，要求能够直接指导各项活动的开展。

## 三、酒店计划中的主要指标

计划指标是反映酒店企业在一定时期内经营管理所要达到的目标和水平的各种数值。可以分为三大类别：一是酒店规模指标，主要包括酒店客房数、床位数、员工数等。二是酒店经营指标，主要包括酒店平均房价、客房出租率、RevPAR 等。三是酒店收益指标，主要包括酒店收入、利润、成本费用等。

### （一）客房或床位数

客房或床位数是反映酒店接待能力的最基本的指标。全球权威的杂志 *Hotels* 每年发布全球酒店排名，其评价标准就是酒店客房数。酒店客房数是酒店规模的反映，也是酒店计划的重要内容。

### （二）接待人数

接待人数是对酒店所接待的顾客市场的重要反映，也是影响酒店收入的重要指标。具体的可以细分为以下两大指标。

第一，住宿人数。它是一定时期内到酒店住宿登记的人数，一名宾客不管在酒店连续住宿几天都只算一位人数。

第二，人天数。一名宾客在酒店连续住宿一天即算一个人天数。人天总数是一个更为严格的市场规模指标，利用住宿人数和人天数计算的客人平均逗留期，对了解酒店的类型与规模及客人的结构具有一定的作用，其计算方法为：

客人平均逗留期 = 人天数（过夜数）÷ 住宿人数（到店数）

### （三）员工人数与劳动生产率

酒店员工是酒店接待能力的重要组成部分；酒店员工人数对酒店的服务质量、劳动效率和经济效益都有重要影响，因而它也是酒店计划的重要指标。

酒店劳动生产率即指酒店全体职工的劳动生产率。它反映酒店劳动效率状况，一般用劳动生产率和人均创利两个指标反映。

酒店劳动生产率 = 计划期营业收入总额 ÷ 酒店职工人数

酒店人均创利 = 计划期间利润总额 ÷ 酒店职工人数

## （四）酒店平均房价

酒店平均房价是影响酒店收入的重要指标，是酒店计划的重要内容。酒店平均房价影响消费者的消费决策，也是酒店营销的关键要素。酒店平均房价可由如下公式计算得出：

酒店平均房价 = $\sum$（某房型房价 × 该房型占酒店客房总数的权重）

## （五）客房出租率

客房出租率也称开房率，是已经出租的客房间数或床位数与酒店可以提供租用的客房间数或床位总数的百分比，用公式表示为：

客房出租率 = 客房或床位实际出租总数 ÷ 可供出租客房或床位总数 ×100%

客房或床位出租率直接影响酒店的经济效益，酒店对这一指标要每天、每月、每年进行统计，以及时了解酒店业务运转状况，为酒店经营提供依据。

## （六）每间可供客房出租收入

RevPAR 是 Revenue Per Available Room 的缩写，是指每间可借出客房产生的平均实际营业收入，它是反映酒店经营效益的重要指标，用公式表示为：

RevPAR= 实际平均房价 × 客房出租率 或 RevPAR= 客房收入 ÷ 可供出租客房数

以单一用客房出租率或平均房价来衡量酒店经营效益都是不全面的。在计算RevPAR 的公式中，两个因子都影响着乘积的结果。如果一个酒店非常看重客房出租率的话，平均房价会受到影响。这一点，在一些业主投资并自行管理的酒店表现尤为突出。他们错误地认为，出租率高，就是人气旺，效益就好，完全忽视了平均房价的作用。但如果一味提高平均房价，在市场供求关系没有大的变化的情况下，出租率也肯定会受到影响。因此，综合二者因素，酒店 RevPAR 是衡量酒店绩效更为严谨科学的指标。

## （七）酒店营业收入

营业收入是酒店在某一时段内通过销售产品或提供服务等方式所取得的总收入，它是利润的重要来源，也是经营考核的重要指标。一般营业收入可由商品数量与平均价格的乘积得到，但酒店主要是提供服务，因而具体的核算比较复杂，可由各业务部门的利润加总而得，对于业务繁多的酒店企业，其营业收入可分为主营业务收入和其他业务收入。从酒店经营特点来看，住宿收入是酒店营业收入的主要构成。

## （八）酒店营业成本与费用

成本一般是指酒店为生产产品、提供劳务所发生的各种耗费，是按一定的产品或者劳务对象所归集的费用，是对象化了的费用，如酒店餐饮的菜品原料、酒水、人工成本等。费用是酒店为销售商品、提供劳务等日常活动所发生的经济利益的流出，如管理费用、财务费用等。

## 四、影响计划编制的因素

影响酒店计划编制的因素繁多而复杂，经济、政治、社会文化、技术条件等各种外部环境以及酒店内部的资源、能力都是酒店编制计划时需要考虑的因素。在酒店所处的外部环境中，影响计划制订的最主要的因素是经济环境与市场状况，而酒店内部的资源与能力主要反映在综合接待能力、管理水平与技术条件、渠道与客户等方面，如图2-5所示。

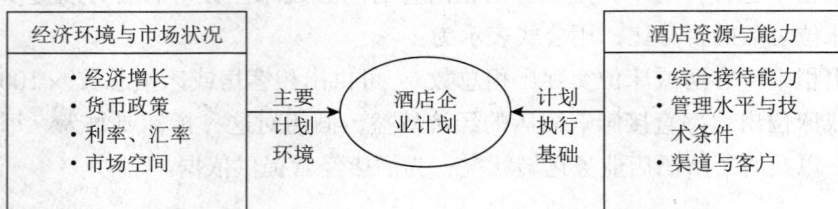

图 2-5　影响酒店计划编制的因素

### （一）经济环境与市场状况

经济环境主要包括宏观和微观两个方面的内容。宏观经济环境主要指一个国家的人口数量及其增长趋势，国民收入、国民生产总值及其变化情况以及通过这些指标能够反映的国民经济发展水平和发展速度。微观经济环境主要指企业所在地区或所服务地区的消费者的收入水平、消费偏好、储蓄情况、就业程度等因素。这些因素直接决定着企业目前及未来的市场大小。

经济环境中，市场状况对酒店计划具有直接的影响。酒店在编制计划时，有必要对市场有一个全面深入的了解。酒店可以通过市场调查，了解市场状况和发展趋势，进而为酒店产品的生产和销售、酒店服务的供给提供依据。

### （二）综合接待能力

综合接待能力是酒店各部门能够接待宾客、容纳市场、获取效益的能力总和，它不仅指酒店本身的住宿供给，而且包括围绕住宿而形成的各种配套设施与接待服务。因此，酒店的餐饮、会议、购物、娱乐等服务都构成其综合接待能力的一部分。前文所提到的客房数、床位数、接待人数与员工人数都是酒店综合接待能力的一个反映，对酒店的产品计划、客源计划、销售计划等都有着直接的影响。

从对综合接待能力的组成分析，各部门的接待能力都会有所差异。酒店要按各个部门的实际情况核定各部门的计划接待能力，以此作为编制酒店计划的一个依据。

### （三）管理水平与技术条件

酒店计划是基于现状而制订的，其执行也受制于酒店现有的管理水平和技术条件。因此，在制订酒店计划时必须充分考虑其管理和技术水平对计划的影响。管理水平主要指酒店组织机构的完善与有效性、酒店管理体系的健全、管理者素质的高低、管理人员的协作程度等。技术条件是指酒店各岗位的操作技术、制作技术、服务技术等。

### （四）销售渠道与客户关系

酒店的销售渠道与客户关系直接影响酒店的客源，是酒店计划制订的又一基础因素。酒店营销渠道是信息、产品及服务在酒店产品及服务供应者与消费者之间传递的路径，包括旅行社、第三方网络预订平台、全球分销系统等。渠道中间机构通过专业化的服务提高信息和服务产品的流通速度，使酒店服务产品价值在酒店经营者和消费者之间快速地传递，影响着酒店产品和服务的价值实现。酒店与其客户的联系、客户关系的建立与维持影响酒店未来经营状况，也是酒店计划制订时需要考虑的因素。

## 五、酒店计划编制的程序

### （一）外部环境分析

酒店在制订计划时，首先要考虑企业自身所处的环境。酒店外部环境分析，包括政治环境、经济形势、社会和技术环境等方面的分析。政治法律环境如财政政策、税收调整等，这些因素常常制约、影响酒店的经营行为，尤其是影响酒店较长期发展的投资行为；经济环境尤其是旅游市场，将直接影响酒店收入和利润目标的实现；分析社会环境有助于了解顾客的需求倾向、消费偏好等因素；而技术环境分析则包括酒店现有的技术系统、发展趋势及发展速度，酒店应跟踪掌握新的技术、新设备，分析其对酒店管理、服务提供的影响。

### （二）酒店现状分析

计划是连接现在与未来的一座桥梁。因此，酒店经营管理现状正是计划制订的基础，认清现在才能制订科学合理的计划。酒店现状分析不仅需要有开放的精神，将组织、部门置于更大的系统中，而且要有动态的精神，考察环境、对手与组织自身随时间的变化与相互间的动态反应。不仅要研究环境给组织带来的机会与威胁，而且要充分认识到与竞争对手相比的组织自身的实力与不足，还要研究环境、对手及其组织自身随时间变化的变化。

### （三）明确组织目标

确定目标是计划工作的主要任务。酒店目标是指企业所期望的成果，它为酒店整体、各部门和各成员指明了方向，描绘了企业未来的状况，并且作为标准可用来衡量实际的绩效。酒店管理者进行计划工作，就是要明确组织目标，并将所确立的目标进行分解，以便落实到各个部门、各个活动环节，并将长期目标分解为各个阶段的目标。酒店所确立的目标指明了主要计划的方向，而主要计划又根据反映企业目标的方式，规定各个重要部分的目标。而主要部门的目标又依次控制下属各部门的目标，等等。沿着这样的一条线依次类推，从而形成了组织的目标结构。目标结构描述了组织中各层次目标间的协作关系，包括目标的时间结构和空间结构。

### （四）确定前提条件

前提条件是关于要实现计划的环境的假设条件，是关于酒店现状与未来连接桥梁上，及酒店实现目标的过程中，出现的所有可能的假设情况。

由于旅游市场处于不断的变化中，酒店的未来发展是不确定的，其所处环境十分复杂，要把一个计划的将来环境的每个细节都做出假设，不仅不切合实际甚至无利可图，因而是不必要的。因此前提条件是限于那些对计划来说是关键性的，或具有重要意义的假设条件，也就是说，限于那些最影响计划贯彻实施的假设条件。预测对确定前提条件具有重要作用，最常见的对重要前提条件预测的方法是德尔菲法。

### （五）拟订和选择行动计划

该步具体包含三项内容：拟订可行性行动计划、评估计划和选定计划。拟订可行性行动计划要求拟订尽可能多的计划。可供选择的行动计划数量越多，被选计划的相对满意程度就越高，行动就越有效。因此，在可行的行动计划拟订阶段，要发扬民主，广泛发动群众，充分利用组织内外的专家，通过他们献计献策，产生尽可能多的行动计划。

评价和选定行动计划，要注意考虑以下几点：第一，认真考察每一个计划的制约因素和隐患。第二，站在酒店总体效益高度来衡量计划。第三，既要考虑到每一计划的许多有形的可以用数量表示出来的因素，又要考虑许多无形的不能用数量表示出来的因素。第四，要动态地考察计划的效果，不仅要考虑计划执行所带来的利益，还要考虑计划执行所带来的损失，特别注意那些潜在的、间接的损失。第五，按酒店的运营规律和原则选择出一个或几个较优计划。

### （六）拟订主要计划

拟订主要计划就是将所选择的计划用文字形式正式地表达出来，作为一项管理文件。拟订计划要清楚地确定和描述 5W1H 的内容。

### （七）制订派生计划

酒店主要计划需要有派生计划的支持。例如，酒店制订了"当年酒店 RevPAR 比上一年增长 10%"的客房收入计划，这就需要制订相应的派生计划，如客房促销计划、员工培训计划、客房服务计划等。

### （八）制定预算，使计划数字化

在做出以上决策和确定各种计划后，酒店计划的最后一步就是把计划转变成预算，使计划数字化。编制了具体的预算，酒店计划的指标体系就更加明确，而管理者也更易于对计划执行进行控制，有效地完成计划规定的目标。

# 第二节　酒店计划的目标管理

## 一、目标管理与酒店的实践

目标管理（Management By Objectives, MBO）由管理大师彼得·德鲁克（Peter Drucker）于1954年首次在其著作《管理的实践》中明确提出，其实践则在日本发扬光大。1978年我国改革开放，引进先进的管理理论和经验，其中重要的一项就是目标管理。历经30多年的发展，不断被时代赋予更丰富的内涵，目标管理目前已经成为我国企业管理的有效模式。

德鲁克认为，目标管理的主旨在于促成组织的完整与统一。欧狄昂说："目标管理乃是一种秩序，借上下层级间对目标的共同了解，制定个人的工作目标及所负职责，使之能齐心协力地完成组织目标，并以预定的目标为业务推行的指导原则和评审成果的客观标准。"麦康基说："目标管理就是一种业务管理计划和考核方法，使每一位管理人或主管皆按其应达成的目标与成果，制定其一年内或一定期间内具体确实的工作内容与进度；等到期满，以原定目标衡量实际的成果。"

可见，目标管理是根据注重结果的思想，组织各部门和员工根据组织在一定时期的总目标，通过自上而下、自下而上共同制定各自的分目标，并在获得适当资源配置和授权的前提下积极主动实现分目标，使总目标得以实现，进而实现企业战略的一种管理模式。

酒店经营最突出的特点就是员工直接面对顾客提供服务，因而员工的主动性、自主性十分重要，酒店要提高员工的工作效率，只有通过其自身的目标对其进行激励，而目标管理正是有效的方法。

## 二、酒店目标管理的步骤

目标管理的具体实施分三个阶段：第一阶段为目标的设置；第二阶段为实现目标过程的管理；第三阶段为绩效反馈和考核评价。

### （一）目标设置

目标管理的第一步骤是确定目标。由于酒店活动与员工服务的有机叠加，因此只有每个员工、各部门的工作对组织活动做出期望的贡献，企业的目标才可能实现。所以，如何使全体员工、各个部门积极主动、想方设法为组织的总目标努力工作是管理活动有效性的关键。这一阶段可以分为四个步骤：

第一，高层管理预定目标。酒店企业的领导必须根据企业的使命和长远战略，估计客观环境带来的机会和挑战，对本企业的优劣有清醒的认识。对组织应该和能够完成的目标心中有数。

第二，重新审议组织结构和职责分工。目标管理要求每一个分目标都有确定的责任主体。因此预定目标之后重新审查现有组织结构，根据新的目标分解要求进行调整，明确目标责任者和协调关系。

第三，确立下级的目标。在制定下级分目标的讨论中，上级要尊重下级，平等待人，耐心倾听下级意见，帮助下级发展一致性和支持性目标。分目标要具体量化，便于考核；分清轻重缓急，以免顾此失彼；既要有挑战性，又要有实现可能。每个员工和部门的分目标要和其他的分目标协调一致，支持本单位和组织目标的实现。

第四，上级和下级就实现各项目标所需的条件以及实现目标后的奖惩事项达成协议。分目标制定后，要授予下级相应的资源配置的权力，实现权、责、利的统一。由下级写成书面协议，编制目标记录卡片，整个组织汇总所有资料后，绘制出目标图。

## （二）过程管理

目标管理重视结果，强调自主、自治和自觉，并不等于酒店管理者就可以放手不管，相反，由于形成了目标体系，一环失误，就会牵动全局。因此，管理者对目标实施过程中的管理是不可缺少的。首先，应进行定期检查，利用双方经常接触的机会和信息反馈渠道自然地进行；其次，要向下级通报进度，方便互相协调；最后，要帮助下级解决工作中出现的困难问题，当出现意外、不可测事件严重影响组织目标实现时，也可以通过一定的程序，修改原定的目标。

## （三）反馈与考核

目标管理通过给酒店员工提供持续的反馈，使他们能够控制和修正自己的行为。与此同时，管理人员在检查进度时应进行阶段性评价并给予相应的物质和精神鼓励，进一步激发下属的组织目标认同感和工作自豪感。还需要注意的是，考核评价依据只能是目标的实施结果，而不是努力程度。经过评价，使得目标管理进入下一轮循环过程。达到预定的期限后，对整个过程进行总结和评估，下级首先进行自我评估，提交书面报告；然后上、下级一起考核目标完成情况，决定奖惩；同时讨论下一阶段目标，开始新的循环。如果目标没有完成，就要分析原因、总结教训，切忌相互指责，应保持相互信任的气氛。

## 三、目标管理的优缺点及酒店企业成功实施的条件

目标管理对组织内易于度量和分解的目标会带来良好的绩效，对于那些在技术上具有可分性的工作，由于责任、任务明确，目标管理常常会起到立竿见影的效果；同时，如果组织目标的成果和责任力图划归一个职位或部门，容易出现授权不足与职责不清等问题。目标管理有助于改进组织结构的职责分工；目标管理启发了自觉，调动了职工的主动性、积极性、创造性；目标管理促进了意见交流和相互了解，改善了酒店内员工关系。

但在实际操作中，目标管理也存在许多明显的缺点。酒店企业的具体目标难以制定，尤其是服务的特性使其数量化目标制定显得十分困难；目标的反复商定与讨论也会大大增加管理成本；另外，有时奖惩不一定都能和目标成果相配合，也很难保证公正性，从而削弱了目标管理的效果。

要使酒店目标管理取得成效，必须注意以下条件：第一，要由高层管理人员参加制定高级策略目标；第二，下级人员要积极参加目标的制定和实现过程；第三，信息资料要充分；第四，管理者对实现目标的手段要有相应的控制权力；第五，对实行目标管理而带来的风险应予以激励；第六，对酒店员工要有信心，相信员工的能力。同时，在运用目标管理方法时，也要防止一些偏差出现，如不宜过分强调定量指标（尤其是纯服务项目），忽视定性的内容，要根据多变的环境及时调整目标等。

# 第三节　酒店的市场与竞争战略

## 一、酒店的市场环境分析

迈克尔·波特认为，一个产业内部的竞争状态取决于五种基本竞争作用力，即产业竞争对手、潜在进入者、替代品、供应商和购买者，这些作用力汇集起来决定着该产业的最终利润潜力；产业结构强烈地影响着竞争规则的确立以及潜在的可供企业选择的战略。酒店同业竞争者的竞争程度造成了现行的行业结构，供应商和购买者的讨价还价能力同样影响着酒店的利润水平，潜在进入者和替代者的威胁则体现了关联产业的威胁与机遇。分析这五种力量，可以了解酒店行业的市场与竞争状况，从而采取合理的竞争策略。在此，以最近发展较快的酒店分支——家庭旅馆为例，利用波特的五力模型进行竞争环境分析，如图 2-6 所示。

图 2-6 中：

潜在进入者：
1.当地居民解决就业而进入
2.逐利资本对市场机会的把握

新进入者的威胁

供应商：
1.单个家庭旅馆需求量小
2.需求个性化，制造商有限

供方谈判实力

行业内现有家庭旅馆：
1.结构高度分散，竞争充分
2.服务雷同，产品同质
3.价格战与不正当竞争

买方议价能力

顾客：
1.体验当地生活
2.个性化的服务与休闲、自由
3.游客组织与消费方式变迁

替代产品或服务的威胁

替代竞争者：
1.农家乐、主题酒店等
2.专业化的社会餐饮

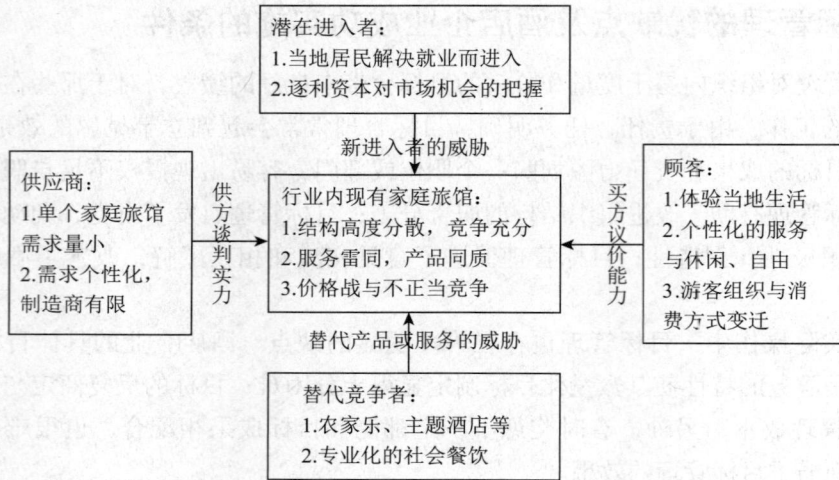

**图 2-6　酒店竞争分析的五力模型（以家庭旅馆为例）**

## （一）同行业之间的竞争

从旅馆形态上看，家庭旅馆一般规模小、投入少、投资风险度低，由家庭经营，且多属自发性经营，没有专门的规划与引导。因而，家庭旅馆一般处于分散经营状态，竞争是充分的。各旅游景区的家庭旅馆多以单户形式存在，且数量众多，行业竞争高度分散。

家庭旅馆由于多属个体经营，规模小，其经营相对灵活，但同时，我国家庭旅馆数量多，功能结构单一且雷同，其竞争又呈现出另一个问题——同质化明显。一方面，从家庭旅馆的整体上看，它与一般的社会旅馆、星级宾馆存在一定的差异，但就行业内部情况而言，由于缺乏正确的规划指导，在固有思路束缚下自发开办的家庭旅馆，存在互相模仿、跟风和抄袭的现象，在提供服务时也并未体现自身特色以及当地特色。另一方面，我国家庭旅馆的发展与竞争缺乏相应的行业自律与规范。在其他大部分地区，家庭旅馆仍处于散乱并无序的状态，这些景区民居客栈缺乏统一管理，政府监管不力，无证经营、逃避监管和税收的现象突出。一些地区家庭旅馆有证与无证经营混杂，造成了不正当竞争，竞争的加剧也促使居民外出拉客并互相诋毁竞争对手，这将影响家庭旅馆的和谐、持续发展，因而政府需要统一标准，对家庭旅馆加强规范管理。

## （二）潜在进入者的威胁分析

根据经济学理论，可竞争市场具有以下特点：进入或退出完全自由。即对于新进入者或潜在进入者来说，并不存在成本劣势的差异，而对于在位企业来说，进入时并未遇到技术等方面的不利条件，退出时也没有沉没成本。因此，在位企业十分容易受到"打了就跑"的进入方式的袭击，市场是竞争性的，家庭旅馆比较接近于可竞争市场。由于规模较小，服务相对简单，并依靠自家房屋及相关设施接待顾客，政府也未对家庭旅馆的进入与发展进行限制，因此，家庭旅馆并不存在较大的沉没成本，其进入和退出壁垒都是比较低的。这就意味着，现有家庭旅馆总是面临着潜在的竞争者，只要有相应的顾客需求和市场利益，家庭旅馆很快就会呈现出遍地开花的竞争局面。

现有家庭旅馆的潜在竞争压力主要来自两个方面：一是当地居民将家庭旅馆作为解决就业的途径而进入。在我国许多地区，如广西的龙脊，随着旅游业的发展，其原先以农业为主导的经济结构正发生着改变，当地居民抓住旅游发展机遇，实行经营内容的转型，而经营家庭旅馆便是其中的一种。二是逐利资本对市场机会的把握。例如，在丽江古城，大量游客前来观光与休闲，并体验当地文化和生活，这就使得有着文化氛围的住宿需求大量增加，许多外来投资者把握这个市场机会，前来经营家庭旅馆。家庭旅馆的潜在竞争状况进一步说明了其竞争是比较充分、激烈的。

### （三）替代产品或服务的威胁分析

从满足游客住宿需求的角度出发，众多星级饭店依靠其相对完善的服务设施，承接了大量游客的接待服务，可以作为家庭旅馆的一种替代商。然而从家庭旅馆的客源住宿需求来看，家庭旅馆的服务对象主要是散客，住宿需求不是其入住家庭旅馆的全部原因甚至主要原因，这些游客往往追求一种文化气息和家庭氛围，把家庭旅馆作为体验当地特色风土人情的一种方式。一项关于家庭旅馆的游客体验调查分析表明，游客重视家庭旅馆对当地生活的体现，而突出旅馆所在地的文化特色、家庭氛围和个性化的服务是成功经营的保证。因此，家庭旅馆的主要替代竞争者是农家乐、主题酒店等能为游客提供这种体验的服务或住宿形态。在我国农家乐的诞生地——成都，农家乐的发展非常迅速，目前已发展到相当规模，几乎郊区各县、区都有。因此，大部分游客采取了市区住宿、郊区农家乐的体验形式，这对家庭旅馆的发展是一个外部威胁。另外，独具文化特色的主题酒店往往也能较好地体现当地文化和特色，如四川青城山的鹤翔山庄以道家文化为主题，提供个性化的服务，就较好地反映了青城山的文化特色，对当地的家庭旅馆具有一定的替代作用。

家庭旅馆中也有一部分同时提供餐饮服务，顾客可以从中品尝当地风味，感受当地的餐饮特色，但这项服务受到当地特色社会餐饮的挑战。专门经营社会餐饮的企业在餐饮氛围、菜品质量上往往有着突出优势，家庭旅馆难以与其竞争，因此，我国大部分家庭旅馆把服务中心放在住宿上，并不提供餐饮服务，除非顾客提出此类要求。

### （四）顾客的需求与压力

随着大众旅游发展的深入，游客不断地积累消费经验，逐渐变得成熟，其对体验的要求也越来越高，这对我国家庭旅馆来说是一个挑战。然而从目前的情况看，我国家庭旅馆绝大部分缺少应有的家庭氛围和地方特色，卫生、安全状况不尽如人意，缺乏管理，竞争无序，难以满足游客这种需求。

因此，家庭旅馆将在多方面面临改进的压力：首先，卫生、安全状况。我国家庭旅馆不仅在卫生状况上不如星级宾馆，而且设施和环境的安全性也难以保障，也极少对游客进行入住登记，安全隐患较大。其次，体验质量。许多家庭旅馆在管理和经营中并未体现自身特色，甚至与广大的社会旅馆无异，这就降低了游客的体验质量，与游客入住家庭旅馆的初衷相违。最后，附加服务。家庭旅馆服务有限，但如果能提供一些附加的服务，如当地旅游信息服务、洗衣服务等，游客的满意度将大大提高。

### （五）供应商的讨价还价能力分析

相对于其他类型的饭店而言，家庭旅馆主要以自身的房屋和设施为依托，辅之以有限的服务来接待游客，这就决定了其对供应商的依赖性较弱，因此，从总体上看，供方力量对我国家庭旅馆的影响较小。但并不意味着家庭旅馆可以完全自给，为了满足游客住宿、餐饮等服务的需求，满足其对相关设施的要求，我国的家庭旅馆仍将进行相应的采购活动，如购买彩电、空调及卫生间相关设施，提供上网服务等。

由于我国家庭旅馆规模较小，无法实现采购的规模经济，在对供应商的购买谈判中处于不利地位。供给者和需求者之间的竞争是一种"抗衡力量"，供求力量的对比形成了各自的竞争地位。因此，家庭旅馆小规模且个性化的采购需求决定了其在与供应商的讨价还价过程中处于不利地位，家庭旅馆将这种成本转嫁于旅游者身上，就无形中增加了旅游者的成本。为避免这种不利地位，家庭旅馆之间可以适当联合，集中需求力量统一采购。

通过对我国家庭旅馆产业结构五种力量的分析，可以得到我国家庭旅馆业的市场结构和竞争状况：市场结构高度分散，处于相对充分的竞争中；家庭旅馆总是受到潜在竞争者和替代竞争者的威胁，利润趋于平均化；来自供应商的压力对家庭旅馆的影响较小，但单个家庭旅馆在与其协商中处于劣势地位；来自顾客的压力要求家庭旅馆在卫生安全、体验质量和服务特色上做出改进。其实我国多数酒店形态的市场竞争状态跟家庭旅馆有很多相似之处，基于这种环境分析，酒店可根据情况选择不同的市场竞争策略。

## 二、酒店的竞争战略

迈克尔·波特认为，企业有三种竞争战略可供选择：低成本战略、差异化战略和聚焦战略。

低成本战略是指酒店企业通过降低成本，在生产、销售、服务等各领域，使自身的总成本低于竞争对手，甚至达到全行业最低，以构建竞争优势的战略。低成本战略使酒店企业在与现有竞争对手的对抗中处于领先地位，并能在与供应商和顾客讨价还价过程中更有优势，形成进入障碍，阻止潜在进入者，还能树立与替代品的竞争优势。规模经济是实现低成本战略的常用手段，它指的是在酒店企业产出/量的某一范围内，平均成本随着产出的增加而递减。这种规模经济表现为当酒店企业在增加客房和出租率的过程中，经营总成本平摊在顾客身上的水平逐渐下降，如图2-7所示（AC指平均总成本，而 Q 是酒店的产出，主要指客房数量）。由于酒店产品的不可储存与移动性，使得企业通过在同一间酒店实现规模经济化来分享日渐扩大的市场份额非常困难，于是很多企业通过在不同的地方另建酒店的方式实现规模化，便导致了酒店的连锁与集团化。同时，酒店企业在持续经营的过程中，不断积累的经营经验导致了学习效应（即酒店企业的管理者和员工在长期管理、服务过程中，积累工作经验，从而通过增加出租率、提高效率导致长期平均总成本下降），这也使得其经营成本不断下降，是低成本战略的另一种方式。

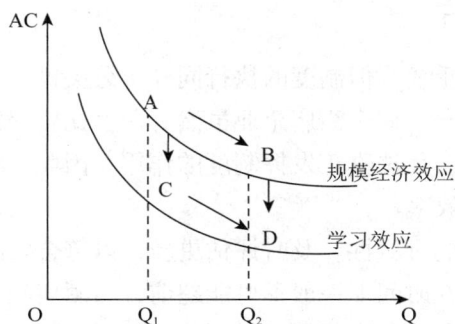

图 2-7　酒店企业基于规模经济的低成本战略

　　差异化战略是指酒店企业将其提供的产品或服务差异化，形成在同行业范围内独有的东西。对于产品差异化概念的进一步解释是同行业内相互竞争的酒店企业生产的产品或提供的服务，由于物理性能、销售服务、信息提供、消费者偏好等方面存在着差异，从而使产品之间具有不完全替代关系的状况。从产品差异化的内容上看，主要有信息差异化、渠道差异化、形象差异化、品牌差异化等。信息差异化是指无形的、人们意识到的产品间信息性差异，包括顾客的主观差异、顾客的知识差异以及酒店的推销行为。在现实生活中，信息往往是非对称的，并且由于获取信息是有成本的，人们所获得的信息也往往是不完全的。信息的差异化会使消费者对于要素相同的酒店产品（核心是服务）产生不同的认识。产品的差异性是综合的，各种形式互相影响，产生了更多的可代替产品间的产品差异。根据整体产品构成要素分类，可以将产品差异分为核心层上的产品差异化，有形层上的产品差异化以及附加层上的产品差异化。

　　聚焦战略是指酒店企业在详细分析外部环境和内部条件的基础上，把某个特定的顾客群、某产品链的一个细分区段或某一个地区市场作为服务对象，并围绕这一特定服务对象建立竞争战略。例如，某些酒店专门针对老年顾客推出的老年公寓。聚焦战略的前提是：酒店企业能够优质高效地为某一特定的顾客对象服务，从而避免分散投资局面，形成核心竞争力，超越竞争对手。聚焦战略可与低成本战略或差异化战略结合，从而形成低成本聚焦、差异化聚焦，即实现在某一细分市场上的低成本或差异化。

　　波特认为，对企业来说，低成本战略与差异化战略两者不可兼顾，在二者间游离不利于企业取得成功。然而，酒店管理模式的变更以及现代信息网络技术的发展使低成本战略与产品差异化的兼得成为可能。现在许多酒店集团所采取的连锁差异化就是将低成本与差异化相结合的一种尝试。

# 第四节　酒店的计划与控制系统

## 一、酒店制度的执行

酒店计划的制订十分重要，但制度的执行同样十分关键。从管理程序上看，制度执行也是计划的一个组成部分。许多酒店企业虽然有一套比较完整科学的组织制度，但却由于执行不力而流于形式，无法真正发挥制度的作用。因此，酒店企业必须采取相关措施提高制度执行的力度与效率。

第一，保证规章制度的可行性。及时评估更新，以符合实际情况。酒店原有制度是基于历史状况而形成的，在时间上一般不可能超前，而酒店经营管理的环境却处于不断的发展变化之中，因此其各种制度都要及时评估。一般每年都应评估一次，以检查其适用状况，对不适用的，必须及时更新，并补充遗漏的或不完善的地方，否则规章制度无适应性，将成为一纸空文。

第二，制度必须得到评审和批准才可发行，包括修改。酒店企业制度应先召集相关的部门负责人进行评审，提出必要的修改意见，且评审时应进行记录，以保证其认真阅读，同时防止违反制度时找借口。而一些领导在审批文件时，很少认真仔细地逐条阅读，导致一些制度执行时出现偏差，要尽量提高文件的权威性，即审批级别越高，权威性越高。

第三，酒店高层管理者必须带头执行各类规章制度，总经理必须贯彻制度面前人人平等的精神。包括自己、亲属、朋友等这些"特殊员工"，无论谁违反规章制度都必须按相关的规定予以处罚，制度不能有选择地执行，从而保持规章制度的权威性和严肃性。

第四，注意企业制度的内容及其执行方式。规章制度并不是越多越好，也不是越简单越好，而应简单、有效、适用；规章制度通俗易懂也十分重要，这样可以避免相应的误解。制度发布以后应进行宣传、培训，特别是对中高层管理人员和"特殊员工"，以确保全体员工清楚各项规章制度的要求，这样才能保证制度得到执行。一些敏感性比较强的规章制度可以试行的方式来检验其可行性，防止发布之后，因反对声太大，而导致流产。

总之，规章制度制定必须考虑其可行性，一旦规章制度发布了，就必须得到严格执行，在执行中完善和改进，维护其权威性。只要做到持之以恒，一定可以不断健全企业的制度文化，为企业生存与发展打下良好的基础。

## 二、酒店的控制系统

酒店管理的控制职能是指保证酒店企业中的一切活动符合所制订的计划和所下达的命令。控制就是跟踪实际工作进程，并将其与计划安排进程进行比较，发现问题，及时纠正，以保证管理计划的有效实施。酒店管理者的控制职责主要是对酒店运营进行全面监控，了解管理计划实际进展状况，及时发现偏差，并采取措施加以纠正，使酒店工作处于受控状态，有效地实现酒店目标。控制职能分四大步：首先是制定控制标准，以此前所制订的计划为基础；其次是对效果进行评估，看实际执行的成效；再次是进行差异分析，即对照计划分析实际效果与标准之间的差距，看计划的实施是否可以接受；最后是纠正偏差，进行反馈、改进，如图2-8所示。

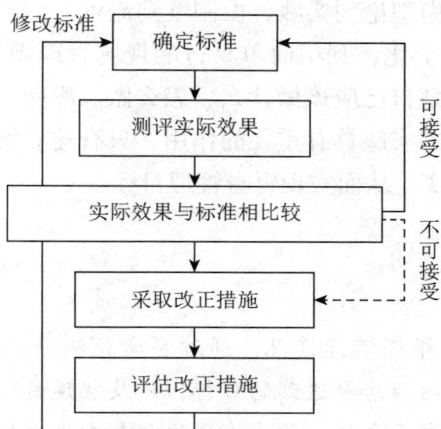

**图 2-8　酒店计划的实施与控制**

控制的目的在于在计划实施过程中进行监控和评估，保证计划的有效运行。如果等计划实施完结之后再进行评估，就可能导致无法挽回的损失。酒店管理者可以采取多种方法进行控制，如表单管理法、走动管理法等。

表单管理法，就是通过表单的设计制作和传递处理，来控制酒店业务经营活动的一种方法。酒店的表单一般可分为三大类：第一类是上级部门向下级部门发布的各种业务指令；第二类是各部门之间传递信息的业务表单；第三类是下级部门向上级部门呈递的各种报表。

表单管理法的关键是设计一套科学完善的表单体系。表单管理法必须遵循实用性、准确性、经济性、时效性的原则，并在以下五个方面做出具体规定：第一，表单的种类和数量。既要全面反映酒店的业务经营活动，又要简单明了，易于填报分析。第二，表单的性质。酒店使用的表单既属于业务指令，又是工作报表。第三，传递的程序，即表单向哪些部门传递，怎样传递。第四，时间要求，即规定什么时候传递，传递所需的时间，第五，表单资料的处理方法。酒店管理者必须学会利用表单来控制酒店的业务活动，如通过检查、阅读各种工作报表来掌握并督促下属的工作，通过阅读、分析营业报表来了解并控制酒店的经营活动等。

走动管理法也叫现场管理法，即酒店管理者到达工作现场，直接与员工交流，交换关于工作如何进展的信息。走动管理可以获取遗漏的事实、面部表情、语调以及懈怠等这些可能被忽略的信息。酒店业务经营的特点之一，就是提供服务和消费服务的同一性，要有效控制酒店的业务经营活动，提高服务质量，就必须深入服务第一线，以便了解情况，及时发现和处理各种疑难问题，纠正偏差，协调各方面关系。同时也可以及时和下属沟通思想，联络感情，实施现场激励，并发现人才。

香港的酒店管理专家何广明还提出了酒店管理的"五常法"。表现为酒店管理人员"常组织""常整顿""常清洁""常规范""常自律"。五常管理法是一个由内向外、由人到物、由软件到硬件、由理论到实践、由制度到流程、由考评到自省的完整的管理体系。五常管理法将计划细节化，利用简单易行的现场管理操作方法，使文化程度较低、流动性大的第一线员工清楚自己应该做什么、怎么做。酒店"五常法"的天天整顿、常常整理的思路对于其计划的实施具有重要的作用。只有建立科学的控制系统，酒店才能保证其计划与战略得到落实，从而实现自身管理目标。

## 【本章小结】

酒店计划是指管理者根据实际情况，通过科学预测，权衡客观的需要和主观的可能，提出在未来一定时期内酒店要达到的目标，以及实现目标的途径，并据此拟定出具体措施和行动步骤的一种书面文件。作为连通现状与未来的桥梁，酒店的计划具有目标性、预见性和指导性等特点。制订酒店计划，必须包含目标确定、环境分析、实施时间、实施环境、人员分工和具体措施六大内容。计划的制订为酒店指明了方向，减少了由于重复决策而产生的费用，提高了管理效率。制订酒店计划必须考虑外部环境因素与酒店自身的资源与能力，经过外部环境分析、酒店现状分析、确定前提条件、拟订和选择行动计划、制订主要计划、制订派生计划和制定预算七大步骤。目标管理是有效的计划管理手段，它包含目标设置、过程管理、反馈与考核三大步骤，使酒店管理者和普通员工共同确定并完成目标，提高了员工的参与性和积极性。酒店企业需要分析自身所处的市场环境及竞争状况，并据此采取相应的竞争战略，如低成本战略、差异化战略等。此外，制度的执行同样十分关键，酒店计划管理的成败与否还取决于其控制系统。酒店企业必须采取相关措施提高制度执行的力度与效率，同时确定科学的制度，采用合理的管理方法（如表单管理法等），来保证计划的实施。

【案例分析】

## 低星级酒店的竞争战略

### 一、低星级酒店概述

低星级酒店是指按照《旅游饭店星级的划分与评定》国家标准评定出的星级酒店中处于较低层次的一星级、二星级和少量的三星级酒店。根据酒店星级标准，低星级酒店的要求是：建筑结构良好，内外装修采用普通建筑材料，前厅有客房气息，客房设备需满足顾客基本生活需求，提供餐饮服务。可见，标准对低星级酒店服务的深度要求不高，但要求其有比较全面的服务，呈现出"小而全"的特点。2019年，全国旅游星级酒店的总数已达10003家，其中五星级酒店845家、四星级酒店2550家、三星级酒店4888家、二星级酒店1658家、一星级酒店62家。低星级酒店有6000多家，约占所有星级酒店的2/3。可见低星级酒店在我国星级酒店中占有重要地位，其发展对我国星级酒店的发展有着重要的影响。然而，另一个情况却是低星级酒店的发展遇到了巨大的问题。2010年，全国共有旅游星级酒店11779家，其中五星级酒店545家、四星级酒店2002家、三星级酒店5384家、二星级酒店3636家、一星级酒店212家。两组数据对比可以发现，经过了近十年的变化，高星级酒店（四、五及部分三星级）的数量明显增加（如五星级从545家增至789家），而低星级酒店的数量却大大减少，二星级酒店的数量不足十年前的一半，一星级酒店的数量则不足之前的1/3，有接近消失的趋势，这凸显了低星级酒店发展的问题。

### 二、低星级酒店的经营现状

低星级酒店的发展受到高星级酒店的排挤。无论从服务质量还是客源质量上，高星级酒店都有着低星级酒店无可比拟的优势。一方面，从我国近几年的星级酒店发展形势上看，高星级酒店在近几年以较快的速度增长，且有继续增长的趋势。这是由于我国经济的发展和繁荣促使了高消费群体的增加，尤其是商务会议旅游者的兴起，扩大了其客源市场。另一方面，低星级酒店则不断爆出安全、卫生等方面的问题，自身服务质量也并未显著提升，从而大大影响了其市场形象，已经不再是多数旅游者的优先选择。

新型酒店业态的挑战使低星级酒店处境更为艰难。酒店新型业态的大量涌现，对传统的星级酒店提出了严峻的挑战，低星级酒店所受影响最大。自21世纪以来，经济型酒店如雨后春笋，在中国各地发展起来，显示出蓬勃的生命力。

由于低星级酒店设备要求全面，服务要求周到，加之不少酒店出于盲目追求档次的目的而过度投入，其费用一直居高不下，同时由于其服务内容过于泛化，定位不明，目标客户重叠，低星级酒店恶性竞争严重，导致企业效益低下。在竞争方式上，低星级酒店多采用单一的价格竞争手段。在市场营销上，低星级酒店多采取电话预订等传统营销方式。在组织运营方面，低星级酒店缺乏资本运营，产品运营没有做到位，这就使其在与其他类型酒店的竞争中处于劣势。

### 三、低星级酒店的竞争战略：细分与整合

首先，低星级酒店的发展要打破现在同质聚堆的形象，对现有的客源市场进行进一步的细分，从而建立起一整套的专业化和特色化经营体系。这就要求酒店的所有者和经营者必须根据市场需求来确定自己酒店的服务目标和方向，并据此研究确定自己的经营产品。低星级酒店应由目前的面对所有市场的"小而全"的酒店结构转向各具特色的专业酒店。除了面对价格敏感的低端客源市场这一共同点之外，现有的产业存量要分别对应商业、会议、事务、观光、休闲、度假等消费动机寻找有差异的市场类型。在这些基础上，针对更加细分的客源，调整自己的产品结构和服务项目，努力做出自己的特色。从目前的市场形势来看，中低消费层次的观光旅游者、城镇家庭休闲旅游者和二、三线城市的商业旅行者将是低星级酒店最为稳固的客源市场。

其次，在产品结构的调整方面，低星级酒店要更多地向经济型酒店学习。经济型酒店的特点之一是功能简化，它把服务功能集中在住宿上，力求在该核心服务上精益求精，而把餐饮、购物、娱乐功能大大压缩、简化，甚至不设，投入的运营成本大幅降低。因而与低星级酒店相比，从成本上，经济型酒店减少了许多额外的投入，大大降低了成本；从服务上，经济型酒店以顾客的基本需求为导向，为市场提供"价廉、舒适、卫生、安全"的产品和服务，定位明确，适合顾客的需求，以大众旅行者和中小商务者为主要服务对象，最大限度发挥了自身优势。对于低星级酒店而言，还要进一步根据细分市场的特点来调整自己的产品结构和服务项目。如主要定位于老年人市场的低星级酒店，就以考虑从建筑外观、设施摆放、便利性等方面进行改造，使之更符合老年人的审美取向和消费习惯。再如主要定位于国内旅游团队市场的酒店，则可以通过优化团队就餐环境、提供集体娱乐设施、附加旅游信息等增值服务，来增加客房以外的收益在酒店营业额中的比重。

再次，低星级酒店要尽力延展自己的业态谱系。为适应消费者需求和市场竞争环境的变化，低星级酒店应根据自身特点（区位、服务、设施、品牌等）寻找出路，求得生存。途径之一是通过改造转型为经济型酒店。在欧美发达国家，经济型酒店非常普及，其市场份额约占整个酒店市场的70%。中国经济型酒店尽管发展速度很快，但由于起步相对较晚，目前在国内酒店业的市场份额尚不足10%，应当说还有很大的增长空间。部分低星级酒店完全可以通过出让、出租、特许加盟等方式进入经济型酒店的行列。途径之二则是通过提升向高星级酒店发展。相比低星级酒店，高星级酒店享有较高的客房出租率，且其目标客源市场主要是中高端商务人员，也与低星级酒店有区别，避免靠无序的价格战来争夺市场份额；高星级酒店也可以较为有效地避开经济型酒店的迅猛发展带来的冲击。所以，在条件允许的情况下，部分低星级酒店可以考虑通过更新改造和提升档次来应对当前酒店市场的变化。途径之三则是通过挖掘本地的自然和历史文化资源向着小型的主题酒店方向发展。像沿高速公路或者城市边缘布局的汽车旅馆、在A级景区或古城镇、古村落分布的带有浓厚历史积淀的客栈、在高等院校和科研院所周边布局的"现代招待所"，等等，都是中国低星级酒店群体可以介入的延展业态。

最后，进行资源的整合也是低星级酒店的发展出路之一。在产权多元化的基础上，低星级酒店要逐步实现同类型、同区域，同类型、跨区域，同档次、跨区域的联合。酒店集团化是经济全球化大背景下酒店发展竞争的必然结果，无论是从资本筹集、成本、服务采购，还是从人力资源、营销网络、品牌经营方面，酒店集团都有着单体酒店无可比拟的优势。目前，全球各酒店集团和跨国酒店管理公司都在大肆扩张，通过直接投资、管理合同、租赁、特许经营等多种方式扩大自身影响力，挤压单体酒店，特别是低星级酒店的生存空间。面对产业集中度扩大的压力，作为单体酒店的低星级酒店为谋求自身出路，在共同利益的驱使下，必须走联合发展的道路。国际酒店产业的实践经验表明，在产权多元化基础上建立起松散的同业联盟是有效可行的，有的协同效益甚至达到了酒店集团的水平。在全国范围内或主要商务城市，低星级酒店可以通过组建酒店联合体的方式改变单体酒店在客房预订方式、酒店宣传方面的不足，还可以通过采购以降低成本。通过对酒店联合体的统一推广，使之成为消费者认可的组织，该组织下的酒店也由于降低了消费者在购买服务过程中的风险而得益。在具体的实践过程中，酒店联合体还可以考虑使用会员卡的形式吸引客源。

总之，低星级酒店有其自身的市场基础和存在理由，目前发展中虽然存在一定的问题，但是只要把握市场机会，进行细分、差异竞争，整合相关资源，低星级酒店仍会有较好的发展空间。

**分析内容：**

根据上述案例，并结合相关知识，思考：

1. 与高星级及非星级酒店相比，低星级酒店的优势和劣势；

2. 酒店星级标准的变化对低星级酒店发展的影响；

3. 低星级酒店组成酒店联合体的条件及其优劣势。

# 第 三 章

## 酒店组织管理

### 【学习目标】

学习本章后，你应当能够：

1. 理解酒店的组织职能、组织制度和组织形式；
2. 理解酒店组织结构的含义和设置原则；
3. 了解常见的酒店组织结构形式；
4. 知道酒店非正式组织的含义，了解其在酒店中的影响；
5. 了解酒店非正式员工的类别、特征及其管理。

### 【章前引例】

酒店领班利用管理中的漏洞及做领班的便利条件，两年内竟贪污、挪用公款达20多万元。近日，法院对这一案件做出判决。

A酒店聘用赵某为合同制工人，录用期为三年。赵某开始担任A酒店总领班，主要职责是组织前台接待客人入住，以及退房结账工作。担任领班以后，他注意到，在酒店承揽一些会议或大型活动时，有些单位或客人只交会议费而没有开房间，形成了"哑房账"；个别客人住房时，离开酒店却没有办离开手续，押金仍留在酒店，被称为"非平客人"。赵某觉得有机可乘，于是，准备套取这部分资金。尽管酒店前台工作人员都有各自的电脑操作密码和工号，都在相对的严格管理和监控下，然而，赵某还是找到了漏洞，他把以前"哑房账"和"非平客人"的预交押金用电脑转移到新入住客人的账上充作新来客人的押金，结账时，对客人按照正常实际发生的金额结算，将转账过来的钱在电脑上做成退款，然后从银台备用金中拿走相应数额的现金。在短短一年的时间内，赵某就累计拿走人民币11.8万元。同时，赵某还扣押酒店给实习生的薪金,利用学生实习期间进行放贷,在实习结束时才全部发放。有些实习生虽对赵某的行为有所疑问,觉得自己应归人力资源部和学校管理,但想到领班毕竟比自己大一级,也就没有反映。最终,赵某因贪污等罪,被判处有期徒刑 5 年。

# 第一节　酒店的组织职能

## 一、酒店组织职能的基本概念

酒店管理的组织职能就是酒店管理者为实现组织目标而建立与协调组织结构的工作过程。酒店企业的管理者,要负责进行酒店组织结构的设计和组织团队的组建,设置部门职能,分配组织团队角色,决定哪些工作由什么部门完成,进行任务分派,授予他们相应的权力。酒店管理者的组织职责主要是努力为实施计划任务而获得足够的人、财、物等资源,并使人与事得到合理的配置,从而保证高效完成组织目标所规定的各项任务。从酒店的利益相关者角度上看,酒店要实现自身管理目标,从而给各主要利益相关者带来收益,就应该组织好、管理好酒店企业内外的资源,如图 3-1 所示。当然,酒店组织管理的对象主要是企业内部的人力及部门资源。

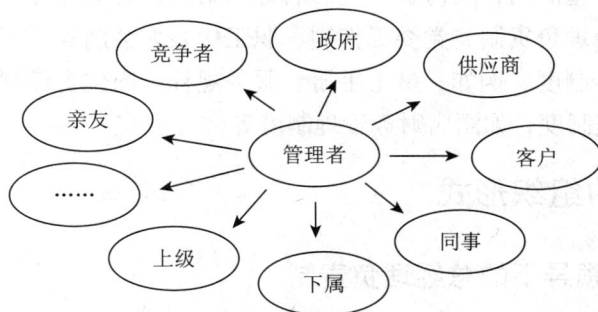

**图 3-1　酒店组织管理可能涉及的对象**

## 二、酒店组织制度

### (一)酒店组织制度的含义和作用

现代企业的基本组织制度是指关于企业核心组织机构的设置及其相互关系的制度,包括现代企业的组织形式和组织结构,主要体现在企业的组织结构方面。组织制度的建立对于酒店管理具有重要意义,有以下几方面的作用:第一,组织制度首先具有规则约束功能，对酒店员工的行为起着导向作用。制度是酒店员工活动和行为的基本准则，在酒店经营与管理秩序、维持和谐稳定的酒店企业环境等方面起着关键作用。第二，组织制度的激励功能。设计或安排一种科学的酒店组织制度可以有效地激励企业员工勤奋工作和创新。例如，在酒店的经济责任制下，高效率完成目标的员工将得到奖励，这将激励员工更加积极地工作，也对其他员工产生一种示范效应，带动整个酒店经营效益的提高。第三，组织制度具有资源配置功能，即将酒店的人、财、物按一定的比例组合起来，以使其发挥作用。资源配置是任何制度下都必须进行的，这不依制度的不同而有所改变，但不同的制度，其资源配置效果有着天壤之别。酒店如果确立了较好的组织制度，将使其人尽其才、财尽其利、物尽其用，不会出现闲置和浪费等现象，从而提高资源利用率，高效率地完成组织目标。第四，组织制度具有信息传递功能。有效的信息传递对酒店十分重要。酒店的组织制度也是一个系统，它保证了酒店经营信息真实、充分、及时、全面地上下左右传递，而这些信息为酒店的服务、管理、经营提供了决策依据，是酒店的重要资源。

### （二）酒店组织制度的类型

酒店同其他性质的企业一样，有宏观、微观的，纵向、横向的各种规章制度。根据不同的标准，可以将企业组织制度划分为不同的类型，就酒店而言，主要可以分为以下几类：第一，按酒店组织形式，其组织制度可分为独资酒店、合伙酒店和公司型酒店。这三种企业组织形式是以财产的组织形式和所承担的法律责任来划分的。加上所有制的因素，还有国家独资型酒店，股份合作型酒店等。第二，有关管理体制的各种制度，如董事会领导下的总经理负责制、党委工作制、职工代表大会制等。第三，有关酒店内部经营管理的一些基本制度。例如，员工手册、服务规程、岗位责任制、经济责任制。第四，酒店部门的管理制度，如酒店财务管理制度等。

## 三、酒店主要的组织形式

### （一）董事会领导下的总经理负责制

董事会领导下的总经理负责制是指以总经理为首的对酒店生产经营管理活动实行全权负责，同时总经理由董事会产生与监督的领导制度。其基本模式是董事会推选出善于酒店经营管理的总经理，总经理全面负责，党委保证监督，职工民主管理。总经理在酒店中处于中心地位，主要职责是既对投资者、酒店本身负责，也对国家和社会负责。

作为酒店法人代表的总经理，拥有着法律规定的多项职权，包括经营决策权、统一指挥权、高度处置权、人事任免权、奖惩权和法人代表权等。董事会领导下的总经理负责制，是适合酒店现代管理、适合酒店市场经营、适合酒店管理规律的一种体制。

董事会领导下的总经理负责制是现代酒店组织管理的主要形式。当然，这也受不同酒店结构关系的影响。在某些情况下，酒店的投资方（／业主方）与管理方可能不是同一个企业，最典型的是管理合同制下的酒店。其组织管理表现为酒店的业主方委托管理公司进行管理，而酒店管理公司进一步雇用或派出总经理进行酒店的经营管理，如图3-2所示。受此影响，酒店的名称往往表现为业主方＋管理方的形式，如北京长城喜来登、富力万丽酒店等。

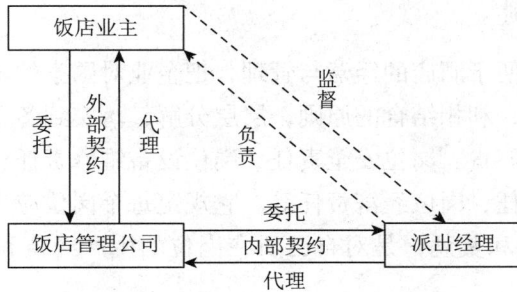

图 3-2　管理合同制下的酒店组织形式

## （二）股东大会

股东大会是公司的最高权力机构。它由全体股东（或股东代表）所组成，对公司的经营管理和股东利益等重大问题做出决策。股东大会具有选举和罢免董事会成员的权力，定期听取并审议董事会、监事会的工作报告，对公司增加或减少股本、合并、解散、清算等重大事件做出决议。酒店实行股东大会，要正确处理好股东和酒店管理者之间的权责关系。

## （三）经济责任制

经济责任制是指企业的每一个组织单位及个人对所承担的指标应负的经济责任和享有的权利。

经济责任制是酒店基本的综合管理制度。尽管每个企业经济责任制的内容不一、指标不同、考核办法各异，但从经济责任制的基本形式和内容来看，大体上都包括了酒店经营总的方针、指导思想和基本原则，酒店总的经营目标，各专业的分项目标，各级单位的奋斗目标，具体了各项目标的分解；同时提出了对上述目标在不同层面上的具体考核办法。因此，经济责任制为酒店的生产经营指明了方向，是具体化了的企业经济政策和经营运行规则，成了酒店有效管理的杠杆，是我国酒店企业最基本的综合管理制度。

经济责任制是企业与职工责、权、利关系的综合体现。它最显著的特点是把企业每一个职工工作的优劣及所分担的经济指标完成情况同经济利益挂起钩来，充分体现了以按劳分配为主体、多劳多得兼顾公平的原则。经济责任制是兼顾酒店、国家、员工等各方利益的重要制度。

酒店企业内部经济责任制是企业改革的重要成果，现已成为我国酒店一项基本的综合管理制度。坚持和完善企业内部经济责任制，对于明确酒店与员工的责、权、利关系，贯彻按劳分配的原则，调动职工的积极性，促进酒店的持续发展，提高经济效益都具有重要作用。

### （四）岗位责任制

岗位责任制是为了便于酒店的经营与管理，把企业对国家的承包任务和酒店管理的经营目标，按照责、权、利相结合的原则，层层分解，落实到各个岗位上。它的基本内容一般包括：岗位基本职责、岗位安全责任、岗位设备维修责任、岗位质量责任、岗位技能、岗位基础资料责任、岗位经济责任等。它规定每个岗位应当干什么、怎么干、应达到什么标准以及考核和奖惩，是对自己所在岗位的生产经营和工作负责的企业规章制度。

岗位责任制形成于我国 20 世纪 60 年代的大庆油田，目前已成为我国各酒店的一项基本组织制度，具有法律的效力。形成之后关键在于"长期坚持，认真落实"，具体来说应该做好以下几方面的工作：

第一，制定完整的责任管理体系。要制定出操作性强的考核标准和实施细则，并设置专门的职能机构抓落实。严考核，硬兑现。必须强调无论是员工还是管理人员在制度面前人人平等，以保证岗位责任制管理的公平和权威。用标准化来管理生产、管理员工，实现奖惩分明，真正建立起系统的、完整的监督考核体系。

第二，严格实行目标责任管理。要把经营目标展开，层层分解、逐步落实，逐级签订岗位承包责任书，一级对一级负责，从而把企业的各项工作具体到岗位和个人；此外，还应按岗位制定出明确的要求和标准，规定每个岗位和职工的具体责任。企业目标只有通过分解变成每个部门、单位和个人的具体目标，企业的总目标才能得以实现。

第三，加强企业文化建设，对员工进行思想教育。岗位责任制作为企业的一项基本制度安排，它的作用具有两面性。若制度设计公平合理会对员工产生正面的激励，促进企业生产力的提高；反之，则有可能会导致员工抵触和不满情绪的产生，对酒店的正常经营活动造成不良影响。因此，要保证岗位责任制的顺利实施，必须研究职工行为规律，了解员工对制度的反映，同时通过企业文化建设教育和培养员工，使他们安于岗位，热爱岗位，对企业忠诚，这样才能保证岗位责任制的顺利实施。

### （五）员工手册

员工手册是酒店的"基本法"，规定了酒店每个员工所拥有的权利和义务，应该遵守的纪律和规章制度，以及可以享受的待遇。酒店员工手册的内容包含劳动条例、计划方法、组织结构、职工福利和劳动纪律等，以此约束、规范酒店所有员工的行为，提高工作效率。员工手册属于酒店内部的人事制度管理规范，涵盖企业的各个方面，承载传播企业形象、企业文化的功能。任何酒店组织都应根据酒店自身目标、战略和企业文化，制定出适合本酒店实际情况的员工手册。

# 第二节　酒店的组织结构

## 一、酒店组织结构的基本概念

组织结构是描述组织的框架体系，其实质是组织成员间的分工协作关系。组织结构具体又可分为四大内容：第一，职能结构。即完成组织目标所需要的各项业务工作及其比例和关系。第二，层次结构。即各管理层次的构成，是组织的纵向结构。第三，部门结构。即各管理和业务部门的构成，是组织的横向结构。第四，职权机构。即各层次、各部门在权力和责任方面的分工及相互关系。

酒店组织包含必不可缺的六个要素：人员、职位、职责、职权、关系和信息。具有一定素质要求的酒店员工，占据某一职位，承担一定职责，行使一定职权，确定明确的相互关系，并借助信息的流通，就形成各种形式的酒店组织。酒店组织结构是这六大要素安排与组合的结果，它对酒店职能的行使和组织效益产生重大影响。

酒店组织是一个由多层次、多部门组合而成的复杂系统。酒店组织结构的设置必须有利于提高酒店组织的工作效率，保证酒店各项工作协调有序地运行；组织结构设计涉及酒店组织的部门划分、组织结构模式等问题。每一家酒店都应在分析酒店自身特点的基础上确定合适的酒店组织模式，形成科学合理的组织结构。

## 二、酒店组织结构形式

酒店组织结构描述酒店的职权职能与框架体系。常见的酒店组织形式有直线型组织结构、职能型组织结构、直线职能型组织结构、事业部型组织结构以及矩阵型组织结构。

### （一）直线型组织结构

直线型组织结构是企业组织发展早期的一种简单的组织结构模式。典型的酒店直线型组织结构，如图3-3所示。其特点是：没有职能部门，企业依照从上到下的权力等级划分实施控制与指挥。这种组织结构形式结构简单，权责分明，指挥统一，工作效率高。但由于这种形式没有专业管理分工，要求业务行政领导具有多方面的管理业务和技能。总经理、经理往往忙于日常业务而无法集中精力研究企业重大战略问题。因而这种形式适用于技术较为简单、业务单纯、企业规模较小的酒店。

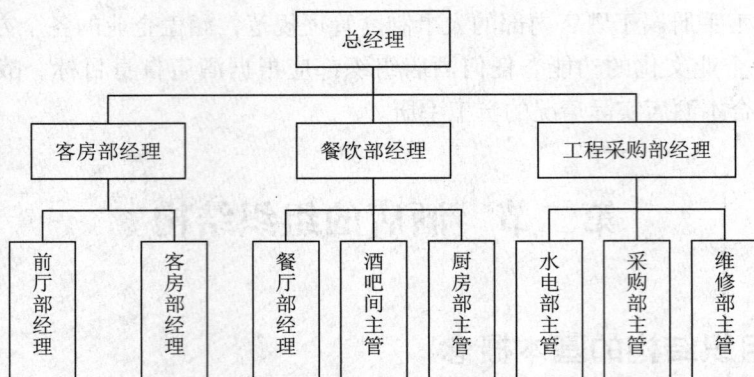

图 3-3　典型的酒店直线型组织结构

## （二）职能型组织结构

职能型组织结构是"科学管理之父"泰罗首先提出的，其特点是：按专业分工设置管理职能部门，各部门在其业务范围内有权向下级发布命令，每级组织既服从上级的指挥，也听从几个职能部门的指挥。该种形式易导致政出多门、多头指挥问题，在实践上意义不大，在酒店企业中不多见。

## （三）直线职能型组织结构

直线职能型组织结构是我国酒店目前采用最多的一种组织形式。这种组织结构的最大特点是在各级直线指挥机构之下设置了相应的职能机构或人员从事专业管理，如图3-4所示。

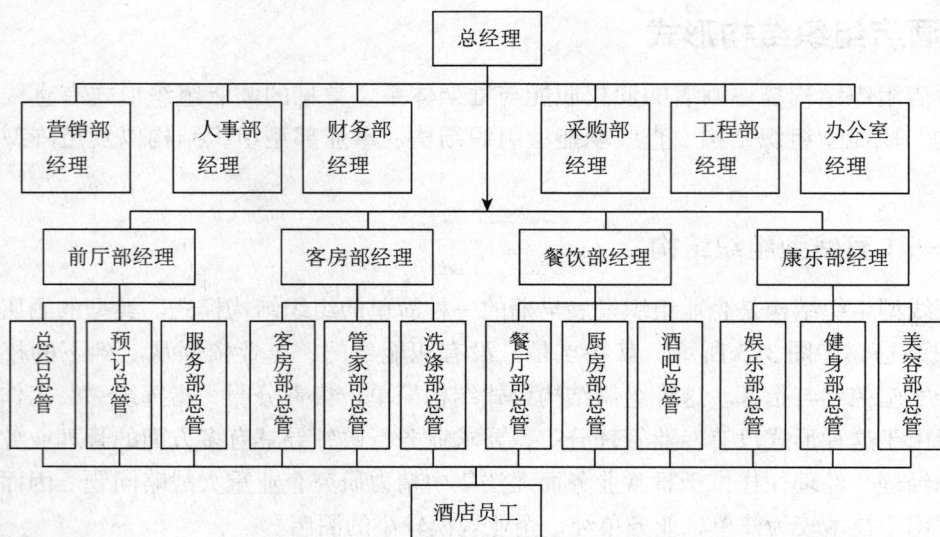

图 3-4　典型的酒店直线职能型组织结构

这种组织结构形式最大的优点是具有明确性和高度的稳定性。每个人都有一个"据点"，都了解自己的工作，分工具体，是一种以工作为中心的组织形式。但是，随着环境的变化和企业规模的扩大，这种组织结构的许多问题也逐渐暴露出来。企业中的每个部门或人员只关心自己"分内"的事情，很难理解企业整体的任务并把它同自己的工作联系起来，严重依赖于总经理协调；此外，各部门特别是同级部门为维护自身利益而容易相互推卸责任，形成部门利益。更为严重的是，当企业发展到很大规模时，企业的组织层次会变得很多，内部沟通很困难，加上相互之间缺少有效的协作机制，而使企业变得僵化，无法适应环境变化。

## （四）事业部型组织结构

所谓事业部型组织结构，就是一个酒店企业（往往是集团）内对于具有独立的产品、服务和市场、独立的责任和利益的部门实行分权管理的一种组织形态。在事业部型组织结构中，酒店总经理实行统一领导，把酒店各经营部门划分成若干相对独立的经营单位，授予相应的权力，独立从事经营活动，是一种实行集中决策、分散经营的分权组织机构。典型的事业部型组织结构，如图3-5所示。

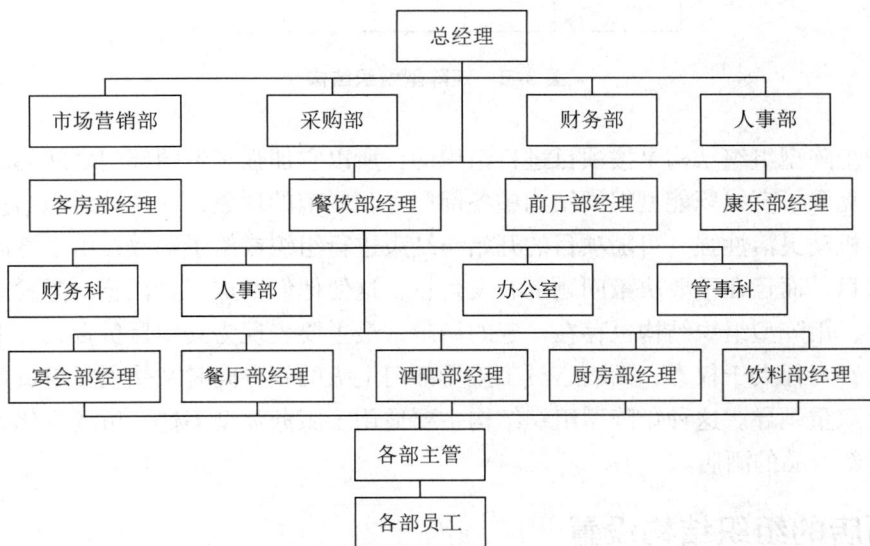

图 3-5　典型的酒店事业部型组织结构

事业部型组织结构有利于酒店高层管理人员摆脱日常行政事务，集中精力抓好酒店的经营发展战略和重大经营决策；同时由于权力的下放，酒店对市场的反应能力强，经营管理效率高，有利于提高服务质量和水平；另外，该组织结构有利于培养独立的、全面的主持酒店经营管理工作的高级经营管理人才。其弊端是：酒店各事业部之间容易形成部门狭隘观念，而忽略酒店整体利益；部门之间横向协调差，不利于信息、人才的流动；另外，酒店机构重叠，导致管理费用增加、利益协调困难。事业部型组织结构多用于大型的酒店集团。

### （五）矩阵型组织结构

矩阵型组织结构是由纵横两套管理系统组成的组织结构，一套是纵向的职能领导系统，另一套是为完成某一任务而组成的横向项目系统。它把酒店的管理部门分为传统的职能部门和为完成某项专门任务而由各职能部门派人参加联合组成的，并指派组长负责领导的专门小组，任务完成之后，小组成员各自回到原来单位，组织形成一个二元矩阵式的结构，如图3-6所示。

| | | 总经理 | | |
|---|---|---|---|---|
| | 部门1 | 部门2 | 部门3 | …… |
| 任务小组1 | | | | |
| 任务小组2 | | | | |
| 任务小组3 | | | | |
| …… | | | | |

图3-6　矩阵型组织结构

由于矩阵型组织结构是按项目进行组织的，所以它加强了不同部门之间的配合和信息交流，克服了直线职能型组织结构中各部门互相脱节的现象；在这种组织结构中，酒店各部门机动灵活性强，可随项目的开始与结束进行组织或给予解散；由于酒店员工直接参与项目，而且在重要决策问题上有发言权，这使他们增加了责任感，激发了工作热情。当然，矩阵型组织结构也存在一定的局限，最主要表现为其项目负责人并未赋予真正的职权，责任大于权力，而酒店员工接受部门上级的领导同时又受项目组负责人的指挥，造成双重领导。这种矩阵型组织结构主要适用于服务类型多样、市场变化大、需要不断推出新产品的酒店。

## 三、酒店的组织结构设置

### （一）依据酒店战略设计组织结构

由于酒店形态的多样性和环境的复杂性，因而不存在唯一正确或普遍适用的组织结构，但每个酒店都必须围绕它的使命和战略进行设计，把日常的经营管理、创新和高层管理组合在同一结构中。组织结构要服从于战略，这是组织工作的最重要的准则。从这样的高度来分析，组织设计过程便不限于分工、部门化、层次等次的确定和协调四个方面，如图3-7所示。

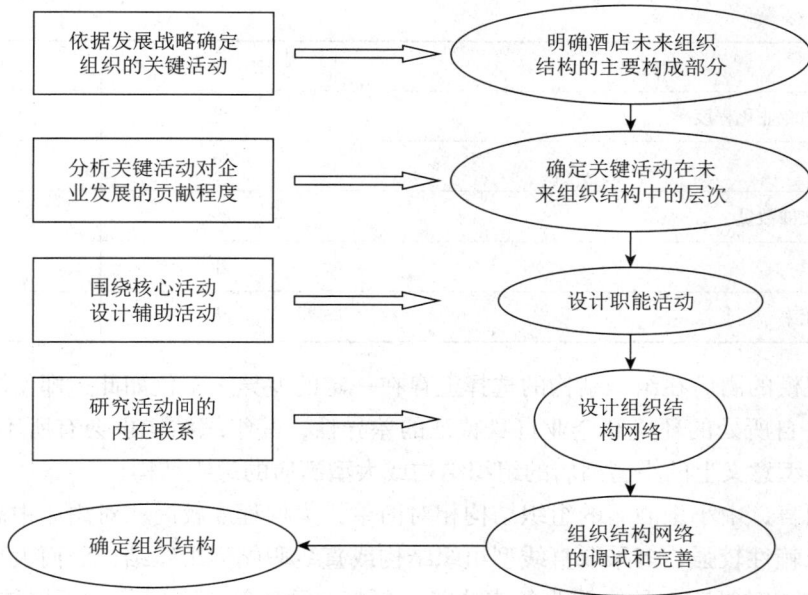

图 3-7　酒店组织设计工作过程

## （二）不同规模的酒店组织结构

　　酒店规模大小是进行组织结构设计时必须考虑的一个基本和重要的要素。不同规模的酒店表现出明显不同的组织结构特征，如表 3-1 所示，在不考虑其他因素或假定其他因素相同时，大型酒店与中小型酒店组织结构要素特征的差异。这些结构要素的变化是相互关联的，酒店规模大，直接增加了组织结构的复杂性，一方面分工细化，部门和职务的数量增加；另一方面管理层次也会增加。分工细化的结果是既提高效率，有利于酒店规模的进一步增加，同时又需增加专业人员的比率，增大了协调的工作量，从而使书面沟通和文件数量增加。管理层次增加，促使分权增多，导致对标准化程度的要求上升和中高层领导人员的减少。而协调工作量的增加和标准化的加强，必然引起规范化的提高，使书面文件的数量增加，反过来又降低了协调工作量，再加上分权有利于中高层领导人员摆脱日常事务，因而带来了管理人员比率的降低。因此，酒店规模变大后会引起其组织结构的一系列变化，其中的一些变化又存在因果关系。

表 3-1　酒店规模与组织结构特征

| 结构要素 | 中小型酒店 | 大型酒店 |
| --- | --- | --- |
| 管理层次（纵向复杂性） | 少 | 多 |
| 部门和职务的数量（横向复杂性） | 少 | 多 |
| 分权程度 | 低 | 高 |

| 结构要素 | 中小型酒店 | 大型酒店 |
| --- | --- | --- |
| 技术和职能的专业化程度 | 低 | 高 |
| 规范化程度 | 低 | 高 |
| 书面沟通和文件数量 | 少 | 多 |
| 专业人员比率 | 小 | 大 |
| 中高层人员比率 | 大 | 小 |

不同规模的酒店在组织结构的选择上存在一定的差异，不仅如此，即使同类酒店企业，由于各自所处的环境和企业自身特征的差异性，其组织结构也会有所不同。因此，并不存在典型意义上的小型酒店的组织结构或大型酒店的组织结构。

一般而言，中小型酒店的组织结构相对简单，集权程度较高，对酒店中高层管理人员的协调依赖性较强，多采取直线型组织结构或直线职能型组织结构。而大型酒店管理部门和机构相对复杂，具体的业务或功能也更多，酒店管理者往往对下属较多地分权，这种类型的酒店多采取直线职能型组织结构、事业部型组织结构或矩阵型组织结构。

酒店集团的组织结构更为复杂。酒店集团是多个酒店的联合体，不同于单一独立的酒店企业，也不同于建立在合同基础上的网络组织。产权关系是把众多的酒店联合在一起形成酒店集团的最重要纽带。按产权关系可以把集团中的酒店划分为全资子公司、控股公司和参股公司，然后结合集团经营战略的需要，确定酒店在集团中所处的层次。酒店集团对其由于管理和品牌而形成的成员酒店并不存在组织结构的要求，酒店集团主要是对其有产权关系的酒店进行组织管理。而集团中酒店部分甚至全部是独立的法人，因此，如何构建酒店集团与成员酒店特别是紧密层酒店之间的管理模式，便成为酒店集团组织结构的主要依据。对其紧密层酒店，酒店集团应实行相应的统一管理，即统一规划；重大基建项目及技术改造对银行统贷统还；统一对国有资产的保值增值及交易负责；统一任免紧密层的主要领导干部，等等。

# 第三节　酒店的非正式组织管理

20世纪30年代，美国学者梅奥在芝加哥郊外的西方电器公司的霍桑工厂进行了著名的霍桑试验。该试验包括照明试验、继电器装配工作小组试验、大规模访问交谈和对接线室工作研究四个阶段，梅奥就试验结果进行总结，发现人是社会人，在正式组织之外，还存在由情感等因素联结起来的非正式组织，非正式组织与正式组织相互作用、相互依存。梅奥据此提出了人际关系论，他认为领导要学会在正式组织的经济需求与非正式组织的社会需求之间保持平衡，提高职工的满意度。因此，非正式组织的管理对酒店具有重要的意义。

# 一、酒店非正式组织的含义及其存在基础

非正式组织是独立与酒店正式组织之外，两个或两个以上员工之间无意识地协调行为的体系，是包含多种心理因素的系统，而尚未上升为形式化、制度化、结构化的组织规范，它是组织中潜在的并在组织运转实践中有自身作用的规范和作用机制。它是由人自发形成的社会组织，往往是基于情感等因素，而不同于正式组织的成本、效率逻辑，如图 3-8 所示。

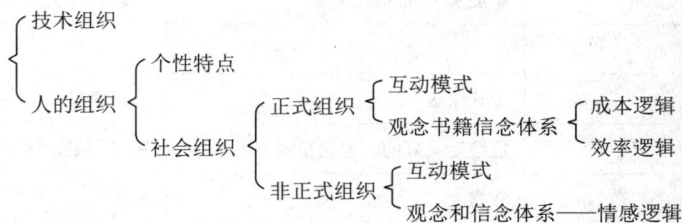

图 3-8 组织社会系统的构成（李国梁，2013）

非正式组织是酒店员工多元化需求的结果，也是多种因素共同作用的结果。第一，环境因素。即所处的环境可以提供共同的工作地点和活动场所，以及可自由支配的时间等。这是必备因素，为酒店非正式组织员工之间交流提供了方便。第二，利益或价值观的一致性。非正式组织中，一些员工对工作或工作以外的事情有着共同的或相似的观点和追求，或有共同的利益，容易形成非正式组织。第三，情感的交融。非正式员工对工作和生活有着共同的感受，当酒店一部分员工因对决策层不满时，不满的情感交流则容易形成非正式组织。第四，兴趣和爱好的相似性。因对某一项工作或非工作内容和活动有相似的爱好，会自发形成一些诸如摄影协会、球迷协会等团体。第五，相似的经历和背景，如同学、同乡、亲属等。通过这些因素的分析，酒店管理者可以识别组织内部所存在的非正式组织。

酒店正式组织与非正式组织在结构、身份等多方面存在着一定的差异，具体表现如表 3-2 所示。

表 3-2 酒店正式组织与非正式组织的区别（许婧，2011）

| 特征 | 正式组织 | 非正式组织 |
| --- | --- | --- |
| 1.结构 | | |
| （1）起源 | 已计划过的 | 自发的 |
| （2）理性与否 | 理性的 | 情感性的 |
| （3）特征 | 稳定的 | 动态的 |

| 特征 | 正式组织 | 非正式组织 |
|---|---|---|
| 2.身份术语 | 工作 | 角色 |
| 3.目标 | 利润或对社会的服务 | 成员满足感 |
| 4.影响 | | |
| （1）基础 | 位次 | 个性 |
| （2）流动 | 自上而下 | 自下而上 |
| 5.管理机制 | 解雇和辞职的威胁 | 生理和社会道德的约束力 |
| 6.沟通 | | |
| （1）渠道 | 正式渠道 | 小道消息 |
| （2）网络 | 已经定义好的，遵循正式通道 | 定义不足，被一般渠道截断 |
| （3）速度 | 较慢 | 较快 |
| （4）精确度 | 高 | 低 |
| 7.组织的表示 | 组织图表 | 社会网络 |
| 8.其他项 | | |
| （1）所含的个人 | 工作群体中的所有个人 | 只有那些可接受的 |
| （2）领导角色 | 由组织支配 | 成员间契约的结果 |
| （3）互动的基础 | 功能责任或位次 | 个性特点、种族背景、阶层 |
| （4）依恋的基础 | 忠诚 | 结合力 |

## 二、正确认识酒店的非正式组织

员工是社会人，有着多样化的需求，因此，酒店非正式组织的存在有其必然性。实际上，正式组织与非正式组织总是并存的，管理者应该承认、研究并重视这一事实。非正式组织对于正式组织的作用既有积极的一面又有消极的一面，主要取决于两者的目标是否一致。当两者的目标相同时，就会产生积极作用，而两者的目标相背时，尤其是正式组织的领导在非正式组织中失去威信和领导力时，就会产生消极作用。

非正式组织的积极作用主要表现在：首先，扩大信息沟通，弥补正式沟通渠道的不足。其次，如果非正式组织和正式组织的基本目标是一致的，则可以减轻领导负担，促进任务的完成。最后，非正式组织通过富有感情色彩的个性化交往，增进了成员之间相互了解，发展了共同兴趣和爱好，满足了多层次的需求，增强了归属感，这有助于促进组织和组织文化的健康发展。

非正式组织的消极作用主要有：阻碍变革、造成角色冲突、传播谣言。非正式组织的领导要维持其领导地位，必须要维护其成员的利益。因此，当组织面临技术革新或进行必要的人事变动时，常常会遭到抵制。如果非正式规范与正式规范相去甚远，如工作目标、定额、评价标准不同，组织成员会面临两套不同的角色期待，从而产生角色冲突，降低组织活动的效率。

## 三、对待酒店非正式组织的策略

非正式组织是一种客观存在，在某种程度上是正式组织的补充，因而，酒店管理者不应轻率地扣以小集团、宗派主义等而加以否定，而要引导和利用非正式群体，使之成为组织的辅助力量。非正式组织可能带来某些不良倾向，关键在于管理者如何加以引导和克服。

### （一）利用非正式组织的正面效应

在实现组织目标时，管理者完全可以利用非正式组织的某些特点，达到正式组织所不能做到的事情。例如，管理者可以利用非正式组织成员之间相互信任、说话投机、有共同语言的特点，引导他们开展批评与自我批评，克服缺点，发扬优点，不断提高思想水平；还可以利用非正式群体信息沟通迅速的特点，及时收集组织成员对组织工作的意见和要求，使管理者心中有数等。

### （二）消除非正式组织的负面效应

从组织目标的角度出发，一般来说，松散的非正式组织对于整个组织的发展是有利的，能提升人性化管理，改善组织成员之间关系，创造轻松融洽的工作氛围，激发组织成员的创造性。而当非正式组织逐渐演变成紧密型结构时，其对整个组织发展的危害将不容忽视。组织成员内部及成员和管理者之间的工作关系紧张，存在安于现状、消极怠工的现象，并且组织成员普遍缺乏创新意识，工作效率不断下降，从而无法实现管理目标。一旦出现这种情况，管理者可从以下两个方面入手：一方面，加强正式组织的控制力度。非正式组织力量的强大，正说明正式组织的力量的不足。这要求在完善组织结构的严密性和有效性的同时，提高管理人员的管理方式和管理水平。特别是中层管理人员，他们作为高层和基层的桥梁，担负着沟通、执行、控制的角色，对完成组织目标十分重要。另一方面，可以弱化非正式组织的力量。非正式的根源就在于同质化，共同的情感或需求是非正式组织存在和发展的基础，所以管理者要通过职位调动、强调企业文化等手段弱化这种同质化需求，减少非正式组织的负面效应。

# 第四节　酒店的非正式员工管理

## 一、酒店非正式员工的概念及类型

非正式员工是相对于在编的正式员工而言的，他们与单位确立了不同于正式员工的劳动关系或没有同单位签订正式劳动合同，享受不到正式员工的相关待遇。在一般意义上，对大部分企业来说，合同工都属于正式员工的范畴。

从酒店企业与非正式员工的关系上看，他们之间只存在一般意义上的雇佣关系，酒店可以随时解雇非正式员工，同样地，非正式员工也可以随时离开酒店。与正式员工相比，酒店对非正式员工的控制力度较弱，员工的工作积极性较难调动，酒店缺乏一种长期的激励措施对其进行管理。总之，非正式员工在酒店中处于一种弱势地位，缺乏严格法律意义上的劳动保护。

按照酒店非正式员工的人员素质、工作特点、工作方式及在薪酬方面的不同，一般可将非正式员工分为临时工、实习生、租赁员工、特别聘用人员与顾问人员四类。

临时工也称为短期协议工，是酒店的临时性用工，主要指企业的下岗职工、待岗人员、单位内退人员和在其他单位已退休人员。这种劳动力的使用，总体上是临时性的，但有的也长达数月乃至数年。他们所从事的工作大多数具有苦、脏、累的特性，每日工作时间比较长。酒店一般按日支付劳动费，劳动报酬比较低。至于福利和奖金，有些酒店会根据工作表现，不定期给予适当的奖励。

实习生是酒店非正式员工的重要组成部分，约占酒店非正式员工总数的一半。实习生主要来自职业高中、大专和本科旅游院校的在读学生，按学校规定到酒店实习，实习时间半年至一年不等。学校与酒店签订实习协议，而学生与酒店之间一般都没有劳动协议。当然也有个别学生自荐或通过他人介绍进入酒店实习，部分酒店对以非预约进入的方式成为的实习生签订实习协议。

租赁员工又称为派遣雇员，是酒店员工与其所属酒店在劳动关系存续期间，根据其他用人单位的工作需要，由酒店将员工租赁给承租单位，承租单位对人才享有使用权并向其所属酒店支付使用费。到其他单位工作的酒店员工不用转户口、人事档案，与承租单位合同到期后，这些员工能够回到原酒店工作。员工派遣，一方面能够树立酒店的形象，另一方面也能使人才得到有效发挥。

特别聘用人员与顾问人员通常是指学历高、收入高的知识分子或有特殊技能的人员，与酒店建立经济合同关系，在一定期限内为酒店完成某个项目，如酒店外聘的法律顾问。

上述各类酒店人员的比较如表3-3所示。

表 3-3 酒店正式员工与非正式员工（王淑芳，2007）

| 人员类别 | 概念核心 | 人事关系 | 是否与酒店签合同 | 雇用时间 | 薪酬福利 |
|---|---|---|---|---|---|
| 1.正式员工 | 正式合同，劳动有保障 | 在酒店或人才交流市场 | 是 | 相对较长 | 享受酒店各种福利待遇 |
| 2.非正式员工 | 无稳定劳动关系 | | | | |
| （1）临时工 | 临时性 | 不在酒店 | 视酒店而定 | 短则几天，长则几年 | 享受酒店部分福利待遇 |
| （2）实习生 | 在读学生 | 在学校 | 是 | 半年至一年 | 享受少部分福利待遇 |
| （3）租赁员工 | 租赁给承租单位 | 在酒店 | 是 | 短则几个月，长则两三年 | 不享受酒店福利待遇 |
| （4）特别聘用人员与顾问人员 | 特定项目所需 | 在长期供职的单位 | 是 | 视项目情况而定 | 不享受酒店福利待遇 |

# 二、酒店非正式员工的管理

酒店组织职能的重要任务就是整合企业内所有员工的力量，让每个员工各司其职，互相配合，提高效率，因此非正式员工的组织管理也要服务于酒店的组织制度与管理理念。酒店行业内学者通过对非正式员工进行调查与研究，建议从以下几方面进行非正式员工的组织管理。

## （一）改善酒店管理制度

人事改革的目的在于人员能上能下、能进能出。酒店人事制度改革重点要实现三个突破。一是在干部能上能下的问题上，在"下"的方面实现突破；二是在员工能进能出方面，在"出"的方面实现突破；三是在分配能多能少方面，在"少"的方面实现突破。

酒店企业内要形成一种员工能上能下的用人机制，有计划地培养表现好、技术过硬的非正式员工转变为正式员工。企业需要编制非正式员工的用工制度，包括招聘、加薪提职、将非正式员工转变为正式员工的具体要求以及解雇原因等，使其具有可操作性。这样一方面有利于非正式员工的管理，使招聘工作具有连续性；另一方面，也对正式员工形成一种工作压力和激励。

## （二）建立合理的薪酬层级结构

《劳动法》第五章第四十六条明确规定，工资分配应当遵循按劳分配原则，实行同工同酬。对于按正式工和非正式工不同身份进行分配的制度应进行改革，取而代之的是以贡献论大小，将个人分配与工作能力、工作岗位，完成任务情况挂起钩来，实行多劳多得，少劳少得，不劳不得，以鼓励冒尖，鞭策落后。

在酒店，非正式员工大部分只有较少的基本工资，多数为计时、计件工资，并且大多雷同，只有少数非正式员工可以得到奖金。市场经济强调竞争，竞争就有优胜劣汰，就有收入差距，竞争同样适用于非正式员工。"大锅饭"是一种最不公平的分配方式，每个非正式员工的工资水平相等，是调动不起员工的工作积极性的。企业要建立报酬层级结构，包括以下两个层次：

一是非正式员工的收入除基本工资外，都应该包含奖金。奖金是对其工作的一种肯定，也是调动非正式员工工作积极性的最有效措施，每月只享受确定性工资的人，是最容易以报酬来决定付出劳动数量和质量的人。他们的原则就是提供最基本的服务，缺乏工作的主动性与创造性。固定的工资模式大大挫伤了非正式员工的创造性和灵活性，最后受损的还是酒店自身。即顾客的满意度下降导致更换酒店，从而降低了口碑，进一步导致客源市场萎缩。

二是建立非正式员工之间的报酬梯级结构，同样的工作除基本报酬相同之外，应该用奖金加以区分非正式员工的优劣。这就涉及员工的绩效考核问题，但是奖金应区分为几种形式，最基本的包括工作技能、努力程度、责任以及工作条件等，这样有利于形成内部竞争的氛围。建立层级报酬结构对于加强非正式员工的管理是最为重要的步骤之一，这就要求人力资源部门建立健全工资制度和考核机制。在市场经济的大环境下，对于真正能为企业做出贡献的任何员工都应给予合理的回报，而且必须充分拉开差距。对于非正式员工也是必需的。这种报酬结构的建立是以绩效为导向的，取决于员工个人、部门及酒店的绩效，以成果与贡献度为评价标准。其主要特征是注重个人绩效差异的评定，认为绩效差异反映了个人内在能力和态度的差异，将个人工资与个人的绩效直接挂钩，强调以目标达成为主要评价依据，注重结果。

## （三）改善酒店非正式员工的工作环境和岗位设计

酒店需要为非正式员工创造良好的工作环境。非正式员工作为酒店的一员，同样需要良好的工作场所、必要的工具、完整的工作信息以及人与人之间的交往。很多酒店认为使用非正式职工只是为了完成任务，只关心工作本身而忽略他们同样需要同事之间的情谊和相互尊重。倘若环境对其心理产生负面影响，他们就会只是单纯地完成一定数量的工作，而不去考虑工作质量和任务协调等问题。

酒店在组织管理中合理配置岗位。非正式员工主要分布在酒店企业的一线部门，从事相对简单的体力劳动。酒店雇用非正式员工最初是安排在公共卫生清扫工作的，随着非正式员工的增加，从事的岗位范围越来越广。通过访谈和问卷调查，笔者发现酒店安排非正式员工的主要岗位有公共卫生清扫、客房清扫、布草整理、食器管理、餐饮初加工、餐厅服务、餐厅传菜、保安、工程维修、康健俱乐部以及职工食堂等。酒店企业要安排好非正式员工，首先要将工作内容进行分解，把一些纯操作性、较少的技能和知识需求的工作安排给非正式员工。例如，公共卫生，就可把它分解为设施设备保养和公共卫生清扫两大部分，设施设备的保养需要较高的专业知识，非正式员工一般不具备这种能力。所以，细致的岗位分解是确保酒店非正式员工管理的重要一环。

酒店应尽量使工作内容丰富化。任何枯燥的、呆板的工作都会使员工感到乏味。基层管理者应该意识到这一点，对于饭店这样高接触频率的企业，员工的身心健康是影响员工工作态度的重要原因之一。工作丰富化要求部门内部工作设计时考虑到这一点，尽可能地让非正式员工轮岗，稍微改变一下工作环境，可能会让企业和个人获得意想不到的收获。

### （四）强化酒店非正式员工的工作认同

酒店管理者需要转变观念，对非正式员工进行合理的定位。按照马斯洛的需求层次理论，人都有归属感的需求，进入一个新的工作环境就进入了一个新的社群。任何员工都希望能尽快地融入工作环境中去，融入一个新的团队一般要经历一个过程，表现在一个系统里即为远离原有的平衡—动荡阶段—调节过程—新的平衡形成。如何加快这一过程的实现，除了非正式员工的自我适应能力之外，还与社群团队人员对非正式员工的态度有极大的关系，管理人员及正式员工对其是否包容，将决定非正式员工以后的工作积极性问题。正式员工在组织的自调节过程中起着重要的作用。正式员工要转变那种具有工作优越感的狭隘观念，从企业的角度来说，要建立起所有员工一视同仁的观念。按照控制论的基本思考方法，正式员工应该采用"功能雷同"的观点来看待非正式员工，而忽略个体的性质、特性的不同，并应认识到：酒店的经营管理是以每一个成员的共同努力来实现的。酒店的每一位员工都关系到酒店的声誉，都对酒店的产出负有重大的责任，要建立起"人人都是人才"的观念。

## 【本章小结】

酒店组织结构描述酒店的职权职能与框架体系。常见的酒店组织形式有：直线型组织结构、职能型组织结构、直线职能型组织结构、事业部型组织结构以及矩阵型组织结构等。酒店组织结构的设置必须有利于提高酒店组织的工作效率，保证酒店各项工作协调有序地运行。组织结构设计涉及酒店组织的部门划分、组织结构模式等问题，每一家酒店都应在分析酒店自身特点的基础上确定合适的酒店组织模式，形成科学合理的组织结构，尤其要考虑酒店自身战略和规模等因素。现代企业的基本组织制度是指关于企业核心组织机构的设置及其相互关系的制度。酒店同其他性质的企业一样，有宏观、微观的，纵向、横向的各种规章制度。根据不同的标准，可以将企业组织制度划分为不同的类型。本章着重介绍酒店管理中的总经理负责制、股东大会、经济责任制、岗位责任制和员工手册等重要的制度。酒店非正式组织的存在有其必然性。酒店管理者应以正确的态度看待这种正式组织的补充形态，利用其正面效应，同时消除其负面效应。酒店还应采取合理的管理制度和方法，对非正式员工进行有效管理，提高企业员工的满意度和工作绩效。

## 【案例分析】

### 酒店实习生的流失问题

截至 2019 年年底，中国星级酒店已经达到 10003 家，但普遍面临着员工流失率高、学历结构不合理、素质偏低等问题。为了适应行业内激烈的市场竞争，降低人力资源费用支出，许多酒店纷纷选择与高校合作，大量雇用实习生。从高校来说，旅游管理、酒店管理专业具有实操性强的特点，让学生去酒店实习有利于提高其专业能力和综合素质。因此，许多酒店都拥有一定比例的实习生，也就是本章所讲的非正式员工。然而，在酒店业经营管理中，大部分酒店实习生毕业后不愿意在酒店工作，一直是一个问题。据调查，实习生大量流失的关键因素中，实习环节是一个重要节点，而这个节点是学生毕业前实践锻炼与毕业后能否进入酒店就业的关键，应当予以重视和研究。

在日益激烈的竞争之下，酒店行业不断地进行整合与细分，《2016—2020 年中国酒店业投资分析及前景预测报告》中提出：2014 年以来，涉及住宿、餐饮、会议的高星级酒店在民族品牌不断涌现、外资奢华品牌相继进驻的双重"挤压"之下，感受着前所未有的压力，中国酒店业的发展也在本土与外资的竞争中逐渐走向成熟。随着旅游业的迅猛发展，对休闲度假酒店的需求成倍增加，在中国经济转型与消费升级的大背景下，酒店业未来发展加速。酒店业属于劳动密集型产业，需要大量的专业人才，但是高需求量的同时，也面临着员工的高流失率。有学者对这些问题进行了专门的调查，并总结出了实习生管理的现状及其流失的原因。

酒店薪资待遇低。相对于其他行业，酒店业的整体工资偏低，特别是底层员工的工资，而实习生在酒店实习期间，薪级待遇一般为正式职工的一半左右，月薪在 1000~2000 元。在工作过程中，如果出现失误，需要扣除部分工资，如在餐饮部工作遇到客人跑单的行为，需要实习生进行赔偿。同时，酒店对于加班时间的规定并不明确，酒店实习生常常需要加班，但是不能拿到相应的加班津贴。大多数酒店为实习生提供员工宿舍，员工宿舍环境的好坏、员工宿舍到酒店的便捷程度、员工宿舍的管理也直接影响着实习生对于酒店工作的满意程度。有的酒店员工宿舍较远，不提供员工班车，遇到晚班或者早班的时候，实习生需要自行打车，且不能享受车补。

酒店工作环境单一。酒店行业工作时长较长，实习生工作环境较为单一，一般不允许在实习期间轮换岗位，每天工作时长为 8~12 小时，劳动强度大，因此，实习生往往奔波于酒店与宿舍之间，缺乏和同事朋友的日常联系。同时，酒店工作时间与大部分职业的工作日有所不同，同一部门的实习生有不同的上班时间，同事之间的休息娱乐时间也很难统一。

酒店管理中伴随的客人不尊重、领导责骂等因素加剧了酒店实习生的抵触情绪。酒店实习生对于能得到来自同事、领导和客人的尊重有着强烈的渴望。由于实习生长期处于校园中较为单纯的环境，来到酒店之后，无法较快地转换自身角色，不懂得如何对客，如何与领导和同事沟通。在服务过程中，如果遇到刁难的客户，或是在工作中出现失误受到责罚，心理承受能力较差的实习生就会产生畏难情绪，觉得自尊受到伤害，产生离职情绪。同时，酒店老员工对待实习生的态度也会影响其工作热情，部分实习生觉得受到了老员工的"欺负"。老员工经验丰富，他们往往会对实习生要求严格，有时甚至故意刁难。例如，在酒店部门排班时，实习生往往会被安排在比较辛苦的早班或者晚班，老员工则多被安排在白班；安排工作时，实习生也会被安排繁杂且辛苦的工作，他们往往会觉得自己没有得到平等的对待。

酒店实习生没有晋升空间和发展。对于很多酒店来说，实习生仅仅是酒店的廉价劳动力，在其晋升方面并没有得到重视。对于一个实习生来说，完成实习成为正式员工，再晋升到部门主管一般需要三到五年的时间，对于一些人员流动较为稳定的酒店，晋升时间更为漫长。实习生在实习期间基本上不允许职位轮换，长时间在同一岗位上工作，学习的内容单一，工作所带来的成就感不高，无法满足自我价值的实现，部分实习生的心态会发生变化，产生离职的念头。另外，酒店一般没有合理的人才选拔和晋升机制，晋升的资格一般按工作年限，部分则是由于受到领导赏识直接提拔。

实习生的流失造成酒店组织管理的不稳定，也会影响其正式员工的管理与职业发展。因此，酒店需要采取针对性措施，提高实习生的待遇，建立对实习生的系统培训体系，关注实习生的发展，提高实习生的满意度和工作绩效。

**分析内容：**

根据上述案例，并结合相关知识，思考：

1. 酒店雇用实习生的原因；

2. 酒店实习生与正式员工的区别；

3. 对于上述案例中所提酒店实习生流失的问题，提出相应的对策。

# 第 四 章

## 酒店品牌管理

【学习目标】

**【学习目标】**

学习本章后，你应该能够：

1. 理解酒店品牌管理的相关概念、意义及其理论基础；
2. 列举国际知名的酒店品牌，并描述出各种品牌的塑造过程；
3. 了解酒店品牌管理的内容，并结合所学实际案例进行相关分析。

**【章前引例】**

随着网络应用技术在中国社会的深入发展，自媒体不断创新性地满足人们的网络需求，并在人们的商务及生活中扮演着越来越重要的角色。目前以微博、微信为代表的自媒体，已成为网络传播最活跃的主体和新兴舆论场。自媒体也成了企业营销的重要手段之一，越来越多的企业开始利用自媒体进行品牌推广。自媒体的影响力越来越大，市场价值也越来越凸显，特别是微博的出现以及广泛使用，酒店业的营销将迎来新的时代。

微博是一种链式传播极强的社会化媒体平台。2011 年，桔子水晶酒店在微博上结合微博上星座话题较受欢迎的特点，用"爱与激情"系列视频短片展示十二星座男士爱与性的特质。一经播出，便在微博上掀起了一股收视狂潮，微博转发数量达 50 万，同时还在人人、优酷、土豆等网站上大量转载，桔子水晶酒店品牌知名度大大提高。

此次微博营销中，桔子水晶酒店采取了自我传播和联合传播两种方法。自我传播方面，桔子水晶酒店定期在微博平台上播出十二星座系列微电影，并进行提前宣传，让观众看到后产生一种期待的心理，尤其是对自己感兴趣的星座微电影。并且桔子水晶还设置相应的问题，鼓励网页进行评论、转发，且每期都送出丰富的礼品。

在联合传播方面，桔子水晶酒店主要依靠两股力量，一股是合作品牌，一股是微博上具有一定公信力的大 V 账号。此次微电影的拍摄采取了品牌背后的模式，桔子水晶酒店选择了几家知名品牌（奔驰、珂兰钻石、漫步者、麦包包等）进行适量植入，而且更重要的是获取了对方品牌的传播资源，进一步扩大了此次微电影的传播力度。微博上的大 V 账号也是此次传播的助力因素之一，此次微电影营销活动桔子水晶酒店在邀请了多位微博上有一定公信力的大 V 账号进行转发、评论，每位大 V 账号都有大量粉丝，他们的粉丝数绝不亚于大部分企业官方微博的粉丝数。大 V 账号们借助自己的言行间接吸收各自粉丝的参与，从而使桔子水晶酒店的微电影营销又火了一把。从此，微博成为桔子酒店最新动态信息发布的平台。

通过本章的学习，将会更加深入了解酒店品牌管理的创建与推广、维护与提升、扩张与评估、集团化和连锁经营的相关知识。

# 第一节　酒店品牌的创建与推广

## 一、酒店品牌的创建

酒店业是中国最早对外开放的行业之一，自 1979 年半岛集团管理北京建国饭店起，现已有 41 个国际酒店集团的 67 个品牌相继进入中国，中国酒店业在数量和质量上得到了迅猛发展。21 世纪是提倡个性化、强调服务质量的体验经济时代，酒店业在这个大环境下迅速发展起来。然而，近年来国际酒店集团在中国的扩张整合，以其品牌知名度高、营销网络完善、管理模式先进、网点多、规模大等优势，不仅占领了大部分中国一、二线城市高端酒店市场，而且正向中低端市场和三线城市发展，以及国内酒店在旅游业大发展的背景下的竞相开业，造成了国内酒店业的竞争加剧。与此同时，酒店产品的不易保存、同质化现象严重等问题，也使得酒店业必须关注品牌问题。

### （一）品牌的概念及内涵

当今社会，经济的发展已进入激烈的品牌竞争时代，品牌对于经济持续增长起着至关重要的作用。商品仅仅提供功能价值是远远不够的，还应该追求满足人们心理需求和审美需求的价值。

#### 1. 品牌的概念

品牌不仅仅是一个名字，它是企业的无形资产，是企业区别于其他竞争者的标志，展示了企业的综合实力，能给企业带来溢价、产生增值。品牌的发展源于消费者对其产品或服务的认可，品牌对消费者来说意味着高质量、高价值、高信誉。

按照菲利普·科特勒的界定，品牌是一种名称、标记、符号或设计以及它们的组合应用，其目的是借以辨认某个销售者或某群销售者的产品或服务，并使之同竞争对手的产品和服务区分开来，品牌同时也是由一系列整合营销活动创造的一种象征与联想，一种承诺和保证。良好的品牌将传递一组强有力的稳定的与产品特色、利益和服务有关的质量保证，同时，品牌也是一种重要的无形资产，可以转让盈利。

### 2. 品牌的内涵

综观成功的企业，都十分重视品牌的文化含量，无不努力挖掘和提升产品的文化内涵，特别是在产品生产、包装设计、商标名称、广告宣传、产品服务等环节上积极增加文化投入，以赋予文化的、人性的丰富价值在其产品生产上。将象征人们特有的价值观、审美情趣、行为导向的文化内涵融入产品中，使产品成为文化的载体，以此满足消费者的心理需求、价值认同与社会识别等人文需求，从而从情感上触动消费者，促进购买力的提升。现在，人们对品牌的认识已经相当深刻，品牌也具有了丰富的内涵。从品牌的含义上讲，品牌又蕴含了品名、品质、品位和品级四层含义。

品名代表品牌的名称、标识等，反映了品牌的知名度、美誉度等；品质代表品牌的质量与服务水平；品位代表品牌的文化底蕴，涉及民族文化、社会文化、行业文化与企业文化等；品级则代表品牌在行业品牌中所处的地位，如行业领跑者、追随者等。同时，品牌具有四项基本功能：一是识别功能，即品牌自身含义清晰、专指性强，只要一提起品牌，在消费者心中就能唤起联想；二是信息功能，即品牌的名称、标识语、标识物含义丰富、具体、深刻，能以消费者所掌握的关于品牌整体信息的形式同时出现；三是安全功能，即品牌在长期市场竞争中逐渐建立信誉，能满足消费者所期待的物质、功能和效用；四是附加值功能，即品牌还能提供被消费者欣赏的基本功能之外的价值和利益。

### 3. 品牌的要素

所谓品牌要素，是指那些能标记和区分品牌的要素，主要有品牌名称、标识、图标、形象代表、广告语、广告曲以及包装等。可以通过选择品牌要素来提高消费者的品牌认知，进而形成强有力的、独特的品牌联想即品牌形象。在品牌要素选择与设计上要遵循以下标准。第一，品牌要素的组合要有内在的可记忆性，能使消费者回忆或容易识别。第二，品牌要素的组合要有内在的含义，能告诉消费者该产品门类的性质或该品牌的特别之处及优越之处。品牌要素所传递的信息，不一定仅仅与该产品相关，还可以体现该品牌的个性，反映使用者的形象或展现一种情感。第三，品牌要素所表达的信息并不一定与产品本身有联系，也许仅仅是一种内在的吸引力。第四，品牌要素的组合要在产品大类内和产品大类间具有可转换性，也能跨越地域和文化界限以及不同的细分市场。第五，品牌要素的组合要能灵活地适应一个时段的变化。第六，品牌要素的组合要能获得法律的保护，且能在竞争中最大限度地进行自我保护。

## （二）酒店品牌概述

### 1. 酒店品牌的定义

酒店品牌一般是指酒店为了识别其酒店或产品，并区别于其他竞争者所用的一种具有显著特征的标记。品牌的外形要素通常由名称、标志和商标组成，对酒店来说，品牌体现在酒店的名称、标志、商标、建筑设计、室内装修风格和服务特色等方面。而品牌的内涵要素则是酒店经营理念、经营方针、经营方式、服务理念、服务特色、服务质量等方面的有机组合，酒店的品牌经营，则是通过品牌设计、品牌推广、品牌保护及品牌资产评估等活动，以提高客人的满意度、忠诚度和酒店企业的知名度、美誉度。实施品牌经营战略，是由酒店业所面临的时代特征所决定的。

**2. 酒店品牌的构成**

酒店品牌由三个要素构成，即酒店品牌名称、酒店品牌标志和商标。

（1）酒店品牌名称。任何一个酒店品牌都必须有名称，通常也称商号，这是合法经营所必须具备的。我国酒店品牌名称一般用中文，也可以用英文或数字表示，品牌名称可以国际国内通用，发音会略有不同。酒店品牌名称涵盖了酒店产品和文化属性的内容，所以酒店品牌名称是酒店产品及其他特质的识别标志，能使人联想起该品牌的产品、服务、价格、文化理念等。好的品牌名称为酒店树立产品的品牌形象建立了良好的传播基础，有利于品牌的宣传和产品的销售。

（2）酒店品牌标志。酒店品牌标志即酒店品牌的形象符号，它是品牌形象化的标识符，可以形成内容丰富又高度抽象的概念，主要起速记、识别和传播的作用。形象符号可以唤起人们对该品牌的联想，有利于形成品牌的个性，便于识别和记忆。

（3）商标。商标是从法律上来保护酒店品牌的。商标作为品牌的法定标记，可区分经营者的身份，涉及酒店品牌在什么区域及什么样的产品范围内受到保护。商标的设计要符合《商标法》，注册后受《商标法》保护，是知识产权中的一个类别，在市场上是区别和验证商品和服务的标志，是整个品牌战略运作的依据和关键。

**3. 酒店品牌的作用**

（1）识别作用。品牌可以帮助消费者辨认出品牌的制造商、产地等基本要素，从而区别于同类产品。酒店品牌包含着其所提供的服务产品的功能、质量、特色、文化等丰富的信息，在消费者心目中代表着服务形象和酒店形象。在市场营销中，消费者对品牌产生一种整体感觉，这就是品牌识别。当消费者购买酒店的服务产品时，他们的购买行为首先表现为选择、比较。而品牌在消费者心目中是服务质量的标志，它代表着服务的品质、特色，即识别的感觉，通过这种感觉确定是否购买这种产品。

（2）促销作用。由于酒店品牌代表着不同的服务特色和品质，消费者常常按照品牌选择产品，因此品牌有利于引起消费者注意、满足消费者需求、实现扩大产品销售的目的。加上消费者往往依照品牌选择产品或服务，促使酒店会更加关心品牌的声誉，不断创新服务产品，加强质量管理，树立良好的酒店形象，使品牌经营走上良性循环的轨道。

（3）增值作用。品牌是酒店的无形资产，它本身就可以作为商品被买卖，具有很大的价值。品牌的价值对于拥有它的酒店来说，要通过产品的销售才能体现出来。产品中包含的品牌价值不同，产品的价值也会有很大不同。如假日酒店等品牌形象价值达上百亿美元，品牌已成为假日集团核心竞争力的外在体现。

（4）宣传作用。特别是名牌形成后，就可以利用名牌的知名度、美誉度传播酒店名声，宣传地区形象，甚至宣传国家形象。

（5）内敛效应作用。譬如在假日酒店、四季酒店、希尔顿酒店、凯悦酒店、香格里拉酒店，它们的良好形象及生活、工作气氛，使员工在经营中会产生自豪感和荣誉感，并能形成一种酒店文化，给每一位员工以士气、志气，使员工精神力量得到激发，从而更加努力、认真地经营。名牌的内敛效应聚合了员工的精力、才力、智力、体力甚至财力，使酒店得到提升。

### 4. 酒店品牌的功能

酒店不仅提供实物产品，而且提供无形的服务，这就决定了品牌对企业、顾客具有不同的功能。

（1）酒店品牌对于酒店的功能。

第一，强化酒店个性，提高品牌认知度。史蒂芬·金说过："产品是在工厂所生产的东西，而品牌则是消费者所购买的东西。一件产品可以被竞争对手模仿，但品牌则是独一无二的。产品很快会过时，而成功的品牌则是持久不变的。"同等级酒店产品的差异性很小，同时没有专利保护，极易被竞争对手模仿，鲜明的酒店品牌使得客人在众多品牌中对自己中意的品牌印象深刻。品牌在营销传播的过程中相当于酒店的"名片"，酒店通过自己独特的品牌来体现差异，提高消费者的认知度。

第二，传递产品信息，促进产品销售。酒店产品的无形性决定了在消费者购买前无法当场展示，消费者只有通过产品的有关信息来做出购买决策。品牌作为酒店产品和服务的综合体现，有效地向顾客传递了产品和服务的质量信息。例如，当我们看到里兹·卡尔顿，会想到豪华、高品质；看到如家客栈，会觉得温馨、亲切……这种感受来自于品牌无形中向我们传达的酒店形象，并促成购买行为。

第三，提升产品价值，提高经济效益。产品与品牌的主要区别就在于"附加值"。一方面，顾客购买著名品牌的产品，不仅获得物质上的满足，同时获得心理上的满足，所以，即使价格高于同类产品，也乐于接受；另一方面，酒店拥有了知名品牌，就等于拥有了竞争优势，可以获得较高的利润率和市场占有率。此外，品牌是酒店的无形资产，本身也具有很高的价值，因此可以提高酒店经济效益。

第四，增强竞争能力，实现市场扩张。当今许多酒店重要的营销手段是酒店品牌营销，它以塑造品牌、提升品牌价值为核心，对广告、公关、促销等各种营销方式进行有效整合。通过对产品和服务的营销，提高酒店持久的竞争优势，形成酒店的核心竞争力。因此，酒店品牌是进行国际化经营和企业对外竞争的有力武器，品牌输出成为跨国经营的主要手段和途径，国际酒店集团就是利用品牌抢占中国市场，并获得竞争的优势的。

第五，发挥凝聚功能，吸引优秀人才。从内部营销的角度看，品牌可以聚拢人才，人们都愿意到有名的大公司去工作，酒店品牌的美誉度和强大社会影响力会使员工充满自豪感和工作热情，有利于员工实现自我价值，会产生强大的吸引力，拥有优秀的人才是酒店持久发展的保证。

（2）酒店品牌对于消费者的功能。

第一，降低购买风险。优质品牌是酒店对市场的一种承诺，它以长期稳定的服务质量和良好的信誉为基础，赢得客人的信赖。顾客购买品牌产品，无疑会降低购买风险。

第二，减少购买成本。品牌充当了产品质量和价格的识别信号，客人不必花费很多时间搜寻，便可选择他所需要的酒店，从而减少了购买成本。

第三，满足高层次需求。与普通商品相比，人们往往愿意付出更高的价格选择名牌，在酒店业更是如此。因为豪华和高档的酒店品牌对顾客来说是一种身份和地位的象征，不仅能够满足客人对酒店功能性的需求，更重要的是可以满足客人高层次的精神需求。

## （三）酒店品牌创建的意义

通过加强品牌的创建，提升品牌的竞争力，对酒店的经营具有重要的意义。酒店就是要发扬品牌建设，提升品牌竞争力，以达到品牌创建的意义。因此，酒店要做好优质服务以培养忠诚的顾客，提高市场占有率，通过现代化的手段实现网络化、集团化经营，提高我国酒店的国际竞争力，实施品牌战略营销，提高酒店企业的整体形象，做好自己的特色，实现品牌差异化来赢得竞争优势。

### 1. 有利于培养忠诚的顾客，提高市场占有率

顾客忠诚是指消费者对同一种品牌的重复的、大量的购买，它是人们所持有的在未来持续重复购买某种产品和服务的强烈的义务感，这种义务感使顾客即使在外界环境及营销因素可能会使他转换品牌的情况下，仍然重复购买同一品牌或同一个品牌组合。目前，随着我国酒店市场竞争加剧，一些酒店为了争夺客源市场，纷纷采取降价行为，恶性价格竞争导致的后果是营业收入、服务成本、服务质量的下降以及顾客的不满等一系列恶性循环。而品牌战略能使企业步入优质优价的良性循环，摆脱出削价竞争的旋涡，走向非价格竞争，有助于规范市场顺序。尤其外出旅游或从事商务性活动的客人都希望有一个安全安静的环境，在他们的心里，有良好的品牌的酒店能够提供这样一个场所。

### 2. 有利于实现网络化、集团化经营，提高我国酒店的国际竞争力

网络化、集团化经营是当今国际大多数企业的发展模式。目前国际酒店业发展的一个最突出的趋势是：酒店联号集团统领国际近 20% 的成员，这些集团几乎是世界著名的品牌酒店。如果仅满足于中小型企业，不发展互联网，走网络化、集团化经营模式，就很难在当今市场上取得优势。而网络化、集团化是以一家或几家酒店为龙头，向全国、世界输入优质高效的管理，逐步形成联号集团，这才有利于中国酒店参与国际的竞争。中国名酒店组织和中国信苑酒店网就是一个例证，这两个联号集团在全国几十个城市中发展了 43 家酒店，又建立了统一的客房预订中心，对外统一促销，充分显示了联号的优越性，如喜来登、假日、希尔顿都是世界上知名的酒店连锁集团的品牌。我国的锦江酒店管理集团发展也非常迅速，现在世界知名品牌的连锁集团中排名 29 位。

### 3. 促使企业注重自身无形资产的保值增值以及有偿使用，提高经济效益

品牌是酒店企业的无形资产。酒店的优质品牌可为其特许经营、输出管理扫清道

路。享誉世界的优秀品牌不仅能给企业带来强大的增值功能，而且本身也具有很高的价值。如 1989 年假日公司把品牌专利权出售给英国巴斯股份公司，获益达 19.8 亿美元。另外，无形产品的品牌不同于有形产品，有形产品成名后，往往受假冒产品的包围，而无形产品既有生产与消费同时性特点，产品不可以发生转移，因而受这种冲击较少。

**4. 实施品牌战略营销，可提高酒店企业的整体形象**

创立品牌的核心是建立在高层次的企业管理理念及企业文化基础上，注重营造亲和的团队精神，突出以人为本，并且以鲜明的视觉识别系统和规范的行为作为指导来构建品牌，实施品牌战略，以此来提高酒店企业的整体形象。对于酒店这一特殊的产品，当有形的设备设施在短时间无法改进的情况下，酒店一定要一直保持服务品牌营销，一定要让酒店人性化的服务在客人中传颂。如香格里拉酒店集团的经营格言是"殷勤好客亚洲情"，喜来登酒店集团的经营格言是"服务不需要任何成本，但服务能创造很大的价值"，这无疑是在强调服务品牌的价值。

**5. 吸引人才，提高酒店人力资源水平**

酒店业是人力和资金密集型的行业，人才是酒店最宝贵的财富和资源。酒店的竞争归根到底就是人才的竞争，实践证明，具有知名品牌的酒店就是靠酒店中大量人才通过充分发挥各自的聪明才智创造出来的。由于我国酒店业的薄弱，酒店工作与现代社会很多的高薪工作相比已失去了以往的吸引力，星级酒店人员流失使酒店面临困惑与无奈。据了解，有些酒店人才流动率达到 30%~45%，相反，外资酒店却对我国人才形成了强有力的竞争，会聚了大量的高品质人才，这就是酒店品牌的效应。所以对于酒店而言，如果拥有一个良好的品牌，就可依靠品牌的强大号召力来吸引优秀的管理人才、营销人才和服务人才，为酒店献计献策，为酒店吸引更多的客人、创造更多的利润。

**6. 品牌是提高酒店核心竞争力的重要手段，是进军国际市场的重要保证**

随着我国加入 WTO，我国旅游市场的国际化已经是大势所趋，国外将有更多的著名品牌酒店进入我国市场，竞争日趋白热化。在这种国际竞争的大背景下，我国的旅游饭店势必要走集团化、跨国经营的道路。为此，旅游饭店最需要的就是使自己的品牌成长起来。旅游饭店的品牌不仅是其企业形象的集中体现，更是我国旅游产业形象的浓缩和标志之一。自从我国酒店业开放以来，假日、凯悦、喜来登等著名的国际酒店集团凭借其品牌优势纷纷进入中国，占得一席之地，已大获其利。进入 20 世纪 90 年代末期，它们拓展中国市场的策略从最初的管理合约为主转向以转让品牌为主。如今的中国酒店业，将面临越来越多的国际强势旅游酒店品牌的挑战，打造民族酒店品牌已成为当务之急，否则将在激烈的市场竞争面前阵地尽失。随着我国越来越多的著名酒店品牌的形成，我国旅游业的竞争力也将大大增强，进而在世界旅游市场的份额也会越来越大。

## （四）酒店品牌创建存在的问题

我国酒店业目前除一部分高档酒店能够做到与国际接轨外，占酒店总量 85% 以上的中小型酒店仍处于单体经营、管理粗放、效益欠佳的状态，无论是硬件设施还是管理水平、技术含量、服务质量、经营效益，都与旅游酒店业发达国家的水平有较大差距，更谈不上品牌的建设和经营。与国际上品牌运作历史长、经验丰富的知名企业相比，国内企业在品牌经营上存在巨大的差距。以经济型酒店为例，在我国酒店行业中，欠缺的不是经济型酒店的产品形态，而是群体意义上的经济型酒店品牌。在我国，三星级以下的经济型酒店占住宿设施的比例在80%以上，但长期以来都以单体的形式存在，没有形成规模，缺少有影响力的品牌。彼此之间主要靠价格进行竞争，因此实力不强、效益较差。虽然国内已经产生了一批经济型酒店的知名品牌，如锦江之星、如家等，但与国际品牌连锁酒店相比仍有相当的差距。具体来说分为以下几点：

### 1. 品牌认识理念谬误

品牌理念决定着品牌形象的文化品位和档次，反映了企业的追求和精神境界。我国很多酒店还没有树立起一个正确的品牌理念观，对品牌的定义、品牌的传播和品牌的竞争方式等方面的认识都还停留在一个较稚嫩的阶段，这在客观上造成了品牌营销意识不强，品牌营销策略还没有深入人心。品牌营销意识不强主要表现在店名、店标的设计以及市场营销活动中营销方法的组合使用上。

### 2. 在品牌传播上，我国一些酒店只注重品牌名称的传播，而忽略了品牌忠诚度的建设

广告在宣传一个名称或口号上所具有的明显的推动作用，造成很多酒店过度依赖广告，导致品牌建设的成本过高，很多赫赫有名的品牌利润很低或陷入亏损的境地就说明了这一点。著名营销实战大师米尔顿·科特勒曾说："中国国产品牌面临的最大挑战是从依靠大规模的广告和促销，转变为通过战略性步骤建立起让顾客感受得到的品牌价值。"

### 3. 在品牌竞争中，我国一些品牌急功近利，缺乏品牌运作的战略规划

面对市场竞争压力与内外环境，轻率地使用一些有短期效果但损害品牌形象的战术，其中最典型的就是价格大战。我国酒店业的迅速发展，客观上造成了同类型、同档次酒店在某些区域的相对过剩。这些酒店的目标市场、品牌定位、经营理念大致相同，为了争夺有限的客源，势必降价销售。降价的同时必然会影响服务质量，使品牌所体现的产品特征、产品附加值难以实现。另外，我国酒店管理水平较低，也是导致品牌本质与产品质量不一致的重要原因，使品牌形象和消费者忠诚度受到巨大损伤。

### 4. 品牌管理欠缺，品牌推广不力

目前，我国酒店品牌管理方面与世界先进水平相比还存在较大的差距，没有完整的品牌管理模式和大量精通品牌管理的人才。导致我国酒店品牌在某一区域获得成功后，酒店管理者有的没有及时成立管理公司输出管理或采取特许经营的方式推广品牌，从而失去了推广品牌的最佳时机；有的没有经过科学的调研盲目输出管理，不但没有推广品牌，相反却为已成功的品牌带来了负面影响。

### 5. 品牌结构单一

国际著名酒店集团十分重视品牌建设，通过实施品牌多元化战略以达到充分占领细分市场的目的。它们按不同酒店类型进行合理品牌区分，构筑多品牌体系，例如，六洲

集团按功能将品牌划分为假日、皇冠假日、假日特快和洲际等品牌。马里奥特集团主要经营豪华型和商务型酒店，按照不同酒店档次对品牌的使用进行区分，同时有针对性地收购酒店品牌。相比之下，国内酒店集团的品牌较为单一，品牌定位不明确。除了少数几家大型酒店集团以外，大多数国内酒店集团都采取了单一品牌模式。而单一品牌模式只适用于目标集聚型战略的酒店集团；而当酒店集团同时开发多个目标市场时，单一品牌模式容易造成产品形象模糊，不便于顾客识别酒店集团的不同系列产品，不能有效占领细分市场等。酒店业竞争越来越激烈，在市场需求多元化、细分化趋势下，单一品牌模式已经不能有效适应国内酒店集团发展的需要了。

### （五）酒店品牌创建的措施

#### 1. 进行准确的品牌定位

在当前酒店业需求不足的买方市场上，单一需求的同质大市场已不复存在，取而代之的是异质特色非常突出的个性化市场。任何酒店都不可能提供满足整个市场需求的服务。但我国大部分酒店设计时仍然追求大而全的建筑风格以及多功能、全方位的服务方式，市场目标不清晰，消费者对象不明确。酒店功能布局没有特点，不能满足客人差异性的需求。因此，我国酒店业必须考虑目标市场，并且结合自身的特征、发挥自己的优势，创立酒店品牌，从而建立起酒店的竞争优势。如目标市场定位可以按照以下方法进行：

（1）根据酒店产品的特性来定位。如酒店以"绿色"酒店定位，以满足人们追求一种清洁、怡人的环境的要求。

（2）根据酒店产品的档次来定位。如六洲酒店公司既有豪华型的洲际酒店与度假酒店、皇冠酒店与度假酒店，又有面向家庭型的假日家庭套房度假酒店，面向商务客人的假日精选，面向度假客人的假日阳光度假酒店。

（3）根据顾客的需求来定位。如对于商务旅游目标市场，酒店应向其提供有保证的预订、快捷的登记和结账手续，商务服务，如国际直拨电话、电报和传真、秘书与翻译服务、学习型卧室等；对于休闲旅游市场，人们是非工作目的的旅游者，自付房费，酒店应向他们提供休闲设施、物有所值的餐饮服务、当地信息与服务、娱乐等。

#### 2. 塑造高质量的品牌形象

品牌形象和声誉是驱动顾客购买的重要因素。在购买酒店服务之前，顾客无法判断酒店的服务质量，品牌自然成为服务质量的标志。塑造高质量的品牌形象，可以从以下几个方面着手：

（1）提高酒店的服务质量。据美国波士顿福鲁姆咨询公司在1988年的调查发现，客户从一家企业转向另一家企业，10人中有7人是因为服务问题，而不是因为产品质量或价格。到酒店消费的宾客追求的不仅仅是物质上的需求，更偏向于精神上的需求。只有让顾客满意，才会有忠诚的顾客。所谓顾客满意，是指顾客的感觉状况水平，这种水平是顾客对酒店的产品和服务所预期的绩效和顾客的期望进行比较的结果。如果所预期的绩效不及期望，顾客就不满意；如果所预期的绩效和期望相称，顾客就满意；如果所预期的绩效超过期望，顾客就十分满意。如果顾客十分满意，那么顾客就会再次消费，甚至向别人推荐酒店，成为酒店的忠诚顾客，由此来提高酒店的绩效。

（2）注重外观功能上的个性化和特色。酒店应追求建筑外观、装潢设计、酒店产品等方面的特色。在国际酒店业激烈竞争的环境下，各酒店业主与管理者们都在力求把自己的酒店做得既舒适又有特色。如在客房设计上，希尔顿现在推出了"睡得香客房""健身客房""精神放松客房"等。雅高推出了"高科技好客"概念客房；喜达屋则拥有"天堂之床"的梦幻客房。所有这些都更好地满足了消费者要求舒适且不断变化的需求。

（3）注重文化内涵。建设有中国特色的企业文化。品牌的形成来源于企业的内部文化，在我国酒店中创造有中国特色的企业文化，有助于增强员工的凝聚力，更好地维护品牌。

（4）注重酒店品牌标识设计。一般来说，酒店的标识设计可以遵循以下原则：统一名称，统一色彩。如肯德基连锁店，标识采取统一名称、统一色彩，简洁明了，易读易记。品牌设计的首要原则就是简洁明了，易读易记。不宜把过长和难以读诵的字符作为品牌名称，也不宜将呆板、缺乏特色感的符号、颜色、图案用作品牌标志。品牌名要易上口、易传播。品牌名称语言包括音、形、义三个方面的要求，容易理解和记忆，要有暗喻功能，令人产生联想。如香格里拉，使人联想到入住该酒店，犹如到了世外仙境一般。

## 二、酒店品牌的推广

酒店品牌推广是指酒店品牌经营者根据自己品牌的优势所在，用恰当的方式持续地与消费者交流，促进消费者理解、认可、信任和体验，产生再次购买的意愿，不断维护对该品牌的好感的过程。酒店品牌推广的主要形式有：

### （一）大众传媒推广

酒店可以利用某种大众传媒，如电视、广播、报刊等，向酒店品牌的目标消费群体进行品牌推广。不同的传媒传播效果不同，酒店在进行品牌宣传时，其目标是要找到一种媒体组合，以使传播成本最低，而传播效果最理想。

### （二）联合推广

酒店可以参与的各种联合促销活动，主体包括目的地、国家或地区的酒店业、旅行社业和旅游交通业等。当两个或两个以上的旅游供应商认为合作而不是相互竞争会带来最大利益时，会产生地区之间的联合营销活动。这种情况下会开发跨目的地的包价旅游和熟悉线路旅行项目。

### （三）公共关系推广

公共关系是指能够促进酒店与社区和一般公众的关系的一切手段，它包括支持慈善活动、艺术表演和教育事业或其他活动、参与当地社区组织以及市民项目和活动等。成功的公共关系活动不仅需要良好的意愿，而且需要通过新闻稿、报纸杂志等媒介与酒店内部和外部公众沟通，传播其业绩、行为和观念等信息。

### （四）网络媒体推广

现在是网络媒体时代，截至 2020 年 12 月，我国网民规模达 9.89 亿，手机网民规模达 9.86 亿，互联网普及率达 70.4%。充分利用现代消费者的网上冲浪习惯，酒店可以利用网络媒体进行品牌推广，利用酒店微博、微信、抖音、旅游网站等网络平台，塑造品牌价值，扩大品牌影响力。

# 第二节　酒店品牌的维护与提升

## 一、酒店品牌的维护

酒店品牌是企业的一项重要的无形资产，好的品牌具有极高的市场价值，是酒店企业的一笔巨大财富。品牌作为无形资产容易流失，由于经营管理内部或外部的原因，酒店的品牌在市场竞争中会出现知名度、美誉度下降，以及销量和市场占有率降低等品牌老化现象。因此，要提高酒店品牌的生命力，使其获得持续的竞争优势，必须不断进行品牌维护。

### （一）酒店品牌维护的概念及意义

酒店品牌维护是指酒店品牌的所有人、合法使用人对品牌资格实施的保护措施，以防止来自各方面的侵害和侵权行为，促使酒店品牌的保值和增值。品牌作为酒店企业的重要资产，其市场竞争力和品牌的价值来之不易。但是，市场不是一成不变的，因此需要酒店企业不断地对品牌进行维护。其意义在于：

**1. 品牌维护有利于巩固品牌的市场地位**

酒店品牌在竞争市场中的品牌知名度、品牌美誉度下降以及销售、市场占有率降低等品牌失落现象被称为品牌老化。对于任何品牌都存在品牌老化的可能，尤其是在当今市场竞争如此激烈的情况下。因此，不断对品牌进行维护，是避免品牌老化的重要手段。

**2. 品牌维护有助于保持和增强品牌生命力**

品牌的生命力取决于消费者的需求。如果品牌能够满足消费者不断变化的需求，那么，这个品牌就在竞争市场上具有旺盛的生命力；反之，就可能出现品牌老化。因此，不断对品牌进行维护以满足市场和消费者的需求是很有必要的。

**3. 品牌维护有利于预防和化解危机**

市场风云变幻、消费者的维权意识也在不断增高，品牌面临来自各方面的威胁。一旦酒店没有预测到危机的来临，或者没有应对危机的策略，品牌就会面临极大的危险。品牌维护要求品牌产品或服务的质量不断提升，可以有效地防范由内部原因造成的品牌危机，同时加强品牌的核心价值，进行理性的品牌延伸和品牌扩张，有利于降低危机发生后的波及风险。

### 4. 品牌维护有利于抵御竞争品牌

在竞争市场中，竞争品牌的市场表现将直接影响到企业品牌的价值。不断对品牌进行维护，能够在竞争市场中不断保持竞争力。同时，对于假冒品牌也会起到一定的抵御作用。

## （二）酒店品牌维护的监测

酒店企业外部环境经常变化，一个强势品牌要想在激烈的市场竞争中长足发展，必须清楚了解品牌在市场上的表现，时时刻刻进行监视和测量，以调整和丰富品牌识别，使品牌个性更清晰。品牌检测的内容包括对消费者选择行为的检测、对竞争性品牌的检测、对品牌市场表现的检测。

### 1. 消费者品牌选择行为监测

包括知名度调查、美誉度调查、忠诚度调查。其中，知名度的大小为被调查总人数中知晓人数所占的比重，美誉度大小则为被调查总人数中满意人数所占的比重，而忠诚度的测量则为被调查总人数中重复购买同一饭店品牌的人数所占的比重。

### 2. 竞争性饭店品牌监测

了解本酒店集团品牌的战略方向，明确本酒店集团的竞争对手，并对其进行 SWOT 分析，即酒店品牌的优势（Strength）、劣势（Weakness）、机遇（Opportunity）和挑战（Threat），明确酒店的资金、人力资源状况、设备设施环境等，了解在某一区域的主要竞争对手，对自己的优势和劣势及所面临的机遇和威胁都有一个清晰的认识和了解，明确自身在市场上的位置，以帮助发挥优势、弥补劣势，为品牌战略制定打下坚实基础。

### 3. 品牌市场表现监测

对品牌的市场占有率、通路覆盖率等进行调查，以更好地了解本品牌在市场上所处的地位，适当调整品牌战略以更适应未来的发展。

## （三）酒店品牌维护的方式

### 1. 日常经营维护

酒店品牌的确立和推广是在一系列经营活动中完成的，所以品牌的经营者要在日常经营过程中树立品牌保护意识，采取措施对品牌进行保护。

产品和服务是品牌的支撑。没有内部的产品和服务质量的保证，品牌的宣传也就无从谈起。服务质量是打造品牌、凝聚文化和提升价值的核心部分，同时高质量的产品会促进品牌的成长，带来较高的市场份额。因此，酒店必须严把质量关。客房部的工作较为烦琐、单调，顾客接触不到的角落也要时时地打扫。然而，正是这些员工"管家"一样的细致工作成就了酒店的品牌质量，为客人提供舒适、亲切的服务才能获得顾客的满意。此外，酒店企业还必须创新个性化的服务方式，根据自身的客源定位，尽可能地打造和提供投客所好的针对性服务，通过这些为实际需求而设计的服务打造酒店品牌的美誉度和影响力。

**2. 法律手段维护**

酒店品牌法律维护，就是运用法律手段，对酒店品牌的所有人、合法使用人的品牌商标实施各种保护措施，以防范来自各方面的侵害和侵权行为。品牌法律维护的核心是商标权的保护。商标权的保护，是对商标专用权经过注册的法律保护。商标是酒店的一种知识产权，是酒店的无形资产，是品牌竞争的外在体现。国内一些经济型酒店加强了在此方面的法律意识，保护品牌的权威性。如家快捷酒店在建立之初就非常重视商标的法律保护，携程旅行网成立的唐人酒店管理有限公司自 2001 年 8 月起将"唐人"作为品牌名，重点发展三星级以下的宾馆成为"唐人"品牌的连锁加盟店，并把特许经营作为商业模型的核心。同年 12 月正式确立"如家"为品牌名，并申请商标注册"唐人"，"朋来"作为曾用名，保证了酒店品牌的法律权威性。

酒店在进行品牌维护时，要结合商标理论知识，发挥品牌商标的巨大作用，从战略和决策的高度来审视和提高品牌商标的地位。此方面可采取以下保护措施：第一，及时注册。酒店应该在企业成立前就申请商标注册，否则难免为他人做"嫁衣"。第二，防御性注册。即注册与使用相似的一系列商标，保护正在使用的商标，以备后用。注册可以保证酒店面临竞争者恶意模仿时，能够寻求法律的保护。第三，结合品牌升级，及时进行续展。第四，加强商标的宣传工作，取得普遍的公众认知，从而增强顾客的辨识能力。

**3. 品牌危机公关维护**

一个酒店品牌从创建到成熟需要经过较长的时间，面临各种考验。品牌危机是指由于企业外部环境的突变和品牌运营或营销管理的失常，而对品牌整体形象产生不良影响，致使企业陷入窘困的状态。在品牌维护过程中应该树立危机意识，加强品牌危机的管理。

（1）酒店品牌危机类型。

①市场危机。主要指一个酒店品牌在客源市场上已经失去或即将失去它的品牌美誉度和顾客忠诚。其特点是品牌知名度越大，损失越严重。市场危机意味着客源数量大幅减少，使酒店的品牌价值迅速下降，品牌的经营和扩张面临危机。例如，企业出现客人的人身安全和财产安全、饮食安全、装修材料和用品的安全问题，市场将会失去对品牌的支持。

②法律危机。指一个酒店由于没有妥善处理危机事件或存在违法活动而面临的法律制裁，包括客人、员工、投资者、供应商、中间商、竞争对手等利益相关者提出的法律诉讼。这些诉讼会使酒店损失金钱，甚至停业整顿，直至破产倒闭。例如，企业因为违法经营而被查处或者因为财务问题，都会给经济型酒店的经营带来巨大的危机。在这里值得一提的是，我国的酒店行业对自己的员工的关怀不够，由此带来的劳资纠纷发生的

可能性很大。劳资纠纷如果得不到妥善处理，员工可能会以过激行为报复酒店，使酒店成为公众关注的焦点，对酒店的品牌会有极为沉重的打击。

③社会危机。指一个酒店存在损害公众利益或违背社会道德准则的行为而受到公众的指责。社会危机一般是通过大众媒体的广泛传播形成的，稍有不慎，出现负面的新闻报道会迅速损害品牌形象，导致公众对品牌失去信任。

上述三种危机可能互为因果，一种危机的出现可能导致其他危机的出现，当危机足够严重时，三种危机可能会同时出现，从而使酒店难以应付。例如，一个酒店如果没有处理好客人在酒店内受伤的事件，客人可能向法院起诉并提出巨额索赔，使该酒店陷入法律危机，经过媒体的曝光，遭到大众的谴责，该酒店的市场品牌形象和公众形象均会严重受损。

（2）酒店品牌危机管理对策。

目前，酒店企业在日常经营管理中还缺乏危机管理的内容，员工遇到危机往往依靠经验解决危机，甚至经常采取回避、逃避等消极方式，这会造成较差的社会和市场效果。所以，建立并完善危机的预防和应对机制，对一个品牌或一个酒店的长期发展意义深远。

①完善内部管理。大部分品牌危机是可以通过内部的管理减少发生的可能性甚至是可以避免的。因此，制定和执行严格的管理制度体系是一种有效的预防方法。从根本上说，现代企业制度的建立和完善是前提。对于酒店经营来说，特别重视安全问题。企业应该建立饮食储藏和保管制度、卫生防疫制度、消防安全制度、财产安全制度、人身安全制度等。对于一些专业性较强的安全管理工作，还可以考虑定期聘请兼职工作人员来指导进行。

②危机培训与模拟演习。当前，酒店企业对员工的培训更多的是酒店规定、礼仪礼貌和岗位服务技能方面的，员工也比较重视，因为这与他们的工作息息相关。除此以外，与危机有关的仅限于消防安全知识、财物安全等少量内容。因此，酒店有必要针对性地培养员工的忧患意识和危机意识，除了理论方面的培训，最好进行一些模拟演习的活动，以检验培训效果，加强实战能力。

③建立危机处理机制。酒店企业应该建立并不断修正各种危机的处理流程，如食品中毒事件处理流程、客人财物被盗事件处理流程、员工罢工事件处理流程等。危机的处理流程不宜太细，但必须明确处理的原则、处理的方法并分清责任。在危机发生时，由谁处理、如何处理和各部门的协调配合等，都要有详细的规定。每一种危机都应该由分管相关工作的酒店最高管理者负责整个危机的处理和善后工作。

## （四）酒店品牌维护的策略

### 1.高度重视产品质量和服务质量，构建酒店经营品牌的高质量平台

市场竞争环境激烈，不比服务比价格的竞争方式，不利于行业生态的可持续性发展。尤其是对于高档酒店来说，一味地降价更是在减少自身的盈利能力，因为低价所带来的客源根本不能满足配套设施需要的运营成本。经营的一个重要思路是围绕新的增长

点，抓住关键环节作为突破口推动经营，产生增长效应。作为经营结构要素之一的品牌，其品牌效应尤为重要，因此应依据环境的变化，积极地面对市场需求，提高产品质量和服务质量，围绕品牌固化创新经营活动，持续提供好的产品，稳固消费者。

**2. 拓展品牌营销网络，努力拓展企业经营品牌的市场份额**

从国际经验来看，品牌在扩展过程中都伴随着强大的营销和预订系统的发展，都伴随着酒店品牌文化的渗透和市场份额的扩大。而我国经营者往往只注重内部管理，却忽视市场开拓、品牌打造、网络预订等方面，这极大地影响了我国经济型酒店品牌的培育。现有品牌不强，主要表现在中国驰名世界的品牌少，品牌的国际影响不大，品牌的竞争力不强。以往的营销方式，不外乎电话营销、陌生拜访、人际维护等，但从目前的形势分析，这些传统方式已经不再是占领客源市场的常胜将军。互联网时代的在线营销、移动营销理念，更加符合现代人快捷、时尚、科技的生活节奏和消费心理。

**3. 做好品牌建设与培育，强化企业经营品牌的文化软实力**

经营者应从只注重内部管理，向市场开拓、品牌打造上转变。运用连锁化或集团化经营模式，促进品牌建设。我国企业大多规模小、单兵作战，这很不利于与国外巨头的竞争。如果企业在竞争中失败，品牌也就成了无源之水、无本之木。最好的办法是通过全国行业的资产重组，实力强、声誉好的企业通过兼并、合并、特许经营等方式，组建集团，统一品牌、统一服务、统一管理、统一宣传，采用共同的物资采购系统，在未大量增加投入的情况下，充分利用现有资源，增强酒店集团的竞争力，提高抵御经营风险的能力。集团化是品牌化的一个必经阶段，在目前产权改革有所突破的情况下，以积极发展混合所有制经济为主体的契机下，发展连锁经营可以在现有产权制度背景下使企业做大规模，拥有市场影响力，获得规模经济和范围经济带来的益处。

**4. 提高企业素质，提升酒店经营品牌的可持续发展能力**

品牌维护是酒店针对外部环境的变化给品牌带来的不利影响，对危机事件发生的原因、处理措施等进行系统调查和全面回顾。因此，必须加强企业自身能力建设，注重企业自身素质的提高。民营的经济酒店要努力克服企业自身的不足，练好内功。一个著名品牌的塑造和培育不仅需要一个好的制度环境、竞争环境，还需要企业自身长期的艰苦努力；不仅需要管理者具有品牌意识和创新意识，而且需要员工共同为之奋斗。

**5. 注重消费者需求，保持品牌良好形象和消费者对品牌的忠诚度**

品牌是需求导向，需求是经营之母。品牌的生命力取决于消费者的需求，这就要求品牌经营者随时了解消费者的需求变化状况，加强与消费者的沟通，与利益相关者建立牢固的情感关系——企业平时与利益相关者之间的关系多进行情感投资，建立良好的品牌形象和顾客的品牌忠诚度，实现从自主品牌无意识经营向经营品牌的转变，高度强化保持品牌市场地位的思想认识。设计沟通载体，采纳消费者对产品的开发、推广等方面提出的合适的参考建议，以顺应消费者的口味与偏好，做到及时对产品更新。在成本可行的条件下，最大限度保证产品与服务质量，维持品牌的持久度，进而赢得客户的好感，培养消费者的忠诚度，提升企业的品牌形象。

## 二、酒店品牌的提升

### （一）酒店品牌形象的提升策略

#### 1. 利用新技术提升酒店品牌形象

随着科技的发展，酒店与时俱进应用科技手段提升自身品牌形象将会逐渐显示出其重要性。将科技应用于酒店客房、营销、节能、服务等方方面面，不仅为酒店的经营管理带来了方便，更为顾客提供了新的居住体验。高科技可以帮助酒店实现高效管理，提升员工工作效率，同时还能助力酒店更好地推广营销，有效控制运营成本，提升酒店品牌形象。

例如，现在有的酒店安装的"智慧 e 房"酒店多媒体系统，当客人入住房间时，电视自动启动并出现个性的酒店欢迎界面；当客人急于处理紧急邮件，电视上的电脑功能模块为您排忧解难；当客人在为烦琐复杂的交通路线迷茫时，城市电子地图会帮您排忧解难。

#### 2. 借助新媒体提升酒店品牌形象

酒店可以合作的新媒体有很多，如专业酒店营销平台、团购网站、论坛（社区）、微博、微电影、微信、博客等。酒店可以从以下五个方面着手：

第一，在与专业的酒店营销平台合作方面，酒店主要考虑的是在未能完全通过自有能力提升营销业绩的前提下，采取与专业酒店营销平台进行合作。这种合作是基于对酒店利益的出让，并且能够快速起效而展开的。当然，由于目前专业的酒店营销平台越来越多，许多酒店采取全面撒网的方式与这些平台进行合作，看似非常好，但实际上这些平台之间的差异化并不大，只有少量巨头会有不一样的服务，这对提升酒店品牌形象作用有限。

第二，酒店是团购网的重要客户群体。对于那些经营情况较好的酒店，将部分产品（如餐饮）在某个时段纳入某一些大型的团购网站中去，进行特殊时期特殊活动的推销，能够吸引人气。这很方便酒店快速抓取到自己的目标客户。当然，许多酒店选择跟团购网站合作，目的就是先积聚人气，再谋求发展。但往往我们看到的是，一旦团购网站活动停止下来，酒店生意又开始下滑。这说明，单纯依赖团购网站是不利于酒店品牌形象的持续提升的。

第三，通过论坛进行拓展是酒店时下比较流行的一种酒店品牌形象提升方式。如中国酒店顾问网、酒店经理人论坛等是在酒店行业里面做得比较好的几个私人的论坛交流平台，人气都很高，这些平台上经常有大量的酒店经理人聚集在这里。一般酒店经理人都会发表各种见解，当一个酒店的多位经理在论坛上发表较为正面的积极的言论时，对行业人士来讲，大家就会对该酒店产生正面的积极的印象，有助于吸引更为优秀的工作人员。而在一些大型的公共论坛，如天涯、西祠胡同等，经常会有一些酒店发布一些信息或活动，吸引客户的眼球，这也有利于酒店品牌形象的提升。

第四，微博是时下比较流行的网络交流方式。许多酒店都会在新浪微博、腾讯微博等上面注册官方微博，定期推出活动或优惠，及时发布酒店的正面信息，以此来不断树立自己对外的品牌形象。当然，现在许多没有影响力的酒店，也在采取微博推广、微博定向发布等方式进行品牌营销，不断冲击消费者的眼球。

第五，微电影的方式也是新时代下的新兴媒体方式。通过微电影来宣传酒店形象需要大量的积累和详细的前期策划、后期制作等。一部微电影可能就会是这个酒店的一段故事或企业文化的一种诠释。它有情节、有感染力，能够在短时间内引起消费者的共鸣。它吸取了传统电视广告片的优点，却避免了广告片的单纯说教式的宣传，时下喜欢电影的群体庞大，这无疑对酒店品牌形象能够起到较好的宣传作用。

### 3. 依托凝聚文化提升酒店品牌形象

品牌文化具有价值性，它是在品牌定位的基础上，将酒店集团所有人员的生活方式、价值观和个性特色等融合在一起而形成一种品牌精神，并利用各种内、外部的品牌传播途径，将其传达给目标顾客，使受众对饭店的品牌在精神上达到高度认同而形成一种文化氛围，这种文化氛围是形成饭店顾客忠诚的重要因素，也是品牌的文化价值所在。因此，文化的凝聚是促进品牌形象提升的重要途径。国际著名的饭店集团，如洲际、万豪、最佳西方等都非常善于运用高科技手段进行品牌的传播，凝聚企业文化，提升品牌形象价值。

## （二）酒店品牌价值的提升路径

提升酒店品牌价值需要从酒店服务产品、市场营销、物业、人力资源管理、酒店文化等各方面进行创新活动，确保酒店创新活动的系统性与连续性，保证酒店品牌战略的实施，推动酒店的品牌价值提升。

### 1. 创新酒店服务产品，提升服务产品价值

面对顾客日益增长与多样化的需要，酒店需要树立创新服务的理念，以顾客的需求为服务出发点，对酒店现有服务进行改进创新，推出更多可供选择的服务产品，提高服务质量，以提升酒店产品的附加价值。酒店服务产品的创新，包括酒店客房、餐饮、娱乐等方面的创新。

（1）客房。客房服务的创新首先体现在客房种类的创新。酒店通过将客房的设计与顾客的需求、酒店的风格相结合，设计出特色客房，如推出具有特色的主题客房、绿色客房等。同时，配合酒店自身经营特色及主题风格，创新服务项目、房间布局和装饰艺术。其次，客房的创新体现在服务细节的创新上。鼓励员工不仅要注重标准化的服务，同时还要注重细节服务、个性化服务。最后，客房的创新还体现在客房管理层面，应加强酒店客房现代化与信息化管理，提高工作效率。

（2）餐饮。酒店餐饮产品的创新包括烹饪方式、手法的更新，表现为传统菜品的推陈出新，各大菜系、中西菜点的融会贯通等；推出顾客参与式服务产品，同时提供送餐上门服务等；推出不同档次、不同风格的餐厅，实施餐厅差异化、品牌化战略等。

（3）娱乐。酒店要进行娱乐服务的创新，应从现实的娱乐需求及趋势出发，考虑顾客工作与健康的因素，结合酒店所处地理及人文环境特点，提供多种健康而又能使客户真正放松的娱乐项目，引进多种娱乐方式，满足不同年龄客户的需要，如滑雪、垂钓、潜水、爬山、采风、体验、购物等多种方式和内容的娱乐活动。

（4）装修与布草。装修与布草与酒店客房、餐饮、娱乐等服务产品密不可分，是酒店产品的重要组成部分。高品位的装修环境使人们在享受高端优质服务的同时，又能感受到酒店环境所诠释的企业文化与酒店特色。酒店的装修布局需要不断创新，给忠实顾客以惊喜，给新顾客以新鲜感受。酒店布草用品与顾客的健康、舒适度、满意度息息相关。酒店布草除了满足客房餐厅整洁、舒适的基本功能外，还应考虑和酒店设施、装修风格及其他装饰相配套，根据客房的不同风格设计布草，使得房间呈现个性化、时尚化。同时还要从不同顾客的实际需求出发，使酒店布草更具人性化和功能化。对酒店布草的管理，要落实到各楼层服务人员或布草管理人员，做到爱护使用，保证布草合理地循环利用，并有计划地安排布草的更新和补充，保证准备充分，随时满足顾客的多样化和差异化需求。

### 2. 创新酒店营销模式，提升市场价值

在服务产品创新的基础上，酒店应利用市场营销和服务行业营销的相关知识，通过以下方面的服务营销创新，提升酒店在行业市场中的地位和价值。

（1）创新营销策略，实行差异化营销策略。随着顾客需求的同质性趋于减少、弱化，而异质性不断增强、扩大，酒店应随之采取差异化营销策略，注重消费群体间的差异化。可以按性别、年龄、地域、收入等作为划分标准，并根据目标市场的差异，推出有针对性的服务产品，赋予其鲜明的形象和内涵，凸显出本酒店的个性特征，从而持久地影响顾客的态度与选择，为酒店开辟稳定的市场，提升品牌影响力与感召力。

（2）运用多种营销方式。随着社会的进步，酒店应在传统的市场营销方法的基础上，创新营销方式。一方面，通过市场营销人员拓展酒店营销网络，将各营销分支机构覆盖重点营销区域，联合成一个整体的营销网络，更加准确与快捷地向顾客传递酒店信息，促进酒店的市场推广。另一方面，通过建设酒店网站，开通预订服务，或者通过专业销售网站，代理客房预订等，不断创新"网络营销"方式，使得传统营销方式与现代信息科技相融合，提高酒店的营销水平。

### 3. 创新物业增值模式，提升物业价值

物业是指已建成并具有使用功能的各类供居住和非居住的屋宇，以及相应配套设施和周边场地等。酒店物业属于物业的一种，包括了具有价值和使用价值的酒店建筑及附属设施，以及酒店周边的场地、庭院等。

酒店物业的升值受多方面因素的影响，包括酒店选择的经营类型；酒店的建筑及布局、装修风格、基础设施；酒店周边商业氛围、所处地段、交通情况等。酒店物业价值会随着这些影响因素的变化而变化。

（1）选择不同的酒店经营类型。酒店建筑规模和酒店等级不同，酒店物业的价值和

增值会有所区别。另外，酒店经营特色的不同，如商务型、度假型、长住型、会议型、观光型等，酒店物业价值及增值情况也会有较大差别。

（2）酒店设施的改进引起的增值。设施增值是指由于酒店硬件设施、建筑装修的更新升级带来的物业价值的提升。酒店应当善于利用酒店设施、设备，形成酒店的物业增值。

（3）酒店周边的地段增值。酒店物业不仅包括酒店建筑，还包括周边的地段环境，如交通环境、人口聚集状况、商业氛围等。地段是酒店物业增值的主要影响要素之一，如果酒店所处的地段不好，就会造成客源不足，影响酒店利润率和竞争力。如果酒店选址选在交通便利的商业繁华地段，酒店就能够充分利用繁华地段所带来的人流、资金流和信息流等优势，实现酒店物业升值。所以酒店在进行物业选址时，要审慎进行，通过科学的市场调研，准确选择。例如，某些地段目前并不是商业聚集区，但受到政府政策导向的影响，将来可能会设立经济开发区或者旅游开发区等，具有巨大的升值潜力，在这些地方选择设立酒店，未来将会带来酒店的物业增值，进而形成利润。

**4. 创新酒店人力资源管理，提升人力资本价值**

酒店的人力资本价值是酒店品牌价值的重要组成部分之一，酒店员工的自身素质、工作技能、工作满意度决定了其对顾客服务质量，影响顾客对酒店的感知价值。酒店人力资源创新要注重员工培训工作，培养员工对本酒店的认同和忠诚，提升酒店人力资本价值。

（1）注重员工个人素质与工作技能的培训。员工培训工作对酒店是不能忽视的，除了定期培训外，可以推出针对个人素质、应变能力等在内的一系列培训，提高员工个人素质，为顾客提供更高质量的服务。或者尝试工作岗位轮换，培养员工多岗位技能，为顾客提供更全面的服务。在提高员工个人素质与工作技能的同时，让员工在培训中找到认同感和归属感，提高员工满意度和忠诚度，提高工作热情和工作技能，提升顾客感知价值。

（2）建立员工自我评估机制。酒店考核公平与否关系到员工对酒店的满意度与工作积极性。在众多考核办法的基础上，酒店可以考虑让员工进行自我评估。通过提供测评软件、及时的反馈工作等方式，让员工正确评估自己。员工自我评估的结果，可以反映出员工工作的态度、遇到的困难及工作期望，为酒店考核提供参考信息。有利于酒店创建公平的考核体系，营造有序的良性竞争环境，激发员工的工作热情，提升服务质量，提高顾客满意度。

（3）做好酒店人才储备。酒店行业的人员流动较为频繁，经常出现岗位空缺，影响酒店的日常运转。因此，应通过建立酒店人才资源库，做好人才储备。如果酒店岗位空缺，可以立即招聘到合适人员，缩短招聘时间，确保能够迅速地提供顾客所需服务。同时，做好酒店内部的人才储备。对于酒店重要岗位，加强对内部后备人员的培训，如果出现岗位空缺，可以通过内部调动，补充人员到岗，保证酒店的日常运转。

### 5. 创新酒店文化，提升文化价值

酒店文化是指酒店以特色经营为基础，以组织精神和经营理念为核心，以标记性的文化载体和超越性的服务产品为形式，在对员工、客人及社区公众的人文关怀中所形成的共同的价值观念、行为准则和思维模式的总和。酒店文化是酒店竞争力的最高层次，在市场中具备长久的生命力和竞争力的酒店通常拥有独特的酒店文化。通过酒店文化的培养和不断创新来管理和影响员工，为顾客提供具有独特酒店文化价值的服务产品，是提升酒店品牌价值、提高顾客满意度和忠诚度的重要手段。

第一，酒店实施文化创新，需要对员工的服务意识加强培养，转换员工的服务观念，鼓励员工把服务作为一种艺术，一种终生职业，培养整个酒店的服务文化，提高顾客满意度和忠诚度，提升酒店文化感召力。

第二，酒店通过开发有文化内涵的、独具特色的经营项目，丰富和突出酒店产品个性，既可以增加酒店收益，也彰显了酒店的文化特征。当前，"主题饭店"在国内外的流行，就是酒店文化创新的具体表现。

第三，酒店还需要从酒店文化的表层——物质文化开始，即做好酒店设施建设，创造良好的物质文化氛围，包括酒店的建筑风格、装潢设计、设施设备、基本用品等，给顾客以温馨舒适的第一感觉。在酒店物质文化与产品文化定位的基础上，将所有员工的价值观、工作方式及个人特色融合在一起，形成一种文化精神，并将其传达给顾客，使顾客对酒店文化达到一致认同，形成一种文化氛围。独特的文化氛围是形成酒店顾客忠诚的重要因素，也正是品牌的文化价值所在。

酒店服务业品牌价值提升是一个多因素的复杂系统。酒店服务产品价值、市场价值、物业价值、人力资本价值、文化价值等都是酒店品牌价值不可或缺的组成部分，必须将其看作一个整体，系统规划各方面创新活动。特别是酒店产品的设计规划问题是解决品牌价值提升的前提和重点，其酒店市场定位和子系统的定位及风格等具有决定作用。

## （三）中国酒店品牌的提升路径

### 1. 从现状着手实行复合品牌

复合品牌包括多品牌和主副品牌。主副品牌也有两种形式：一种是企业品牌加产品品牌；另一种是产品主品牌加产品副品牌。用一个成功品牌作为主品牌来涵盖企业生产的系列产品，再以副品牌来体现其个性，将规格、品位、档次、功能区分开来，主品牌起到成功品牌的支撑作用，这样的形式还为统一的主产品不断推出新产品留下了空间和余地。使用副品牌还可以绕开一些法规限制，如《商标法》规定"商标不得采用商品质量、主要原料、功能及其他特点"，副品牌可以用别的方式来加以弥补。

多品牌是跨国酒店集团广泛使用的策略。例如，全球最著名的跨国酒店集团中，英国洲际酒店集团拥有洲际®酒店、皇冠假日®酒店、假日®酒店、假日快捷®酒店、Staybridge Suites®、Candlewood Suites® 和 Hotel Indigo®；温德姆（原胜腾）集团

在全球五大洲拥有十大著名品牌，分别为速8（Super 8®）、戴斯（Days Inn®）、华美达（Ramada®）、Baymont Inn®、Travelodge®、豪生（Howard Johnson®）、Knights Inn®、Wingate Inn®、AmeriHost Inn® 以及 Wyndham®Hotels；万豪下为 JW 万豪、丽思－卡尔顿（Ritz–Carlton）、万丽（Renaissance）、Residence Inn、万怡（Courtyard）、TownePlace Suites、Fairfield Inn、SpringHill Suites 以及 Bulgari 酒店品牌；雅高下为诺富特、宜必思、美居、索菲特、佛缪勒第1、汽车旅馆第6；希尔顿下为 Hilton、Scandic 和 Conrad；喜达屋下为威斯汀、喜来登、圣－瑞吉斯、福朋、寰鼎、至尊精选、W 酒店、艾美、皇家艾美；卡尔森下为丽晶、丽笙、ParkPlaza、CountryInns & Suites 和 ParkInn 品牌；凯悦下为凯悦、君悦、柏悦；香格里拉下有五星级的香格里拉和四星级的商贸酒店两个品牌。

根据我国的实际情况，酒店集团的本土品牌可以采用主副品牌的模式，用企业品牌加酒店品牌组成，如上海的锦江之星。其优点是集团归属明确，经营档次明确；缺点是没有文化特殊属性。上海的音乐之声大酒店、海南的金银岛大酒店有了文化特色，可惜是单体或是外国的文化（外国文化对国人还是有较大吸引力的，如果是首创则对海外也有吸引力），不过，目前美国单体酒店的经营业绩已经开始超过连锁酒店，这可能预示着后工业时代向信息时代转换的过程中，多元化、多样化、个性化的重要性已日趋明显。这对单体酒店来说是个福音，只要用心经营，单体酒店完全可以和酒店集团相抗衡。

对中国的酒店集团来说，由于不少企业是通过行政手段组合而成的，所以基层酒店的历史都比集团的历史长，在集团制定统一品牌时就会有相应的特点，采用主副品牌即企业品牌加产品品牌或产品主品牌加产品副品牌的办法更可行。

### 2. 从服务特色着手形成品牌

服务品牌主要靠服务，服务分为直接服务和间接服务。直接服务表现为面对面的即时接触；而间接服务除了环境、气氛等外，还有看不见的前道环节和后道环节，整个过程有一整套操作标准、规章制度直至企业文化的保证体系。香港半岛酒店曾被评为全球最好的酒店，在全球十佳酒店中名列第一。半岛集团已在中国香港、马尼拉、曼谷、北京、纽约、比华利山以及芝加哥管理着 8 家豪华酒店，拥有 3000 多间客房，并以其在每个大都市只建立一家顶级豪华酒店的理念而闻名于世，被国际酒店业尊称为"五星半岛"。酒店共有 4.8 万件纯银餐具，市值 100 万美元，每天需启动八部打磨机擦拭，餐具自 1925 年至今都是用同一个制造商。1960 年，酒店大修时更换了大堂的吊扇和水晶灯后，保留了大堂的哥特式圆柱顶，上有素白人面像共 76 个。

香港半岛的品牌特色是服务一以贯之不走样，如门童每天为客人拉开雕有一对门神的玻璃大门约 4000 次，他们身上的全白制服和白帽自开业以来是同一款式。半岛共有 775 名员工，平均 2.6 位员工服务 1 位客人，其中有 1 名员工服务 75 年，2 名员工服务 40 年，服务达 30 年的有 9 名，20 年的则有 29 名，10 年以上则有 148 名，员工流失率为全港最低。

### 3. 从文化特色着手创造品牌

酒店的市场定位已普遍受到重视，大家通常关心的是价格和菜系，即价格的高、中、低档和菜系帮别方面，以此通过市场细分来吸引各种消费层次和口味的顾客。经营者的思维局限于定价策略和菜谱调整，客房营销也主要着眼于商务客人、旅游团队、散客居住地的区域划分。于是，我们在各种地方看到的硬件、服务都基本相同，看不到与众不同的个性色彩。

当今的世界是丰富多彩的，各个地方都有其独具个性的人文景观或历史遗产，这个文化宝库不加利用实在是非常可惜。无论何种文化定位都要选择一个主题，在此主题下营造相应的环境，从而烘托出一种气氛和情调，以此产生吸引力和新鲜感。主题可以选自小说、电影、名人、学科等领域，在确定的某一主题之下，装修、用具、服装及背景音乐应与之相适应，其间还可以穿插配合的小场景助兴。

在独具匠心的环境中，在鲜明的文化主题之下，酒店可组织与之相关的专题活动，可向客人提供服装、道具（出租或出售），并提供基本脚本，使客人可充当演员，而酒店职工当然是基本演员，在他们的组织和秘而不宣的导演下，有声有色的剧情可自然发展。只要是处于主题活动下，其宽松程度应超出愚人节、万圣节的总和。在店方的策划下，客人们成为宴席中的新娘、新郎、海盗、大侠，成为古今中外文学剧本中的特定角色。参加活动的客人还可以填写一张自己的介绍表，其中有本人的职业、爱好等栏目，内容可部分虚拟。整个活动进行录像制作，事后提供给参与的客人。客人在参与中显示了自己的表演才华，体验了独特的人生经历，这种难忘的旅店生活必然吸引许多客人。考虑到住店客人的日常工作，此类活动一般安排在周六、周日及例假日，让酒店的周末成为客人翘首以待的佳节。

酒店业经历了硬件和服务的两大竞争，现在应进入文化氛围的竞争，酒店高层职员除了具备一般酒店管理知识外，还应具有广泛的兴趣和爱好，了解和学习古今中外的文学、音乐、戏剧、绘画、电影等知识，以适应酒店实施文化主题策略的需要。文化主题不仅会给客人带来意外的欣喜，还能带动全民族文化修养的提高，国人所缺乏的角色化、主动性、幽默感将得益于此而有所培植。

在我国，华侨城集团三大主题酒店中，威尼斯酒店以威尼斯文化为主题，2002 年 5 月在深圳开业的威尼斯酒店；海景酒店以东南亚为主题，2003 年从三星升级为四星；华侨城大酒店以西班牙文化为主题，2005 年 8 月从深圳湾大酒店更名而来。2001 年，威尼斯酒店进行主题建设，2002 年 5 月在深圳开业。2003 年，华侨城国际酒店管理公司通过对海景酒店的改造，使其成为东南亚文化主题酒店，并从三星升级为四星。2004 年，以西班牙文化为主题的白金五星级酒店深圳湾大酒店重建。

长隆酒店以南非狂野丛林生活为主题的酒店，这种设计并不算突兀。因为它左揽长隆夜间动物世界，右倚香江野生动物世界，前拥长隆高尔夫球练习中心，后傍广州鳄鱼公园，四周亚热带丛林环绕，地势得天独厚。为表现旅游、动物园的主题特色，长隆在设计方面主要采用了英国的"撒法里"风格，大量使用比较朴素的木、石结构，突出原野和狩猎的气氛，而又不拘泥于该风格。它的艺术装饰也很讲究，大量使用雕塑、木雕、壁画、浮雕、标本、非洲风格的图案，使整个旅馆充满强烈的艺术气氛。酒店的动物主题非常突

出地集中在酒店的公共部分，最大亮点是两个露天中庭，一个正对着西餐厅，里面走动着来自孟加拉的一对白老虎；另一个对着中餐厅，活动着来自古巴和南非的两群颜色深浅不同的火烈鸟，这是极为独特的就餐经验。长隆酒店成功地结合了生态主题和旅游主题，也是国内同类型酒店中少有的艺术风格和高雅格调平衡得比较好的酒店，这使它开了国内旅游主题性酒店之先河，成为国内首创的野生动物园中的五星级酒店。

# 第三节 酒店品牌的扩张与评估

## 一、酒店品牌的扩张

品牌是一个企业经济实力的象征，依据品牌与产品的关系及其扩展方向，酒店品牌扩张路径包括了业务领域、品牌结构、品牌档次以及市场区域四个路径，这四个维度既是品牌扩张的基本因素也是重要因素，如图4-1所示。品牌扩张战略上主要采取了单一品牌战略、多品牌战略、复合品牌战略三种扩张战略。

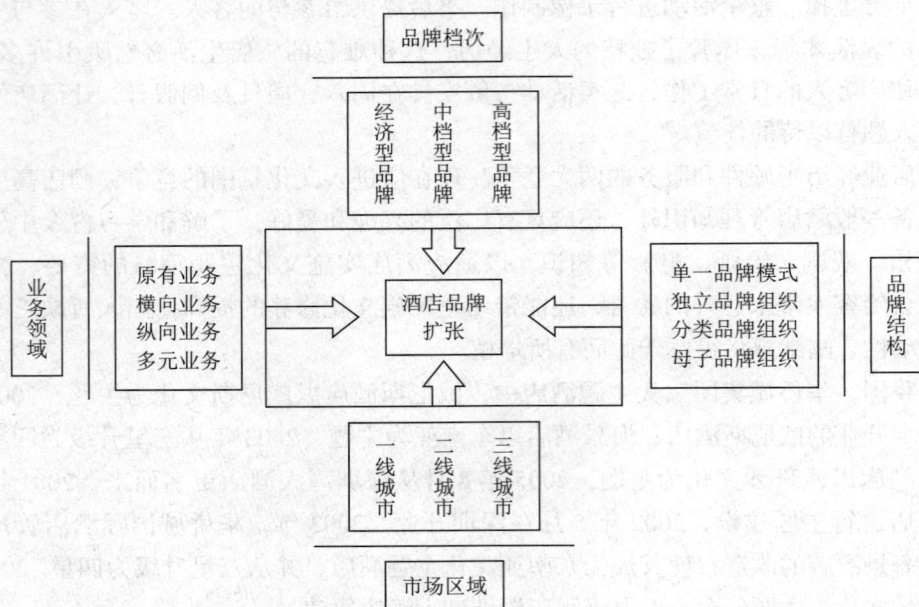

图4-1　酒店品牌扩张路径四维模型

### （一）酒店品牌扩张战略

#### 1. 单一品牌战略

单一品牌战略按其单一程度的不同，可以细化为产品项目品牌战略、产品线品牌扩张战略和伞形品牌扩张战略。其中产品项目品牌战略就是酒店使用单一品牌对其品牌进行扩张，这一战略因其扩张战略的相关性强，进而容易取得成功。产品线品牌扩张战略，部分国际酒店集团下属的不同主题和功能酒店使用同一品牌，对品牌扩张有较大促进作用。伞形品牌扩张战略则是将在酒店集团下属的酒店和非酒店行业使用同一品牌，通过行业的扩张进一步扩大品牌的知名度。如凯悦酒店集团即是以其主要品牌在我国扩张，主要依靠单一品牌战略获得发展。

### 2. 多品牌战略

随着当今世界消费需求的多元化发展，单一品牌战略往往不能满足多元化的偏好，这就需要多品牌战略对其进行补充。国际酒店所倡导的多品牌战略，一种酒店赋予一种品牌，下属不同酒店赋予不同的酒店品牌，通过不同品牌体现酒店之间的差异性，进而使这些特色随着酒店提供的服务而植入消费者脑中。这种多品牌的战略，不仅能有效帮助企业占领更大的市场以满足不同消费者的需求，同时还更有利于提高酒店的抗风险能力，不会因某一品牌的失败影响全局。如万豪、喜达屋等国际酒店则是以这种多品牌战略，在国内市场占据较大的市场空间，也获得了较快发展。

### 3. 复合品牌战略

对同一酒店赋予两个或两个以上品牌的战略即为复合品牌战略，该战略包含注释品牌战略和合作品牌战略。其中注释品牌战略是指酒店集团以注释品牌和主导品牌命名其下属酒店，通过主导品牌说明酒店的价值等，通过注释品牌为主导品牌提供支持和信用。合作品牌战略则是将两个或两个以上品牌命名在一个酒店上，这种品牌战略模式也多集中在多个酒店集团合作投资、共有资产的酒店，从而打造多品牌战略。

## （二）酒店品牌扩张路径

### 1. 业务领域扩张

从业务领域考虑，酒店品牌的扩张涵盖四个选择方向，分别是：在原有业务领域基础上的扩张；联合同类型酒店的横向一体化扩张；与酒店业相关的上下游企业联合的纵向一体化扩张和向其他业务扩散的多元化扩张。通过以上四个业务的扩张，为酒店品牌扩张提供可能。

### 2. 品牌档次扩张

从品牌档次考虑，酒店为满足高、中、低档不同层级消费者的需要，酒店品牌扩张可以从高档型品牌、中档型品牌和经济型品牌三种类型展开。其中高档型又可以被看作向上扩张策略，目前国内各地正在扩充建设五星级和高档商务酒店即是这一策略的表现；而正在建设的经济型酒店则是向下扩张的表现；此外还有双向扩张策略，这种策略可以形象地比喻为橄榄形策略，此种策略可以在各个市场保持较高的市场占有率。

### 3. 品牌结构扩张

从品牌结构考虑，酒店可以从单一品牌模式、独立品牌组合、分类品牌组合、母子品牌组合四个方向开展。酒店集中财力、物力扩张某一品牌的单一品牌模式，可以迅速提升品牌的知名度，打开品牌市场；通过对每一种酒店产品都冠以独立品牌的独立品牌组合模式，可以更进一步明晰产品等级和功能的差异；酒店集团对下属酒店按不同类别进行分类的分类品牌组合，可以明确品牌定位，降低营销成本；此外给酒店用两个品牌命名的母子品牌组合模式，又能很好地增加品牌活力，提升品牌价值。

### 4. 市场区域扩张

从市场区域考虑，酒店可以从一线城市、二线城市和三线城市三个方向进行发展。一线、二线及三线城市从经济发展水平、基础设施建设状况、地区消费能力等方面呈现逐级下降的趋势，可以说三级城市各有特色、各有不同，给酒店的发展和品牌的扩张提供了多种选择，酒店可以结合自身能力和竞争优势选择不同区位发展。

综上所述，以上四个酒店品牌扩张路径模型维度是紧密结合在一起的，它们共同形成了品牌扩张的路径，洲际、万豪、喜达屋等国际酒店集团，在国内的品牌扩张上也充分利用了上述方法，实现了快速发展。

### 5. 文化扩张

文化是对内提升凝聚力、对外提升影响力的重要媒介，品牌又是企业文化的外在表现形式，可以说一个没有品牌和文化的企业，是难以发展壮大的。如国际酒店在开展对华品牌扩张的过程中，尤其注重在文化上的扩张，通过在经营和管理中融入自身特色的文化模式，将文化理念融入员工服务、融入酒店环境、融入各类餐饮用品中，在顾客周围营造出浓厚的文化氛围，进而实现其自身文化在顾客中的广泛传播和扩张。洲际、万豪、喜达屋、雅高等酒店集团十分注重企业文化建设，通过文化建设，在国内树立起良好的品牌，实现其产业规模和品牌的有效扩张。

## 二、酒店品牌的评估

酒店品牌价值的评估方法有很多种类，有传统的成本法、收益法以及英特品牌公司的 Interbrand 评价体系。

### （一）成本法

成本法主要是按照重新建立与某一特定品牌影响相当的新品牌所需费用的角度来估算品牌资产量的大小。因为品牌投入与品牌资产之间的弱相关性，品牌的成本具有不完整性、弱对称性和虚拟性等，因此品牌价值的高低并不与其成本存在着直接的联系。此外，成本法未考虑市场需求和经济效益的变化。

### （二）收益法

收益法是根据品牌的未来获利能力来评估其价值的一种方法，从根本上讲，这种方法最符合逻辑性，因为品牌之所以有价值，就在于它能够为企业的未来带来收益。计算出待评估品牌的利润，减去该行业的平均利润，得出的差额即视为由于品牌而带来的超额利润，以此为基础，在一定年度内，按一定折现率进行折现，最终得出该品牌的价值。该方法也是在实践中常用的方法，优点是较好地反映了品牌价值的本质，充分考虑其在未来市场上的获利能力及相关因素。但问题是该方法在计算由品牌所带来的超额利润时，很难把其他影响因素排除掉，如企业技术带来的超额利润，另外，折现率的准确获取也存在一定的难度。

### （三）Interbrand 方法

Interbrand 方法基本原理与收益法相似，仍然是基于品牌的未来收益而对品牌进行评估的方法，但是其折现率的确定结合了市场因素。品牌价值取决于两大因素：品牌价值＝品牌收益 × 品牌强度。因此，Interbrand 方法评估品牌资产分为两步，首先确定品牌收益和现金流；其次根据品牌强度确定折现率。其中，品牌强度是根据七个因素的评分推算出来，分别是领导者地位、稳定度、市场特性、国际性、品牌趋势、品牌支持以及品牌保护。

# 第四节　酒店集团化与连锁经营

## 一、酒店集团化

现代酒店集团产生于第二次世界大战后，是市场需求规模有限、酒店业竞争愈加激烈的产物，它的产生对世界酒店业的经营格局产生了重大影响。酒店集团通常又被称为连锁酒店或酒店联号，是以酒店企业为核心，以经营酒店产品为主体，通过产权交易、资本融合、管理模式输出、管理人员派遣和营销网络等超市场的制度性制约而相互关联的企业集团。

### （一）酒店集团化经营方式

纵观世界酒店集团的发展现状，可基本将其划分为酒店连锁集团和酒店合作集团两类。酒店连锁集团是指一些酒店统一于某一集团公司的领导、管理、监督或指导之下，组成强有力的竞争实体，如希尔顿、凯悦、喜达屋等。酒店合作集团又称酒店合作联盟，是若干酒店为了在物资采购、市场营销、客房预订、人员培训等方面获取规模效益，而采取联合行动自愿组合建立起来的一种酒店合作组织。该种合作组织通常设有中央机构，负责协调整个组织合作领域内的相关工作，其活动经费通过征收会员费或认捐等形式由各成员分担。酒店合作集团内部不存在统辖或产权关系，也有学者称其为酒店联合体，典型代表是最佳西方国际酒店集团。酒店集团化经营能够通过规模化运作实现规模经济效应，通过统一销售和组织网络化扩大市场范围，通过品牌及产品的延伸获取更多经济利益，通过品牌忠诚获得消费者的高度信任，这些优势均促成了独立的酒店单体逐渐向集团化经营靠拢。酒店集团主要采取直接投资、租赁管理、管理合同、特许经营和战略联盟五种形式进行品牌扩张与输出，其具体经营方式如表 4-1 所示。

表 4-1　酒店集团五种经营方式比较

| 经营方式 | 管理性质 | 合约内容 | 优缺点 | 适用条件 | 对酒店的控制权 | 对服务质量和品牌声誉的控制 | 资本投入 | 财务风险 | 扩张速度 | 盈利能力 |
|---|---|---|---|---|---|---|---|---|---|---|
| 直接投资 | 母公司对子公司的控制可通过完全拥有、租赁建筑物或土地的方式来实现 | ①无酒店所有者和酒店管理公司的合约；②存在酒店所有者和酒店员工的工资合约 | ①存在专业化损失；②节约交易成本；③联系紧密，效率高 | ①卖方市场；②市场规模小；③人力、资本、管理、技术、品牌机服务能力较强 | 高 | 高 | 高 | 高 | 慢 | 高 |
| 租赁管理 | 酒店所有者只对酒店资产保留所有权，酒店资产的使用权、经营权让渡给酒店管理公司 | 以酒店为出租物的定额合约 | ①对酒店资产的投入与保护存在扭曲；②对酒店管理的投入具有激励 | ①酒店所有者为风险厌恶型；②酒店管理公司知名度高 | 高 | 高 | 低 | 高 | 快 | 高 |
| 特许经营 | 酒店管理集团将具有知识产权性质的酒店品牌，包括预订网络、营销系统、管理模式、服务标准等使用权出售给酒店业主，由酒店业主依照品牌质量标准与规范运行要求自主经营酒店 | 以酒店管理集团的品牌等为出租物的定额合约 | ①对酒店资本和管理投入都具有激励；②可以利用先进的管理模式和品牌优势；③有助于提高品牌影响率与市场占有率 | ①市场竞争激烈，以品牌竞争为主的市场；②酒店管理公司发展成熟 | 低 | 低 | 低 | 低 | 快 | 低 |
| 管理合同 | 酒店管理公司负有运营酒店并管理酒店业务的责任，酒店业主不做经营决策，但负责筹集运营资本、营业费用及偿还贷款等 | ①以固定费用支付时为工资合约；②以营业收入的一定比例支付时为分成合约 | ①对酒店管理的投入存在激励不足；②对酒店所有者或酒店管理公司存在一定激励；③可利用先进管理模式 | ①酒店管理公司知名度高、专业化程度高；②合约转让、产权转让的交易成本低 | 根据资本所占比例而定 | 高 | 低 | 低 | 快 | 中 |

续表

| 经营方式 | 管理性质 | 合约内容 | 优缺点 | 适用条件 | 对酒店的控制权 | 对服务质量和品牌声誉的控制 | 资本投入 | 财务风险 | 扩张速度 | 盈利能力 |
|---|---|---|---|---|---|---|---|---|---|---|
| 战略联盟 | 酒店业主与其他企业在某些领域进行合作，通常不干涉酒店自主管理事项 | 为达到共同拥有市场、共享资源和增强竞争力等目标达成各种协议 | ①灵活多样；②平等互利；③稳定性差 | 市场竞争激烈 | 低 | 低 | 低 | 低 | 快 | 低 |

## （二）酒店集团化的发展对策

### 1. 准确定位客源市场

酒店市场细分是指将酒店市场按照多个参数如酒店市场的消费者需求、购买习惯等分为若干个亚市场，其中每个亚市场都是由某一参数相似的消费者构成。进行市场细分后，酒店管理集团应当及时了解每个细分市场的消费者需求，并根据自身条件及时满足某个或多个细分市场的需求，从而赢得相应市场份额。酒店品牌体现着酒店产品与服务的特色与差异，酒店品牌所体现的个性、内涵、价值如被与之身份、情感、偏好相符合的细分市场消费者群体所认同，将产生极高的品牌满意度与忠诚度。因此，准确的个性化酒店品牌定位将有助于酒店管理集团形成差异化比较竞争优势，从而使其更有效地占领相应细分市场。

目前，我国酒店管理集团除要对其现有市场进行进一步深入细分以抓住和弥补市场需求空缺外，还应顺应酒店市场发展潮流，不断探索与开拓新型细分市场，以维持并提高自身市场地位。在拓展细分市场时，酒店品牌不仅应当对现有细分市场进一步更正品牌定位，对新开发细分市场更应当在准确掌握消费者需求特征的基础上，进行合理的功能与价值承诺，使顾客满意度能够得到稳定甚至提高，从而树立起顾客品牌忠诚度。

### 2. 改革企业管理体制

尽管我国一些酒店管理集团已经跻身国际一流酒店组织成员，参与国际酒店市场竞争，但如何改变原有体制束缚，实现生产要素更为合理地流动与优化组合，重构资源配置结构，进一步增强品牌市场竞争力，仍是大部分酒店管理集团关心并亟须解决的问题。由于历史原因，我国许多酒店管理集团隶属关系复杂，内部管理体制混乱，造成了品牌扩张无计划、档次布局不合理、价格销售相挤压、经营管理不统一的局面，阻碍着集团与品牌的正常发展。

为使酒店管理集团更能适应市场发展趋势，实现自我发展，必须进一步强化酒店管理集团的产权联结纽带，以现代企业制度理顺集团的上下产权关系，并建立规范化的管理体制，促进集团内部形成良好的协作关系，从而实现所有制、区域性、行业性障碍的突破。在酒店管理集团进行企业管理体制改革时，应当在明确企业章程、长期发展愿景的基础上，将集团上下核心层企业、紧密层企业的经营联系真正变为产权关系的联结，明确权利责任，完善现代企业制度，使酒店管理集团成为真正规范化、市场化、社会化的企业，能够自由地调整或拓展各个品牌业务领域，逐步成为酒店品牌资产的投资中心、经营中心、财务中心、监督服务中心，融入市场自由竞争，从而与国际酒店管理集团平等抗衡。

### 3. 提高从业人员素质

建立高效的企业组织结构是我国酒店管理集团实现分工协作、顺畅运营、兑现品牌承诺的基础和保障，但同时酒店管理集团要适应知识经济发展潮流，就必须高度重视集团整体从业资源素质发展与品牌理念目标一致，加大对人力资源的投资，使集团人力资源得到保值甚至升值，并以适当的比例，把物质资本投资转向人力资本投资。根据酒店管理集团各种人力资源的竞争力属性，可将其分为核心人力资源、优势人力资源、基础人力资源和劣势人力资源。其中，核心人力资源通常指具有综合决策能力和策略控制能力的高级管理人员，他们了解酒店品牌文化、理念、价值，熟悉酒店软硬件环境，往往是品牌竞争优势的重要组成部分；优势人力资源是指具有丰富酒店工作经验、具有较强管理能力的部门经理、主管人员等，可以为酒店品牌提供一定竞争力。而基础人力资源一般可通过岗前培训或职业训练获得，劣势人力资源则谈不上是资源，需要酒店管理集团予以摒弃以降低运营管理成本。从本质上讲，酒店管理集团正是凭借核心和优势人力资源，才得以为消费者提供高质量、差异化的品牌产品与服务，因此，酒店管理集团应当加大对该部分从业人员的吸引与投入力度，以维持品牌优势产生的源泉。

### 4. 创新管理服务模式

在管理模式创新方面，酒店管理集团传统的组织机构设置主要是站在有利于酒店经营的角度设置岗位，强调规范化管理与专业化分工而推进品牌运营，则需要更多地站在消费者角度进行组织岗位设置，要求集团注重沟通、追求效率、增强灵活性以便提供针对性产品与服务。酒店管理集团若想提供比竞争对手更为便利、有效的产品与服务，为顾客尽可能地增加附加值，就需要克服原有组织结构层次多、信息传递慢、工作效率低等缺陷，避免组织分工过度细化，将原有组织结构改造为扁平的网络型组织结构，使分工向职能化、综合化方向发展，促进各部门更加协调有效地沟通与工作，实现一站式高性能服务。

在产品与服务创新方面，酒店管理集团要依托自身资源优势，开发具有差异性的特色酒店产品与服务项目，增加吸引市场的卖点与亮点，给顾客带来全新的消费体验，不断塑造品牌的比较竞争优势。同时，应努力打造个性化、高品位的服务，在服务质量控制上坚持标准化与个性化的统一，并注意在每个员工心中牢固树立差异化服务理念，提高定制化服务水平，增强品牌承诺兑现的能力。

### 5. 实行生态化、国际化运营

随着环境状况的日益恶劣，生态环保型酒店越来越受到消费者的青睐，势必成为酒店业发展的主流。而酒店品牌则应更加突出人与自然和谐统一的理念，实行绿色管理、绿色经营，倡导绿色消费，使品牌实现真正意义上的可持续发展。

所谓绿色酒店品牌，是指那些为消费者提供的产品与服务既符合环境保护要求，又符合充分利用资源和有益于消费者身心健康的酒店品牌。当然，对绿色酒店品牌的认识不能仅限于能源消耗下降、经营成本节约，实现资源与品牌的可持续发展才是其终极目标。无论是能源低耗、资源节约、污染减少，还是绿色消费、绿色服务，绿色酒店品牌要倡导的是一种新的理念与行为，对此，酒店管理集团必须提高认识，从打造酒店品牌可持续优势的角度认识绿色酒店品牌的意义，并在推广绿色酒店品牌时，使集团和消费者共同提升社会责任感，在相互感知中为对方提供消费与生存空间。

我国酒店管理集团只有顺应产业发展趋势，更为积极地推进酒店品牌国际化进程，推动集团品牌向国际范围扩张，才能在激烈的市场竞争中立于不败之地。酒店品牌国际化是一项系统工程，要求我国酒店管理集团制定系统的品牌国际化战略，从全局的角度优化配置集团全部资源，经由经销商、战略联盟、兼并、参股等渠道，构建起国际营销网络，并对品牌国际化运营进行全过程系统管理，保证产品服务质量与品牌承诺的准确兑现，从而实现品牌国际影响力的不断提升。

## 二、酒店连锁经营

连锁经营，就是经营同类商品、使用统一品牌的若干酒店企业，在同一总部的领导下，按统一经营方针进行共同的经营活动，以共享规模效益。

### （一）酒店连锁经营的必要性

#### 1. 增强规模效益，降低成本和风险

连锁经营的"八个统一"，即统一店名、统一进货、统一配送、统一服务、统一价格、统一广告、统一管理、统一核算，有利于资源的配置，使得企业减少浪费现象，降低了成本，从而凸显了价格优势。酒店连锁经营多个分店，即使个别店经营效益不佳，不至于影响酒店总体，这样可以大大降低投资风险。

#### 2. 统一的标准和形象，有利于增强酒店的整体竞争力

由于连锁经营的各酒店在资产和利益等方面的一致性，使得连锁企业可以投入单体酒店无法相比的人力、物力、财力对销售措施、广告策划、硬件设施进行不断的改革与创新，使整个连锁企业的经营管理能力始终保持在一个很高的水准上。而统一风格能对宾客和业界形成强大而有魅力的形象，同一水平的组织结构和垂直的管理结构又使得连锁饭店企业的优秀管理制度、方法、经验能通过连锁网络迅速有效地在各连锁分店内贯彻实施。多点分店布局从外延上拓展了企业的市场阵地，这一切都有助于提高酒店企业的市场占有率和市场竞争能力。

### 3. 获得网络优势，提升市场营销能力

单体的酒店缺乏拓展大规模市场的能力，而加入连锁后的酒店可以充分利用连锁集团的网络优势，例如，先进的客房预订系统，完善的客户信息系统，从而将视野投向更广阔的市场。由于营销力量的集聚，使得原来单体的酒店无法想象的国际性广告也成为可能，用以推广知名度。

### 4. 加强品牌知名度，提升酒店形象

好的品牌在一定程度上代表着好的质量，而连锁经营就是推动品牌建设的一个好方法。统一的建筑形式，统一的环境布置，统一的着装，统一的色彩装饰等均是一种效果极佳的公众广告，使顾客愿意光临，而且通过顾客口口相传，提升企业在公众心目中的形象。

## （二）酒店连锁经营的常见形式

酒店的连锁经营要求以品牌为旗帜，将共同的服务理念贯串于服务全过程。连锁经营的常见形式有直营连锁、自愿连锁和特许连锁。

### 1. 直营连锁

直营连锁这种连锁形式有两个特点：一是所有权统一，全部成员归属同一所有者；二是高度统一管理。总部掌握着全公司的经营管理权和人事权，统一负责采购、计划、配送和广告等，所属各分店实行标准化管理。直营连锁是酒店常用的连锁方式之一，其具体实现形式有直接投资、合资、并购等形式。

直接投资的方式酒店可以自行决定新店的地址、规模、人力资源的配置、日常经营方针等，能够比较全面地承接酒店品牌各方面的特色，但需要酒店投入较大的财力，且建设周期较长。合资方式可以降低酒店企业的投资成本，同时在新店的选择方面也有一定的决策权。不过，合资建设新店的周期仍然较长，而且在新店的人力资源配置等日常经营方面，酒店的决策权也受到一定的限制。并购的优势在于酒店开的新店可以迅速开张营业，为酒店创造利润。但是，并购对酒店财力的要求也较大，同时被并购酒店在完全融入原酒店品牌的时候往往会遇到较多的困难，一般需要酒店在设施的改装及装配、人员的培训和重新配置、酒店经营方针的转变等方面投入较多的财力和精力。

### 2. 自愿连锁

自愿连锁这种连锁方式有两个特点。一是所有权、经营权、财务核算都是独立的；二是在协商自愿条件下共同合作，统一进货，分散销售，成员店的灵活性强，自主性大。但自愿连锁这种形式不利于酒店品牌核心价值的贯彻，长期下去往往会使得原酒店的品牌失去特色。因而，酒店选择此品牌经营方式要慎重。

### 3. 特许经营

特许连锁是当今世界上最流行的企业扩张和个人创业途径之一。连锁加盟这种形式具有两个特点：一是以特许权的转让为核心，特许权批发商把注册商标和经营模式卖给特许权经营商，总部为转让方，加盟店为受让方；二是所有权分散在加盟店，经营权集

中在总部。总部提供技术专利和商号信息，加盟店按总部统一指令经营。这种方式在餐饮业、旅店业得到广泛采用。特许经营是以服务品牌与管理等无形资产的投入实现酒店规模化成长，其特点是有形资产投入少、扩张速度快，又由于酒店企业的前期投入低，其规模化成长不可能采用大量投入的方式来实现，只能走低成本扩张的道路。因此，特许经营是酒店实现连锁经营的一种最优选择。目前，国内的新亚、锦江和首旅集团都是通过特许加盟的连锁方式发展自己的品牌，并且已取得初步效益。

## 【本章小结】

本章主要内容包括：第一，对酒店品牌的相关概念、构成要素及其作用进行明确界定和概述，为后续展开酒店品牌管理相关知识奠定基础；第二，在对基本知识点进行明确的基础上对酒店品牌的创建与推广进行深入分析，酒店品牌推广形式有大众传媒推广、联合推广和公共关系推广；第三，在酒店品牌的维护与提升章节中对酒店品牌维护的概念及意义、维护的监测、方式和策略进行了详细的介绍，同时也分析了酒店品牌提升的策略和路径，并构建了提升中国酒店品牌的若干路径；第四，在酒店品牌的扩张与评估的章节中详细介绍了扩张的战略和路径、评估的方法等；第五，本章指出酒店集团化经营方式包括直接投资、租赁管理、管理合同、特许经营和战略联盟五种形式，集团化发展对策有准确定位客源市场、改革企业管理体制、提高从业人员素质、创新管理服务模式、实行生态化、国际化运营，连锁经营的常见形式有直营连锁、自愿连锁和特许连锁。

## 【案例分析】

### 锦江酒店集团品牌管理

**一、锦江集团简介**

锦江国际集团，是中国规模最大的综合性旅游企业集团之一，集团设有酒店、旅游、客运物流、地产、实业、金融六个事业部。锦江国际酒店（集团）股份有限公司是中国主要酒店服务供应商之一，主要从事星级酒店营运与管理、经济型酒店营运与特许经营以及餐厅营运等业务。

锦江国际酒店是上海锦江国际集团的主要核心产业之一，中国最大的酒店业主及运营商，更是我国酒店业品牌化集团化发展的先驱。截至2020年5月底，锦江酒店投资和管理了12000余家酒店、近125万间客房，市场规模位列亚洲第一、全球第二位。

锦江拥有悠久的历史，最早可以追溯到20世纪50年代，锦江饭店最初由近代企业家、中国女权运动的先驱董竹君于1951年创建于上海。酒店所在的原华懋公寓建于1921年，上海人惯称之为"十三层楼"。锦江旗下有锦江饭店、和平饭店、国际饭店、金门大酒店、新亚大酒店、新城饭店等多家老饭店，这些建于20世纪二三十年代的老饭店，半个多世纪以来，先后接待过百余个国家的400多位国家元首和政府首脑。这些具有深厚文化底蕴的老饭店是锦江酒店独特的优势。锦江集团将这些酒店整合成为锦江酒店的经典品牌系列，并以此带动豪华酒店的发展。

锦江集团公司的发展基本经过了以下几个阶段：

第一，1984年，锦江集团成立。当时的上海市政府将市府接待办拥有的数十家涉外宾馆组建成大型的国有企业集团——锦江集团。

第二，上海新锦江大酒店股份有限公司（上海锦江国际事业投资股份有限公司）以及上海新亚集团股份有限公司（上海锦江国际酒店发展股份有限公司）分别于1993年和1996年在上海证券交易所上市。

第三，锦江集团重组和锦江之星的成立发展。1996年5月，锦江之星旅馆有限公司成立，成为之后集团公司的明星产业。2001年，锦江集团与华亭集团合并，合并后的锦江集团总资产达95亿元人民币。

第四，2003年至今，锦江国际集团重组和快速发展。2003年6月，锦江和新亚两大集团合并，并组成锦江国际集团有限公司，组建后的锦江国际集团是国内规模最大的旅游企业集团。

### 二、锦江集团品牌定位和品牌管理

（一）锦江酒店集团的品牌定位

对锦江酒店的分类大体上分为两类，即锦江星级酒店和锦江之星经济型酒店，商标分别为锦江和锦江之星。总的来说，锦江集团的酒店品牌在多个细分市场拥有七大产品品牌，如下表所示：

#### 锦江集团七大酒店品牌及其定位

| 品牌 | 定位 |
| --- | --- |
| 锦江经典型酒店 | 糅合不同的西方建筑风格，文化传承丰富、气氛独特，多用于款待外国皇室显贵和国际商界巨贾；大部分经典酒店均在上海优越位置、商业和旅游旺区 |
| 锦江五星级酒店 | 酒店装潢华丽、服务周全，为旅客提供现代化的服务设施；临近商业区、旅游区和交通枢纽，切合高端商务旅客和游客的需要 |
| 锦江四星级酒店 | 价格较豪华酒店偏低，但提供全方位服务 |
| 锦江三星级酒店 | 酒店房价较低廉，主要为国内商务旅客和游客提供较经济的住宿服务 |
| "锦江之星"经济型酒店 | 有限的服务和设施，经济型旅馆，价格低于传统星级酒店 |
| 度假村酒店 | 位于旅游度假区，为旅游者的休闲和度假提供需要，提供全方位的服务 |
| 酒店式公寓 | 中档价格，面向居住时间较长的旅行者和商务游客，设施齐全 |

（资料来源：根据相关资料整理制作）

（二）锦江酒店集团品牌经营与管理

1. 锦江星级酒店品牌经营模式和管理方式

（1）多品牌战略。我国大多数饭店都采用"地名饭店酒店"的牌子，这样容易造成企业品牌的统一性和重复性、品牌的混乱和企业品牌形象的模糊。锦江原先使用的也是这种单一品牌战略。但随着"锦江"品牌知名度、美誉度与影响力不断扩大，加之锦江集团在国内酒店的不断扩张，锦江实施多品牌战略正是处于这样一种需要，目标是锦江管理品牌日益为市场所认可，为酒店集团更大程度的市场扩张奠定基础。

（2）锦江星级采用国际独立投资或双方合作投资方式，以输出管理和品牌为主。除去锦江集团参股和自有酒店，集团对旗下高星级酒店管理采用以输出管理为基本模式的委托管理的方式，由集团全资控股的锦江国际酒店管理公司从事高星级酒店管理业务。锦江集团从 20 世纪中期开始输出管理，是我国最早开始输出管理的酒店集团，集团在全国各区域成立地区管理公司和办事处也是顺应这一发展需要。品牌输出管理的优势是收益稳定，减少资本输出，也有利于酒店集团的迅速扩张。

2. "锦江之星"的品牌经营模式和管理方式

（1）连锁酒店战略。根据统一品牌对外宣传和树立品牌形象的特点，"锦江之星"连锁酒店有四个统一，即建筑规格统一、品牌统一、管理系统统一、形象标识统一。在经营管理上对外服务标准、培训等方面实行一个模式。锦江之星目前分布在全国，锦江之星实行连锁经营和订房，加强品牌效应。对所有加盟酒店，先按照统一格局进行改造，然后打锦江之星的品牌，纳入统一管理系统，这些都是连锁品牌战略的基本特征。锦江之星采用连锁品牌策略正是符合了其经济型酒店的特征，不仅可以节省宣传成本，也能达到市场效益的最大化。

（2）锦江之星采用的是特许经营管理的模式，分自营店和加盟店。锦江之星自营店有两种发展模式，即自由资产门店和租赁门店，但由于其扩张速度快，总体上现仍处于亏损状态。锦江之星的扩张更多的是采取加盟店的形式发展，并且管理业务是其收入的主要来源，目前加盟店已经超过自营店，加盟费按照首期 50 万元和营业收入的 4.5% 收取，锦江之星对加盟店提供技术和网络支持。

**分析内容：**

根据上述案例，并结合相关知识，思考：

锦江集团公司的发展历程及其品牌管理对经济型酒店品牌定位及经营管理的经验和借鉴意义。

# 第 五 章

## 酒店业务管理

---

🔍 【学习目标】

学习本章后,你应该能够:

1. 了解酒店预订方式、种类、渠道和程序以及接待流程和常见问题的处理;

2. 了解酒店房价体系,定价的方法和策略以及收益管理的使用条件和方法;

3. 了解酒店客房服务的采购、清洁卫生和安全管理;

4. 了解酒店餐饮部的地位和作用,餐饮服务管理和生产管理流程;

5. 了解酒店的采购、验收、储存和发放方式;

6. 了解康乐部的地位和作用,康乐项目的设置原则和如何进行康乐服务管理。

【章前引例】

　　根据有关对携程网上的上海高端酒店的数据调查,得到了一个令人意外的结果:作为国际大都市,上海高端酒店的价格却很低。根据网上的统计,有191家酒店被列入高端和精品行列,但是挂牌价格超过1000元的只有48家,其中自主管理的只有3家,仅占48家酒店的6.25%,平均价格最高的只有2000元,而最低的仅有500元,这样的价格显然和国际大都市的定位很不相当,像上海这样的大城市已出现这样的情况,其他城市自然也好不到哪里,为什么会出现如此情况?是因为酒店行业的竞争压力变大了?酒店要想生存下去,除降价外,是否还有其他方法能够扭转逆境?

# 第一节　预订管理与前厅接待

## 一、预订管理

### （一）预订的目的和任务

#### 1. 预订的目的

向客人提供客房，尽量满足每位预订房间的客人的要求。酒店向顾客提供的产品是以客房为中心的，只有客房有了保证，其他相关的服务才能有保证。因此，酒店的客房预订是一切预订工作的核心，而向客人提供客房，满足顾客的预订要求则成为酒店预订工作的核心目的。

主动推销，争取客源；提高客房出租率，避免超额预订和缺额预订现象。在预订过程中，客房预订人员能够与顾客相互沟通，了解顾客的需求，从而向其推荐符合其要求的客房，同时可利用此时机推销酒店更高价格的客房，为酒店提高客房出租率和经济效益。但是，在向顾客提供优质的预订服务时，要避免超额预订及缺额预订的发生。超额预订是指接受超过酒店可供房间数的订房数，缺额预订是指可供房间数大于预订房间数。这两种情况都会给酒店带来损失。因此，在预订过程中应该认真对待，及时处理预订不当行为，避免损失。

#### 2. 预订的任务

通过分析客房预订的目的，可将客房预订的任务分为以下四种：

（1）检查控制预订程序；

（2）接受、处理客房预订的订房要求；

（3）记录、存储预订资料；

（4）完成顾客抵店前的各项准备工作。

### （二）预订的方式、种类和渠道

#### 1. 预订的方式

接受顾客预订的方式一般有以下六种：

（1）电话订房。电话订房较为普遍，它的特点是速度快、方便，便于客人与酒店之间的沟通，使客人能够根据酒店客房的实际情况，及时调整其预订要求[①]。这种方式的优点是能够快速直接地传递双方信息，当场回复和确认顾客的订房要求。缺点是由于语言障碍、电话的清晰度以及受话人的听力水平等的影响，电话预订容易出错，因此，在进

---

① 刘伟. 现代饭店前厅运营与管理 [M]. 北京：中国旅游出版社，2010.

行电话预订过程中，预订员应该注意以下事项：

第一，准确掌握客房预订状况，预订单、航班表等用品和资料要放置在便于取用或查找的地方，以保证预订服务工作的快速和敏捷。

第二，在接受电话预订时，不能让客人久等。因此，要求预订员必须熟悉本月、本季可提供客房的情况，如因某种原因，不能马上回复顾客，则请顾客留下电话号码和姓名，待查清楚预订状况后再通知顾客是否可以接受预订。

第三，与客人通话时要注意礼貌使用用语，语音、语调运用要婉转，口齿清晰，语言简明扼要。每个预订员必须明确，预订服务虽然不是与顾客面对面进行，但自己是顾客接触酒店的第一人，要扮演好这个角色，就必须通过电话声音给顾客送上热情的服务。

第四，通话结束前应再次和顾客确认订房要求，以免出错。在旺季，对于不能确定抵达钟点的顾客，可以明确告诉顾客，预订时间保留到下午六点。

（2）传真订房。传真由于其速度快，费用低，清晰度高等优点已广为酒店使用，是酒店与顾客进行订房联络的最理想的通信工具。传真订房具备电话预订的直接性和信函订房可作为资料保存的优点，对酒店和顾客也能起到一定的约束作用。受理传真订房时应该注意以下事项：

第一，接受或者发出传真后，及时打上时间印记。

第二，回复要迅速准确，资料要完整。

第三，做好订房资料的保存留档，以备日后查对。

（3）网上预订。网上订房是目前最先进的订房方式，随着旅游电子商务的发展和兴起，现在越来越多的顾客选择从酒店官方网站或者在线旅游交易平台，如携程、艺龙、同程等进行在线预订。网上预订的方式具有快速、便捷、廉价和信息更新及时的特点，随着酒店业的成熟和壮大，网上预订已经成为酒店预订的主打方式。在预订过程中要注意以下事项：

第一，无论是接受预订还是婉拒预订，都必须给予顾客明确的答复。一般来说，为了尊重顾客，客人以何种方式预订，也要以何种方式进行答复。如果在旺季，酒店客房十分紧张，在婉拒顾客的同时也尽可能地帮助顾客询问周边酒店客房预订情况，以显示酒店的人性化服务。

第二，整个预订工作应该尽量严谨，尽可能掌握顾客的离店日期，如果客人没有讲清楚预订几天，酒店通常只为其预订一夜客房。

（4）面谈订房。面谈订房即客人直接来到酒店，当面预订客房。这种方式能使酒店有机会更详尽地了解客人的需求，并当面回答客人提出的任何问题。同时，也能使预订员有机会运用销售技巧，必要时，还可通过展示客房来帮助客人做出选择。在面谈订房过程中应该注意以下事项：

第一，把握顾客心理，运用销售技巧，灵活地推销客房和酒店其他产品。必要时，还可向客人展示房间及酒店其他设施与服务，以供客人选择。

第二，预订员应当仪表端庄，举止大方，讲究礼节礼貌，态度热情，语音、语调适当、婉转。

（5）合同订房。酒店与旅行社或者企业公司之间签订订房合同，达到长期出租客房的目的，双方将按照订房合同来执行应尽事宜。一般的订房合同如表5-1所示：

**表5-1　订房合同（参考样式）**

| 甲方：_____　乙方：_____ |
| --- |
| 甲乙双方按照互惠互利的原则，就酒店客房预订业务达成以下协议：<br>**一、价格体系**<br>乙方向甲方提供房间价格如下：（单位：元）<br><br>房间类型　宾馆价格　　　　　甲方团队价　　　　　甲方散客价　　　　　是否含早<br>　　　　门市价　前台优惠价　甲方协议价　可销售价格　甲方协议价　可销售价格 |

备注：

（1）加床：_____元；中早：_____元；西早：_____元；

（2）为使甲方销售价格能始终等于或低于乙方现行门市优惠价格，乙方进行门市价格下调或推出优惠价格时，应及时提前通知甲方，同时签约价格根据下降比例做相应下调。

（3）当乙方客户入住酒店时，乙方按甲方传真所指定的价格直接向客人收取所有房费。

（4）以上价格均含酒店服务费。

**二、预订形式**

1. 甲方在客人抵店前，甲方将客房预订通知单传真给乙方，乙方尽快按订单上的传真号码书面确认回传。遇销售部、预订部休息期间，甲方可直接向乙方总台预订客房。甲方同时发送传真至乙方指定的传真号码，待正常工作日，核实并签名回传确认备档。

2. 预订取消：乙方_____点为正常保留时间，_____点以后甲方取消预订客房，以传真或电话通知乙方。

3. 甲方客人退房时间为中午12:00，若客人要求延迟退房，乙方可视当天房态情况尽量满足甲方客人的要求。

4. 当甲方客人直接向乙方要求续住时，乙方应以甲方原先的传真预订价格予以续住，并及时通知甲方。

5. 如因乙方原因造成甲方客人不能顺利入住，乙方应负责免费给客人升级或在客人同意的情况下，将甲方安排至同星级以上且价格相同的酒店，佣金应照常返还。

**三、订房核对**

双方订房核对采用如下方式进行：甲方于第二天上午将前一天的预订单汇总表以及已住店客人情况表发往

乙方销售部，由乙方专人在预订单汇总表上填写客人入住房号、在已住店客人情况表上填写客人正确离店的日期并于当天下午回单甲方。

### 四、财务结算

1. 凡经甲方销售的客房差价归甲方所得。

2. 甲方在每月的 5 日前向乙方提供上月经订房核对后的客人入住详细资料。经双方核对后，差价部分由乙方在每月的 15 日前汇入甲方指定账户，甲方向乙方开具发票。

3. 当双方的间夜数有出入时，以乙方收银记录为准，如有跨月订房，记入下月。

4. 为鼓励甲方大力推销乙方客房，另制定奖励措施如下：甲方季度订房超过 _____ 间，乙方季度奖励 _____ 元／间。

### 五、其他

1. 本合同一式两份，双方各执一份。

2. 本协议执行有效期至：_____ 年 _____ 月 _____ 日。协议双方不得单方面中止协议。

3. 甲乙双方不得将本协议得条款向第三方公布。

4. 本协议所有事宜以及操作程序，双方均有专人负责。

5. 本合同未尽事宜可经双方协商解决，如双方对本合同的执行有争议而且无法协商解决，可向 _____ 仲裁委员会申请仲裁。

甲方（盖章）：_____　　　　　　　乙方（盖章）：_____

负责人（签字）：_____　　　　　　负责人（签字）：_____

_____ 年 ____ 月 ____ 日　　　　　_____ 年 ____ 月 ____ 日

（6）手机 App 订房。手机 App 订房同时结合了电话预订和网上预订，既有电话预订的便利，又有网上预订的查询和搜索功能，让顾客能够随时了解酒店客房动态，以便选择自己想要的客房类型。在运用手机 App 进行网上客房预订的时候要注意以下事项：

第一，由于目前很多手机 App 预订酒店都是通过第三方交易平台进行的，并不是直接与酒店部门预订，存在一定的信息不对等，很可能出现没有客房的情况，因此作为酒店方在和线上第三方平台合作时应该要求其及时反馈线上预订情况，方便线下客房的销售和数量控制。

第二，在顾客进行入住登记时应该询问其在何种 App 上面进行预订的，做好相应的数据统计，从而方便酒店日后建立线上长期的合作伙伴，为酒店赢得更多的利润。

### 2. 预订的种类

（1）临时预订。临时预订是指未经书面确认或未经客人确认的预订。通常酒店会与顾客约定将客房保留到下午 6 点，如届时顾客未到，则订单取消。这类预订通常是顾客在即将抵达酒店前很短的时间内或在到达当天联系订房。这种情况下，酒店一般没有足够的时间（或没必要）给客人邮寄确认函，同时也无法要求客人预付定金，所以，只能口头承诺。

（2）确认类预订。确认类预订是客人提前很长时间向酒店提出订房要求，酒店以书面方式给予确认，并答应为顾客保留房间至约定时间。此类顾客信用较高，因为顾客地址已被验证，向他们收取房款的风险小。如果订房顾客未按时抵达酒店，届时则将房间出售给其他顾客。

（3）保证类预订。保证类预订是指顾客保证按时住宿，否则要承担经济责任。保证类预订分为三种：

第一，预付款担保。在旅游旺季，酒店房间供不应求时，酒店通常会让顾客先交一部分定金，作为订房定金，定金多少根据酒店的等级和实际的情况来定。对于团队客人，则要求领队预付房间定金，以确保团队能够按时到达酒店住宿。若顾客未能抵达酒店住宿又没有提前取消预订，酒店收取一天房费，余额退换顾客，同时取消后几天的预订。

第二，信用卡担保。目前信用卡担保较为普及。客人在使用信用卡担保时，预订员必须在预订时间清楚持卡人姓名，信用卡的种类、号码等，并验证信用卡的有效性。一旦客人没有如期抵达，酒店可直接从顾客信用卡中收取房费。

第三，合同担保。这种方法虽然没有预付款和信用卡那样被广泛使用，但在酒店与经常需要差旅活动的商业公司之间却比较常用，当公司的客户或者公司员工需要住宿时，公司会与酒店联系，然后酒店会提前为其安排好客房，即使客人没有入住，公司也会为其支付房租，同时酒店客房也被保留一个晚上。

### 3. 预订的渠道

（1）旅行社订房。旅行社由于经常有团队业务，因此与酒店会有较长期的合作。通常与酒店签订合同，发展为酒店提供顾客，并且按照房价的一定比例收取回扣。旅行社能够为酒店提供持续且稳定的客源。

（2）公司或企业订房。为发展公司业务，很多商业公司会与酒店签订合同，为来到本公司的客人以及公司需要出差的员工预订客房。

（3）第三方电商交易平台订房。随着在线旅游网站的建设和发展，越来越多的旅游电商平台开发了酒店在线预订业务，很多旅游者在出行前会选择在旅游在线网站预订，如携程、同程、途牛等。

（4）各种国内外会议组织订房。国内外很多会议，无论是学术性的还是商业性的抑或是政府国家级的会议，一般在预订酒店客房的同时，还会预订多功能会议室，酒店餐饮和车辆。

（5）政府机关事业单位订房。政府或事业单位由于业务方面的需要会时常接待一些团队、专家、贵宾或者学者，也会与酒店保持比较紧密的预订业务。

### （三）预订的程序

客房预订的程序主要分以下几个步骤：

### 1. 预订前准备工作

预订员应该在预订工作前检查电脑等设备是否完好，查看上一班预订资料，问清情况，掌握需要优先处理的订单。准备好预订单、预订表格等用品和资料，摆放整齐规范，以便顾客订房时快速查找相关资料信息。

预订员在岗后要迅速掌握当日及未来一段时间内可供预订的房间数量、类型、价格、等级位置等基本情况，确保顾客预订时提供准确信息。

**2. 受理预订**

订房员在接受顾客预订时，首先要查看电脑，如果电脑预订系统显示有空房，则立即填写预订单，如表 5-2 所示。

### 表 5-2　客房预订单（参考样式）

□新订 New Booking
□更正 Amendment
□取消 Cancellation

| 客人姓名<br>Guest Name | 人数<br>Persons |
|---|---|
| 到达日期<br>Arrival Date | 离店日期<br>Departure Date |
| 房间类别及数量<br>Type & No. of Room | 房价<br>Rate |
| 公司名称<br>Company Name | 国籍<br>Nationality |
| 订房人姓名<br>Reservation By | 公司及电话<br>Company & Telephone |
| 预付金<br>Deposit | 付款方式<br>Payment Type |
| 备注 Remarks | |

预订员 Taken By _____　　　　日期 Date _____

填写客房预订单时要认真逐栏核对信息，并向顾客重复其主要信息。因为这是酒店最原始的订房资料，如果出错会导致接下来的订房系列工作受到严重影响。受理预订中要注意以下事项：第一，记录清楚、处理快捷，客人预订过程中快速及时地做好记录和备注。第二，资料齐备，摆放规范。所有订房信息资料要准备无误地录入电脑订房系统中。订单资料要摆放整齐，方便自己和其他同事查阅，提高工作效率。

**3. 接受预订或婉拒预订**

（1）接受预订。预订员接到客人的预订信息后要立即与酒店实时客房情况进行核对，如果能够接受，就要对客人的预订加以确定。接受预订的方式一般有两种：一种是口头确认（包括电话确认）；另一种是书面确认，书面确认通常会给客人寄订房确认书，如表 5-3 所示。

表 5-3　酒店订房确认书

订 房 确 认 书
CONFIRMATION

确认号：

致：　　　　　　　　　　传真号码：
TO: _____　FAX NO.: _____

日期：　　　　　　　　　页 数：
DATE: _____　PAGE: _____

客人姓名
GUEST NAME: _____

公司名称
COMPANY NAME: _____

入住日期　　　　　　　　离开日期
ARRIVAL DAY: _____　DEPARTURE DATE: _____

房间种类　　　　　　房间数量　　　　　　房价
ROOM TYPE　　　　　NO.OF ROOMS　　　　ROOM RATE

豪 华 房
DELUXE ROOM　　_____　_____ RMB

备 注
REMARKS

_____

_____

　　以上订房需客人于　　年　　月　　日前以现金或信用卡作担保，否则，房间只保留至当天下午4:00。
Above reservation must be guaranteed by cash or credit card before Aug.20, 2012. Otherwise, the reservation will hold to intraday 4:00 pm.

电话（Tel）：
传真（Fax）：
地址（address）：

　　书面确认是一种比较正式的确认方式。对于大型团体、重要客人，特别是一些知名人士，寄发确认书体现对其的一种尊重和重视。

　　（2）婉拒预订。面对客人订单，如果酒店目前客房状态无法接受客人预订，应该对预订进行婉拒。婉拒预订时应该态度诚恳、语气和缓，同时对于不能接受预订表示抱歉。如果有可能的话，可建议客人更改房间类型、重新选择入住日期或者变更预订房间数量。特别要注意的是用建议代替拒绝是很重要的，会让客人觉得酒店的服务十分人性化，可以为酒店在预订环节中树立良好的形象。

### 4. 记录、储存订房资料

　　当与客人确认好酒店预订信息之后，要将涉及预订的信息原始资料保存起来，同时做好记录，以备酒店或者客人查找相互信息。将重要的预订资料储存后要告知其他相关业务的同事，让其知晓资料所在的具体位置，方便交接班。

### 5. 订房变更或取消

　　（1）订房变更。订房变更是指客人在抵达之前临时改变预订的日期、要求、姓名、人数、离店最后日期和交通方式等。

在接到客人的变更电话或者通知时，需要填写预订变更单，不要在原始单据上面修改，需要重新写一张单子，注明变更内容。此外，要记录下来电人的姓名、联系方式、所在公司或单位，便于日后联系和存档。如果在此前已经将客人的信息通知到各个部门，则应该在信息变更后及时联络各个部门负责人，重新传达最新消息。

（2）订房取消。由于目前的生活节奏较快，很多时候客人的行程会发生相应的变化，往往存在需要取消预订的情况。预订员在接收客人取消订单的通知时，不能在电话里显示出不满，而应该微笑着用热情的声音回答客人以示理解，欢迎其下次来到酒店入住。正确处理订单的取消有助于酒店维护良好的形象，同时为酒店提高顾客的忠诚度。

为了避免客人临时取消预订的情况发生，酒店可以根据实际情况予以应对，在旺季时可以通过让客人预付定金的方式，特别是团队客户，可以预收相当于一天房费的定金，并在客人到达酒店前的半个月至一个月提醒对方付清全款。

### 6. 订房核对

为提高预订的准确性和酒店的入住率，做好接待工作，在客人到酒店之前，尤其是在旅游旺季，预订员要通过口头或者书面的形式向客人进行信息核对。核对的主要内容是到达酒店的航班、日期、人数、预订数量等，这其中涉及酒店房间的合理安排，是保证客人住房的必要步骤。

对于大型团体订房，如果入住时间长达半年以上，其核对工作要进行三次甚至三次以上。通常情况下是入住前一个月预订房单位或个人进行预订核对，这是第一次核对，第二次为入住前一周，第三次核对是入住前几天。对于散客预订，特别是短期内的预订，则更要重视第三次信息核对。核对工作要认真仔细，只有这样才能确保预订信息的准确，同时做好客人到达前的准备工作。

### 7. 客人抵店前准备

客人到达酒店前的准备工作既能够缩短客人办理入住的时间，又能够提前做好接待工作中的细节，向客人提供有针对性的服务，提高顾客满意度。客人抵店前的工作主要分为以下三个阶段：

提前一周时间将客人主要信息告知酒店各相关部门和总经理。可建议总经理召开会议或者通过公司内部邮箱发送到各部门经理邮箱，再由其通知部门员工。

客人抵店前一天，将具体接待安排以书面形式通知各个部门，方便其做好接待准备。对于特定房间，尤其是 VIP 客房的预订要提前一天通知礼宾部和客房部，对这些房间进行控制，不再出售，并根据顾客需求为其提供个性化的服务。

在客人抵达当天，开房员根据抵店人员名单，提前分好房间，并把钥匙信封、住房登记表准备好。将有关细节通知有关部门，以做好接待，共同完成客人抵店前的各项准备工作。

### （四）预订控制管理

#### 1.超额预订管理

超额预订是指酒店在一定时期内，有意识地使其所接受的客房预订数超过客房接待能力的一种预订现象，其目的是充分利用酒店客房，提高客房出售率。

做好超额预订的关键在于控制好超额预订的数量和幅度，按照一般惯例，通常控制在可预订的客房数的 10%~15%，具体而言，各酒店应根据各自的实际情况，合理掌握超额预订的"度"。

如果酒店出现超额预订过度的情况，按照国际惯例，酒店方应该诚恳地向客人道歉，请求客人原谅。立即与周围相同等级的酒店联系，请求援助。派车将客人免费送往这家酒店。如果找不到相同等级的酒店，可以将客人安排到级别稍高的酒店，高出的房费由酒店支付，同时对提供援助的酒店表示感谢。

#### 2.失约行为管理

失约行为是指已办理预订手续的客人在抵店后，酒店无法为其提供客房的情况，这种现象会引起客人极大的不满。对于在规定时间内到达酒店且有保证性或确认性预订证明，但是没有房间可住的客人，按照国际惯例及酒店业常规，可用以下方法进行处理：

第一，诚恳解释原因并道歉，请求客人原谅。

第二，立即与周边其他同等级别的酒店联系，请求援助。若找不到同等级别的酒店则可以为客人联系级别稍高的酒店，高出的房费由酒店支付。

第三，免费向客人提供交通工具和一两次长话费或者传真费，使客人能够将临时改变入住酒店的信息告诉有关人员和机构。

第四，临时保存客人相关信息，便于为客人提供邮件及查询服务。

## 二、前厅接待

### （一）前厅接待的目的及任务

酒店最基本的功能就是接纳客人住宿，包括散客、团体、常住客、预订客人、未预期到达或未预订的客人等。总台接待是酒店必不可少的业务环节，接待手续也是每位客人必不可少的入住手续。酒店接待工作的核心内容是完成住宿登记手续，通过办理入住登记手续，酒店可以掌握入住客人的动态，建立客户基本资料，尤其是对于国际酒店集团来说，掌握客人的基本信息，包括对事物和客房的喜好等，能够在客人下次入住本酒店或本集团下属的其他酒店时，为其提供个性化的服务。前厅接待的另一个目的是明确客人的支付能力和支付方式，以便酒店经济收入不受到损害。此外，办理客人入住手续，也是遵守国家法律法规关于户口管理的规定。因此，客人在酒店入住时必须首先办理住宿登记手续。

### （二）前厅部的岗位职责

#### 1. 前厅部主管

（1）岗位描述。按照部门各项业务指标要求，全面负责客房安排、接待处问询、入住接待等相关事宜。协助前厅部经理检查和控制总台的工作标准和程序，保证下属之间的工作安排和沟通顺畅，监督和引导员工为客人提供优质的个性化服务。

（2）工作职责。向前厅部经理负责，对接待处进行有效管理；协助制定部门管理条例、规章制度等，并监督员工认真执行；掌握 VIP 客人的抵离店的动态，亲自参与 VIP 或者重大活动的接待及客房安排；审核当日、次日的房况和房间安排，准确掌握房间动态；调查和协调客人投诉和特殊要求；检查下属员工的仪容仪表、出勤和纪律等情况，检查并督导下属保持管辖区的卫生清洁；按照酒店规定对员工进行针对性培训，强化员工销售意识，不断提高员工服务意识和水平；按部门要求对下属员工的工作表现进行绩效考核；做好下属员工的思想工作，充分调动其工作积极性。

#### 2. 前厅部领班

（1）岗位描述。协助前厅部主管做好前厅接待工作，确保工作质量，并承担工作责任。

（2）工作职责。检查下属员工出勤、仪容仪表和服务质量；检查、打印营业报表，并督促分送酒店领导和相关部门；检查并确保总台各种用品、宣传片是否齐全，计算机和复印机等设备使用正常；为团队及重要客人办理入住手续，并将信息及时通知有关部门，共同做好接待工作；按规定录入和统计境外和境内客人户籍资料；督导前厅接待员按照规定，认真做好客人住宿登记和验证工作，并注意做好协查通缉犯的工作；认真做好领班的交接班，并检查督促各岗位做好交接工作。

#### 3. 前厅部接待员

（1）岗位描述。直接上级为前厅部领班，为客人办理入住登记和离店结账手续，主动热情地为客人提供优质的接待和问询服务。

（2）工作职责。为客人办理入住登记，安排房间，尽可能满足客人的特殊要求；负责发放客房钥匙，将有关客人抵离店情况的资料进行整理和归档；为客人办理换房、加床和续住等手续；适时补充接待工作必需的表格和文具用品；填写、录入并统计入住散客及团队客人的登记单；保持接待总台清洁整齐，检查所需的表格、文具和宣传片是否齐全；掌握客房出售情况，制定客房出售报表；认真核对上一个班次输入电脑系统的客人资料，及时、准确地输入当班次客人的资料；认真核对、掌握客人的生日资料，并做好礼品单的派送工作。

### （三）前厅接待程序控制

#### 1. 接待前准备工作

接待前准备工作指酒店根据客人预订信息提前安排入住前的准备工作。主要包括：

制作入住登记表、事先分配客房、确定房价范围和预建立客人账单等。入住登记准备工作是否能够准备好取决于预订信息是否完整和准确。如果预订信息不够全面，在接待前的准备工作中很多事项都需要和客人现场确认之后才能够完成，从而降低了入住登记工作的效率。

如果客人没有提前进行客房预订，接待员应该先询问其住房要求，查看当前酒店客房的出售情况，再根据其要求为其安排合适的房间，并且适当地向客人推荐酒店的其他消费产品和设备，提高酒店盈利。

### 2. 确认客人有无预订，积极销售客房

到达酒店的客人一般分为两种：一种是有预订的客人；另一种是没有提前预订的客人。酒店接待员应该先确认客人是否有预订再为其办理入住登记手续。

面对有预订的客人，预订员应该根据酒店预订系统的信息或者其他相关信息，调出客人的基本资料，为客人复述订房要求，跟客人进一步确认预订信息。对于已经预付定金的客人，应该标记好客人预付金额，方便查询。

对于没有提前预订的客人，接待员应该首先询问其订房需求，同时查看客房出售情况，根据酒店客房情况，可以向客人推荐较高价格且在客人承受范围内的客房，积极销售酒店客房，提高酒店经营业绩。待客人认定房型之后再为其办理相应的入住手续，做好信息记录并保存客人资料。

### 3. 登记入住

客人在酒店入住前必须办理入住登记表，它是酒店客人的重要信息汇总表，提供了客人的姓名、地址、电话、房间号以及其他相关重要信息。酒店一般会根据客人预订信息事先填写入住登记表，其他信息可以等到客人到达酒店之后再填写。对于 VIP 客人，由于入住次数较多，酒店掌握的信息比较完整，因此在其到达酒店入住时，接待员可以根据其事先的入住记录，提前填写好入住登记表，并准备好房卡等物品。待客人到达酒店后只需要核对相关证件，让客人签名之后便可以入住。

由于入住登记表记录了入住客人的重要信息，酒店需要做好客史档案，在酒店日后的目标市场分析中，能够成为十分重要的参考资料，能够帮助酒店开展适合自身发展的营销方案。

### 4. 排房、定价

排房是指根据客人对酒店客房的偏好与可供出售的客房相匹配的过程，是入住登记过程中一个重要组成部分。排房要结合酒店客房实时的动态以及客人的各种需求来进行。由于客人的入住需求日趋多样化，加上酒店客房类型不断增多，加大了接待员排房的困难。为了减少入住登记时间，接待员可以提前对已经预订的客人进行排房工作。

房价是酒店盈利的主要来源之一。对房间的定价，最低不能够低于房间的成本，否则酒店就会亏损；最高价要根据市场竞争情况决定。房价一般在客人进行预订时已经确定，同时酒店会根据不同时期的促销方式，对房价进行打折。由于房价的高低决定酒店营业额的多少，因此，酒店接待员在办理入住登记过程中，要根据不同客人提供不同价

格房型的建议，尽量避免客人在房价上面讨价还价。房价的种类包括：标准价、商务合同价、团队价、小包价、折扣价、淡季价、旺季价、白天租用价和免费客房。

**5. 确定付款方式**

酒店在客人入住登记时明确客人的付款方式，是为了方便酒店做好向客人收费的准备。一般的付款方式有：

（1）现金支付。客人在到达酒店后选择现金支付的方式进行付款的话，酒店在为客人安排房间之前需要同时交纳现金和押金。一般不接受事后付款，防止客人跑单现象出现，减少酒店的损失。支票是一种先进的支付方式，酒店可以通过发行该支票的银行对个人支票上面的现金进行核实。旅行支票和保付支票不需要进行核实，因为它们从发行之后就是用来进行支付用的。

（2）信用卡支付。酒店在接受客人预订信息时会从客人那里获取信用卡的号码，将其作为客人预订的保证。目前很多在线旅游网站的酒店业务中经常会使用信用卡作为担保，如果客人没有按时到达酒店，系统会从客人信用卡中提取预订房间的房费，这能够在一定程度上减少酒店的损失。

（3）延期付款。这种付款方式一般在酒店较少使用，但也是一种有效的支付方式。延期付款使个人或者团体在入住期间延期支付他们在酒店消费的产品或者服务。酒店一般会为客人提供展延信用。每当客人采用信用卡支付方式来付款时，酒店向客人提供产品或者服务就是基于这样的假定，即日后信用卡公司将会偿付客人的费用。

**6. 储存信息，制作相关表格**

在客人办理完入住登记手续之后，接待员要马上将客人登记表的相关信息录入到电脑，有关事项需要做好备注，方便其他部门在需要时进行查阅。同时便于酒店进行客账整理、夜审、整体的营运管理及酒店各部门报表的制作。

## （四）前厅接待常见问题管理

**1. 客人要求换房**

客人在入住房间时可能会因为客房所处的位置、价格、类型、大小、隔音效果、舒适程度、所处楼层不理想以及人数发生变化等情况要求换房。调换已经安排好的房间会给酒店带来一定麻烦和损失，因此，前厅接待员在处理客人此类要求时应该妥善处理，既要满足客人的要求，安排合适的房间给客人，也要尽可能减少酒店的损失。如果出现没有客人所需的房间类型的情况，可向客人推荐其他类型的客房，并主动介绍房间特色，基础设施和房价；若没有客房可换，客人已经入住的房间没有设备故障，向客人表示歉意，同时记录下其要求，告知一旦有空房立即安排；若没有空房可换，客人入住房间又出现设备故障，应该立即通知防损部进行维修。

**2. 客人更改离店日期**

客人因安排变化需提前或者延长离店时间，前厅接待员要及时与预订处、前台收银处等部门联系，说明情况。如果在客人延住的日期内，此房间已经被预订出去，应该通知客人在此预订期后为其安排，同时为其调到其他同等客房。

### 3. 等候太久，引起客怨

在酒店经营旺季或者客流高峰期，酒店前台有较多客人需要办理入住，或者在某个时间段办理入住的客人较多，由于酒店前台接待员有限，加上大厅内的情况比较混乱，很容易引发客人的抱怨。为了避免出现客人长时间等待的情况出现，在酒店前厅部日常的运营中应该注意：按照顺序接待客人，避免有些客人等待过久，在繁忙的接待工作中，接待员应该耐心地帮助客人办理入住，平等地对待每一位客人，若出现优先待遇的情况，很容易被客人投诉；为了加快办理入住的速度，酒店可以提前登记预订过房间的客人，提前将房卡和相关物品准备好。等客人到达酒店之后直接签名就可以入住，免去入住登记烦琐的手续。前厅接待员要提前准备好办公用品，防止在忙乱中出现物品短缺而耽误办理入住手续的现象。

### 4. 带有特殊身份的客人前来入住

酒店为客人提供住宿和餐饮等综合服务的场所，在运营中，大部分酒店都遵循"顾客是上帝"的原则，但并不意味着酒店要无条件地接受任何客人入住。目前酒店业对多次损害酒店声誉和利益者、无理要求过多者、患重病及传染病者、被酒店协会通报或列入黑名单的不良分子等采取不欢迎其入住的态度。

### 5. 客人拒付押金

由于信用政策，酒店通常在客人办理入住登记手续时收取押金，保障在客人入住期间，酒店的用品不被破坏或被破坏后能够找到相关当事人索要赔偿。但是在现实运营中，前台接待员会遇到有些客人拒付押金的情况。面对这种情况时，接待员应该耐心地向客人解释酒店信用政策，同时灵活处理不同客人的要求。如果对方是酒店的常住客人或者 VIP 客人，且其信用良好，为了维护酒店老顾客的忠诚度，可以酌情少收取一定额度的押金；如果对方是首次入住或者信用不良者，在解释信用政策的同时，应该坚持收取押金，避免客人逃账；如果是由于身上所带钱款不足但入住较多天数的客人，则可以建议其根据自己所带金额来决定入住天数。

### 6. 预订纠纷

酒店预订纠纷常常存在以下几种情况：其一，客人在入住时称已经办理了预订手续，但是在酒店预订系统里面找不到其信息；其二，客人到达酒店之后，其预订的房间出售给了别的客人；其三，酒店无法为确认类预订或保证类预订的客人提供房间。

对于出现的预订纠纷，酒店需要认真对待，并及时进行处理，一般处理的方式有以下几种：第一，预订员在接受预订时，应该明确告诉客人酒店为其保留房间的最后时限，在进行书面确认时要再次强调，避免出现客人到达太晚，酒店把房间出售给其他客人；第二，对于确认过的预订，预订员应该及时地进行书面确认，并给出预订号，防止酒店系统中找不到客人预订信息；第三，对于已经受理的预订，在客人入住前一天要与客人联系，确认房间及客人到达酒店的时间，防止确认类预订或者保证类预订的客人无房间。

# 第二节　酒店房价与收益管理

## 一、房价管理

### （一）影响客房定价的因素

#### 1. 内在因素

（1）定价目标。定价目标是指导客房定价的首要因素。[①]酒店的定价目标一般分为以下四个方面：

提高市场占有率。提高市场占有率意味着客房销售量的增加，酒店客房及其他设施设备的利用率的提高，经营成本的降低，以及酒店市场竞争力的提高，因此，是很多企业追求的目标。就价格因素而言，要提高市场占有率就意味着要采取低价策略。而采取低价策略，酒店决策者应考虑低价策略带来的负面影响。客房价格经常受到多方面因素的影响，如经济、政治、交通和季节等因素，因此，低价格并不等于会获得较高的市场占有率。

追求利润最大化。追求利润最大化是酒店客房定价最基本的定价目标，酒店管理者在酒店运营中应该追求酒店长久利益的最大化。在不同的时期实行不同的价格政策。以利润最大化为目标，需要确定需求函数和成本函数，但是由于酒店客房价格还受到其他很多不确定因素的影响，需求量的变化到底是由哪一个变化量引起的，每一个因素影响的比重是多少，在实际测量中很难测量清楚。但是过低或者过高的房价都不会使酒店获得利润的最大化，因此，合理地制定每个时期的客房价格才能使酒店获得最大化利润。

应对或者防止竞争。价格是酒店之间竞争的重要手段。但是具有竞争力的价格绝对不仅仅意味着低水平的价格。有竞争力的价格主要分为三种：一是高于竞争者的房价价格。如果酒店在硬件设施、酒店品牌和服务方面的质量明显高于竞争对手，则应该制定较高的价格，以体现优质优价的原则。二是与相同价格竞争者竞争。在少数卖方控制市场情况下，酒店客房与其他竞争者无明显区别，或者消费者对客房市场价格水平十分清楚的情况下，酒店可以与竞争者同价竞争。三是低于竞争者客房价格。在一定条件下，降低客房价格能够提高市场占有率，也能够排挤竞争者进入自己已经占据的市场或者进入自己尚未进入的市场。

实现预期投资率。投资收益率是酒店投资者非常关心的一项经营指标，因此实现预期的投资收益率也是定价目标之一。

---

[①]　刘伟. 现代饭店前厅运营与管理 [M]. 北京：中国旅游出版社，2010.

（2）投资成本。酒店在建设初期往往需要投资大量资金，投资回报时间长，因此在客房定价中要充分考虑投资成本的影响。酒店在营业初期必须用营业收入来抵偿投资成本，并获取较好的收益，否则酒店将处于亏损状态。虽然酒店还有其他业务增加收入，如餐饮、康乐服务等，但客房收入是其最重要的收入，通常能够达到酒店收入的一半以上，投资成本的回收主要依靠客房收入。所以，客房定价时要充分考虑投资成本的回收问题。

（3）非营利性服务的支出。酒店的客房设备、楼层卫生等设备的维修是酒店内非营利性的服务支出，但却是必不可少的项目，这些费用的支出需要从客房盈利中得以补偿。此外，酒店为一些特殊的客人提供的优惠或者免费服务而导致酒店经营成本的增加也需要从客房的盈利中得到补偿。所以酒店在进行客房定价的时候应当考虑这些因素。

（4）非营业部门费用分摊。酒店中的一些部门是非营业的，例如，酒店人力资源部、财务部、防损部和其他二线行政管理类的部门等，在运营过程中也需要耗费一部分费用，这部门的开支也需要均摊到客房等盈利的部门中去。因此客房价格应该包括抵偿非营业部门的部分费用支出的价值。

（5）酒店服务质量。酒店的分等级政策，导致不同级别的酒店在客房房价上的不同。等级越高、设备越先进、服务质量越高的酒店在客房的价格上要高出其他酒店很多。由于酒店提供优质的服务和设施，客人也愿意为此付出高额房价。因此，酒店在制定房价时应该充分考虑酒店的服务质量，如酒店员工服务态度、服务效率、服务技巧、礼貌礼节和服务项目等。

**2. 外在因素**

（1）供求关系。酒店房价受到供求关系的影响，在经营的旺季，客房供不应求，此时可以提高房价；在供过于求时，可以适当降低房价，吸引更多客人入住。在供求平衡时，酒店市场当前的价格就是合适的房价。酒店客房的价格随着供求关系的变化而处于不断的变化中。

（2）酒店所处的地理位置。酒店的地理位置对房价有着重要的影响。若酒店所处的位置在市中心或者商业中心等人流量大、交通便利的地点，则可以提高房价，充分利用自身的区位优势；若酒店在比较偏僻的位置或者在人流量较少的地点，则应当适当降低房价来增加入住率。

（3）酒店业的季节性。酒店客房的定价具有波动性，分为淡季和旺季。在淡季时酒店采取降低房价的方式增加客房出售率；在旺季时，通过提高客房价格来获取更多盈利。酒店需要利用价格杠杆来调节市场需求的不均衡，因此在定价时酒店要根据淡旺季灵活地调整房价。

（4）竞争者的价格。酒店之间提供给客人的产品是互为替代品的，酒店在制定房价时应当充分考虑竞争者的价格。如果在本地区同档次的酒店较少，那么酒店在制定房价时就具有较大的灵活性；如果本地区存在相同档次的酒店较多，在制定酒店房价时就要进行充分的市场调研，对本地区酒店的数量、类型、等级和客房价格等有深入的了解，制定出合适且具有竞争力的房价。

（5）客人的消费心理。客人的消费心理也是影响酒店房价的外在因素之一，每个客人都有自己的喜好，同时会向身边的亲朋好友表达自己对酒店的印象。因此制定房价时要考虑消费者的心理，制定出符合其消费标准和在其消费能力范围之内的房价。

（6）有关部门和组织的政策变动。酒店客房的定价要遵从国家对价格的控制和协调。国家会以各种方式来干预企业价格的制定，以保护本地市场和旅游业的健康发展，维护社会稳定，防止不正当的价格恶性竞争，对各个等级的酒店制定了房价的最高和最低限制政策。

### （二）房价体系

#### 1. 标准价

标准价又叫"门市价""牌价"，是由酒店管理部门制定的。价目表上公布的价格列表是现行各个房型的价格，不包含客人服务费或者折扣费。一般酒店会有一个基础房价（门市价），每家酒店的门市价标准不一样。有的是根据成本预算以及回收年限制定基础房价，有的是根据本地同等类型酒店平均房价确定基础房价。

#### 2. 团队价

团队价一般是针对旅行社、会议团队和航空公司机组人员等团队客人的一种折扣房价。因为给予团队优惠后，能够确保酒店长期且稳定的客源，保持较高的客房出售率。

#### 3. 小包价

小包价是酒店为客人提供的一揽子报价，包括客人入住期间的房费，餐费、交通费和游览费等，一般酒店都会给予一定的优惠。

#### 4. 商务合同价

酒店会和主要合作的客源输送单位签订商务合同，按照规定给予合作单位房价方面的优惠或者折扣。其中折扣的力度与客源单位提供的客流量、入住期限、消费水平和信用度等挂钩。本地公司每月有稳定入住需求，外地公司出差人员很多都是常住酒店，有的甚至常年住在酒店，给酒店带来稳定的收入。所以酒店很喜欢这部分商务客人，都会跟有潜力的公司签订公司协议价，这个价格比门市价低，很多都在4~7折，部分是固定房价，比如569元的标间，一般协议价会在240~360元不等。有的会议型酒店为了留住客户会给成本价，因为一个会议主要的花费是在会场和餐饮上面，客房盈利较少。

#### 5. 折扣价

对于VIP客人或者特殊身份的客人，酒店通常会给予一定力度的折扣。酒店在制定优惠价格政策时，要明确优惠的对象和不同职务的工作人员的折扣权限，以免折扣过于混乱而引起客人不满或者酒店利益受损。

#### 6. 淡季价

在酒店经营淡季时，酒店通常会推出淡季价来吸引更多的客人入住。房价在标准价的基础上向下浮动一定的百分比。

### 7. 旺季价

在酒店经营旺季时，酒店通常会提高房价，从而获取更多的收入。房价在标准价的基础上向上浮动一定的百分比。

### 8. 白天租用价

白天租用价，又称"半日价"，适合白天来酒店休息但是晚上不在酒店过夜的客人。白天租用价通常按照半天房费收取，也有酒店按小时收取费用。

### 9. 加床价

客人要求在客房内临时增加床位时，酒店可以向客人收取加床费。加床费的收取根据客房床的类型和住宿间数或天数来确定。

### 10. 免费

由于种种原因，酒店有时要和 VIP 客人或者与酒店业务相关的单位建立良好的关系，免收客人的房费。一般免收房费需要总经理来批准。

## （三）客房定价的方法

### 1. 经验定价法

又称"千分之一"定价法，千分之一法是根据客房造价来确定房价的一种方法，即将每间客房的房价确定为客房平均造价的千分之一。如果一家拥有 300 间客房的酒店总造价为 6000 万元，若每间客房布局基本统一，则平均每间客房的造价为 20 万元，每间客房每晚的房价应为 200 元。采用千分之一法制定房价，其科学性和合理性受以下两个条件的制约：（1）酒店客房的类型、面积、设施设备的豪华程度等基本相同；（2）酒店客房、餐饮及娱乐设施等规模和投资比例适当。使用千分之一法定价，酒店管理者可以迅速做出价格决策。但是，该方法有赖于各项假设的可靠性，且未考虑当前的各项费用及通货膨胀。因此，据此制定的客房价格只能作为参考，为酒店明确一个大致的房价范围。

### 2. 盈亏平衡定价法

盈亏平衡定价法也叫保本定价法或收支平衡定价法，是指在销量既定的条件下，客房价格必须达到一定的水平才能做到盈亏平衡、收支相抵。既定的销量就称为盈亏平衡点，这种制定价格的方法就称为盈亏平衡定价法。其计算公式为：

$$P = \frac{FC/Q + V_C}{1 - T_S}$$

式中，$P$——客房价格；

$FC$——固定成本总额；

$Q$——客房出租率；

$V_C$——变动成本；

$T_S$——营业税率。

例：某酒店共有客房 300 间，全部客房年度固定成本总额为 300 万美元，每间客房每天变动成本为10美元，预计客房年平均出租率为80%，营业税税率为5%，求该酒店客房保本时的价格。

根据所给数据和公式，计算如下：

$$P = \frac{\dfrac{3000000}{300 \times 365 \times 80\%} + 10}{1 - 5\%} = \frac{34.2 + 10}{0.95} = 46.6（美元）$$

根据盈亏平衡定价法确定的客房价格，是酒店的保本价格。低于此价格酒店会亏损，高于此价格酒店则有盈利，实际售价高出保本价格越多，酒店盈利越大。因此，盈亏平衡定价法常用作对酒店各种定价方案进行比较和选择的依据。

### 3. 成本加成定价法

是以全部成本作为定价基础。首先要估计每间客房的变动成本，然后再估计固定费用，并按照预期产量把固定费用分摊到每间客房上去，加上单位变动成本，求出全部成本，最后在全部成本上加上按目标利润率计算的利润额，即得出价格。其计算公式为

客房价格 = （每间成本 + 单位销售利润）/（1– 期间费用率 – 销售税率）= （每间成本 × （1+ 成本利润率）/（1– 期间费用率 – 销售税率）

成本加成定价法的优点是：客房价格能保证酒店的制造成本和期间费用得到补偿后还有一定利润，客房价格水平在一定时期内较为稳定，定价方法简便易行。

成本加成定价法的缺点是：忽视了市场供求和竞争因素的影响，忽略了酒店客房寿命周期的变化，缺乏适应市场变化的灵活性，不利于酒店参与竞争，容易掩盖酒店经营中非正常费用的支出，不利于酒店提高经济效益。

### 4. 需求差异定价法

对于需求差异定价法，同一客房价格差异并不是因为客房成本的不同而引起的，而主要是由于消费者需求的差异所决定的。这种定价方法，对同一客房在同一市场上制定两个或两个以上的价格，或使不同客房类型价格之间的差额大于其成本之间的差额。其好处是可以使酒店客房定价最大限度地符合市场需求，促进客房销售，有利于酒店获取最佳的经济效益。

### 5. 随行就市定价法

随行就市定价法又称"流行水准定价法"，它是指在市场竞争激烈的情况下，酒店为保存实力采取按同行竞争者的客房价格定价的方法。在竞争激烈、市场供求复杂的情况下，单个酒店难以了解消费者和竞争者对价格变化的反应，采用随行就市的定价方法能为酒店节省调研费用，而且可以避免贸然变价所带来的风险；酒店业同等类型的客房价格保持一致也易与同行竞争者之间和平共处，避免价格战和竞争者之间的报复，也有利于在和谐的气氛中促进整个酒店行业的稳定发展。

### 6. 率先定价法

率先定价法是酒店根据市场竞争环境的变化，率先制定出符合市场需求的客房价

格，以此来扩大市场占有率。率先定价的酒店制定的价格如果能够符合市场的实际需要，即使是在激烈的市场竞争中，也能够获取较多的利润。

### （四）客房定价的策略

#### 1."相对稳定"的定价

"相对稳定"的定价策略是指无论市场的供求关系处于什么状态下，酒店经营者也不随意调高或者调低价格。部分酒店即使在竞争激烈的情况下也不会降低价格，目的是维护酒店高档次的形象。

#### 2.细分目标客源，制定差别价格

面对激烈的市场竞争，酒店首要任务是对自身进行明确的市场定位，找准目标客源，实现小市场、大份额。如果市场定位不清，忽视自身层次，追求出租率、忽视营业额，很有可能陷入盲目降价、越层竞争的境地。对目标客源分类定价是国际上酒店业的通常做法，酒店可以根据客人类别的不同，评价其为酒店带来的利益，给予不同的定价。酒店应结合自身的星级或档次，寻求最合适的客源，争取最大的经济效益。

#### 3."随行就市"的定价策略

酒店客房的价格根据淡旺季的不同、预订情况的不同、开房率的不同、时段的不同而变化，希望最大限度地提高酒店客房出售率和营业收入，大部分酒店都会采取这种定价策略。这种定价策略会在一定程度上影响消费者对酒店的良好印象。

#### 4.尾数定价策略

我国酒店的价格定位可以采取尾数定价策略，利用消费者求廉的心理，制定非整数价格，使用户在心理上有一种价廉的感觉，或者是价格尾数取吉利数，从而激起消费者的入住。消费者大部分都偏爱"6"和"8"这些数字作为尾数，如经济型酒店将房价定为¥126、¥188等。高星级酒店也可以将各种类型客房定价为¥588、¥988、¥1288等。利用尾数定价的消费者求廉心理，酒店可以在同一价格范围内进行调整，80%的人可以接受，但是即使如此，调整幅度也很小。

## 二、收益管理

### （一）收益管理的内涵

收益管理，又称收入管理，出现在20世纪80年代，是面向不可存储资产的收入管理，是一种为提高收入的动态定价策略。该理论综合运用了微观经济、企业管理、统计运筹等理论知识，能够准确地预测未来需求和产品供给趋势，持续增长企业经济收益。酒店收益管理是指在不增加企业成本的情况下，以最快速的反应和最恰当的价格细分，使酒店每天都能以尽可能高的价格出售尽可能多的客房，从而使酒店收益达到最大。

收益管理作为一种通过平衡服务型企业需求和供给、有效管理企业相对固定的服务能力工具，在服务型行业中得到了广泛的应用。收益管理最早应用于航空业，目前，收

益管理在航运业、酒店业、铁路客运、汽车出租业、公寓出租、豪华游船、影剧院业、广播电视业和公用事业等高度竞争的商业领域得到了广泛应用，正在向通信、金融服务、电力供应和制造业等领域发展。

## （二）收益管理的使用条件

### 1. 市场可以细分

这是收益管理最难也是最重要的条件。市场可以细分也就是说市场上至少存在着两类以上的顾客，他们具有不同偏好、价格敏感度以及购买行为等，这些特征都是收益管理建立多等级定价体系的基础。

### 2. 需求变动不定

需求随着时间、季节的变化而变化，需求的不确定性给管理带来了许多不便。就工业企业来说，可以通过一定的安全库存来应付波动的需求，但是对于像航空业、酒店业，应付波动能力显然比较弱，因为其产品无法储存。

### 3. 产能相对固定不变

产能固定就产生了一个问题：旺季时企业满足不了众多的需求，在淡季时又有许多产品如客房被闲置，从而导致收入流失。这决定了只有通过价格手段才能调节变动的需求。

### 4. 产品在本质上是易腐的

也就是说，产品有很强的时效性，若在某段时间内没有出售，该产品就丧失了该时段的价值。如飞机一旦起飞，飞机上的空位就不能再卖出去了；同样今天的空房间也不能卖给明天来入住的客人，这是收益管理进行折价销售的必要条件。

### 5. 高边际产量成本，低边际销售成本

一家酒店运营时，建筑物、室内装修、家具等费用构成了酒店份额最大的、最主要的固定成本，酒店每多出售一部分产品所带来的边际变动成本却十分低。因此，酒店产品价格中有很大一部分用于补偿庞大的固定成本费用。酒店高固定成本、低边际可变成本的特点也决定了酒店可以采取弹性较大的价格策略，经营者可根据实际情况，将产品价格确定为高于变动成本的任一水平。

### 6. 产品可以提前预订

航空公司票务销售一般可以提前300天预订，酒店客房通常也可以提前6个月预订。提前销售会产生许多问题，如预订取消、重复预订、No-show（没有按时抵店，放弃预订，没出现）等情况，这使得问题更加复杂了。

## （三）酒店收益管理常用方法

### 1. 市场进行细分与差别定价

差别定价既是一门艺术，也是一门科学。它的艺术性体现在寻找一种细分市场的方法，使我们对高支付意愿的顾客收取高价，对低支付意愿的顾客收取低价。它的科学性体现在通过借助各种技术制定和更新价格，最大化所有细分市场的总收益。在酒店市场

细分中，我们应充分考虑以下原则，以保证细分的有效性。一是细分市场应具有可衡量与进入性。市场容量和层次结构可以衡量，通过各种营销手段能够达到；二是细分市场应具有一定的规模，市场容量应足以使酒店有利可图；三是每个细分市场必须具有相当的购买力，以使酒店通过收益管理手段可以获得更大利益；四是应保证每个细分市场的平均支付意愿是不同的，具备实施差别定价的条件；五是细分市场具有可持续性，具备相应的时间延续性。

### 2. 动态定价与价格优化

动态定价是基于市场需求预测的基础上，使酒店的房价随着市场需求的变化而变化，最终与市场波动趋势相匹配，从而消除了恒定价格在需求旺盛周期损失的高价格收入和在需求衰退周期由于价格显得过高而导致顾客流失的弊端。由于需求预测总是处于某个市场周期的前端，所以在客观事实发生之前已对价格进行了较为精准的预测，得以与市场需求相匹配，最大限度地规避了潜在损失风险。

价格优化是在酒店进行差别定价和动态定价的基础上最大限度挖掘潜在收入空间的有效手段。酒店管理者通过价格优化程序来确定酒店不同市场周期的价格标杆，出售给最有价值的顾客，以此获取最大的收入。

### 3. 客房超订与超售控制

客房超订是指酒店在满房或针对某个细分市场满房的情况下，再增加一定预订数量的技术。因为多数酒店没有针对预订的顾客设置无故不到（No Show）或取消的限制条件。尤其在我国酒店中，除了大假期或特价会有担保预订的限制条件外，平时对顾客预订的 No Show 或取消很少会有附加限制条件。如果已预订的顾客出现 No Show 或取消预订，不会付出任何成本，但却给酒店带来以下资源虚耗和浪费。一是闲置浪费的房间会给酒店造成不必要的经济损失；二是想入住此酒店的客人失去了住店的机会，会转向竞争对手的酒店；三是被拒绝的客人如果后来打听到他想住而没有住上的酒店其实有空房，会增加他对酒店的不满程度，也可能从此便失去了一位忠诚的顾客。

正是由于 No Show 或预订取消（Cancellations）现象的存在，客房超订技术便应运而生。那么，如何确定超订数量呢？通常酒店管理者会借鉴行业经验数据，采用经验估算法来确定超订的数量。例如，依照行业经验，No Show 率通常为预订量的 3%~5%，Cancellations 通常为预订量的 5%~10%。那么，超订数量一般可估算为预订量的 8%~15%。尽管经验估算法有时会很准确，但由于顾客未到或取消的动机是随机的，存在着因随机性无法消除而导致的误差缺陷。笔者认为，以下两种超订数量的计算方法，可有效消除顾客随机性的影响，从而提高超订量预测的准确性。第一种方法是在采集和抓取历年客史 No Show 率或预订取消率的基础上，应用移动平均法或指数平滑法来预测指定日的 No Show 率、预订取消率、提前退房间数和延长入住的间数，并通过超订公式（超订数量值 =No Show 间数 + 临时取消预订的间数 + 提前退房的间数 − 延长住宿的间数）的计算，最大限度地消除波动和随机因素，可较为准确地确定出指定日的超订数量。第二种方法是借助计算机收益管理软件，建立房间超订模型，通过计算最小期望损失的方式来确定超订的数量。目前，此方法已通过计算机收益管理系统被广泛应用于民航、酒店、租赁等行业，收到良好的效果。

### 4. 容量控制与能力分配

容量控制是指为具有不同价格支付意愿顾客分配合适产品数量的一种控制方法。即酒店需要决定多少间客房以折扣价出售，多少间客房应留给消费时间较晚的高价顾客，解决这一问题的有效办法就是容量控制。其实质是通过能力分配技术确定开放或关闭相应的价格等级，实现客房产品在价格等级中的有效配置。其目的是最大限度地满足每个细分市场中顾客的消费需求，既保证折扣顾客的使用量，同时也减少高价顾客的流失，从而达到收益最大化。容量控制的关键点在于如何确定预留或保留房间的数量。如果能准确地找到这一数量值，问题便迎刃而解。例如，酒店通常有休闲度假客人和商务客人这两个细分市场，而度假客人受到休假时间的限制，计划性比较强，对房价很敏感，通常订房较早，以便能得到最大的折扣。而商务客人多数对房价不敏感，通常订房较晚，可以支付高价。如果接受折扣客人的预订量过大，可能会挤占了高价客人的用房，损失部分收入；但如果保留的客房量过大，在高价客人没有住满的情况下，也会造成客房资源的虚耗；因此，只有在合理确定保留房数量，最大限度减少高价客人流失或客房虚耗的情况下，才能实现收入最大化。在日常收益管理工作中，我们可采取以下方法来确定最佳保留房量，使得这部分收入最大化。一是采集历年相关经营数据，对每日度假客人和商务客人的订房提前天数、转换率、结构比率等进行分析；同时选择适用的预测方法，建立预测模型进行预测，根据预测结果来确定保留房数量。二是借助计算机智能技术，通过决策树的方法，确定两个能力等级，进行能力分配。三是利用 Littlewood 法则，找出两个等级的最优预订限额，以实现最大化期望利润。容量控制或能力分配能够有效地解决困扰酒店管理者确定折扣房与高价房数量的难题，实现收益最优化。

# 第三节　酒店客房服务管理

## 一、酒店客房管理概述

### （一）客房产品的特点

#### 1. 随机性强

客人来到酒店入住大部分时间都是在客房度过。由于客人身份不同、文化背景不同、生活习惯各异、个人偏好也有所差别，因此对客房的要求是多方面的，这使得客房要有随机性和差异性的特点。

#### 2. 以时间为单位出售产品和服务

客房是以无形的时间作为销售单位的商品形态，与其他商品的区别在于其出售的是使用权，但所有权并不发生改变。所以如果其在规定的时间内没有售出，那么其价值就会永远失去。因此，酒店客房也被称为世界上最容易消失价值的三样商品之一。

### 3. 较高要求的私密性和安全性

客人入住酒店绝大部分时间都在客房中度过，这就要求酒店客房具有较好的私密性和安全性。服务人员未经允许不能够进入客人的房间，应该尽量少打扰客人，而且不能随意动用客人的物品，应当尊重客人的隐私权。

## （二）客房在酒店中的地位和作用

### 1. 客房是酒店的重要组成部分

客房是酒店存在的基础，失去客房酒店也就不复存在。游客到达目的地后，首先必须有地方住宿、休息，以消除疲劳，保持身体健康、精力充沛，这是旅游活动能够持续的基本条件。[①] 酒店的基本功能是向客人提供食宿，而客房是客人入住的物质承担者。从建筑面积上看，客房面积一般要占酒店面积的 70% 左右，在酒店投资上，客房的土建、装修和设备购置也占据了相当大的比重。

### 2. 客房服务是酒店服务质量的重要表现

客房是客人在酒店中逗留时间最长的地方，客人对客房更有家的感觉。因此，客房的卫生是否清洁，服务人员的服务态度是否热情、周到，服务项目是否周全丰富等，对客人有着直接影响，是客人衡量价与值是否相符的主要依据，所以客房服务质量是衡量整个酒店服务质量，维护酒店声誉的重要标志。

### 3. 客房收入是酒店收入的主要来源

酒店的经济收入主要来源于三部分：客房收入、饮食收入和综合服务设施收入。其中，客房收入是酒店收入的主要来源，而且客房收入较其他部门收入更稳定。客房收入一般占据酒店总收入的 50% 左右。从利润来分析，因客房经营成本比餐饮部、商场部等都小，所以其利润是酒店利润的主要来源。

### 4. 客房是衡量酒店接待能力的重要标志

酒店规模的大小，用客房数量或者床位数来衡量。从酒店星级评定的硬性条件来看，绝大部分都是和客房相关的指标，如客房数量、房内设施和房间面积等。大厅面积也和酒店客房数量有关系。

# 二、客房设备物资管理

## （一）客房设备管理

### 1. 客房设备的资产管理

根据设备的性能和用途进行编号，将设备分类，以此来加强管理。建立设备管理档案，当设备需要维修或者更换时，及时做好记录。

---

① 冯颖如. 全球化视角饭店经营管理 [M]. 北京：企业管理出版社，2008.

### 2. 客房设备的日常管理

服务人员在客人进入房间时应该主动告知其各种设备的使用方法，以免客人因不会使用造成对设备的损害。酒店要定期举办员工培训活动，提高他们的操作技能，懂得客房设备的使用、保养方法。培养员工爱护客房设备的责任心，倡导所有酒店员工一同爱护酒店设备。

### 3. 设备的更新换代

制订出合理的设备添加、折旧、大修和更新计划，确保设备更新改造的时间性、规律性和合理性。

## （二）客房物品管理

### 1. 客房用品的消耗定额管理

客房用品价值虽然较低，但品种多、用量大、不易控制，容易造成浪费，影响客房的经济效益。实行客房用品的消耗定额管理，是指以一定时期内，为保证客房经营活动正常进行必须消耗的客房用品的数量标准为基础，将客房用品消耗数量定额落实到每个楼层，进行计划管理，用好客房用品，达到增收节支的目的。

### 2. 建立和完善岗位责任制

客房用品的分级管理，必须有严格明确的岗位责任作保证。岗位责任制的核心是责、权、利三者的结合，既要明确各部门、班组、个人使用客房用品的权利，更要明确他们用好、管理好各种客房用品的责任。责任定得越明确，对客房用品的使用和管理越有利，也就越能更好地发挥客房用品的作用。

### 3. 进行客房用品消耗量的统计与分析

根据每日耗量汇总表制定出月度各楼层耗量汇总表；结合住客率及上月情况，制作每月客用品消耗分析对照表。根据控制前后对照，确定每天平均消耗额。

# 三、客房服务管理

## （一）客房服务的内容

### 1. 迎宾服务

客房服务的迎接工作是在客人乘电梯上楼进房间时进行的。客人经过长途跋涉，抵达后一般比较疲惫，需要尽快妥善安顿，以便及时用餐或休息。因此，这个环节的工作必须热情礼貌、服务迅速，分送行李准确，介绍情况简明扼要。客人步出电梯，服务员应微笑问候。无行李员引领时，服务员应帮助客人提拿行李至客房，介绍房内设施设备的使用方法。

### 2. 住店期间的日常服务

客人入住期间的日常服务包括客房卫生、访客接待、洗衣服务、饮料服务、送餐服务、托婴服务、擦鞋服务、留言服务、贴身管家服务，服务要求细致、周到、规范而高效。

### 3. 送客服务工作

服务员应掌握客人离店的准确时间，检查客人洗烫衣物是否送回，交办的事是否完成。要主动征询客人意见，提醒客人收拾好行李物品并仔细检查，不要遗忘在房间。送别团体客人时，要按规定时间集中行李，放到指定地点，清点数量，并协同接待部门核实件数，以防遗漏。客人离房时要送到电梯口并热情道别，发现遗留物品要通知总台转告客人。若发现客房设备有损坏、物品有丢失的，也要立即通知总台收银处请客人付账或赔偿。对老弱病残客人，要护送下楼至大门或上车。客人下楼后，服务员要迅速进房检查，主要查看有无客人遗留物品。最后做好客人离房记录，更新房态。有的客人因急事提前退房，委托服务员代理未尽事宜，服务员承接后要做记录并必须履行诺言，不要因工作忙而丢在一边。

## （二）客房服务工作管理

### 1. 设置客房接待规程

客房接待规程包括客房服务活动和客房设施的设计。客房服务活动设计包括服务人员应有的礼貌礼节；服务人员应有的仪容仪表；客房服务项目的确立；客房服务的检查标准。客房设施的设计包括客房内部各种客用品的供应与摆放；客房内部设备和用具的配备和安放以及客房的装饰和布置。

### 2. 配备客房服务人员

首先要确立客房服务模式，根据不同的客房服务模式，确定客房部门的机构组成类型，再确定岗位数量。其次要预测客房工作量，然后确定员工的工作量，接着确定员工的劳动定额，最后确定员工配备的数量。

### 3. 分配客房服务任务

通过每日的例会交代清楚员工需要完成的任务和注意事项，使员工明白做什么、为什么、何时做和怎么做。在分配任务时应该注意权责分明，不要出现两人或者多人交叉负责的情况，要责任到人。

### 4. 控制客房服务质量

建立严格的客房服务质量保证体系，当发生事故时，一方面要有对员工的处罚，另一方面也要有事故处理的程序和对客补偿、挽回影响的具体措施。

# 四、客房清洁卫生管理

## （一）客房清洁卫生工作

客房清洁工作分为日常清洁和定期清洁两大类。

### 1. 日常清洁工作

按照规格和要求，整理客人使用过的床铺和其使用过的各种用品。用扫帚、吸尘器等清洁用具打扫地面、椅子上面的灰尘等。擦洗卫生间的各种卫生用品、用具；倒掉垃圾，擦洗卫生洁具，包括洗脸台、浴缸和坐厕等；更换和补充用品；检查设备是否能够正常运行，如果发现存在不能正常运行的需要及时报修。

**2. 定期清洁工作**

在做好日常清洁工作的基础上，进行客房的定期清洁工作，主要包括：为地板打蜡，选择天气晴朗干燥的时候，对整个地面进行打蜡。除了每天对地毯吸尘外，还应该定期清洗。对客房某些家具用品，除了日常除尘外，还要擦拭其四周和底座部位。客房内的墙面、天花板也要进行定期打扫。卫生间要进行消毒，特别是坐厕，要进行重点消毒。

## （二）公共区域的清洁卫生管理

酒店公共区域包括前厅、办公室、楼道、庭院等位置。公共区域清洁卫生工作的内容和方法如下。

**1. 客房部门的楼层环境**

服务台、楼梯、楼道及各角落、物品陈设整齐无尘土，地毯无渣物，暖气、空调机、墙壁无灰尘，玻璃、各种照明设备、楼道及楼梯地面光洁明亮。

**2. 会议室及休息室**

台布清洁干净、无污迹、无破洞、地毯保持平整松软无污物，地毯的地面光亮无灰尘，椅子、沙发、花架、台板等布局合理、整洁。

**3. 地面**

门前地面实行分片卫生管理，无痰迹、无纸屑、无烟头。建筑物之间的通道清洁、无堆积物、停车场画线鲜明，场内无油渍、烟头、废纸、垃圾等。

**4. 公共洗手间**

公共洗手间的卫生要做到每日清扫消毒，随时保持清洁、空气清新无异味。

**5. 值班室、职工休息室、更衣室**

卫生要保持如同客房一样的水平。更衣室内的卫生要由专门的人员进行管理；职工休息室要进行定期打扫，禁止在里面吸烟，以免污染室内空气。

**6. 客流量大的公共场所**

各厅、室等要充分利用客流量少的时间把卫生搞干净，如白天做一般表面上的清洁、夜晚彻底全面清理。白天客流量大，人多的时候随脏随清，特别是沙发、茶几、烟缸等，都要随时进行清洁整理，保持公共场所各部位的干净、整齐。夜晚客流量少时，做较彻底的大扫除。

要建立岗位责任制来管理好公共场所的清洁卫生工作，明确职责和清洁服务的标准，以保证清洁服务工作的质量。

## 五、客房安全管理

### （一）客房安全

客房是客人在入住时经常会储存重要物品的地方，因此要确保客房内部的安全。客房内的各种电器应该确保安全，卫生间的地面及浴缸应该有防滑的设施。客房服务人员在清扫客房时，应该将房门打开，不能随意将客房钥匙直接放在清洁车上面。为保证客房安全，还要严格控制钥匙。当客人离店时，应该提醒其归还钥匙。

### （二）客房走道的安全

客房走道的照明应该正常，地毯要平整。楼层服务员如果发现异常现象应该及时向防损部通报，走道应该设置摄像头，以便更好地协助客房走道的安全监视和控制。

### （三）火灾的预防和紧急处理

酒店应该有完整的防火安全计划，对酒店员工进行防火教育培训，定期进行防火安全检查。按《消防法》的有关规定合理布局消火栓、灭火器、火灾自动报警和灭火设施、消防安全疏散标志等。建立火灾预警系统，完善消防报警系统。酒店内部必须安装灭火器具，设置安全疏散标志。

### （四）伤病、醉酒客人的处理

酒店应该制定完整的操作程序和相对应的预案，以便应对突发事件出现时，能够给客人提供及时有效的帮助。

# 第四节　酒店餐饮服务管理

## 一、酒店餐饮管理概述

### （一）餐饮部的地位与作用

餐饮部是酒店的重要组成部分，餐饮是一个酒店赖以生存和发展的基础，它不仅满足了客人对餐饮产品和餐饮服务的需求，而且作为酒店对客服务的窗口，为树立酒店良好的社会形象发挥着积极的作用，并为酒店创造较好的经济效益。餐饮部的地位和作用表现在以下几个方面。

#### 1.餐饮部是酒店的重要组成部分

餐饮部所管辖的范围包括各类餐厅、酒吧等传统的经营场所，如今大多数酒店的餐饮管辖范围已扩展至娱乐、会展等。所有这些餐饮经营场所和餐饮设施都是客人经常活动的地方，是客人在酒店的活动中心。因此，餐饮部是酒店的重要组成部分。

### 2. 餐饮服务直接影响酒店声誉

餐饮部工作人员，特别是餐厅服务人员直接为客人提供面对面的服务，其服务态度、服务技能都会在客人心目中产生深刻的印象。客人可以根据餐饮部为他们提供的餐饮产品的种类、质量以及服务态度等来判断酒店服务质量的优劣及管理水平的高低。因此，餐饮服务的优劣不仅直接关系到酒店的声誉和形象，而且直接影响酒店的客源和经济效益。

### 3. 餐饮部的工种多，用工量大

餐饮部的业务环节众多而复杂，从餐饮原材料的采购、验收、储存、发放到厨房的初步加工、切配、烹调再到餐厅的各项服务销售工作，需要各部门各岗位的许多员工配合和协调，才能发挥其职能作用。因此，餐饮部的多工种和用工量大的特点为社会创造了众多就业机会。

### 4. 餐饮部为酒店创造可观的经济效益

餐饮部是酒店重要的盈利部门之一，我国一般酒店的餐饮收入占据酒店总收入的1/3，但不同规模、档次的酒店，餐饮收入所占的比例也有所不同，餐饮经营规模大、功能齐全，餐饮收入所占比例就高，反之则低。同时，餐饮收入还受经营思想、经营方式、酒店位置、酒店内外部环境、经营品种、设备设施条件等诸多因素的影响，特别是餐饮客源结构发生根本性转变以后，餐饮收入的多少以及在酒店总收入中所占比例的大小都会发生变化。如今，餐饮业已步入微利时代，因此，通过扩大宣传促销、开发创新有特色的餐饮产品、增加服务项目、严格控制餐饮成本和费用、增收节支等手段，可为酒店创造较高的经济效益。

## （二）餐饮产品的特点

### 1. 产品品种多，难以贮存

餐饮产品在保质方面有其独到的特点，厨房菜肴、点心等一经出品，其质量便随着时间的延长而降低，如菜点的色、香、味、形等随着时间的延长而味道变差，营养成分减少，维生素大受破坏，由鲜嫩变老化。尽管厨房配有冰箱、冷库，大多仅存放原料及半成品，其产品仍以现做现售，即刻食用为佳。只有如此，产品的质量才有保障，达到美味可口的目的。

### 2. 产品信息反馈快

随着酒店业市场竞争的需要，服务以优质取胜，烹调技术以特、新争取客源的做法，使餐饮业竞出奇招，并且加快产品的信息反馈，及时了解客人的需求。为及时、准确掌握客人意见，有些酒店餐饮产品制作责任到人，厨师编号挂牌上岗。对制作的每一道菜呈上客人餐桌时都标上厨师的编号，客人对产品有什么褒贬，通过服务员的传递即可反馈到厨师那里，有时客人和厨师直接见面，对产品质量互相交换意见，起到了立竿见影的效果。

### 3. 产品生产时间短，见效益快，一次性消费

客人点完餐饮产品后，通过厨师的生产劳动、烹制加工，原则上 20~40 分钟必须送到客人餐桌上，呈现给客人食用消费，与其他工业产品比，生产的时间相对较短，见效益快，客人消费也是一次性的。它既不像客房的家具、床可以反复使用，又不比整瓶酒水的销售，客人付账后一次消费不完，可暂存留在日后继续饮用。

## 二、酒店餐饮服务管理

### （一）餐厅服务环境的安排与布置

#### 1. 影响服务环境布置与安排的因素

（1）酒店餐厅的市场定位。不同的客人对就餐环境的要求是不一样的。餐厅首先应该了解并确定自己的顾客，根据他们的要求来布置餐厅，确定环境的基调和主题。

（2）酒店餐厅所提供的服务类型。不同的服务方式，对环境布置、安排的要求是不一样的。例如，不同的餐别，如中餐和西餐，它们无论对装潢、气氛，还是对家具、餐具都有不同的要求。又如，不同的服务方式如美式服务、法式服务以及俄式服务等，其餐厅布置和餐具选择都各不相同。

（3）酒店餐厅的档次和规格。尽管餐厅的档次和规格由很多因素决定，但经营者在心目中必定有自己在市场上的位置，应谨慎地选择目标市场，如从消费水平看，是吸引一般消费者还是中等水平消费者或是高水平消费者。有了这样一个目标，将有利于投资决策，也就从某种程度上决定了餐厅的布置与安排。

#### 2. 餐饮服务场所的设计与布局

（1）餐厅的人员流动线路安排。客人、服务人员在餐厅中的行走流动路线就是人员的通道。在安排人员通道时首先应考虑尽可能选取直线，避免迂回的曲线，使客人与工作人员能在第一时间内到达想要到达的位置；其次是主要通道与次要通道之分，主要通道的宽度要明显大于次要通道；最后是主要通道或次要通道均应考虑服务人员工作手推车的通行宽度。

（2）餐厅的音响调节。餐厅的音乐系统应该调节、控制得当，音量的大小要适中，不能够影响客人正常用餐及谈话，特别是在需要安静一点的环境时，应将音量调小。主题的选择以轻快、轻松为宜；节奏应选用舒缓、比较柔情的，而忌用节奏感较快、比较强烈的音乐。[1]

### （二）餐饮服务质量的控制

为了能够始终为客人提供优质的餐饮服务，需要对餐饮服务质量加以控制，一般需

---

[1]  冯颖如．全球化视角饭店经营管理 [M]．北京：企业管理出版社，2008.

要做好三方面的工作。

### 1. 餐前预控

餐前控制就是为使服务结果达到预定的目标，在开餐前所做的一切管理上的努力，其目的是防止开餐服务中各种资源在质和量上产生偏差。预先控制的主要内容是：人力资源的预先控制；物资资源的预先控制；卫生质量的预先控制；事故的预先控制。

### 2. 现场控制

现场控制是指现场监督正在进行的餐饮服务，使其规范化、程序化，并迅速妥善处理意外事件。现场控制的内容主要是：服务程序的控制；上菜时机的控制，根据宾客用餐的速度、菜肴的烹制时间，掌握好上菜节奏；意外事件的控制，餐饮服务是面对面的直接服务，容易引起宾客的投诉，一旦引起投诉，主管一定要迅速采取弥补措施，以防止事态扩大，影响其他宾客的用餐情绪；人力控制，开餐期间，服务员虽然实行分区看台责任制，在固定区域服务，但也应根据实际情况，随时进行人员的调动。

### 3. 反馈控制

就是通过质量信息的反馈，找出服务工作的不足，采取措施加强预先控制和现场控制，提高服务质量。餐饮服务质量的控制和监督检查是餐饮管理工作的重要内容之一。在餐饮服务系统中，部门和班组是执行系统的支柱，岗位责任制和各项操作程序是保证，其共同的目的是给顾客提供优良的服务。

## （三）餐饮服务的收银控制

### 1. 收银控制的基本程序

"三线两点"是酒店餐饮收银控制的基本程序。"三线两点"是将钱、物、单分离成为三条独立的线来运行，三条线为货币传递线、物品传递线、账单传递线。在三条线的终端设置两个核对点，以联络三线进行控制。经手物品的人，不经手货币和账单，单纯从事物品的传递，形成第一条线；经手货币和账单的人将货币和账单分开进行行程两条线，从而形成餐饮收入的三条线进行运作。其中每一条线都由相关传递环节组成，每向前传递一步，对上次传递进行检查总结，最后将三个传递结果互相核对准确，以此提高整个控制系统的准确性。

### 2. 收银控制的主要手段

收银的主要控制手段是单据控制。因此，需要设计和应用合适的种类和数量的单据来控制酒店餐饮收入的发生、取得和入库。

### 3. 收银控制的主要对象

（1）服务差错。主要包括：账单遗漏内容或者计算错误；外汇折算不正确；账单汇总计算发生误差等方面。

（2）舞弊。舞弊的形式主要分为四种：酒店员工有亲友来用餐时，不开账单，也不收钱，使酒店损失餐饮收入；餐厅收银及相关人员私兑外币而使酒店的营业收入因兑换外币受到损失；故意使整张账单丢失，以达到私吞营业收入的目的；账单上的某一项目的数额或该项目数额中的一部分走失。

# 三、酒店餐饮生产管理

## （一）酒店餐饮生产的组织机构和人员配备

为了让餐饮生产活动正常进行，应该本着科学、合理、经济、高效和使用的原则，配置餐饮生产的组织。

### 1.厨房各工作岗位的职责

（1）切配岗。负责各种用料的领、存、保管加工、腌制及浸发；完成宴会菜肴和日常菜肴的切配工作；把好食品生、熟、变质、变味关，管理冰柜。

（2）炉灶岗。根据接待任务的要求，负责菜肴的烹制加工，包括调料半成品和汤汁的准备工作。

（3）冷菜岗。负责各式餐厅所需凉菜、工艺冷盘的加工制作。

（4）面点岗。负责主食及各种面点和风味小吃的加工制作。

（5）其他岗。中菜厨房除了上述几个岗位外，还有专司餐具保管和清洁工作的管事组，以及因厨房规模扩大，人员增多而导致分工更细的烧烤工、豆腐工、蒸笼工、制馅工、上菜工、走菜工等。一般这些岗位人员归相近的专业工种管辖或由厨房主管直接指挥。

（6）加工岗。对食品原料进行粗加工，负责将蔬菜拣剔、清洗，分级利用；将水产禽畜类食品原料剥洗加工，备料待用，供当日生产之需。除完成本职工作外，还应主动协助其他员工的工作及负责环境卫生。

### 2.餐饮生产的人员配备

酒店餐饮生产需要合理安排工作人员，一般确定餐饮生产人员的数量的方法有以下几种：

（1）按工作量确定。将既定的厨房里每天所有加工生产制作菜点所需的时间累积起来，计算出完成当天所有餐饮服务的总时间，乘以一个员工轮休和病休的系数，再除以每个员工规定的日工作时间，来得到所需餐饮生产的总人数。

（2）按比例确定。根据酒店的餐位数来确定工作人员。目前国内酒店平均的比例是1：10，即平均10个餐位配备1名餐饮工作人员。

（3）按岗位确定。根据厨房规模设置相应的工作岗位，将厨房所有工作分各岗位描述，从而确定不同岗位所需的工作人员。

## （二）餐饮产品质量管理

### 1.餐饮产品质量管理途径

厨房生产质量的控制，必须制定相关的质量标准，并对影响菜点质量的各种因素进行分析研究和全面系统的综合控制，因此可以通过以下途径来控制。

（1）制定菜点生产的操作规程和质量标准。合理的操作程序是创造优质餐饮产品的重要保证，具体的菜点质量标准，是达到优质菜点的必要条件。应根据各个餐厅、各厨房的现状及生产特点，制定出菜点制作过程到销售过程的每一个环节的操作程序和质量标准。尤其要制定好从原料的进购、加工、切配、烹调的每道工序的具体质量标准，使厨房生产的菜点保质保量，不粗制滥造，不以次充好。

（2）提高厨房生产人员的技术水平。不断提高厨房生产人员的业务知识和技术水平，是提高厨房产品质量的关键。必须对从业人员进行多层次、多种类型、多途径的技术培训。多层次是指对初、中、高等级厨师进行有目的的培养，使厨师队伍的技术力量具有一定的阶梯特征；多种类型是指厨房各岗位、各工种的专业人员的岗位培训要同步进行，提高整体素质；多途径是指厨房应采用多种方式方法提高专业技术。

（3）建立产品质量检查制度。为了确保稳定产品质量，应成立质量检查小组，制定厨房产品质量检查制度，配备专职的质量检验人员，把好菜肴生产的质量关。对不合格的菜肴，坚决不允许出品。

（4）加强生产设备管理。先进、优良的厨房设备是厨房生产质量的保证，为了使厨房设备经常处于良好的运行状态，在坚持正确使用的情况下，必须进行有效的设备管理，定期进行设备的保养和维修。

**2.餐饮生产质量控制的方法**

（1）阶段控制法。阶段控制法强调在加工生产各阶段应建立、制定生产标准，以控制其生产行为和操作过程，而生产结果、目标的控制还有赖于各个阶段和环节的全方位检查。因此建立实行严格的检查制度，是厨房产品阶段控制的有效保证。厨房产品质量检查，重点是根据生产过程，抓好生产制作加工检查、成菜出品检查和服务销售检查三方面。

（2）岗位开展法。所有工作均应有所落实，厨房生产要达到一定标准要求，各项工作必须全面分工落实，这是岗位职责控制的前提。厨房所有工作应明确划分合理安排，毫无遗漏地分配至各加工生产岗位，这样才能保证生产运转过程顺利进行，加工生产各环节的质量才有人负责，检查和改进工作也才有可能。

（3）重点控制法。通过对厨房生产及菜点质量的检查和考核，可找出影响或妨碍生产秩序和菜点质量的环节或岗位，并以此为重点，加强控制，提高工作效率和出品质量。重点控制法的关键是寻找和确定厨房生产控制的重点，它的前提是对厨房生产运转进行全面细致的检查和考核。对厨房生产和菜点质量的检查，除了采取自查或向就餐顾客征询意见等方式外，还可请相关行家、专家、同行检查，进而找出问题的所在，从而改进。

# 四、餐饮生产卫生与安全管理

## （一）餐饮生产卫生管理

清洁卫生，既是顾客的基本要求，也是厨房业务管理工作的重要内容之一。厨房工作，处处要与食品打交道，而食品是否符合卫生要求，更关系到宾客的生命安全和酒店的声誉。因此，应把厨房卫生工作视为餐饮管理中最重要的环节。厨房管理人员应从食品卫生、餐具卫生、环境卫生、个人卫生等方面依照我国《食品卫生法》和饮食卫生"五四"制的规定制定具体要求，并把各项要求切实融入严格的卫生制度，尤其是落实到岗位责任制中去。把卫生工作作为对厨房各工作岗位、各个班组考查、评比的重要内容。在一定的时期内，还应单独就清洁卫生工作的成果进行评比，组织清洁卫生工作竞赛。

总之，厨房管理人员要从清洁卫生的角度，对所有的食品，从原材料选购、存放、加工到成品送入餐厅的整个生产过程进行严格监督。对所有生产人员、所有厨具餐具和所有生产范围内的清洁卫生进行监督和指导，以确保饮食的绝对安全。

### （二）餐饮生产安全管理

#### 1. 火灾的防止

厨房的设计应符合消防规范，并需配置足够的消防设备。加强火源管理，煤炉、煤气炉灶、电热源设备及电源控制柜应有专人负责。下班前，应将所有火源切断，必须对所有员工进行消防知识的培训；定期组织对所有消防设施的检查；组织全体员工参加定期举办消防演习。

#### 2. 预防食物中毒

严格执行《食品卫生法》和饮食卫生"五四"制，按岗位责任制要求搞好环境和个人清洁卫生。厨房中的非食用或非直接食用物品，如白碱、小苏打、明矾、硫黄、去污粉、清洁剂、消毒剂、食品添加剂、发色剂、着色剂等应分类专门贮藏，禁止与其他物品，特别是食品原料混装。把好食品采购、验收关，防止有毒动植物，如毒死、病死动物，不鲜的青皮鱼、毒蘑菇、发芽豆、河豚等进入厨房，以防误食或由于加工不当而引起食物中毒。

#### 3. 烫伤和机械伤害的预防

所有设备实行包机制，操作人员必须严守操作规程和安全制度。加强刀具管理，设置专用刀具柜和刀具架。上班时专人定点使用，下班后集中存放保管。炉灶操作人员在烹制、运送食品过程中，应避免直接接触高温炊具炉具。必要时，应戴上手套或用布巾隔热，以防烫伤、灼伤。员工如已受到伤害，应立即送医院治疗，并通知其家属。在伤口未愈合之前，伤员不应与食品再有接触。

#### 4. 滑倒、碰撞的预防

厨房地面应呈龟背状，便于冲洗和干燥，在靠墙处设排水明沟。随时清除地面和墙面的油渍、水渍、污物、垃圾，严格保持清洁干燥。合理安排生产布局，使动线分明，做到生产作业线、垃圾清除线、餐具消毒洗涤线和出品传递线互不交叉，互不干扰，以防人员碰撞和滑倒。

# 第五节　酒店的采购、验收储存、发放

## 一、酒店采购管理

### （一）酒店采购工作的内容

合理的采购方案的制订要考虑以下几个方面：

**1. 采购的数量**

申购数量由使用部门提报（建议订货量，以及申报理由），仓库校核（考虑合理库存量和实际库存量），采购部门依据上述条件对实际采购数量进一步核算。在满足经营的前提下，压低控制库存量，减少资金占压。

**2. 质量和价格**

须采取供应商实物封样或者照片封样的方式保证验货标准的统一，质量必须经使用部门确认。严格按照询比定价的原则执行价格结算，采购单上须标明三家以上可比供应商的报价及联系方式，坚持同等质量比价格。

**3. 供应商**

建立可靠、稳定和信誉好的供应商档案，确保拥有"1+2+n"的供应商资源，以公平的竞争机制实现优质、优价、及时的物资供应，除非特别采购请示，日常采购应由合格供应商供应。

### （二）采购计划

采购计划包含计划内申购（月度采购计划）和计划外申购（采购申请单）。因采购计划编制不当而造成浪费和损失，按照所负责的节点分别由申报部门、库房、采购负责；对因库存盘点把关不严造成超额或短缺采购，其损失由库房负责；对于日常消耗估测严重不准造成的超额或短缺，其损失由使用部门负责。审批后的采购计划最终汇总采购部组织实施，必须明确所需物品的名称、规格、质量、数量及到货时间要求，到货时间须满足采购周期的一般要求。

### （三）酒店采购的控制

酒店原料的采购必须抓好以下环节：

**1. 编制采购计划**

采购计划以书面（其中多为表格）形式规定原料采购的项目、规格、单位、数量、质量要求等，是采购活动的"工作说明书"。依据不同参数，采购计划可作不同划分。按时间跨度可分为年度采购计划、季度采购计划、每月采购计划和日采购计划；按原料消耗的方式可分为鲜活食品原料采购计划和可储存食品原料采购计划；按采购的方式可分为零买采购计划和批发采购计划。不同的酒店，可以根据自身的情况编制不同的采购计划。

### 2. 采购计划内容

一份完整的采购计划，至少应该包括以下内容：采购基本要求；采购数量；确定常用原料采购的最佳供货渠道及供商；根据原料市场的现实状况和未来状况的预测，提出每种理想的采购价格；根据采购的数量和理想价格，核算本期采购的资金占用量，以便与酒店的财务预算相比较；有许多原料因其特殊的物资特性，对运输方法有特殊要求，在编制采购计划有必要说明其储运方法。原料的采购数量直接影响着采购资金、仓储费用和人工费用。[①]

## 二、酒店采购原料的验收

### （一）验收方法

#### 1. 根据订购单验收

验收人员要负责核实送验货物是否符合订购单上所规定的品种及规格质量要求，符合品种和规格质量要求的原料应及时进行其他方面的检验，不符合要求则拒收。

#### 2. 根据送货发票检查进货原料

供货单位的送货发票是随同物品一起交付的，供货单位送给收货单位的结账单是根据发票内容开具的，因此，发票是付款的主要凭证。供货单位送来或酒店自己从市场采购回来的原料数量、价格是发票反映的主要内容，故应根据发票来核实验收各种原料的数量和价格。

### （二）验收程序

验收原料主要围绕：核对价格、检查质量和盘点质量来展开。然后，据此填写有关报表，将原料送到各使用部门或送库储存。

### （三）验收要求

#### 1. 验收人员要求

验收人员必须以单位利益为重，秉公验收，不图私利，具有一定的原则性；要勤恳踏实，仔细认真，验收程序应全面彻底完成；应受过专业训练，掌握较全面的原料基础知识，清楚采购原料的规格和标准，对原料质量能做出较全面准确的判断；应该熟悉酒店的财务制度，懂得有关票据账单的处理方法和程序。

#### 2. 验收场地的要求

验收场地合理与否直接影响验收的效率和验收人员的工作量。理想的验收位置，应

---

① 李辉作，于涛，孙国雁. 现代饭店管理 [M]. 北京：电子工业出版社，2010.

紧靠原料入口与货仓之间，并尽可能与厨房生产和服务同在一个区域。这样便于控制原料进出，同时可以减少搬运工作量。此外，验收需要处理许多票据账单，所以应配备相应的办公室及一定的办公用具，以方便操作。

### 3.验收设备的要求

验收原料重量的准确性有赖于称重设备——磅秤，磅秤的称重范围要能满足验收需要，大小合适，重量、数字两面可读，摆放位置合理，最好摆放在验收工作间的门前，有玻璃窗在验收室内可视。除此之外，验收还应配备用于原料运输的小型推车，盛装原料用的各类筐、箱以及开启箱、罐用的开刀、剪刀、文具等用品。

# 三、酒店原料的储存

## （一）保证酒店食品原料库存数量适宜

合理制订库存物资补充计划，控制最高存量和最低存量，及时发货，及时补充各种酒店食品原料，加快货物流转，控制库存业务。随时掌握酒店库房状况，及时提供库房物资进销调存的数据。

## （二）科学储存保管，保证酒店食品原料的质量

餐饮原料品种多样，根据各种原料的特点、用途不同，提供适宜的储存保管条件（温度、湿度、光线、通风情况等）、储存期、保管方法，保证货物安全。

## （三）制定工作程序、严格管理制度

一个合理的酒店库房管理程序应该将采购、库房、厨房领用及财务计账核算等有机地结合起来，建立完备的物资验收、领用发放、清仓盘点和清洁卫生制度，以保证库房各项管理工作的衔接和协调，并通过严格的管理制度，对原料从采购入库到出库使用进行控制。

## （四）做好出入库管理、完善账务手续

入库和出库时库存管理的两大关键，对各类物品定位、编号并建立库存账卡，做好登记工作。及时掌握各种食品原料的日常使用量和消耗动态，合理控制库存量，加速资金流动。准确反映原料的进、销、调、存动态，控制成本消耗。

# 四、酒店原料的发放

## （一）直接采购原料的发放统计

直接采购原料主要是指那些立即使用的易坏性原料，这些原料进货后经过验收直接发到厨房，而不经过库房这一环节，其价值按进料价格直接记入当日的食品成本。食品

成本核算员在计算当日直接采购原料成本时，只需抄录验收员日报表中的直接采购原料总金额即可。当一批直接采购原料当天未用完，剩余部分可在第二天、第三天接着用，但作为原料的发放和成本的计算按当天厨房的进料额计算。

### （二）库房采购原料的发放管理

库房采购原料包括干货食品、冷冻食品等。这些食品经采购验收后送入库房，其价值计入流动资产的原材料库存项目内，而不是直接算作成本。在原料从库房发出后，发出原料价值计入餐饮成本中，发放时要遵循以下要求。

#### 1. 定时发放

使库管人员有充分的时间整理仓库，检查各种原料的库存情况，不致因忙于发料而耽误了其他工作，酒店应规定每天固定的领料时间。一般酒店规定上午 8：00~10：00 和下午 2：00~4：00 为仓库发料时间，其他时间除紧急情况外一般不予领料。还有的酒店规定领料部门应提前一天交领料单，使库管人员有充分时间提前准备，以避免和减少差错。这样既节省了领料人员的时间，也使厨房管理人员对次日的顾客流量能做出预测，计划好次日的生产。

#### 2. 凭领料单发放

领料单是仓库发料的原始凭证，它准确地记录了仓库向厨房发放的原料数量和金额。领料单的作用有：控制仓库的库存量；核算各厨房的食品成本；控制领料量。无领料单任何人都不得从仓库取走原料，即使有领料单，也只能领取领料单上规定的原料种类和数量。

#### 3. 正确如实记录原料的使用情况

厨房人员经常需要提前几日准备生产所需的原料。例如，一次大型宴会的菜品往往需要数天甚至更长的准备时间。因此，如果有的原料不在原料领取日使用，则必须在领料单上注明该原料的消耗日期，以便把该原料的价值计入其使用日的食品成本中。

### （三）内部原料调拨的处理

酒店往往设有多处餐厅、酒吧，因而通常会有多个厨房。有时厨房之间、酒吧和厨房之间会发生食品和饮料原料的相互调拨。为使各部门的成本核算尽可能准确，酒店可以使用"食品饮料调拨单"记录所有调拨往来。在统计各餐厅和酒吧的成本时，要减去各部门调出的金额，加上调入的原料金额，这样可使各部门的经营情况得到正确反映。食品饮料调拨单应一式三份或四份，调入与调出部门各留存一份，另一份及时送交财务部，部分酒店要求另送一份给仓库记账。

# 第六节　酒店康乐服务管理

## 一、康乐服务概述

### （一）康乐的定义

康乐，顾名思义是指健康娱乐的意思，是指满足人们健康和娱乐需要的一系列活动。现代康乐是人类物质文明和精神文明高度发展的结果，也是人们精神文化生活水平提高的必然要求。康乐部在酒店中的地位越来越重要，它能为酒店吸引更多的客人，带来更多的利润，各家酒店为了实现经济效益最大化都在想方设法地变更康乐项目，不断推出新颖和具有市场吸引力的娱乐项目。

康乐活动的特点是多方面的，包括参与性、趣味性、灵活性、适应性、新颖性、运动性、观赏性和刺激性等特点[1]。概括来说，康乐的基本内涵为：能够增进人的身心健康，使人提高兴致的娱乐消遣活动。

### （二）康乐活动的现实作用

#### 1. 康乐活动能够为社会创造经济效益

康乐活动的开展首先需要专门的设施、设备，以此保证使用者的安全，因此，这种需求为设备生产商和经销商提供了发展的空间和机遇。康乐活动的消费相对于平时的普通生活消费要高，且变动成本小，服务增加值大，如果能够经营得当，康乐企业能够获得较为良好的经济效益，而且能够为国家上缴所得税，增加国家的财政收入。因此，康乐活动的发展能够带动一系列产业的持续发展，创造巨大的社会经济效益。

#### 2. 康乐活动能够帮助人们强身健体

康乐活动的内容和形式是多样化的，不同阶层和年龄段的群体都能够找到适合自己的康乐活动。康乐活动能够帮助人们减轻工作压力和疲劳，使人们的身心得到舒缓和放松，同时能够帮助人们强身健体。

#### 3. 康乐活动能够增强旅游地的吸引力

旅游者在外出游玩时希望能够最大限度地利用好旅游的时间，尽情地享受，使旅游活动变得更加丰富。而康乐活动本身具有娱乐性、参与性和互动性的特点，正好能够满足旅游者的这一需求，为旅游者提供丰富的旅游项目，充实旅游度假期间的闲暇时间，获得多样化的旅游体验。

---

[1]　张智慧，闫晓燕. 康乐服务与管理 [M]. 北京：北京理工大学出版社，2011.

### （三）酒店康乐部的任务

#### 1. 满足客人的娱乐需要

"食、住、行、游、购、娱"是现代旅游的基本要素。随着旅游业的发展，顾客在酒店除了食宿之外，还希望在住店期间得到娱乐享受。因此，康乐中心要在娱乐项目的开展上做到丰富多彩。

#### 2. 满足客人体育锻炼的需求

体育锻炼是指人们根据自身需要进行选择、运用各种体育手段，以锻炼身体、增进健康、增强体质、调节精神、丰富文化生活和支配余暇时间为目的的体育活动。康乐的任务之一就是以运动为基本手段，利用日光、空气、水等自然因素，借助于各类现代康乐设施，锻炼客人的身体，陶冶客人的情操，促进客人的健康，增强客人的体质，以满足顾客体育锻炼的最基本需求。[①] 常见的体育锻炼可分为健身运动类、健美运动类、娱乐体育类、竞技运动类、自然力锻炼类、格斗性体育类、医疗康复体育类等。在进行体育锻炼时，要根据自己的身体情况掌握运动量，遵循循序渐进的原则，将参与的内容由简单到复杂、由易到难，运动负荷安排由小到大逐渐增加并持之以恒，最终可实现健身的目的。

#### 3. 为客人提供运动技能、技巧的指导性服务

康乐中心的健身器械、娱乐器械种类较多，操作程序也有差异，为了避免客人因不当操作而引起人身伤害和设备损坏，服务员要提供正确、耐心的指导性服务，以便一些不会使用的客人能正确使用。在客人进行如网球、高尔夫等项目的康乐消费时，需要专业人士进行技术上的指导，从而提高客人的专业水平。

#### 4. 做好娱乐设施、运动器械及其场所的安全管理

健身运动器械具有冲撞性，易于损坏，存在着安全问题，潜伏着一定的危险性。康乐中心的例行工作之一，就是每天必须在客人使用之前做一次检查，并对设施、运动器械、场地进行安全保养，对存在安全隐患的器械要及时更换。

## 二、康乐项目的设置

### （一）康乐项目设置的意义

根据马斯洛的需求层次理论，目前随着人们生活水平的提高，越来越多的人开始追求更高层次的需求。康乐活动作为较高档次的消费产品，能够较好地满足人们适当超前的需求，引领人们的消费潮流。康乐项目的设置意义十分明显，主要包括以下几个方面。

#### 1. 康乐项目是旅游创收的重要渠道

随着越来越多的人进行康乐活动，酒店的营业收入得到较大程度的提高。康乐项目的建设成本虽然较大，但是设备具有使用周期长、变动成本小的优点，又加上康乐

---

① 李辉作，于涛，孙国雁. 现代饭店管理 [M]. 北京：电子工业出版社，2010.

活动的消费水平较高，因此成本能够在短期内回收并且能够帮助酒店创造巨大的经济效益。

**2. 康乐项目是衡量酒店等级的重要标志**

按照酒店星级评定的标准，四、五星级酒店必须要有康乐部，三星级酒店也应该具备康乐设施。不具备较好完备的康乐设施和条件的酒店，无论在其他方面如何优越都一概不能评为四星级、五星级酒店。而在我国，根据《旅游饭店星级的划分与评定》国家标准规定，五星级酒店必须具备舞厅、健身房、按摩室、桑拿浴室、游泳池、网球场、理发（美容）室及多功能娱乐厅等。由此可见，康乐中心在高级酒店中的地位是何等的重要。

**3. 新颖的康乐项目是吸引客源的重要手段**

酒店竞争的重要优势就是有自身的特色。以服务项目、设备功能以及价格、营销方式为特色吸引客源是必要的。但仅提供一般食宿功能的酒店在竞争中的优势是有限的，所以，酒店应增加康乐项目、改善康乐设施设备条件或开设独特的康乐活动，才能在竞争中取胜。例如，高寒地区度假酒店设立高山滑雪项目，海滨度假酒店设立海上帆板运动，城市商务酒店增加氧吧，让客人在紧张的商战后回归自然，迅速恢复体力和精神。而实践也证明，康乐项目对客源的吸引越来越大，有些人甚至把康乐作为生活中不可缺少的内容。

### （二）康乐项目设置的原则

酒店设置康乐部，可以起到满足客人需要、稳定和增加客源、增加经济效益等作用。为了保证这些目的能够达到，康乐项目设置应遵循一些基本原则。

**1. 因地、因店、因时制宜原则**

酒店的建设，要根据地理位置、环境、客人数量和客人层次的不同特点而决策。酒店的设施配备应尽量达到客人的期望值，满足不同客人的不同需求。因此，酒店康乐设施的设置以及各个康乐项目的配备，都应因地、因店、因时不同而有所不同。

**2. 项目合理配套原则**

绝大部分酒店都能发掘出自己的优势：有的体现在项目规模上，有的体现在项目种类上，有的体现在服务特色上，有的体现在经济环境或地理环境上，有的体现在质量档次上，有的体现在价格优势上。不同级别和特色的酒店，其优势的表现也不同。酒店的决策者在选择项目时，不应一味追随潮流，而应扬长避短、发挥自己的优势。

**3. 满足客人正当需求的原则**

客人对康乐的正当需求包括：趣味性、健身性、高雅性、新奇性及刺激性等。其中刺激性这个词比较敏感，要注意掌握。例如，竞争是一种刺激，惊险（娱乐项目应该有惊无险）也是一种刺激，新奇的项目也具有刺激性，赌博和色情也会产生刺激，但这是不健康的刺激，是一少部分客人的不正当要求。因此，不得为客人提供后两种刺激性项目。

### 4. 经济效益原则

康乐设施的经济效益是从两方面取得的：一方面是直接经济效益；另一方面是间接经济效益。目前，大部分康乐设施是单独收费的，如保龄球、台球、美容美发等。这些项目的经济效益比较容易统计，是由经营直接产生的。

### 5. 社会效益原则

许多酒店响应有关部门加强全民健身运动、提倡文明的康乐活动的号召，尽量满足社会对康乐活动的需求，将康乐部对外开放，在对住店客人提供服务的同时，又对非住店客人提供服务，而且取得了很好的经济效益和社会效益。既得到了较高的经济收入，又提高了酒店的知名度，并为稳定酒店的客源做出了贡献。

## （三）康乐项目设置的依据

### 1. 国家政策

在我国，《旅游饭店星级的划分与评定》国家标准明确要求三星级酒店必须有舞厅、美发厅、多功能厅等，四星级酒店还要增加游泳池，五星级酒店要增加网球场等。由此可见，酒店康乐项目的设置还应该依据国家相关政策来进行。

### 2. 市场需求

康乐项目的设置必须满足市场的需求。在具体确定市场需求时，要认真分析每个服务项目的市场需求量。如要分析客源的消费层次，注意工薪阶层与商务阶层的区别，商务宾客与纯旅游宾客的不同，根据不同宾客的不同需求设置相应的康乐设施。

### 3. 资金能力

康乐项目的设置应依据投资者资金的多少而定，投资者、设计者应心中有数，量力而行。若所选项目与投资者资金调动能力不相符合，则无法达到预期目标。

### 4. 客源消费层次

酒店在设置康乐设施时应该首先考虑其目标市场的消费层次，进行准确的市场定位，根据不同客人的需求来设置不同层次的康乐活动设施。

## （四）康乐项目的特点

### 1. 康乐服务的原则性与灵活性

康乐服务过程中经常会遇到一些特殊的服务案例，服务人员不能迁就违法违章的行为，但又不能生硬地进行阻止，这就需要服务员在服务工作中既坚持原则，又具有一定的灵活性。

### 2. 康乐服务对象的随机性

康乐部服务的接待人数、销售水平随机性较大，它往往随宾客的兴趣、爱好、年龄、身体状况而变化。因此，康乐部应根据不同项目的不同参与者的各种特点，有针对性地区别对待。如健身、健美项目受中青年人欢迎，美容又以青年女性为多，电子游戏受青少年欢迎等。

### 3. 康乐服务的协作性

康乐服务在经营管理过程中内部协作性很强，如舞厅、卡拉OK、多功能咖啡厅等需要乐队、演员、艺术家、时装表演队等的相互协作，才能收到良好效果。

### 4. 康乐服务的专业性

康乐部的大多数项目专业性强，技术含量较高，要求岗位人员熟悉掌握相关设施设备的性能、结构和特点，这样才能为宾客提供专项咨询、安全保护、陪练陪打等服务。

## 三、康乐服务质量管理

### （一）康乐服务质量管理概述

#### 1. 康乐服务质量的含义

（1）劳务质量。通常意义上的服务质量指的就是劳务质量。康乐部提供的劳务服务主要包括服务人员的仪容仪表、服务人员的服务技能和服务态度、服务人员的服务效率等。

（2）设备设施质量。康乐设施的设备设施质量是指能够满足客人一定需要的物理属性和自然属性。主要包括：设备设施齐全，便于操作且具有企业的特色；设备设施的安全性以及设备设施的外观新颖美观。

（3）企业整体质量。酒店的等级、规模、所处的环境、各部门之间的协调、配合程度、康乐项目的数量以及其他服务质量和数量都影响企业整体质量。企业整体质量对康乐服务的质量影响较大，是评价康乐服务质量的重要指标之一。

#### 2. 康乐服务质量管理的原则

（1）统一指挥原则。酒店康乐部的员工必须严格贯彻执行康乐部的相关管理规定和规章制度，不能够越级汇报或者越级指挥。坚持统一指挥原则是控制服务质量的关键，否则会有损酒店管理人员的形象，使员工丧失工作积极性，导致酒店部门内部失控的局面。

（2）系统性和连续性原则。服务质量的管理是多方位、全过程、全员参加的系统工作。其核心就是做好各岗位员工之间、部门与部门之间、部门与顾客之间的协调。因此在控制服务质量的时候应该遵循系统性和连续性的原则。

（3）适应性和科学性原则。服务质量的适应性是指必须针对客人的地域差异、文化习俗、市场环境的变化、服务技术的更新，而调整服务质量控制的过程和标准。服务质量的科学性是指要建立健全服务质量控制的章程和严格执行既定的规章制度，强调服务质量控制的严密性。

### （二）康乐服务质量的衡量标准

#### 1. 建立服务质量控制系统

服务质量是服务的性质和性能的集合，服务贯穿于工作内容和服务体系中。为了保持稳定的服务水平，就必须建立服务质量，控制系统，对包括亲切感、热情、认真、细腻、准确、接待的合适度、缩短等候时间、清洁卫生状况、安全性及服务项目的完善性、竞争性等进行评估检查。

#### 2. 建立标准化的作业程序

建立标准化作业程序就是把娱乐服务在最大限度方便于顾客的原则下，设计出最好的服务程序和方法，明确应达到的规格和标准。标准化首先要确定服务的环节及工作任务；其次，确定每个环节服务人员的动作语言、姿态、时间要求，以及用具、手续、意外处理、临时要求等。标准化作业能使一些无形的因人而异的服务工作达到一致；标准化作业能使员工在很短的时间内掌握服务的诀窍，达到服务的高水平；标准化作业能保持服务质量的稳定。

#### 3. 服务有形化

把娱乐服务有形化，就是要使其具有可操作性，以保证服务质量的客观性和可测量性。如娱乐服务往往是与娱乐活动同时进行的，我们就应设计出热情待客、殷勤服务的娱乐活动，可通过岗位工作细则，员工行为规范和服务程序等来完成。

#### 4. 建立顾客的反馈系统

要保持稳定的服务质量，提高服务水准，就必须建立顾客反馈系统，把顾客的抱怨尽可能减少到零。顾客对服务的抱怨有两种，其一是显在的抱怨，即顾客指出或者是看出来的不满，或被服务人员发现的不满情绪，这类抱怨只要给予一定的重视，就容易采取措施补救。其二是潜在的抱怨，即顾客对娱乐服务的不满不予表示或表露出来，而是以不再光临或以"口传"方式转告亲朋好友。潜在的抱怨，容易造成顾客的流失。所以，应建立一套公平有效的顾客反馈系统。

### （三）康乐服务的投诉处理

#### 1. 处理投诉的原则

（1）兼顾顾客和酒店双方的利益。管理人员在处理投诉时，身兼两种角色：首先，他是酒店的代表，代表酒店受理投诉。因此，他不可能不考虑酒店的利益。但是，只要他受理了宾客的投诉，只要他仍然在此岗位工作，他也就同时成了顾客的代表，既是代表酒店同时也是代表顾客去调查事件的真相，给顾客以合理的解释，为顾客追讨损失赔偿。顾客直接向酒店投诉，这种行为反映了顾客相信酒店能公正妥善解决当前问题。为回报顾客的信任，以实际行动鼓励这种"要投诉就在企业投诉"的行为，管理人员必须以不偏不倚的态度，公正地处理投诉。

（2）不扩大事态。大部分客人投诉的动机都是善意的，一方面是想给酒店提供改进工作质量的机会，另一方面是为了得到某种形式的补偿。面对客人的投诉，管理人员应该耐心听取其意见，并判断其投诉的意图，从客人的角度来给出解决投诉的最佳方案。

（3）有章可循。在处理投诉时，酒店内部应当有相应的规章制度，按照本酒店的规定进行处理是必要的。同时还要根据行业内部规定和我国的法律法规进行妥善处理。

### 2.处理的方法

（1）态度诚恳，虚心接受。处理客人投诉时，首先要耐心地听取客人的投诉意见，对于客人造成的利益损害要表示真诚的歉意，同时给予一定的物质补偿。不能用言语与客人发生正面冲突。如果是客人无理取闹，则应该先和其讲明缘由，解除误会。

（2）特殊情况特别处理。对于客人建设性的意见，要向其表示感谢，并为对客人带来的不便表示歉意，同时将客人意见反馈给相关人员进行改进，要尽快答复客人。

对于希望得到尊重的投诉客人，由于其自尊心比较强，因此在和其交谈时应当表示对其充分的尊重，同时对客人道歉，即使客人不完全正确，也应该由相关人员向客人道歉，给客人一个台阶下，给并无恶意的客人多些体谅。

## 【本章小结】

本章第一节主要介绍了酒店预订的任务和目的，预订的方式、种类和渠道、预订的程序、超额预订等问题的处理；前厅接待的目的和任务、岗位职责、接待程序和常见问题；

第二节主要介绍了影响客房定价的内因和外因、房价体系、客房定价的常用方法和定价策略；收益管理的含义、收益管理使用条件和常用方法；

第三节主要说明酒店客房部的地位、客房设备物资管理、客房服务管理、客房清洁卫生管理、客房安全管理；

第四节主要介绍酒店餐饮部的地位与作用、餐饮产品的特点、酒店餐饮服务质量控制、餐饮收银控制、厨房各岗位职责、餐饮产品质量管理和卫生安全管理；

第五节主要说明酒店物资的采购管理、验收的程序、储存的方式以及发放管理；

第六节重点介绍了康乐服务的功能和作用、康乐项目的设置与经营、康乐服务质量管理，如何运用理论分析和解决康乐服务的实际工作问题。

## 【案例分析】

### 高价也能提高酒店利润，有什么秘诀

提到酒店房价，就不得不说到 RevPAR。RevPAR 是 Revenue Per Available Room 的缩写，意指每间可卖出客房产生的平均实际营业收入，通俗来说，就是酒店实际单房收益率。这一参数是衡量与分析所有酒店经营情况好坏和业绩优劣的基础，同时也是考量

酒店管理的重要指数。现在酒店计算 RevPAR 时，通常借助计算公式：RevPAR = 客房出租率 × 平均房价。

但是一般说到提高房价，很多人都会大摇其头：客房涨价了客人不来了怎么办？现在竞争这么激烈，要不是考虑维持正常经营，我还想打价格战呢！但是事实上，就像燃烧的火焰越扇越旺，看起来不现实的客房涨价，又何尝不会成为酒店运营的一大助力？以凯宾斯基饭店总统套房为例，它的总统套房在北京市是属不上的，德国人的设计，死板、小气，但是实用。在家家都推行淡季价格的冬季，它却用标准价格卖出去七次，每天 2700 美元加 15% 的服务费，不打折扣。这就看你卖给谁，中东的石油大商来了，电影明星来了，希望衣锦还乡的美国华裔来了等，他们根本就不问价钱。就这点来讲，我们说，没有卖不出去的高价格，就看卖给谁。科学理性地提高客房单价，主要有三大好处。

## 一、吸引优质客人

众所周知，在激烈竞争与抢占客流的大背景前提下，酒店还要考虑日常经营所需要承担的能源成本、人力成本等重负，此时靠优惠营销吸引来的客人，其实除了能够营造一种"虚假繁荣"的表象外，并不能为酒店带来多大的收益。如果一家门店的主力客群都是酒店最低收益创造者，那么即使出租率得到很大提升，整体 RevPAR 水平反而会因此下降。相反，适当提高房价，将会产生良性"过滤效应"，在一定程度上能够吸引更为优质的享受型顾客群体，这些顾客会重视酒店的服务质量和舒适度大于在意自己所付出的报酬。这样不仅能让酒店一直致力提高的自身服务有用武之地，更重要的是，不会再出现"远看富人相，其实饿三天"的假性满房，真正提高酒店收益率。

## 二、改善入住氛围

据说，优质的五星级酒店对于满房常常抱以规避态度，原因在于他们认为满房会影响所有住客对于酒店氛围的体验感。同样，通过各种营销方案达到长期满房的效果，固然对提高收益有一定效果，但同时也将损坏客人，尤其是优质顾客的入住体验。举个例子来说，咖啡店遍布国内大街小巷，但是当你推开其中一扇门准备点一杯美式拿铁安静地看看书，却发现里面人声鼎沸如傍晚菜市，小孩哭闹声和大人哄笑声不绝于耳，客人大概会缩回刚迈进去的脚。

对于酒店而言也是如此。真正吸引客人的应该是良好的入住舒适感和优质服务，如今不管是通过互联网＋智慧方案改造自身提高效率，还是引用智能设备创造亮点，最终的目的都是希望通过最好的服务和环境得到客人的忠诚。致力于长久生存的酒店应该时刻为真正懂得酒店优点和最适合酒店的客人，准备最舒适的环境和最贴心的服务。涨价无疑是一种好的方式。

## 三、降低各项成本

业内皆知，运营一家酒店并不像行外人想得一样，只要拥有客房就坐等赚钱。事实上，无论是水电成本还是人工成本，抑或是房间设备的折旧损耗，在酒店主的经营支出中所占的比例远大于常人想象。因此可想而知，房价低，成本高，维持正常运转就变成了一件困难的事。而提高房价则能非常有效地降低成本支出，提供更多的纯收益。

**分析内容：**

根据上述案例，并结合相关知识，思考：

1. 凯宾斯基饭店总统套房的淡季做法以及给我们什么启示？

2. 酒店在提高房价后面临的管理挑战有哪些？

# 第 六 章

## 酒店营销管理

---

### 【学习目标】

学习本章后，你应该能够：

1. 理解酒店顾客消费决策过程，并了解酒店不同消费者的类型，了解激励顾客消费的措施；

2. 了解酒店的宏观和微观市场环境，理解酒店目标市场营销策略及其区别，掌握酒店市场定位的具体操作步骤和内容；

3. 理解酒店直接和间接的营销渠道模式的内容和区别，了解酒店主要通过酒店渠道激励、评估和调整来进行酒店渠道管理；

4. 了解酒店常用促销工具，理解酒店促销沟通模式，掌握酒店常用促销手段。

### 【章前引例】

2010年新年伊始，我国在线旅游行业热闹非常，无论是酒店还是机票在线预订网站，都纷纷打起了网络营销牌，先是有国内某网站效仿澳大利亚大堡礁"世界上最好的工作"案例，发起了"万元试睡员"活动吸引了大批网民关注。但是，网络营销培训机构认为，要真正达到网民和企业共赢的营销效果并非这么简单，国内著名的连锁酒店品牌——锦江之星的市场营销团队和网络营销专家们一致认为：走有中国特色的网络营销之道才是王道。

在众多纷繁的网络营销案例中，锦江之星的市场营销团队注意到，只有将中国网民的行为习惯和企业营销目标结合起来，才能实现网络营销的效果最大化。而如何实现这两者之间的结合呢？与国内SNS媒体——开心网合作，便成为锦江之星市场营销团队的一次重要选择。

锦江之星市场部总监陈文哲先生认为，开心网的用户主要以国内各大城市的白领为主，其人群特征和消费品位，符合锦江之星的品牌定位。这是锦江之星选择和开心网合作的重要原因之一，如何让开心网的用户也能成为锦江之星的用户，他认为应当在不影响开心网用户体验的前提下，给予潜在客户人群以足够的利益驱动。

为此，锦江之星携全国已开业的 300 多家连锁店在 2010 年 1 月 20 日至 3 月 10 日，共同推出"千万（奖品）别错过"的主题优惠活动，奖品非常丰富，活动设置轻松、有趣，截至 2010 年 3 月 4 日，该活动在开心网首页广告的网民浏览量已经超过了 100 万次，网友们对活动帖子的浏览量达到 500 万次，每天都有近 10 万人次将锦江之星的抵用券作为礼物在亲朋好友之间互相赠送。

# 第一节　酒店顾客消费决策

## 一、酒店消费者的类型

酒店消费者是酒店经营活动的服务主体，是影响酒店生存和发展的关键因素。酒店经营者需要充分了解不同消费层次和消费类型的消费者，掌握其消费需求、消费动机、消费决策及其变化特点，才能自由转化营销策略，从而为酒店争取到更多的消费者。

### （一）旅游消费者

旅游消费者是指外出旅游的消费者，是酒店消费者的主要组成部分。旅游消费者由于自身年龄、性别、职业、社会阶层和经济收入等诸多方面的差异，以及外出旅游的时间、目的等各异，因此对酒店的消费需求和层次也不尽相同。

#### 1. 观光型旅游消费者

观光型旅游消费者以旅游观光为目的，通过观赏自然风光、名胜古迹，体味风土人情来放松身心、陶冶情操、增长见识、开阔视野。观光型旅游消费者是国内外旅游群体中的主体。

我国观光型旅游消费者多数为中等收入以下的消费者，多由学生、职员、农民、基层国家干部等构成。他们消费的关注点主要在旅游经历上，所以在旅游地逗留时间往往不长，对酒店档次要求不高，主要看中干净、舒适，在其他娱乐性项目方面消费有限，对价格比较在意和敏感。

#### 2. 娱乐消遣型旅游消费者

娱乐消遣型旅游消费者通过外出寻求不同的生活环境、变换生活节奏，以获得工作以外的娱乐、消遣，求得精神上的放松。娱乐消遣型旅游消费者在国际旅游者中占有较大比重。随着我国经济的发展和日常生活节奏的加快，娱乐消遣型旅游消费者在我国中等以上收入阶层中的比重不断加大。

娱乐消遣型旅游消费者外出旅游主要是为了获得身心的充分放松，而且收入水平多处于中等以上，因此对旅游消费模式不拘一格，在游览过程中，对住宿、饮食、购物和娱乐等都有一定的要求，酒店不仅需要有良好的整体环境、高标准的服务质量，还需要有一定的娱乐设施和条件。娱乐消遣型旅游消费者在外出旅游时一般有充足的自由时间，消费范围广泛，需求弹性较大，容易受酒店的服务质量、营销策略的好坏的影响。一些酒店为吸引娱乐消遣型旅游消费者，专门开设了歌舞厅、健身房、保龄球馆、游泳池和购物中心等娱乐放松项目，并为消费者外出游览提供咨询、提供必要的交通工具，十分切合此类消费者的消费欲望，不仅可以吸引更多的娱乐型消费者，同时也提高了酒店的竞争能力和知名度。

### 3. 医疗保健型旅游消费者

医疗保健型旅游消费者往往以外出参加度假、疗养等方式，来达到放松身心、治疗疾病、增进健康的目的。此类旅游消费者多为高收入阶层或某些中老年阶层。

这类消费者外出旅游以增进健康为目标，因而旅游目的地多为自然环境优美、气候适宜之地，或具有某种特殊健康资源的地方，如北戴河、大连等风景宜人的旅游胜地，或建造有温泉、气功、热海、推拿、针灸、药膳等治疗设施和功能的地方。由于此类消费者外出目的明确，因而凡是有利于促进身体健康的，能治疗自己疾病的消费都可以接受。针对此类旅游消费者，酒店应多从舒适、方便上下功夫，根据当地的旅游资源和健康资源进行开发。

### 4. 度假及周末旅游消费者

度假及周末旅游消费者是为了暂时告别工作环境中的喧嚣，追求宁静、安全的环境，利用假期或周末进行外出旅游，以达到休闲、健身目的的消费者。此类消费者一般以家庭或相关群体为基本单位，强调经济实惠以及回归大自然，他们不一定要去很有名或较远的旅游地，但只要能够暂时远离喧闹的市区或高楼，使身心得到放松即可达到目的。目前，利用周末或假期去郊外、农村或度假村的游客越来越多，针对这些旅游者，酒店可以在郊外建造一些简易的客房，以满足游客回归大自然的需求。

## （二）从事公务或商务的消费者

从事公务或商务的消费者是指为完成公务或商务在一定的时间到某地出差的人。随着经济社会的发展，全国各地间经济、政治、科技、文化等的交流越来越频繁，人们出差和参观访问的机会也越来越多。此类消费者每次消费会受到一定的时间限制，但消费比较频繁，对中意的酒店住宿回头率很高，在酒店顾客中占据了一定比重，他们大多是由组织派遣出来处理公务，因而支付能力较强，多选择位于市中心或者靠近商区的酒店，并且对酒店的服务和设施要求比较细致、严格，酒店需要特别注意对此类消费者的服务质量和服务态度。

### （三）结婚或探亲的消费者

结婚或探亲的消费者是指为了度蜜月或探亲访友而在一定时间内外出的消费者。此类消费者，由于受职业、收入和家庭等多种因素影响，消费水平差异较大。收入水平较高的消费者，可能对酒店的综合水平要求较高，支出能力更强；反之，收入水平较低的消费者，更倾向于选择廉价的对象。新婚或年轻的消费者在消费选择上，范围较宽；反之，年纪大些，以探亲访友为主要目的的消费者选择的消费领域较窄，以经济、实惠型消费为主，多为一次性消费，成为回头客的可能性较低。

## 二、酒店顾客消费决策过程

### （一）消费决策的参与者

发起者：首先提议消费酒店产品或服务的人；

影响者：其观点或意见对最终决策有重大影响的人；

决定者：对消费问题做出最后决定的人；

购买者：实际采购的人；

使用者：直接消费或使用所购产品或劳务的人。

### （二）消费行为的类型

西方学者根据消费者在消费过程中参与者的介入程度，以及品牌间的差异程度，将顾客的消费行为分为四种类型：

#### 1. 复杂的消费行为

当顾客初次选购价格高昂，具有高度自我表现的产品时，就属于高度介入购买，即复杂的消费行为。此类顾客对这些产品的性能缺乏足够的了解，往往需要广泛搜集相关信息，在认真了解后形成对品牌的认知，再做出消费决策。针对此类顾客，酒店应当尽量帮顾客全面了解有关酒店产品的信息，并使其了解酒店产品在重要性能方面的优势和特色，帮助其产生对酒店产品的信赖感。此外，针对消费决定者，酒店应对他们打出各类有关酒店特性的广告。

#### 2. 减少不协调感的消费行为

当酒店顾客高度介入某个产品的购买，但又看不出各类品牌间的差异时，很容易对所购买的酒店产品产生失调感。当顾客在购买一些品牌差异较小的产品时，注意力多集中在价格是否优惠、地点是否便利等问题上，而不是去比较品牌之间的具体差别，因而从产生消费动机到最终决定消费过程较为短暂，由此，顾客在决定消费后，也容易因为获得了其他更好产品的信息，或了解了自身产品的某些缺陷而产生后悔心理，这就是消费过程中的不协调感。因此，酒店应该通过调整价格等措施，并向顾客提供有利信息，打消顾客心理失衡感，使其对所购产品形成坚定信心。

### 3. 广泛选择的消费行为

当顾客选购的产品间品牌差异较大，而且有多种品牌可供选择时，他们往往不愿意花太多的时间选择某个品牌，并且也不太专注于某个产品，而是经常变换各种产品。面对此类顾客，当酒店在处于市场优势地位时，应当注意通过多种渠道来销售其产品，并借助提醒性广告来促成顾客建立习惯性消费行为；反之，当酒店在市场中处于劣势地位时，可以通过降价、免费试用、推广介绍新产品等方式来促进顾客消费。

### 4. 习惯性的消费行为

顾客有时购买某种产品，不是因为偏爱某种品牌，而是出于习惯。在选购的产品价格低廉、品牌间差异较小时，顾客大多不会太关注品牌，而多依赖消费习惯去选定某一品牌。针对此类顾客，酒店要设法给顾客留下深刻印象，酒店广告要突出其产品特色，以巧妙的形象构思、鲜明的视觉标志来赢得顾客青睐。酒店要提高广告的反复性、重复性，以此来提升顾客对酒店产品的熟悉度。

## （三）消费决策过程

### 1. 第一步：认识需求

当顾客意识到自己有某种不满足时，就会对某种产品产生一定的需求以填补这种不满足感，这样顾客就产生对需求的认识。酒店人员应当了解引起顾客某种需求或兴趣的产生环境，要注意那些与本酒店产品有关联的驱动力，还要认识到，顾客对某种酒店产品的需求强度会随时间推移而变动，而且一些诱因也会触发某种需求。因此，酒店要善于安插各种需求诱因，使顾客对酒店产品产生强烈的需求欲望。

### 2. 第二步：搜集信息

当顾客产生购买动机后，就会开始主动搜集相关信息。顾客搜集到的信息主要有 4 个来源。

（1）公共来源：从电视、网络、广播、杂志等大众传媒所获得的信息；

（2）商业来源：从推销人员、中间商处所获得的信息；

（3）个人来源：从家庭、亲友、同事、邻居等处获得的信息；

（4）经验来源：从自身亲自接触和使用酒店产品的过程中所获得的信息。

对酒店而言，商业信息是可控的，顾客可以借助于商业信息渠道来了解本酒店各类产品，进而产生消费决策。

### 3. 第三步：评价方案

（1）分析产品属性。产品属性就是产品能够满足顾客某种需求的特性。酒店应当了解自身产品具有哪些属性，不同的顾客类型青睐于哪种属性产品，针对不同需求的顾客提供不同属性的产品，这样既能提高顾客满意度，还能最大限度地减少不必要的资源消耗。

（2）建立属性等级。属性等级是指顾客对产品不同属性所赋予的重要性权重系数。酒店应当多关注酒店产品的属性权重，而不是属性特点。

（3）确定品牌信念。顾客会根据酒店属性及属性参数，建立起对各个酒店的不同认知和信念。

（4）形成"理想产品"。只有通过购买和消费，才能满足顾客的不同需求，而顾客的需求是随产品各种属性的不同而变化的，每一个顾客对不同产品属性的满足程度也不相同。

（5）做出最后评价。顾客根据一定的评价方法，对若干可供选择的酒店进行评价，从而形成对这些酒店的态度和偏好，多数顾客在此过程中，也会将实际酒店产品和自己心目中的理想产品进行比较，形成最后评价。

#### 4. 第四步：消费决定

只是让顾客对酒店产生好感，拥有购买意愿是远远不够的，需要将顾客的购买意愿转化为实际行动，在此过程中，顾客的消费决定还会受到下面两种因素的影响。

（1）他人态度。一般情况下，他人态度越强，与顾客关系越密切，对顾客的消费决定越有影响，反之则对顾客的影响越弱。

（2）意外情况。顾客购买意愿往往与预期收入、预期价格及预期收获等因素密切相关，但当购物中准备采用消费行动时，可能会发生一些意外情况，如因酒店产品涨价而无力购买，因工作变动或失业而减少收入，或是临时有了其他更想消费的产品等，这些都会对消费动机和行为产生影响。

## 三、激励顾客消费的措施

### （一）影响顾客消费习惯

#### 1. 促使顾客改变原有消费习惯

为使顾客形成新的消费习惯，就需要改变其原有消费习惯，使其觉得自身原有习惯或行为有不合理之处。如希尔顿酒店就积极推销自身酒店，促使顾客外出居住于喜来登酒店的习惯转向居住自身酒店。

#### 2. 促使顾客建立新的消费习惯

很多酒店都会采用许多推销策略，让顾客到新的酒店住宿，尝试最新菜谱，使用最新设施，有的酒店甚至承诺在世界各大城市，在 24 小时内就可以帮助顾客订到满意的客房。这些都有助于顾客建立新的消费习惯。

#### 3. 促使顾客巩固原有消费习惯

倘若酒店服务质量差、硬件设施落后，很容易使顾客产生不满情绪，转而投向其他酒店。因而，对酒店而言，面对同行的竞争，要不断探寻新的方法，尽量满足顾客的需求，使顾客习惯于在本酒店的消费，多加强与酒店现有顾客的联系，留住老顾客。

### （二）利用感觉系统招徕顾客

#### 1. 视觉吸引

酒店可以利用精致的装潢、酷炫的广告等来吸引顾客。同样，酒店的外观和周围环境布局也是吸引顾客的重要因素，很多酒店会投入大量人力、物力和财力来打造酒店，对酒店建筑材料、前厅设计以及酒店色调的搭配等都十分讲究。对顾客而言，当住宿在一个精致美观、氛围高雅的酒店时，就会觉得物有所值，得到较高的满足感。

### 2. 听觉吸引

酒店可以聘请专业人士在酒店大堂弹奏钢琴，或是在酒店播放舒适的背景音乐，对顾客形成听觉冲击，为顾客营造出一种放松、愉悦的氛围，以吸引更多的顾客前来。

### 3. 味觉吸引

在电视、网络、杂志、菜单等介质上看到的诱人食物图片就是通过味觉来吸引顾客的，酒店也可以在某些特殊节日，在酒店外围聘请专业厨师制作各种美味佳肴，免费给顾客品尝，或降价出售，以味觉来吸引更多的潜在消费者。

# 第二节　酒店市场环境分析

## 一、酒店宏观环境

宏观环境是对酒店经营发展有直接利害关系的外部环境因素。

### （一）人口环境

#### 1. 人口数量

人口规模是构成市场的基础，世界范围内尤其是发展中国家的人口增长为酒店企业提供了新的市场机会，带来市场需求的扩大。不过，发展中国家虽有人口数量，但是由于经济发展水平较为落后，人们收入水平偏低，将会对酒店产品的需求量、需求水平和需求结构形成制约。

#### 2. 人口结构

人口结构包括年龄结构、性别结构、家庭结构、社会结构和民族结构等具体内容。随着世界范围内人口老龄化趋势的出现，我国也正在逐步进入老龄化社会，老年消费者不仅具备闲暇时间，而且多年积累也使得他们具备相应的消费能力，为酒店企业提供了一个规模巨大的银发市场。当今社会女性越来越追求独立自主，她们开始拥有一定的社会地位和相应的收入水平，成为酒店企业关注的又一新兴市场。人口出生率的持续下降使家庭规模正在向小型化发展，将人们从繁忙的家庭事务中解放出来，有更多时间用于旅游度假，这无疑也为酒店业的发展带来新的商机。

### 阅读资料：聚焦酒店女性楼层

财经杂志《经济学人》曾报道说："忘记中国、印度和互联网吧，真正带动经济增长的是女士们。"近年职业女性的赚钱能力有增无减，她们财政独立，消费能力高，成为一股推动各地经济的新力量。有见及此，精明的商人纷纷转攻急速增长的女性市场，专门招待女性的航班、的士及酒店服务相继登场。

广州东方宾馆：近年来，随着职业地位的日渐提高，女性外出商务的机会逐渐增多，女性入住酒店的比率已占总入住率的18%。作为一个独立的消费群体，女性住客有其自身独特的需求。而东方宾馆也有此意，将在五楼打造约30多个房间的女性楼层。

上海美丽园龙都大酒店：在同样开出了女性楼层的美丽园龙都大酒店，鹅黄色的浴袍、镶粉红花边的衣架和梳洗台的化妆品，也是该楼层区别于其他客房的主要标志。而目前开出女性楼层的宾馆都表示，女性楼层客房的价格和其他客房完全一样。

瑞吉红塔大酒店：酒店内女性客房，完全是暖色调的布置。如果一束幽香的百合、一盆品种繁多的水果还不足以打动人的话，Bvlgari护肤品和香水一定能令女人尖叫。除此之外，还有受欢迎的ELLE杂志、熏香、丝绸衣架、发夹、爽肤水等。

丹枫白露：丹枫白露是深圳首家商务型产权酒店，女士楼层是丹枫白露在中国的创新第一举，既保护了女性的私密性，又在设计上充分体现出它的人性化。女士楼层不只是一个噱头，它从室内设计的风格、颜色都偏女性设计。比如窗帘、床上用品及卫浴间用品，尽量采用女性喜欢的粉色系。房间里所摆的都是女士必需的用品，女士洗面奶、润肤露、发卡、发圈等，只要是女士能用到的，都可以在这里找得到，不会遗漏任何一个细节。女士楼层从2003年开始试水，到目前已经营了5年，在业内已有了很好的口碑。

资料来源：根据慧聪网酒店行业专题和搜房网资料整理编写

### 3. 人口的迁移和流动

在一个国家和地区内部，人口的迁移和流动态势主要存在着人口从农村流向城市和从城市流向郊区和乡村两种现象。人口从农村流向城市，体现了城市化和工业化的发展速度和水平，城市人口的大量集中和商业的繁华为酒店企业的发展提供了人气，也加剧了中心地带酒店竞争的激烈程度。与此同时，由于城市中心生活压力的增大以及环境污染的日趋严重引起的城市人口从城市向郊区和农村转移，使郊区不断向城市靠拢，城市和乡村的界限趋于模糊，这种变化使城郊地区衍生出对于酒店等服务行业的需求，这也是位于城市中心的酒店企业辐射扩张的良机。

## （二）经济环境

### 1. 经济发展水平

一方面，随着经济的发展，人们生活水平的不断提高，如今的消费结构渐趋多元化，人们对于酒店类等服务产品的需求呈现出明显的上升趋势，对于其服务质量和细节特色也提出了更高的要求；另一方面，对外交往的日益频繁，使得国外投资者、旅游者来华数量以及频率都明显增加，商务活动和文化体育交流越来越多，对酒店产品的需求也大量增加。

### 2.消费者收入

改革开放以来，消费者的收入表现了强劲的上升势头，这与我国加剧的快速发展是密不可分的。但是，酒店管理者也应看到从 2007 年以来的物价上涨已经在一定程度上影响到消费者的实际收入，尤其是消费者的可任意支配收入，而这一部分收入正是决定着耐用消费品、旅游和奢侈品等消费的关键因素。在消费信心不足的大背景下，酒店企业应该主动采取促销手段来刺激市场需求。

## 阅读资料：可支配收入与可任意支配收入

个人可支配收入是个人的全部收入减去个人应交的税费之后的余额，是影响消费者购买水平和消费支出结构的决定性因素。

个人可任意支配收入是指个人可支配收入减去维持生活所必需的支出（如食品、衣服、房租）和其他固定支出（如分期付款、学费）等后所剩余的那部分个人收入。影响对耐用消费品、奢侈品、旅游等的消费。

### （三）社会文化环境

社会文化环境是指由社会地位和文化素养的长期熏陶而形成的生活方式、价值观念和行为准则，具体包括教育状况、宗教信仰、消费习俗和审美观念等。酒店企业的经营必须了解和尊重当地的社会文化环境，同时，酒店还需关注客源地的社会文化背景，避免造成不必要的误会和纠纷。

在我国，旅游度假消费已经成为人们在节假日期间的代表性消费，甚至已经成为新的社会风尚和消费潮流，给酒店企业的发展提供了有力的支持和强大的动力。

### （四）政治法律环境

政治法律环境主要是指一个国家和地区的政治局势、政治制度、方针政策、法律法规等。和酒店发展关系较密切的主要包括国家的外交政策、外汇政策，以及对外开放政策、产业政策和投资计划等。

稳定的政局说明该国和地区在国际上的良好声誉及形象，新加坡、瑞士等地酒店业的发展与其国家的长期稳定不无关系。法律既对酒店企业的经营提出了限制，必须在法律允许的范围内经营，同时也为企业的合法权益提供了保障和保护，酒店权益受到损害的时候，可以寻求法律机制来解决。

### （五）科学技术环境

随着通信技术的发展和网络的普及，计算机和智能化系统被越来越多地运用到酒店管理运营中，成为决定酒店竞争力的重要因素。现代化科技的运用一方面提高了酒店的经营管理效率，节约了酒店的运营成本；另一方面也能更好地满足顾客多样化的需求，改善酒店的服务质量和水平，提升顾客的满意度，有利于树立酒店的品牌形象和市场声誉。目前在酒店管理中运用较多的先进技术手段包括商务中心、电视电话会议、电子门锁系统、资产管理系统、智能化建筑等。

### （六）生态自然环境

酒店企业既是社会的细胞，也是生态自然环境的有机构成者，其经营管理和生态自然环境发生着千丝万缕的联系，既需要从自然生态环境那里获取能量和原材料，同时也向生态自然环境排放污染和废弃物。因此，酒店企业应将可持续发展的原则作为酒店的管理哲学之一，这在可持续发展成为共识、环保潮流席卷全球的新经济时代尤其具有重要的意义。长期以来，对于包括酒店企业在内的旅游业是无烟工业的误导，已经导致了严重的后果，而今，在建设两型社会的时代背景下，绿色酒店将成为酒店业的必然趋势。

## 二、酒店微观环境

### （一）供应商

供应商是向酒店提供资源的个人或组织，具体包括原材料、设备、技术等，供应商是否能保证及时稳定的供应是维持酒店正常生产的必要条件。供应商的质量水平和价格水平既关系到酒店能否向顾客提供令人满意的产品及服务，也和最终价格密切相关。因此，酒店应该选择信誉良好实力雄厚的企业作为供应商，并与之保持长期的合作关系。当然，为了减少风险，酒店还要尽量避免过分依赖于一个供应商，使自己有充分的转圜余地。

### （二）中介机构

中介机构包括旅行社、代理商等中间商和咨询公司、广告公司等服务机构。中介机构可以帮助酒店进行市场调研和销售，及时反馈顾客的意见和要求，完善酒店的销售渠道和网络，宣传酒店的品牌和形象，使酒店企业能够集中精力关注酒店的重大战略决策和运营管理。酒店企业可以通过提供正面激励、建立分销规划等措施维持与加强和中介机构的合作关系。

### （三）顾客

酒店与供应商和中介机构保持密切关系的目的，是为了有效地向目标市场顾客提供服务，顾客是酒店企业的服务对象，也是酒店必须仔细了解和认真对待的市场。要满足顾客需求，酒店必须对市场的需求量、需求变化趋势、潜在需求、需求偏好以及顾客的消费水平、消费心理、消费动机等消费习惯进行深入的调研。

### （四）竞争者

酒店除了要满足顾客需求之外，还需表现得比竞争者更有效率。与竞争者有关的因素包括酒店的现有数目及其未来发展的趋势、主要竞争对手的产品种类、质量和价格，竞争对手的市场占有率和营销能力，竞争对手策略变化、动向及可能新进入的竞争对手的状况等。值得指出的是，有远见的酒店企业不仅只关注那些现实的品牌竞争者，还必须关注那些潜在的竞争者威胁，以应付不断变化的市场环境。

### （五）公众

公众是对酒店企业完成其目标的能力有着实际或潜在兴趣或影响的群体，他们既可能有助于增强酒店实现自己目标的能力，也有可能对这种能力造成阻碍。其中，金融公众影响酒店的融资能力，媒介公众影响酒店的媒体形象，政府机构的政策措施会对酒店经营管理产生影响，酒店的管理活动可能还会受到消费者组织、环境保护组织等团体的质询，酒店还需同当地的邻里居民和社区组织保持联系，关注一般公众对酒店及经营活动的态度。因此，酒店需要成功地处理和发展与不同公众之间的关系，收集与酒店有关的公众意见和态度，发布消息，沟通信息，建立信誉。

# 第三节　酒店目标市场定位

## 一、酒店市场定位的基本步骤

酒店市场定位包含三个方面的工作，首先是确定细分变量和细分市场，勾画细分市场轮廓；接着是评估细分市场的吸引力，并选择目标细分市场；最后为每个目标市场确定可能的定位观念，并选择、发展和沟通所挑选的定位观念。

### （一）进行酒店市场细分

#### 1. 酒店市场细分的概念

市场细分是随着市场营销策略的不断发展而逐渐演变出来的新概念，它反映了人们对于市场需求认识和理解的逐步深化。消费需求的差异化是市场细分的客观基础，与此对应的是企业资源的有限性，根本无法满足所有消费者的差异化需求，所以，需要借助于市场细分来有效地划分市场，集中企业资源，服务于合适的目标市场。

酒店市场细分是指酒店企业按照消费者欲望与需求把一个总体市场（总体市场通常太大以致企业很难为之服务）划分成若干个具有共同特征的子市场的过程。酒店企业的市场细分工作可以帮助酒店企业分析市场时机，寻找和开拓新的市场；也有利于酒店企业掌握目标市场的特点，制定适当的营销策略；同时，市场细分也是酒店可以集中企业资源的投入，使营销工作变得更加有效，提高酒店企业的竞争力。

#### 2. 酒店市场细分的依据

酒店市场细分的依据有四大类，如表6-1所示。

表 6-1　酒店市场细分的依据

| 标准 | 具体因素 |
|---|---|
| 地理细分 | 地区，气候，人口密度 |
| 人口细分 | 年龄，性别，收入和家庭生命周期，职业，家庭规模，教育，宗教信仰，民族 |
| 心理细分 | 社会阶层，生活方式，个性 |
| 行为细分 | 时机与场合，追求的利益，使用者，使用率，品牌忠诚度，购买的准备阶段，态度 |

（1）地理细分。地理细分是指按照地理位置将市场分割成不同的群体，是一种被广泛采用的细分标准。它有全世界都可以接受的地理区域概念，同时很容易被测量，并且通常对于这些市场有许多可以使用的人口统计、旅行和其他的统计资料。另外，大部分的媒介都服务于特定的地理区域，将促销信息对准目标客户群就不可避免地要涉及对地理细分的使用。地理细分是一个相对静止和稳定的细分标准，具体包括地理区域、气候、人口密度和城市规模等，要注意地区之间的需要和偏好的不同。酒店通常以更为精细和具体的地理位置来作为细分的依据，如街区、商圈等。

（2）人口细分。人口细分意味着在人口统计的基础上将市场进行分割，这些统计数字主要来自于统计调查信息，包括年龄、性别、收入水平、家庭规模与结构、职业、受教育程度等因素。

（3）心理细分。心理细分建立在生活方式、社会阶层和个性等变量的基础之上，它不像人口细分和地理细分那样具有统一的标准，酒店可以通过对顾客的观念、兴趣和行动的考察来发展自己的心理细分。

（4）行为细分。行为细分是通过顾客的使用频率、使用时机、使用情况、所追求的利益和品牌忠诚度等因素来细分市场。

使用频率细分对酒店业者具有很强的吸引力，有一些顾客的消费和购买数量与频率超过平均数，这些顾客被称为频繁使用者，对这部分顾客的投入会产生更高的回报率，所以，酒店需要了解频繁使用者是哪些人，具备怎样的消费特点和需求特征。

使用情况细分可以将顾客划分为非使用者、潜在使用者、经常使用者等，这为酒店提供了有用的信息，酒店需要知道经常使用者的特征并更好地满足他们。同时，加强对潜在使用者的了解，争取转化为现实使用者；还有未使用者为什么不选择酒店产品的原因，制定针对性的策略。

使用时机细分的基础是顾客的购买时间和购买目的，主要的购买目的是商务、度假或其他原因；而购买时间则比如针对周年纪念、生日、假日和授奖举行的特别宴会等。

品牌忠诚度细分根据顾客对某一酒店品牌的忠诚及对于竞争对手品牌的使用将其分成四种类型：坚定的忠诚者、部分忠诚者、转移忠诚者和易变者。品牌忠诚度细分将会在酒店业中被广泛使用。

### （二）确定酒店目标市场

#### 1. 酒店目标市场选择模式

目标市场是酒店准备进入和服务的市场，酒店进行市场细分的目的就是选择目标市场。经过市场细分后，酒店会发现有一个或几个细分市场是值得进入的。因此，酒店必须明确进入哪些细分市场。具体选择模式如图 6-1 所示。

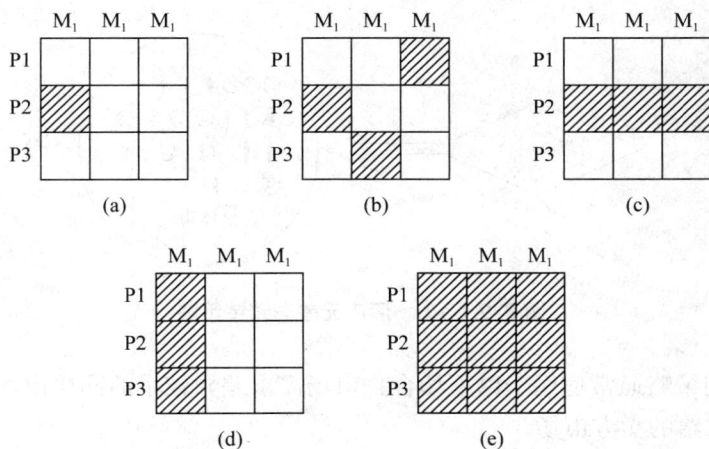

图 6-1　酒店目标市场选择模式

（1）产品市场集中化。酒店只选择一个细分市场，提供一类产品，服务于一个用户群。许多资源有限的小酒店往往倾向于采取此种模式，选择单一的经营对象，集中力量在一个细分市场上获得较高的市场占有率，如图 6-1（a）所示。但是，采用这种集中化模式会因为目标市场范围狭窄而承受较高的经营风险。

（2）选择性专业化。酒店可以有选择地进入几个不同的细分市场，在市场细分的基础上，酒店经过仔细选择，结合酒店本身的目标和资源，有目的地进入几个不同的市场，满足这些市场的不同需求，如图 6-1（b）所示。这种模式可以有效地降低酒店的经营风险，但是对于酒店的管理能力和营销水平提出了较高的要求，需要酒店具备足够的实力在不同的细分市场提供服务，满足需求。

（3）产品专业化。酒店同时向几个细分市场销售一种产品，如图 6-1（c）所示。采用这种模式，可以帮助酒店摆脱对某个市场的依赖，降低风险，同时，专业化的生产有利于发挥酒店的供应优势，在一类产品上树立酒店的声誉。

（4）市场专业化。酒店集中满足某一特定顾客群的各种需求，向他们提供所需的各种产品和服务。采用这种模式可以充分维持和发展酒店与顾客之间的良好关系，提高顾客的满意度，降低交易成本，并在目标顾客心目中建立良好形象，如图 6-1（d）所示。但是，如果这类顾客的需求水平下降，将会影响酒店收益。

（5）全面进入。酒店意图为所有顾客群提供他们所需的所有产品，在所有细分市场上，酒店生产各种不同的产品，分别满足他们的不同要求，以覆盖整个市场，如图6-1（e）所示。通常，只有少数实力雄厚的大酒店才有可能采取这种模式。

**2. 酒店目标市场营销策略**

（1）无差异营销。无差异营销是酒店把整体市场看作一个大的目标市场，营销活动只考虑消费者在需求方面的共同点，而不管他们之间是否存在差异，试图用一种营销组合来对付整个市场，集中满足市场消费者的共同需要，如图6-2（a）所示。

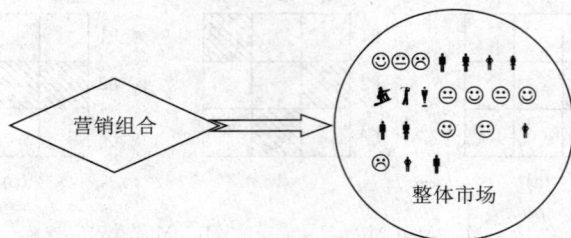

图6-2（a）　酒店无差异营销策略

无差异营销策略通常适用于以下场合：市场需求差异较小的同质市场；新产品介绍期；需求大于供给的卖方市场。

（2）差异化营销。酒店在市场细分的基础上，根据自身的资源及实力选择若干个细分市场作为目标市场，并为此制订不同的营销计划。这种策略的最大优点是可以有针对性地满足不同顾客群体的需求，提高产品的竞争能力；能够树立起良好的市场形象，吸引更多的购买者；最大缺点是市场营销费用大幅度增加，如图6-2（b）所示。

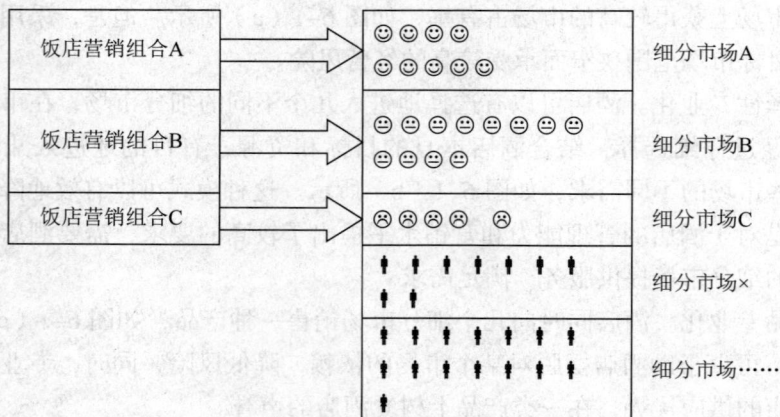

图6-2（b）　酒店差异化营销策略

差异化营销策略适用于以下几种情况：规模大、资源雄厚的酒店或酒店集团；竞争激烈的市场；产品成熟阶段。

（3）集中化营销。集中化营销指酒店不是面向整体市场，也不是把力量分散使用于若干个细分市场，而是集中力量进入一个细分市场，为该市场开发一种理想的产品，实行高度专业化的生产和销售，如图 6-2（c）所示。

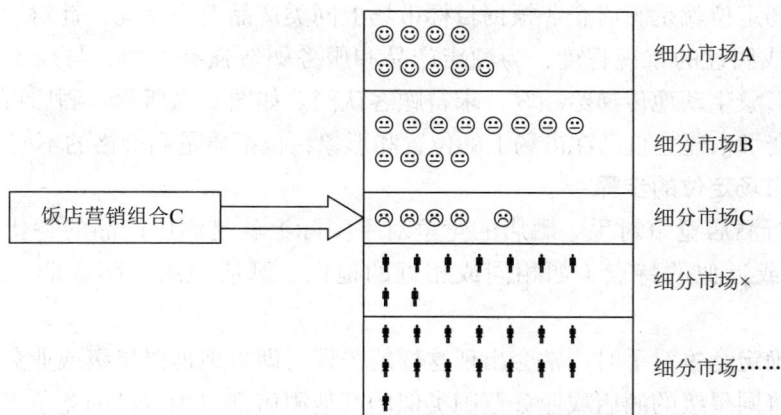

图 6-2（c） 酒店集中化营销策略

集中化营销通过实施专业化经营，能满足特定顾客的需求，在狭小的市场上取得较大的市场份额；而且可以集中资源，节省费用，有利于在目标市场上建立扎实的基础。但是经营者承担风险较大，一般适合资源薄弱的小酒店。

（4）三种策略的比较与选择。无差异营销、差异化营销和集中化营销这三种营销策略各有优缺点，具体内容如表 6-2 所示。

表 6-2 三种目标市场营销策略的比较

| 目标市场策略 | 优 点 | 缺 点 |
| --- | --- | --- |
| 无差异营销 | 可能节省市场营销成本 | 所提供的产品乏味单调，企业在竞争面前更加脆弱 |
| 差异化营销 | 更大的财务收益；<br>生产营销中的规模经济 | 高成本；<br>调拨人员 |
| 集中化营销 | 资源集中；能更好地满足细分市场的需求；<br>使小企业能更好地与大企业竞争 | 细分市场太小或经常变化；<br>大的竞争者可能更有效地占领补缺市场 |

因此，酒店在选择合适的目标市场营销战略时，应注意以下因素的影响和制约：①酒店企业的资源。如果企业资源雄厚，而且营销能力强，则可选择差异性或无差异营销；如企业能力有限，则可采用集中性营销。②市场相似性。如果顾客的需求、偏好较为接近，对营销的刺激反应不大，宜采用无差异营销；反之，则为差异或集中营销。③竞争对手战略。如果竞争对手采用无差异营销，则可采用差异或集中策略；如果竞争对手也采用差异或集中营销，则可采用对等方法或更深层的细分。

### （三）实施酒店市场定位

#### 1.酒店市场定位的概念

酒店市场定位就是酒店企业根据目标市场上同类产品竞争状况，针对顾客对该类产品某些特征或属性的重视程度，为酒店产品和服务塑造强有力的、与众不同的鲜明个性，并将其形象生动地传递给顾客，求得顾客认同。如图 6-3 所示，酒店可以利用质量和价格两个变量来建立自己在市场上的位置和形象，包括质量和价格的不同组合。

#### 2.酒店市场定位的步骤

（1）分析酒店竞争对手。酒店的竞争对手实际上就是酒店产品的替代者，即有着与酒店相同或近似的特点（如相同或相近的地区、酒店星级、顾客群、价格等）的酒店。

酒店在确定竞争对手时，常会出现这样的失误，即单纯地以星级或业务范围来作为判定依据，将同星级的酒店或业务范围类似的其他酒店都视为自己的竞争者。同样的三星级酒店，有的以旅游团队作为目标市场，有的以会议为主要目标市场，还有的则以商务散客市场为目标，分属于不同目标市场的酒店相互间不能成为直接竞争者。同样以会议市场作为目标市场，五星级酒店的会议市场划分与三星级酒店的会议市场划分又因为划分标准的差异而使目标市场有所不同。因此、酒店产品的竞争对手范围应限定在同一或相近的目标市场中。

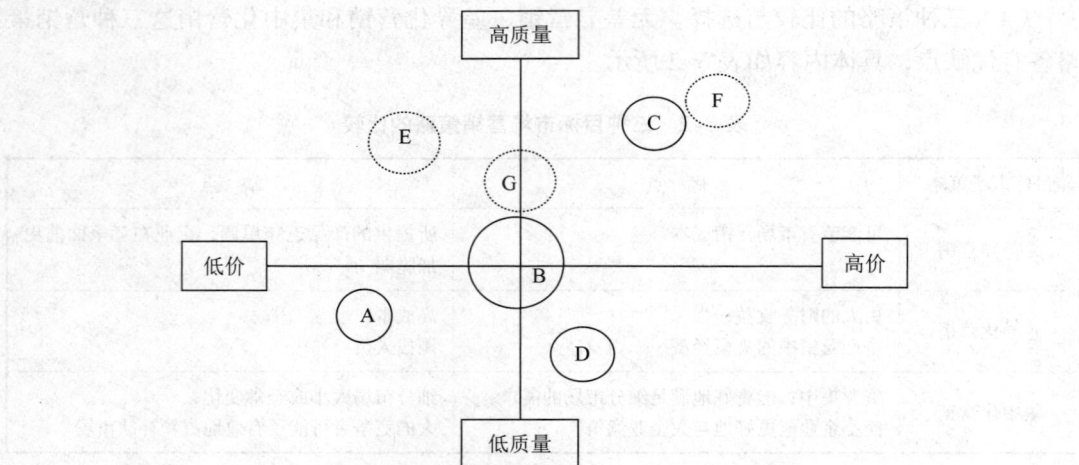

**图 6-3　酒店市场定位示意**

判断某一酒店的产品是否和本酒店的同类产品存在竞争，有一简单的测试方法：在酒店降低产品价格时，观察对方的顾客是否转移过来，如果有，则说明对方是酒店的竞争对手，顾客转移得越多，则说明竞争程度较高；反之则较弱。

确定竞争对手之后，酒店必须采取多种渠道收集竞争对手产品的有关信息，了解目标市场上的竞争对手向顾客提供何种产品，其质量、数量、价格、特色等方面与本酒店同类产品比较有哪些优势和不足，从而明确竞争对手的产品定位情况。

对竞争对手产品的调查可以通过多种渠道，例如，向曾经购买竞争对手产品的顾客进行调查，了解他们的购买经历、对产品的评价等信息；也可以派人到竞争对手那里实地消费和观察，以获取准确的竞争对手产品的有关资料。可以记录各个竞争对手的调查数据，可以汇总目标市场内的总体竞争情况并与本酒店进行劣势对比。

（2）确认酒店竞争优势。酒店寻找竞争优势可以从产品、服务、人事和形象四个方面着手进行：①产品差异：酒店可以使自己的产品区别于其他产品。②服务差异：除了靠实际产品区别外，酒店还可以使其与产品有关的服务不同于其他酒店。③人员差异：酒店可通过雇用和训练比竞争对手好的人员取得很强的竞争优势。④形象差异：即使竞争的产品看起来很相似，购买者也会根据企业或品牌形象观察出不同来。因此酒店通过树立形象使自己不同于竞争对手，具体因素如表6-3所示。

表6-3　酒店的差异化竞争优势

| 产品 | 服务 | 人事 | 形象 |
|---|---|---|---|
| 特征、外观、功能、设计、质量、可靠性、一致性、稳定性 | 服务水平、服务内容、服务态度 | 可信度、可靠性、敏感度、可交流性 | 个性与形象、标志、书面与视觉听觉媒体、环境、活动项目 |

（3）选择相对竞争优势。通过上一步骤，酒店对目标市场内的竞争对手及其产品进行了细致深入的调查和优势分析，发现本酒店优势所在，这些优势就是酒店产品定位的主要基础。如果酒店发现了自身若干个潜在的竞争优势，那么酒店必须选择其中几个竞争优势，据以建立起市场定位战略。也就是说，酒店可能会面对多种竞争优势并存的情况，此时强调所有的优势并不可取，因为有自卖自夸之嫌，而且也不易让消费者了解重点。因此，酒店必须在众多竞争优势中进行取舍，决定促销多少种以及哪几种相对优势，评估和选择出最适合本酒店的优势项目，并以此初步确定酒店产品在目标市场上的位置。

酒店需要避免三种主要的市场定位错误：第一种是根本没有找到准确为酒店定位的相对优势，没有真正为酒店定好位。第二种是定位传递给购买者的酒店形象太窄，使消费者对酒店的形象认识过于单薄。第三种是酒店必须避免混乱定位，选择的定位因素过多使形象含混不清，而导致给购买者一个混乱的企业形象。

（4）显示独特竞争优势。酒店产品的优势一经确定，就必须采取各种手段准确有效地向目标市场传播酒店产品的定位观念。酒店产品的优势不会自动地在目标市场上表现出来，要使这些优势能够发挥作用，影响顾客的购买决策，酒店需要以产品特色、优势为基础，树立鲜明的市场形象，通过积极主动而又巧妙的与目标市场中的顾客进行沟通，引起顾客的注意和兴趣，求得顾客的认同。

酒店所有的市场营销组合必须支持这一市场定位战略，给酒店定位要求有具体的行动而不是空谈。在对目标市场进行宣传、沟通时，酒店要尽量避免因宣传不当而在公众中造成误解，影响酒店优势的发挥。

# 二、酒店市场定位的具体操作

## （一）酒店市场定位的战略选择

### 1. 迎头定位

即紧逼主要竞争对手的市场定位，是指酒店选择在目标市场上与现有竞争者靠近或与其重合的市场位置定位，宣称比竞争对手更优越的特性，与竞争对手在产品、价格、促销、渠道等各个方面和环节展开直接面对面的竞争，争取同样的目标市场。

迎头定位往往为资源雄厚、实力强大的酒店使用，因为酒店行业的进入壁垒较低而退出壁垒较高，在现有市场竞争十分激烈，而保持酒店产品的差异性和个性又较为困难的情况下，这种定位势必会导致彼此间爆发激烈的正面竞争，往往是实力雄厚或在某些领域确有专长的酒店实施这一定位时较易取得成功。

采取这种强硬的定位策略，酒店对竞争者和竞争的结果必须有充分、准确的估计和分析。酒店必须十分了解自己是否具备比竞争对手更为丰富的资源、更强的经营能力，是否能比竞争对手做得更为出色，竞争中的获利能否平衡为赢得竞争所付出的代价等。如果缺乏足够的认识，贸然逞强，将可能使酒店遭受损失。

### 2. 避强定位

酒店与主要竞争对手适当拉开距离，不与其直接对抗，在目标市场、产品及市场策略等方面形成自身特色，因而与竞争者有显著的差异的定位。这种定位战略有效避免了与竞争者之间的恶性竞争，将自己定位于某个对手未注意的市场空隙，使酒店赢得更大的生存与发展空间及宝贵的时间，这样的定位方式风险较小且易于成功。

如美国 20 世纪 60 年代出现的经济型汽车旅馆，这种旅馆对公众旅行提供了回到基本需要又可以节约用钱的选择，它不需要有会议室、宴会厅和娱乐设施，这对只想有一个舒适夜晚休息的消费者来说是满意的，这种细分市场的空当，首先被一些汽车旅馆发现了，它们很快获得了这类旅馆的领导权。

酒店通过避强定位，可以对竞争者的市场地位、顾客的实际需求和本酒店产品的属性等进行了充分的评估分析，发现竞争对手尚未顾及或忽略的市场空隙，组织自己的产品去满足那些市场上尚未得到满足或未被完全满足的需求，有利于在该市场上取得主导地位和建立竞争优势，并树立良好形象。

### 3. 补缺定位

指酒店利用竞争对手市场定位的偏差或疏漏对酒店目标市场进行定位。任何一家酒店在市场定位时都带有一定的倾向性，进行市场定位时要避免空泛性，纠正"面面俱到"的错误观念，找到竞争对手的"漏洞"。这就要求经营者必须了解市场竞争对手的主要定位方向，要熟悉客源市场的构成，能够分析潜在市场的变化及变化的趋势，从而掌握定位的灵活性，做到既能吸引不同类型的顾客，又主次分明。

一些富有创新精神和开发能力的酒店可以通过补缺定位，开拓新的市场领域，迅速占领细分市场。酒店成功实施补缺定位的关键，一是该空白市场有足够大的市场容量和发展前景，保证酒店在进入这样的市场后有盈利能力。二是酒店进入该市场后要迅速建立起自己的知名度和美誉度，稳固地占领市场。

### 4. 重新定位

顾客对于酒店及其产品的认识并非一成不变，即使酒店的定位曾经很准确，但是随着市场营销环境的不断变化和消费者需求的转移，酒店原先的定位可能会显得不合时宜，失去原有的定位基础和优势。如目标市场中的竞争对手推出新产品，定位于本酒店产品附近，侵占了本酒店产品的部分市场，致使本酒店产品的市场份额有所下降；或者顾客的喜好发生了变化，使得对本酒店产品的偏爱转移到竞争对手的某些产品上去。

在这种情况下，酒店可以及时调整自己的战略，重新定位，以使酒店的产品和服务能够满足变化了的营销环境和市场需求，在消费者心目中树立新的形象。酒店在做出定位调整或重新定位决策之前，应考虑以下一些因素：首先，酒店定位从一个目标市场转移到另一个目标市场需要多少费用；其次，酒店新的市场定位能够带来怎样的回报，重点要估计调整后的价格和销量。通过对收支的权衡比较，酒店可以决定新的定位是否适当，避免仓促调整，造成得不偿失的后果。

## （二）酒店市场定位的具体方法

### 1. 特色和利益定位

利用酒店产品的显著差异或者产品提供的重要利益使顾客体会到某定位。如酒店的"豪华气派""卫生和舒适"等，这种定位方法，酒店往往强调产品的一种属性，而这种属性常是竞争对手所没有顾及的。

### 2. 用途定位

酒店可以根据产品的不同用途，发觉同一个产品项目的多种用途并分析各自所适用的市场。如酒店大厅，既可以作为大型宴会、自助餐的场地，也可以被当成会议大厅接待各种会议，同时，还可以成为各种展示、展览的场所。用途定位可以使酒店根据产品不同的用途，在挑选出来的目标市场中，分别树立起不同的产品个性和形象。

### 3. 使用人定位

酒店将某些产品指引给适当的使用者或某个目标市场，以便根据这些使用者或目标市场的特点创建起这些产品恰当的形象。这是酒店常用的一种产品定位方式，即许多酒店针对当地居民"方便、经济、口味丰富"的用餐要求，开设集各地风味为一体的大排档餐厅，便是根据使用者对产品的需求而进行的定位。

### 4. 档次定位

这种定位方式是酒店将某一产品定位为其相类似的另一种类型产品的档次，以便使两者产生对比。例如，一些酒店将自己客房产品的档次设定为与某一家公众认可的酒店的客房档次相同，以求使顾客更易于接受他们的产品。

这种做法的另一个方面是为某一产品寻找一个参照物，在同等档次的条件下通过比较，以便突出该产品的某种特性。一些酒店推出的公寓客房，突出在与标准间同等档次的前提下具备的厨房设施，更加适合家庭旅游者使用，从而达到吸引家庭旅游者购买的目的。

### 5. 竞争者定位

酒店可针对特定竞争者，定位于与竞争直接有关的不同属性或利益。例如，酒店开设无烟餐厅，无烟意味着餐厅空气更加清新，这实际上等于间接地暗示顾客在普通餐厅中用餐，其他人吸烟会影响到自己的身体健康。

### 6. 质量/价格定位

价格与质量两者变化可以创造出产品的不同地位。在通常情况下，质量取决于产品的原材料或生产工艺及技术，而价格往往反映其定位，例如，人们常说的"优质优价""劣质低价"正是反映了这样的一种市场定位思路。酒店可以结合产品和服务的特色以及目标市场的消费特点，确定最合适自己的质量/价格组合，在市场上建立准确的定位。

## 三、酒店市场定位的创新思考 [①]

### （一）形象定位主题化

基于酒店产品的不可储存性、生产和销售的同步性，酒店形象的树立显得尤为重要。鲜明的形象有助于提高企业的市场知名度，增强对目标顾客的吸引力。纵观国外一些著名酒店集团，都拥有明确的目标市场和鲜明的经营管理特色，如 Shangri-La Hotels & Resorts（香格里拉国际酒店管理集团）以殷勤好客著称、Ritz-Carlton（里兹-卡尔顿）以全面质量管理闻名世界等。

酒店形象定位主题化指的是酒店以富有创意的主题作为切入点营造总体形象，围绕该主题化定位确定相应的功能定位与产品定位。目前酒店行业运用较多的有：模拟城市氛围的主题形象，模拟神话、传说的主题形象，模拟历史遗迹、自然风光的主题形象等。美国人则把酒店的主题化形象归纳为浪漫、野性、原始、前卫、经典回眸等几大类。主题化的形象定位在我国已经日渐发展并吸引了大量的关注，一时间形成热闹的"眼球经济"。例如，在总投资35亿元的世界休闲博览园内将建造中国第一座主题酒店——梦幻城堡就是典型的以神话传说作为酒店的主题化形象。一旦选择了酒店的形象主题，酒店的相应功能与产品也将会有对应性的设计与定位。主题定位在差异化经营的今天为酒店形象的塑造提供了极具价值的参考。

### （二）功能定位专业化

功能定位是酒店经营活动的重要依据，不同功能定位的酒店不论是在目标市场的选择上还是在装修风格、产品项目的提供上都有极大的差异性。例如，Club Med（地中海

---

① 中国旅游酒店定位的创新思考 [EB/OL].http://www.arting365.com/vision/discourse/2007-08-09/content.1186645013d160937.html

俱乐部）作为度假者的天堂闻名于世，其功能定位主要集中在为度假旅游者提供他们所需要的满意度假服务上。

专业化的功能定位是针对目前酒店市场上客源市场相互拉扯，彼此牵制，对主体功能定位混乱而提出的。从理论上讲，同一种功能定位的酒店是不可能凭借实现市场所有的现实与潜在需求来获取经济效益最大化的，实践操作也证明了这种"大而全"的功能定位要让步于"小而专"。其中，小指的就是专门的细分化市场，专指的是对细分化的市场通过提供专业的功能满足对象的最大价值从而实现酒店的经济效益、社会效益的最佳组合。伴随着酒店业的飞速发展，酒店的功能也在逐步完善与提高，不少新的功能应运而生。专业化的功能定位主要有两个内涵：一是功能调整专业化。度假型酒店、商务型酒店、会议型酒店因为酒店服务对象的大相径庭，其功能性配套设施和服务也有极大的差别。二是功能突破专业化，分时度假酒店，产权式酒店等多种酒店见证了酒店业的丰富多彩的形态扩张和业态繁荣，传统的功能定位必然要在新的宏观经济条件下做新的突破。例如，有的酒店突破传统提供住宿及配套功能的局限，挖掘酒店新的功能，使得酒店也成为融旅游、休闲、度假、娱乐于一体的功能综合体，广州番禺长隆夜间动物世界的度假酒店就是功能突破的典型。这种从单纯的住宿和休闲发展到主题与娱乐、休闲、消费互动，是当前倡导的所谓"体验经济"的集中体现。

### （三）产品定位特色化

酒店的产品是有形设施和无形服务的综合体，而有形设施主要是为无形服务顺利展开提供相应物质保障，旅游者通过酒店产品的消费获得的并不是酒店产品的所有权，而是入住期间由酒店的多重因素构筑并影响的整体体验和经历。非实体性的旅游产品因为在技术保密上不具有专利性，而产品提供主体又有一定的不稳定性，加大了酒店行业的产品在市场上获取并保持领先地位的难度。

酒店产品的定位就是通过产品的结构定位、档次定位、特征定位来实现酒店产品的特色，从而与酒店的功能定位相符合，并通过一定的对内、对外公关行为形成市场认可的主题化定位过程。产品的结构化定位是指酒店在对主导产品、支撑产品和辅助产品构建时应该各有侧重，发挥企业的资金、人力、信息等方面的优势，形成特色产品结构，通过主导产品强化企业品牌，提高市场竞争力，并且确保支撑产品和辅助产品的供给质量。产品档次定位是指在高档、中档、经济档甚至是超豪华档次的市场需求中根据定位的依据选择适当的产品档次，明确影响不同档次需求决策的系列因素，研发对应产品开发策略。特征定位则是一种市场高端定位策略，通过对市场特定群体的特定行为方式和偏好提供产品，形成特征上的鲜明个性。例如，无烟宾馆从装修到入住都坚决杜绝抽烟，女子宾馆也是从设计到装修再到服务，完全实行女性化的格调，甚至是建造海底宾馆以满足潜水一族的爱好，在技术上业已没有障碍。特色化的产品定位归根结底是一种依托于人文主义关怀的定位，特色是其定位的主要导向。

# 第四节　酒店营销渠道管理

　　酒店销售渠道是酒店为了将酒店产品转移到最终消费者手中而采取的各种直接或间接的方式，它并不是自然存在的，而是由酒店精心规划创建，用来给消费者提供方便、满足需求的。销售渠道缩短了酒店与消费者在空间上的距离，便于消费者购买；为消费者提供信息，使顾客了解酒店的产品和服务，并及时向消费者提供他们所需要的产品和服务。一家酒店的销售渠道主要取决于市场与酒店的空间距离、酒店产品特征、酒店规模等。销售渠道多，就更能方便顾客购买。

## 一、酒店渠道模式

### （一）间接销售渠道

　　间接销售渠道是指酒店自己并不直接销售产品，而是通过许多中间环节来完成销售，主要有以下几种表现形式。

**1. 旅游中间商或旅游代理商**

　　它包括旅游批发商和旅游零售商。二者的区别主要表现在业务经营上，但二者之间并无严格的界限，许多旅行社、旅游公司，既经营批发，又兼营零售。旅游批发商一般专门从事包团旅游和销售活动，他们通过与航空公司、邮轮公司、酒店的直接谈判，安排组织各种不同价格、时间和目的的包团旅游，再向旅游零售商或直接向旅客进行销售。

　　对酒店来说，旅游批发商是非常重要的销售渠道，他们将酒店的客房一次性地购买下来，还能与其他项目如交通、风景点等结合起来，形成特定的旅游产品，再直接或间接地销售。旅游零售商是直接面对旅游消费者的旅行社、旅游公司。它向旅游者（包括一般游客、公司或企业的公务行者以及由公司支付费用的奖励旅游参加者）提供咨询服务，为旅游者组织安排交通工具和吃、住、游等活动。对于酒店产品的销售来说，它们也同样起着很大的作用，酒店通过旅游中间商销售产品，需要支付一定的佣金。

**2. 酒店预订系统**

　　这是在很多地方设立分支机构，为委托其预订客房的酒店作预订工作的公司。它们受酒店委托，代表酒店向旅行代理商、大公司、大企业及其他需要酒店设施的客户进行推销和代理预订。除了很多独立的预订系统外，有些大酒店集团的预订系统，不仅为本集团中的成员提供服务，也为其他所有酒店提供预订服务，如希尔顿集团的预订系统，不仅为本集团中的成员提供服务，也为其他所有酒店提供预订服务。

**3. 酒店代理商**

　　这是一些专门替酒店进行推销并接受客人预订的中间商。它们同时充当许多酒店业务推销代理人的角色，为酒店提供经济而又有效的推销服务，作为委托酒店外地客源市场上的销售代理人，其主要职责是为酒店推销产品和服务以吸引顾客。

销售代理人同时为许多相互间不存在竞争的酒店提供服务，熟悉市场情况，具有完备的推销系统，通常还拥有经验丰富的推销员，他们与主要客源市场有着广泛而密切的联系，所以由酒店代理商经手推销的生意一般比酒店自己推销的生意要多。

酒店代理商替酒店推销和代办个人预订，要收取佣金和一定的手续费。酒店在利用代理商销售产品和服务时，酒店营销人员的职责，主要就是推动、诱导、指挥他们，为酒店争取更多的客源。

### 4. 旅游促销机构

它在促进酒店销售方面发挥着重要的作用。酒店应经常参加促销机构举办的会议和其他活动，通过与促销机构合作，以及与该机构其他成员（如航空公司、铁路公司、观光浏览器等）的相互帮助促销，来销售酒店的产品。

### 5. 会议促销机构

这是一种代理机构和销售组织，主要任务是为其代理的地区、城市招揽各种会议、研讨班，吸引会议旅游者，并为会议做好各方面的服务工作。有些会议促销机构属于市政府的一个部门，多数则是独立组织或是当地商会的一个部门，会议促销机构的经费主要来源于其成员的会费。会议促销机构的成员，是那些直接和间接可从会议和团体客人中获益的公司和企业，前者如酒店、汽车酒店、出租汽车公司以及向会议提供服务的公司等，后者如为酒店提供商品的供应商、公用事业公司、娱乐公司、观光旅游点等。在许多国家，会议旅游占据了全部旅游中相当大的部分，而会议促销在会议旅游方面发挥着不容忽视的作用。所以酒店业也很重视通过与会议促销机构的合作，来销售自己的产品和服务。

### 6. 交通运输公司

许多航空公司除了向客人提供交通运输服务外，还普遍以中间商的身份向客人介绍酒店，代酒店接受订房。其他一些交通运输公司，如汽车出租公司、铁路公司等，也可成为酒店的销售渠道中的一个成员。

### 7. 旅游协会、酒店协会

酒店通过加入这类协会，可以借助它们来推销酒店产品。比较重要的、有名气的是"世界一流酒店组织"，它由200多家豪华酒店组成，形成一个全球性的酒店促销与预订联合体，它不是酒店集团，不拥有也不经营任何酒店，但经营着一个促销与预订公司，为其遍及世界各地的成员提供服务。

## （二）直接销售渠道

随着全球因特网用户的增加，提供酒店预订服务的网站也迅速增多。酒店预订单中来自于第三方代理商的比例逐年增高，有些酒店已超过了50%，代理商（订房中心）渠道已成为酒店销售中的一个重要环节。中国酒店预订行业在经过了几年的飞速发展后，客户资源渐渐被少数几家具有实力的订房中心所垄断，成了预订行业的主导。但少数具有垄断性质的订房中心正利用他们手中的客户预订量优势对酒店进行施压，对酒店在佣金、定价等方面提出排他条件，甚至与具有公共服务性质的 114 查号台合作，强行拦截酒店预订客户。酒店的预订量在经过短暂的冲高后回落，还要向垄断型代理商支付高额的佣金，如此垄断的市场对酒店和中小代理商都造成了极大的损害，酒店在不经意间培养起来的垄断型代理商使自己不得不付出更多的销售成本，而对垄断型代理商的依赖则无形中给酒店自己的经营带来了巨大的风险。因此，越来越多的酒店已经意识到了渠道单一对酒店造成的危害，并开始努力改变这一现状。

直接销售渠道指酒店不通过任何中间环节，不需要任何中间商来帮助销售产品，而是主要依靠自己的力量，如酒店预订部、酒店销售部、酒店前台和酒店网站等。

### 1. 传统直销渠道

传统直销渠道指酒店通过前台、预订部和销售部等酒店自己的部门，依靠酒店的销售人员和力量直接向顾客销售产品。增加直销，可以提高酒店直接利益，降低中介销售成本，保证渠道多元化，减少对垄断代理商的依赖。

### 2. 网站直销渠道

建立自己的网站是酒店能够获得直接预订客户的渠道之一，电子商务在酒店更深层次的系统应用，包括 eBooking（电子预订单管理）、代理渠道管理、会员管理、佣金结算、适时房态、电子银行支付、信用担保以及网络促销等，若能充分利用电子商务系统的功能，酒店将会大大提高预订单处理效率，降低预订成本，并可充分建立自己的多种渠道，加强直销，加强资源共享，彻底摆脱对垄断型代理商的依赖。

## 二、酒店渠道管理

### （一）酒店渠道激励

为了更好地实现酒店与渠道成员之间的合作，完成酒店的销售目标，酒店还需采取多种方式实现对渠道成员的激励，调动渠道成员的销售热情和积极性，巩固和改善与它们之间的关系。

激励可以通过奖惩结合的方式进行，一方面通过较大的折扣、佣金、合作促销等方法来奖励业绩良好的渠道成员；另一方面，通过减少折扣和佣金甚至终止合同来惩罚那些没有帮助酒店完成销售目标的渠道成员。

酒店还可通过努力谋求与渠道成员建立长期的业务合作伙伴关系来实施激励，在提出对渠道成员的要求的基础上，也在销售区域、市场开发、产品供应、咨询和促销等方面向它们提供帮助，并根据业务完成情况来确定报酬。

精心设计的纵向联合销售体系也是激励方式之一，结合酒店和渠道成员的需要，制订销售计划，并协助渠道成员搞好酒店产品的销售工作。这种方法让渠道成员认为自己是酒店销售渠道体系中的成员，应和酒店一起努力销售，从中获利，这种方式有助于减少渠道中酒店和中间商的利益冲突。

### （二）酒店渠道评估

酒店需要定期评估渠道成员的表现，根据其从事酒店产品销售的能力、条件、销量及销售费用等，确定渠道成员的业绩优劣。表现良好的渠道成员可作为酒店与之合作的重点，表现不尽如人意的可考虑中止与其的合作关系。

### （三）酒店渠道调整

酒店根据渠道成员的具体表现、市场变化和酒店目标的改变，适时地对渠道进行调整。调整的方式包括：增减中间商数目；增减销售渠道；或者对整个销售渠道进行调整。

对于缺乏销售积极性，经营管理不善、难以合作的中间商，必要时酒店可中断与其的合作关系；为了满足开拓市场的需要，酒店又可根据选择标准，在中间商愿意合作的基础上选定新的中间商。

如果某条销售渠道不理想，酒店可以在全部目标市场或某个细分市场取消这种类型的销售渠道，另外增设其他渠道；当酒店推出新产品时，若原有渠道无法满足需求，可增加新的渠道做好新产品的销售和推广工作。

有时由于市场情况发生较大变化，原有销售渠道的局部调整已经难以适应，需要对销售渠道全面调整，重新设计，选择新的销售渠道结构模式。

# 第五节　酒店主要促销方式

## 一、酒店促销沟通模式

酒店促销是指酒店把产品和服务向目标市场及对目标市场的消费行为具有影响的群体进行宣传、说服、诱导、唤起需求并最终促使其采取购买行为的活动。

酒店促销具有明确的目标，作为市场营销组合中的一个要素，促销可以有效激发需求，使潜在动机转化为实际购买；促销可以唤起需求，增加购买频率和购买数量；促销可以树立形象，强化公众对于酒店企业的正面态度，形成积极的信念。

酒店促销的主要任务是传递酒店组织的行为、理念、形象以及组织提供的产品和服务的信息。酒店的产品和服务要顺利地进入市场为消费者所接受，必须主动及时地向消费者提供信息，开展宣传活动，与消费者进行双向沟通，使更多的消费者能够认知产品和服务，也使酒店更好地满足消费者需求。

所以，酒店需要和消费者进行有效的信息沟通，沟通模式如图6-4所示。作为信息的发出者，酒店要力图通知、说服和提醒目标消费者，促使其产生购买行为；对于接收者，酒店要开发出合适的沟通信息，寻找沟通的有效渠道和机会，提高沟通的效果。信息是酒店想要传达并希望接收者了解的东西，酒店将信息传递给消费者，必须借助于一定的方式将信息转换成一系列的文字、图形、声音和色彩，以使接收者正确理解，也就是编码过程。同时还要选择合适的媒体渠道，如各种大众媒介。当消费者接收到促销信息时，需要解释其真正含义并加以正确理解，即解码过程。为避免错误的信息沟通，酒店要设法促进消费者对于信息的准确理解和把握。在信息传递过程中有各种噪声的存在，如来自竞争对手的信息、其他无关信息等，由于噪声的存在，发出后接收者所感知到的信息是不一样的。接收者接收到信息后会产生反应，并反馈给发送者。这些口头或非口头的反馈最终以促销活动对销售的影响表现出来。

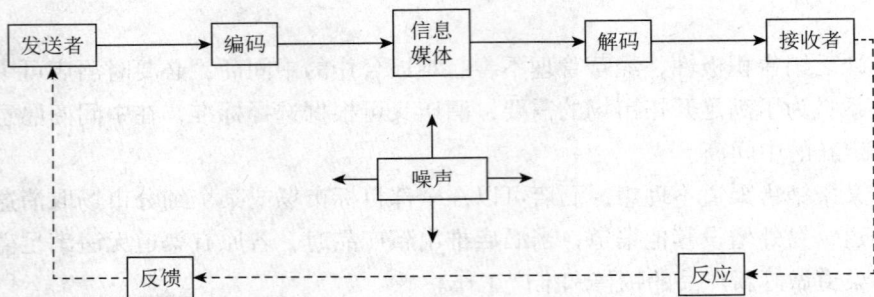

图 6-4　酒店促销沟通模式

# 二、酒店常用促销工具

## （一）广告

广告是酒店以付费的方式，通过各种媒体对酒店产品和服务进行的非人员方式的促销，具有公众性、渗透面广、表现力强的优势，对于介绍酒店产品、刺激消费需求、传递相关信息具有重要意义。同时，广告也是酒店进行市场渗透的主要武器，因为广告与消费者的接触频繁，能在扩大销售方面发挥巨大作用。另外，广告也是酒店树立企业与品牌形象的重要途径，有利于宣传酒店的企业文化会，提高企业及产品的知名度和美誉度，形成市场忠诚。酒店广告管理活动包括制定广告目标、确立广告预算、设计广告信息、选择广告媒体、进行广告评估等具体内容。

## （二）营业推广

营业推广是酒店在特定目标市场上，为迅速起到刺激需求作用而采取的促销措施的总称，它对于在短期内争取顾客扩大购买具有特殊的作用。随着市场竞争的激烈程度加剧，由于营业推广的短期效应较为明显，成为酒店增加短期销售的主要手段；而且因为酒店产品的差异性并不是十分明显，而数量和种类又较多，更使得营业推广成为推动购买行为的主要刺激因素。营业推广可以面向消费者，目的是鼓励消费者增加购买；也可以面向中间商和推销队伍，目的是激发他们的工作热情和工作效率。

尽管营业推广为购买者提供了特殊的购买机会和有吸引力的购买理由，但是使用频率不宜过于频繁；否则，会引起消费者的逆反心理。而且，营业推广的影响常常是短期的，对于建立品牌偏好和品牌忠诚的作用并不明显。此外，营业推广也需和其他促销手段结合在一起才能创造有效的协同作用。酒店在制订营业推广方案时，需要从以下几个方面进行考虑：营业推广的费用、时间、总预算以及参加者的条件。

### （三）公共关系

公共关系是指这样一些活动：争取对酒店有利的宣传报道，帮助酒店与有关各界公众建立和保持良好关系，树立和保持良好的企业形象，以及消除和处理对酒店不利的谣言、传说和事件。公共关系具有高度可信、缺少戒心和戏剧化表现的优势，而且，和广告和营业推广相比，其成本也相对较低。酒店常常采用的公共关系工具包括新闻发布、公益活动和发行公开出版物等。

酒店公共关系活动的实施包括确立公关目标、选择公关信息和工具、实施公共关系计划和公关效果评价等内容。

### （四）人员推销

人员推销是酒店通过推销人员直接向顾客进行推销，说服顾客购买酒店产品和服务的一种促销方式。和其他促销手段相比，人员推销具有明确的目标顾客，所以灵活性强，可以随时根据目标顾客的特点和反应调整推销策略。在和顾客的直接接触中，推销人员可以和顾客进行双向沟通，有利于酒店了解市场，提高决策水平。人员推销还可现场提供咨询解答服务，对于顾客疑虑可以当场解决，减少了顾客购买的后顾之忧。作为人际沟通方式，人员推销易于和顾客联络感情，建立信任和理解，发展长期合作关系，为长期交易奠定基础。

人员推销的主要任务是寻找客户、传递信息、销售客房和提供服务，对于很多酒店来说，人员推销都是不可缺少的促销工具，因此，酒店要从推销人员的选拔、培训、报酬和激励等方面加强对人员推销的管理。

## 三、酒店新型促销手段

### （一）展示式促销

除了依靠传统的广告和公共关系等方式对酒店产品进行宣传之外，因为酒店产品所具备的服务性产品的特征，酒店还可以从其他方面来增强宣传的效果。如酒店可以增加对产品和服务的有形展示，这是弥补无形产品"无形性"的一个有效渠道。例如，在餐厅里做一个贵重原材料的陈列窗，把一些海鲜、干货、新品等陈列其中，配上简短的介绍，让客人了解这些知识。也可以把一些半成品装盘，做成盘菜或刺身摆在柜台上，供客人观赏，以便引起客人的消费欲望。另外，还可进行生产制作的展示，例如，客前烹制，即在客人当面做菜，让客人眼见为实，厨房明档也属于一种展示宣传。其他的方式，如图片、模型等，要么用于有形展示，要么用来烘托气氛，都是有效的宣传手段和方式。

### （二）奖励式促销

酒店通过奖励的手段和方法，让顾客得到额外的利益，增加和提高顾客的享受价值，提升顾客的满意度。酒店可以通过抽奖、摇奖、积分等方式向顾客提供奖品，如奖券、奖金、奖品，又如消费券、优惠卡、礼品券、旅游券、果盘、鲜花、蛋糕、酒水、日用品等，这些都可以刺激顾客消费，鼓励顾客购买。

### （三）参与式促销

酒店通过设计情调、增加体验、前卫消费，以酒店服务为舞台，以酒店产品为道具，以顾客为中心，创造能够使顾客参与，值得顾客回忆的活动，让顾客在参与活动的过程中得到一种前所未有的体验，从而对酒店留下深刻的印象。顾客在参与过程中，才会把他们的需求充分地表现出来，这样可以帮助酒店获取有价值的信息，有利于营销手段和方式的设计。

### （四）效应式促销

名人、明星是消费者乃至整个社会都关注的群体，他们所具备的参照群体效应，往往使得很多的消费者愿意对他们的购买选择进行模仿和复制，通过和他们一样的购买行为，来满足向往接近他们的心理需求。效应式营销就是通过名人、名流和明星达到提升和扩大酒店知名度、提高美誉度的目的。酒店要善于利用机会，借用有利形势，积累名人资源和名人效应，达到市场推广的目的。

## 【本章小结】

1.消费决策过程包括认识需求、搜集信息、评价方案和消费决定。酒店消费者主要包括旅游消费者、从事公务或商务的消费者、结婚或探亲的消费者等。针对不同的酒店消费者，要适用不同的消费对策，同时要通过影响顾客消费习惯、利用感觉系统多种方式来招徕顾客。

2.酒店市场环境包括宏观市场环境和微观市场环境。宏观市场环境主要包括人口环境、经济环境、社会文化环境、政治法律环境、科学技术环境和生态自然环境；微观市场环境主要包括供应商、中介机构、顾客、竞争者和公众。

3.酒店市场定位的基本步骤主要包括进行酒店市场细分、确定酒店目标市场、实施酒店市场定位，迎头定位、避强定位、补缺定位、重新定位是酒店进行市场定位时的常用战略，在具体定位中可运用特色和利益定位、用途定位、使用人定位、档次定位、竞争者定位、质量/价格定位等多种定位方式。

4.酒店销售渠道主要包括间接和直接销售渠道，酒店间接销售渠道主要包括旅游中间商或旅游代理商、酒店预订系统、酒店代理商、旅游促销机构、会议促销机构、交通运输公司、旅游协会、酒店协会；酒店直接销售渠道主要包括传统直销渠道和网站直销渠道。

5.广告、营业推广、公共关系、人员推销是酒店常用促销工具，酒店常用促销手段包括展示式促销、奖励式促销、参与式促销和效应式促销。

## 【案例分析】

### 欲与 OTA 抢客，华住推出酒店移动端最低价 [①]

酒店与 OTA 等分销平台的矛盾由来已久，为提高客户黏性，各类酒店纷纷加码直销业务。2016 年 11 月 14 日，华住宣布全面发起"手机订房低价保证"活动，并承诺"差价双倍赔付"，以确保会员通过官方 App 和微信预订华住旗下酒店将获得最优的价格。华住方面表示，此举是为更好地保障会员权益，而这也是国内酒店集团首次推出类似的差价赔付承诺。

华住方面明确指出，旗下直销体系的"官方渠道价格最优"。据介绍，即日起，华住会员通过官方 App 和微信预订并入住华住酒店集团旗下禧玥、漫心、全季、星程、汉庭、怡莱和海友酒店后，若发现携程等主流 OTA 所售的同等预订条件下的酒店订单价格更低，即可提起申诉，申诉成功后将获得双倍差价补偿。

目前，华住已与携程等主流 OTA 签订价格保证协议，以保证其平台上所售华住旗下酒店的客房价格不低于华住官方渠道。华住还称，不排除官方 App 和微信预订的价格比 OTA 更低的可能性。

有业内人士指出，此次承诺也是华住对消费者的一次绑定尝试。据了解，由于 OTA 之间的互相竞争，对酒店压价的情况普遍存在，导致酒店利润空间紧缩，甚至出现酒店在单个房间获利低于 OTA 获利的情况。2015 年时，华住曾经以违规促销为由，下架了在去哪儿、艺龙、携程三家平台上的产品。2014 年时，华住、如家、锦江之星也曾集体向 OTA 施压，要求停止 OTA 的返现活动。

华住酒店集团董事长季琦曾提出酒店与 OTA 合作共荣需要建立的三个底线：永远坚持酒店中央渠道最低价；自有会员最惠，保持核心竞争力；酒店 App 最便利，提供 OTA 之外情景的服务。从此次承诺来看，华住也确实在坚持这三个底线。

"目前，市场中 OTA 的占比很高，酒店不得不与他们合作，这也导致 OTA 企业的

---

① http://www.bbtnews.com.cn/2016/1114/168937.shtml

话语权越来越重。但 OTA 的竞争对酒店压价很厉害。"酒店产权网创始人 Galen Moore 表示，"很多酒店都在尝试对消费者的绑定。华住原本就有预订系统，建立自己的预订系统才是最大的保证。"对于酒店直销的现状，Galen Moore 也指出，目前酒店直销的黏性仍然不足。"但黏性仍有机会被培养，如果华住在未来某一天开放了对外接口，允许非华住品牌进入直销平台，那么效果可能就不一样了。"

根据上述案例，并结合相关知识，思考酒店与 OTA 争夺客源的原因。

# 第 ⑦ 章

## 酒店资源管理

【学习目标】

学习本章后，你应该能够：

1. 熟练掌握酒店财务管理、人力资源管理的概念；
2. 理解酒店物资管理的内容及物资采购、验收、仓储的基本流程；
3. 了解酒店物业管理的基本环节和内容；
4. 基本熟悉酒店资源管理的重点及主要内容。

【章前引例】

　　新形势下，酒店行业面临着前所未有的挑战，同时也面临着前所未有的发展机遇，时代在发展，学习、创新、转型势在必行。目前业内盛传的酒店奇迹——广州美林湖温泉大酒店，在经营、服务、管理等方面打造自己的特色，实现了利润的持续增长，创造了一个又一个的业界奇迹。其经营的亮点有以下几点：

　　1. 品牌经营、服务取胜是美林基业温泉酒店管理有限公司董事长姜忠平先生的经营战略，他始终坚持"以德治企、严管厚爱"的管理理念并高度重视顾客满意度与员工满意度。他通过13年的努力打造亲情服务体系，并创造营业收入连续13年稳定增长的传奇。

　　2. 创新是美林湖市场营销的一把"利剑"。面对严峻的市场环境，美林湖通过一系列的变革创新，突破了酒店发展中因循守旧的营销管理模式，开创了美林湖别具一格的全新营销模式，在经济滑坡、业界普遍业绩不佳的大环境下，美林湖创下了GOP增长58.35%和散客量增长69.49%的奇迹。

　　3. 服务营销让美林湖从一个籍籍无名的酒店成了"广东最受顾客喜爱的温泉度假

酒店"，同时也为酒店带来了非常不错的业绩和口碑，酒店知名度和美誉度得到大幅提升。

4. 产品创新——美林湖"狮子星宝贝乐园"开创了国内酒店业儿童全托管服务的先河，被酒店同行视为"行业楷模"，受到业内众多同行的追捧。

5. 组建专项接待服务小组，践行"微尘不微、凡事不凡；极致体验，完美呈现"的服务理念，全面提升酒店服务质量，提高顾客满意度。组建个性化、定制化服务小组，结合用心做事机制，为客人创造惊喜，提供超出客人期望的服务，获得良好的口碑。

6. 创新绩效考核，将酒店效益与员工收入紧密地、刚性地黏合起来，取得了酒店与员工双丰收的大好态势。

7. "美林论坛"的设立，全面提升员工服务技能水平以及科学知识水平，帮助员工与酒店共同成长。

8. 美林湖通过开创全新的采购模式以及科学的节能降耗举措，单月即实现采购成本下降 23.8%，能耗成本下降 22.1%，大大提升了酒店的效益。

美林湖成功的经营之道是酒店行业学习的榜样，为酒店行业起到了良好的示范作用。

# 第一节　酒店财务管理

## 一、酒店财务管理概述

### （一）酒店财务管理的概念

财务管理是企业组织财务活动、处理财务关系的一项综合性管理工作，是企业管理的重要组成部分。对于一个酒店来说也是如此，酒店财务管理是酒店各项管理工作的核心。首先，酒店财务管理为酒店经营筹集资金，为各项工作的开展奠定资金基础；其次，酒店财务管理注重合理利用资金，以提升酒店各项管理工作的效率；再次，酒店财务管理研究并规划投资，合理确定酒店经营规模，充分利用酒店闲置资金，提高资金使用效果；最后，酒店财务管理注重酒店的收益分配管理，是酒店各项管理工作的成果及经营效益的最终体现[①]。

---

① 马桂顺. 酒店财务管理 [M]. 北京：清华大学出版社，2005.

### （二）酒店财务管理的目标

酒店财务管理目标是在特定的理财环境中，通过组织财务活动，处理财务关系所要达到的目的。现阶段，酒店财务管理目标主要有以下三点。

#### 1. 利润最大化

利润最大化就是追求酒店利润的最大化。利润代表酒店的新创财富，利润的高低体现了酒店竞争力的强弱。酒店追求利润最大化存在以下缺点：没有考虑货币的时间价值；没有反映创造的利润与投入的资本之间的关系；没有考虑风险因素，在追求高利润的同时也可能会带来高风险；可能会导致酒店的短期行为，即只顾酒店的当前利益最大化，而忽略酒店的长远利益。

#### 2. 每股收益最大化

每股利益最大化反映了资本与所获得的利润之间的关系，但其缺点也十分明显，主要有：没有考虑每股收益发生的时间性；没有考虑每股收益的风险。利润最大化和每股收益最大化都没有考虑货币的时间价值和风险。

#### 3. 股东财富最大化

股东财富最大化也称企业价值最大化，是指通过财务上的合理经营，为股东带来更多的财富。股票市场价值的计算公式如下：股票市场价值＝股票数量 × 股票价格。由公式可知，在股票数量一定的前提下，股票价格达到最高时，股票市场价值最大。股东财富最大化目标有以下优点：考虑了货币的时间价值；考虑了投资的风险价值；有利于克服公司的短期行为；有利于社会资源的合理配置。这几个优点是股东财富最大化与利润最大化、每股收益最大化相比较明显的优势。但它也存在一定的缺点：它只强调股东的利益，忽视了酒店其他关系人的利益；股票价格受多种因素影响，这些因素并非都是酒店所能控制的，把不属于酒店方面的原因引入理财目标有失合理性。

### （三）酒店财务管理的环境

酒店财务管理环境也称酒店理财环境，是影响酒店财务活动、财务关系和财务管理的各种因素的总和。研究酒店财务管理环境，有助于增强酒店财务管理对环境的适应能力，实现财务管理目标，提升财务管理效率。其主要包括宏观环境和微观环境两大方面，其中宏观环境包括经济环境、法律环境、政治环境三个方面，微观环境包括酒店组织形式、酒店财务管理组织机构、酒店经营管理水平等。

#### 1. 宏观环境

（1）经济环境。酒店财务管理的经济环境是指对酒店财务管理产生影响的一系列经济因素，主要包括经济周期、通货膨胀、政府经济政策、市场竞争等。

①经济周期。处于不同经济周期的酒店，其财务活动、财务分析和财务管理也是不同的。经济的周期性波动对酒店的财务管理影响重大。所以，当面临经济的周期性波动时，相关的财务管理人员必须及时预测经济变化的情况，对经济政策做出适时的调整。

②通货膨胀。通货膨胀是一种比较常见的经济现象。它使酒店资金占用量明显增加，资金需求迅速膨胀，还使酒店资金的供需矛盾变得越来越突出，从而造成酒店应收账款相应增加等。在通货膨胀条件下，酒店的资金来源受到多方面限制，致使资金供给持续发生短缺，同时物价上涨也导致利息率升高，因而增加了酒店的资金成本，并且酒店的筹资、投资决策也受其影响。

③政府经济政策。政府的经济政策包括财政政策、税收政策、金融政策等，其对酒店的成本、税收、利润和现金流量等具有重大影响。酒店财务管理人员应认真学习政府制定的经济政策，研究经济政策对酒店财务管理可能产生的影响。当经济政策发生变化时，能够及时地在酒店财务管理方面做出相应的调整。

④市场竞争。酒店财务管理的行为选择在很大程度上取决于酒店所处的市场环境。市场环境通常包括完全垄断市场、完全竞争市场、不完全竞争市场和寡头市场四种。酒店的经营者应确保资金的保值和增值，市场经济充满竞争，竞争的激烈程度直接影响到酒店的财务管理工作。竞争越激烈，对财务管理的要求越高，财务管理人员必须履行自己的职能，从进货渠道、产品质量、产品开发、定价方法、销售渠道、公共关系、服务态度等方面做出相应的调整，使酒店更好地参与竞争。

（2）法律环境。财务管理的法律环境是指企业发生经济关系时所应遵守的各种法律、法规和制度。市场经济是一种法治经济。法律为酒店经营提供了限制的空间，但同时也为酒店在相应空间内的自由经营提供了法律保障，如证券法、金融法、证券交易法、经济合同法、企业财务制度、税法等，这些法规可以从不同方面规范或制约酒店的筹资活动、投资活动以及收益分配等。这就要求酒店必须按照法律的规定进行财务管理，不断增强财务管理的科学性和合理性。

（3）政治环境。酒店在发展过程中，政治的稳定性是重要的考虑因素。不稳定的政治环境会扩大酒店经营的风险，对资本的引进和利润的获取都造成很大的影响。

政治以经济为基础，并为经济服务。政治环境对酒店的影响，一方面体现在政府对酒店发展的管理上，规范政府行为，明确政府管理的权限和管理程序，防止因政府官员个人决策的失误对酒店发展产生影响；另一方面体现在国家政治局势的稳定，它能极大地吸引国外旅游者，开拓本国市场，为本国旅游业的发展创造安全良好的氛围，从而促进酒店内部各项工作的全面发展。

**2. 微观环境**

（1）酒店组织形式。酒店的组织形式有独资、合伙等，不论哪一种组织形式都有其特定的税收环境、法律环境、产业政策环境等。不同的组织形式，其财务管理的内容和侧重点也必然有所不同。

（2）财务管理组织机构。良好的财务管理组织机构必须有良好的管理体制和高素质的人员。就管理体制而言，各级人员必须明确自身职责，分部门要各司其职，各尽所能。财务管理部门要明确酒店与投资者的财务关系，与其他部门积极合作，全面提高酒店财务管理工作质量，确保酒店整体目标的实现。酒店员工要努力学习，着力提高自己的实际工作能力，巩固自身专业知识，全面提升个人素质，为酒店的飞速发展奠定良好的人才基础。

（3）酒店经营管理水平。各个酒店的生产状况和经营管理水平是不同的。经营管理水平的高低可由酒店内部的成本、费用、利润等反映出来，成本管理和目标利润的预测是财务管理的重要内容。因此，财务管理对于生产状况和经营管理水平有很大的影响。此外，生产状况和经营管理水平对财务管理也有影响。两者相辅相成，互相影响。酒店经营管理水平越高，其整体效益也就越高，在同行市场中的竞争力也就越大。

## 二、酒店财务管理内容

酒店财务管理的内容就是要在资金的流转过程中适时保障经营所需的资金、充分利用资金创造最大收益，并将酒店创造的收益进行合理分配。主要包括筹资决策、投资决策、资本营运管理和股利分配决策等内容。

### （一）筹资管理

任何一个企业从事生产经营活动都必须从筹资开始，酒店也不例外。筹资是指酒店根据生产经营、对外投资及调整资金结构的需要，通过一定的渠道、采取适当的方式获取所需资金的一种行为。只有拥有一定数量的资金，企业才能购买劳动资料和劳动对象，从而支付员工薪金以及其他费用。

酒店筹资主要有两种方式：内部筹资和外部筹资。内部筹资是酒店通过折旧和利润留存而形成的。外部筹资是酒店通过吸收直接投资、发行股票、发行债券、银行贷款等方式筹集资金而形成的。通常情况下，酒店会优先考虑内部筹资，在内部筹资不足的情况下，酒店会采取外部筹资的方式以确保酒店的顺利发展。

酒店在确定好筹资方式之后，还需综合考虑酒店权益资本与负债的比例、筹资成本及风险等方面。筹资决策的核心部分是确定酒店的资本结构，资本结构中的长期债务资本以及权益资本均属酒店的长期资本，在未来一定时期内其比例关系相对稳定，对酒店未来的发展具有重要的、长期的、战略意义的影响。因此，资本结构决策对酒店准确筹资来说至关重要。筹资因素的复杂性要求酒店财务管理人员要结合酒店自身特点，合理安排酒店的资金来源，优化酒店的资本结构，从而降低筹资成本和风险，做出合理的决策。

### （二）投资管理

酒店筹资的目的就是使用，资金只有在使用中才能实现其价值的最大化。因此投资方向的选择、投资时机的确定、投资目标的确定以及投资风险的预测是投资决策的重要内容。

投资是酒店为了获取经济资源的增值而将其货币投放于各种资产形态上的经济行为。酒店投资包括固定资产投资、流动资产投资、证券投资和其他企业的投资。酒店在进行投资时，要综合考虑投资的各种因素，进行深入的可行性分析，以确保投资的科学性、合理性。

确定酒店资产的结构是酒店进行投资决策首先要考虑的因素，酒店的盈利能力以及投资风险程度受酒店资产结构的影响较大。因此，酒店的投资结构应该是能够获得最大经济价值的资产结构，要么在既定风险下带来最大收益，要么是在既定收益水平下承担最小的风险。收益与风险的正比关系，是每一个酒店在进行投资决策时都应考虑的基本因素。正确把握投资的风险与收益的关系，选择最佳的投资方案，从而使资本价值最大化。

### （三）资金营运管理

在做好酒店的筹资和投资管理之后，最重要的就是酒店的日常资金营运管理。合理控制酒店资金的流量，对资金的流入与流出做好相关记录，对于一个酒店的正常财务运转来说至关重要。

酒店资金营运的管理主要包括成本费用管理、固定资产管理及流动资产管理等方面。成本费用是酒店在经营过程中的资金消耗，合理降低酒店运营成本，对酒店利润最大化来说具有重要意义。酒店的成本费用包括主营业务成本、销售费用、管理费用、财务费用四大部分。酒店在进行成本费用管理时，首先要明确成本费用的预期目标，从而确定费用支出方向，保证财务用之有道。高水平的成本费用管理是增加酒店收入的重要途径，因此，酒店要进行全方位、全过程的综合管理，合理控制部门的财务消耗。

酒店的固定资产在总资产中占有很高比例，一般在60%~70%，财务管理人员要深入了解固定资产的数量，合理计提固定资产折旧，加强固定资产的日常管理，深入挖掘固定资产的内在潜力，提高固定资产使用效率。酒店的流动资产好比酒店的血液，在不断地由货币资金到货币资金的循环周转过程中，酒店资金实现了增值。因此，酒店要加速流动资金的循环周转，加强对流动资金的管理，不断扩大酒店的营业收入，提升酒店整体效益。

### （四）股利分配管理

酒店所有经营活动的最终目的就是盈利最大化。在获取一定数量的利润之后，科学合理的股利分配对于酒店的内部稳定来说尤为关键。股利分配管理是确定酒店当年实现的税后净利在股东股利和酒店留存收益之间的分配比例，即制定酒店的股利政策。

按照国家有关规定，企业获得利润并向国家缴纳企业所得税，剩余部分就形成了企业的净利润。对于酒店来说，净利润要在酒店、员工以及投资者之间进行合理分配。酒店要提取法定盈余公积金，用于弥补亏损和转赠资本；同时要提取法定公益金，用于员工奖励和福利；其余利润进行投资者的收益分配或暂时留存企业作为投资者的追加投资。综上构成了酒店利润及其分配的管理。因此酒店要努力做好利润管理以及酒店管理分配管理，营造和谐稳定的酒店财务管理环境，正确处理当前利益与长远利益的关系，实现酒店财务管理的目标，增强酒店的核心竞争力。

# 第二节　酒店人力资源管理

## 一、酒店人力资源管理概述

### （一）酒店人力资源管理的概念

人力资源，广义上指智力正常的人；狭义上指在一定范围内为人类社会创作物质财富或精神财富，具有体力劳动或脑力劳动的人员的总和。科学合理地开发和管理人力资源，是一个企业蓬勃发展的关键要素。对于一个酒店而言，由于其属于劳动密集型的企业，只有拥有一批高素质、积极向上的员工，才能为酒店提供优质的服务，从而创造良好的经济效益，使酒店在激烈的市场竞争中立于不败之地。因此，酒店人力资源管理是酒店经营管理成功的重要保障。

酒店人力资源管理是指科学地运用现代管理学、社会学、人才学、心理学等知识，对酒店的人力资源进行有效的规划、开发和利用，充分调动员工的积极性和创造性，以实现其最大价值和酒店管理最终目标的全面管理活动和过程[①]。

### （二）酒店人力资源管理的特点

酒店人力资源管理是包括传统的人事行政管理、员工的激励与管理和潜能开发利用的一种全面管理。它具有以下特点：

#### 1. 科学性

酒店人力资源管理是一项复杂的、综合性的系统工程，需要制定一整套标准化、程序化、制度化和定量化的人力资源管理系统，从而实现科学化管理。

#### 2. 全员性

酒店人力资源管理上至总经理、下至一线普通员工，不仅包括酒店人力资源部门对每一位员工的管理，而且包括酒店上级领导对下级员工的管理以及员工的自我管理，是全体人员的任务。酒店要把每一位员工都看成是宝贵的资源，都要有长短期的人力资源培养开发规划，以达到胜任本职工作和提高素质的目的。

#### 3. 动态性

管理者不仅要根据酒店的整体目标选拔合适人才，对酒店员工的录用、培训、考核、奖惩、晋升和退职等全过程进行管理，更要注重员工工作过程中动态的管理，即重

---

① 贺友桂，李明飞.酒店管理理论、方法与案例 [M].北京：中国经济出版社，2014.

视员工的心理需求，了解员工的情绪变动和思想动态，并采取相应措施调动员工的工作积极性，使全体员工充分发挥出潜在的各项能力。

### 4. 系统性

酒店人力资源管理是一项系统工程，由录用系统、培训系统、使用系统、考核系统、奖惩系统、离退系统等组成，其中的各个子系统都围绕着总系统的目标进行运转。

### 5. 全面性

酒店人力资源管理不仅包括根据酒店的整体目标为酒店提供和选拔合适人才等人事管理的职能，而且还包括如何创造一个良好的工作环境，调动员工的工作积极性，指导员工工作，改善员工的工作环境和生活条件，挖掘员工潜能等。

## （三）酒店人力资源管理的原则

### 1. 任人唯贤原则

任人唯贤就是选拔和重用德才兼备、贡献突出的优秀员工。这样才能达成酒店管理的目标，实现酒店的长久发展。

### 2. 公平公正原则

在酒店人力资源管理过程中，要始终坚持公平公正的原则。根据员工的工作能力、工作业绩等进行考核，作为员工奖惩的重要依据，坚决抵制"大锅饭"的现象。

### 3. 按劳分配原则

"多劳多得、少劳少得、不劳不得"的分配原则适用于任何行业，对于酒店来说也是如此，员工的薪酬制度是与其所承担工作的复杂程度、难易程度、重要程度以及时间长度紧密相关的。

### 4. 结构优化原则

酒店在进行员工配置时，要充分重视员工的个人优势，在设置工作岗位时，合理安排人才、实现优势互补和结构优化，避免人才的浪费。

### 5. 适当激励原则

从心理学的角度来看，经常受到赞美和鼓励的人，其自信心、积极性和创造性要高于常人。所以，在酒店管理过程中，适当对员工的工作给予物质和精神上的激励至关重要。这样，才能使其个人价值得到充分发挥。

## （四）酒店人力资源管理的目标

### 1. 建立一支高素质的员工队伍

酒店要想实现生存与发展，在激烈的竞争中立于不败之地，需要有一批优秀的、高素质的并能符合酒店生存发展需要的员工，从而为酒店的服务和管理奠定良好的人才基础。

### 2. 充分调动员工的积极性和参与性

酒店领导以及人力资源管理人员，通过采取适当的措施对酒店内部员工进行奖赏和激励，充分挖掘员工的个人特长，最大限度地调动员工的积极性和参与性，为酒店创造更多的经济效益。

### 3. 形成最优的劳动组织

对于任何一个企业来说，实现人力资源的良好组合，建立最优的劳工组织，就能产生"1+1>2"的效果。酒店管理人员根据酒店组织的目标，科学合理地设置岗位，明确岗位职责，制定相应的工作制度，使员工能够各司其职、各尽所能，在工作中全面展现自己的优点。

### 4. 创造良好的工作环境

良好的工作环境能够调动员工工作的积极性和创造性，为酒店树立良好的精神风貌。相关心理研究发现，最大限度地满足员工的合理需求，并辅以科学合理的管理方法，就可以促使酒店中形成和谐良好的人际关系，形成良好的酒店文化环境。

## 二、酒店人力资源管理内容

### （一）酒店人力资源规划

#### 1. 酒店人力资源规划的概念

酒店人力资源计划是指根据酒店的发展战略、目标和内外部环境的变化，为满足酒店对人力资源在数量和质量的需要，制定一系列的人力资源策略和措施，以平衡酒店人力资源供需的过程。

#### 2. 酒店人力资源规划的分类

（1）按时间长短，酒店人力资源规划可以分为近期规划、中期规划和长期规划。

①近期规划。一般为6个月到1年，是指季度、年度人力资源规划，主要关注酒店一年内的人力资源引进、保留、提高和溢出环节，以配合实现年度组织目标。为了得到足够的反馈和更正确的执行，许多大的酒店一般在当年的7月就开始启动制订明年的人力资源计划，一般在当年的10月份完成制订任务，剩下两个月时间沟通，以利于该人力资源计划的实施。

②中期规划。一般在1~3年。这种计划较多地考虑微观影响因素，主要是为了达到酒店的战术目标而制订的人力资源计划，如人员补充规划、人员分配规划、人员接替和提升规划以及工资激励规划等。

③长期规划。一般为3年以上，也称战略人力资源规划，具有全局性和长远性的特点。这种计划较多地考虑宏观影响因素，与酒店战略目标能实现较好的衔接。长期规划制订时间并不固定，往往在确定了酒店的战略目标之后，又掌握了足够的信息才开始制订，一般制订后三年修改一次。

（2）按规划的范围，规划分为酒店总体人力资源规划、部门人力资源规划、某项任务或工作的人力资源规划。

### 3. 酒店人力资源规划的内容

酒店人力资源规划的内容丰富，目前大部分酒店制定的规划主要有以下几方面，如表 7-1 所示。

**表 7-1　酒店人力资源规划内容及目标**

| 酒店人力资源规划内容 | 酒店人力资源规划目标 |
| --- | --- |
| 人力资源总体规划 | 扩大绩效、提升人力资源质量 |
| 人员补充规划 | 对人员素质结构在类型、数量、层次等方面的改善 |
| 人员配置规划 | 人员配置最优化 |
| 人员接替规划 | 改善人员结构，储备人员数量 |
| 培训开发规划 | 提升员工素质及工作效率 |
| 员工关系规划 | 改善员工关系，降低离职率，营造良好氛围 |
| 工资奖励规划 | 调动员工工作积极性和创造性，提升员工士气 |
| 退休解聘规划 | 降低劳动力成本，提升劳动生产率 |

## （二）酒店人力资源开发与利用

酒店人力资源的开发和利用是酒店人力资源管理的重要内容，涉及酒店员工的招聘、培训、激励等方面，其能否正常运行关乎着酒店生产经营活动的成功与否。

### 1. 酒店员工招聘

酒店员工招聘是根据酒店人力资源计划及酒店经营管理目标，拟订招聘计划，制定招聘和录用的标准和程序，选择符合岗位工作需求的人员。

（1）招聘的渠道。酒店员工的招聘渠道主要分为内部招聘和外部招聘。

①内部招聘。内部招聘是酒店内部管理人员对现有员工进行竞争上岗招聘，主要有内部晋升、工作调换、工作轮换等形式。

内部招聘的优点有：简化招聘程序，减少招聘费用；可以降低招聘风险；能够有效地激励员工、提高员工士气；能够为员工提供更好的成长发展机会；可以减少组织对员工进行培训的费用；上级领导能够更快地对员工建立信任。

内部招聘的缺点有：容易导致员工队伍缺乏活力；可能会打击没有被提升的员工的工作积极性；容易出现黑幕及"走后门"的现象；可能会造成员工的心态失衡、破坏员工关系等。

②外部招聘。外部招聘是指酒店采取一系列途径从酒店外部招聘人才的过程，可利用的途径主要有校园招聘、人才市场、职业介绍所、报纸广告、网上招聘、猎头招聘、员工介绍、现场招聘会、手机短信、临时用工等。当酒店岗位有空缺，但酒店内部员工的数量和质量无法满足岗位需求时，外部招聘是很好的招聘渠道选择。

外部招聘的优点有：候选人员来源广泛，具备不同的知识背景和年龄层次的求职人员有利于企业选择合适的人才；可以减少黑幕的出现；求职人员的受挫率会减小；有助于拓宽在职员工对自身所在酒店的职位了解；在发布广告、张贴海报的过程中，酒店的企业文化得到了很好的宣传和扩散；有利于酒店了解其他酒店的经营发展状况、明确自身的优点和不足，从而取长补短，促进酒店的全面发展。

外部招聘的缺点有：对应聘者的实际水平和能力很难有准确把握，因此所招聘员工不一定完全适应岗位需求；应聘者从入职培训到真正熟悉工作流程需要一定的时间来过渡，不能迅速进入角色开展工作；成本大大高于内部招聘；应聘者所带来的自身文化可能与企业文化有冲突，处于磨合期的工作质量难以保证。

（2）招聘的流程。为保证招聘工作的顺利进行，使酒店能够招聘到更多优秀的员工，在招聘过程中，酒店应遵守以下程序：

第一，进行人员需求分析。根据最初的人力资源规划和招聘计划，酒店管理人员应对所需人员的数量及质量进行深入分析，确定招聘人数。

第二，明确招聘岗位和要求。酒店人力资源部要在分析的基础之上，明确酒店本年度的招聘岗位和招聘的具体需求。

第三，制订招聘计划。人力资源部制订招聘计划，具体内容包括招聘时间、招聘渠道、招聘经费等。

第四，发布招聘信息。人力资源部选择合适的招聘渠道，发布招聘信息。

第五，筛选应聘材料。人力资源部对所收到的应聘材料进行审核，材料主要包括简历、证件复印件以及职务作品等。

第六，进行初试和复试。对所有应聘人员进行初试，从人力资源管理的角度进行初步筛选；各用人部门对要经过初试的应聘者进行复试，重点考查应聘人员的专业知识和技能。

第七，做出录用决策。人力资源部对初试和复试的结果进行综合评价，形成拟录取名单；经总经理签字确认后，形成最终录取名单。

第八，发出录用通知。人力资源部向被录取者发送录取通知，告知其录用后需要准备的材料和注意事项。

第九，签订劳动合同。人力资源部代笔酒店同录用者签订劳动合同。

第十，办理录用手续。人力资源部为被录取者办理各类录用手续，如户口、档案关系的转移等。

**2.酒店员工培训**

（1）培训的意义。

第一，有利于酒店的长久发展。酒店的大部分工作都是需要与客人直接或间接接触的，员工在提供服务的过程中的任何一点失误都有可能永远失去顾客。酒店从思想、知识和技能等方面对员工进行培训，可以提高员工的工作信心、鼓舞员工士气，进而提升酒店的竞争力，使酒店在同行中立于不败之地。

第二，有利于减少人员流失。培训使员工对酒店的工作内容更加熟悉，对各部门的职责及隶属关系更加清晰，可以促进员工的内部交流，形成良好的员工关系，降低离职率。

第三，有利于降低经营成本。表面上看，对员工进行培训增加了酒店的经营成本，但事实上，对酒店员工进行培训，在一定程度上降低了经营成本。员工经过培训后，对酒店的设施设备与使用方法有了更深的了解，这样就会减少员工因不了解设备的使用方法而造成的设备破坏与浪费。从而在真正意义上提升工作效率，降低运营成本。

第四，有利于提高员工的个人素质。通过培训，可以使员工增强服务意识，提高服务水平，掌握服务技能和技巧，从而全面提升个人素质。

第五，有利于增强员工的安全感。培训可以提高员工的安全意识、使员工熟悉工作环境，增强工作信心和自豪感，为员工创造安全的工作环境。

（2）培训的内容。

第一，思想道德方面。酒店行业的特点决定了员工应有高尚的情操、高度的责任心和服务意识。因此，对酒店员工进行思想道德培训尤为重要。该项内容关系到员工的职业道德问题，是员工生存和发展的关键。通过一系列的经典案例分析，对员工动之以情、晓之以理，使其从根本上提升道德品质和道德情操，自觉遵守酒店的职业道德规范。

第二，专业知识方面。专业知识的学习对员工素质的提高具有潜移默化的作用。在酒店服务中，一些基本的专业知识是每一位酒店服务人员都应该掌握和铭记于心的。这些知识包括酒店的服务礼仪，当地的旅游资源、商业以及交通情况，餐饮部的基本摆台知识等。通过专业知识的培训，员工的文化素养得到进一步提升。

第三，操作技能方面。操作技能的培训是员工培训的核心内容。思想道德和专业知识的培训侧重于在理论视角下对员工进行培训，而操作技能的培训可以真正展现员工的动手实践能力。技能培训具有层次性、系统性和经常性，通过对员工定期的技能培训，提升其工作能力和工作效率。餐饮服务员的摆台、看台、上菜撤盘培训，客房服务员的铺床、客房清洁培训，前厅服务员的接待、登记、处理疑难问题的培训都属于操作技能方面的培训。

（3）培训的方法。

酒店通常采用的培训方法有以下几种：

第一，讲授法。讲授法是比较传统的培训方法，即培训者对员工以讲授形式传播知识的一种方法。这种方法适用于向群体学员介绍某一课题内容。讲授法的优点是时间集中、传授的知识全面系统、方法简单，且成本较低。但由于讲授法大多数采取的都是培训者讲解、员工倾听的方式，它是一种单向的沟通方式，容易引起员工的枯燥感。

第二，讨论法。讨论法是对某一专题进行深入讨论的一种培训方法。按照费用与操作的复杂程序又可分成一般小组讨论与研讨会两种方式。研讨会多以专题演讲为主，中途或会后允许学员与培训者进行交流沟通。优点是信息可以多向传递，与讲授法相比反馈效果较好，但费用较高。而小组讨论法的特点是信息交流时方式为多向传递，员工的参与性高，费用较低。多用于巩固知识，训练员工分析问题、解决问题的能力与人际交往的能力。

第三，案例分析法。案例分析法是培训者在培训过程中给员工分享经典案例，对案例进行剖析、研究和讨论的一种培训方法。它与讨论法的不同点在于，通过研讨不仅为了解决问题，更侧重于培养员工对问题的分析判断能力及解决能力。通过对问题的思考，借鉴其经验教训，从而提升处理问题的能力。采用案例分析法应注意案例的典型性和实效性。这种培训方法更适用于酒店的中上层管理者。

第四，角色扮演法。角色扮演法是让酒店员工模拟实际情景，扮演某种角色进行训练的一种方法。这种培训方法适用对象为实际操作或中层以下管理人员，让受训人员扮演某种角色，使其真正体验到自身所扮演角色的行为特点，从而更好地运用在自己原来的工作岗位中。

第五，操作示范法。操作示范法是为了让员工了解和掌握工作程序和正确的操作方法，在工作现场或模拟的工作环境中利用设施设备进行的边演边讲的一种培训方法。这种培训是专门技能培训的通用方法，一般有酒店管理员或部门经理主持，由技术能手担任培训员，在培训现场向员工简单地讲解操作理论和技术规范，然后对具体的操作步骤进行示范表演，让员工对操作步骤进行反复演练学习，从而真正达到运用自如的程度。

**3. 酒店员工激励**

（1）激励的定义。激励是指激发人的动机，使人产生内在的动力，并朝着一定的目标行动的心理活动过程，即调动人的积极性的过程。激励的效果与三个因素密切相关：一是激励的时机，即在什么时间进行激励；二是激励的频率，即在一定时间内对员工进行激励的次数；三是激励的强度，即激励作用力的大小。

（2）激励的方法。目前酒店应用较多的激励方法有以下几种：

第一，目标激励。酒店必须明确自身发展方向，建立一套完整的酒店目标体系。这一体系包括酒店总体目标、部门目标和个人目标。如果员工个人目标与酒店总体发展目标存在一致性，员工必然努力工作，以达成酒店目标。目标激励促使酒店员工密切关注酒店发展动态，有利于提升员工士气，为酒店的发展注入活力。

第二，角色激励。角色激励实质上就是责任激励，它让每一位员工意识到自身所肩负的责任，激发员工为自身所扮演的角色而努力工作的动力。在运用角色激励时，酒店管理人员应该为员工安排符合其自身能力或大于其自身能力的工作，这样员工会有被重视的感觉，体会到自身的存在价值，也能够促使其积极努力地完成领导所交代的任务，激发工作热情。同时，酒店管理人员要给予员工一定的自主权，必要时可以下放部分权利，使员工感受到领导对自己的信任。

第三，物质激励。物质激励是最基本的激励方法，获得更多的物质激励是众多普通员工的愿望，它满足了员工最基本的物质需求。物质激励主要包括给予员工劳动报酬、给业绩突出的员工发放奖金、在特殊节假日发放奖品等实物。

第四，竞争激励。竞争激励对提高员工的工作积极性、促进酒店的发展有着重要的作用。它将员工的个人利益、自我发展与工作业绩紧密联系起来，为员工个人的发展创造竞争气氛，是一种员工以自身利益为动力而努力工作的激励方式。这种激励方式能使员工发挥自己的最大价值，深刻触动员工的内心世界。酒店可以通过举办一些竞赛活动来激发员工的竞争意识调动其参与的积极性。

第五，情感激励。情感激励是酒店管理人员通过持续不断的对员工给予关心、尊重和信任等去打动每一位员工，给予员工心灵上的愉悦，使员工更加自愿地爱岗敬业、忠实于自己的工作。这种激励方式是最富有人情味的，其关键是真诚。来自领导的关怀让员工对酒店产生感恩的情怀，从而使其自觉努力工作，为酒店的发展贡献自己的力量。

第六，奖惩激励。奖励是一种正强化，是对员工工作业绩的充分肯定，使其能够继续保持和努力；惩罚是一种负强化，是对员工某种行为的否定，从而使这种行为衰退直至消失。奖励和惩罚都能对员工起到激励作用，两者结合会产生最佳效果，使其优点能够得到充分发扬，缺点能够得到及时改正。

### （三）绩效管理

#### 1. 绩效管理的概念

绩效是在管理活动中最常用的概念之一，对于这个概念我们可以从工作行为和工作结果角度进行不同理解。从工作行为角度来定义，将绩效定义为人们所做的同组织目标相关的、可观测的事情；从工作结果的角度进行定义，绩效是在特定的时间内，由特定的工作职能或活动产生的产出记录。综合定义，绩效是人们所做的同组织目标相关的、可观测的、具有可评价要素的行为，这些行为对个人或组织效率具有积极或消极的作用。

绩效管理是指各级管理者和员工为了达到组织目标共同参与的绩效计划制订、绩效辅导沟通、绩效考核评价、绩效结果应用、绩效目标提升的持续循环过程，它是在绩效考核基础上人力资源管理实践的最新发展。与绩效考核相比，绩效管理更加强调与员工交流考核结果，制定出绩效改进的目标和措施。在鼓励实践中，绩效考核及帮助员工提高绩效一直是管理者最为关心的环节。

#### 2. 绩效管理的内容

（1）制定工作标准。有效的绩效标准应该做到以下几点：第一，具有较高的可靠性。绩效标准应该产生一致、可信的考核结果，最重要的是评分者间信度。如果使用主观评分的方法，好的绩效标准应该能确保不同的评分者在评价同一员工绩效时具有较高的一致性。现代统计中用信度来度量可靠性。一般评分者间信度应达到 0.70 以上才可接受；否则，应在标准的制定上寻找原因。第二，绩效标准应与个人职位和组织目标紧密关联。对任何一个职位来说，什么是最重要的工作成果，什么就应该成为最重要的工作标准。第三，具有较高的辨别性。任何标准都应该能够有效地区分出同一岗位上不同的表现标准。如果就某一标准来说，所有的任职者的表现都一样或者很接近，这样的标准就失去了考核意义。第四，可操作性。任何绩效标准都应该是可以测量，可以评价的。搜集绩效方面数据的过程不应过于烦琐，也不应对组织的正常运转造成太大的影响。

（2）进行绩效考核。绩效管理要求根据工作标准评价每一个员工的工作表现，这部分也就是传统上所说的绩效考核。组织需要制定一整套制度，来确定用什么样的方法搜集与员工绩效有关的信息，用什么人来进行相应的工作，搜集到的数据应该如何汇总。

（3）反馈与改进绩效。绩效管理要求管理者将考核结果与员工进行沟通，并且与员工一起制定出保持及改进绩效的步骤和措施。如果每年填写的绩效考核表格仅仅是为了敷衍了事，为了评估而评估，那么所投入的人力、物力都被白白浪费了。

总之，绩效管理的过程，从指定评价标准到执行考核，再到绩效反馈与改进，是一系列复杂、烦琐，而又要求严格的管理活动。

### （四）薪酬管理

#### 1. 薪酬管理的概念和作用

酒店薪酬管理是指酒店在经营战略和发展规划的指导下，综合考虑酒店的各种内外因素的影响，确定自身的薪酬水平、薪酬结构和薪酬形式，并进行薪酬调整和薪酬控制的整个过程。

酒店薪酬管理有利于吸引和保留优秀员工，激发员工的工作积极性，改善酒店的绩效，从而为酒店塑造良好的企业文化奠定良好的基础。

#### 2. 薪酬设计的基本原则

（1）公平原则。公平是薪酬设计的基础，只有在员工认为薪酬设计是公平的前提下，才可能产生认同感和满意度，才可能产生薪酬的激励作用。公平原则是制定薪酬体系首要考虑的一个重要原则，因为这是一个心理原则，也是一个感受原则。薪酬体系是否公平，会直接通过员工工作的努力程度和工作态度反映出来。当员工对薪酬体系感觉公平时，会受到良好的激励并保持旺盛的工作热情和积极性。

（2）激励原则。对一般企业来说，通过薪酬系统来激励员工的责任心和工作的积极性是最常见和最常用的方法。一个科学合理的薪酬系统对员工的激励是最持久也是最根本的激励，因为科学合理的薪酬系统解决了人力资源所有问题中最根本的分配问题。

简单的高薪并不能有效地激励员工，一个能让员工有效发挥自身能力和责任的机制、一个努力得越多回报就越多的机制、一个不努力就只有很少回报甚至没有回报的机制、一个按绩效分配而不是按劳动分配的机制，才能有效地激励员工，也只有建立在这种机制之上的薪酬系统，才能真正解决企业的激励问题。

（3）经济原则。确定薪资的水平必须考虑企业实际的支付能力，薪酬水平须与企业的经济效益和承受能力保持一致。经济原则在表面上与竞争原则是相互对立和矛盾的。但实际上两者并不对立也不矛盾，而是统一的。当两个原则同时作用于企业的薪酬系统时，竞争原则就受到经济原则的制约。这时企业管理者所考虑的因素就不仅仅是薪酬体系的吸引力和激励性了，还会考虑企业承受能力的大小、利润的合理积累等问题。

（4）合法原则。薪酬体系的合法性是必不可少的，合法是建立在遵守国家相关政策、法律法规和企业一系列管理制度基础之上的合法。如果企业的薪酬系统与现行的国家政策和法律法规、企业管理制度不相符合，则企业应该迅速进行改进使其具有合法性。

**3.薪酬设计的流程**

（1）制定薪酬原则和策略。薪酬原则包括对员工人性的认识及对员工总体价值观的评价；酒店对员工的福利承担义务；真正地实现按劳分配才是现阶段的最大公平的道德观，以及由此产生的有关薪酬分配的政策和策略。

（2）岗位分析。岗位分析是薪酬设计的基础性工作。基本步骤包括：结合酒店经营目标，在业务分析和人员分析的基础上，明确部门职能和职位关系；然后进行岗位职责调查分析；最后由岗位员工、员工上级和人力资源管理部门共同完成职位说明书的编写。

（3）岗位评价。岗位评价重在解决薪酬对酒店内部的公平性问题。通过比较酒店内部各个职位的相对重要性，得出职位等级序列。岗位评价以岗位说明书为依据，方法有许多种，企业可以根据自身的具体情况和特点，采用不同的方法来进行。

（4）薪酬调查。薪酬调查重在解决薪酬的对外竞争力问题，企业在确定一个或更多职位的薪酬水平时，需要参考劳动力市场的薪酬水平。薪酬调查选择的对象一般是本地区与自己类似的酒店或其他组织。酒店选好后，进行职位选择，所选岗位应该与本酒店岗位类似。调查完相关信息后，对相关信息进行整理，得出被调查市场的薪酬水平，并绘制薪酬指导线，作为本酒店薪酬水平的参考依据。

（5）确定薪酬结构。薪酬的构成因素反映了企业关注内容，因此采取不同的策略、关注不同的方面就会形成不同的薪酬结构。企业在考虑薪酬的结构时，要综合考虑以下几个方面的因素：一是职位在企业中的层级；二是岗位在企业中的职系；三是岗位员工的技能和资历；四是岗位的绩效，分别对应薪酬结构中的不同部分。

（6）薪酬方案的实施、修正和调整。在确定薪酬结构后，要对总体薪酬水平做出准确的预算。人力资源部应建好工资台账，并设计一套比较好的测算方法。在制定和实施薪酬体系过程中，及时的沟通、必要的宣传和培训是保证薪酬改革成功的因素之一。从本质意义上讲，劳动报酬是对人力资源成本与员工需求之间进行权衡的结果，世界上不存在绝对公平的薪酬方式，只存在员工是否满意的薪酬制度。

# 第三节　酒店物资管理

## 一、酒店物资管理概述

### （一）酒店物资管理的概念

广义的物资是指生产资料和生活资料。物资管理中的物资，仅指生产过程中所需的生产工具和原材料、辅助材料、燃料等，不包括生活资料，也不包括土地、生产性建筑物、道路等生产资料。

酒店物资管理是指对酒店的物资资料进行计划、采购、保管、使用、回收等一系列的组织活动和管理活动的总称[①]。酒店物资管理是酒店的一项重要职能，酒店的正常化运营需要一定的物资储备作为基础。物资总额一般占酒店流动资金的 80% 左右，做好酒店的物资管理可以提升酒店的经济效益，减少浪费。

### （二）酒店物资的特点

#### 1. 物资品种多，标准高

酒店对物资的需求量很大，种类很多。一个中型酒店一般需要几百种甚至上千种物资，酒店的等级越高，对物资的需求量越大，对物资的标准要求也越高。

#### 2. 物资单价低，需求量大

现代酒店的日常运转需要大量的低价值物品，如客房中的一次性洗漱用品，餐厅中的餐巾纸、卫生筷等。这些东西价值较低，容易被管理人员忽视，但又是酒店的正常化运作必不可少的物品。对于这些需求量大的物品，如果管理不善，就会造成丢失和浪费，从而增加酒店的经营成本，影响整体效益。因此，酒店要加强对基础物资的管理。

#### 3. 物资重复使用率高

酒店的许多物资是需要循环利用的，如酒店的床单、被罩，餐厅的台布、餐具等物品，这些物品在使用、洗涤、重复使用过程中，需要经过复杂的程序且多次杀菌消毒，周转环节十分烦琐，物品管理难度较大。

#### 4. 管理要满足顾客需求

酒店物资管理的合理与否直接影响顾客对酒店的评价。良好的物资管理是一个酒店提供高质量服务的基础和前提。物资供应的及时性是酒店正常经营和服务的基础，如果物资供应不及时且物资质量较差，会严重影响顾客的使用效果，降低服务质量。同时，物资管理一定要以顾客的需求为出发点，提供与酒店档次相符合的且令顾客满意的物资用品，从而为酒店赢得良好的口碑，扩大酒店的市场影响力。

### （三）酒店物资管理的分类

按物资的不同用途分类，可以分为保管品、服务用品、消耗品、食品原料、厨房餐具、燃料和动力、建筑材料等；按物资的自然属性分类，可以分为棉织品、装饰用品、服务用品、清洁用品等；按物资用品使用方向分类，可以分为客用物资用品、办公用品、安全保卫用品、生产产品用料等；按物资所处的不同阶段分类，可以分为在用物资、在库物资、在途物资等。

---

① 翁钢民．现代饭店管理——理论、方法与案例 [M].天津：南开大学出版社，2004.

## 二、酒店物资管理内容

### （一）编制物资计划

酒店进行物资管理首先要制定先进合理的物资消耗定额和物资储备定额，做好物资综合平衡，制订好物资计划，提高物资供应的科学性。

### （二）组织货源

组织货源即采取各种订货方式，与供应方签订物资供销合同，组织物资的市场采购和加工。目前，常用的物资订购方式主要有两种，包括定期订购方式和定量订购方式。其中，采用定期订购方式的订购量计算公式为：订购量 = 平均每日需要量 × 订购间隔时间 + 保险储备量 – 实际库存量 – 已订购未到货数量；采用定量订购方式的订购量计算公式为：订购量 = 平均每日需要量 × 订购时间 + 保险储备量。

### （三）物资定额管理

物资定额管理是指通过量化分析确定一定时期、一定接待能力的条件下，酒店所需要的物资数量和额度，包括物资消耗定额和物资储备定额。

#### 1. 物资消耗定额

物资消耗定额是指在一定的生产技术、组织管理的条件下，生产单位产品或完成单位工作量必须消耗的物资的数量标准。物资消耗定额是计算物资需求量、编制物资供应计划的依据，同时也是科学组织物资供应管理工作的基础；物资消耗定额可以用于督促物资合理使用、厉行增产节约，从而有利于提高生产技术、经营管理、工作操作技能水平。

（1）确定物资消耗定额的工作程序。熟悉和了解确定物资消耗定额的基本工作程序对于确定酒店的物资消耗数量，准确记录酒店物资需求与供给情况具有重要意义。其具体工作程序如图 7-1 所示。

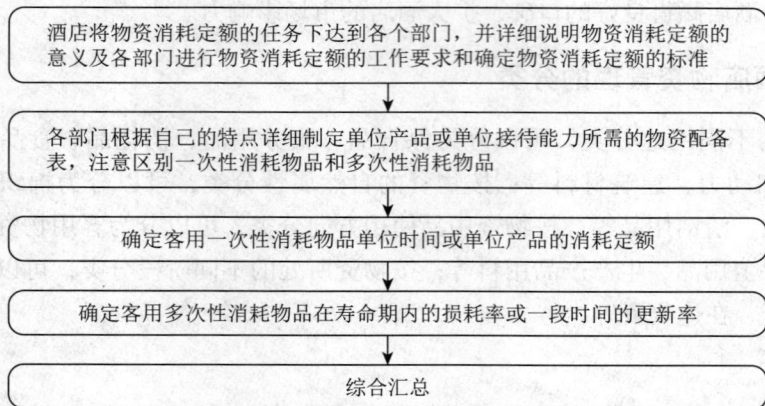

酒店将物资消耗定额的任务下达到各个部门，并详细说明物资消耗定额的意义及各部门进行物资消耗定额的工作要求和确定物资消耗定额的标准

各部门根据自己的特点详细制定单位产品或单位接待能力所需的物资配备表，注意区别一次性消耗物品和多次性消耗物品

确定客用一次性消耗物品单位时间或单位产品的消耗定额

确定客用多次性消耗物品在寿命期内的损耗率或一段时间的更新率

综合汇总

图 7-1　确定物资消耗定额的工作程序

（2）确定物资消耗定额的方法。确定物资消耗定额的方法主要有三种：①技术分析法。这种方法比较科学精确，但需要精确计算，工作量较大。适用于生产企业制定产品的物资消耗定额。②统计分析法。这是一种根据以往生产中物资消耗的统计资料，经过分析研究并考虑计划期内生产技术组织条件的变化等因素而制定的定额方法。采用这种方法时，需要有详细可靠的统计资料。③经验估计法。这是一种根据技术人员、工人的实际生产经验，参考有关的技术文件，并考虑企业在计划期内生产条件的变化等因素制定的定额的方法。这种方法通俗易懂，简单易行，但缺乏一定的科学性。三种计算方法各有优缺点，酒店在进行计算时，要结合酒店自身发展情况，选择最适合的计算方法。

**2. 物资储备定额**

物资储备定额是指在一定的管理条件下，企业为保证生产顺利进行所必需的、经济合理的物资储备数量标准。编制物资储备定额有利于编制物资供应计划、组织采购计划；有利于掌握和监督物资库存动态并保持合理水平；有利于核定流动资金；有利于确定仓库容积和仓库定员。物资储备的主要任务就是保证物资储备处于合理水平，防止超出或不足，保证生产销售的需求；同时加速物资周转、减少资金占用、降低生产和供应成本。

（1）影响物资储备定额的因素。影响物资储备定额的因素包括酒店内部因素和酒店外部因素。内部因素主要有：酒店的性质和特点；酒店的规模和专业化程度；酒店内部物资管理体制；酒店管理水平等。外部因素主要有社会物资生产发展水平；全国物资生产力布局；物资管理体制；运力发展和运输管理水平；物资本身的性质等。物资储备定额的制定要综合考虑内外因素，努力做到科学合理。

（2）物资储备定额的主要内容。

①经常储备定额。经常储备定额是为满足酒店日常业务需要而建立的物资储备量，其计算公式如下：

经常储备定额 = 物资日消耗定额 × 再次进货的间隔天数

②保险储备定额。保险储备定额是为防止某些物资运输受阻、交货误期、供应品种不符合要求等原因造成的供需脱节而建立的物资储备定额。在正常情况下，酒店不会动用保险储备。保险储备定额的计算公式如下：

保险储备定额 = 物资消耗定额 × 保险储备天数

③季节性储备定额。季节性储备定额是酒店为了克服某些物资因季节原因导致物资供需脱节而建立的物资储备定额。酒店经营的季节性很强，旺季时酒店的物资需求量较大，淡季时物资需求量较少，这就需要酒店做好物资的季节性储备，某些物资在淡季时也需要一定的库存量。其计算公式如下：

季节储备定额 = 平均每天需要量 × 中断天数

④类别物资储备定额。类别物资包括若干个具体规格物资，类别储备定额是从总体上反映各种具体规格物资自储备状态，反映整个类别物资的平均储备水平。其计算公式为：

类别物资储备定额 =（平均供应期天数 × 调整系数 + 保险储备天数）× 平均每日需要量

式中的平均每日需要量为该类别各个别物资平均每日需要量之和；平均供应期天数和保险储备天数是根据各个别储备定额的相应天数，通过加权平均方法求得。

类别物资储备定额也可用下式计算得出：

类别物资储备定额 = 各个别物资经常储备定额之和 × 调整系数 + 各个别物资保险储备定额之和

由于各种具体规格物资的进货时间不完全相同，在均衡或分批发料的情况下，各种物资达到最高储备量的时间也就不一样。将每一类别物资作为一个整体来看，类别储备定额总是小于各种具体物资的最高储备量之和。由于具体物资的库存量变动只是用于周转（经常储备）这一部分，所以类别储备定额的计算公式里，在平均供应期天数这一项要乘上一个调整系数。一般来说，物资品种规格越多，收发动态越频繁，进货和发料时间越均衡，调整系数就越小。减小调整系数对于降低储备水平和减少资金占用有重要意义。调整系数的确定，一般是根据该类物资各具体规格个别储备定额所需资金和库存物资占用金额统计资料计算求得。调整系数的值一般在 0.5~0.8。在实际工作中，通常是先求出上期实际的调整系数，再结合计划期的变化情况作调整。

### （四）物资采购管理

酒店物资采购管理是参照既定的物资定额，按照所需物品的种类和数量进行物资采购的管理工作。其主要目的是保障酒店物资供给，降低酒店物资采购成本，获得最佳物资质量，同时在与供货商交往过程中确立最有利的竞争地位。

**1. 采购管理的主要内容**

酒店采购管理的主要内容包括：认真分析酒店所有业务活动的物资需要，依据市场情况，科学合理地确定采购物资的种类与数量；根据酒店各业务部门对物资质量与价格的要求，选择最为合适的供货商，并及时订货或直接采购；控制采购活动全过程，堵塞每个环节中可能存在的管理漏洞，使物资采购按质、按价、按时到位；制定采购各种物资的严密程序、手续和制度，使控制工作环环有效；同时，建立科学的采购表单体系，为每一环节的工作流程留下可供查询的原始凭证，并以制度保证所有原始凭证得到妥善的收集、整理和保存，为酒店结付货款及物资管理的其他环节提供可靠的依据；制作并妥善保管与供货商之间的交易合同，保证合同合法有效并对酒店有利；协助财务部门做好酒店对供货商的货款清算工作。

**2. 采购工作的基本程序**

为减少酒店个人利益与集体利益冲突现象的发生，酒店物资的采购必须遵从一定的工作程序，其工作的基本程序如图 7-2 所示。

各物资使用部门或仓库管理人员根据经营需要填写请购单

仓库定期核算各类物资的库存量，若库存降至规定的订货点，仓库向采购部送请购单，申请订购

由采购经理通盘考虑，对采购申请给予批准或部分批准

采购部根据已审核的采购申请向供货商订货，并给验收部、财务部各送一份订货单，以便收货和付款

供货商向仓库发送所需物资，并附上物资发货单

仓库经检验，将合格的物资送到仓库，并将相关的票单（检收单、发货单）转到采购部

采购部将原始票据送到财务部，由财务部向供货商付款

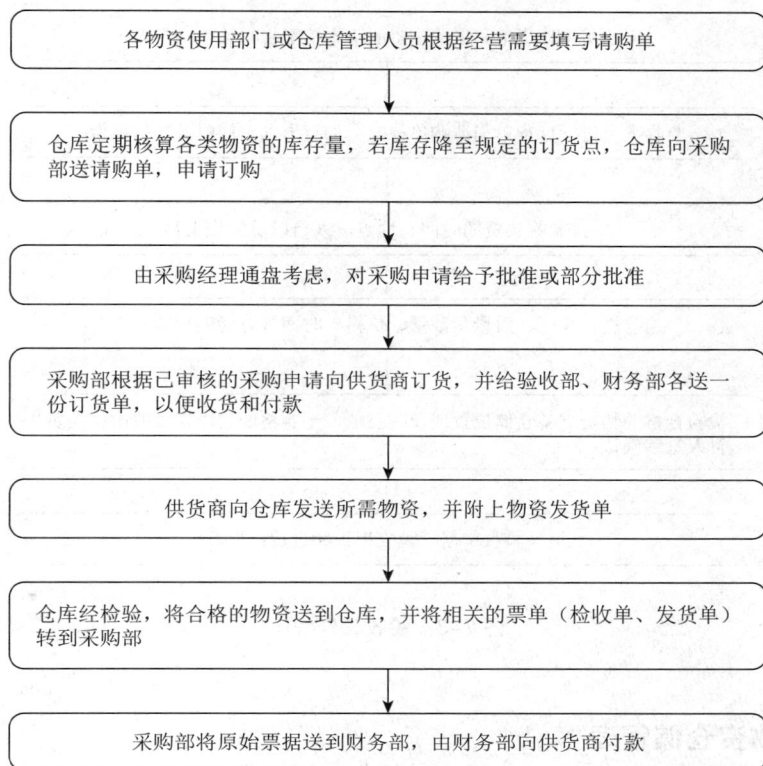

**图 7-2　采购工作的基本程序**

## （五）物资验收管理

酒店物资的验收管理是验收人员根据订货单以及批准的请购单，检验所购物资是否符合质量、数量、价格、交货期等方面的要求，对合格物资准许入库，对不合格物资则拒收。

### 1. 验收工作的内容

酒店验收工作的主要内容包括检验物资的凭证、质量、数量、价格、时间等方面。凭证检验是检验交货通知单上的物资品种、规格、数量、等级和价格等内容是否与订货单一致；质量检验是验收工作的核心内容，需要运用专业知识以及科学的检验方法对物资的质量进行检测；数量检验是检查实际到货数量与交货通知单及订货单数量是否一致；价格检验是检验所采购物资的价格与市场报价是否一致；时间检验是检验交货期与订单上的日期要求是否一致。

### 2. 验收工作的程序

同采购工作类似，物资的验收工作也需要遵循一定的流程。验收工作的程序如图 7-3 所示。

采购员将订货单和采购物资的基本情况告知验收负责人

↓

验收人员进行订货单和请购单检验，如有出入，向财务部门报告

↓

安排验收物资的时间、地点、人员以及验收工具

↓

进行凭证、质量、数量、价格、时间等方面的检验

↓

检验合格的物资准备仓储位置或及时发放，不合格的物资拒收并由相关负责人签字确认

↓

填写验收单据、验收报告和进货日报表

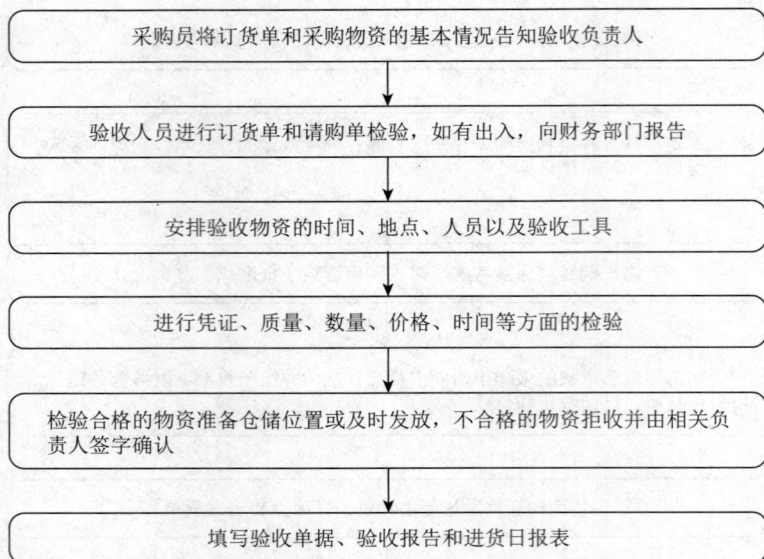

图 7-3　验收工作程序

### （六）物资仓储管理

#### 1. 仓储管理的工作内容

广义的仓储管理是指物资从入库到出库之间的完整的管理和控制过程，它从验收物资开始，将各类物资合理储藏，保障库存物资的数量安全与质量安全，并进行物资出库控制。仓储管理的工作内容包括：首先，要安排适当的仓储场所，根据物资的仓储特点确定物资的仓储原则，坚持物资导向原则；同时要保证各部门取料的方便快捷性，坚持就近原则，提高工作效率。其次，要做好入库存放工作。在存储物资时注意降低存储成本，充分考虑物资的性质、质量、包装等因素进行堆放，堆放时可以将物品按类堆放，使物品堆放整齐，以便日后盘点工作的进行。最后，要做好物资保管工作。对物品的数量进出做好记录，运用科学的仓储方法进行保管，保持良好的仓储环境。

#### 2. 物资仓储的财务管理

（1）仓储财务管理。酒店物资的仓储财务管理是为所有物资建立卡、账，设立账务系统，随时记录物资的流动情况及在库情况。

（2）库存盘点。库存盘点是仓储管理人员对库存物资进行仔细的点数清查，将实际库存数与物资保管账目相核对，以保持库存物资不发生数量缺损。盘点方式一般有以下三种：第一种，日常盘点。每日对当天有进出的货架层进行及时盘点，将实际物资数量与账目结存数进行对照。第二种，定期盘点。定期盘点，也称实地盘点，一般每月一次对物资库存量进行盘点。第三种，临时盘点。临时盘点是指在遇到特殊情况时的临时、突击性盘点。如管理人员对物资仓储情况存在质疑时，会进行临时盘点。

### （七）物资发放管理

**1. 物资发放的基本要求**

（1）准确。物资管理人员在向各个部门发放物资时必须做到单货一致，即发放凭证上应明确标明物资的名称、编号、规格、等级、单位、数量等，并在交接物资时通过各种特定的程序保证所发物资的各个方面都与凭单内容相符，无论单据和实物都不出差错。

（2）及时。为了不影响各项经营活动的顺利进行，物资发放工作人员必须提高效率，在接到领料单据以后，以最快的速度组织发货、保证前台业务活动所需的物资全部及时到位。

（3）安全。物资发放人员在发放物资时不仅要认真清点物资的数量，还必须严格检查物品的质量，保证出库物资的质量完全符合使用要求，不过期、不失效、无残损。无变质，并注意物品清点时的安全操作，防止物品震坏、摔伤、破损，并在必要时改换物品包装以避免搬运过程中的损坏。

**2. 物资发放的原则**

（1）先进先出原则。为防止物资长久放置导致老化、过期等问题，在发放物资时，要仔细检查进货账目和货签标价，做到先进先出。

（2）保证经营原则。酒店所有的管理制度都是为了酒店的正常化经营，物资管理要处理好轻重缓急，保证酒店的正常运作。

（3）补料审批制度。酒店各部门为了实行个性化或人性化服务，某些时候会有先领材料再补手续的现象。但此时要有交接双方的签字和在场管理人员批准的领料单据，并且明确规定补办手续的时限。

（4）退库核错制度。酒店各部门在使用物资时，会有物资剩余的情况，当发生退库现象时，各部门也要办理登记手续。

（5）以旧换新制度。为避免物资浪费，酒店制定以旧换新制度，对用量大且价值较高的多次耗用物资采取以旧换新的领用制度，回收物资的部分残值。

**3. 物资发放的程序**

（1）点交：酒店各部门在领取物资时必须每次填写请领单。

（2）清理：物资点交工作结束之后，仓储人员需进行内部清理，包括账面清理、地面清理以及物资管理。

（3）复核：为防止物资发放过程中出现差错，仓库发货人员必须对物资发放作业过程中的每一个环节仔细地进行自查、复查，层层复核。

（4）原料计价：仓库在发放各类物资时，应在物资请领单上填写各类物资的购物单价，并计算出所领物资的总价，以便成本核算。

# 第四节　酒店物业管理

## 一、酒店物业管理概述

### （一）酒店物业管理概念

"物业"一词译自英语 property 或 estate，其含义为财产、资产、地产、房地产、产业等。该词自 20 世纪 80 年代引入国内，现已形成了一个完整的概念。从管理的角度而言，物业是指已经建成并投入使用的各类房屋及其与之相配套的设备、设施和场地。物业可大可小，大至一座大厦，小至一个单元住宅，同一建筑物还可按权属的不同分割为若干物业。物业含有多种业态，如办公楼宇、商业大厦、别墅、工业园区、酒店、厂房仓库等。

物业管理是指物业管理企业受物业所有人的委托，依据物业管理委托合同，对物业的房屋建筑及其设备、市政公共设施、绿化、卫生、交通、治安、环境等管理项目进行维护、修缮和整治，并向物业所有人和使用人提供综合性的有偿服务。

酒店物业管理即业主对酒店公共部分以及酒店内共有设施、设备、场所的共同管理或者委托物业服务企业、其他管理人员对酒店的设施、设备、场地等进行管理的活动①。

### （二）酒店物业的特性

#### 1. 顾客流动性高

酒店的主要功能是餐饮和住宿。顾客来酒店用餐多则两三个小时，少则半小时。客房住宿也是如此，大多数顾客的停留时间一般一两天，会议型的宾客停留时间也至多一个星期，顾客的停留时间都比较短，客人流动性高，这是酒店物业与其他物业的区别。酒店宾客的高流动性，在很大程度上增加了酒店物业管理的难度，需要大量高素质的专业化服务人员来提供服务。

#### 2. 卫生管理服务标准较高

干净整洁是任何一个行业都需要的卫生服务标准。但对于酒店来说，这一标准要高于其他行业。酒店所提供的食物必须新鲜卫生、无毒无害；餐饮部后勤处要保证整洁卫生；餐厅、餐桌及餐具要经过多次杀菌消毒，无尘无污；客房内床单、被罩、枕套、浴巾、拖鞋等物品要及时清洗更换；酒店所有服务人员都要衣着整洁，讲究个人卫生。

---

① 游上.饭店物业管理 [M].北京：化学工业出版社，2009.

### 3. 宾客的层次与其要求的服务标准与条件成正比

由于酒店的档次存在差异性，不同的宾客入住不同星级的酒店，其所需的服务标准也存在较大差异。一般来说，入住五星级酒店的宾客，其对酒店的设施设备和服务管理要求较高；而入住一些快捷酒店的宾客对服务标准的要求就有所降低。总之，宾客所要求的服务标准与其自身的层次基本成正比。

### 4. 现代化特征明显

酒店不仅建筑规模大，设备、设施齐全，功能完善，而且近年来新建的酒店，大都引进了国外先进设备、设施和技术，大部分实现了办公现代化、通信现代化和管理现代化。从事酒店物业管理的人员，不仅要有良好的思想素质，而且要有现代化管理技术和管理知识，并能熟练应用。

### 5. 综合性强

酒店集住宿、餐饮、休闲、娱乐、旅游、购物为一体。酒店除具有住宿、就餐服务外，都有商务中心、健身室、桑拿、舞厅、台球室、健美中心、网吧、美容美发、邮电所、储蓄所、会议室等。有的还设有西餐厅、游泳池、浴室、网球室、壁球室、桌球室、棋牌室、影剧院、高尔夫球场、乒乓球室、溜冰场、精品店、书店、鲜花店、婴儿看护、儿童娱乐室、保龄球室等。还提供一些其他服务，如代购影剧票、参观票、代兑换外币、代办旅游等。这些业务在方便客人的同时，也对酒店物业管理提出了更高的要求。担负酒店物业管理的企业和管理人员要利用好酒店的基础设施、配套设施和服务设施，一切为方便客人着想，以一流的服务来服务顾客。

## （三）酒店物业管理的基本原则

### 1. 专业高效

酒店有专门的组织机构，如管理公司、专业服务公司和酒店内部的各种专门机构来实施各项服务，分工合作，提高效率。物业管理人员是经过专业化的培训和考核，取得岗位资格证上岗的，具有良好的职业道德。酒店拥有大量的专业设备，为实现专业化的物业管理提供了强大的物质保障。

### 2. 规范化管理

酒店要制定科学的管理制度和管理实施方案，以保证物业管理的规范实施，使管理标准化和程序化。

### 3. 服务至上

酒店员工所做的每一项工作都是服务，物业管理也必须坚持服务第一的原则。尽最大努力提供令顾客满意的服务。

### 4. 业主主导

业主主导，是指在物业管理活动中，以业主的需要为核心，将业主置于首要地位。强调业主主导，是现代物业管理与传统体制下物业管理的根本区别。

### 5. 收费合理

物业管理的经费是搞好物业管理的物质基础。物业服务收费应当遵循合理、公平以及费用与服务水平相适应的原则。区别不同的物业的性质和特点，由业主和物业管理企业按有关规定进行约定。收缴的费用要让业主和使用人能够接受并感到质价相符，物有所值。物业管理的专项维修资金要依法管理和使用。物业管理企业可以通过实行有偿服务和开展多种经营来增加收入。

## （四）酒店物业管理的主要模式

### 1. 业主自主经营管理模式

业主自主经营管理模式，是业主自己投资建设酒店，然后组织自己的酒店企业，进行独立的经营观念，不依赖其他经营管理公司。目前，一些中低档酒店经常采用这种经营模式。其主要优点是可以降低酒店经营成本，为酒店创造更大的经济效益，减少了向其他物业管理公司支付报酬的费用。缺点是缺乏专业的经营管理经验，管理人员对市场缺乏了解，可能会增加物业管理成本，造成物资的浪费。这种经营管理模式具有产权不清晰、职责不明确的弊端，现阶段酒店很少采用这种方式。

### 2. 租赁经营管理模式

租赁经营管理模式是业主通过签订租赁合同，明确租金、租赁期限和双方的权限职责，将酒店物业管理租给专门的机构开展。

这种经营模式实现了经营权和所有权的分离，权责明确。这种经营管理模式下，业主放弃了经营权，排除了经营风险，同时获得了由租赁合同明确规定的固定租金收入。管理机构拥有经营权，经营得好，除了按租赁合同缴纳一定数量的租金后，还可以获得更多的资金收入；但管理机构要承担较大的经营风险，如果经营不善，不但要按合同交纳租金，还要承担巨大的亏损额。在这种经营管理方式下，除非管理机构拥有十足的把握，一般不希望采取这种经营管理方式，现阶段星级酒店较少采用这种方式。

### 3. 委托经营管理模式

委托经营管理模式是酒店业主采用委托经营管理方式，将酒店经营管理权有限度地委托给管理机构，由受托管理机构进行酒店的日常经营管理工作。

这种经营管理方式，优点是业主不用担心酒店的收益被经营者拿走，营业收入与营业毛利都归业主，因此业主会千方百计支持经营方的工作，鼓励其多收、超收；对于经营管理机构而言，由于其报酬是按营业收入的一定比例计提，他们也会努力创收。由于管理机构不用承担经营风险，经营管理起来比较方便，不需要或只需要少量的金融投资，无须计提折旧，不必支付物业的维修保养费，所以管理机构可以同时管理多个酒店，从而提高自己的经济效益。

这种经营方式利多弊少，合作双方不必为租赁价格讨价还价，也不用担心经营风险，有利于双方的合作共赢。所以，这种经营管理模式被众多星级酒店采用。

# 二、酒店物业管理的基本环节

## （一）策划阶段

### 1. 前期介入

酒店物业管理的前期介入，是指酒店物业管理在正式接管酒店物业以前的各个阶段（项目决策、可行性研究、规划设计、施工管理等阶段）就参与介入，从管理运作的角度对酒店物业的环境布局、功能规划、楼宇设计、材料选用、设备选型、配套设施、管线布局、施工质量、竣工验收、租赁经营等方面提供建设性意见，把好规划设计关、建设配套关、工程质量关和使用功能关，以确保酒店物业的设计和建造质量，为酒店物业投入使用后的管理创造条件。这是避免日后管理混乱的前提与基础。

对于酒店物业来说，存在开发、经营和管理三个阶段，从表面上来看，酒店物业管理是第三个阶段的工作，只需要在酒店物业交付使用后介入即可，但这种物业管理滞后于规划设计和施工建设的现象，容易导致开发商在酒店物业设计和建设过程中只考虑方便和节约，而忽视酒店建成后管理方面的因素，造成交付使用后酒店物业管理上的矛盾和冲突，如房型不佳，缺少部门办公室，停车位不够，电梯容量不够，管线布局不利于日后的维修养护等。这些酒店物业配套设施不完善、布局设计不合理、质量不过关的问题，会给酒店物业管理带来一系列的问题，也给酒店经营者带来使用上的极大不便。因此，在酒店规划设计阶段就应该允许酒店物业管理的介入，充分利用酒店管理企业的经验和知识，充分考虑建成后的使用和管理要求，优化酒店物业的规划设计方案，这也有利于酒店物业管理企业对酒店物业的全面了解，便于日后酒店物业管理工作的顺利开展。

### 2. 制订管理方案

（1）确定管理档次。物业管理档次必须与酒店规划档次相匹配，二者应处于同一水平。

（2）制定服务标准。服务的项目设置及标准是由酒店物业的不同档次和类别所决定的。酒店物业服务标准既要尊重酒店物业管理自身的规律，更要密切结合酒店服务的特殊要求。

（3）制定财务预算。酒店物业管理本身是难以有收入的，其实际收入是以客房、餐饮等营业收入来体现的，属于隐形的。酒店物业管理的财务收支预算要以支出为核心，包括工资与福利费、保养与服务费、服务支出、税费、保险费、预留费等。酒店物业管理费用可以采用分摊的方法，由酒店一线营业部门分摊。

### 3. 组建管理机构

酒店的物业管理机构应根据酒店的面积、定位、管理服务内容和酒店发展战略灵活设置，设置的原则是使酒店的人力、物力、财力资源得到最大优化，组建一个以最少人力资源达到最高运营管理效率和经济效益的组织。岗位的设施和职能的安排应在分工明确的基础上注意各部门的衔接配合，做到各司其职、各尽所能。

## （二）筹备阶段

### 1. 制定规章制度

酒店员工管理条例是酒店物业管理企业最基本的内部管理制度，对酒店物业管理人员具有普遍约束力，是梳理严谨高效的酒店管理机制，提高服务质量和效率，使酒店物业管理走向规范化的重要保证。酒店员工管理条例的主要内容包括：劳动用工制度、员工行为规范、员工福利制度、酒店奖罚制度，各部门的岗位职责等。另外，还应包括酒店物业管理过程中的相关制度，用以规范酒店物业管理企业与酒店所有者之间的关系。

规章制度的制定要以国家和政府有关部门的法律法规为依据，同时结合酒店的实际情况，制定一些适合的制度和管理细则，并在酒店物业管理企业正式介入之前完成。规章制度的制定有利于物业管理企业和酒店更好地履行各自的职责，提升酒店的整体管理水平，从而实现双方的互利共赢。

### 2. 选聘和培训员工

酒店物业管理属于服务行业，是一项琐碎而又辛苦的工作，员工素质的高低影响了物业管理企业的整体服务质量。因此，从事物业管理的人员除了具备一定的技术知识水平和实际工作能力之外，还应具有坚持不懈的敬业精神，具有和蔼的工作态度，微笑服务。所有应聘成功的员工都应进行专业化的岗前培训，具备基本的业务素质。

## （三）启动阶段

### 1. 接管验收

酒店物业接管验收包括对新建酒店物业的接管验收和原有酒店物业的接管验收。新建酒店物业的接管验收是在开发建设单位对施工单位竣工验收基础上进行的再验收。接管验收一旦完成，即由开发商或建设单位向酒店物业管理企业办理酒店物业交接手续，标志着酒店物业正式进入使用阶段，酒店物业管理工作正式启动。原有酒店物业的接管验收通常发生在产权人将原有酒店物业委托给酒店物业管理机构管理之际；或发生在原有酒店物业改聘其他物业管理机构之时。因此，原有酒店物业接管验收的完成标志着新的物业管理工作的开始。

无论是新建酒店物业的接管验收，还是原有酒店物业的接管验收，均要按照接管验收规定，做好管理前的接管验收。要对酒店物业主体结构是否安全，是否满足使用功能要求等进行检验，对公共配套设施、设备的配备、安装、运行状况进行交接验收。这一过程要在查明酒店物业的全面状况的基础上办理书面移交手续，明确交接日期，对酒店物业及配套管理办公用房、经营用房、各种产权和技术资料进行全面移交，并就接管过程中发生的工程、设备质量等问题及酒店物业保修期的保修事先与开发商签订、保修合同。在酒店物业管理验收过程中，一定要注意验收工作不能"走过场"，一旦酒店物业接管验收工作结束，酒店物业质量问题就难以再与建设单位交涉，而要由物业管理企业自己负责。

### 2. 二次装修，完善布局

酒店物业的二次装修，是指酒店所有者或管理机构为了改善酒店经营环境，对酒店物业进行修饰处理的过程。为了避免装修时违规拆改室内承重墙、乱倒工程垃圾以及影响附近居民的日常生活等现象的出现，酒店在进行二次装修时，相关物业管理机构必须依法加强管理。

### 3. 建立档案资料

酒店物业档案资料是酒店物业前期开发建设成果的记录，是实施酒店物业管理工作的重要依据，也是更换物业管理机构时必须提供的材料之一。随着科学技术的发展，现代建筑工程的设备及买入地下和建筑物内部的管线趋于复杂化、专业化以及科技化，因此在对物业故障进行查找和维修时，酒店物业档案资料必不可少。如果档案资料不齐全，会给酒店日后的物业管理工作带来麻烦。

酒店物业档案资料的建立有收集、整理、归档和利用四个环节。收集的关键是尽可能完整，即在时间上包括从规划设计到工程竣工及后期整改的全部工程技术维修资料，空间上是从地下到楼顶，从主体到配套，从建筑到环境的各个方面；整理的重点是去伪存真，加强资料的准确性；归档是按照资料的内在规律和联系进行科学的分类和保存，一般可以按照每一建筑分类，如设计图、施工图、竣工图、改造图、设备图等，也可以按照系统项目分类，如配电系统、供水排水系统、消防系统、空调系统等；利用则是在需要这些档案资料时，可以按照前面的分类，快速有效地调用各种资料，这样也有利于问题的迅速解决。

## （四）日常运作阶段

### 1. 管理运作

日常的管理运作是酒店物业最经常、最持久、最基本的工作内容，也是酒店物业管理水平的集中体现。酒店物业的日常管理包括酒店环境管理、酒店设施管理、酒店安全管理、酒店管家服务、酒店建筑物智能化和酒店绿色管理。

### 2. 系统协调

酒店物业管理需要与诸多部门合作完成，其中社会公共事业部门及行政管理部门的配合十分重要。需要密切协调的机构有：业主、文化和旅游局、自来水公司、供电局、煤气公司、供热公司、通信公司、社区、居委会、公安局、派出所、人力资源和社会保障局、卫生防疫站、工商局、环保局、园林局、房管局、执法局、税务局、物价局、交通局、影视公司、媒体单位等，如图7-4所示。

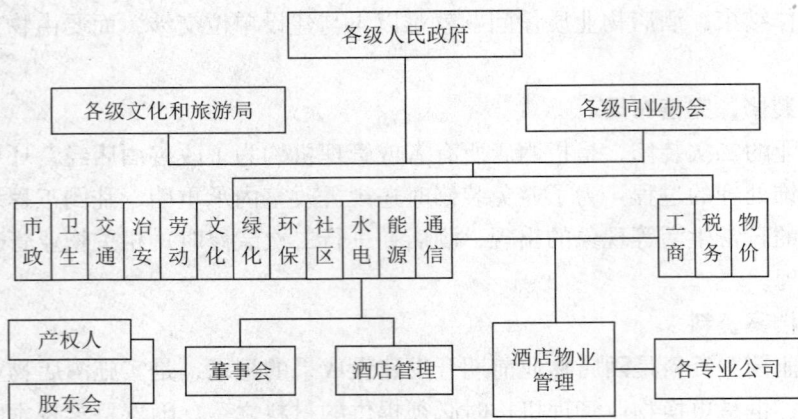

图7-4　酒店物业管理的系统协调

### 3.后期管理

酒店物业的后期管理是物业管理工作的最后阶段，针对生命周期已经结束的物业，所进行的拆迁管理与环境保护方面的管理工作。

## 三、酒店物业管理的内容

### （一）宾客接待服务

酒店一般设有专门接待客人的前台或总台，当有客人前来，前台服务人员要主动接待，落实好客人的住宿、吃饭或娱乐等要求。酒店前台、商务中心或服务部还应为客人提供代订机票、船票、车票，会议安排，订餐、送餐，洗衣等多项服务项目。

### （二）酒店建筑及设施设备的维修养护管理

酒店建筑及设施设备管理的主要任务是对酒店的建筑及设施设备进行维修养护。适时地改造更新设施设备，从而使酒店获得更高的经济效益，主要做好以下几方面的工作。

第一，确保能源供给与控制能耗。不仅要保证热水、冷水、电、暖、气、空调等设备设施的正常运行，而且要有效地控制能源消耗，完善各项节能措施。

第二，做好设备的改造或更新。酒店对设备性能要求较高，变化较快。设备尚未到淘汰年限时，就需要提前更新、改造，物业管理企业应帮助酒店制订设备更新改造计划，并付诸实践。

第三，做好设备备件管理，关键设备的易损件必须购置备品、备件，以便及时更换，缩短停机时间。

第四，筹划楼宇的改建、扩建与新建。随着酒店市场需求的变化和发展，酒店楼宇改建、扩建、新建势在必行。工程设备部门应当积极主动地向酒店总经理室提出筹划方案，并在总经理决策后予以贯彻实施。

第五，做好建筑及其装饰的养护与维修。酒店建筑及其装饰是酒店的标志性形象，需注意养护，保持其特有的风貌与格调，切忌破损。

## （三）酒店钥匙管理

第一，客房门钥匙由前厅总服务台负责管理，在客人办理住宿登记时，由酒店总服务台发给客人，退房时交回钥匙。客人住宿期间丢失钥匙，应填写配置调换钥匙登记表，经前厅经理同意、签字并送保安部批准后，方能配置或调换。

第二，因工作需要，酒店员工需临时借用客房门钥匙，必须办理登记和审批手续，并按时交回。

第三，严格控制"万能钥匙"的保存和使用。这种钥匙通常只有两把，一把由总经理亲自掌管。一把由保安部门保管。万能钥匙非经总经理批准不准使用，使用情况也要记录在案。

第四，重要库房、保险柜必须采取双人双锁或三人三锁制，钥匙由两人或三人分别掌管。开启重要库房和保险柜，必须由所有掌管钥匙的人同时到场才能开启。

第五，客房和客房楼层的总钥匙，严禁带出店外。严禁无关人员进入客房。

第六，保安部门负责对酒店钥匙管理的检查和监督，积极配合各部门做好钥匙管理的工作。

## （四）酒店保洁服务

### 1. 客房的卫生保洁

每天都要按规范清扫、擦洗房间，根据需要更换床单、被套、枕巾、拖鞋、浴巾、毛巾、牙具等，保持客房干净整洁。进客房要事先按门铃，征得客人同意后，方可进入。

### 2. 餐厅的卫生保洁

由于饭店的客人流动频率高，容易发生传染病，对卫生条件要求特别严。除了对食物、酒水的卫生标准要求较高外，必须做好餐厅的卫生保洁工作，餐厅内保持空气清新，温度适中，窗明几净，一尘不染，餐具用后必须清洗消毒。

### 3. 其他公共区域的卫生保洁

除了客房和餐厅以外的其他公共区域，主要包括大堂、会议室、楼道、楼梯、电梯、公共卫生间、楼外广场、绿地、外墙立面、停车场（库）、娱乐场所等，这些部位的卫生保洁也是饭店为宾客服务的一项重要工作内容。每一所酒店都应设有负责卫生保洁工作的部门，根据酒店和物业管理企业的具体情况制定严格的卫生保洁规范要求、岗位职责、操作规程和达到标准，具体内容应尽可能细化，便于操作。主要保洁工作内容应包括：

第一，定时清扫地面，擦拭门面、玻璃等，保持清洁。

第二，要定期将墙面积灰清除干净，定期清洗外墙立面，保持墙面整洁。

第三，去除绿地中的杂物、枯枝、败叶，保持绿化地带整洁。

第四，每天清洁各种金属装饰物或器皿，并定期擦拭干净，保持各种装饰件的整洁。

第五，定期将喷泉、水池中的水排放干净，清洁池底及池壁。

第六，做好酒店楼宇公共卫生间的清洁工作，主要工作内容有：保持清洁用具的干净、完好；要及时清除洗手盆、台面、水龙头和镜子上的灰尘、杂物，擦去污迹和水迹，使其保持干净明亮；及时擦去地面上的各种水迹和脚印，保持地面干净，并定时用湿拖把拖净地面；及时补充各种卫生用品，及时将垃圾筒里的杂物倒净，不能使杂物超过垃圾筒的高度；将墙面、垃圾筒等擦洗清洁、抹平；坐厕内和小便池内，须用马桶清洁剂刷洗干净，并喷洒消毒剂；用清洁剂擦洗墙面、地面后，还要定期对地面进行抛光、上蜡；为了保持空气清新，还需要经常喷洒空气清新剂。

### （五）酒店安全保卫服务

第一，贯彻国家安全保卫工作的法规和方针政策。广泛开展安全、法制教育，旨在酒店全体员工中牢固树立"没有安全就没有效益"的观念，并积极采取切实措施，确保重点，保障安全。

第二，加强内部治安管理，落实酒店业相关的治安管理法规，维护酒店内部公共场所和道路交通等各项治安秩序。

第三，根据"预防为主，消防结合"的方针，加强酒店内部消防管理，建立并检查各部门防火安全制度，组建义务消防队，定期进行消防预习和消防检查，对一切火警苗子都要做到"三不放过"。

第四，负责追查酒店内部发生的破坏事故和破坏嫌疑事故，并配合协助有关部门，参与调查重大的治安灾害事故，协助公安机关查处酒店内部发生的治安案件和侦破各类刑事案件。

第五，确保酒店要害部位、重点工程和重要活动的安全。

### （六）酒店消防管理

第一，各种消防设施应由工程设备部负责、保安部配合进行定期检查，发现故障及时维修，以保证其性能完好。

第二，安保巡逻员每天必须对巡逻区域内灭火器材安放位置是否正确、铁箱是否牢固，喷嘴是否清洁、畅通等进行检查，发现问题应及时报告工程设备部修复或更换。

第三，工程设备部会同保安部对消防栓的箱内水枪、水带接口、供水阀门和排水阀门等，定期进行放水检查，发现问题，及时纠正。

第四，消防中心要定期检查消防报警、探测器（温感、烟感）等消防设施，发现问题，应及时报告工程设备部进行维修。

第五，消防设施周围严禁堆放杂物，消防通道应随时保持畅通。

第六，消防中心定期检查灭火器的重量和摆放位置，重量到一定程度的，应补充药剂并充气，对放置在强光或高温地方的，应立即移位。

第七，每天都要检查安全门的完好状态，检查安全、消防通道是否畅通，如发现杂物或影响畅通的任何物件，应立即采取措施加以排除。

第八，所有消防安全检查均应记录归档。

### （七）酒店绿化管理

第一，做好酒店室外庭园、花坛、绿地、喷水池、屋顶花园、屋顶平台及其他所有室外康健娱乐场所等的绿化养护工作，及时修剪草木，定期去除杂草。

第二，做好酒店室内外公共区域、高级客房的绿色植物摆放、更换工作，以美化环境。以盆栽绿色植物进行绿化的方式有：

（1）组合视景。在各种无色的较大的玻璃缸、瓶及透明塑料板等材料制作的容器中栽植网纹草、血叶兰、椒草、小吊兰、孔雀竹芋、冷水花、螺叶海棠、红绿草、吊竹梅等微小型现叶植物及小型多肉类植物。所用介质，底层为聚苯乙烯粒，其上辅以珍珠岩或硅石、河沙，在上面可饰以白瓜子石或小卵石等，也可无饰，施无机肥。置于室内别具一格、清雅高贵。

（2）有土盆栽绿化。品种很多，除较普及的有各种吊兰、吊竹梅、常春藤外，还有紫梗芋、薛荔、血叶兰、各种绿萝、松鼠尾、蔓椒草、蔓紫鹅绒草、蔓长春花等。这些植物耐阴，可长期吊悬，垂直绿化室内。

（3）无土盆栽绿化。不少种类的阴性观叶、观花植物均可无土栽培。其介质有硅石、珍珠岩、水苔、腐熟木屑、黄沙、陶砾等。可用塑料盆栽，施用无机化肥和营养液，清洁、卫生、美观，可长期置于室内茶几上。

（4）盆栽蔬菜。如栽种菠菜、旱芹、西洋芹、红皮萝卜、荣菜等。盆栽蔬菜绿化成本低廉，新鲜嫩绿，容易栽培。

### （八）酒店其他服务项目

一般高档饭店，为了吸引宾客、增加收入，除为宾客提供食宿条件外，还备有许多文体娱乐设施，如健身房、游泳池、网球场、保龄球场、高尔夫球场、旱冰场、台球室、桑拿浴池、舞厅、卡拉 OK 厅、棋牌室、酒吧、茶园等，为宾客酒后饭余尽兴娱乐提供各种便利条件。所有这些娱乐项目，均应由经过培训的专门服务人员进行优质管理和服务。

## 四、酒店物业管理机构

### （一）机构设置的原则

酒店物业管理机构设置的原则是：有利于加强酒店物业经营管理，本着"实事求是，精简效能"的原则，在保证搞好经营管理和优质服务的前提下，尽量缩减编制员，精简管理机构。

### （二）机构设置指导思想

有利于加强酒店的物业管理，保护宾客的人身、财产安全，为宾客提供优服务；有利于加强酒店经营管理，为业主创造更多的营业收入，维护好酒店资产，使酒店资产使用寿命延长，保值增值；有利于酒店物业管理机构自身建设、发展，不断提高经营管理水平和员工队伍素质；有利于为酒店物业管理机构的股东创造更好的收益。

### （三）委托管理体制

酒店管理公司是按《公司法》要求注册登记的具有法人资格的股份有限公司、有限责任公司或独资公司。公司实行董事会领导下的日常经营管理总经理负责领导体制。酒店投资者如果是独家投资，则他就是业主；如果是两个或以上股东投资，则应由股东成立业主委员会代表业主。

## 五、酒店物业管理发展方向

### （一）酒店物业管理的产品是服务

在酒店物业管理的运作中必须强化服务意识及品牌意识。酒店物业管理必须以市场为目标，以需求为导向，以消费心理为依据，向品牌管理发展。正确设计自己的品牌形象，统一酒店物业视觉识别并加以整合和传达，通过人员和环境形象的有效管理，以优质、特色的服务，为宾客提供及时、方便、周到的服务，使酒店每一项服务都成为一个闪亮的窗口，让宾客和公众产生一致的认同感，在服务中孕育品牌。

### （二）企业文化是打造企业品牌的基础

企业文化不是一种附庸风雅的装饰物，而是由一系列系统理念组成，有着深邃内涵的精神载体。酒店物业管理机构的文化建设同样需针对企业自身特点和市场状况以及企业未来的经营和发展等情况不断加以充实完善。要防止企业无形的文化和有形的管理制度冲突碰撞及企业文化和社会文化脱节。由于每个人的个人价值观与组织所倡导的共同价值观总是存在差别，所以酒店物业管理的企业文化建设不是一朝一夕能完成的，要达到珠联璧合，取得一致，必须由浅到深、由易到难、由表及里地按计划行事。

### （三）酒店物业管理应以人为核心，以环境为重点

要使人们一进入服务区，就能感受到典雅、舒适的人文环境和自由飘逸的文化气氛，体现出无处不在的文化氛围和对人的尊重与关怀。完善统一的物业环境视觉系统，安全有序的交通管理，方便快捷的通信信息和管理人员的文明言行，都是酒店物业管理最重要和最基本的东西。通过在环境中对文化的渗透，达到启发人们的自律意识，培养

人们的文明素质的效果，这是现代酒店管理的重要特征与发展方向。

## 【本章小结】

1. 酒店财务管理活动变现为酒店再生产过程中周而复始、循环往复的资金运动。酒店资金运动从经济内容上观察，可以划分为筹资活动、投资活动和收益分配活动等环节，因此，酒店财务管理的基本内容包括酒店筹资决策、投资决策、鼓励分配决策等。

2. 酒店是一种劳动密集型企业，酒店管理者首先是人力资源管理者。由于顾客的需求日益多样化和复杂化，现代科学技术成果在酒店中广泛应用以及劳动力市场的不断变化，酒店人力资源开发和管理面临着巨大困难和挑战。这就需要酒店在进行招聘时仔细甄选，并对员工进行持之以恒的培训，做到恰到好处的激励等，以保证酒店员工队伍的稳定。

3. 物资是酒店业务运转必不可少的因素。酒店物资管理是指对酒店的物资进行计划、采购、保管、使用、回收等一系列组织和管理活动的总称。酒店物资管理包括编制物资计划、组织货源、物资定额管理、物资采购和验收管理、物资仓储管理以及物资发放管理六个方面。

4. 酒店物业管理即业主对酒店公共部分以及酒店内共有设施、设备、场所的共同管理或者委托物业服务企业、其他管理人员对酒店的设施、设备、场地等进行管理的活动。包括筹备、策划、启动、日常运作四个阶段，四个阶段构成了物业管理的全过程。

## 【案例分析】

### 危机！酒店行业人才流失状况严重

北京龙熙温泉度假酒店位于北京南郊大兴庞各庄，是一座以时尚、健康、休闲、高雅为概念的度假酒店。随着北京大兴区快速发展的势头，龙熙酒店正在大力兴建酒店二期。但是2013年年初，国家政府出台"八项规定、六项禁令"政策，对酒店业的直接影响甚大。北京龙熙温泉度假酒店也没能幸免，政策刚出，该酒店就接到大批退单，再加上该酒店管理营销方式的不当，酒店入住率直线下降，目前的情况不容乐观。酒店客房部主楼和别墅最初共有33名服务员，半年后，客房部除去10名新进员工，只剩下18名服务员。从该酒店客房部一线员工流失情况，足以窥探出该酒店一线员工流失的严重。由于酒店员工大量流失，酒店经营运转面临困窘。基层服务人员不足，部分在职员工不稳定，新员工培训没跟上，服务技能不熟练，导致酒店整体服务质量下降。

根据和泰智业提供的数据，2016年春节过后，酒店业离职高峰毫无悬念地如期而至，一季度员工流失率随月份逐渐升高。2016 年第一季度全国星级饭店员工流失率一月份为 2.82%，二月份 3.20%，三月份则上升到 3.86%（如下表所示）。对此，人力资源部门需要密切关注分析自己酒店流失人员的结构情况，控制人员流失率，工作的重点不在数字上，而在于是否控制了核心员工的流失，确保人力资源"质"的提高。

### 2016 年与 2015 年酒店员工流失率对比

| 时间 | 2016年第一季度 | 2015年第一季度 | | 2015年第四季度 | |
|---|---|---|---|---|---|
| | 平均值 | 平均值 | 同比 | 平均值 | 环比 |
| 员工流失率（%） | 3.26 | 4.48 | −1.22 | 3.26 | 0.00 |

### 2016 年第一季度酒店员工流失率统计

| 2016年 | 1月 | 2月 | 3月 |
|---|---|---|---|
| 员工流失率（%） | 2.82 | 3.20 | 3.86 |

数据来源：2016 年第一季度饭店员工流失率数据分析

**分析内容：**

根据上述案例，并结合相关知识，思考：

1. 酒店人才流失的原因是什么？

2. 酒店应如何减少人才流失？

# 第 八 章

## 酒店服务质量管理

【学习目标】

学习本章后，你应该能够：

1. 掌握酒店服务质量管理的基本概念，了解酒店服务质量管理的主要方法；

2. 了解与掌握酒店服务金三角，酒店服务质量改进的原则、方法，酒店服务蓝图的组成及其在质量改进中的作用；

3. 了解酒店服务质量评价标准、评价体系和保证体系；

4. 掌握酒店服务目标，了解酒店服务质量制度及服务质量检查。

【章前引例】

### 丽嘉酒店的超值服务

丽嘉酒店的信条卡中有这样一条服务信念，就是为客人提供独特、难忘和个人化的体验。也就是要针对不同的客人，满足他们不同的个人偏好，提供个性化的服务。这是标准化与优质服务要求之上的服务，对顾客来说，常常意味着意外、惊喜、感动，意味着获得了物超所值、带有更多附加价值的服务。这样的超值服务为丽嘉酒店赢得了高度的顾客忠诚度，成为其成功的重要原因之一。

如果你在丽嘉酒店预订了房间，在你到达酒店的时候，不用奇怪他们竟然能称呼你的名字向你问好；而如果你所预订的房间中恰好有你喜欢的巧克力，你也不用奇怪，因为丽嘉酒店总会想方设法在你进住酒店前了解你的喜好，并按照你的喜好来为你提供相应的服务。

在丽嘉酒店，每一位员工在为客人服务时，都会非常注意细节。比如，如果水果盘里的水果每天都剩了香蕉，那服务人员下次就可以在送水果的时候把香蕉去掉。如果发现这位客人喜欢吃葡萄，那在他下次入住时水果篮里就会以葡萄为主。并且，员工会把留意到的东西，随时记录下来。这些喜好，以及客人的姓名和照片可以交给经理或者相应的部门，直接输入全球互联网的酒店系统客户识别数据库进行存档，以后不断补充，在提供服务的同时为客人的第二次入住做好准备。比如，某位客人因为腰部问题需要两床被子，当他下次下榻丽嘉的时候房间里总会多一床被子。为了鼓励员工记录，饭店每天都会表扬记录最详细的员工。

每天，世界各地丽嘉酒店的员工都会收到两份需要学习的资料：一份是总部传过来的重要客人的信息；另一份是所在酒店当天客人的信息。所以，当你再次踏进全球任何一家丽嘉酒店时，你会惊喜地发现，房间的摆设竟然已经变成了你喜爱的风格，酒店提供的餐饮也完全合你的口味。你的点滴喜好都被酒店视为最值得尊重的东西。

丽嘉酒店认为，他们的客户是占全球5%的顶尖商务人士，他们不在乎酒店是否给他们打折，是否提供免费服务，他们在意的是服务。丽嘉不依靠优惠卡、会员卡来吸引客户，丽嘉提供的是"隐形的会员卡"，因为客人所有的喜好，丽嘉都有档案记录。

# 第一节　酒店服务质量管理方法

## 一、酒店服务质量管理概述

### （一）酒店服务质量管理的概念

酒店服务质量管理，是指从酒店系统的角度，把酒店作为一个整体，以最优服务为目标，以服务质量为对象，运用一整套质量管理体系、手段和方法而进行的全方位、全空间、全员、全过程的管理活动。

质量对于酒店生存具有决定性作用的原因如下：

（1）较高的顾客忠诚（higher customer loyalty）。质量是顾客满意的重要组成部分，优质产生高满意度，而高满意度又能产生忠诚的顾客。顾客的忠诚是收益提高和增长的源泉。

（2）较高的市场份额（higher market share）。忠实的顾客为企业提供了稳固的顾客基础，这些顾客口口相传的传播效应能带来新的顾客，这就创造了更大的市场份额。

（3）为投资者带来较高的投资回报（higher returns to investors）。研究表明，因其商品或服务而著称的厂商是能够盈利的厂商，因此它们的股票就会成为好的投资对象。

（4）忠实的员工（loyal employees）。如果一个企业能生产优质的商品和服务，他的员工会为自己的工作而骄傲，他们能从工作中获得较高的满意程度。满意的员工往往更加忠诚，生产效率更高。除此之外，企业中的人员流失也会少一些。

（5）较低的成本（lower costs）。优质意味着一举成功，这样企业可以用较少的钱来纠正错误或者补偿不满意的顾客。对错误的防范能提高生产率，同时降低成本。

（6）对价格竞争具有较高的抗御能力（lesser vulnerability to price competition）。酒店凭借其优质服务能够提供竞争者不能提供的东西，所以就能索要较高的价格。他们通常不必参与价格竞争，如果参与，也会因为生产率较高，成本较低而占据优势地位。

### （二）酒店服务的质量要素

就酒店服务而言，质量概念与制造业有所不同，它包含了有形质量和无形质量两个质量要素。

#### 1. 酒店服务的有形质量

酒店服务的有形质量又称为技术质量，其主要包含两方面的内容：其一，酒店的设备、设施质量。酒店的设备设施质量指酒店硬件完好程度、安全程度、舒适程度和方便程度以及与酒店的档次、规模、规格的吻合程度。它覆盖了酒店各个角落和空位的有形物体，甚至包括了酒店的温度和湿度。其二，酒店的实物产品质量。它是指酒店提供的有形产品，如所购物品和餐饮产品的花色品种、外观颜色、内在质量与价格之间的吻合程度。酒店服务有形质量的高低有非常具体细致的客观衡量标准，通常是可以衡量的。

#### 2. 酒店服务的无形质量

酒店服务的无形质量又称为功能质量，也包括两方面的内容：其一，酒店的劳务质量。它是指酒店的员工向顾客提供服务时所表现出的行为方式，包括员工的服务技巧、服务方式、服务态度、服务效率、职业道德、团队精神、礼节仪表等，这些是酒店服务质量标准和程序的内在体现。其二，酒店服务的环境质量。它是指酒店的自然环境和人际环境，优质的自然环境要使顾客在酒店停留期间感受到文化和绿化的高雅品位和艺术的魅力，良好的人际环境体现为酒店的管理人员、服务人员和顾客三者之间友好、和谐、理解的互动关系。无形质量的高低在很大程度上取决于员工在服务现场的心理状态和顾客接受服务时的主观感受，因此，无形质量是很难衡量的。

## 二、酒店服务质量管理的主要方法

### （一）全面质量管理

#### 1. 全面质量管理的基本内容

20 世纪 50 年代末，美国通用电气公司的费根堡姆和质量管理专家朱兰提出了"全面质量管理"（Total Quality Management，TQM）的概念，认为"全面质量管理是为了能够在最经济的水平上，并考虑到充分满足客户要求的条件下进行生产和提供服务，把企业各部门在研制质量、维持质量和提高质量的活动中构成为一体的一种有效体系"。60 年代初，美国一些企业根据行为管理科学的理论，在企业的质量管理中开展了依靠职工"自我控制"的"无缺陷运动"（Zero Defects），日本在工业企业中开展质量管理小组（Quality Control Circle）活动行，使全面质量管理活动迅速发展起来。全面质量管理的基本内容是"三全"，具体如下所示：

（1）对全面质量的管理。全面质量指所有质量，即不仅是产品质量，还包括工作质量、服务质量。在全面质量中产品质量是核心，企业应以质量为中心。

（2）对全过程的管理。任何产品或服务的质量，都有一个产生、形成和实现的过程。从全过程的角度来看，质量产生、形成和实现的整个过程是由多个相互联系、相互影响的环节所组成的，每一个环节都或多或少地影响着最终的质量状况。为了保证和提高质量就必须把影响质量的所有环节和因素都控制起来。为此，全过程的质量管理包括了从市场调研、产品的设计开发、生产（作业），到销售、服务等全部有关过程的质量管理。要把质量形成全过程的各个环节或有关因素控制起来，形成一个综合性的质量管理体系。

（3）由全体人员参与的管理。一方面，企业中任何一个环节，任何一个人的工作质量都会不同程度地直接或间接地影响着产品质量或服务质量。在酒店中推行全面质量管理需要员工的素质作保证，即酒店服务人员应具有的服务技能、气质以及赢得顾客满意，获得理想服务效果的服务技艺及精神魅力。它要求员工有积极主动的态度，随时恭候客人的到来，随时愿为宾客效劳，关心宾客利益，以礼貌、友好、热情、尊重的服务为客人尽力，要有笑容可掬的形体语言。为了赢得顾客的满意，一定要掌握、熟知客人不同的文化风俗、禁忌与嗜好。在公共场合交流时，称呼客人的名字，说话要采用友好的语调。作为信息提供者应熟知酒店及当地的设施服务、风土人情等，为顾客提供有帮助的建议。另一方面，人人关心产品质量和服务质量，全体参加质量管理，才能为客人提供满意的服务。要实现全员参与，授权是一种有效的方法。授权是权力及责任的传递，目的是将权力转移给最能充分运用利用它的人。若权责不等，则授权失败。

**2. 酒店全面质量管理蕴含的内容**

至今，人们对酒店全面质量管理含义的认识没有统一。"卓越""价值""合乎标准""适合使用""无差错""满足或超过顾客的期望值"等，不同的人可以从不同的角度去解释全面质量管理。随着社会的进步和全球酒店业的发展，越来越多的酒店管理者认为，酒店全面质量管理的核心是强调服务的一致性，克服随意性、消除差错，一次做到位，使顾客在酒店的停留过程中感到百分之百的满意，产生重新光顾并说服他人光顾酒店的冲动。因此，酒店全面质量管理可以归纳为5项基本原则：

（1）以顾客为中心（Guest centralized）：准确判断顾客对酒店服务质量的期望和需求，随时倾听顾客的意见和建议，懂得如何才能满足顾客的需求，调整好顾客的期望值。

（2）不断改进（Continuous improvement）：对现有的服务质量保持稳定并不断改善，根据市场需求变化进行服务创新，在保持服务标准中体现灵活性和个性化服务，在保持高水平服务质量中努力降低质量成本消耗。

（3）全员参与（Total involvement）：酒店的每一个员工都受到良好的训练，充分了解质量信息，自觉参与酒店的质量决策，使用一流的服务工具，具有人人对服务质量负责任的意识和行为，根据服务业绩得到公平公正的激励。

（4）一次到位（Do it right the first time）：将酒店服务中可能发生的差错扼杀在摇篮中，做到服务无差错、零差错，避免差错出现事后补救。

（5）全过程管理（Control from the beginning to the end）：将服务前的准备，服务中的监督控制，服务后的善后三个阶段连成一条服务链，保持其耐久性和可靠性，将规定的标准服务无变异地提供给顾客，不因人、因事、因时而断裂和扭曲。使全体员工认同服务过程中"99 + 1 = 0"的哲学辩证关系。坚持了上述原则，才能最终达到顾客百分之百的满意。

## （二）差距管理法

服务质量差距模型如图 8-1 所示。该模型是 20 世纪 80 年代中期到 90 年代初，美国营销学家帕拉休拉曼（A. Parasuraman），赞瑟姆（Valarie A. Zeithamal）和贝利（Leonard L. Berry）等人提出的，是专门用来分析质量问题根源的有用工具。服务质量差距模型（Service Quality Model），也称 5GAP 模型。

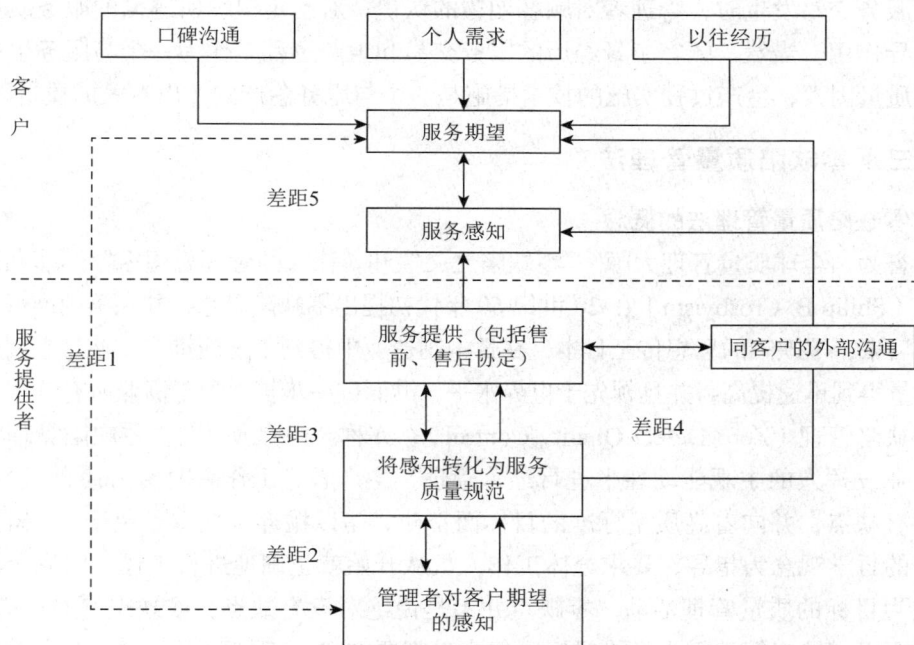

图 8-1　服务质量差距模型

差距 1：不了解顾客的期望；差距 2：未选择正确的服务设计和标准；差距 3：未按标准提供服务；差距 4：服务传递与对外承诺不相匹配；差距 5：期望服务和感知（实际经历）服务差距。

分析和设计服务质量时，这个基本框架说明了必须考虑哪些步骤，然后查出问题的根源。要素之间有五种差异，也就是所谓的质量差距。质量差距是由质量管理前后不一致造成的。最主要的差距是期望服务和感知（实际经历）服务差距（差距 5）。模型中的主要概念如下：

**1. 服务期望**

服务期望是顾客以往的经历、个人需求以及口碑沟通来确定的，它受到企业与顾客沟通活动的影响。

**2. 服务感知**

服务感知是指顾客亲身经历的服务，它是公司一系列内部决策和内部活动的结果。

**3. 服务差距**

顾客期望的服务与顾客感知的服务之间的差距，这是差距模型的核心。

上述模型说明了服务质量是如何形成的，模型的上半部涉及与顾客有关的现象。期望的服务是顾客的实际经历、个人需求以及口碑沟通的函数。另外，也受到企业营销沟通活动的影响。

实际经历的服务，在模型中称为感知的服务，它是一系列内部决策和内部活动的结果。在服务交易发生时，管理者对顾客期望的认识，对确定组织所遵循的服务质量标准起到指导作用。当然，顾客亲身经历的服务交易和生产过程是作为一个与服务生产过程有关的质量因素，生产过程实施的技术措施是一个与服务生产的产出有关的质量因素。

## （三）零缺陷质量管理法

### 1. 零缺陷质量管理法的概念

被誉为"全球质量管理大师""零缺陷之父"和"伟大的管理思想家"的菲利浦·克劳斯比（Philip B. Crosbyism）在 20 世纪 60 年代初提出零缺陷思想，并在美国推行零缺陷运动。后来，零缺陷的思想传至日本，在日本制造业中得到了全面推广，使日本制造业的产品质量得到迅速提高，并且领先于世界水平，继而进一步扩大到工商业所有领域。

零缺陷管理（Zero Defect Quality Control），亦称"缺点预防"，零缺陷管理的思想主张企业发挥人的主观能动性来进行经营管理，生产者、工作者要努力使自己的产品、业务没有缺点，并向着高质量标准的目标而奋斗。是以抛弃"缺点难免论"，树立"无缺点"的哲学观念为指导，要求全体工作人员从开始就正确地进行工作，以完全消除工作缺点为目标的质量管理活动。零缺点并不是说绝对没有缺点，或缺点绝对要等于零，而是指要以"缺点等于零为最终目标，每个人都要在自己工作职责范围内努力做到无缺点"。它要求生产工作者从一开始就本着严肃认真的态度把工作做得准确无误，在生产中从产品的质量、成本与消耗、交货期等方面进行合理安排，而不是依靠事后的检验来纠正。

零缺陷特别强调预防系统控制和过程控制，要求第一次就把事情做正确，使产品符合对顾客的承诺要求。开展零缺陷运动可以提高全员对产品质量和业务质量的责任感，从而保证产品质量和工作质量。

追求质量已是一种管理的艺术，如果我们能建立正确的观念并且执行有效的质量管理计划，就能预防不良产品的产生，使工作发挥高效生产力而且充满乐趣，不会整天为层出不穷的质量问题头痛不已。要树立零缺点的理念，必须正确理解和把握以下三种观念：

（1）人们难免犯错误的"难免论"。一般认为"人总是要犯错误的"，所以对于工作中的缺点和出现不合格品持容忍态度，不少企业还设立事故率、次品率等，纵容人们的这种观念。零缺点管理向这种传统观念发出挑战，它抛弃"难免论"，认为人都有一种"求全"的基本欲望。希望不犯错误，把工作搞好。

（2）每一个员工都是主角的观念。在日常的企业管理中，管理者是主角，他们决定着工作标准和内容，员工只能照章办事。零缺点管理要求把每一个员工却当作主角，认为只有全体员工都掌握了零缺点的思想，人人想方设法消除工作缺点，才会有真正的零缺点运动，管理者则是帮助并赋予他们正确的工作动机。

（3）强调心理建设的观念。传统的经营管理方法侧重于技术处理，赋予员工以正确的工作方法。零缺点管理则不同，它侧重于心理建设，赋予员工以无误地进行工作的动机，认为做工作的人具有复杂心理，如果没有无误地进行工作的愿望，工作方法再好，也不可能把工作做得完美无缺。

**2. 零错误质量管理法的运用**

把零缺点管理的哲学观念贯彻到企业中，使每一个员工都能掌握它的实质，树立"不犯错误"的决心，并积极地向上级提出建议，就必须有准备、有计划地付诸实施。实施零缺陷管理可通过以下步骤进行：

（1）建立推行零缺陷管理的组织。事情的推行都需要组织的保证，通过建立组织，可以动员和组织全体职工积极地投入零缺点管理，提高他们参与管理的自觉性；也可以对每一个人的合理化建议进行统计分析，不断进行经验的交流等。公司的最高管理者要亲自参加，表明决心，做出表率；要任命相应的领导人，建立相应的制度；要教育和训练员工。

（2）确定零缺陷管理的目标。确定零缺陷小组（或个人）在一定时期内所要达到的具体要求，包括确定目标项目、评价标准和目标值。在实施过程中，采用各种形式，将小组完成目标的进展情况及时公布，注意心理影响。

（3）进行绩效评价。小组确定的目标是否达到，要由小组自己评议，为此应明确小组的职责与权限。

（4）建立相应的提案制度。直接工作人员对于不属于自己主观因素造成的错误原因，如设备、工具、图纸等问题，可向组长指出错误的原因，提出建议，也可附上与此有关的改进方案，组长要同提案人一起进行研究和处理。

（5）建立表彰制度。无缺点管理不是斥责错误者，而是表彰无缺点者；不是指出人们有多少缺点，而是告诉人们向无缺点的目标奋进。这就增强了职工消除缺点的信心和责任感。

大量的实践告诉我们，只进行"超级检验"是远远不够的，那是一种既昂贵又不切实际的做法，必须用超乎寻常的检查水准才能维持它。企业更应该做的是，如何防患于未然。零缺点通过向员工揭示管理阶层的期望，使领导者的心愿一清二楚地表达出来，员工再按照主管们的心愿去做事，从而达到改进质量的目的。

# 第二节 酒店服务质量改进

## 一、酒店服务组织管理的基石——服务金三角

### （一）"服务金三角"的含义

"服务金三角"是学者基于对服务行业广泛研究的基础上提出的。卡尔·艾伯修特作为美国服务业管理学权威，在总结了许多服务企业管理的实践经验的基础上，明确地提出了"服务金三角"的概念，并且把它作为服务业管理的基石。这一观点已得到企业界和理论界的认同。

"服务金三角"观点认为，在全世界，无论任何服务企业，如果想获得成功——保证使顾客满意，就必须具备三大要素：一套完善的服务策略；一批能精心为顾客服务、具有良好素质的服务人员；一种既适合市场需要又有严格管理的服务组织。简而言之，服务策略、服务人员和服务组织构成了任何一家服务企业走向成功的基本管理要素。把这一思想用图形表现出来，就形成了"服务金三角"如图8-2所示。

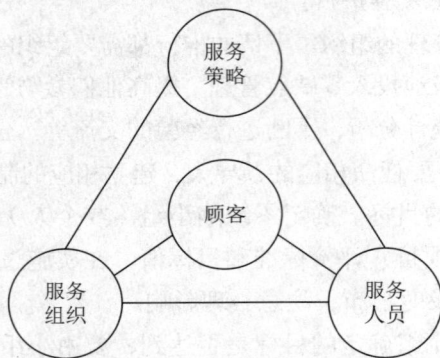

图8-2 服务金三角

由于"服务金三角"以清晰的构图反映了服务业管理中必须以顾客为中心的最本质的特点，同时又指出了加强服务业管理中最关键的三大要素，因此为世界各地服务业管理界所认可，并把它誉为服务企业管理的"基石"。尽管各种服务企业提供的服务是多种多样的，但是管理的基本模式基本上是一致的。因此"服务金三角"理论在酒店行业也有着广泛的适用。

### （二）"服务金三角"的关键要素

服务策略、服务人员、服务组织是服务金三角的三大关键要素。

#### 1.服务策略

要使服务企业提供成功的服务，第一个关键要素在于企业必须制定一套明确的服务

策略。制定服务策略必须要根据顾客的期望并加以细分化，使顾客的期望与企业提供服务的能力相配合，这样就可以为顾客提供满意的服务奠定一个良好的基础。

美国哈佛商学院教授海斯凯特指出："一项服务不可能使所有人得到所有的满足。服务组织与制造厂商不同，无法在同一时间提供超过一种'产品'——也就是超过一种形式或水准的服务。对于经营者，你必须选择或细分化出某一群顾客，再给予特定的服务，只有按照顾客们的需要，并制定出一套服务策略并提供给服务者，才能在顾客们的心目中，拥有竞争上的优势。所谓细分化就是区分出具有相同特性消费群体的过程，通过细分化可以设计并提供每个消费群体所需要的产品和服务。"服务市场的细分化是企业实施各项营销策略的基本前提，它是根据服务市场需求的多样性和购买者行为的差异性，把整体服务市场即全部顾客和潜在顾客，划分为若干具有某种特征的顾客群，以便选择确定自己的目标市场。市场细分化是目标市场确立的客观基础。

服务市场需求的差异性和顾客购买动机的差异性取决于社会生产力发展水平，市场商品供应的丰富程度以及顾客的收入水平。当社会经济落后，商品缺乏时，这些差异表现并不明显。但是当社会经济发展到一定程度，市场供应比较充足，购买力提高时，需求的差异性便鲜明地呈现出来。这一点，在顾客对服务的需求方面的变化尤其显得突出。例如，随着人们生活水平的提高，仅就提供纯劳务的新兴服务业就有搬家服务、装修服务、心理咨询服务、法律咨询服务、电脑咨询服务等。但是，任何一个服务企业不可能同时满足众多顾客对服务的需求。因此，制定细分化的服务策略就显得更为重要了。

（1）实施细分化服务策略的作用。

第一，使企业提供恰如其分的服务。实施细分化服务策略最重要的作用在于可以针对不同顾客群的需求，根据企业的能力来提供恰如其分的服务。因为对于顾客来讲，如果企业提供的服务不能满足顾客的需求，顾客必然会离去。但是如果所提供的服务远远超过了顾客的需求，大大增加了服务成本，那么，即使服务的目标是正确的，也会因为成本太高而使企业破产。

第二，使企业服务能力与顾客需求保持相对平衡，服务这种"产品"是无形的，具有非贮存性。它不能像制造业那样可以用库存的手段来调节淡季和旺季的需求之差。对于服务业来讲，解决服务能力供需相平衡的最有效的方法就是把顾客的服务需求细分化，这样使许多顾客的服务需求可以变得比较容易预测，从而掌握其变化规律，减少因服务需求的大幅度起伏，造成服务供需之间的不平衡。

第三，使企业服务能力能充分满足顾客需求。实施细分化的服务策略，才能充分满足不同顾客的不同需求。任何一家企业都可以通过市场细分化，找到属于自己的目标市场——某顾客群体。然后对这一顾客群体再做某些程度的细分，划分出几个层次，研究每个层次的消费特征，并制定一套相应的服务策略，以满足不同顾客的不同需求。

（2）制定细分化服务策略的难点。

尽管对服务的细分化和对营销的细分化有许多共同之处。但是，营销的细分化往往集中在顾客的明确需求即利用顾客买还是不买来判断某个目标市场是否存在；而服务的细分化则集中在顾客的期望，这是一种潜在的需求。

需求的确认较难，例如，顾客对购买某种家电都有相同的需求，但对购买家电过程所期望提供的服务，就会因顾客的经济条件、生活习惯和文化程度的不同而有所差异。收入不高的顾客期望得到较完善的服务，期望能使用较长的时间；而收入高的顾客往往对售后服务不太关心，因为他们不久就会考虑对家电更新换代。

此外，服务作为一种非具体的产品，它具有无形性。不同的顾客群有不同的期望，而只要企业提供的服务与顾客的期望稍有偏离，就会对顾客的满意程度造成冲击。此外，由于服务没有具体的产品可供检验，顾客往往会把服务和提供服务的系统联系在一起，即不同的服务提供系统，就会使顾客觉得所提供的服务产品存在差异。如顾客对提供理发的员工，不仅要看服务人员是否能理好头发，而且服务人员的衣着和谈吐也影响顾客服务的感受。解决这一问题的关键在于以下几点：

第一，要把了解顾客期望的重点放在最重要的顾客身上。因为顾客的期望具有多样性，但是只有属于"关键少数"的顾客期望才最有代表性。第二，找出企业所能提供的服务与顾客期望之间的差异，来确定顾客的真正期望。第三，要按顾客的期望加以细分，尽可能对各种期望的顾客提供良好的服务。第四，企业还必须利用广告、承诺、价格等手段来约束顾客的期望。

## 2. 服务人员

要使服务企业能提供成功的服务，关键要素还有服务人员。因为对顾客来讲，与企业之间的接触是通过与企业第一线的服务人员来实现的，服务人员既是企业的代表，又是服务的化身，因此服务人员素质的高低对服务企业来讲极为重要。

首先，服务企业第一线职工是要直接接触顾客的，这一点和制造业职工是大不相同的。例如，在生产流水线上的工人，由于其操作过程必须标准化和程序化，所以其中很少有不确定性的成分，甚至有时根本不需要判断力，一切只要按程序、按标准进行操作就可以了。但是作为服务业中的第一线职工，行业的性质决定了他们必须与顾客保持密切的接触，尤其是在这种接触中充满了不确定性，因为顾客的需求和期望具有多样性。服务人员在提供服务过程中，在很多情况下需要服务人员自行判断如何解决顾客的问题，有针对性地提供服务。因此要使企业能够提供顾客满意的服务，训练一支具有良好素质的服务员工队伍是必不可少的。

## 3. 服务组织

每一个服务企业都必须建立相应的服务组织，其目的是保证服务企业在确定细分化的服务策略以后，通过服务提供系统的建立和对提供服务过程的有效控制，使服务企业能及时准确地提供服务，以达到预定的目标市场中顾客的需求。

在服务企业内部建立相应的组织机构，除了可以起到把最高管理层所规定的目标能有效地贯彻到基层工作人员的作用以外，对于服务企业来讲，还有其独特的作用。

首先，服务企业职工本身的行为就构成了服务这一"产品"的组成部分，而制造业中工人的行为可以影响产品的质量，但不会构成产品本身的一部分。服务企业职工的服务行为对顾客所感受到的服务起到了重要的作用，而且越是提供无形服务比重高的服务，顾客的心理感受的分量就越重。

其次，由于服务产品具有无形性，不能贮存，所以很难依靠"库存"来解决供求之间不平衡的矛盾。最好的解决办法，只能靠有效的服务组织的管理者合理配置各种资源，以及消除各种"瓶颈"现象，提高服务企业的工作效率。

再次，服务具有生产和消费同时进行的特征，为使分散性的服务企业都达到规定的统一标准的要求，管理者有必要建立强有力的服务统一标准以及服分组织和管理部门，以对高度分散性的服务企业进行有效的控制。

最后，由于服务质量难以进行事后把关，所以必须有赖于服务企业有效组织机构的力量来进行事前控制。如果实现不了这一点，仅靠"事后把关"无法做到提供顾客满意的服务。

# 二、酒店服务质量改进体系

根据酒店业服务质量的构成和特性，在酒店中推进服务质量改进的基本点是：以顾客的物质需求和精神需求为依据，以提高顾客满意程度为标准，以领导支持、全员参与、各种制度和持续改进为保证，以服务的专业技术和各种适用的科学方法为手段，以取得最大的社会和经济效益为目的。

## （一）酒店服务质量改进的原则

ISO 9000 中对质量改进的原则的描述是"组织的产品、服务或其他输出的质量是由使用它们的顾客的满意度确定的，并取决于形成及支持它们的过程的效果和效率；质量改进通过改进过程来实现；质量改进应不断寻求改进机会，而不是等待出现问题再去抓住机会"。酒店服务质量改进也有需要遵循的原则，主要包括以下几项原则：

### 1. 过程改进原则

酒店质量改进的根本是服务过程的质量改进，质量改进通过过程而实现。在酒店服务质量改进过程中，改进模式的确定、改进组织和团队的建设、改进方案的制订、改进目标的评价及改进过程的实施及监控等共同构成了酒店服务质量改进过程的质量改进环。质量改进环节上的每一个过程都将直接影响酒店服务质量改进的效果和结果。因此，首先应对酒店服务质量改进全过程进行细化分解，直至质量改进环节的最基本单位；接着应明确酒店质量改进的目标和效果，从最小单位开始进行改进过程。

### 2. 持续性原则

酒店质量改进应以追求更高的过程效果和效率为目标，当今比较通用的质量改进步骤为：寻找不足—改进—巩固—寻找新的不足—新的改进—巩固。

酒店服务质量改进是以已有的酒店服务产品和服务过程为基础的，对服务过程中涉及的达不到顾客要求而造成顾客不满的问题进行原因分析，探讨解决问题的措施，并在征询顾客意见后，有效实施这些措施并评价其有效性。在完成了这一阶段的质量改进后，酒店就应进入下一轮新的改进，如此循环往复，持续不断。

### 3.预防性原则

持续的质量改进包括"主动进攻型"改进，如通过头脑风暴法提出合理化建议，也包括纠正措施的"被动型"改进。但酒店质量改进的重点在于预防问题的发生，而不仅仅是事后的检查和补救。酒店服务质量改进的关键应该是消除、减少服务质量隐患，防止出现服务失误、顾客不满等问题。这就要求对影响酒店服务质量的诸多因素进行事前质量控制，如通过完善服务系统、修正服务标准和制度、提高服务人员素质、确立科学的人性化的服务程序等方面防止发生服务质量问题。只有这样，才能实现永久性的、根本性的质量改进。

除了上面提到的原则之外，还包括硬件质量与软件质量并重的原则、全员参与的原则、循序渐进的原则、持之以恒的原则、注重培训的原则、注重奖励的原则等。因而，酒店服务质量改进模式的构建应当结合以上所提出的改进原则，使建立的改进模式符合过程改进原则，符合持续性原则，符合预防性原则，符合硬件质量与软件质量并重、全员参与、循序渐进、持之以恒、注重培训、注重奖励等原则。

### （二）酒店服务质量改进模式的支持体系

为了保证酒店服务质量改进模式的有效运作，需要建立与之相适应的支持体系，以便在组织上和制度上为酒店服务质量改进提供必要的支持。酒店服务质量改进模式的支持体系包括三部分：基本组织结构、全员参与、制度体系如图 8-3 所示。

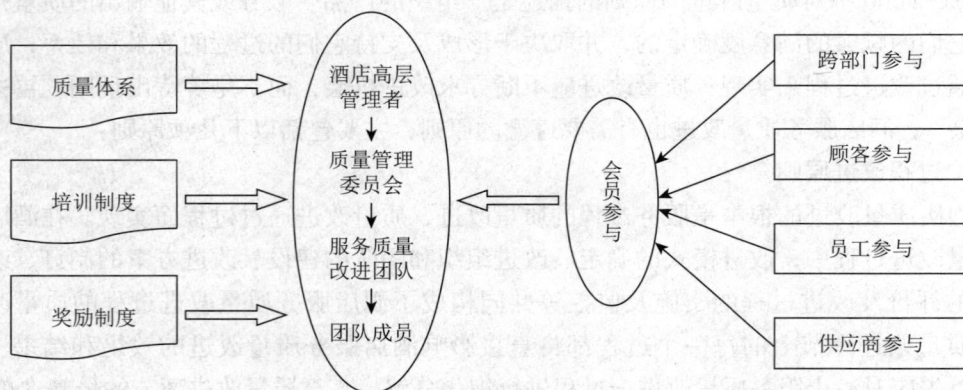

**图 8-3  酒店服务质量改进支持体系**

### 1.基本组织结构

酒店服务质量改进模式在基本组织结构方面主要分为四级：酒店高层管理者、质量管理委员会、服务质量改进团队、团队成员。

（1）酒店高层管理者。酒店服务质量改进必须由最高管理者发动，其过程的有效性是与最高管理者的投入呈正相关关系的。没有高层管理者的承诺和支持，酒店服务质量改进就失去了人力、资源、财务等方面的有效支持，因而酒店高层管理者是酒店服务质量改进的最高组织者。

（2）质量管理委员会。质量管理委员会是由酒店的高层管理者委任并组成的，其成员主要是酒店的主要部门负责人。酒店质量管理委员会的基本职责是指导、协调酒店服务质量改进过程，并使其文件化、制度化和标准化，是领导和运作酒店质量改进活动的有效工作平台。酒店质量管理委员会的成员并不直接参与解决具体的服务质量改进问题，他们的作用是确定服务质量改进的总体方针政策，支持和协助酒店质量改进活动。他们的责任是根据不同服务质量改进活动和过程的情况和特点，挑选并授权最合适的、符合改进活动要求的、能胜任的主管去承担该项任务，全权负责处理问题，将处理的结果定期向质量管理委员会报告，并传达质量管理委员会的指示。

（3）服务质量改进团队。服务质量改进团队是酒店质量管理委员会的直接下属组织，负责酒店服务质量改进的具体活动。质量管理委员会将酒店服务质量改进活动的任务授权给服务质量改进团队，由改进团队完成改进项目。服务质量改进团队不在酒店的组织机构图中，是一个临时组织，其形式如质量管理小组、服务质量改进小组、提案活动小组等。服务质量改进团队是解决酒店服务质量改进问题的一个有效的组织形式。

（4）团队成员。服务质量改进团队的成员来自酒店的各个部门，来自影响服务质量的各个不同领域，他们所掌握的技能和经验决定了完成酒店服务质量改进具体项目的有效性和效率。团队的成员可以由团队组长任命，也可以由酒店员工自愿申请参加。

**2. 全员参与**

在酒店服务质量改进的系统中，全员参与是服务质量改进工作的重要内容。全员参与是指酒店中的所有成员以及酒店相关者都积极、明确地参与到服务质量改进的活动中。全员参与主要体现在以下几方面：

（1）顾客参与。酒店服务质量改进的最直接的动力就是对服务质量提出新问题和新要求，而其中问题和要求的最主要来源就是酒店服务的接受者——顾客。一方面，顾客可以提出酒店现有服务存在的问题和差距；另一方面，顾客可以对酒店服务项目和服务质量特性提出更高一级的期望和要求。酒店应采用系统化、规范化的方法调查和分析顾客需求，通过问卷调查、鼓励顾客填写意见卡、认真对待顾客投诉、完善顾客档案等途径使顾客参与到酒店服务质量改进中来，从中找出改进的机会。所以，顾客参与是酒店服务质量改进的起始点，也是改进活动的重要输入活动。

（2）员工参与。酒店高层管理者不仅要重视改进活动的团队参与，而且同样要重视员工的个人参与。员工是组成酒店服务质量改进团队的成员，同时也是改进项目的具体实施和操作者，他们构成了酒店质量改进的基础。只有调动各个员工的积极性和创造性，提高各个员工的质量意识和能力，酒店服务质量改进才能有效开展和完成。酒店可以采取自上而下和自下而上的员工参与方式，由酒店管理者指派需要参与的员工，或者由员工自主报名参与。

（3）跨部门参与。酒店服务质量改进是一个复杂的系统性活动，涉及酒店的几个部门甚至所有部门。所以，酒店的所有部门（包括前厅、客房、餐饮、质量等部门）对服务质量改进过程的实施都负有责任。因此，为了使服务质量改进达到预期的效果，酒店应使每个部门都有权利和义务参与服务质量改进，使每个部门都清楚酒店服务质量改进过程的目标，以及质量改进过程的方法和技术。在改进项目的实施过程中，应当根据改进项目涉及的不同问题选择需要参与的部门和人员等。

（4）供应商参与。酒店对外部的依赖是任何酒店都不能忽视的共性问题。随着经济一体化的发展和供应链思想的成熟，企业之间的协作关系将更加密切和多元化。酒店的服务质量改进过程同样离不开供应商的参与和贡献。例如，某酒店发现机器自动折叠出的毛巾使得酒店的标识图案不能显示在正中间，这就需要酒店员工对毛巾进行重新折叠，既费时又费力。后来经过调查发现是由于供应商提供的毛巾的图案没有印在标准的位置，最后通过与供应商协调使这一问题得到圆满解决。因而，酒店应当积极地与供应商进行沟通，使其了解酒店服务质量改进的目标、要求等，使供应商能够配合酒店服务质量的改进。

**3. 制度体系**

制度体系主要包括质量体系、培训制度和奖励制度。

（1）质量体系。酒店质量体系的有效运行是服务质量改进活动得以成功的体系支持和保证。从长远角度出发，酒店为了持续、有效地开展服务质量改进活动，以追求卓越的质量经营业绩，就必须建立和完善酒店的质量体系，并确保体系的有效运行。良好的质量体系包括质量标准、质量原则、质量活动程序等。

（2）培训制度。酒店服务质量改进的顺利开展，还需要酒店培训制度的强力支持。科学、合理的培训能够有效提高酒店各个层次员工的知识和能力，进而推动酒店质量改进的有效进行。酒店的培训制度不仅应当保证酒店普通员工能够得到服务质量观念和改进技能方面的培训，而且应当保证酒店高层管理者也得到服务质量改进方面的培训。同时，酒店培训还要做到定期和持续，并选择合适的培训内容和培训方式。只有如此，才能使酒店服务质量改进获取人力资源的支持，保证酒店服务质量改进的持续开展。

（3）奖励制度。为了支持酒店服务质量改进活动的有效开展，酒店也应当具备良好的奖励制度。首先应对酒店服务质量改进活动的成果进行评价，这种评价应当做到客观、公正。然后依据酒店的奖励制度对那些在改进过程中为改进目标的实现做出贡献的部门和个人进行物质和精神奖励，并鼓励他们继续努力达到更新、更高的水平。

# 三、服务蓝图

## （一）服务蓝图的含义及其构成

有形产品可以用图纸、规格对其质量特性进行描述，但对于服务这种特殊产品来说，因其具有无形性的特征，很难进行具体的说明。这不但使服务质量的评价在很大程度上依赖于感觉和主观判断，更给服务设计和质量改进带来了挑战。20 世纪 80 年代美国学者 G. Lynn Shostack 和 Jane Kingmam Brundage 等人将工业设计、决策学、后勤学和计算机图形学等学科的有关技术应用到服务设计方面，为服务蓝图法的发展做出了开创性的贡献。另两位在服务质量管理和服务营销领域里进行研究长达 20 年之久的美国女专家 Valarie A. Zeithaml 和 Mary Jo Bitner，在她们 1995 年出版的《服务营销》一书中，则对服务蓝图法做了综合性陈述。

1. 服务蓝图的含义

服务蓝图是一种准确地描述服务体系的工具，它借助于流程图，通过持续地描述服务提供过程、服务遭遇、员工和顾客的角色以及服务的有形证据来直观地展示服务。经过服务蓝图的描述，服务被合理地分解成服务提供过程的步骤、任务及完成任务的方法，使服务提供过程中所涉及的人都能客观地理解和处理它，而不管他们是企业内部员工还是外部顾客，也不管他们的出发点和目的是什么。更为重要的是顾客同服务人员的接触点在服务蓝图中被清晰地识别，从而达到通过这些接触点来控制和改进服务质量的目的。

酒店业作为服务业的一个组成部分，其产品同样体现出明显的无形性特征，因此酒店业既可以借助绘制服务蓝图的方法有效设计酒店的服务流程，也可以借助服务流程图开展服务提供过程的控制，并借助流程图找出服务接触的关键点以及服务过程中存在的问题，以有效改进酒店服务质量。

2. 服务蓝图的构成

整个服务蓝图被 3 条线分成 4 个部分，自上而下分别是顾客行为、前台接触员工行为、后台接触员工行为以及支持过程，如图 8-4 所示。

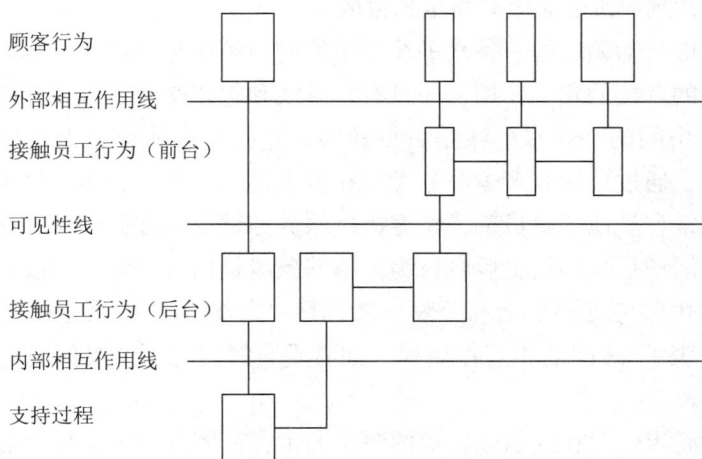

图 8-4　服务蓝图的构成

（1）顾客行为。最上面的一部分是顾客行为，这一部分紧紧围绕着顾客在采购、消费和评价服务过程中所采取的一系列步骤、所做的一系列选择、所表现的一系列行为以及它们之间的相互作用来展开。例如，顾客在餐厅用餐，顾客的行为就包括预订—入座—点菜品和酒水—等候菜品—查看账单—支付账单—取车离开等。

（2）接触员工行为（前台）。前台员工行为是直接与顾客接触，是顾客看得见的。在上述的顾客餐厅用餐的例子中，酒店前台员工为顾客提供的看得见的行为包括：接受预订确认时间—引客入座—问候顾客—接受点菜—上菜—出示账单—收取信用卡或现金—返还信用卡或找零及收据—提醒顾客带齐物品并送别顾客。

（3）接触员工行为（后台）。除了顾客看得见的与一线员工的直接接触行为外，另一种是顾客看不见的支持前台活动的接触员工的后台行为。接触人员的行为和步骤中，顾客看不见的部分包括：查看可能时间，加入预订—核实预订，取菜单—将点菜单交与厨房／酒库—从厨房取菜品—从收银处取账单—与收银员交接等。

（4）支持过程。这一部分涵盖了在服务传递过程中所发生的支持接触员工的各种内部服务及其步骤和它们之间的相互作用。在上例中，维持预订系统、准备菜单、保留点菜／账单记录、食品制作、账单制作、结算等，都将出现在蓝图的这一区域。

### 3. 服务蓝图的要素

服务蓝图包括"结构要素"与"管理要素"两个部分。服务的结构要素，实际上定义了服务传递系统的整体规划，包括服务台的设置、服务能力的规划；服务的管理要素，则明确了服务接触的标准和要求，规定了合理的服务水平、绩效评估指标、服务品质要素等。通过不断完善服务蓝图中的结构要素和管理要素体系，酒店可以此制定符合顾客导向的服务传递系统。即首先关注识别与理解顾客需求，然后对这种需求做出快速响应，努力使介入酒店对客服务的每个人、每个环节，都做到把顾客满意作为自己服务到位的标准，以达到改进酒店服务质量的目的。

隔开四个关键行动领域的三条水平线，上面的一条线是外部相互作用线，它代表了顾客和酒店之间的直接的相互作用，一旦有垂直线和它相交叉，顾客和顾客之间的直接接触就发生了。中间的一条水平线是可见性线，它把所有顾客看得见的服务活动与看不见的分隔开来，通过分析有多少服务发生在可见性线以上，有多少发生在可见性线以下，酒店就可非常容易地了解员工为顾客提供服务的情况，并区分哪些活动是接触员工前台行为，哪些活动是接触员工后台行为。第三条线是内部相互作用线，它把接触员工的活动同对它提供服务支持的活动分隔开来，是"内部顾客（一线员工）"和"内部服务人员（二线员工）"之间的相互作用线，如有垂直线和它相交叉则意味着发生了内部服务接触。

另外，有些酒店企业在绘制服务蓝图时，通常在蓝图的最上部标注有关服务证据方面的内容，它表示顾客在整个服务体验过程中所看到的或所接受到的服务的有形证据或有形展示，如声音、语调和语气、餐厅装修、员工外表、餐台布置、菜品、账单，甚至包括酒店的其他顾客等。而在有的酒店所绘制的服务蓝图中，会增加一条职能分界线，进一步把内部支持活动划分成管理职能的活动和执行职能的活动。

### （二）服务蓝图在酒店质量改进中的作用

服务蓝图具有直观性强、易于沟通、易于理解的优点，它的作用主要表现在以下几个方面：

第一，通过建立服务蓝图，促使酒店从顾客的角度更全面、更深入、更准确地了解所提供的服务，使酒店更好地满足顾客的需要，有针对性地安排服务和服务提供过程，提高顾客满意度。

第二，通过建立服务蓝图，研究可见性线上下区域内的那些前、后台接触员工行为，掌握各类员工为顾客提供的各种接触信息。这有助于酒店建立完善的服务操作程序，有助于明确职责、落实岗位责任制，有助于明确培训工作的重点、有针对性地提高员工服务技能等。

第三，服务蓝图揭示了组成酒店服务的各要素和提供服务的步骤，这样有助于明确各部门的职责和协调性；有助于理解内部支持过程和非接触员工在服务提供过程中的角色和作用，激发他们的积极性和主动性，从而为和顾客直接发生接触的酒店员工提供高质量服务创造条件。

第四，蓝图中的外部相互作用线指出了顾客的角色，以及在哪些地方顾客能感受到酒店服务产品质量。这不但有利于酒店有效地引导顾客参与服务过程并发挥积极作用，而且有利于酒店通过设置有利的服务环境与氛围来影响顾客满意度。而可见性线则促使酒店谨慎确定哪些员工将和顾客相接触，是谁向顾客提供服务证据，哪些东西可以成为服务证据，从而促进合理的服务设计，明确质量控制和改进活动的重点。

第五，服务蓝图有助于质量改进。例如，从服务蓝图可以判断服务过程设计是否合理、充分、有效率，还有哪些地方需要调整和改变，所进行的这些改变将如何影响顾客或酒店接触员工以及其他的过程，这些考虑有助于识别酒店服务的失败点以及酒店服务活动链的薄弱环节，从而为酒店服务质量改进指明方向。

第六，服务蓝图为内外部营销建立了合理的基础。例如，服务蓝图为酒店营销部门和广告部门有针对性地选择必要的交流信息、做好市场调查及顾客满意度调查工作，或是寻找顾客感兴趣的卖点提供了方便。

另外，通过对现有服务的服务蓝图的分析，酒店管理人员有可能发现重造服务系统的机会，增加或删除某些特定的内容，重新定位服务，以吸引其他细分市场。例如，一家在团队市场已取得成功的酒店决定要在商务市场建立更大的品牌忠诚度。它用服务蓝图将所有的"顾客经历"反映出来，重新设计其服务过程的某些方面，以便向商务顾客提供更个性化的服务。而且对每一种接触，酒店都可以根据顾客反馈确定一个预期服务标准，并建立相应的控制服务绩效的系统。

### （三）绘制服务蓝图的基本步骤

服务企业多种多样，同一服务企业又可提供不同的服务，就是对于同一服务而言，描绘蓝图的目的不同，也会使所描绘的蓝图有所不同。因此，服务蓝图多种多样，尽管如此，建立服务蓝图的过程还是有一些共性步骤可循：

#### 1. 识别需要制定蓝图的服务过程

蓝图可以在不同水平上进行开发，既可以是在整个酒店或部门层面上的概念性服务蓝图，也可以是只对某一项具体服务项目的服务蓝图，如图 8-5 所示的餐饮服务蓝图，也可以为酒店特定服务项目中某一个具体环节而设计。因此，酒店具体在什么层次上设计蓝图需要在出发点上就达成共识。

酒店要建立服务蓝图，其第一步骤就是识别欲建立服务蓝图的服务过程，明确对象。

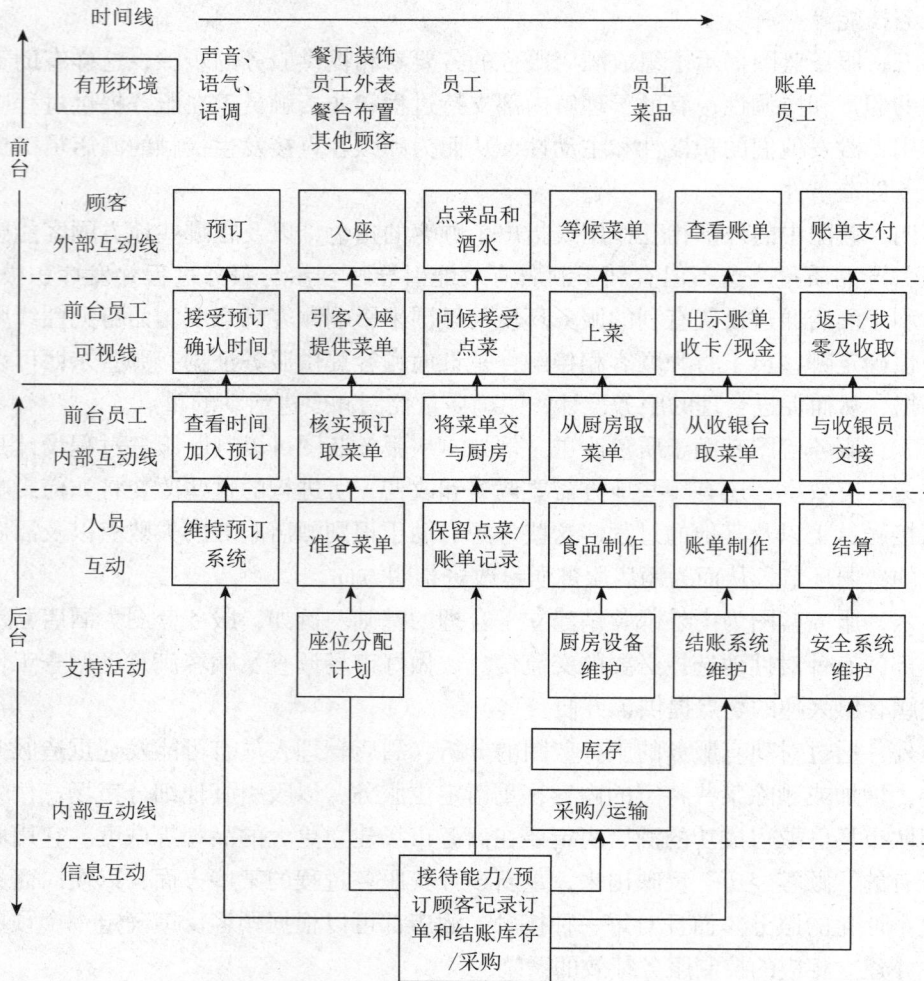

**图 8-5 顾客在餐厅用餐的服务蓝图**

而识别需要绘制蓝图的过程，则首先要对建立服务蓝图的意图做出分析。如果目的大体在于表达总体流程的性质，那么，概念蓝图不需要太多细节。如果蓝图要用于诊断和改进服务过程，那就要更加详细些。由于一些管理者更加重视细节，该问题经常被提出，要蓝图开发团队给予解决。如果服务过程例外事件不多，可以在蓝图上描绘比较简单、经常发生的例外补救过程。但是这样会使蓝图变得复杂、易于混淆不易阅读。一个经常采用的、更好的形式是在蓝图上显示基本失误点，有必要时，为服务补救过程开发新的子蓝图。

### 2. 识别顾客（细分顾客）对服务的经历

由于不同类型的顾客对酒店服务的需求表现出明显的差异性，因此在设计蓝图时不可过于笼统，否则将达不到完善服务流程、改进服务质量的目的，服务蓝图的绘制也就失去了其实际意义。因此，酒店在识别顾客对酒店服务的经历时就需要对酒店的顾客群进行市场细分。而市场细分的一个基本前提是，每个细分部分的需求是不同的，因而对服务或产品的需求也应相应变化。假设服务过程因细分市场不同而变化，这时为某位特定的顾客或某类细分顾客开发蓝图将非常有用。在抽象或概念的水平上，将各种细分顾客纳入一幅蓝图是可能的。但是，如果需要达到不同水平，开发单独的蓝图就一定要避免含混不清，只有这样才能使酒店服务蓝图的效能最大化。

### 3. 从顾客角度描绘服务过程

该步骤包括描绘顾客在消费和评价酒店服务中执行或经历的选择和行为。如果描绘的过程是酒店内部服务，那么顾客就是参与服务的一线员工，即与顾客发生直接接触的员工。从顾客的角度识别服务可以避免酒店在设计服务蓝图时把注意力集中在对顾客没有影响和实际意义的过程和步骤上。该步骤要求酒店必须在顾客是谁这一问题上达成共识，有时为确定顾客如何感受服务过程还要进行细致的研究。如果细分市场以不同方式感受服务，就要为每个不同的细分部分绘制单独的蓝图，有时，从顾客角度看到的服务起始点并不容易被酒店准确识别到。例如，在国际旅游中，旅游者最初的活动是到旅行社进行咨询，进而选购旅游线路，然后在旅行社确定具体出游时间，到机场登机，在飞机上享受航空公司提供的空中服务，之后经旅游目的地的中转交通服务，抵达住宿酒店，在酒店进行餐饮、娱乐等消费，并在目的地开展观光、游览、购物等活动，最后是乘机返回客源地，这才是完整的消费过程或一次值得顾客回忆的完美的消费经历。再如顾客在酒店住宿期间消费酒店女宾部的美体服务，很多顾客认为服务的起点是给女宾部打电话预约，但是该部门的许多管理人员却基本不把预约当成其服务的一个步骤。同样在去餐厅用餐的服务中，顾客把开车去酒店、停车、寻找座位也视为服务经历，而有时这些方面往往在绘制服务蓝图时被忽略掉。

国际著名酒店管理集团最佳西方为了更好地从顾客的角度了解酒店的服务经历，进而更高效地绘制服务蓝图，采取了独特的措施。集团邀请部分顾客免费住宿其旗下酒店，唯一的要求就是顾客在住宿期间把其在酒店消费的完整过程录制下来，并在离店时交给酒店指定的负责人员。酒店以此作为酒店绘制服务蓝图和改进酒店服务质量的依据，该项活动收到了良好的效果。

但现实中，很多酒店管理者并没有意识到这一问题，高层管理人员和不在一线的员工并不能确切地了解顾客实际经历了什么，以及顾客看到的是什么，往往是根据自己的了解主观臆断，盲目绘制服务蓝图，这样就很难起到预期的效果。

为了完成这一阶段的服务蓝图绘制工作，酒店应首先画外部相互作用线和可见性线，然后将一线员工所理解的服务过程用图表示出来，并区分员工前台可见行为和员工后台不可见行为。负责绘制服务蓝图的人员必须通过观察和沟通了解酒店一线员工的行为，以及哪些活动是完全暴露在顾客面前的，而哪些活动是顾客所看不见的。

### 4. 图示酒店内部支持活动

图示酒店内部支持活动即画出内部相互作用线，把顾客行为、服务人员行为与支持功能相连，这样可以识别接触人员活动和内部支持活动之间的联系。在这一过程中，内部行为对顾客或直接或间接的影响方才显现出来。从与顾客的联系的角度看，可以发现某些酒店内部服务过程可能具有重要意义，而有些则没有明显的联系，这就应予以去除。

### 5. 在每个顾客行为步骤上加上有形展示（有形证据）

在完成上述工作后，为了更好地控制整个服务过程，给顾客创造完美的服务经历，酒店还应在服务蓝图上添加有形展示，说明顾客在接受服务的过程中所看到的东西以及所能接触到的有形物质，也被称为有形证据，具体包括餐桌餐椅、餐具、台布、员工制服、账单等，它能够帮助分析有形物质对酒店整体服务过程和服务质量的影响，同时也能说明酒店整体战略及服务定位的一致性。

## （四）建立服务蓝图的注意事项

第一，建立服务蓝图不是酒店中的某一个人或某一个职能部门的事，它往往需要建立一个开发小组，吸收各方代表的参与，尤其是顾客和酒店一线服务人员的积极参与。

第二，对已存在的酒店服务过程建立服务蓝图时，必须按照实际发生的情况描述过程，而不能按所策划或认为是理想的情况来描述。在设计服务蓝图的过程中，如果发现部分环节对顾客没有实际意义，就应该及时剔除；同时，在绘制服务蓝图时酒店同样也可以将原来的某些环节忽略掉，把对顾客有意义的服务环节增加进来，使酒店的各项服务逐步得以改进和完善。

第三，如果酒店不同细分市场的顾客经历服务的方式不同，酒店就应该对每一细分市场绘制单独的服务蓝图。

第四，现代技术的发展使得可见性线的划分更趋复杂，而且使可见性的含义更加丰富。例如，餐厅用餐服务蓝图的例子中，当前台服务人员通过电话或呼叫系统和厨房及收银处交谈时，顾客也能听到这一过程。这就使后台的员工在某种意义下走向了前台，也使服务证据的内涵更加丰富。

第五，在进行服务蓝图设计中，酒店可充分借助计算机图形技术。

# 第三节　酒店服务质量评价

## 一、酒店服务质量的评价标准

由于酒店接待的顾客是来自不同国家或地区，他们具有不同文化和习俗，其需求内容和对服务质量的衡量标准也是多样的。

### （一）评价服务质量的基本标准

受各种主、客观因素的影响，顾客对酒店服务质量的衡量标准带有明显的随意性、即时性、主观性。国内外大量关于酒店服务质量衡量标准的研究结果表明：顾客感觉中的服务质量是由可靠性、响应性、保证性、移情性和有形性五类服务属性决定的。其一，可靠性，指可靠、准确地履行服务承诺的能力，对顾客影响最大。可靠的服务行为是顾客所期望的，它意味着服务的一致性与无差别性。出现差错给酒店带来的不仅是直接意义上的经济损失，而且可能意味着失去很多的潜在顾客。其二，响应性，是对于顾客的各种要求，酒店能否给予及时的满足，将表明酒店是否把顾客的利益放在第一位。同时，服务传递的效率还从一个侧面反映了酒店的服务质量。其三，保证性，是指员工所具有的知识、礼节以及表达出自信和可信的能力。它能增强顾客对酒店服务质量的信心和安全感。其四，移情性，是指设身处地为顾客着想和对顾客给予特别的关注。服务人员设身处地地为顾客着想，关心顾客，为顾客提供个性化服务。其五，有形性，指顾客直觉感受到的服务人员的服装和仪表、服务设施、服务设备、促销资料等有形证据。顾客从这五个方面将预期的服务和接受到的服务相比较，最终形成自己对服务质量的判断，如图 8-6 所示。

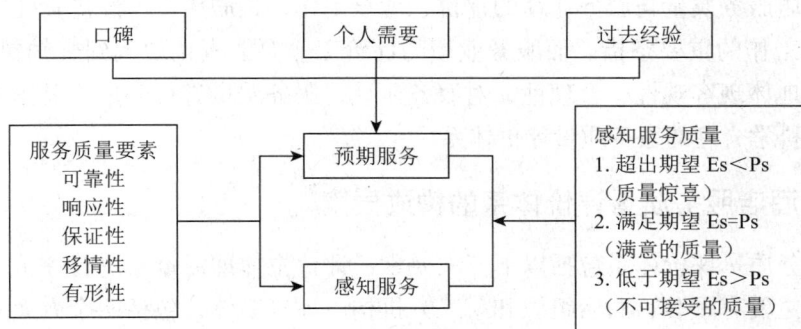

图 8-6　感知服务质量

顾客对服务质量的满意可以定义为：将对接受的服务的感知与对服务的期望相比较。当感知超出期望时，服务被认为是具有特别质量，表现为高兴和惊讶。当没有达到期望时，服务注定是不可接受的。当期望和感知一致时，质量是令人满意的。顾客的期望受到口碑、个人需要和过去经历的影响。在这五类属性中，"可靠"显然与技术性质量有关，"保证"则与企业的市场形象有密切关系，"保证""移情""有形证据"等属性都或多或少与功能性质量有关。可见功能性属性对顾客感觉中的整体服务质量有极大的影响。

### （二）评价服务质量的专项标准

酒店产品的销售过程是有形物质消耗（酒水、饮食、商场商品）和无形劳动（各种服务）相结合的过程。服务质量高的酒店不仅要有现代化的客房、餐厅以及各种服务设施，而且还要有懂业务、善经营的各级管理人员和服务态度好、技术、水平高的服务员，以及灵活方便的经营服务项目。因此，酒店服务质量评价标准就包括了有形设施标准和无形产品标准。酒店的服务是无形的，不能用数量化标准来衡量。因此，酒店服务质量的衡量标准一般通过以下两个专项来反映：

第一，满足宾客需要的整套服务规程。这套服务规程包括整套语言、动作和技能、操作要求，可使本来零散琐碎的服务工作规范化，是酒店服务所应达到的规格、程序和标准，它使酒店服务工作规范化、系统化、标准化。具体内容有：保证设施良好运转的规程；保证顾客舒适的规程，即制定各种操作规程和岗位责任制；保证质量的服务规程，如服务态度标准化、规范化。

第二，酒店"回头客"比率。这是一个从实际出发的直接衡量酒店服务质量的重要标志。开发一个新客户所花费的成本要远高于维护一个老客户所花费的成本，酒店通过稳住已有的顾客就等于稳住已有的市场份额，并通过老客户的口碑宣传，还会吸引更多的新客户。

## 二、酒店服务质量的评价体系

搞好酒店服务质量与服务业绩的评价、考核工作，是酒店落实经济责任制，调动员工做好服务工作的重要举措。而服务业绩的评价工作要能真正地起到奖勤罚懒的作用，就必须较好地体现客观性、合理性，对服务业绩、服务质量进行公平、公正和公开的评价，并构建科学合理的服务质量评价体系。

### （一）酒店服务质量评价体系的构成要素

酒店服务质量评价体系包括以下三大要素：评价主体即由谁来进行评价，目前充当评价主体的主要有顾客、酒店组织和第三方机构。评价客体，包括两个方面的内容，即由设施、设备、服务用品、环境、实物产品等构成的硬件服务质量和由服务项目、服务过程中的服务意识与态度、礼仪礼貌、服务方法与技巧、安全与卫生等构成的软件服务质量。评价媒体是指评价的表现形式、各评价主体反映评价结果的渠道，即评价的主体通过何种形式来表现其评价的过程和结果，如顾客通过表扬、抱怨、投诉，其至控告来表现；或酒店组织以奖惩制度、服务承诺、专项质量管理等来反映；或第三方机构进行评价后以酒店议论、行业公报以及包括升级、降级等奖惩方式对评价结果进行公开。

## （二）酒店服务质量的三方评价

酒店服务质量的顾客评价。顾客评价直接指向服务的对象，体现了以"顾客为中心"的服务宗旨，因而获得普遍的欢迎。顾客评价的形式主要有顾客意见调查表、电话访问、现场访问、小组座谈、常客拜访等。但顾客服务质量评价标准中的期望服务指标、感知服务指标以及服务质量的可靠性、响应性、保证性、移情性、有形性等指标涉及许多主观心理因素，因此较难确定，这使其带有浓厚的主观性、模糊性、差异性以及不公平性色彩。

酒店服务质量的自我组织评价。在实践中，酒店自我评价服务质量的方式大体上可以归纳为：酒店统一评价、部门自评、酒店外请专家进行考评、随时随地的"暗评"、专项质评等。

酒店服务质量的三方评价。其形式主要有资格认定、等级认定、质量体系认证、行业组织、报刊、社团组织的评比等。

三方评价各有其优缺点。为了构建更加科学合理、操作性强的服务质量评价体系，要求酒店应将顾客评价、酒店组织评价以及第三方评价有机地结合起来，深入细致地权衡三方评价的优缺点，并对三方评价因子做出合理的选择，对因子权重做系统、全面和客观的考察。

# 三、酒店服务质量的保证体系

在对酒店服务质量的评价标准与评价体系分析的基础上，针对我国酒店服务质量存在的问题，提出从服务的过程和支持体系两方面入手，构建一个完整的酒店质量保证体系。

## （一）加强服务提供过程的系统管理

### 1. 完善酒店服务质量体系

为提高酒店服务质量管理效率，酒店必须建立完备的服务质量体系，使酒店服务质量管理和质量活动系统化、标准化、制度化。酒店服务质量体系通常应包括：

（1）确定质量方针和质量目标。质量方针确定酒店长期的质量宗旨、方向，同时，酒店应根据质量方针制定相应的服务质量目标，实现目标管理。

（2）建立健全质量管理机构，制定质量规范和标准。要强化酒店管理者和员工的质量意识，建立酒店—部—班组三级管理体系；同时，要成立专门的质量检查机构。各级管理部门对服务质量的检查要采取日常检查与定期检查、单项检查与综合检查、上级检查与自查、明察与暗访相结合的形式，对检查中发现的问题，一要纠正，二要奖罚分明，与员工的工作实绩与奖金挂钩。

为确保酒店服务质量处于优质恒定的状态，必须制定一套标准的规范。酒店应根据国家旅游局颁布的《中国旅游服务质量等级标准》，制定本企业的服务质量规范、规章制度、服务程序和岗位责任制度，把质量标准分解到每一个岗位、每一位员工身上。员工只有严格按标准和程序操作，才有可能提供高质量、高效率的服务。

（3）有效配置人员和物质资源在酒店资源中，人是最重要的因素。为使酒店质量管理体系有效运转，达到质量管理的目标，酒店应配备合格的人员。酒店质量管理过程中物质资源的配备，要根据酒店宾客的需求和酒店的规格档次，强调适用性；设备用品的不配套会降低服务水平，影响宾客的满意程度。

### 2. 坚持标准化管理与个性化服务的有机结合

标准化、规范化的服务只能满足客人的共性需求，由于酒店服务是人对人的服务，单靠刻板的规范并不能提供尽善尽美的服务，酒店还应该针对客人的个性需求，提供个性化的服务。个性化服务是规范化服务向更深层次的发展，现代酒店越是能够在提供尽善尽美的规范化服务的同时提供大量针对性的个性化服务，表明酒店服务水平也越高。

### 3. 把握"真实瞬间"

由于酒店服务质量评价的一次性，酒店应努力使员工树立"真实瞬间"的意识。要求在服务过程中的每一个"真实瞬间"，服务人员保证向客人提供优质可靠的服务和出色的服务技能，特别是人际接触技能和控制局面的能力。

## （二）加强服务支持系统的控制

### 1. 加强酒店文化建设培育酒店团队精神

企业文化的核心是酒店全体员工的共同价值观。在这种共同价值观的凝聚作用下，酒店员工与员工、部门与部门之间能够结成一个团结整体。酒店企业文化要由以总经理为本的文化转向建立以顾客为本的文化，实行以人为本的人性化管理，为员工创造一个良好的工作环境，培养员工的全局意识与服务意识。

### 2. 加强内部协调建立酒店信息系统

酒店应加强部门间的协调，通过建立健全酒店的规章制度和岗位责任制，明确各部门各岗位的职责，使各部门在服务内容、服务时间、服务程序上协调一致，互相配合，为宾客提供优质服务。为保证信息交流的迅速有效，酒店必须建立高效灵敏的信息系统，制定各部门的信息流程图，明确信息内容及流向。

### 3. 优化酒店环境体现人文关怀

酒店从建筑设计、装修装饰设计、服务用品设计、服务方式设计上全面重视客人的真正需求，重视员工、关怀员工，适应人的自然本性，才能从根本上满足客人的需求，并从人性深处激发员工的精神活力，使他们最大限度地发挥主观能动性和创造精神，取得最好的工作效果。

# 第四节　酒店服务质量实施

## 一、确立酒店服务目标

酒店的服务目标有两层含义，即宏观全局层面的以定性描述为主的保证酒店持续经营的总的服务目标和微观操作层面以定量描述为主的支持酒店服务目标实现的酒店服务质量目标。

### （一）酒店服务目标

由于酒店经营中顾客的多层次性和构成的复杂性，酒店在持续经营中不仅需要依靠这些顾客，而且还需要在经营中根据酒店自身的档次、类型、环境等基本条件和特点，不断细分市场和吸纳细分市场中的目标顾客，使其服务更加适应顾客的需要。因此，酒店服务目标是保证以目标顾客为主体的顾客满意，建立顾客忠诚，达到酒店良性持续经营的目的。

无数酒店的兴衰无不印证这一真理：只有将酒店的服务目标和顾客的需求和期望有机结合起来，酒店才能生存和更好地发展；只有重视顾客利益、为顾客创造价值，酒店才会有旺盛的生命力。目前，顾客满意已成为所有优秀酒店企业追求的重要经营目标之一，因为顾客满意度比利润更能体现酒店企业经营业绩的好坏，顾客满意度不仅可以体现酒店企业当前的经营状况，而且可以深刻地揭示酒店企业经营中存在的一些深层次问题，如酒店的质量文化、经营理念、顾客关注等。

### （二）酒店服务目标中的"关注顾客"

酒店企业依存于顾客。酒店生存的前提在于拥有一定数量的顾客，市场竞争的本质在于企业间对顾客的争夺。酒店要赢得顾客，就必须时刻"关注顾客"，关注顾客的动向，明了顾客现实与潜在的需求和期望，以及对现有的产品的满意程度，通过自身的经营服务活动来满足甚至超越顾客的期望。关注顾客、服务顾客已成为酒店经营运行的基本准则。

酒店关注顾客就是要以顾客为中心，了解顾客的需求与期望，提供有针对性的产品与服务活动。以顾客为中心揭示了酒店企业生存的意义和市场竞争的真谛：酒店的价值在于为顾客、为社会创造价值。以顾客为中心就是要把顾客利益和企业利益相互联系并综合考量，以顾客为中心开展经营服务活动。

酒店企业以顾客为中心，并把这一最高原则贯彻落实到日常经营服务与管理活动之中，就应结合酒店企业的产品与业务特点确认影响顾客满意的关键因素与过程，对这些因素与过程进行严格控制和不断改进，并注意从以下几个方面开展工作。

### 1. 强化顾客意识

在酒店内部通过各种渠道宣传顾客对于企业的重要意义，培养各部门的顾客意识，把顾客利益和酒店利益统一起来，各部门协调一致，把质量工作做好。特别是酒店的最高管理者必须积极主动地向企业员工宣传满足顾客要求的重要性，并在实际工作中体现顾客至上的管理理念，提倡换位意识，倡导员工从顾客的角度来看待质量问题、解决质量问题。那种口头上重视顾客、实际工作中把顾客利益与酒店利益对立起来的领导作风，只会导致全体员工顾客意识的淡化。因此，酒店管理者应积极倡导关注顾客的行为，着力发掘典型事例，通过宣传、奖惩、教育来强化员工的顾客意识。

### 2. 识别顾客需要

酒店要提供顾客需要的产品与服务，首先必须知道顾客到底需要什么，因此识别顾客需要是酒店工作的起点。识别顾客需要的途径有很多，如与产品及服务有关要求的确定、与产品及服务有关要求的评审、管理评审、顾客反馈（包括顾客建议和顾客抱怨）、市场调查、销售人员反馈、服务人员反馈、设计人员创思等。

对顾客需求的识别不仅要定性地加以分析，还要定量地加以研究，防止质量不足和质量过剩的情况。识别顾客需求，是产品质量定位的前提。对顾客需求把握不准，设计生产出来的产品及服务就没有坚实的市场基础，产品与服务做得再精细、广告做得再多，也难以激起顾客的购买欲。因此，准确地识别顾客的需求，是企业赢得顾客的第一步。

值得注意的是，为准确理解和识别顾客的需求，一些先进的酒店企业已开始精简顾客群，有的大幅度减少顾客的数量，并根据顾客的需要来调整产品与服务。如精品酒店、会员制度假村等，由此形成专门化酒店类型。

由于专门化酒店可以更加专注于其主要顾客，由此带来顾客满意度提高，从而与这些顾客建立起稳固亲密的关系，这样不仅可以使这些顾客更多地光顾，而且可以降低运营成本，抵消由精简顾客损失的销售收入。

### 3. 满足顾客需求

顾客需求的满足，体现在产品与服务实现的一系列过程中。通过产品与服务的设计和改进反映顾客的需求，通过生产服务达到设计的要求，通过资源管理提供满足顾客要求所必需的资源等。其中任何过程出现问题都无法满足顾客需求，因而在所策划的安排均已圆满完成之前，除非得到有关授权人员的批准，使用时得到顾客的批准，否则不得放行产品和交付服务。因此，服务质量管理体系的每一环节，都需要进行质量控制，而这些控制显然不是质检部门或质量管理部门能够完全承担的，必须由处于服务过程中的酒店员工来实施这些控制。

可见，要满足顾客的需求，必须识别与此有关的活动，并明确相关人员的职责，采取相应的奖惩措施，使员工的利益与顾客满意结合起来，通过过程的自我控制来确保顾客的要求得到满足。

### 4. 评价顾客满意度

顾客的需求是否得到了满足或在多大程度上得到了满足，是评定酒店服务质量管理体系业绩、进行服务质量改进的重要依据。因此建立科学合理的顾客满意信息收集系统、及时准确地掌握顾客满意的信息、客观公正评价顾客满意度是酒店服务质量管理的重要内容。对于顾客满意信息，应积极主动地通过多种渠道加以收集，如顾客投诉、营销服务人员反馈、电话调查、邮寄调查、抽样面谈调查、用户座谈会、媒体报道等，以确保顾客满意信息的准确性、及时性和全面性。需要注意的是，酒店企业仅以顾客投诉情况来评价顾客满意，这是不可靠的。因为，顾客没有投诉并不意味着顾客是满意的。据格兰尼特·洛克公司的研究发现，任何公司的 90% 的顾客从不明说他们对产品和服务不满意。另一项调查统计表明：向企业投诉的顾客仅占保持沉默的不满顾客的 1/26，可见，如果单纯依靠顾客投诉来分析评价顾客满意，酒店将付出沉重的代价。

为准确评价顾客满意度，酒店应建立科学合理的评价体系，避免简单敷衍地估算顾客满意度。顾客满意度可以作为酒店质量方针的一部分，同时也是质量目标的组成部分，它的变化应能体现酒店服务质量工作、经营业绩的变化。因此，对每次测评的顾客满意度结果必须认真分析，并作为管理评审、内部审核和质量改进的依据。特别值得注意的是，在内部审核中，要将顾客满意作为审核的重要内容，认真评价顾客是否满意已成为酒店关注的焦点。

质量管理作为一门学科，其发展历程同时也是有关顾客在企业经营中地位变迁的历史见证。在质量检验阶段，质量管理的重心在于质量检验，通过质量检验来确保提供给用户合乎企业质量标准的产品，至于企业制定的产品质量标准能否真正反映顾客的需求则不是企业考虑的重点。在统计过程控制阶段，质量管理的范围由控制结果向前延伸到生产过程，通过统计技术的应用防止不合格品的发生，辅以质量检验防止不合格品向下游传递。尽管此时，质量管理兼顾了顾客在产品价格方面的要求，但企业考虑的重心依然不是顾客，而是利润和成本。在全面质量管理阶段，质量管理的范围在原有的基础上向两头延伸，向前覆盖了设计过程直到市场调研以有效识别顾客的需求；向后覆盖了储运交付直至售后服务以确保顾客满意。这样，质量管理形成了一个闭环系统，从顾客开始到顾客结束，所有质量工作的目标就是让顾客满意，显然顾客处于质量管理的中心地位。

## 二、建立酒店服务质量制度

酒店服务质量管理制度原则上不单独制定，而是融合在部门管理制度、服务项目操作流程与规范、岗位服务流程与规范之中，在以上的制度与规范中重点指出服务质量的指标或要求，从而使得在酒店业经营、管理与服务中既能正常运行，又能体现服务质量的标准与要求。

根据酒店服务与管理的特点，选取酒店客房工作中的客房清洁服务来加以说明，如表 8-1 所示。

表 8-1　客房清洁服务流程、规范与质量标准

| 客房清洁服务流程 | 操作方法、规范与质量标准 |
| --- | --- |
| 一、班前准备<br>1. 检查备车，应在前日工作结束后、下班之前完成 | 时间：16：30~17：00 完成 |
| （1）工作车的清洁和检修 | 无污渍、水渍、锈渍、灰尘，腿轮和箱体损坏部位应及时报修 |
| （2）物品配备，原则是"下重上轻"，首层摆放客用品，以 12 间 C/O 房为标准备车，此种方法是全额备车法 | 全额备车法适用于 C/O 房超 80% 以上，物品配备数量如下：<br>A. 淋浴液、洗发液各 28 瓶<br>B. 浴帽 36 个<br>C. 大香皂 14 块、小香皂 35 块<br>D. 梳子 42 把<br>E. 牙刷 40 把<br>F. 针线包 13 个<br>G. 女宾卫生袋 12 个<br>H. 棉签 20 个<br>I. 火柴 20 盒<br>J. 茶叶 2 盒<br>K. 圆珠笔 20 支<br>L. 小铅笔 20 支<br>M. 杯垫 30 个<br>以上物品从左至右，由高向低摆放在工作车首层码放整齐紧凑<br>N. 晚安卡、请勿打扰、请速打扫各 12 个<br>O. 便笺纸、信纸各 12 间 ×6 张<br>P. 信封 12 间 ×4 个<br>Q. 宾馆简介、服务指南各 4 本<br>R. 房间价目表、电视指南、宣传单各 12 张<br>以上物品存放在 2 个备用的服务夹内，放于箱体第一层<br>S. 浴巾 24 条、床单 48 条放于底层<br>T. 地巾 12 条放于第二层三分之一处<br>U. 毛巾、小方巾各 24 条放于中层三分之一处<br>V. 枕袋 50 个放于中层三分之一处<br>以上物品码放规则为齐边朝外，不得超出箱体侧面归类码放，便于拿取和过数，不得将有不合格的布草备入车内，如布草上有污渍和破损<br>W. 擦鞋布 30 张、拖鞋 30 双<br>X. 礼品袋、洗衣袋各 30 个<br>Y. 洗衣单、酒水单各 30 份<br>Z. 垃圾袋 50 个、卷纸 20 个、大卷纸 12 卷、面巾纸 12 盒<br>以上物品放于箱体第一层内分类码放整齐 |
| （3）定额备车法，按照每日 16：30 的住客情况和明日预计离店报告；在出租率低于 80% 以下时，采用定额备车法 | 定额备车方法的公式：<br>每种物品配备的数量 = 每个房间标准额定配备量 × 预计清扫间数（以 C/O、OD 房为准） |

续表

| 客房清洁服务流程 | 操作方法、规范与质量标准 |
|---|---|
| 2. 检查吸尘器并组装，在前日 16：30~17：00 完成 | 检查尘袋、过滤网、吸尘筒内壁、外壳均吸尘抹尘干净，方可按标准组装和测试 |
| 3. 检查清洁工具和清洁剂是否备足，带齐抹布和清洁用品，准备出车，套好垃圾袋，并检查布草袋完好程度 | 清洁剂只能装到容器的三分之二，马桶刷和浴盆刷与其他浴器隔离放置，正确使用清洁桶，按说明将物品逐一放入清洁桶内，带齐两干两湿抹布、擦杯布和擦镜布各 1 块 |
| 4. 领取钥匙和工作单，记录当日工作重点，核实房态 | 拿着工作单逐一到楼层核查房态，领钥匙时必须签字，并注明时间和钥匙的把数及房间号 |
| 5. 出车开始工作不得晚于早 8：30 | 出车时应推活轮一侧，不得拉车行走，必须携带吸尘器同时出车，车子在行驶时不得碰撞墙壁，上下电梯时应礼让宾客，保护好电梯内的设备，不得碰损，电梯停止使用时应由四人抬送工作车到楼层工作 |
| 二、敲门进房程序 | |
| 1. 门前站立姿态：身体与门呈 45 度，面朝门缝后脚跟并拢两腿绷直，挺胸，收腹，上身略向前倾 5 度左手扶门把手，用右手敲门 | 事先核准好房态，做到心中有数，要做到清楚顾客姓名、性别、国别、人数、到店时间和离店时间 |
| 2. 第一次敲门，敲三下，随之报名 | 使用右手中指第二关节，拇指顶住中指指尖，其余三指握拳，三下敲门要有节奏，每次间隔 0.5 秒，声音洪亮，发出"哨哨哨"的声音，报名的语言为"我是客房服务员，能打扫您的房间吗" |
| 3. 与第一次敲门隔 3 秒之后，敲响第二次，并随之报名（如第一次敲门后无人回答） | 敲门及报名标准同上，如果在第二次敲门时有人应答，得到顾客允许后方可开门进入房间，VD、C/O 房敲房第二次便可打开房门 |
| 4. OD 房如无人应答，与第二次敲门相隔 3 秒后第三次敲门随之报名 | 同样敲三下，敲门方法与报名的语言同上，如此时有人应答，可打开房间 |
| 5. 在敲以上三次门之后，OD 房还无人应答时，相隔 3 秒后，可用钥匙打开房门 | 用钥匙轻轻将门打开一条小缝，查看顾客是否上了安全链，如果没有，方可将门用手推到顶门器上，用门堵将门顶住，如发现顾客上了安全链，证明此房是 DND 房，按 DND 房态处理程序操作，将门及时带上，如果被顾客发现，应及时说明缘由并致歉，并告知顾客过一会儿再来清扫，在房间清扫单上填写 DND |
| 6. 如在三次敲门后仍无人应答，相隔 3 秒将门轻轻开一条小缝，如未发现上安全链，可将门打开至 30 度，敲第四次，随之报名 | 报名的语言为"我是客房服务员，我能进来吗"，此时声音要洪亮，将声音送到房间内的每一个角落，如仍无人回答，方可将门用手推至顶门器 |

| 客房清洁服务流程 | 操作方法、规范与质量标准 |
|---|---|
| 7. 如遇到顾客在房时，得到允许后可立即打开房门，将房门打开至 60 度，服务员先行进入，距离不超过三步远，向顾客问候，随之请示是否可以打扫房间 | 应说"先生 / 小姐，早上 / 下午好！我可以打扫您的房间吗？"，如果顾客允许，服务员应表示感谢，方可进行清扫，如遇顾客需要过一会儿打扫，应及时道歉说"对不起，打扰您了，我过一会儿再来打扫。"，随即问清顾客需要打扫的时间，退出房间，将门锁好 |
| 8. 顾客不在房间时的入房 | 必须履行 3 次敲门程序后，方可进入房间 |
| （1）插取电卡 | 使用酒店统一的取电卡，不得使用纸制品，避免火灾发生 |
| （2）将清洁桶带入房间，放置在卫生间门口顶住卫生间门 | 检查卫生间有无异常情况，如屋顶漏水、马桶跑水、地面下水管溢水，应打开排风扇，检查有无顾客遗留物品 |
| （3）检查壁柜内有无顾客遗留物品和酒店配备的物品有无短缺 | 衣架 6 个，白棉被 2 条，洗衣袋 2 个，洗衣单 4 张，检查壁柜内的照明灯是否完好 |
| 9. 进入房间后，打开窗帘，开窗通风 | 开窗通风要根据季节而定，室外温度在 15~25℃，风力不高于 2 级，无雨、无雪、无雾的天气，方可开窗通风，时间不超过 10 分钟 |
| （1）检查窗帘轨道 | 检查轨道是否畅通，窗帘有无脱钩现象，如有应及时报修 |
| （2）检查装饰帘、遮光帘、纱帘 | 检查三层窗帘有无坏损，污渍是否需要洗涤，窗帘拉开时，必须到侧顶端，纱帘要扣紧避免飘出室外 |
| （3）检查窗户功能 | 窗户合页如关不紧，应立即报修 |
| 10. 拿房间内的垃圾桶，捡垃圾、倒烟缸、倒茶叶根，随之检查房间内的电器设备是否完好 | （1）捡垃圾时，湿垃圾不得倒入袋内，有水必须控干净。方法是将垃圾袋底部剪一个洞，将水控到马桶里，将房间内大块垃圾拾入垃圾袋内，避免将顾客写有字体的文件或便笺纸当垃圾扔掉，避免将顾客未吸完的烟盒当垃圾扔掉<br>（2）拾垃圾时，检查地毯上有无新增烫痕，倒烟缸时必须将烟头用水熄灭后再倾倒<br>（3）盖杯统一由服务台消毒，直接更换即可<br>（4）倒完垃圾后，将垃圾桶内外擦拭干净后，套好干净的垃圾袋，放在房间门口 |
| 三、做床程序 | |
| 1. 检查房间顾客用了几张床 | 按每床 2 张床单，2 个枕袋配备，当顾客使用后，必须一天一换 |
| 2. 拉床，将床拉出离床头板 30 厘米 | 站到床尾中间，左腿前跨 1 步，右腿屈膝，下蹲双臂下垂，手掌朝上，伸到床底座下部，在与肩同宽的位置上握住床底板，再将身体重心后移，从而带动床向后托拉 1~2 次 |
| 3. 撤床<br>（1）拉出床之后，随即将床尾的两个包角的所有软片从床下全部拉出 | 使用食指和中指插入 45 度角的缝隙中，勾住软片向上拉 |

续表

| 客房清洁服务流程 | 操作方法、规范与质量标准 |
|---|---|
| （2）到床头撤枕套和将床软片从床底部拉出 | 枕套的撤法，应使用刀切法，不得采用对拉法 |
| （3）先撤毛毯，后逐一将两张床单撤掉，撤软片的程序是：一撤、二抖、三看 | 毛毯放置在沙发或另一张床上，撤下的脏床单和枕套可放在行李架上或沙发上，待做完床后，送到工作车的布草袋内，撤床单时不得用力过猛，将床单拉破，抖床单时要检查顾客有无遗留物品夹在床单里，并检查床单有无污渍和破损，有污渍和破损的床单应折成三角形，交到布草员手里单独处理，枕头放在另外一张床上，不可放在床头柜上 |
| （4）检查床垫与床座是否吻合，是否应翻转，并将床垫上的保护垫套好，铺平 | 发现床垫有凹陷，应及时调头或翻转，使床垫保持平整 |
| （5）检查床底座和六个床轮是否稳固 | 六个支撑点应在同一平面上，如发现异常现象应立即报修调整 |
| 4. 铺床 | 铺床时服务员站在床头一侧居中位置，使用甩单、压单、拉单一气呵成的方法 |
| （1）铺第一张床单 | 是用来包床垫的，正面朝上，中线与床垫中线对齐，第一张床单底边齐床底座的底边，四个角包床45度 |
| （2）铺第二张床单 | 床单正面朝下，中折线与第一床单对称，床单上端与床垫和床屉之间的缝隙对齐 |
| （3）铺毛毯 | 毛毯上端与床头一齐，毛毯中线与床单中线对齐，注意商标朝下，放在床尾的左下角 |
| （4）将长出毛毯的第二层床单向上齐床头翻折，再翻转第二折，将两侧的床单和毛毯折入床垫内 | 床垫底部的床单和毛毯应全部打平 |
| （5）床头打平后，服务员站到床尾处，蹲在中间部位，将毛毯及床单拉平，从中间向两侧将毛毯和床单打进床垫底部 | 检查床尾的包角是否包紧，方法是：用两指插入角包的缝隙，不能横放 |
| （6）分别侧身到床尾两侧，将毛毯和床单共同提起，打成45度角 | |
| （7）放床罩 | 床罩应在翻床时按规范折放整齐 |
| （8）装枕套 | 使用刀切法，将枕套装平装实，放置在齐床头居中位置，随即用床罩裹枕。枕套的开口处背朝床头柜，使用双层裹枕方法将两侧褶皱打匀，有立体感 |
| （9）将床归位、定位，放置于床头板居中位置 | 用右腿小腿侧面肌肉将床逐步顶回原位 |
| （10）整理床形并检查是否合乎标准 | 两床的裹枕高度应一致，外观平整，床罩底部应离地毯2厘米，床罩的两条边线应与床两侧平齐 |

| 客房清洁服务流程 | 操作方法、规范与质量标准 |
|---|---|
| 四、卫生间清扫程序及标准 | |
| 1. 卫生间清扫应配备的工具 | 所有物品按类别分开，摆放整齐，马桶刷必须使用专业容器隔离放置，不得混放<br>马桶刷、浴盆刷、百洁布、擦杯布、擦镜布、水勺、马桶清洁剂、中性万能清洁剂、TD 消毒粉、胶皮手套、干湿抹布、清洁桶、铲刀、空气清新剂、不锈钢光亮剂等 |
| 2. 卫生间区域的划分<br>卫生间划分为三大区域：A.面盆区域；B.浴盆区域；C.马桶区域 | 沿马桶备水箱两侧向上沿线的瓷砖到顶为界线，左右各分为浴盆区域和面盆区域。地面包含在浴盆区域里，其他两区域由上至下包含所有，卫生洁具和不锈钢制品，面盆区域包含镜面及卫生间顶灯，浴盆区域包括浴帘和浴帘杆 |
| 3. 卫生间清扫程序 | |
| （1）开灯冲马桶（进卫生间前应将室内打开的窗户关闭） | 打开卫生间排风和灯光并检查，需维修时应立即报修 |
| （2）撤出卫生间内的垃圾及所有棉织品和客用品 | 将用过的棉织品放入工作车的布草袋内，有带水的棉织品应及时拧干，有破损和特殊污渍的应及时上报到布草管理员，宾客未使用的棉织品暂放到室内床尾部存放，撤卫生间垃圾袋时，应将袋内水控净后再倒入工作车的垃圾袋内。OD 房里外擦干净，新垃圾袋放置在卫生间门外，C/O 房将垃圾桶放在浴盆内浸泡。客用品及卫生纸均要撤出，卫生纸少于三分之一时应回收，并换上新的，顾客用过的浴液、发液、牙膏等物品，C/O 房均应回收，OD 房内以上物品不少于二分之一时，可保留继续使用，随即增补一套新的供顾客备用，顾客未使用的用品，连同托盘放到房间的行李架上，在马桶备水箱盖上铺一块干净的抹布 |
| （3）使用马桶清洁剂，喷洒马桶内侧，给予浸泡和消毒 | 打开马桶盖和座圈，左手拿装有马桶清洁剂的喷壶，右手拿马桶刷，将药液均匀喷散，随即使用马桶刷涂抹之后，放下马桶座圈和盖，浸泡马桶刷顶端三分之一处 5 分钟 |
| （4）清洁面盆区域<br>刷杯子，洗烟缸，擦亮镜面；清洗原则是一刷、二冲、三抹干 | 先洗盖杯后刷烟缸，一刷、二冲、三消毒、四擦干（放置在马桶备水箱盖上）以 C/O 房为标准清扫此区域，使用中性万能清洁剂，喷在浴盆刷上，先刷镜面，由上至下、从左往右，先刷面盆平台、面盆、水龙头、墙面、浴帘杆、面台侧面及下部的瓷砖和下水管均刷干净。抹干使用干抹布将面盆区域抹干，镜面擦亮，不得有水痕和污渍，不锈钢制品必须光亮，面盆溢水孔和下水口四周应特别清洁干净，不得有锈痕和污渍 |
| （5）清洁浴盆区域，以 C/O 房清扫程序为标准，由上至下、由里往外、从左至右，全部按照一刷、二冲、三抹干的程序清洁 | 先将垃圾桶清洁干净，放置在面盆下方的地面上，使用浴盆刷以及万能中性清洁剂清洁此区域，浴盆侧面及瓷砖和所有不锈钢制品及皂架都要清洁干净，浴帘如发现有特殊污渍严重时，应放置在浴室内清洗。OD 房必须清洁浴盆区域墙面的下二分之一处，在清洁时要检查淋浴开关和浴盆下水是否通畅 |

续表

| 客房清洁服务流程 | 操作方法、规范与质量标准 |
|---|---|
| （6）清洁马桶区域<br>打开马桶座圈和盖，将马桶内壁彻底刷洗干净。冲水，将马桶刷甩干放回清洁桶，再用浴盆刷喷上中性清洁剂，刷洗马桶区域的其他部位，由上至下，最后刷洗地面，同样按照一刷、二冲、三抹干的程序清洁完毕后加封消毒封条 | 刷洗时应注意由上至下，不要将水淋进电话机内，马桶盖内侧和座圈正反两面和马桶底座的外沿及后面均应刷到，同时检查马桶座圈是否松动，备水箱的水飘开关是否严紧，有无常流水现象 |
| （7）卫生间抹尘擦干<br>主要抹电话机、浴帘杆、排风扇装饰板、镜灯外壳、卫生间门内外侧及下方的百叶，擦亮所有的不锈钢制品 | 地面擦干，没有水渍 |

# 三、酒店服务行为规范

酒店服务中员工与顾客直接面对面的特点，决定了顾客对酒店服务质量感知的高低，双方既是服务中的主客方，又是服务中的共同参与者、生产者、体验者。人与人之间的交往与服务关系、态度及其基本的仪表、礼貌都会对服务需求对象的顾客产生重要的消费体验影响。因此，酒店服务人员的基本规范和职业风范就成为酒店服务质量管理的核心。酒店服务人员的基本规范主要有以下的要求。

## （一）工作制服

### 1. 岗位服装
各岗位员工着本岗制服上岗，服装干净、整洁、无污迹、油迹；岗位服装平整、挺括、无皱褶，线条轮廓清楚；岗位服装完好，不陈旧、无破损、不开线、不掉扣。

### 2. 协调程度
各岗位服装与酒店星级高低协调；各岗位服装与服务项目协调，能突出服务项目的特点和风格；岗位服装与本岗工种性质协调，便于工作。

### 3. 服装区别
等级区别：主管以上管理人员与普通员工服装要有明显区别。不同级别的管理人员服装有一定区别，便于顾客辨认。岗位区别：各岗位服务人员服式式样色彩要有明显区别，在方便工作的同时还要便于顾客辨认。

### 4. 统一程度
同一部门、同一工种、同一岗位的服装式样、色彩、质量统一；同一工种、同一岗位的员工外套、内衣、鞋袜、裙子、领带、领花应配套统一。无随意穿着上岗现象发生。

## （二）仪容仪表

### 1. 面容

员工上班，面容整洁、大方、舒适、精神饱满；男性员工不留长发、小胡子、大鬓角。女性员工不留怪发型，餐厅女性服务员发不过耳；员工发型美观、大方、舒适，头发干净；班前刷牙，上班不吃零食，牙齿清洁美观；服务时精神集中，眼睛明亮有神、不疲倦。

### 2. 化妆

班前整理面容，女性员工化淡妆，容貌美观自然，有青春活力；化妆与工种、服务场所协调，不浓妆艳抹，无轻佻、引起顾客反感现象发生。

### 3. 饰物

员工上班可戴饰物，如手表、胸针、胸花、发结、发卡、耳环等。饰物选择适当，与面容、发型、服饰协调，美观大方；员工上班不宜佩戴贵重耳环、手镯、项链等。

### 4. 个人卫生

班前整理个人卫生，做到整洁、干净、无异味。

### 5. 服务名牌

员工名牌戴在右胸前，位置统一、端正，无乱戴或不戴现象发生。

## （三）形体动作

### 1. 站姿

当班值岗时应坚持站立服务，站姿优美，表情自然，面带微笑；两眼平视或注视服务对象，不斜视顾客或东张西望；两手自然下垂或在体前交叉，两脚呈 V 字形（女性）或与肩同宽（男性），身体正直平衡，不东倒西歪；精神饱满、自然大方、随时准备为顾客服务。

### 2. 坐姿

当班或与顾客交谈需要坐下时，坐姿平稳、端庄、自然，面带微笑；两脚并齐，两手垂于体侧或放在两腿上，重心垂直向下，双肩平稳放松；坐下服务或与顾客交谈时，两眼注视顾客，精力集中，不斜对、斜视顾客。

### 3. 走姿

行走时姿势美观，动作文雅，面带微笑，自然大方；行进中两眼平视、正对前方，身体保持垂直平稳，不左右摇晃，无八字步或罗圈腿；行进速度适中，注意前方顾客。与顾客碰面，微笑问好，侧身让道；引导顾客行进时，主动问好，指示方向，走在顾客右前方 1.52 步距离处，身体略微侧向顾客；行进中与顾客交谈时，应走在顾客侧面 0.5 步处或基本与顾客保持平衡，转弯时先向顾客示意指示方向。

### 4. 手势

为顾客服务或与顾客交谈时，手势正确，动作优美、自然，符合规范；手势幅度适当，顾客易于理解，不会引起顾客反感或误会；使用手势时，尊重顾客风俗习惯，注意同语言配合，不用顾客不理解和可能引起顾客反感的手势。

### 5. 需要禁止的行为举止

不在顾客面前打喷嚏、打哈欠、伸懒腰；不在顾客面前挖耳、鼻、眼屎，搓泥垢，抓头痒，修指甲，照镜子；不在顾客面前剔牙、打饱嗝；不随地吐痰、乱扔果皮纸屑、乱扔烟头或杂物，并制止他人乱扔，发现乱扔的杂物应随手拾起。

## （四）服务态度

### 1. 主动热情，顾客至上

牢固树立顾客至上、服务第一的思想，以主人翁态度和责任感对待本职工作；坚守岗位，自觉遵守纪律，具有整体观念和团结协作精神；眼勤、口勤、手勤、脚勤、心勤，想顾客之所想，急顾客之所急，服务于顾客开口之前；对客服务热情饱满，有旺盛精力。对顾客礼貌，态度和蔼，说话亲切，待客诚恳，一视同仁。

### 2. 耐心周到，体贴入微

对客服务有耐性、不急躁、不厌烦，操作认真、耐心周到；对客服务始终如一，有恒心，不怕麻烦，具有忍耐精神，不和顾客争吵；服务细致、表里如一，时时处处为顾客着想，体察顾客心情。

### 3. 服务礼貌，举止文雅

注重仪容，外表形象给顾客庄重、大方、美观、舒适的感觉；掌握各国顾客的风俗习惯、礼仪知识，礼貌修养良好；对客服务说话和气、语言亲切、称呼得当、使用敬语。语言运用准确得体；服务操作和坐、立、行、说时举止大方，动作规范，文明优雅。

### 4. 助人为乐，照顾周详

对老弱病顾客主动照顾，嘘寒问暖，服务细致；对残疾顾客细心照料，服务周详；对有困难的顾客提供帮助，准确及时。

## （五）礼节礼貌

### 1. 掌握礼貌内容

熟练掌握问候礼节，主动问候顾客，能够根据时间、场所、情景、接待对象不同，准确运用问候礼节；熟练掌握称呼礼节，能够根据顾客的身份、年龄、性别、职业，运用不同称呼，亲切和蔼；熟练掌握应答礼节，能够根据场景、说话内容、具体情况，准确回答顾客，反应灵活，应对得体；熟练掌握迎送礼节，能够根据迎接、送别的具体需要正确运用，做到讲究礼仪顺序、礼仪形式，语言亲切准确，关照、示意得体；熟练掌握操作礼节，服务操作规范，不打扰顾客，礼貌大方。

### 2. 日常礼貌服务

对待顾客谦虚有礼，朴实大方，表情自然，面带微笑，态度诚恳；尊重顾客的风俗习惯和宗教信仰，对顾客的服装、相貌、不同习惯和动作，不评头论足，按照顾客的要求和习惯提供服务；同顾客见面或握手时，正确运用礼貌形式，动作规范；提供服务严格遵守约定时间，不误时、不失约，快速准确；上岗或在公共场所，不高声呼叫，动作轻稳，声音柔和，不影响顾客；爱护顾客行李物品，服务时轻拿轻放，不随意翻动顾客物品；同顾客交谈时，注意倾听，精神集中，表情自然，不随意打断顾客谈话或插嘴，时时表示尊重。

### 3. 需要禁止的不礼貌言行

不问外国顾客的年龄，必须询问时先向顾客致歉；不问外国顾客的私事，不侵犯顾客隐私权；不问外国顾客的去向和饮食，尊重顾客日常生活习惯；不在顾客面前说西方顾客忌讳的"13"等数字；不在顾客面前说他们忌讳的颜色和花卉。

## （六）服务语言

### 1. 外语水平

业务部门主管以上管理人员能用流利的外语（英语或日语）同顾客交谈、处理业务问题和顾客投诉；一线服务人员至少掌握1种以上外语（英语或其他语种）。

### 2. 语言运用

服务语言运用亲切、准确、简明扼要、表达清楚；能够根据时间、场景、服务对象，正确运用迎接、问候、告别语言；对顾客用请求、建议、劝告式语言，不用否定、命令、训诫式语言；服务中不和顾客争吵，心情平静，不引起顾客反感。

### 3. 语言技巧

用词造句准确，语句通顺，重点明确，表情自然；说话清晰，声调温和，不用过高、过低的声调说话；坚持微笑服务，注意眼神和面部表情，说话有感染力；能用标准的普通话提供服务。

## （七）职业道德

### 1. 职业道德修养

员工受过良好的职业道德教育，掌握职业道德基本知识，有良好的道德观念、道德情操和道德风尚，能够自觉运用道德规范约束自己的行为，做好服务工作。

### 2. 职业道德行为

对待顾客一视同仁，不分种族、民族、国家、地区、贫富、亲疏，不以貌取人；待客礼貌，不分贫富、老弱、男女、亲疏，一律以礼相待，热情友好；诚信无欺，对所有顾客诚实、公道，坚持质量第一、信誉第一。

### 3. 尊重顾客风俗

尊重顾客民族习惯，对不同民族、种族的顾客，不损害其民族尊严；尊重顾客宗教信仰，对信仰不同宗教的顾客一律尊重，不损害顾客宗教感情；尊重顾客生活习惯，对顾客的生活习惯不干涉、不挑剔。

### 4. 遵纪守法

遵守国家法律、法规，保护顾客合法权益；遵守规章制度，不私自和顾客做交易，不索要小费，不私收回扣；坚持原则，维护国家利益和声誉，不做有损国格、人格的事情。

## （八）个人卫生

### 1. 员工卫生制度

员工每年体检一次，持卫生合格证上岗；发现员工患传染性疾病，调离工作岗位，及时治疗；各岗位员工严格遵守本岗位和酒店各项卫生制度，认真执行卫生操作规程，避免违章操作现象的发生。

### 2. 卫生要求

各岗位员工上班穿好规定的工作服，不卷袖子，不挽裤脚，不穿背心、短裤、拖鞋，遵守衣着卫生要求；上班、上岗前不饮酒，不吃异味较大的食品；上班时不吸烟、喝酒、吃零食，不在工作岗位用餐；工作时不做有碍卫生、有碍观瞻的动作。

### 3. 个人卫生习惯

勤洗手，一般员工上岗前、上厕所后必须洗手，餐厅、厨房、客房员工更要做到接触食品前必须洗手，养成习惯；勤剪指甲，服务人员不留长指甲，不抹指甲油；勤洗澡、勤理发，勤换工作服，养成良好的个人卫生习惯；不在顾客面前或对着食品打喷嚏、咳嗽。

## （九）工作与服务效率

### 1. 接受

各岗位员工服从分配，不推托、不挑剔，主动积极；接受工作任务时明确工作内容、完成时限要求，具有强烈的时间观念；每日工作任务按时间段安排，对每天各时间段要完成的工作清楚、明确；上岗精力集中，使用正确的工作方法，操作熟练，在规定的时间内完成规定的任务。

### 2. 服务效率

在接待服务、委托代办、票务服务、车辆安排、顾客代购等各项服务中，明确顾客的要求；每次均按照顾客要求的时间和内容，按时提供服务，不失约、不拖沓；因客观原因不能按时提供的服务，要耐心向顾客解释；避免工作效率低引起顾客不满、耽误顾客行程等现象发生；需要限时完成的紧急任务，按时检查完成结果，保证服务需要。

# 四、酒店服务质量检查

为加强酒店服务质量管理，酒店的服务质量检查就成为必要，但就是否设立部门而言，情况有多种。有些酒店成立了专职的部门——服务质量管理部；有些酒店在培训部或总经理办公室内设立相应的职能，有利于将质量检查与培训工作紧密地结合起来，从技术和业务的角度来完善酒店的服务质量；也有一些酒店没有设立专职的部门，而代之以非常设的服务质量管理委员会来执行检查。

上述各种组织形式都具备其特有的优势，但也都有其无法回避的缺陷。对此，可以通过表8-2做进一步的对比分析。酒店在实施服务质量检查的过程中到底采用哪种组织形式，应根据自己的具体情况来决定，不可盲目地效仿他人，最适合解决自己所面临的问题的组织形式就是最好的形式。

表8-2 酒店服务质量检查的不同组织形式的比较

| 组织形式 | 优 势 | 劣 势 |
|---|---|---|
| 设专职部门 | 有机构和人员上的保障 | 机构设置繁杂，有限的人员很难对酒店各个部门的情况都十分了解，故检查本身的质量会打折扣 |
| 设置于培训部之内 | 有利于服务质量检查与培训工作密切结合起来 | 缺乏权威性，缺乏其他部门的参与 |
| 设置于总经办之内 | 检查的权威性得以加强 | 缺乏专业性，缺乏其他部门的参与 |
| 非常设服务质量管理委员会 | 兼顾了检查的权威性与专业性，实现了各个部门的参与 | 由于没有专职的部门和专业的人员，检查人员对于自己部门以外的业务不尽熟悉，往往造成自己人查自己部门，因此对现在的问题不够敏感，深层次问题不易查出，且容易出现各部门护短的情况 |

但在选择服务质量检查的组织形式时，可以参考以下一些因素：整个酒店的管理方式是集权式管理还是分权式管理，服务质量检查的组织形式应与酒店整体的管理方式相协调；酒店服务质量目前所处的阶段和所面临的主要问题是什么，在检查的过程中主要缺乏什么，是权威、技术还是各部门的重视程度；酒店中高层管理人员的基本素质和专业能力；酒店基层员工的服从性和技术操作能力。

## （一）酒店服务质量检查

### 1. 酒店服务质量检查的实施方式

酒店服务质量检查的实施方式主要有酒店统一检查、部门自查、走动式巡检和外请专家进行技术诊断几种。

（1）酒店统一检查。在这种形式的检查中，要注意以下几点：要注意对不同部门的重点检查、要注意检查的均衡性、要注意检查的权威性、要注意检查的严肃性。

（2）部门自查。酒店服务质量检查的体系可分为三个层次：酒店一级的检查，部门一级的检查，班组、岗位一级的检查。部门自查是第二个层次的检查，要注意避免出现各部门护短的情况。

（3）走动式巡检。主要是高级管理人员的随机抽查。

（4）外请专家进行技术诊断。酒店面临重大接待任务、星级评定、某些体系引入的认证等特定时期所采用的一种高成本的特殊检查方法。

不论是哪种层次的检查，其形式均可以分为明查和暗查两种。明查是事先通知后的检查，它可以了解被检查部门在较为充分的准备之后的服务质量的状况。当然，这也可能因经过过多的"装饰"而缺乏真实性，但它却可以反映酒店服务质量在临近自己最高水平时的一个基本状态。与之相反，暗查则是了解酒店服务质量日常基本水准的手段，与明查相比，尽管在暗查的过程中，会发现更多的问题，但它反映的却是真实的状况。

### 2. 检查中应注意的问题

各种检查的周期。应结合酒店服务质量的现状和特点，确定适宜的检查周期。周期过长，会使服务质量的控制力度弱化；周期过短，又会妨碍酒店其他工作的正常进行，同时检查本身也会流于形式。

检查人员的素质。具有良好的职业道德和公正的人品，有较高的专业能力。

检查人员的权威性。酒店总经理可以向服务质量检查机构做出一些授权，以维护其权威性。其授权内容有以下几个方面：

（1）有权了解、调查各部门和部门以下岗位服务质量状况，听取汇报。

（2）检查机构可以根据检查结果，做出单笔罚款在 ×× 元人民币以下的处罚决定。

（3）用所罚款项设立服务质量管理店内基金，由检查机构负责，主要用来奖励在酒店服务质量管理中表现突出的部门和个人及用于与酒店服务质量有关的其他活动。

（4）决定单笔金额在 ×× 元人民币以下的奖励。

同时，检查中前台和后台都应被列为检查的对象，从而避免形成前台检查严后台检查松的误解，检查还应该坚持从难、从严、从实际出发相结合的原则。

### 3. 检查报告

酒店服务质量检查通常采用检查表的方式予以实施与汇总，据此形成酒店服务质量检查报告。

每一次酒店服务质量检查后，都应该完成一份服务质量检查报告，以反映检查的结果。起草检查报告时应做到：客观，就是应该将检查现场发生的实际情况记录下来，不掺杂任何主观的看法和评论；严格，就是以酒店管理模式和服务操作标准为依据；公正，就是不以个人的好恶来组织报告的内容；全面，就是不随意对检查过的内容进行取舍；细致，就是记录下检查中的每个细节。

在检查程序完成以后，还应该根据检查结果所形成的检查报告来分析产生问题的原因，制定解决问题的方案，并采取措施予以落实。否则，检查就失去了意义。

## （二）酒店服务质量的评估

酒店服务质量评估可分为有关部门的评估、酒店的自我评估和顾客的评估，而顾客的评估是对服务质量最具权威的最终评估。

酒店服务质量评估的方法主要有四种方式：直接面谈、电话访谈、问卷调查和暗访调查，如表 8-3 所示。

表8-3　酒店服务质量评估主要方法的比较

| 调查方式 | 优　势 | 弊　端 |
|---|---|---|
| 直接面谈 | 可提出较为复杂与深入的问题；<br>能借助相关资料让被调查者更好地理解调查者的观点；<br>能较为完整地理解被调查者的观点 | 成本较高；<br>需要素质较好的调查员；<br>难以提出或回答较为敏感的问题 |
| 电话访谈 | 成本较低；<br>快捷；<br>可对是否进行深入调查进行选择 | 只能提问简单直接的问题；<br>访谈时间短；<br>需要高素质的人员仅通过语言沟通就能保持被调查者的兴趣与注意力 |
| 问卷调查 | 成本低；<br>能较好地避免调查者的偏见；<br>受调查者可以匿名；<br>方便收集距离远的调查者的意见（通过E-mail还可提高回复的速度） | 回复率低；<br>问卷必须简短与简单；<br>由于某些被选择的调查对象可能不会回复，样本难以做到具有代表性 |
| 暗访调查 | 隐蔽性高，能获得更真实的调查资料 | 对调查人员的素质有极高的要求 |

　　由于不同的顾客对自己的权利和义务、酒店的权利和义务以及对酒店服务标准的了解程度不同，面对同样的酒店服务行为，他们会产生许多不一样甚至完全相反的服务评价。事实上，在酒店中经营者经常会发现一桌美味佳肴很可能会因顾客个人的原因而被完全否定。就某种程度而言，在面对面的服务过程中，服务质量评价的满意度与顾客的个性特点、知识水平、对酒店的期望以及顾客当时的心理状态、身体状况、行为方式等高度相关，从而表现出服务质量评估的巨大差异性。

　　服务产品的结构成分和质量水平及其标准是动态变化的，在某种程度上，质量水平和标准很难界定，服务质量具有不确定性，动态的服务在面对相对静态的服务评价标准时，因为两者的差异而导致的在观念上的"假性服务失误"将在所难免。

　　同时，酒店服务所涉及的服务环节越多，顾客与酒店的接触面越广，服务的可能失败点就越多。而酒店的服务环境、设备设施、服务信息的可靠性、服务体系设计的合理性等都会在环境的变化中不断呈现出相对老化的趋势，这些动态的变化因素都会影响到酒店服务的运作及其质量水平。

　　酒店提供的产品都必须有人的参与。因此在面对面服务的过程中，酒店、服务人员和顾客在服务接触中会产生交互影响，这种交互包括物质的交互、行为形态的交互。当然，它还包括情感的交互。在交互过程中，作为运作过程主体的服务交互行为受到三者的文化影响，或者说，文化观念的差异，会带来服务交互的障碍，而这种障碍无疑会在很大程度上影响顾客对酒店的服务感知，从而引发服务失误行为。

　　服务人员是服务的直接"生产者"，他们对服务过程的质量乃至顾客感觉中的整体服务质量影响极大。在面对面服务过程中，由于服务员和顾客的高度"接触"，使得来自服务人员方面的影响因素变得复杂多变，服务过程的质量不仅与服务人员的行业意识、行业技术等相关，而且与服务人员当时的心态、仪表、心理状态、身体状况甚至交际能力、表达能力等高度相关，这些因素经常影响酒店服务质量，从而引发顾客的投诉行为。

### （三）酒店服务质量改进

对酒店服务质量检查的内部质量控制方法的了解，以及对顾客进行的酒店服务质量评估的外部反馈的掌握，使我们能较清楚地明了酒店服务质量的状况和水平，并据此进行酒店服务质量的补救与改进。

综合来说，酒店服务质量的复杂性、交互性、差异性，都对酒店从业者提出了新的挑战。酒店应该制定完善、有效的培训策略，在培训中对服务补救和服务补救管理进行专项培训，以期通过训练来规范员工的服务补救行为、服务补救语言、服务补救技术，培训员工在服务补救中的倾听技巧、问题分析能力和情绪控制能力等，以提高员工在服务补救中的应变能力。

在服务失误的情况下，一线服务员往往是最先接触顾客抱怨、处理顾客投诉的人员，服务员的反应速度极大地影响着顾客的情绪。服务人员在服务补救中的快速行为既取决于其个人具有的能力，也受限于他所拥有的权利，这个权利决定了他在服务补救中能调动的资源、能多快地去调动他所能调动的资源。良好的授权既能保证员工服务补救的速度，又能够改善员工的工作态度，使员工能根据不同情况和要求灵活处理，提高顾客的满意度。事实上，如果事无巨细都要请示上级的话，将使顾客对服务人员的信赖感降低，并因此而更为不满。当然授权应适当，否则可能会导致滥用职权、管理混乱等现象。

服务质量补救工作对普通员工来讲具有一定的风险性，员工在受理顾客投诉时，有可能推卸、不敢受理，使补救工作不能及时跟进。酒店管理者要使员工能够以积极态度去做好补救工作，必须在补救工作方面建立科学的激励制度。酒店可推行首问负责制，首先接触顾客投诉的员工必须对投诉进行全程跟踪，直至有相关管理人员介入后，其补救职责才宣告结束。对于在服务补救行为中所发生的多部门员工互相推诿或互相包庇的应该实施处罚。而对正确处理好顾客抱怨和投诉、能保持顾客满意度的员工则应给予奖励，通过激励措施使员工更加积极地参与补救工作，保持顾客的满意度。在服务补救中，保证每一次服务补救行为有事实、有责任、有处理、有效果，对于在补救过程中受委屈的员工，可以给予一定的安慰。

服务失误的原因和征兆是多种多样的，对于服务人员而言，失误的起因既可能是本岗位的问题，也可能是其他岗位甚至是其他部门的问题。面对如此纷繁的服务失误，酒店应该制定一套服务补救的向导制度，对于一些比较常见的服务失误制定专门补救的程序和策略标准，而对于非常见的服务失误则可以制定基本的补救原则，让员工有方向可循，能最快最有效地实施补救策略，不至于在反复的磨蹭中导致过高的补救成本，给酒店造成更大的损失。当然，当服务补救行为结束之后，酒店应该及时进行总结，根据实践的需要改良类似服务失误的补救标准和补救原则。

### 1. 建立预警系统

酒店可根据需要，建立一套跟踪并识别服务损失的体系，有效地维护和保持顾客与酒店的关系，即不仅要被动地听取顾客的抱怨，还要主动地查找那些潜在的服务失误，通过事先的预防来减少服务失误的发生。

### 2. 确认服务的过失

当顾客抱怨产品质量有问题时，酒店首先应深入了解顾客不满的原因，发现服务工作存在的各种问题，确认了过失才能有效地进行补救。顾客抱怨及其反馈是酒店确认服务过失的一种重要方法，酒店管理人员只有听取或得知顾客的意向、投诉后，才能更有效地做好补救工作。但有些顾客因为怕麻烦而不愿投诉，作为酒店应该消除这一障碍，为不满顾客设置沟通渠道，以便酒店准确地找出服务的不足之处，及时进行补救。为此，酒店可以通过服务标准明示，让顾客了解相关的服务程序，通过保证形式，让顾客合理地抱怨、合理地投诉。酒店通过顾客的投诉发现问题、确认问题、解决问题。

### 3. 重视和解决顾客问题

为了很好地了解顾客所提出的问题，必须认真听取顾客的诉说，以便使顾客感到酒店管理者十分重视他的问题，最有效的补救方式就是酒店一线服务员能够主动出现在现场，承认问题的存在，向顾客真诚地道歉，同时，还要由酒店高级管理人员（如餐饮部经理、酒店总经理）出面，给顾客挽回一点面子，并将问题解决。解决的方法很多，可以是服务升级，也可以是对顾客进行适当的赔偿。此时，如果酒店将顾客拒之门外，虽不算错误，却会损坏顾客心中已形成的对酒店的好印象。

### 4. 改进服务质量

在实施服务补救行为之前，顾客投诉抱怨的受理人员应认真收集、记录顾客的反馈资料，并将其整理分类，评估抱怨内容，查找抱怨的原因，分析抱怨是出于服务态度、服务方式、菜肴品质等服务环节，还是出于服务设施条件，对出现的原因进行有效分析，有助于酒店做好补救服务。

服务补救不仅是弥补服务裂缝、增强与顾客联系的良机，还是一种极有价值的信息资源，它能帮助提高服务质量，但却常被忽略而未能充分地利用。通过对服务补救整个过程的追踪，管理者可以发现服务系统中一系列有待解决的问题，并及时修正服务系统中的某些环节，进而使同类服务失误现象不再发生。

服务补救管理不是一种独立的管理理论，而是一种适应目前竞争形势、进行全面顾客满意经营管理的理念。面对日趋激烈的市场竞争，高服务质量、高附加值无疑成为竞争的亮点。"顾客第一""顾客为中心"不应只流于口号，酒店要真正对顾客心目中的不满服务进行有效及时的补救并达到酒店服务质量改进的目的，这样才能不断获得竞争优势，达到长期的盈利目标，酒店自身也才能够持续地发展与进步。

## 【本章小结】

1. 酒店服务的质量要素包括酒店服务的有形质量和无形质量，酒店服务质量管理的主要方法包括全面质量管理、差距管理法和零缺陷质量管理法。

2. 酒店服务组织管理的基石是服务金三角；酒店服务质量改进的原则包括：过程改进原则、持续性原则、预防性原则；酒店服务质量改进模式的支持体系包括三部分：基本组织结构、全员参与、制度体系，服务蓝图是一种准确地描述服务体系的工具。

3. 顾客感觉中的服务质量是由可靠性、响应性、保证性、移情性和有形性五类服务属性决定的；酒店服务质量评价标准包括了有形设施标准和无形产品标准；酒店服务质量评价体系包括以下三大要素：评价主体，即由谁来进行评价，目前充当评价主体的主要有顾客、酒店组织和第三方机构；评价客体，包括硬件服务质量和软件服务质量两方面；评价媒体，是指评价的主体通过何种形式来表现其评价的过程和结果。

4. 酒店关注顾客就是要以"顾客为中心"；酒店服务人员的基本规范和职业风范就成为酒店服务质量管理的核心；酒店的服务质量检查能够加强酒店服务质量管理。

## 【案例分析】

### 互联网时代条件下的顾客需求与满意

互联网时代是一个新兴的时代，同时是一个迅速发展、迅速占据人们绝大部分生活的时代，很多传统行业都倒在互联网的浪潮中，对酒店行业来讲，如何抓住互联网的优势，准确高效地满足顾客的需求，促进酒店发展，需要从以下几个方面努力：

1. 用互联网利器改造酒店，创造用户价值

用户价值一般包括三个层面：功能价值、体验价值、个性价值。而将互联网数据化、网络化技术应用于酒店产品和服务，对功能价值、体验价值和个性价值，均可实现提升。如果创造的仅仅是功能价值，那就只能靠性价比取胜，而支撑性价比的，是成本优势。在这种情形下，硬拼成本和性价比，生存的空间是狭小的。因此，还是应在创造体验价值、个性价值上下功夫。有良好的体验价值，就具备了定价权；有良好的个性价值，就能增强用户黏性。

因此，酒店人所思考的不仅仅是将互联网技术简单应用于酒店产品，而应是在互联网时代，在新增酒店的投资和营运中，如何避免似曾相识、千篇一律的酒店翻版，围绕"体验与个性"做文章。有两点非常重要：首先是个性化。除了星级档次的区别，酒店要有应有的个性，形成"百花齐放"的格局。互联网时代将对酒店这样的传统服务业产生颠覆性影响，业者能否绕过"单品海量"的泥潭，是否应该多一些"多品微量"的创新。尤其是高端奢华酒店，在经济新常态的时代背景下，是否应该走走"多品微量"的路子，小而美、小而特、个性鲜明，创造粉丝。其次是年轻化。消费结构的年轻化是不

可逆转的大趋势。业者要通过大数据等手段，分析并预见年轻化用户的消费习惯、价值取向（不仅仅是80、90后，甚至是00后），以此来规划酒店，领跑未来。历史发展的规律总是这样：年轻人的亚文化，终将成为主流文化。

2. 选好效率工具，提高酒店价值传递效率

移动互联网时代的到来，使用户购买酒店产品的习惯发生了很大变化。国内国外都是这样，有数据显示，2014年，到欧洲旅行的游客，53%都是通过线上预订的。酒店必须要看到用户购买习惯的变化。仅仅在价格上思考是不够的也是不划算的，因为价格是把双刃剑。

传递价值，是通过"信息流、资金流、物流"的传递而实现的，但就酒店的总体产品而言，具有不可移动性的特征。因此，我们的注意力还是应该放在"信息流"与"资金流"的传递上，尤其是前者。

这里要防止一个误区，酒店互联网化，绝不是非要做互联网公司，绝大多数的实体酒店经营者也做不到。这里所说的传递酒店价值，包括两部分内容：传播和交易。

在传播环节，对于酒店品牌的传播和产品推广，应该尽量选择社交媒体。因为移动互联网时代，核心是抢夺用户时间，而社交媒体正是网聚大量人气之所在。同时，也可以利用微信等互联网工具，创建自媒体传播平台，这虽然不是雪中送炭，但也是低成本的锦上添花之举。

在交易环节，其核心是挖掘和选用好互联网效率工具，拉近酒店价值与用户的距离。以扩大直销渠道（去中介化）为努力目标，采取"直销、半直销、分销"组合拳的方式，提高营销效率。直销，如集团官网、官方App、会员体系、集团协议采购、全员营销等。半直销，如天猫旗舰、微信公众平台等。分销，比如国内的携程（Ctrip.com）、艺龙（Elong.com）；国外的缤纷（Booking.com）、全球订房网（HRS.com）等。

提到分销，业者最为纠结：一方面，"不得不用"。再大的酒店集团，其产品也不能满足用户"地域广泛性""产品多样化"的需求。除"铁杆粉丝"外，他们更容易到"大平台"上去选择。而目前仍缺乏个性的酒店产品。另一方面，"用得很痛"。痛在哪里？本身已瘦骨嶙峋，还不得不向OTA们忍痛割肉。业者常用一个词来形容与OTA的关系：绑架。即使这个观点成立，作为酒店用户价值的创造者，业者首先应该反思：为什么会被"绑架"？只有反思自己，才能进步。被绑架的一个重要原因，就是供大于求，且产品同质化太严重。所以，业者要回归理性，抑制过剩，追求质量，创造个性。

对OTA而言，要把酒店用户价值的创造者们当成合作伙伴，当成客户，没有价值的创造，哪来价值的传递？如何创造"羊毛出在猪身上"的模式？醉心于收取十多个点的佣金而不思改变，就一定会被别的东西取代。在互联网时代，一切边际成本为零的东西，最终将走向免费，而靠别的方式挣钱。

3. 品质——互联网时代的品牌建设根基

互联网彻底颠覆了信息的不对称。没有互联网，信息处于极不对称的状态，买的始终没有卖的精。互联网上信息量大、流动快、触及范围广，用户拥有更多的知情权、话

语权。用户越来越精明，他们更愿意相信朋友圈的推荐，而不愿相信酒店的自我吹嘘。几十年前驾车出差，中途在马路边吃饭是常事，如何选择？看哪家饭馆前停的车多，这就是以原生态的方式看"流量"。后来，我们相信品牌，在一个陌生的环境选择用餐，周围都是些闻所未闻的餐馆，如果这时一家"小南国"映入眼帘，多半会选择。今天，这种选择方式已经改变：我们会掏出手机搜索，会看大众点评。这个时候，就不一定选择品牌，甚至可能在大众点评的指引下，享受完一顿美餐后，就记不起这个餐厅的名字了。

在移动互联网时代，连锁品牌塑造比历史上任何时候都更具有挑战性。如何应对挑战？做好产品与服务仍然是酒店业生存和发展的根本。品质，在任何时候都是品牌的根基，只是在互联网时代，这个根基显得更加重要。如果没有良好的品质支撑，任何打着互联网旗号的花哨模式，都将是不堪一击的噱头。

4. 如何处理速度与质量的问题

"跨界"与"转型"这两个词汇如今很热。但是，跨界，首先要确定界在哪里。"转型"，其中一个指向就是转型轻资产营运，具体到酒店业，就是品牌输出。在这一点上，务必要处理好"速度"与"质量"的关系，尤其是那些以"贴牌"为主的输出方式，要有大规模扩张而又能保障每个个体品质的能力。输出仅仅靠体系、靠标准还不够，还要靠难以用标准表达和固化的文化血统。但是，要让输出管理团队具备这种血统，绝非一朝一夕之功。如果做不到品质支撑，我们所谓的品牌将在强大的负面网评前不堪一击。所以，尽管互联网时代是一个讲效率与速度的时代，但速度与规模，也要与自身的功底相匹配。一个企业与另一个企业的差距，表面看是速度拉开，实质是内功的差异。

不是互联网太强大，而是传统酒店太老化。如果业者承认和正视这点，就找到了痛点，就开启了希望之窗，因为，所有的创新都始于痛点。

**分析内容：**

根据上述案例，并结合相关知识，思考：

1. 现如今酒店服务业还可以怎么利用互联网技术？

2. 互联网时代给酒店的服务质量管理带来的更多的是机遇还是挑战？

3. 互联网时代下酒店如何增进与顾客的互动关系？

# 第 九 章

## 酒店安全与关系管理

**【学习目标】**

学习本章后，你应该能够：

1. 了解酒店安全管理的基本概念，包括酒店安全的概念、酒店安全部门组织结构、组织安全各部门的主要职责；

2. 掌握酒店安全预防管理的要点，包括：酒店安全问题的类型及管理指标、酒店消防预防管理、酒店治安预防管理、酒店员工安全教育等；

3. 理解酒店主要区域的安全设计与管理；

4. 了解酒店紧急事件的处理与危机公关，并结合案例进行分析。

**【章前引例】**

2016 年 4 月，澎湃新闻用户戚全（化名）投诉称，2016 年 2 月 13 日，他入住上海市中心一家全季酒店期间，丢失 2800 元现金，监控显示保洁员曾给一名男子打开房间的门。就在该男子进入房间几分钟后，前台又为另一名男子办理了入住该房间的手续。全季酒店是华住酒店集团旗下一个知名连锁酒店品牌，位于上海云南南路的这家全季酒店则是其中一家直营店。涉事酒店位于云南南路近淮海东路，处于上海市中心人民广场商圈内。4 月 9 日，华住酒店集团公关经理魏小姐向澎湃新闻表示，该事件中，有员工未按流程操作，酒店方确有不可推卸的责任。戚全称，虽然酒店已经补偿他 3000 元现金，他仍要求酒店方面给一个诚恳的道歉。但两个月以来，他对于酒店方面的态度十分不满。他认为，酒店方面有人泄露了他的入住信息，导致其他人可以顺利进入他入住的房间。

酒店是集餐饮、住宿、休闲、娱乐、社交、商用等功能于一体的综合性服务商业设施。作为一类特殊的公共场所，酒店人员流动性大，建筑功能复杂，潜在风险较多，高层建筑多，地下设施多，电器设备多，可燃材料多。在酒店的经营过程中，经常会面临各种突发事件的威胁，如台风、地震等自然灾害，火灾、爆炸等事故，食物中毒、传染病等公共卫生事件，盗窃、抢劫等治安刑事案件。对宾客而言，酒店产品不仅仅是客房的床位、餐厅的食物，也包括消费这些物质产品时所享受的愉悦和舒适的感受，但归根结底使宾客产生满足感的最基本要求是安全的保障，没有安全，所有的酒店产品都将失去意义。

在安全工作时，我们需要"几柄利剑"来保证。一是要有安全上的"火眼金睛"。针对酒店安全隐患问题具有隐蔽性、复杂性、突发性的特点，要不断提高自身的安全管理水平，加强学习安全问题处理的知识，以增强发现安全隐患问题的敏锐洞察能力。通过平时不断的巡视检查，及时发现和排除各类安全隐患。二是要有安全上的"顺风耳"。建立有效的安全问题检查和信息反馈机制，以确保更加及时、准确、全面地掌握酒店各部门安全工作的每一个细小动态。针对酒店每一个岗位的安全工作情况，进行及时总结分析，不断提出新的管理工作与防范要求，制定强有力的措施，做好防范、监察、布控，才能更加有效地预防安全问题的发生。三是要有安全上的"婆婆嘴"。安全工作，是只有起点没有终点，是常抓不懈又常抓常新的工作，安全责任制度、岗位实际操作规程、规范等要求"不厌其烦"地向每一位员工灌输，使安全教育入耳入心，严格克服安全意识差、抱有侥幸和图省事等不良思想的产生，养成员工确保安全、提高防范的潜意识。四是要有安全上的"刀子心"。对违反安全操作规程的现象和个人，坚决予以制止和处理。

# 第一节　酒店安全部门的组织结构

## 一、酒店安全管理概述

### （一）酒店安全管理的概念

酒店是一个主要为游客提供短期住宿的地方，酒店通常在提供住宿之余，亦为住客提供餐厅、游泳池或照顾幼儿等服务。一些酒店亦提供会议设施，吸引商业机构举行会议、面试或记者会等活动。酒店安全是开展一切活动的基础，因此，酒店管理者应加强对酒店安全管理的认识。

安全具有两种意思：一是名词，指平安，无危险，没有事故；二是动词，指保全，保护。酒店安全是指在酒店所涉及范围内所有人、财产的安全，以及没有危险，不受任何威胁的生理、心理的安全环境。酒店安全管理包含对酒店经营范围内所有人的人身财产安全、酒店的财产和财务安全、酒店内部秩序安全等的管理。所有人员指的是所有光临酒店的顾客、所有的员工及酒店经营区域内的其他合法人员。酒店安全管理具有不同于其他企业的广泛性、服务性、全员性、法律法规性以及预防性的特点。

酒店是为客人提供住宿、餐饮及休闲娱乐的综合服务性场所。对客人而言，酒店不仅要为他们提供优质的物质产品和服务享受，还要让客人们在消费的同时，使他们产生安全感、愉悦感、舒适感和满足感。如果没有安全保障作为基石，缺乏安全的酒店营业环境，同时也会给酒店带来无法弥补的损失，因此，安全是酒店的头等大事，是酒店正常经营与创造效益的保证。

### （二）酒店安全管理的基本原则 [①]

#### 1. 建立健全安全管理组织机构

酒店的安全管理机构应当设立安全保卫部门以及统一管理酒店安全工作的协调组织机构，建立跨部门的工作团体，采用安全管理小组的形式不定期地开展安全管理督查活动。安全管理组织的领导应当定期组织小组会议，总结前一段时间事故发生的原因及今后规避的对策。保证成员参与的广泛性，充分调动成员的积极性，从而在实施工作中得到广大员工的理解及支持。

#### 2. 坚持内紧外松的原则

酒店的安全管理包括人身安全和设施、财产安全两个方面，在很大程度上是为客人服务。做好安全工作不能在客人面前议论或因一般事故而惊慌失措，必须坚持内紧外松，以防造成不良影响使得客人没安全感，影响酒店的声誉。坚持内紧外松，必须在内部提高警惕，加强责任心。酒店如果发生事故，只在局部范围内解决，对客人一般要保密，这样才能增加客人的安全感，保证经营活动的正常开展。

#### 3. 进行安全教育和培训

酒店的安全管理涉及众多部门、各个环节。因此要加强酒店安全教育和培训，使每个人都树立安全意识，发动员工做好安全工作，使全店员工人人关心安全、事事关心安全，包括关心酒店设施、设备安全；另外，应制定应付各种紧急情况的措施，训练员工从事安全生产、处理突发事件的技巧和能力，以便发生事故时能够及时发现，及时采取措施减少损失。

#### 4. 日常维护和周期性检查相结合

安全管理重在日常维护和定期检查，包括对设备设施的维护与检查，对酒店各功能分区的巡逻和监视。每天都要进行对有关设备设施的日常维护，包括检查、保养和安全巡检；周期性的检查是对一些大型的、平时不便于详细检查的设备设施所进行的维护策略及定期在酒店范围内开展的安全检查活动。酒店定期开展安全检查活动可以强化员工防范意识，把安全问题切实贯彻到日常工作中。

---

① 翁钢民.现代饭店管理——理论、方法与案例[M].天津：南开大学出版社，2004.

260

### （三）酒店安全管理的意义

随着世界范围内各种不安定因素的增加和安全问题的出现，酒店作为一个接待世界各国宾客的公共服务场所，受到的安全威胁和面临的安全问题也在不断上升。安全需求是酒店宾客的基本需要，酒店对客人在酒店期间的安全负有特殊的责任。

**1. 酒店安全管理是事关酒店所有顾客人身和财产安全的重大事项**

酒店要全方位满足游客的需求，固然需要有完备的服务设施、齐全的项目、优质的服务，除此之外，更重要的是要有令客人放心的安全措施及制度。如马斯洛的需要层次理论将安全作为人的第二层次需求，可见安全的需要对人的重要意义。当顾客进入酒店住宿和消费时，人身和财产安全是顾客的第一需求。酒店所有产品与服务都是建立在不对顾客人身和财产造成损害的基础之上的。一旦酒店对顾客的人身或财产造成损害，哪怕是极其轻微的损害，都会给顾客造成心理阴影，成为一种不愉快的经历，从而降低顾客的整体满意度。

**2. 酒店安全管理是事关员工工作满意度与忠诚度的重大事项**

酒店安全管理也包括对员工生命、财产安全的保障。酒店员工长期在酒店工作，是酒店安全最直接的感受者。酒店工作环境的安全性，会对酒店员工工作的积极性、稳定性造成重要影响，最终降低酒店的服务质量。没有满意的员工就没有满意的顾客。如果酒店各种防范措施不力，事故不断，员工总是担心工作环境的安全，员工就不能安心工作，更不用说全身心地为顾客提供高品质服务。因此，为酒店员工提供一个安全的环境，既是酒店安全管理的主要任务之一，也是酒店管理者的重要职能。

**3. 酒店安全管理是影响酒店经济效益和社会效益的重大事项**

一方面，酒店一旦由于安全管理问题造成安全事故，必然会给酒店造成经济效益方面的损失。例如，酒店发生火灾事故，造成的财产损失；因食物中毒对客人造成的人身伤害而支出的赔偿费用等。另一方面，如果酒店安全管理出现问题，酒店的企业形象和社会声誉也会因此受到破坏和影响，而且这种损失往往是难以估量的。如果一个酒店在安全管理上有一个良好的口碑，必然能得到客人的信任，从而提高客房出租率、经济效益和社会效益。

## 二、酒店安全部门组织结构

酒店一般都设有专门的安全部门，有的称为保安部，有的称为安全部，有的酒店还专门成立了安全委员会。其目的是在酒店总经理的领导下，依靠全体员工做好酒店安全保卫的工作。酒店的安全部门组织结构的设置，主要视酒店的具体情况而定，没有统一固定模式，以符合本酒店的实际为适度的标准，如图9-1所示。

```
                        ┌──────────┐
                        │ 保安部经理 │
                        └────┬─────┘
                   ┌─────────┴─────────┐
              ┌────┴────┐         ┌────┴────┐
              │  副经理  │         │  秘书   │
              └────┬────┘         └─────────┘
      ┌────────┬────┴─────┬──────────────┐
  ┌───┴───┐ ┌──┴───┐  ┌───┴───┐     ┌────┴────┐
  │消防主管│ │内保主管│  │警卫主管│     │巡逻队主管│
  └───┬───┘ └──┬───┘  └───┬───┘     └────┬────┘
  ┌───┴────┐ ┌─┴───┐  ┌───┴───┐     ┌────┴────┐
  │消防中控室│ │内保员│  │警卫领班│     │巡逻队领班│
  │  领班   │ │ 领班 │  └───┬───┘     └────┬────┘
  └───┬────┘ └─┬───┘
```

| 消防中控室 | 内 | 警卫室 | 巡逻队 |
|---|---|---|---|
| 一班 | 保 | 一班 | 一班 |
| 二班 | 治 | 二班 | 二班 |
| 三班 | 安 | 三班 | 三班 |
| 四班 | 员 | 四班 | 四班 |
|  |  | 传达室值班 |  |
|  |  | 店外停车值班 |  |

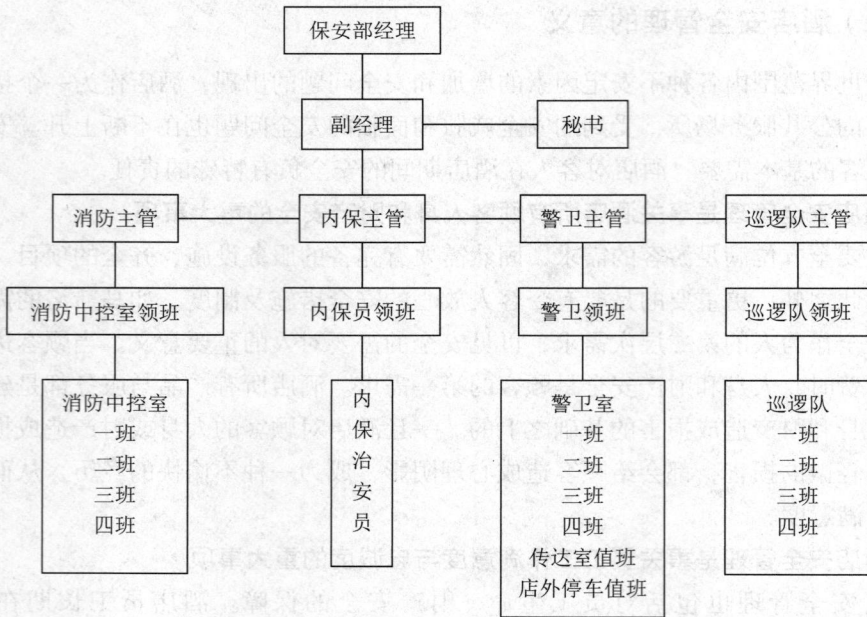

**图 9-1　酒店的安全部门设置** [①]

## 三、酒店安全管理组织主要职责

酒店安全工作的开展必须在组织形式上得到落实，严密的组织结构和严格的组织行为是做好酒店安全管理的重要基础。根据我国现行的法律法规的要求和酒店经营管理的特点，一般应成立酒店安全管理委员会开展各项安全管理活动。

安全管理委员会的主任由酒店总经理担任，全面负责酒店的安全工作。酒店的一名副总经理担任安全管理委员会的副主任，协助开展安全工作。各部门负责人作为安全委员会的委员，确保其职责范围内的安全。酒店安全保卫部是安全管理委员会的执行机构，负责酒店日常安全工作的实施。另外，根据相关法律的要求，酒店安全应建立安全档案，由总经理办公室统一管理。

### （一）酒店总经理安全职责

酒店的安全运营是重要的不可见效益，只有保障酒店的安全运营，酒店的长久经济效益和平稳经营才有保障。酒店总经理是酒店安全运营的第一责任人，在酒店安全运营工作中所起的作用不可替代。酒店总经理在日常安全工作中所负的职责主要有以下六个方面：

---

① 董观志，刘芳. 现代饭店经营管理 [M]. 广州：中山大学出版社，2004.

### 1.建立酒店运营安全责任制

酒店安全责任制是酒店岗位责任制的一个组成部分，依据安全第一的原则，规定各级管理人员、职能部门、酒店工作人员在酒店运营中应负的安全责任制度。在酒店安全责任制度中，酒店总经理对本单位的安全工作负总的责任，各级管理人员、职能部门和工作人员在各自的职责范围内对安全工作负责任，具体的责任内容根据不同部门、不同岗位特点加以规定。

### 2.组织建立酒店安全运营规章制度及相关流程规程

完善的流程规程可以规范日常操作，以尽可能地减少可预见的人为主观失误。科学的规章制度可以有效地管理每一个参与日常运营的员工，实现以人为本的人性化管理。

### 3.保证酒店安全所需的各种资源

酒店安全是酒店经营活动的重要基础。为保证酒店安全，需要在安全方面投入大量人力、物力、财力，酒店总经理拥有的资源调配权是保证酒店安全的前提。作为酒店安全的第一负责人，必须充分认识安全与效益的关系，建立正确衡量安全投入产生的标准，不能因为没有发生危险就觉得安全投入没有用处，更不能认为安全投入是浪费资源，这样才能从根本上保证安全管理的顺利展开。

### 4.监督、检查酒店的安全工作，及时消除各种隐患

要保证酒店安全，必须从日常的管理着手，及时监督检查酒店运营过程中安全工作实施情况，组织查找运营中的安全漏洞、隐患，并对检查中发现的安全隐患进行整改和消除，才能从根本上防止危险的发生。

### 5.组织制订并实施各类突发事件的应急预案

大多数突发事件的发生都是无法准确预测的，因此，必须为各类突发事件做好准备，加强战略规划、物资储存、长期预算。在酒店的日常管理中，应急预案的制订格外重要。应急预案规定了发生突发事件时反应行动的具体目标，以及为实现这些目标所做的所有工作安排。制订者不仅要预见事发现场的各种可能性，而且要针对这些可能，拿出具体可行的解决措施，达到预定目的。

### 6.及时处置并如实报告各类突发事件

突发事件发生后，酒店作为第一反应者，不仅熟悉现场情况，而且具有将危险迅速控制的最佳时机。在酒店突发事件时，酒店总经理应组织相关人员按照应急预案的要求，及时采取处置措施，降低危害的程度。

## （二）安全主管的职责

在酒店的管理中，除了作为酒店安全第一责任人的酒店总经理，还应指定一名副总经理主管安全，成为酒店安全管理人，负责组织、协调、查核、督导本酒店的安全管理工作。主要包括协助酒店总经理组织推动酒店安全工作，宣传贯彻酒店安全的方针、政策、法规、法令和规程，督促检查各部门、各单位贯彻执行；组织制定酒店安全规章制度，并督促贯彻执行；开展现代安全管理，确定重点，进行预测、预控；组织编制安全

技术措施计划，并督促检查，付诸实施；参与新、改、扩建、引进和改造工作项目的审批、设计审查和竣工验收；组织定期专业性的安全检查，并及时消除安全隐患；加强基本建设，定期召开安全工作业务会议，组织好安全竞赛，并总结推广先进经验；负责建立和维护各种酒店安全档案等。

### （三）安全保卫部的职责

安全保卫部是酒店重要的职能部门。随着社会经济的迅速发展和现代旅游业的兴起，旅客对酒店安全保卫工作的要求越来越高，酒店安全保卫工作的地位越来越重要。具体的职责包括强化酒店员工的安全意识，普及酒店安全文化；建立健全各类安全管理制度；做好酒店的治安管理工作；加强酒店的内部保卫工作；协助公安机关查处治安案件和一般刑事案件。

#### 1. 安全保卫部的工作内容

在总经理领导下，负责酒店的安全工作，研究制定酒店治安、消防、内保等安全管理制度、安全防范预案和措施，报总经理审批后组织贯彻实施。结合酒店实际，贯彻公安、安监部门和上级主管部门安全管理的方针、政策、法律、法规。

研究制定酒店安全部门各岗位人员的岗位责任制度和职责规范，审定各部门安全管理规章制度，报总经理审批后贯彻实施，并检查实施结果，处理存在的问题。做好酒店关键和要害部门的日常保卫工作，结合酒店重大活动，做好重点客人、重点部位的安全管理和防范，防止意外事故的发生。

#### 2. 安全保卫部的职责

首先，要强化酒店员工的安全意识，普及酒店安全文化。酒店安全的四大支柱之一——安全意识，决定了酒店管理人员和从业人员对待安全的基本态度，进而从根本上影响着有关安全制度的落实和安全行为的规范。其次，要建立健全各类安全管理制度，如果有人违反安全管理制度就应该按照制度的相关规范进行惩罚。再次，做好酒店的治安管理工作，包括：对客人的登记验证、对酒店的公共场所的治安秩序进行维护，对危险物品的管理，对轻微违法犯罪行为的教育和帮助。最后，协助公安机关查处治安案件和一般刑事案件。内部治安案件由单位的保卫组织负责调查取证，对于发生在酒店的内部案件，安全保卫部有责任协助公安机关做好侦破工作。

## 第二节　酒店安全预防管理

## 一、酒店安全问题的类型及管理指标

上海福喜食品安全事件、昆山中荣金属制品有限公司爆炸事故等引发了多米诺骨效应，而这些事件所折射出的外资、台资黑洞也在拷问着产业生态链上的每一家企业。那么，作为酒店人，如何加强酒店安全的预防管理，首先应对酒店安全问题的类型及管理指标有一定了解，如表 9-1 和表 9-2 所示。

表 9-1　酒店安全问题的类型

| 酒店安全问题的类型 | 安全问题的主要表现和特征 |
| --- | --- |
| 1. 火灾安全问题 | 损失面大、造成财物和人员的综合损伤、损失难以恢复 |
| 2. 犯罪安全问题 | 偷盗犯罪、打架斗殴、黄赌毒、公共恐怖行为、逃债、欺诈 |
| 3. 卫生安全问题 | 食物中毒、环境卫生问题、服务操作卫生问题 |
| 4. 设施安全问题 | 设施陈旧缺乏安全性，如电梯关人、桌椅缝夹人等 |
| 5. 名誉安全问题 | 名誉损失、隐私安全 |
| 6. 心理安全问题 | 受到心理威胁、陌生感、差别对待、情绪忧郁 |
| 7. 主客冲突问题 | 口角、主客实施暴力、投诉、法律纠纷 |
| 8. 施工安全问题 | 综合性安全问题 |
| 9. 酒店行业危机 | 影响酒店的生存环境、导致客源减少 |
| 10. 其他安全问题 | 客人伤病及死亡、酒店职业灾害、自然灾害 |

表 9-2　酒店安全管理的指标类型

| 酒店安全管理的指标类型 | 酒店安全管理的具体控制性指标 |
| --- | --- |
| 酒店安全投资指标 | 货币投入量、人员投入量、劳动日投资量、人均安措费、人均劳防用品费、更改费安措投资比例、安技人员配备率、人均职业病诊治费等 |
| 酒店安全生产指标 | 酒店安全人员的在岗率、安全工种的持证上岗率、安技人员技术考核的通过率、安全防护用品的合格配备率、具体安全任务的完成率等 |
| 酒店安全效益指标 | 投诉率、设备事故数、火灾事故数、人身伤亡数、轻伤负伤率、人员安全生产率、安全损失额等 |

## 二、酒店消防预防管理

2005 年 6 月 10 日，汕头市华南宾馆由于电气线路短路故障引燃可燃物，造成特大火灾事故，造成 31 人死亡，28 人受伤，过火面积 2800 平方米，直接经济损失 81 万余元。2010 年 7 月 16 日凌晨，伊拉克北部苏莱曼尼亚中心一家酒店，由于电气短路造成特大火灾，造成 43 人死亡，23 人受伤。全球酒店业几乎每天都有火灾发生，酒店火灾关系到人们生命财产的安全，关系到社会的稳定，关系到酒店的生死存亡。所以，从事酒店事业的全体员工，必须认真探讨火灾的规律；切实做好深入细致的消防工作，把火灾这只猛虎消灭在"下山"之前。

### （一）酒店火灾与防火计划

#### 1. 火灾及火灾的分类

凡失去控制，对财物和人身造成损害的燃烧现象，都谓之火灾。每次起火并不能统称为火灾，能否称为火灾，要按所造成的经济损失大小而定。如果起火后能及时扑灭，未造成损失或损失很小，就不能称为火灾。根据《火灾统计管理规定》中一次火灾事故所造成的人员伤亡、受灾户数和直接财产损失将火灾分为三类，如表9-3所示。

表9-3　火灾分类

| 火灾类型 | 死亡人数 | 重伤人数 | 死亡、重伤人数 | 受灾户数 | 直接经济损失 |
|---|---|---|---|---|---|
| 特大火灾 | ≥10人 | ≥20人 | ≥20人 | ≥50户 | ≥100万元 |
| 重大火灾 | ≥3人 | ≥10人 | ≥10人 | ≥30户 | ≥30万元 |
| 一般火灾 | <3人 | <10人 | <10人 | <30户 | <30万元 |

（1）特大火灾。具有下列情况之一的火灾为特大火灾：死亡10人以上；重伤20人以上；死亡、重伤20人以上；受灾50户以上；直接经济损失100万元以上。

（2）重大火灾。具有下列情况之一的火灾为重大火灾：死亡3人以上；重伤10人以上；死亡、重伤10人以上；受灾30户以上；直接经济损失30万元以上。

（3）一般火灾。不具有前两项情况的火灾，为一般火灾。

#### 2. 火灾的预防

火灾一旦发生对酒店的影响将是致命的。酒店配备必要的消防设施，其目的是在火灾发生时能迅速扑救，使损失减少到最小。但最重要的应是全员性的日常防范，酒店全体员工都要在本岗位、本部门切实地做好火灾预防工作。

酒店应在建筑装修方面严格把关，选用材料要符合防火安全要求，严禁使用易燃可燃材料进行大面积装修；规范电路设备的安装，加强电器设备的管理；酒店内禁止储存易燃、易爆化学危险物品，使用少量易燃、易爆化学危险品的部门，应建立严格的保管、使用制度。餐厅、酒吧、商场、娱乐部门、会议厅等公共场所，必须规定容纳人数最高的限额，不准超额接待。酒店员工应掌握报警和灭火器材的使用方法，熟悉安全疏散的路线。疏散标志和指示灯要保证完整好用，各类报警设备必须灵敏畅通。工程部要定期对电气设备、开关、线路、照明灯具等进行检查，凡不符合安全要求的要及时维修或更换。酒店消防控制室应设专人昼夜值班，随时观察、记录仪器设备的工作情况，及时处理火警信号。在物资仓库设醒目的防火标志。在工作人员中普及防火及灭火常识；配备充足的消防器材设施，做好灭火准备；在配备充足的消防器材的同时也要定期组织人员搞好模拟训练和灭火演练，不断提高酒店内部的自防自救能力，一旦发生火灾能够迅速灭火，以减少不必要的损失。

为防患于未然，酒店应按照本酒店的布局和规模设计出一套应对火灾的方案，即《火灾险情应急规程》和《人员安全疏散方案》，并使酒店全体员工熟知。酒店发生火灾时，员工可按照《火灾险情应急规程》和《安全疏散方案》的要求行动。

## （二）火灾报警系统及火灾的处理 [①]

### 1. 及时发现火源

酒店员工要有高度的责任心和忧患意识，当听到自动报警系统发出火警信号或闻到烟火味道时应该停止一切工作，迅速查明情况，找出火源。

### 2. 及时报警

发现火情应立即报警。有关人员在接到火灾报警后，应立即抵达现场，组织扑救，并视火情决定是否通知公安消防队。酒店报警分为两级，一级是在酒店发生火灾后，只向消防中心报警，其他场所听不到铃声，这样不会在整个酒店造成紧张气氛；二级报警是在消防中心确认酒店已经发生火灾的情况下，向全酒店报警。

### 3. 及时补救

如果火源面积不大，可组织员工用水桶、灭火器材、消火栓等及时进行扑救。火情较大时一定要通知公安消防部门。是否通知消防部门应由酒店主管消防的领导决定，同时要注意客人安全。店内所有员工应该坚守岗位、保持冷静，切不可乱跑。应按照《火灾险情应急规程》和《人员安全疏散方案》的规定做出相应的反应。要保持电话线畅通，便于管理层下达命令时有效接听。

### 4. 疏导宾客

酒店发生火灾时，有组织、有计划、有步骤地疏散人员，对减少伤亡极为重要。在疏散步骤上，应首先疏散受烟火直接危害的人员，接着疏散受烟火威胁最大部位的人员，再疏散起火层下一层或下两层的人员，为火场施救腾出必要的活动区域。要迅速、合理地确定疏散路线和人流分配，以免大量人员涌向一个出口而造成堵塞、扭伤事故。要迅速打开安全门、安全梯、组织疏散客人撤离。各层楼梯口、路口、大门口都要有人指挥，为客人引路，使客人迅速脱离险境。

### 5. 组织救助

发生火灾后，重在忙而不乱。酒店医务人员应迅速准备好急救药品和抢救器材，组织抢救受伤的客人和扑救人员。这一环节在平时的安全时期应形成责任制度明确下来，由专人或专门机构负责，以保证火灾救助的组织性。

## （三）灭火器材及用法

### 1. 灭火原理及方法

灭火就是阻止燃烧物所具备的条件。燃烧必须具备三个条件：可燃物、热源和氧气，去掉其中任意一个条件，燃烧即会停止。灭火的基本方法有隔离法、窒息法、冷却法、抑制法。

---

① 翁钢民.现代饭店管理——理论、方法与案例[M].天津：南开大学出版社，2004.

### 2. 常用的灭火器材及使用方法

（1）干粉灭火器。主要适用于扑救各种易燃、可燃液体和易燃、可燃气体火灾，以及电器设备火灾。其使用方法如下：

①右手拖着压把，左手拖着灭火器底部，轻轻取下灭火器。②右手提着灭火器到现场。③除掉铅封。④拔掉保险销。⑤左手握着喷管，右手提着压把。⑥在距离火焰2米的地方，右手用力压下压把，左手拿着喷管左右摆动，喷射干粉覆盖整个燃烧区。

（2）泡沫灭火器。主要适用于扑救各种油类火灾、木材、纤维、橡胶等固体可燃物火灾。其使用方法如下：

①右手拖着压把，左手拖着灭火器底部，轻轻取下灭火器。②右手提着灭火器到现场。③右手捂住喷嘴，左手执筒底边缘。④把灭火器颠倒过来呈垂直状态，用劲上下晃动几下，然后放开喷嘴。⑤右手抓筒耳，左手抓筒底边缘，把喷嘴朝向燃烧区，站在离火源8米的地方喷射，并不断前进，兜围着火焰喷射，直至把火扑灭。⑥灭火后，把灭火器卧放在地上，喷嘴朝下。

（3）二氧化碳灭火器。主要适用于各种易燃、可燃液体、可燃气体火灾，还可扑救仪器仪表、图书档案、工艺器和低压电器设备等的初起火灾。其使用方法如下：

①用右手握着压把。②用右手提着灭火器到现场。③除掉铅封。④拔掉保险销。⑤站在距火源2米的地方，左手拿着喇叭筒，右手用力压下压把。⑥对着火源根部喷射，并不断推前，直至把火焰扑灭。

（4）推车式干粉灭火器。主要适用于扑救易燃液体、可燃气体和电器设备的初起火灾。此种灭火器移动方便，操作简单，灭火效果好，使用方法如下：

①把干粉车拉或推到现场。②右手抓着喷粉枪，左手顺势展开喷粉胶管，直至平直，不能弯折或打圈。③除掉铅封，拔出保险销。④用手掌使劲按下供气阀门。⑤左手持喷粉枪管托，右手把持枪把，用手指扣动喷粉开关，对准火焰喷射，不断靠前左右摆动喷粉枪，把干粉笼罩在燃烧区，直至把火扑灭为止。

## （四）酒店消防安全管理五要素

酒店消防工作往往是渗透在平时的日常工作当中，而且不容易见到成效，见到的只是大量的付出，因此有的酒店对消防安全管理未引起足够的重视。但是，一旦发生火灾，对酒店的影响可能是毁灭性的。当火灾发生时，无一例外的原因之一就是平时消防安全管理未落到实处，导致隐患越积越多，最后所有的问题总体爆发，损失不可挽回。火灾的原因大部分可控，酒店消防安全管理包括以下五要素。

### 1. 设计和安装

这主要是酒店在筹建筹备阶段，须请有资质的公司严格监控。

### 2. 消防设施设备、器材的维修保养

这是一项长期持续的工作，没有系统的方法很难做得好，以至于在发生火灾时，相应的设施设备失灵或者功能不全，不能及早地遏制灾害的蔓延。在一个全服务型的酒

店，消防安全系统包括火灾自动报警系统、可燃气体泄漏报警系统、应急广播系统、电梯迫降系统、防火卷帘系统、防排烟系统、消防栓系统、自动喷淋系统、气体灭火系统、厨房灭火系统等。消防器材方面，有干粉灭火器、二氧化碳灭火器、灭火毯、防毒面具等。由于消防安全系统分布在众多地点，而这些系统的维保有对应的周期；消防器材也有相应的使用寿命，这样就形成了一个点对点的庞大管理体系，既有地点因素，亦有时间因素。按一个约 300 间客房的全服务型酒店，按不同地点，量化到点的维保控制点约有 1 万项。再加上时间周期要素，一年产生的控制点维保或检查要素达到 5 万项。如何才能百分百保证这些设施设备、器材都能够得到定期的系统检查与维护，确实不是一件容易的事。

### 3. 保持消防通道畅通

如不幸发生火灾，除灭火外，逃生也是关键一环，但许多例子表明，重大的火灾伤亡事故与消防通道阻塞有关，消防通道有正压送风系统，有防火门阻隔，理论上可保证在有限的时间内成为一条保存生命的"逃跑"通道。如果阻塞，后果不堪设想。酒店最原始的办法是每个关键点放登记卡，巡查时做记录，保证消防通道的顺畅；还有一种巡更棒，在关键点安置信息收集点，以检查巡查情况。现在，更出现以 Wi-Fi 或蓝牙技术，通过智能手机，可以记录巡查轨迹以及巡查的准确时间。

### 4. 员工培训

新员工入职培训的一个必备课程就是消防知识；酒店还须对全体员工进行定期的消防培训、组织消防演习。员工必须懂得基本消防知识、各种灭火器材的使用、火灾时各岗位的应对措施等。

### 5. 消防预案

所谓的消防预案是发生火灾时应该采取的行动方案。预案有两点需要注意：第一，要根据各自的实际情况来制订消防预案。例如，在停车场附近放置一定数量的沙子，停车场的车辆因夏天天气炎热而自燃，处理时除了用普通的灭火方法之外，用沙子掩扑也不失为一种有效方法，因为既可防止油污扩散，还可部分阻隔空气与火源点。第二，重视深夜的消防预案。一般搞消防演习都在白天，在正常上班时，大多数员工都在上班，此时人手充足。但深夜时，酒店的员工上班人数可能只有不到平时的 10%，如果还用日班的预案，只是纸上谈兵，所以，关键是要组织好值通宵班的员工做好通知、扑救以及疏散等工作。

## 三、酒店治安预防管理

### （一）酒店治安管理的主要环节

#### 1. 建立健全的治安管理制度

近年来，酒店内部发生的各种违法犯罪案件，如盗窃、人身伤害、打架斗殴等逐年增多，酒店治安情况越来越复杂，建立健全的酒店治安管理制度是酒店管理的必然需求，以切实地消除违法犯罪分子在酒店作案的可能性，健全的治安管理制度应包括：

（1）酒店安全岗位责任制。酒店安全岗位责任制是通过安全目标体系的建立，将各项安全保卫工作目标逐级落实到各级部门、区域负责人和每个员工身上，明确应付的责任，并通过考核把各自完成的工作情况同奖惩制度结合起来，以激励酒店全体员工做好各项安全保卫工作，调动员工的工作责任心与主动性，确保各项安全防范措施和制度到位。

（2）酒店保安部工作职责。根据国家规定，酒店应单独设立保安部。酒店保安部门直接向总经理负责，是酒店安全管理的专业职能部门，接受公安机关与上级保安部门的领导和工作指导，负责维护酒店内部的秩序，确保酒店、顾客以及员工的财产和人身安全。

（3）酒店门卫制度。酒店门卫制度对酒店出入口的安全管理做出了明确规定，其中包括在酒店大门出入口以及其他各出入口安排保安门卫以及专职管理人员以确保酒店内人员与财产的安全。保安门卫应切实做好酒店出入口的警戒，应特别注意观察衣冠不整、形迹可疑的陌生店外人员，防止店外人员未经批准进入酒店后台区域。酒店门卫是酒店安全的第一道关口，门卫应及时详细地按值班日记标准做好值班活动日志，并在交班时将需要立刻注意的持续活动或即将发生的事件告知接班人员。

（4）情况报告以及存档制度。酒店在经营管理过程中，应注意将任何与安全有关的事项都记录备案。如员工因为工作需要而领用备用钥匙，可疑人员进入酒店的时间以及经过的区域等。

**2. 酒店员工的安全管理培训**

（1）培训宣传、全员参与。利用酒店员工活动区域的宣传栏，定期举办"消防安全知识专栏"。酒店安全管理委员会可每年订阅《法制报》《中国消防》及《消防报》等杂志和报纸，利用最新的安全、消防知识和案例，每月举办一次消防安全知识专栏，对全酒店员工及时进行灌输、教育。

（2）制作消防安全宣传标语。将安全宣传语贴于员工活动区域，加大员工日常意识的灌输教育，定期用电脑制作比较美观的消防安全宣传标语，贴于员工经常活动的区域，如员工食堂、员工宿舍走道、员工通道、锅炉房、配电房、空调机房、员工电梯内、中西餐厨房等部位，利用这些标语，不经意间加强员工日常的安全防火意识。

（3）定期举办消防活动。11月9日为全国消防宣传日，每年举办一届119安全、消防宣传活动。每年一届的119宣传活动，可根据酒店的实际情况，由安全管理委员会负责整体策划、组织，酒店培训部协助即可，可进行以下几方面的活动。组织全酒店员工进行安全、消防理论知识的考试，加深员工对消防安全知识的理解和认识，提高员工的消防安全意识。组织消防安全知识现场竞赛活动。将每个部门分成一个组，指派2~3名员工参加，角逐一、二、三等奖。可分批组织全酒店员工观看消防安全知识或火灾案例的录像带。可以组织员工参加消防技能的比武，如战斗服着装、佩戴防毒面具、两盘水带连接、灭火器扑救初起火灾等科目。组织安全防火知识讲座，全面对酒店员工进行系统的安全防火知识的培训。

（4）组织演习、锤炼实战。为避免纸上谈兵，酒店可根据实际运作情况，制定出适合酒店操作的《火警程序》和《火警程序中的标准用语》（即演习剧本），再根据《程序》中的规定，每季度或半年对全酒店员工（也可分部门）组织进行大型的消防疏散演习，让每个员工都知道一旦发生火灾后应怎样进行扑救、疏散，将酒店损失降至最低。

### 3. 酒店日常安全巡查

成功安全工作的关键在于观察、预防和防止，每天按安全工作标准对酒店的不同区域进行安全巡查，准确地发现与记录问题是保安部的一项重要工作。酒店日常安全巡查中应注意的问题：

（1）巡逻路线应包括整个酒店区域，两次相连的巡逻路线应不同，使罪犯难以预测保安员的位置。

（2）在巡逻过程中应警惕异常气味，如烟、天然气或汽油泄漏。

（3）如果酒店区域较大，酒店和户外场地可分为若干个独立的巡逻区，各区域的巡逻工作交替进行。

（4）保安员应以较慢的步速进行巡逻，以便仔细观察。

（5）在巡逻间尽量让别人看见保安人员，以增强宾客的安全感，并威慑非法闯入者。

（6）检查所有区域是否存在安全隐患，如出现碎玻璃，向值班经理立即报告此类情况。

（7）检查区域内的包裹和物品以确定它们是垃圾还是客人的物品。在巡逻日志中记录"发现物品"信息，并根据酒店的失物招领程序处理。

（8）检查所有应锁好的门是否已经锁好。

另外，在日常安全巡查过程，对待可疑人员应包括以下要点：

（1）走近该人员并表明保安人员的身份，询问是否需要帮助。

（2）举止专业，待人有礼，询问该人员是否是登记的住客。

（3）如果该人员声称是酒店客人，询问其姓名和房间号。同时，要求查看他的房间钥匙。如果该人员声称来此访客，询问被访人姓名和房间号。

（4）使用对讲机与前台核实。告知该人员，对他的检查只是为了防止非法闯入者并保证所有宾客的安全和隐私。当与前台核对宾客登记信息时，以是非问句询问。例如，王明先生登记的是 305 号房吗？而不是提类似是谁登记在 305 号房间的问题。

（5）当前台确认了姓名和房间号后，放行该名人员。如果来人不清楚被访人房间号，应将其带至大堂的电话处。

（6）若该人员不能解释其来到酒店的原因或前台确认其未曾登记，则可视该名人员为非法闯入者，应要求其离开酒店。若该人员拒绝或滋生事端，应通知总经理或值班经理并按酒店处理非法闯入者的程序进行处理。

（7）应要求酒店内无关人员离开并护送其离开酒店。护送该人员离开酒店时，应在其后跟随，不要在其前方带路。

（8）如果出现问题，使用对讲机呼叫前台，请求当地公安机关的协助。

### （二）酒店财产安全管理

由于酒店的经营特点，与其他行业相比较，酒店的财产安全较难管理与控制。一方面，酒店的现金交易直接由收款人员操作，很容易出现疏漏；另一方面，酒店内的用品容易引起员工的私自占有，一些大型酒店每年因盗窃问题，损失巨大，对酒店经营利润影响严重，所以建立有效的酒店财产管理系统对酒店是至关重要的。

首先，要建立健全岗位责任制，使用部门实行定额管理，各项财产按"统一名称"统一分类编号设置账页、账卡。分级管理，定期复查、核对，要求账、卡、物相符。其次，酒店全体员工必须自觉遵守财产管理制度，爱护酒店财产，使酒店财产不受任何人的侵犯。最后，各部门（班组）按着"物物有人管，人人有专责"的原则，办理财产验收、领用等手续，妥善保管，节约使用，及时维修和保养。要奖惩分明，对一贯爱护酒店财产，认真执行制度者给予表扬与奖励；对于保管不善，违反制度无故损坏酒店财产者，要给予批评、教育，以至赔偿经济损失，极其严重者要受到有关行政处分。

### （三）酒店客人人身安全管理

#### 1. 对酒店客人在住店期间人身安全事故的预防

首先酒店员工应做好对住店客人的个人信息即房间号码、日程安排等信息的保密工作，同时酒店应在客房内配备顾客安全须知，提醒客人注意有关事宜。在酒店的公共区域应注意防滑，设置明显的防滑标志。平时保安人员巡查时，应该特别关心客人的人身安全问题，如有异常应该立即上报。酒店员工在搬运与摆放物品时，不能使用或占用客用通道，以免客人绊倒。

#### 2. 在客人出现人身安全事故时应采取的行动方案

（1）客人受伤或得病后的行动方案。若伤势或病情可能危及生命，应立即致电当地急救中心；若伤势或病情较轻，应询问客人是否需要医疗帮助以及是否是酒店客人；检查客人手腕上是否佩戴医疗手环或者身上有无医疗卡片，该手环或医疗卡一般会有标出需要特殊治疗的过敏症、糖尿病或其他状况，若接受过相关训练，则在适当的时候实施急救程序，请前台联系患病客人的同行者，并告之客人情况；当患病者为客人且拒绝医疗救援时，帮助客人回到他的房间，在巡逻日志上记下客人的拒绝；若患病者不是酒店客人且拒绝医疗援助时，应询问客人联系谁来提供所需帮助，及时对发生的情况进行记录，内容包括：客人姓名，房间号，地址，电话号码及出生日期，事件发生时间，客人伤情描述，客人对于提供医疗救助的反应，描述意外如何发生，完整描述意外发生的地点，包括任何隐患迹象，客人身上可能造成意外的突出特征，如近视眼镜，高跟鞋或酒气，目击者的姓名和地址，如有可能，让客人手写一份声明。

（2）客人死亡后的行动方案。立即前往出事地点，并让前台通知当地公安机关、医疗急救人员以及酒店管理人员。到达现场后，应检查该人员有无生命迹象，如呼吸、脉搏、心跳。如员工受过这方面的训练，应在适当的时候实施急救措施。只有医生才能确诊一个人已经死亡。在医生以及公关人员来到之前任何人都不应该移动尸体，除了为其检查是否有生命迹象外，将发现的尸体在地方封锁，以供医生与公安机关调查，切勿让围观者或未经授权者进入该地方或带走任何物件，以防现场被破坏。如果尸体是在公共区域发现，应该盖住尸体，以防其他客人看见，现场控制应该在负责机构到达后进行移交，并遵照他们的指示行动。列出死者房内的财物清单，并由保安人员以及最早发现死者的目击者在清单上签名并注明日期，如果媒体要求采访酒店，应让其找总经理或值班经理。

（3）客人有自杀企图时的行动方案。接到通知后，应立即前往出事地点，让前台通知医疗救援、管理人员以及公安机关；若客人企图以手枪或其他致命武器自杀，并且仍然清醒，进行援救时一定要非常小心谨慎；不要弄乱任何可能成为证据的物件，除非有提供援助或确保安全的必要，守住该客人，直至后援赶到，任何时候都不要让此人落单，避免其再次试图自杀；列出客人购物清单，两人以上签字确认后，将客人的私人财务保存于保险箱中。

## 四、酒店员工安全教育培训

酒店安全管理人员主要包括酒店安全责任人、酒店安全管理人、酒店安全保卫部人员、各部门经理和兼职安全管理人员。这些人员是酒店安全管理的骨干力量，也是酒店安全教育培训的重点，通过系统的、有效的安全教育培训，不仅可以使这些人的安全素质和安全管理水平达到所需的高度，而且通过这些人的工作可以教育、引导更多的酒店员工遵守安全规章制度，树立正确的安全态度，强化安全意识，自觉主动地参与到酒店的安全管理中来。对酒店安全管理人员的安全教育培训是一项长期的工作，培训的内容主要包括以下方面。

### （一）酒店安全管理制度与规定

在酒店安全中，每一条安全制度都是用生命和健康换来的。安全教育培训首先要让酒店的每一个安全管理人员认识到安全制度的重要性，并自觉地遵守这些制度。酒店的安全管理制度包括：办公室值班管理制度、巡逻管理制度、各岗交接班制度、警戒使用管理制度、消防监控中心值班室管理制度、酒店会客登记制度、消防监控设备操作规定、自行车棚值班安全管理制度、外来施工人员管理规定、动用明火审批规定、安全保卫部奖罚管理实施细则等。

### （二）酒店安全服务工作质量标准

实践证明，建立各部门、各岗位的安全服务工作质量标准是保证酒店安全的重要途径。酒店安全服务工作质量标准包括：消防设备设施标准、治安设备设施标准、设施设备的维护标准、保安人员的仪容仪表和礼节礼貌标准、保安巡逻员服务标准、监控员服务标准、车场保安服务标准、安全保卫部为客人服务标准等。

### （三）酒店安全管理技能培训

酒店安全管理技能培训首先要让各岗位的工作人员明确自身的职责，特别是在安全管理方法的职责。如全体保安员岗位职责、大门保安员岗位职责、大堂保卫的岗位职责、娱乐场所保安员岗位职责、停车场保安员岗位职责、巡逻保安员岗位职责等。

### （四）酒店消防常识培训

火灾是当前酒店最严重的威胁之一，因此，消防常识培训是安全教育培训的重点内容。酒店消防常识培训的内容包括：消防监控中心主要任务、消防控制中心各级人员岗位职责、火警和火灾的处理程序、酒店的消防要求、酒店防火"三级"检查制度等。

### （五）酒店突发事件处理技能培训

各部门负责人在突发事件处置方面首先应该能结合本部门的特点制订突发事件应急处理预案。预案的内容应该详细、具体，并具有可操作性。要在对每一种可能的情况进行预测的基础上，规定切实可行的应对措施，明确在紧急情况下的人员分工等。

安全技能培训的重点是如何处置火灾，包括火情报警、火情确认、火情通报、指挥救火、志愿消防队的行动、各部门应采取的行动、如何组织疏散客人、怎样与专业消防队配合、善后处理等。

## 第三节 酒店主要区域的安全设计与管理

## 一、前厅部门的安全设计与管理

前厅部（Front Office）又称客务部，是酒店负责招徕并接待宾客（组织客源）、销售酒店客房商品、组织接待和协调对客服务、销售餐饮娱乐等服务产品、沟通与协调酒店各部门、为客人提供各种综合服务的对客服务部门。

前厅是顾客与酒店联系的纽带，在顾客需要紧急帮助时，如发生盗窃、受到伤害或其他紧急事故，通常会与前厅联系。这种时候，前厅必须马上给顾客回复并帮助顾客联系相关部门做出处理。

前厅部在接待客人入住登记时，必须按照酒店的规定程序对顾客证件进行查验，把好入门关。前厅部应对所有顾客的有关资料保密，不要告诉来访者或来电者顾客的房间号，以确保顾客的安全。前厅部应制定并贯彻严格的客房钥匙分发与保管制度，不要出现漏洞。前厅部员工应随时注意在大堂内有无可疑人员，以及时通知保安部门做出相应的处理。[①]

# 二、客房部门的安全设计与管理

客房安全直接关系到住店客人和员工的生命财产安全，安全系于大局，责任重于泰山。客房作为人员高度密集的区域，是酒店安全事故的重灾区，安全管理就显得尤为重要。客房安全是酒店服务质量的基础，也是酒店正常经营运转的保证。酒店中可能导致客房不安全的因素有很多，如偷盗、火灾、骚扰、食物中毒、疾病传播、利用客房作为犯罪场所实施黄、赌、毒犯罪活动等，都会给客人带来不安全感，进而影响酒店的经营运作。因此加强客房安全管理对于树立酒店形象，提高顾客对酒店的忠诚度，增强行业竞争力，有十分重要的意义。

## （一）客房部门的主要结构

### 1.经理办公室

除客房部经理、经理助理各一名外，另有秘书一名，早、晚两班工作人员若干名。主要负责处理客房部日常行政事务工作。

### 2.棉织品组

设领班、副领班各一名，另有裁缝、棉织品及制服服务员若干名。主要负责酒店的棉织品和员工制服的收发、送洗和保管。

### 3.楼层服务组

设总领班一名，早班、晚班楼层领班若干名。下设早班、晚班和通宵三个楼层清洁组及早班、晚班两个楼层服务组。主要负责楼面客房的清洁和接待服务工作。

### 4.公共区域服务组

设总领班一名，早班、晚班及通宵班领班各一名。下设早班、晚班和通宵班三个清洁组及早班、晚班两个衣帽间服务组，另有地毯、外窗清洁员若干名。主要负责酒店范围内公共区域的清洁事宜以及衣帽间和客厕的服务工作。

### 5.客房服务中心

设主管一名，工作人员若干名，设早班、晚班、通宵班三个班次。主要负责统一安排、调度对客人的服务工作，以及负责失物招领事宜。

### 6.洗衣房

酒店洗衣房主要负责洗涤客房部、餐饮部等部门所需的棉织品和酒店员工制服，同时提供酒店住客衣物洗熨服务。

## （二）客房部门安全管理

客房安全管理是指为保证客人在客房范围内，人身、财产、正当权益不受伤害，也

---

[①] 杨欣.现代饭店管理学[M].北京：中国铁道出版社，2004.

不存在可能导致侵害的因素所采取的各种手段和措施。客房安全管理除了客人的安全外，还包括客房的财产安全、员工的人身安全，防火、防盗、防伤害也是客房安全管理的主要内容。客房安全管理的水平直接影响到酒店的声誉和形象，为此，客房部必须做好以下几方面的工作来保障住店客人的安全。

**1. 完善设施设备，做好安全管理工作**

"工欲善其事，必先利其器"，在客房安全管理中，人员是决定性的因素，这是毫无疑问的。但使用先进的设备工具，能提高工作效率，更好地满足宾客的安全需求。

第一，客房设施设备不仅要符合酒店的档次，其安全性能也要有保证。客房部要配合工程部做好客房设施设备的日常维护和保养工作，发现问题及时解决，有效杜绝由于设施设备的原因而导致的安全隐患。第二，完善客房安全设施。为防止意外，客房部必须建立完善的安全设施应急系统，包括装备必需的消防系统、闭路电视监控系统、各种报警器材及客房安全装置等，而且客房部必须保证各种安全设施始终处于正常状态、功能完好。

**2. 制定安全管理制度，规范操作程序**

科学完善的制度是维护客房安全的重要保证。根据客房安全服务的内容，在加强制度建设时必须做好以下三个方面的工作。

第一，建立健全涉及客房安全的各种规章制度，做好应对紧急状况的预案。由于服务制度是客房服务工作的依据，因此，在制定服务制度时一定要以宾客为本，认真考察和检测服务工作的每个环节是否会导致宾客的不安全感，确保客房服务工作能满足宾客对安全的期望。根据酒店客房的实际情况，建立《消防事件应急预案》《防范台风工作预案》《治安事件应急预案》《突发医疗事件处理预案》等，并通过模拟演习，加强员工培训。

第二，规范员工操作程序。管理制度制定只是形式上的，员工在具体操作中是否严格按照制度执行，这恰恰是能否避免安全事故发生的关键。例如，客房的 DND 处理程序，文字上的表述每个员工都很清楚，但在实际操作中，往往贪图方便，见到房间打DND 嫌麻烦，就完全不理会也不交接班，导致客人在房间出现意外，此类事件在很多酒店都发生过，归根结底，都是规范落实不到位造成的。因此，客房部必须强化员工的制度观念，并深入研究各种控制手段来保证制度得以实施。例如，通过科学的监督保证员工在做房时严格按照清洁服务规程对客房实施清洁消毒，防止各种疾病传播，确保客人的健康；在接待服务工作中认真执行访客制度，严禁无关人员进入楼层；客房部工作钥匙的管理和使用人员必须严格执行钥匙管理制度，以防患于未然。

第三，建立安全管理巡查制度。为确保客房安全，要建立安全巡查制度，包括：保安员例行巡查、客房各级管理人员日常巡查、中夜班员工、领班巡查、大堂副理的夜间巡查。通过各级人员的不断巡查，及时发现异常情况，消防安全隐患，杜绝安全事故的发生。管理人员还应加强走动管理以及巡视，认真检查安全规章制度的落实情况和安全隐患，了解员工的工作状态，及时发现问题并督促纠正。对在客房区域发生的任何异常情况，都要及时汇报、处理，巡查内容有：陌生人在楼层停留、房间有异响、房间有争吵声等。

### 3. 落实安全培训，提高员工的安全意识和应急能力

没有受过专业训练的员工对安全管理工作的认识不尽一致，而且客房部的员工由于岗位分工和受教育程度的不同，考虑问题的角度不同，对安全管理工作重要性的认识也有高低之分。因此，安全培训是每一位员工的必修课，为了在客房出现安全事故时，在保安部人员或酒店管理人员赶到前，现场员工能及时有效地处置，特别要加强对基层员工应对安全事故的培训，包括突发事件的处理技巧及消防知识和消防事故技能的培训。要对各种安全事故进行分析、汇总和总结，并形成书面材料，供员工学习。

### 4. 关注客人的心理安全

从客人的角度出发，安全需要包括生命财产安全和心理安全两个层次。当前的很多酒店都非常重视对客人生命财产的保护，但客人心理层次的安全需求却常常被忽视。心理学家认为，人们外出到一个陌生的地方，常常会产生一种心理的紧张情绪。实际上，这就是人们对新环境的陌生而导致的一种不安全感。问题在于酒店员工对自己所处环境非常熟悉，而常常不能理解宾客的这种心态，因此，很容易忽视客人对心理安全的需要，所以，客房管理者应加强对一线员工的培训，使全体员工能够站在客人的立场去理解客人的心理。当客人抵达时，应该以热情的态度欢迎他们，待他们似亲人似朋友，努力为宾客营造一个温馨、安全的家外之家。

### 5. 加强对客人的安全引导，提高宾客的安全意识

在酒店发生的各类安全事件中，有很多案发原因与客人安全意识薄弱有关，如将贵重物品不存放在前台，而是随便放在客房内，令犯罪分子有可乘之机。在维护客人和酒店安全时，客人也有责任。例如，为防止意外，每间客房门后都贴有一张安全疏散图，目的是指示客人在火灾等紧急情况下顺利逃生。但在正常情况下，许多客人对这张图并不在意，而一旦遭遇万一，酒店采用的应急措施首先是断电，此时，这张图事实上已经失去了它原有的意义。目前国际上一些著名的酒店集团已经开始采用液晶显示的安全图，以确保客人在任何紧急情况下都能安全逃生。总之，对客人安全引导的内容应包括：帮助客人提高安全意识，明示他们的安全防范义务，告知他们一旦发生意外时，如何寻求保护和安全逃生。

### 6. 客房安全管理还需要其他部门的密切配合

客房安全管理工作不能仅靠一个部门来做，还需要其他部门的密切配合，如保安部、工程部、采购部等。保安部负责酒店的安全保卫工作，可以通过闭路监控时刻关注楼层出现的异常情况，做出应急处理。工程部配合做好各类设施检修和维修工作，采购部则为完善设备提供后勤保障，客房安全管理工作只有在各部门的密切配合下才能做得更好，为客人提供一个安全、舒适的居住环境。

做好客房安全工作，应有务实和"不求闻达"的实干精神。许多安全工作是"只干

不说"或者"干后再说"的，而不是流于形式、浮于表面的制度和一般性号召。安全工作只有"第一"，没有"第二"，因此，客房安全工作必须有兢兢业业的态度才能做好。客房安全是衡量一家酒店服务质量的重要方面，客房部的全体员工要切实做好安全管理方面的工作，提高安全意识，努力杜绝任何可能造成安全隐患的因素。

# 三、餐饮部门的安全设计与管理

餐饮部门作为酒店内重要的部门，它的安全设计与管理至关重要，餐饮部门的安全风险主要包括以下几种情况：意外火灾、煤气爆炸事故；由于提供的食品不卫生引起的食客食物中毒；由于餐饮部设施不完善造成就餐者在餐厅内滑倒、砸伤、碰伤等意外事故；因为雇员过失行为造成食客烫伤或其他伤害。

## （一）餐饮部门防火防爆

### 1. 餐饮部门防火

厨房在使用煤气或天然气时要严格规范操作规程，在火熄灭时，应完全关闭总闸。在煤气或天然气的使用过程中，注意检查管道开关是否漏气，发现泄漏情况要及时开窗，同时不要使用明火。工作完毕后，由专人负责检查。在经营的部分菜品中，有时需要酒精灯，无论是固体酒精灯还是液体酒精灯，一定要将酒精灯放在应放的位置，并用火柴点燃，客人用餐完毕后，用吃碟盖上酒精炉，等自然熄灭后再撤掉。在清理台布时，切忌将烟头烟灰放入台布中。落实岗位安全责任制，杜绝空室不锁门、值班脱岗、下班不断电、不关电器、不锁门窗等现象。

### 2. 餐饮部门防爆

在餐厅服务的过程中，对易燃易爆危险品要妥善保管，正确使用，做好防爆工作。首先是餐厅服务防爆，如在餐厅服务中，服务人员要对酒水勤进勤销，避免酒水气体爆炸；其次是餐厅设备防爆，如液化石油气要与明火隔离，用毕必须关掉总闸，电器在潮湿的环境中要注意绝缘，防止外皮脱落、老化、短路而带来的危险；最后是可疑爆炸物的防范，在餐饮服务过程中，要注意是否有可疑的包裹、纸箱等物品的出现。工作人员应提高警惕，一旦发现可疑包裹，在确认无人认领后，应及时向公安机关报警。

## （二）食品安全管理

《中华人民共和国食品卫生法》是食品卫生领域的一项大法，是保障人民身体健康的基本法。随着人民生活水平的提升，对食品的要求也越来越高。新的《中华人民共和国食品安全法》（以下简称《食品安全法》）已于 2009 年 2 月 28 日正式公布，6 月 1 日开始实施。搞好食品安全，保障人民身体健康，是《食品安全法》的宗旨，所有的食品生产经营企业、食品卫生监督管理部门都应深刻认识，遵照执行。

### （三）案例分析

#### 1. 意外伤害管理

山东的杨先生到一家酒店就餐时，因酒店地面湿滑不慎跌倒摔伤，为此杨先生不得不入院治疗。伤愈后，杨先生将酒店投诉至工商局，要求酒店赔偿 8000 元。工商部门调解认为，酒店虽然设了防滑标志，但防滑措施不当，杨先生自己又没有看清，双方均有责任。最后，酒店赔偿杨先生 2000 元。

餐厅意外伤害管理的原则：

（1）安全问题人人有责。将自己当作安全委员会的成员，立刻报告不安全的状况。

（2）看到地板上有任何障碍物时，要清理它或者请顾客移开它。

（3）报告所有的受伤情况，即便是伤势较轻的，并提供及时的援助。

（4）应正常行走而不应该跑，特别是在过道和楼梯上，在通道的十字路口也一定要特别小心。

（5）不要打闹和开玩笑，无恶意的玩笑也会造成伤害。

（6）要及时上报所有的有问题的设备，操作任何设备时要严格遵守安全守则。

#### 2. 餐厅其他意外

在餐厅服务中，经常会发生意料之外的事情。当意外发生时，一要镇静，二要采取措施，三要向上级汇报，四要妥善处理，并且要及时。如遇到餐厅中因饮酒过度呕吐的客人，可以一边收拾现场一边陪同客人到卫生间，也可以上一些解酒食品；遇到酗酒闹事的客人，要及时与保安人员联系；遇到在餐厅打架的客人，要立即保护现场，将厨房危险品迅速撤离，情节严重的，要及时拨打 110。

### （四）酒店餐厅安全管理注意事项

餐厅的桌位应保持适当的间距，对正在用餐的客人，服务员要照看好客人携带的物品，并及时提醒客人保管好自己的物品，对挂在椅背上的衣物及时套上衣套，以防他人顺手牵羊，偷盗财物。认真维护餐厅内治安秩序的人和事，应及时报告并妥善处理。客人用餐完毕应注意客人使用的烟蒂是否熄灭，不能将火种卷入布件中。就餐客人离席后，服务员应及时检查餐桌周围，发现客人遗留物品，应及时归还客人或上交。营业结束时，要认真进行安全检查，确保安全。

另外，厨房安全管理注意事项为：安全第一，以防为主。厨房内配备与厨房规模相适应的消防灭火器材，从业人员必须了解使用方法和灭火安全知识。厨房工作间隙期间，应有专人值班。煤气灶点火时要火等气，下班时要关闭煤气阀，熄灭火种。开油锅过程中，注意控制油温，厨师不得离开工作灶台，防止油锅着火，确保安全。厨房内严禁吸烟，严禁存放易燃、易爆和有毒的危险物品，液化气卡式炉和酒精备用的小气瓶以及固定酒精，应有专人保管，指定在安全的地方存放，随用随领。发现事故苗子或有异味、异声，必须立即查明原因，切实消除隐患，防患于未然。进行日常清洁时，严防将水喷洒到电源插座、电器开关处，以防电线短路起火。脱排油烟机和排烟管道要定期清洗。每日营业结束，要认真检查水、电、煤和蒸汽，关紧开关，关闭门窗。

## 四、娱乐场所的安全设计与管理

娱乐场所应把顾客数量控制在治安部门所批准的接待限额内，维护好现场秩序。娱乐场所服务人员在做好服务的同时，应密切注意场内的情况，如发现可疑人员或现象，应马上报告上级主管做好严密的控制工作以防客人的财物被盗。如果场内发生起哄、争吵、斗殴或无理取闹，应配合保安人员，及时将肇事者带离现场。娱乐场所在营业时，应有保安人员在现场值班。

娱乐场所应严格遵守国家有关娱乐场所管理的法律、法规和规章，注重社会效益，恪守职业道德，主动接受文化主管部门和其他职能部门的监督管理。娱乐场所不得经营含有反对宪法、危害国家利益和主权、违反国家民族政策、违背社会公德、宣扬淫秽、赌博、暴力、毒品及法律、法规禁止的娱乐活动。娱乐场所使用的歌曲曲目、音像制品或电子游戏应当是正版制品，不得含有法律法规禁止的内容，歌曲点播系统不得与境外曲库链接。歌舞娱乐场所不得接纳未成年人，游艺娱乐场所除国家法定节假日外不得接纳未成年人，并在营业场所的大厅、包厢、包间内的显著位置悬挂未成年人禁入或限入标志。娱乐场所在每日凌晨2点到上午8点不得营业。娱乐场所的从业人员在营业期间应统一着装并佩戴工作标志。娱乐场所应当建立从业人员名簿、营业日志，在文化主管部门依法检查时，及时提供闭路电视监控录像资料、从业人员名簿、营业日志等资料。娱乐场所法定代表人或主要负责人应当对娱乐场所的消防安全和其他安全负责，按消防部门要求制定安全工作方案和应急疏散预案。娱乐场所应当在疏散通道和安全出口设置明显的指示标志，并保证疏散通道和安全出口畅通。娱乐场所应建立巡查制度，及时发现、治理各类安全隐患，防止安全事故发生。

在消防安全管理问题上，娱乐场所应当依法建立并落实全员、逐级消防安全责任制，明确各级和各岗位消防安全责任人及工作职责。单位或消防安全责任人应当根据需要确定消防安全管理人，负责组织实施日常消防安全管理工作，主要履行制定消防安全制度、组织实施防火巡查和检查、火灾隐患整改、消防安全宣传教育培训、灭火和应急疏散演练等职责。娱乐场所应确定专（兼）职消防管理人员，建筑面积在200平方米以上的公共娱乐场所应设置或确定消防工作归口管理职能部门。公共娱乐场所消防安全责任人或消防安全管理人应当至少每月组织一次各有关部门负责人参与的防火检查。公共娱乐场所应当依照规定对建筑消防设施、器材进行维护管理，确保其完好有效。设有自动消防设施的，应当委托具有相应资质的消防技术服务机构进行维护保养和检测。对建筑消防设施单项检查每月至少1次，联动检查每季度至少1次，全面检测每年至少1次。

## 五、工程部门的安全设计与管理

工程部门的主要职责是为整个公司的营运供应能源，管理好为经营场所日常经营提供能源设备，如供电、供水、供气等，负责控制和运行这些设备。对设施和设备进行维修，即负责设备和设施及家具，用具等维修和保养。对设备和设施进行增建，更新和改造等。

工程部经理应做好各个主要部门安全的控制工作，如锅炉房、空调机房、水泵房、电话机房、电梯机房、消防中心等。非工作人员、其他人员未经工程部经理同意，不得擅自入内。如果在后台区域发现店外人员，应主动上前进行询问，并请该人员马上离开。如果顾客不予配合的话，应马上通知保安部门。[①]

## 六、行政部门的安全设计与管理

酒店行政部门全权处理酒店的一切事务，决定酒店的管理模式和经营方向，组织酒店的日常运行和管理，建立健全酒店的组织系统，维护良好的公共关系，最大限度地提高酒店的经营效益。

办公室无人时，应将门窗锁好，防止失窃。出纳室、电脑房与档案室等机要部门，应单独设置出入口，严格控制人员进出。来访人员应有登记，如果发现可疑人员出入办公室区域，应主动上前询问，并做出相应处理。

# 第四节　酒店紧急事件与危机公关

紧急事件和危机公关的应对已成为现代酒店管理者们不可回避的挑战，危机管理也成为继酒店市场营销、战略规划、人力资源等传统课题之后又一酒店管理热点。大多数酒店都只会在危机到来以后寻找解决危机的措施，却很少有未雨绸缪的先见和睿智。当危机发生后，对顾客利益的伤害和酒店形象的损失往往已经造成，亡羊补牢为时已晚。因而，对于酒店管理者而言，最大限度减少危机损失和影响的做法便是避免危机的发生，将危机扼杀在摇篮中，使酒店变得更加成熟和强大。

## 一、酒店危机公关及处理原则

### （一）危机与公关的概念

在市场经济的条件下，对于处于动态环境之中的企业，危机是不可避免的，任何企业都蕴藏着爆发危机的可能性。从本质上讲，危机指能够对企业及其产品和声誉造成潜在破坏的事件。企业在日常经营中会遇到各种各样的危机事件，如自然灾害、人为灾害、产品质量问题、财务问题、罢工等。因为危机的发生具有突然性和不确定性，所以如果处理不当，会使企业遭受损失。

酒店公关是酒店为了树立良好的企业形象，取得顾客的理解和认同而实施的一系列

---

① 杨欣. 现代饭店管理学 [M]. 北京：中国铁道出版社，2004.

沟通、展示和协调。成功的酒店公关在树立提升酒店形象、实现经济利益最大化、提升酒店整体竞争力等方面，正发挥着越来越重要的助推作用。

### （二）危机的类型

#### 1. 形象危机

错误的经营思想、不正当的经营方式、忽视产品的质量、忽视经营道德、延误交货期、服务态度恶劣、企业领导或职工的不妥或错误言行，都会造成企业形象危机。

#### 2. 经营决策危机

这是企业决策者在生产经营方面的战略、策略的失误及管理不善造成的危机。

#### 3. 信誉危机

商品经济就是信誉经济，在市场经济中，信誉是企业生存的基础，履行合同及其对消费者的承诺应成为企业生产经营的基本准则，失去公众的信任和支持就意味着彻底的失败。

#### 4. 媒介危机

由于媒介对企业的错误报道，引发的企业危机称为媒介危机。虽然真实性是新闻报道的基本原则，但是由于客观事物和环境的复杂性和多变性，以及报道人员观察问题的立场角度有所不同，媒介的报道有时会出现失误。

#### 5. 突发性危机

指人们无法预测和人力不可抗拒的强制力量，如地震、台风、洪水等自然灾害、战争、重大工伤事故、经济危机、交通事故等造成巨大损失的危机。

### （三）酒店公关的作用

酒店公关是酒店竞争的软实力，随着社会的进步和酒店业的繁荣发展，酒店之间的竞争也越来越激烈，竞争的内容远远超出了装修风格、饭菜质量、客房档次等传统硬件上的比拼，更包括公关水平这种软实力的较量。酒店公关水平的高低对酒店经营的作用越来越大，它寓竞争于无形之中，正在成为新的竞争。危机具有不确定性，但酒店不应该害怕危机，只要能够因势利导、趋利避害，不但能安然度过危机，还能给酒店提供一个改善品牌形象、提升品牌美誉度的机会。一方面，通过公关活动建立、完善企业管理制度，避免各种危机事件的发生；另一方面，事件发生后，公关部门及时听取公众意见，调查事件进展，妥善处理问题，取得公众谅解，变被动为主动，化不利为有利，使酒店平稳度过危机。

整个危机的处理过程就是这样一个循环向上的过程，既有发展又很曲折，只有如此循环往复，才能使酒店不断地发展壮大。危机是危险，更是转机，居安思危，防微杜渐，成功运用危机公关，从而巧度危机，化险为夷，是对所有欲有所作为的中国酒店提出的共同要求。此外，还应在危机中寻求商机，寻找契机，善于通过危机获利，这样才能确保我国酒店行业快速、健康地发展。

### （四）酒店危机公关的处理原则

#### 1. 积极主动的原则

在处理危机时，不论是何种性质的危机，不管危机的责任在何方，酒店都应勇于直面危机，把握舆论主动权，有效地控制局势，不可急于推卸责任和听任事态蔓延。即使受害者在事故发生中有一定的责任，酒店也不应首先追求其责任，否则会各抒己见，加深矛盾，不利于问题的解决。

#### 2. 快速反应的原则

危机具有突发性的特点，而且会很快传播到社会上引起新闻媒介和公众的关注。尽管发生危机的企业面临极大的压力，但企业仍需迅速研究对策，做出反应，迅速识别危机的破坏度和范围，使人员、资源立即到位。越早发现问题，解决时就越容易，代价就越小。

#### 3. 真实性原则

在危机事件中，尤其是事件的初发阶段，社会上的舆论往往是一面倒的，各种公众都会抨击酒店，这时酒店要以公众利益为重，实事求是，不推诿塞责，主动将危机真相和纠正措施公布于众，使新闻成为传播信息的主渠道，避免产生谣言。

#### 4. 诚意性原则

酒店发生事故给观众造成不好的影响，危机处理人在同公众接触当中要有诚意，站在对方的角度思考问题，并表示同情，防止公众产生不信任感。在听取意见时，要让公众发泄不满，宣泄情绪。

#### 5. 公众利益为上原则

危机处理中应首先考虑公众利益，对无法挽救的损失要敢于承担责任，对经济和精神损失主动给予补偿，树立酒店有同情心、对公众负责、有社会责任感的良好形象。

## 二、酒店危机管理的处理理念

危机管理水平固然与危机管理体系是否健全有关，但基本的前提是要有健全的危机管理理念。根据业界的一些提法，并结合笔者多年实践，将危机管理理念归结为以下几个方面：

### （一）全面化

危机管理的目标不仅仅是"使公司免遭损失"，而是"能在危机中发展"。很多企业将危机管理与业务发展看成一对相互对立的矛盾，认为危机管理必然阻碍业务发展，业务发展必定排斥危机管理。从而导致危机管理与业务发展被割裂开来，形成"两张皮"。危机管理机构在制定规章制度时往往不考虑其对业务发展的可能影响；而业务部门在开拓业务时则是盲目地扩张，根本不顾及危机问题。全面化可归纳为三个"确保"，一是确保企业危机管理目标与业务发展目标相一致；二是确保企业危机管理能够涵盖所有业务和所有环节中的一切危机，即所有危机都有专门的、对应的岗位来负责；三是应确保危机管理能够识别企业面临的一切危机。

### （二）价值观的一致性

危机管理有道亦有术。危机管理的"道"是根植于企业的价值观与社会责任感，是企业得到社会尊敬的根基。危机管理的"术"是危机管理的操作技术与方法，是需要通过学习和训练来掌握的。危机管理之"道"是企业危机之"术"的纲。危机就其本质而言，是无法预知的，如何处理危机根植在企业的价值体系中。

### （三）关联化

有效的危机管理体系是一个由不同的子系统组成的有机体系，如信息系统、沟通系统、决策系统、指挥系统、后勤保障系统、财物支持系统等。因而，企业危机管理的有效与否，除了取决于危机管理体系本身，在很大程度上还取决于它所包含的各个子系统是否健全和有效运作。任何一个子系统的失灵都有可能导致整个危机管理体系的失效。

### （四）集权化

集权化的实质就是要在企业内部建立起一个职责清晰、权责明确的危机管理机构，因为清晰的职责划分是确保危机管理体系有效运作的前提。同时，企业应确保危机管理机构具有高度权威性，并尽可能不受外部因素的干扰，以保持其客观性和公正性。

### （五）互通化

有效的信息沟通可以确保所有的工作人员都能充分理解其工作职责与责任，并保证相关信息能够传递给适当的工作人员，从而使危机管理的各个环节正常运行。企业内部信息的顺畅流通在很大程度上取决于企业信息系统是否完善，因此企业应加强危机管理的信息化建设。以任何理由瞒报、迟报，甚至不报的行为都是致命的。

### （六）创新化

危机管理既要充分借鉴成功的经验，也要根据危机的实际情况，尤其要借助新技术、新信息和新思维，进行大胆创新。切不可墨守成规、故步自封。

## 三、酒店危机管理的重点

### （一）酒店危机预警管理体系构建

危机管理理论认为，危机管理最重要的是预防危机的发生并预见可能蔓延的危机。越早认识到危机存在的威胁，越早采取适当的行动，就越有可能控制危机的走势，在危机不可避免地发生时能从容应对，把损失降到最低。酒店危机预警管理主要包括以下几个方面：

### 1. 树立强烈危机意识

酒店进行危机管理应该树立一种危机理念，营造一个危机氛围，使酒店员工面对激烈的市场竞争，充满危机感，将危机的预防作为日常工作的组成部分。对酒店员工进行危机管理教育，使员工认清每个部门、每个环节和每个人的行为都与酒店形象声誉密切相关，危机的预防有赖于全体员工的共同努力。全员的危机意识能提高酒店抵御危机的能力，有效地防止危机发生。定期开展危机管理培训，提高危机处理技能和面对危机的心理素质，从而提高整个酒店的危机管理水平能力。

### 2. 建立危机预警系统

危机预警系统的建立有助于捕捉危机预兆，做好危机防范工作。一方面，酒店危机管理人员要进行准确的危机确认，善于捕捉危机发生前的信息，在出现危机征兆时，尽快确认危机的类型，为有效的危机控制做好前期工作。另一方面，信息监测是预警的核心，随时搜集各方面的信息，及时加以分析和处理，把隐患消灭在萌芽状态。

### 3. 成立危机管理机构

酒店危机管理机构是顺利处理危机、协调各方面关系的组织保障。危机发生之前，酒店就要成立危机管理机构，制订出危机管理计划、危机处理工作程序，并培养危机应急队伍。酒店应该根据可能发生的不同类型的危机制订一整套危机管理计划，明确怎样防止危机爆发，一旦危机爆发应立即做出的针对性反应等。酒店全员危机意识的灌输是酒店危机管理的第一步，培养一支能够对危机做出快速、准确反映的酒店危机应急队伍是基本保障。

### 4. 做好公众沟通方案

沟通是危机管理的中心内容。随着信息技术的高度发展，社会舆论逐步成为影响酒店形象声誉的重要因素。酒店应该维护好与消费者、新闻媒体、社区公众、政府机构的良好关系，为酒店赢得外部公众的支持与信赖；同时酒店要强化内部沟通，了解酒店一线员工的工作想法和动态，提升内部凝聚力。

## （二）在危机处理中必须明确责任，统一指挥

危机管理预案既是危机发生时的处理程序，也是危机处理的行动纲领。所以，危机管理中必须明确在危机发生时，各级人员的分工、职责、工作程序，什么样的问题由谁来处理，谁有权处理什么事，处理问题的要点和原则是什么，由谁发出酒店的紧急状态令，对外发布信息的原则是什么，现场和善后处理的指挥、协调、对外关系处理等工作的原则是什么。特别是在危机发生时要立即成立危机管理领导小组，确立对外发言人，启动已制定完妥的处理程序（人员分工、物资配备、各级的任务），以争取在第一时间内，果断地采取措施，这些都是战胜"危机"的关键因素。

### （三）建立健全保障制度

要用制度来规范各级人员应对危机的防范、处理的要求和职能，形成一套切实有效的预警体系，是应对危机的最有效办法。酒店一旦出现危机苗头，就能及时给予发现、上报，并及时发出警报。为了努力避免危机爆发或使危机爆发后易于控制，在危机爆发前或爆发之时，应立即宣布酒店进入紧急状态，同时启动已制定好的危机管理预案，视情形及时采取各种应急措施，进入危机的处理程序。

### （四）加强对酒店员工危机意识的教育

要在全员中树立全方位防御的预警意识，提高发现、防范、预警的能力。对自然灾害，要注重于事先掌握信息；对突发治安事件，要培养、训练管理人员、员工，具有善于观察蛛丝马迹的能力，提早发现、提早报警；对火警、中毒事件，则注重管理职能的发挥、制度的严抓、程序标准的严格执行；对服务质量和员工处理问题能力引发的危机，则重在培训、再培训。同时，管理预案制订后，要把它落实到员工日常培训工作中去，必要时，还要进行适当的演练，以使所有员工都能熟练地掌握和运用。防止危机的发生，重要的是在"疾病"发生之前，建立、锻炼对付危机的"免疫机制"。实际上，最佳的危机管理艺术就是将"危机"消灭在萌芽之中。

### （五）危机发生时要立即采取解决措施

在突发事件发生时，应立即采取有效果断的措施对问题迅速加以解决，同时要及时向公众公布有关信息，避免由于信息不及时和不正确引起客人和社会更大的误会和恐慌。酒店应以真诚和积极的态度来处理危机，必要时可以邀请社会上公正、权威性机构来协助调查事件原因、快速解决危机，确保社会公众重新建立对酒店的信任。同时，还要时刻准备把握危机中的"机遇"，尽可能最大限度地减少危机给酒店声誉带来的破坏，建立起有效的沟通渠道。有可能的话，可运用反策划技术使危机成为酒店新生的转折点，转危为安，这是危机处理的上上策。

## 【本章小结】

1. 酒店安全管理包含对酒店经营范围内所有人员的人身财产安全、酒店的财产和财务安全、酒店内部秩序安全等的管理。所有人员指的是所有光临酒店的顾客、所有的员工及酒店经营区域内的其他合法人员。

2. 酒店安全管理的基本原则主要有：建立健全安全管理组织机构、坚持内紧外松的原则、进行安全教育和培训、日常维护和周期性检查相结合。

3. 酒店公关是酒店为了树立良好的企业形象，取得顾客的理解和认同而实施的一系列沟通、展示和协调。成功的酒店公关在树立提升酒店形象、实现经济利益最大化、提升酒店整体竞争力等方面，正发挥着越来越重要的助推作用。

## 【案例分析】

## 和颐酒店女生遇袭事件

从外地来北京办事的女孩弯弯（化名）表示，2016年4月3日其在位于朝阳区酒仙桥北路望京798和颐酒店入住时，被陌生男子跟踪后强行拖拽，后被抓住头发用力撕扯，在该女孩大声呼喊后，围观者逐渐增多，陌生男子逃走。4月5日晚，朝阳警方证实此事，并表示，警方目前在调查中。据办案民警透露，遇袭女子没有遭受财产损失和人身伤害，作案男子疑似醉酒。《新京报》记者多次致电该酒店，未有人接听。

随后，如家酒店集团在上午8点发表声明称，"4月5日凌晨三点，警方反馈称，目前警方已经全力追查此事件嫌疑人，我们将协助警方工作，与警方保持沟通，尽快公布进展。"显然，这样的声明并没有平复网友及媒体情绪，略带不在乎的口吻再次激发了越来越多人参与"战斗"。与此同时，受害人在微博发文声称，被酒店方公关团队威胁删除帖子，为此，受害人要求酒店给予道歉。就在社会舆论全部倒向女孩时，如家酒店在当日中午12点发布了声明，"确保每一位入住宾客的安全与舒适，如家酒店集团责无旁贷。对于此事，再次向当事人和社会公众深深致歉！"

然而这封迟来的道歉信早已破灭掉了围观群众仅有的一点同情心，在超过3万的评论中几乎全部是谴责声。众所周知，危机公关处理的5S原则，包括承担责任原则、真诚沟通原则、速度第一原则、系统运行原则、权威证实原则。此次的如家集团被舆论架着走的样子就是典型的耍小聪明造成的，首先没有承担责任，工作人员事前事后都很失职；其次，三封微博全部是"声明"没有做到真诚沟通；再次，速度远远落后舆论；最后，所谓的记者会也开始大打太极。种种迹象表明，如家在处理危机公关时的众多不足，也因此成为典型的危机公关败笔事件。

1. 找不回的黄金时间

从4月6日凌晨开始，"和颐酒店女子遇袭事件"成为各界关注的焦点，一则关于女生弯弯入住和颐酒店时被陌生男子拖拽的帖子在微信朋友圈疯转。其实这则帖子在4月5日已经发布。发生危机事件后，最佳的处理时间应该是在24小时之内，否则就会处于被动状态，因为不利的话语都被对方或者公众说了。不及时表态，有时候会被公众认为是"这个企业理亏"，如家恰恰犯了这个错误。在4月5日，弯弯刚发布相关帖子时，如家并没有任何应对反应。直到4月6日早间开始，如家才陆续发出声明，但已错过了最佳反应时间。如家的慢速反应让很多网民都愤怒地认为，如家面对这么大的事情，过这么久才出声明，说明"态度不端正"。遗憾的是，如家发布的声明不但没能起到化解危机的作用，反而加重了危机。

2. 管不住的对外发言

事件发酵几天后，已陷入负面形象的如家又一次遭遇危机，引发众怒。4月10日，涉事和颐酒店一刘姓经理在接受媒体记者采访时表示，对于女客人弯弯在其酒店遇袭事件，认为其是炒作。在这种敏感时刻，居然有酒店工作人员在媒体面前说这样的话，直接反映出如家在危机事件管理中对人员管理存在大漏洞。根据业内经验，如果发生危机事件，尤其是引发公众关注的危机事件后，企业应在第一时间对员工进行危机公关培训，严格把控工作人员对外的言语和口径，通常只能由专门的发言人来进行外界沟通，其他员工不能再随意发声，以免造成进一步的混乱，如家显然在这方面做得不到位。

3.缺乏对移动互联网时代传播路径的思考

我们可以看到，以前媒体发布会是主要的传播渠道，很多信息来自于此，但现在是全媒体时代，很多信息的迅速扩展都是依靠人和人之间的"自传播"，这次的和颐事件之所以发酵得这么厉害，很大程度上是由于人们通过朋友圈、留言、微博等点击、转发和传播所致。因此，即便如家后来被动召开了发布会，却依旧无法阻止公众的"自传播"，更何况如家的反应速度和声明做得也并不到位。

发生危机事件时，有两种方式可以有效化解危机，第一，其后有一个更大的事件能"盖过"原本的危机事件，如当年家乐福发生危机事件后，汶川大地震接踵而来，所有人的目光都聚集到了地震上，但这种化解方式具有偶然性。第二种化解方式则是认清传播渠道，让一个"灵魂人物"以人性化的角度出来做真诚沟通，引发人们的内心共鸣和认同感，引导人们主动来做正面的"自传播"。举例而言，顺丰快递小哥被打后，顺丰速运有限公司总裁王卫立马发声表示："动手打人就要承担法律上的责任，我不要钱，我们顺丰钱不多，但是我们认为你给我多少钱，我都不会去对这个事情妥协。"王卫甚至在朋友圈表示："我王卫向着所有的朋友声明！如果这事不追究到底，我不再配做顺丰总裁！"王卫的这个做法就符合"灵魂人物"与达到公众"自传播"效应。首先，王卫是企业领导者，他的态度代表"灵魂人物"的态度，他的言语透露出人性的一面，能激发企业员工乃至大众对他的认同感，大家会认为这是一个值得追随的企业家，随后就是关键点——大众会自觉自愿地去帮他正面转播。而在和颐事件中，如家的"掌门人"孙坚并未在第一时间发声，一直到几天后他才在一个官方声明中出现，且语言并不像王卫那样具有感染力，此举不但得不到公众的内心认同感，甚至又一次让公众有了做负面"自传播"的素材。和颐事件给了企业经营者在危机管理方面的各种启示，如反应速度、措辞，尤其是企业必须理解全媒体时代的传播路径，要懂得公众的"自传播"效应，这样才能处理好危机事件。

**分析内容：**

根据上述案例，并结合相关知识，思考当酒店危机事件发生时，酒店应如何进行酒店危机公关？

# 第　十　章

## 酒店工程管理

### 🔍【学习目标】

学习本章后，你应该能够：

1. 了解酒店工程系统的具体组成情况，明确各系统内部的组成情况和相关功能，能够识别不同设备所属的系统，理解各系统存在的意义和完成的工作；

2. 理解酒店工程部的组织结构，明确工程部的管理原则和规章制度；

3. 熟悉酒店工程部各系统和设备的维护和保养的成本控制理论和措施。

### 📄【章前引例】

作为大仓酒店公司旗下日本大仓饭店（Okura Hotels & Resorts）集团一部分的曼谷大仓新颐饭店，坐落于曼谷市内最繁华的购物中心及文化胜地。大仓新颐饭店源自日本最大的国际五星级连锁饭店集团，并以一流的住宿、餐饮及服务著称，因此酒店在音视频系统的选择上，同样也要求具备一流的标准。

位于三楼的饭店大宴会厅装饰有华丽的水晶吊灯，悬挂在 9 米高的天花板上。在这种环境下，很难达到均匀的高品质音频覆盖。尤其是这间宴会厅还有很多不同的用途，如生日聚会、周年庆典、结婚典礼及其他一些特殊庆典。于是，舞厅安装了 2 只 Tannoy QFlex 24 阵列扬声器，这些数字扬声器控制垂直方向上的音频指向性，可准确地将声音直接投射到指定区域，确保在搞混响应用环境下也可以获得令人满意的语音可懂度实现了现场的最佳音频覆盖范围。

大宴会厅周围共安装了 14 只 Tannoy iw 62TDC，6 只 Tannoy iw 62TS 入墙式扬声器。这些紧凑型扬声器非常适合播放音乐和语音，也非常适用于这个多功能宴会厅。另外，还有 10 只 Tannoy CVS 6 吸顶扬声器、2 只 Tannoy CMS 801 低频扬声器，在不影响整体美观的同时，扩大了音频的覆盖范围。

# 第一节　酒店的工程系统

## 一、电气系统

### （一）变配电设备

变配电设备一般是以成套的形式组装的，它包括：变压器、低压成套开关设备、高压成套开关设备。成套开关设备需要合理组合电器元件，并且详细了解其性能参数，从而保证设备运行的安全可靠性。

**1. 变压器**

饭店常用的电力变压器有两种类型，即油浸式、干式。油浸式变压器可分为带载调压和不带载调压两类。它的特点是过载能力高、价格便宜、日常维护费用高。干式变压器的特点是过载能力低、价格昂贵、维护简单。

**2. 低压成套开关设备**

低压成套开关设备在低压供电系统中负责完成电能的控制、保护、测量、转换和分配，包括开启式、固定面板式、封闭式三种开关柜。开关柜电器元件一般安装在钢板和绝缘材料上，各回路间是否加隔板隔开依情况而定。

**3. 高压成套开关设备**

高压成套开关设备主要用于电力系统的控制和保护，既可根据电网运行需要将一部分电力设备或线路投入或退出运行，也可在电力设备或线路发生故障时将故障部分从电网快速切除，从而保证电网中无故障部分的正常运行及设备、运行维修人员的安全。饭店一般使用金属全封闭手推式开关柜，它以金属隔板隔成隔室，包括继电器室、操作室、进出线式、断路器室、母线室、压力泄放装置等。

### （二）电气线路

电气设备间相连接、传输电能的导线都可称为电气线路。

**1. 电气线路类型**

根据电气线路的敷设方式进行分类，主要有：直接埋地敷设，电缆沟敷设，电缆排管敷设，穿钢管等管道敷设，用支架、托架、悬挂敷设等。

**2. 室内配线方式**

饭店室内配线方式应该依据其具体环境、负荷特征和建筑要求等因素综合考虑决定，具体配线方式使用范围如表10-1所示。

表 10-1　配线方式适用范围

| 导线类别 | | | 塑料护配线 | 绝缘线 | | | | | | 裸导线 |
|---|---|---|---|---|---|---|---|---|---|---|
| 敷设方式 | | | 直敷配线 | 瓷、塑斜夹板 | 波形绝缘子 | 针式绝缘子 | 焊接钢管 | 电缆管 | 硬塑料管 | 绝缘子明设 |
| 环境特征 | 干燥 | 生产 | ○ | ○ | ○ | ○ | ○ | ○ | + | ○ |
| | | 生活 | ○ | ○ | ○ | — | ○ | ○ | + | × |
| | 潮湿 | | + | × | — | ○ | ○ | + | ○ | + |
| | 特别潮湿 | | × | × | — | ○ | + | × | ○ | — |
| | 高温 | | × | × | ○ | ○ | ○ | ○ | — | ○ |
| | 振动 | | | × | ○ | ○ | ○ | ○ | — | |
| | 多尘 | | + | × | — | + | ○ | ○ | ○ | × |
| | 腐蚀 | | + | × | × | + | + | × | ○ | × |
| | 火灾危险环境 | H-1 | — | × | × | + | ○ | ○ | — | + |
| | | H-2 | — | × | × | × | ○ | ○ | ○ | + |
| | | H-3 | × | × | × | + | ○ | ○ | ○ | |
| | 爆炸危险环境 | Q-1 | × | × | × | × | ○ | × | × | × |
| | | Q-2 | × | × | × | × | ○ | × | × | × |
| | | Q-3 | × | × | × | × | ○ | ○ | × | × |
| | | G-1 | × | × | × | × | ○ | × | × | × |
| | | G-2 | × | × | × | × | ○ | × | × | × |
| | 户外 | | × | × | + | ○ | + | × | × | × |

注：表 10-1 中，"○"为推荐采用；"+"为可以采用；"—"为建议不使用；"×"为不允许采用。

## （三）用电设备

饭店的用电设备主要有照明设备、温控设备、动力设备等，具体分类如下。

第一，照明设备：公共区、办公用房、设备机房、地下停车场、夜景、霓虹灯照明等其他负荷比较稳定的照明设备。

第二，温控设备：冷冻机组、新风机组、空调系统水泵、风机盘管等。

第三，动力设备：生活水泵、消防水泵、电梯、洗衣房设备、电加热设备、弱电系统、办公用电等。

## 二、锅炉设备

### （一）锅炉本体

锅炉利用燃料的燃烧将化学能转化为热能，它能够将水加热升温变为热水或蒸汽。锅炉的本体包括汽水系统、燃烧系统和炉墙构架三部分。汽水系统由锅筒、下降管、水冷壁、锅炉管束、过热器、省煤器、集箱等组成。燃烧系统由燃烧室和燃烧设备、空气预热器等组成。大致上锅炉可分为火管锅炉、水管锅炉和卧式快装锅炉三大类型。

火管锅炉（又称锅壳式锅炉）就是燃料燃烧后产生的烟气在火筒或烟管中流过，对火筒或烟管外水、气或汽水混合物加热。它的优点是结构简单、操作和维修方便、水质要求低等；缺点是金属耗量大、承压能力受限、烟管易积灰、容量小等。

水管锅炉是在锅筒外部设水管受热面，高温烟气在管外流动放热，水在管内吸热。它的优点是管内结垢少、热膨胀补偿性能良好、金属使用率较低等；缺点是结构复杂、体积较大、相对水容量小等。

卧式快装锅炉（又称水火管锅炉），同时具备以上两种特点的锅炉。

### （二）锅炉的辅助设备

锅炉的辅助设备是指安装在锅炉受压部件之外，保证锅炉本体正常运行所必需的设备，包括：运煤设备、给水设备、通风设备、除灰渣设备、除尘设备等。

**1. 运煤设备**

在不同运煤系统中，所需的运煤设备是不同的。具体情况如下：

①埋刮板式输送机运煤系统的设备组成是埋刮板输送机＋水平带式输送机，其特点是机械化连续输送，既可水平输送，也可垂直输送。②多斗式提升机运煤系统的设备组成是单轨抓斗起重机、多斗提升机、埋刮板输送机或水平带式输送机。③带式输送机运煤系统的特点是既可水平运输，也可按一定倾斜角度将物料向上提升。④单斗滑轨输送运煤系统的设备组成是卷扬机、煤斗、滑轨，其特点是简易间歇。⑤电动葫芦吊煤罐运煤系统的特点是简易间歇，能够担负水平和垂直运输作业。⑥摇臂翻斗上煤装置的特点是间歇作业。⑦带小车翻斗上煤装置的特点是设备结构简单轻巧，维修、操作较方便。

**2. 给水设备**

给水设备是用以向锅炉供应给水，由水泵、给水管道、阀门等组成。

**3. 通风设备**

通风设备是用以供给燃料燃烧所需的空气及排出燃烧所生成的烟气，包括送风机、引风机、风烟道和烟囱等。

**4. 除灰渣设备**

①螺旋除渣机，作业特点是可水平或倾斜连续输送灰渣。②刮板式除渣机，作业特

点是可水平或倾斜运输。③马丁除渣机，作业特点是既能除渣又能碎渣。④圆盘除渣机，作业特点是无碎渣能力，大块灰渣易卡。⑤低压水力冲灰。

### 5. 除尘设备

除尘设备是除去锅炉燃烧过程中产生的容易堵塞锅炉的大量烟气，常见锅炉除尘设备有机械力除尘器、电力除尘器、过滤除尘器、洗涤除尘器。

## 三、消防系统

### （一）自动报警系统

火灾自动报警系统主要由触发器件、火灾报警系统、火灾警报装置和其他辅助功能的装置组成，如图 10-1 所示。

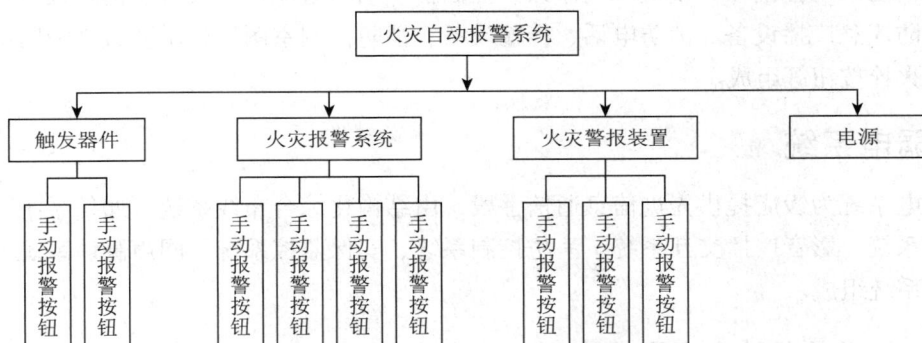

图 10-1　火灾自动报警系统组成

### （二）消火栓系统

消火栓系统主要由消火栓箱、消防水枪、水带接扣、消防水带等组成，消火栓包括室内消火栓系统和室外消火栓系统。

#### 1. 室内消火栓系统

按照规范要求，室内消火栓系统的用水量为 40 升 / 秒，火灾延续时间为 3 小时，采用临时高压供水系统。

#### 2. 室外消火栓系统

按照规范要求，室外消防用水量为 30 升 / 秒，火灾延续时间 3 小时，室外消防给水与生活用水为合用管道，因此，室外消火栓布置应沿着建筑外围的消防车道设置，消火栓间距不超过 100 米。

### （三）消防喷淋系统

酒店室内区域须配置喷淋系统全面保护，包括下列区域：冷冻机房、机械设备房、风机房、泵房、桑拿干蒸房、公共卫生间、客房小走道、步入式衣帽间、洗衣房、大堂天花、室内游泳池全部天花、各类仓库、装货/卸载区域、疏散楼梯的最高及最低处。

消防喷淋系统依据其不同的功能又分为人工控制喷淋系统和自动控制喷淋系统，人工控制系统是在火灾发生时由工作人员人工控制喷淋头进行灭火，由消防泵、水池、主干管道、喷淋头、末端排水装置组成；自动控制系统分为感烟式和感温式两种，是设备自动开启进行灭火，由水池、阀门、水泵、气压罐控制箱、主干管道、屋顶水箱、分支次干管道、信号蝶阀、水流指示器、分支管、喷淋头、排气阀、末端排水装置组成。

### （四）消防联动控制系统

消防联动控制系统是酒店火灾自动报警系统中的一个重要组成部分，功能是接收火灾报警控制器发出的火灾报警信号，按预设逻辑完成各项消防功能。消防联动控制系统通常由消防联动控制器、模块、气体灭火控制器、消防电气控制装置、消防设备应急电源、消防应急广播设备、消防电话、传输设备、消防控制室图形显示装置、消防电动装置、消火栓按钮等组成。

## 四、弱电系统

弱电系统为饭店提供先进信息通信手段，由结构化综合布线系统、通信系统、计算机管理系统、影音广播交互系统、消防控制系统、安保监控系统、同声翻译系统和智能化管理系统组成。

### （一）结构化综合布线系统

综合布线系统（Premises Distributed System，PDS）包含六个子系统：工作区子系统、水平子系统、垂直子系统、设备间子系统、管理子系统、建筑群子系统。

（1）工作区子系统由终端设备连接到信息插座之间的设备组成，包括：信息插座、插座盒（或面板）、连接软线、适配器等。

（2）水平子系统是将干线子系统线路延伸到用户工作区，水平系统是布置在同一楼层上的，一端接在信息插座上，另一端接在层配间的跳线架上。

（3）垂直子系统是由主设备间至各层管理间，它采用大对数的电缆馈线或光缆，两端分别接在设备间和管理间的跳线架上。

（4）设备间子系统是由设备间的电缆、连续跳线架及相关支撑硬件、防雷电保护装置等构成，比较理想的设置是把计算机房、交换机房等设备间设计在同一楼层中，这样既便于管理、又节省投资。

（5）管理子系统是干线子系统和水平子系统的桥梁，同时又可为同层组网提供条件，其中包括双绞线跳线架、跳线（有快接式跳线和简易跳线之分）。

（6）建筑群子系统是将多个建筑物的数据通信信号连接一体的布线系统，它采用可架空安装或沿地下电缆管道（或直埋）敷设的铜缆和光缆，以及防止电缆的浪涌电压进入建筑的电气保护装置。

### （二）通信系统

饭店通信系统主要指的是电话通信系统，由交换设备、传真机、语音信箱、传输系统和电话机等终端设备组成。电话交换机由人工交换机演变为自动交换机，又从机电式自动交换机演变为电子式自动交换机，最终演变为数字程控电话交换机。电话通信网由三部分组成，即交换设备，主要是电话交换机，是接通电话和用户之间通信线路的专用设备；传输系统，分为有线式和无线式，饭店一般是有线式的；用户终端设备，主要是电话机，它已从单一功能向多功能发展。

### （三）计算机管理系统

计算机管理系统的主要构成及其功能如图 10-2 所示。

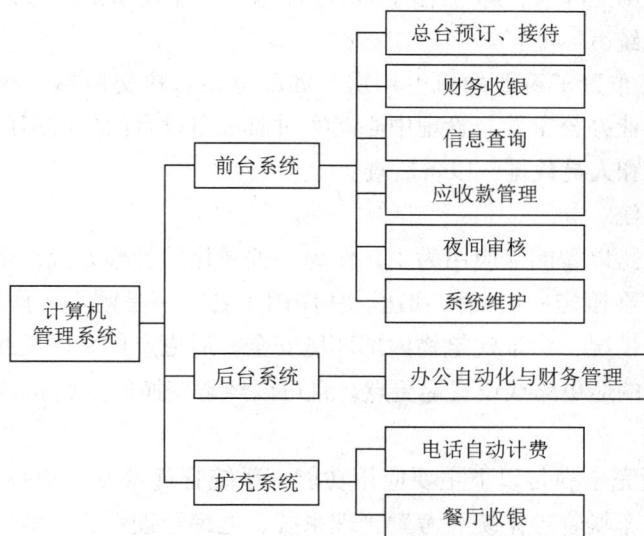

图 10-2　计算机管理系统组成与功能

### （四）影音广播交互系统

饭店广播音响系统可分为公共区域广播系统、客房广播音响系统、餐厅和酒吧等广播音响系统、会议厅和多功能厅等的广播音响系统四大类型。无论是哪一类型的广播音响系统都由节目源设备、信号放大和处理设备、传输线路、扬声器系统组成。影音广播交互系统的主要功能是：收看电视、即时视频点播、客人查询服务、收视导引、现场转播和交互视频服务（客房核单结账、电视订餐、电视购物、客房设备状态检测和控制等）等。

## （五）安保监控系统

### 1. 闭路电视监控系统

闭路电视监控系统采用数字加模拟（系统设备采用数字设备、前端摄像机采用模拟摄像机的方式）网络监控系统，实现数字化视频网络传输、存储与控制，系统能与消防、报警系统联动。系统监控范围包括电梯轿厢、电梯厅、建筑出入口及大堂、楼梯前室、走廊、车道及车道进出口、车库、商业等重要区域。

### 2. 停车场管理系统

停车场管理系统同时兼有图像对比系统、对讲系统系统。临时客户与时租客户：季/月卡于上一泊车人使用完毕不继续租用后，可将卡号给下一人重复使用，避免造成空号浪费。长期客户：采用无线射频技术，系统为了配合一卡通使用，应用 HID 长距离感应系统。VIP 客户采用有源卡，感应距离 1.5~2 米距离，可实现不停车遥感进出车库；一卡通使用客户采用无源卡，感应距离 50~70 厘米，只需在车窗内部晃动即可。

### 3. 门禁管理系统

门禁系统主要布置于重要的机电用房，如配电站、热交换站、冷冻机房、安保中心、电梯机房、物业办公室等。管理中心能实时监视布设有门禁的房门开启状况，并记录开启房门的时间和人员数据，以备后查。

### 4. 电子巡更系统

电子巡更系统是以智能卡应用为主，作为一种强化的管理方式，要求保安人员按照制定的路线巡逻，在限定的时间内到达。从作用来看：一是监督工作质量，避免漏巡，二是定时检查现场情况，保证建筑物内部环境安全。巡更点位采用无线感应点方式，管理部门可以按自己的巡更路线设置巡更点，且可以经常变换巡更点。

### 5. 一卡通系统

一卡通系统可完全满足以下主要应用功能：系统管理及发卡中心、门禁管理系统、访客管理系统、停车场管理系统、考勤管理系统、电梯管理系统、消费管理系统、访客管理系统、电梯管理系统。

## （六）同声翻译系统

在一些大型饭店，特别是经常举办国际会议的饭店，同声翻译系统必不可少。同时翻译室需要相互独立、能隔音播放，能使翻译人员看到演讲者。在一般情况下，需要有不少于四种语言通道的同声设施。

## （七）智能化管理系统

随着科技的日新月异，越来越多的高级饭店开始提供智能化的服务，智能化的饭店服务和管理也成为饭店未来发展的趋势。智能化管理系统应该具备以下系统：结构化综合布线系统、视音频交互服务系统、计算机接口系统（能够提供国际互联网服务）、先进的消防系统、先进的安全保卫监视系统和计算机管理系统。

# 五、通风和温控系统

## （一）通风系统

饭店的通风按照所用方法的不同可以分为机械通风、自然通风，局部通风、全面通风等。通风系统是由风机、空气净化处理、送（排）风口、管道组成。

### 1. 新风系统

新风系统是由送风系统和排风系统组成的一套独立空气处理系统，分为管道式新风系统和无管道新风系统两种。管道式新风系统由新风机和管道配件组成，通过新风机净化室外空气导入室内，通过管道将室内空气排出；无管道新风系统由新风机和呼吸宝组成，同样由新风机净化室外空气导入室内，同时由呼吸宝将室内污浊空气排出。

### 2. 排风系统

排风系统是为防止厨房的油烟因通风、排风处理不当而进入餐厅和客房，采用的方式往往是通过排气罩或吸风口就地将有害物加以捕集，并用管道输送到净化设备进行处理，达到排放标准后，再回用或排入大气中。

## （二）空调系统

空调处理的方法主要包括对空气进行冷却、加热、增湿、减湿和过滤并控制空气流量。空调系统由加热、制冷和通风三大部分组成。常见的空调设备有：通风机、管道、进风和滤尘装置、消声设备、出口装置以及处理空气温度和湿度的设备等。设备按照处理和调节空气参数的设置情况的不同可以分为集中式、半集中式、局部式空调系统。

### 1. 集中式空调系统

集中式空调系统将所有空气处理设备（风机、过滤器、加热器、冷却器、加湿器、减湿器和制冷机组等）都集中在空调机房内，空气处理后，由风管送到各空调房里。其优点表现为：空气集中处理便于维修、管理、消声和防震，一次性投资较低。缺点表现为：难以在同一时间满足不同送风温度的房间的需要，而且机房的面积比较大。

### 2. 半集中式空调系统

半集中式空调系统是集中在空调机房的空气处理设备，仅处理一部分空气，另外在分散的各空调房间内还有空气处理设备，它们或对室内空气进行就地处理，或对来自集中处理设备的空气进行补充再处理。其优势为：可以在同一时间满足不同送风温度的房间的需要，占地面积较小，能耗较小，系统投资少，安装方便。

### 3. 局部式空调系统（又称分散式空调系统）

局部式空调系统是将空气处理设备全部分散在空调房间内，空调器将室内空气处理设备、室内风机等与冷热源与制冷剂输出系统分别集中在一个箱体内，分散式空调只向室内输送冷热载体，而风在房间内的风机盘管内进行处理。

### （三）制冷系统

制冷系统由制冷剂和压缩机、冷凝器、节流膨胀阀、蒸发器组成。制冷剂是制冷机中用来吸取被冷却物的热量，并将热量传递给周围介质的工作物质，起到周期变化、循环流动的工质，制冷剂代号，如表10-2所示。压缩机是制冷循环的动力，也是制冷系统最主要的部分，它可以将进入到活塞缸内的低压气态制冷剂压缩为高压气体，送到冷凝器中。冷凝器是一个热交换设备，作用是利用环境冷却介质，将来自压缩机的高温高压制冷蒸气的热量带走，使高温高压制冷剂蒸气冷却、冷凝成高压常温的制冷剂液体。节流膨胀阀由阀体、感温包、毛细管等组成，高压液体经过节流膨胀阀进行节流膨胀，节流膨胀阀将高压液态制冷剂减压为低压液态制冷剂。蒸发器也是一个热交换设备，节流后的低温低压制冷剂液体在其内蒸发（沸腾）变为蒸气，吸收被冷却物质的热量，使物质温度下降，从而冷却周围的空气，达到对空气降温、除湿的作用。

表 10-2　制冷剂代号

| 制冷剂名称 | 分子式 | 代号 | 代号的含义 |
|---|---|---|---|
| 二氟二氯甲烷 | $CCl_2F_2$ | R-12 | m-1=0, n+1=1, p=2 |
| 一氟二氯甲烷 | $CCl_3F$ | R-11 | m-1=0, n+1=1, p=1 |
| 二氟一氯甲烷 | $CHClF_2$ | R-22 | m-1=0, n+1=2, p=2 |
| 四氟二氯乙烷 | $C_2Cl_2F_4$ | R-114 | m-1=1, n+1=1, p=4 |
| 三氟三氯乙烷 | $C_2Cl_3F_3$ | R-113 | m-1=1, n+1=1, p=3 |
| 丙烷 | $C_3H_8$ | R-290 | m-1=2, n+1=9, p=0 |
| 三氟溴甲烷 | $CBrF_3$ | R-13B1 | m-1=0, n+1=1, p=3, s=1 |

## 六、给排水系统

### （一）给水系统

#### 1. 给水系统的划分

饭店的给水系统按用途划分为生活给水系统，供给生活和洗涤用水；生产给水系统，供生产用水；消防给水系统，供扑火、灭火用水。

按饭店的性质、给水的压力、流量及其层高数划分为简单给水系统，适用于低层或简单的建筑；设有水箱的集水系统，多一套水箱及其附件，适用于某些时段水压不够，或室内需要有较稳定水压的用水设备时使用；没有水箱而用水泵的给水系统，在进口处增设水泵加压系统，适用于用水量较大，但外管网的水压不能时常满足要求的地方；分区分压给水系统，适用于为高层建筑中六层或以上的建筑供水；气压给水系统，适用于外管网压力不足的场合；双回路市政供水系统，适用于在市政没有提供两路消防管道的前提下，实现双回路不间断提供消防用水。

**2. 给水系统的设备**

给水设备包括：水泵、水表、给水管道与自由水头、给水箱、水嘴。

给水与采暖工程常用的水泵有离心泵、轴流泵、涡旋泵、深井泵、蒸汽往复泵等，其中，离心泵在给水工程中应用较广，具有体形小、效率高、流量和扬程范围内易调节、结构简单的特点。水表的分类如表 10-3 所示。

**表 10-3　水表分类**

| 分类方式 | 类型 | 特点 |
|---|---|---|
| 测量原理 | 速度式水表 | 水流运动速度直接使其获得动力速度的水表 |
| | 容积式水表 | 由一些被逐次充满和排放流体已知容积的容室和凭借流体驱动的机构组成的水表 |
| 计量等级 | A级表 | 达到国家标准中A等级计量要求 |
| | B级表 | 达到国家标准中B等级计量要求 |
| | C级表 | 达到国家标准中C等级计量要求 |
| | D级表 | 达到国家标准中D等级计量要求 |
| 公称口径或用途 | 小口径 | 民用水表，表口径≤40mm，常用旋翼式水表 |
| | 大口径 | 工业用水表，表口径≥50mm，采用螺翼式水表 |
| 安装方向 | 水平安装水表 | 安装时其流向平行于水平面的水表 |
| | 立式安装水表 | 安装时其流向垂直于水平面的水表 |
| 介质温度 | 冷水水表 | 0℃≤介质温度≤30℃ |
| | 热水水表 | 30℃≤介质温度 |
| 介质压力 | 普通水表 | 压力一般均为1MPa以下 |
| | 高压水表 | 使用压力超过1MPa |

给水管道的给水管分金属管、复合管和塑料管三种。金属管主要分为紫铜管和不锈钢水管，具有安全、卫生、耐用等特点，是最理想的水管。复合管典型代表有铝塑管，但是由于其热胀冷缩问题，已经被逐渐淘汰。塑料管最常用的是 PPR 水管，安全、无毒、安装方便、价格低廉等诸多优点，使其成为最常用的水管。

自由水头是配水点给水龙头前所需流出的压力，不同设备的自由水头各不相同，如洗脸盆水龙头为 15kPa，大便器（手动冲洗阀为 15kPa、冲洗水箱为 20kPa），淋浴器为 25~40kPa。

给水箱采用普通钢板、不锈钢板、搪瓷钢板、玻璃钢、热浸镀锌钢板等材质，一般布置在建筑物的顶屋，作为贮水及供水装置。

水嘴（又称龙头、水龙头）是启闭冷、热水用的一种阀门，按控制方式分为单柄单控、单柄双控、双柄双控及其他；按阀体材料分为铜合金、不锈钢、塑料及其他；按适用设施分为普通水嘴、洗涤水嘴、放水水嘴及其他；按结构形式分为截止式、旋塞式；按水的温度分为冷水嘴、热水嘴。

### （二）排水系统

排水系统是指排水的收集、输送、水质的处理和排放等设施以一定方式组合成的总体。

#### 1.饭店排水系统的类型

分流制排水系统是指生活污水、废水和雨水分设两条管道集中，再分别排入城市污水与雨雪水总管道。合流制排水系统是指生活、生产污水、废水、雨雪水等混入一个管道排入城市总管道。

#### 2.饭店管道系统

粪便污水管道系统是从大小便器排出的污水管道系统，经市政污水管网进入污水处理厂处理达标后排放至自然水体，部分经济好、处理工艺较先进的地区会把处理后达标的水（中水）回用至景观、灌溉用水。生活废水管道系统是从洗脸盆、浴缸、洗涤盆、淋浴盆、洗衣房等器具排出的污水管道系统。冷却废水管道系统是从空调机、冷冻机等排出的冷却废水管道系统。屋面雨水管道系统是从屋面等排出的雨水管道系统。特殊排水管道系统，如公共厨房排出的含油脂的废水、冲洗汽车的废水管道系统。

## 七、电梯系统

### （一）电梯

电梯按驱动方式不同分为钢丝绳电梯和液压梯，液压梯是靠液压传动的电梯，有柱塞直顶式液压梯和柱塞侧置式液压梯两类。按拖动方式不同分为交流电梯、直流电梯和液压梯。按用途的不同分为乘客电梯、载货电梯、消防电梯和观光电梯。按速度不同分为低速电梯、中速电梯和高速电梯。

电梯的控制方式主要有操作员控制、电脑控制、联合控制和梯群程序控制四种。电梯的总体结构由曳引系统、导向系统、轿厢、门系统、重量平衡系统、电力拖动系统、电气控制系统和安全保护系统组成。

### （二）自动扶梯

自动扶梯是自动运载人员上下楼层或不同标高公共场所的机械设备，是链式输送机的特种形式。

# 第二节 酒店的工程部管理

## 一、酒店工程部组织结构

### （一）专业制

专业制组织结构源自酒店土建工程项目，在酒店基建项目经理部基础上形成，特点是分工明确、便于协调、管理效率高，适用于小型酒店或初期经营阶段的大型酒店，如图 10-3 所示。

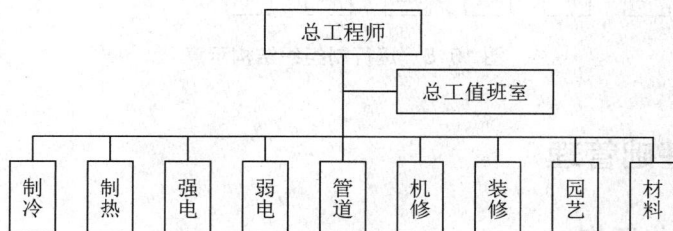

图 10-3 专业制组织结构示意

### （二）区域制

区域制组织结构源自酒店经营部门的功能区域的划分，特点是责任明确、反应敏捷，利于与酒店其他经营部门密切配合，适用于单体大型酒店，特别是经营功能单位分散的度假酒店，如图 10-4 所示。

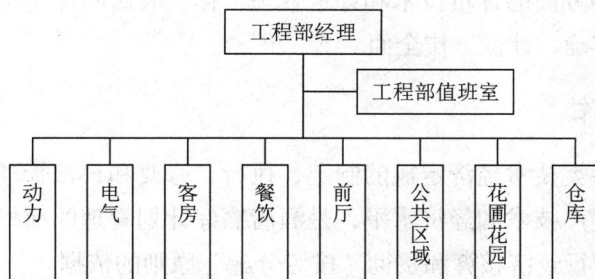

图 10-4 区域制组织结构示意

### （三）运营制

运营制组织结构源自酒店经营对工程系统运行特定的要求，特点是有利于实现酒店经营总目标，便于工程部内部以及与酒店其他部门的相互协作，可以为工程部承揽社会委托项目创造条件，适用于大型连锁酒店，如图 10-5 所示。

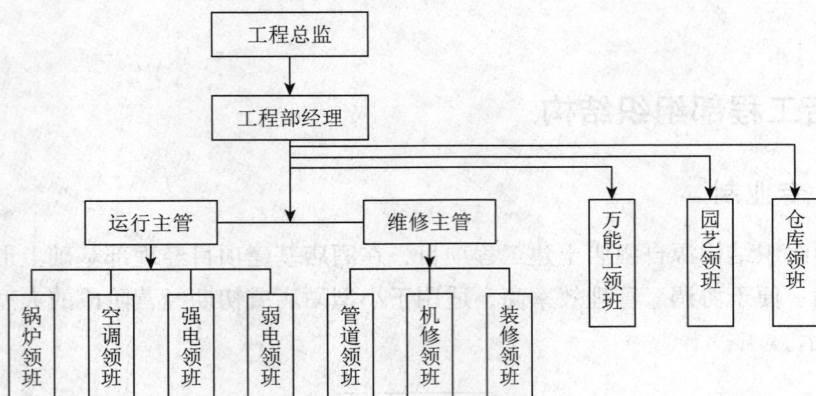

**图 10-5　运行制组织结构示意**

# 二、工程部基础管理

## （一）标准化工作

标准是对重复性事物和活动做出的统一规定，现代酒店标准化的具体内容是制定和修订标准，贯彻与执行各级标准，对标准的实施进行监督和管理，开展标准化情报工作。标准化管理包括：技术标准、工作标准和管理标准。

## （二）计量工作

计量是用一种标准的单位量去测定另一种同类量的量值，计量工作包括计量测定、测试、化验和分析等方面的计量技术和计量管理工作。酒店的计量工作必须做到计量单位统一、计量器具准确、计量工作全面。

## （三）定额工作

定额工作包括各类技术经济定额的制定、执行、修改和日常管理工作，它反映了酒店在一定时期内的生产技术和经济水平，是酒店搞好计划管理的前提，组织生产和开展劳动竞赛的手段，进行经济核算和贯彻"按劳分配"原则的依据。

## （四）信息工作

信息工作是指工程部运行控制和维修保养活动所需资料数据的收集、处理、传递、贮存等管理工作。科学的酒店工程信息系统由原始记录、统计工作、科技经济情报和工程技术设备档案等构成。

## 三、工程部专业管理

### （一）控制中心集中管理

建立集中控制中心是为了确保酒店的正常营业、安全、防火等，需要配备值班长等专职人员，实行值班制度，以便在发生故障时能迅速调配员工，同时全面提供工程设备运行的完整数据和故障记录。酒店应设总值班长、下设值班长，执行酒店 24 小时值班制。

#### 1.总值班长

总值班长对副总工程师负责，直接领导值班长和全体值班人员，合理地安排酒店设备运行，全面组织日常的维修工作。

#### 2.值班长

值班长向总值班长和副总工程师汇报工作，在总值班长不在时，全权代理总值班长的一切职权。

#### 3.维修值班工

维修值班工主要负责客房及其他区域的装潢、五金、家具设施、卫生洁具、水管以及照明设施、电器等综合性的紧急修理任务。维修值班工由装修、电修、水工等班组派出，行政上隶属于各维修班组，值班期间受命于值班长，其一切工作服从值班长安排，维修值班分白班和中班。

### （二）机组管理

酒店的机组管理应有专业管理人员参与，设置动力设备组负责管理酒店给排水设备、设施，锅炉及供气设备设施安全运行及正常维修；空调制冷组在部门的领导下，确保酒店的空调、通风、制冷机械等设备的安全运行和得到及时维修、保养和调整；强电组负责管理酒店的输配电设备和执行电气照明设备的维修，负责酒店内客用服务电梯、工作电梯以及各种升降机的安全运行和维护；弱电组管理酒店内所有电视、音响设备等其他弱电设备的维护和维修，并负责对客户服务的电视音响播放和会议服务；机修管工组负责酒店洗衣场设备、厨房设备及其他机械设备的维修保养和技术改造，负责酒店内各种主管道阀门和客房卫生洁具的维护和维修，以及屋面垃圾和下水坑道的疏清工作；装修组负责酒店内所有建筑、装潢设施等的正常维护和维修，并参与小型修建工程改造等。

## 四、工程部管理的基本原则

### （一）以责任制为核心的规章制度原则

在酒店工程部的管理中，岗位责任制可以明确规定每位员工所在工作岗位所承担的责任和义务，达到人人有责，办事有标准，工作有检查。切实规定酒店工程部轮班员工的交接班时间和巡回检查时间，通过定时和定点检查确保每位员工都在岗位上尽职尽责地完成自己的工作，是该原则具体的落实要求之一。

### （二）集中领导与民主管理结合原则

对于酒店这一服务行业的管理一定要重视人的因素，将民主管理和职工参与放在重要位置。职工的参与就是代表酒店管理，需要以人为中心，让工程部各级管理人员和职工有参与决策和提出建议的机会。该原则具体的落实要求包括成立职工工会，定期召开职工大会等。

### （三）责、权、利相统一原则

在酒店工程管理中，责、权、利要相互结合，国家、集体、个人的利益相统一，职工劳动所得应当同劳动成果相联系。

### （四）系统原则

该原则指出，酒店工程部的管理应该从整体出发，而不是从局部出发，要把工程部有关的全部组成要素的总体看成一个系统。同时还要进行系统分析，将人、物和环境结合起来进行考虑，从而得出结论，制定决策。

## 五、工程部管理的规章制度

### （一）工作制度

酒店工程部工作制度是指导酒店工程部员工进行各项管理活动的规范和准则，可以使酒店工程部各职能部门分工明确、职责清楚、互相协作、优质高效地实现工程部的运行管理目标。

酒店工程部的基础管理工作制度包括：标准化、计量、定额、信息、以经济责任制为核心的规章制度、职工培训和班组建设等。

酒店工程部的专业管理工作制度有设备管理制度，是指酒店对设备的选择评价、合理使用、维护修理、改造更新和封存、报废处理的全过程的管理制度；安全、环境保护管理制度，是指酒店为了确保安全运行以及搞好环境保护而制定的规章制度；基建管理制度，是指酒店扩大再生产与增大固定资产的建筑安装工程相联系的一系列的管理制度。

### （二）责任制度

酒店工程部管理责任制按照管理业务的不同划分为技术责任制和经济责任制，按照岗位不同划分为领导人员责任制、专业管理人员责任制和一般员工责任制。

# 第三节　酒店工程系统的维护和保养

## 一、酒店工程系统的维护和保养成本控制理论

图 10-6 中曲线 ABCD 反映设备一般的运行情况，AB 是设备早期故障区，BC 是中期偶发故障区，CD 是后期耗损故障区。曲线 A′B′C′D′ 反映出，因加强保养和维修管理，设备早期故障区缩短为 A′B′，中期偶发故障区延长至 B′C′，后期耗损故障区缩短到 C′D′。浴盆曲线理论从三个阶段总结了设备从磨合、调试、正常工作到大修或报废各个环节故障率变化的规律，对于加强设备的日常管理和保养与维修，延长设备使用寿命，避免过剩修理或修理范围扩大，降低设备运行、维修和更新等成本，具有指导意义。

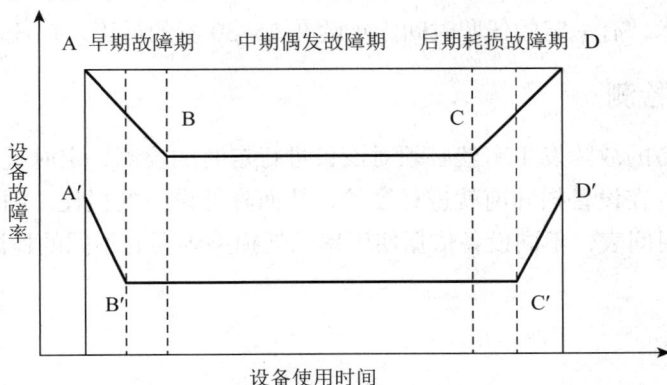

图 10-6　浴盆曲线示意

### （一）早期故障期

设备刚投入运行时故障率一般较高，随时间推移，故障率迅速下降，这一阶段延续时间较短，一般为 1~2 年。设备进行磨合，故障主要是设计制造的缺陷所致，使用环境不当也是原因之一。

### （二）中期偶发故障期

在这一时期，故障率趋于稳定，此阶段延续时间长，一般为 5~10 年，故障发生多为随机性，一般由于设计和使用不当或维修不力，通过设计改进和规范操作，并且有计划的保养与维修可以有效控制故障率。

### （三）后期耗损故障期

设备使用后期，故障率再次升高，时间较短，一般为 1~2 年，主要由于设备零部件磨损、疲劳、老化和腐蚀所致，如能及时进行大修，可经济而有效地降低故障率。

# 二、酒店工程系统的维护和保养措施

## （一）全员参与

虽然工程部对酒店重要设备的运行负责，但酒店其他部门，如厨房和洗衣房也有相当数量的自用自管设备。这些设备的操作和使用者一般是非技术人员，很难保证设备的正确使用和保养。所以，工程部还应对这些设备提高重视，使酒店设备全体操作和使用人员加入到保养与维护成本控制工作中。

## （二）推行万能工制

万能工不是指一般意义上的一个什么都会干的维修工人，而是指客房及公共区进行全方位设备保养与维护工作的程序。万能工需要技术全面，工作责任心强，思想品德优秀又努力学习技术，有一定的任职时间，年龄在25~30岁的员工来担任。

## （三）定时检测

要想降低设备的故障发生率就必须对设备进行定时的检测，定时检测可以及时发现工作异常的设备，在设备损坏前就进行维护，从而降低设备的损耗。酒店工程部需要制订出具体的检测时间表，不同设备依据使用率、耗损率等要有不同的检测时间。

## 【本章小结】

1. 酒店工程部主要有七大系统：电气系统、锅炉系统、消防系统、弱电系统、通风和温控系统、给排水系统和电梯系统。

2. 酒店工程部的组织结构有三种形式：专业制、区域制和运营制；工程部的管理原则包括以责任制为核心的规章制度原则，集中领导与民主管理结合原则，责、权、利相统一原则和系统原则。

3. 酒店工程部的基础管理包括：标准化工作、计量工作、定额工作和信息工作；专业管理包括：控制中心集中管理和机组管理。

## 【案例分析】

### 北欧风情主题酒店节事氛围设计与成本控制

#### 一、设计理念及宣传标语

设计理念：we have tore place beauty which is a cultural concept with goodness which is a human is tconcept.——Phillippe Starck

宣传标语：超值享受 尽在北欧风情大酒店

## 二、内部装潢及空间设计

灯光与墙面。利用色彩、灯光造型把店面做得亮丽动人，不仅白天要好看，晚上更要好看。一般来说，晚上才是客人消费的高峰时间。白天好看主要是看色彩和造型，而晚上好看则主要看灯光。墙面的处理：中国国内酒店墙面材料采用石材、瓷砖和幕墙的居多，而其他国家的建筑墙面则多采用涂料。立面造型：没有造型色彩，灯光就没了载体，但立面造型一定要服从整体的设计。

私人空间。休息功能：床位、洗澡间、厕所、相关用品；对外联系与工作功能：电视、电话、写字台、宽带、电脑；接待功能：接待桌椅及空间、独立接待客厅；延伸的娱乐休闲功能：泡浴冲浪间、棋牌间、综合娱乐间；延伸的安保助理功能：保安间、秘书间、工作间、会议室、暗道。

公共空间。餐厅：早餐、宴会厅、茶餐厅、小吃餐饮厅、中西特色餐厅、露天餐饮、烧烤营地；接待功能：专设休息等待厅（免费）、大堂吧、咖啡厅、茶馆；商务与旅行服务：订票、旅行社、传真、长途电话、上网、复印、租车、秘书；会议会展交易活动：会议室、报告厅、展览厅、展览廊道、表演厅、多功能厅；健身休闲：游泳池、戏水乐园、温泉中心、洗浴中心、按摩室、美容美发、健身室、保龄球场、网球场、乒乓球室、羽毛球室、棋牌康乐室、拓展运动基地、小型游乐场；娱乐：酒吧、水吧、夜总会、KTV、电子游戏室、激光射击、室内高尔夫、综合包间、小剧场、音乐厅、放映厅；购物：百货小超市、艺术走廊、工艺商店、名品专卖店。

## 三、成本控制原则

及时性原则。在节事设计生成后，就要进行设备采购和人力成本的预估，得出各项成本的预算。在节事氛围构建的过程中，时刻与先前的预算进行对比。当采购、维护设备实际发生的费用与预算费用产生偏差时，需要及时消除偏差。

节约性原则。在构建节事氛围时，必然会产生人员成本、设备采购成本、餐饮成本、维护保养成本等的管理成本。实施成本管理的目的就是通过实行有效的管理活动，在花费一定支出的同时，为酒店带来更大的收益，如果管理成本超出管理收益，则该项管理活动不具有可行性。

在本案例中，第一，北欧风情主题酒店应预先就灯光、墙面、私人空间和公共空间的设施设备等进行预算，控制整个节事活动的运营成本。第二，进行设备采购、安装和维护的过程中，要注意节约成本，尽量选取可以多次重复使用的设备，在一次节事活动过后，经过设备的调整，还能投入下一次活动的使用。第三，在项目实施过程中，时刻与预算进行对比，当发现产生重大偏差时，及时做出调整。

**分析内容：**

根据上述案例，并结合相关知识，思考案例中酒店是如何进行节事氛围设计并控制成本的？

# 第 十 一 章

## 酒店发展趋势

### 🔍【学习目标】

学习本章后，你应该能够：

1. 掌握特色酒店、绿色酒店、经济型酒店、产权式酒店、房车营地的概念；

2. 理解特色酒店与主题酒店的异同点，了解产权式酒店与酒店式公寓、公寓式酒店的异同点；

3. 掌握我国酒店未来的发展趋势，理解这些趋势产生的时代背景和原因；

4. 理解绿色酒店的审核标准，了解绿色酒店的建设要求及其与酒店业可持续发展的关系；

5. 了解房车营地的相关建设内容，了解房车营地目前发展的不足，明确营地在未来旅馆度假业的地位及开展的必要性。

### 📋【章前引例】

20 世纪 80 年代，是中国酒店业的起步阶段，中国酒店市场供不应求，卖方决定市场。20 世纪 90 年代，是中国酒店业的起飞阶段，市场开始竞争，20 世纪 90 年代上半期形成中国酒店业的黄金期，1994 年，全行业收入利润达到 13%，经营状况最好。20 世纪 90 年代下半期，中国酒店业开始起伏阶段。1996 年，全行业盈利 30 亿元；经过 1997 年的转折，1998 年亏损 32 亿元，1999 年亏损达到 54 亿元，2000 年亏损 27 亿元。本来预计到 2002 年、2003 年全行业可以改变亏损状况，却遭遇 SARS，导致雪上加霜的局面，从而形成两落三起的发展曲线，如图 11-1 所示。

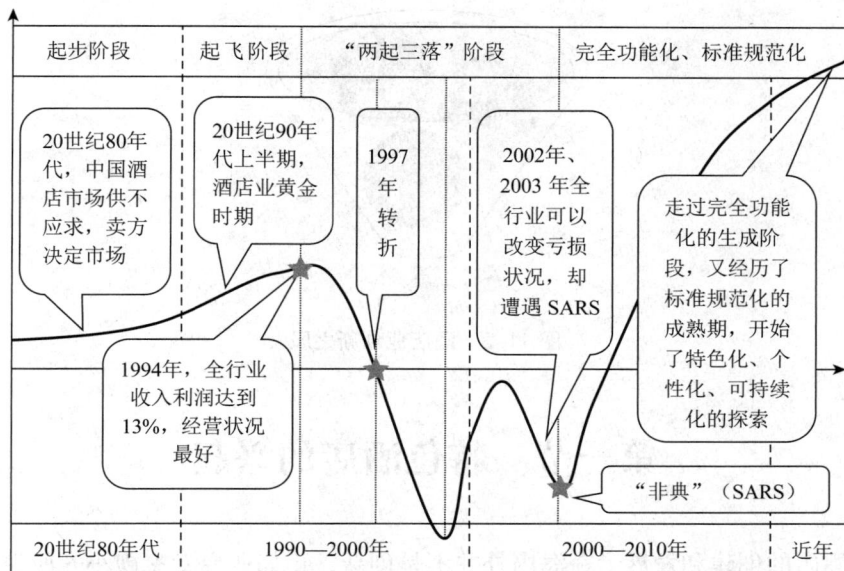

**图 11-1　中国酒店业发展示意图**

在过去的十年里，中国的酒店走过了完全功能化的生成阶段，又经历了标准规范化的成熟期，酒店住宿业营业额逐年上升，如图 11-2 所示。

■ 住宿业企业营业额（单位：亿元）

**图 11-2　住宿业企业营业额（2005—2014 年）**①

在下一步的发展中，自然而然地开始了特色化、个性化、可持续化的探索，许多酒店尝试以鲜明的风格特征、生态环保的理念、返璞归真的体验吸引广大消费者。与之相应的，为了适应市场形势，中国酒店业创新之风兴起，主要表现在三个方面：经营创新、产品创新和管理创新，如图 11-3 所示。其中经营创新主要有四大类，分别是主题酒店、绿色酒店、产权式酒店和房车营地，其中主题酒店和绿色酒店又是特色酒店的一种表现形式。本章从酒店经营创新的角度着手，从特色酒店、绿色酒店、产权式酒店、低端消费市场开拓等角度厘清酒店业的现代化探索，帮助读者了解未来酒店发展趋势。

---

① 根据中华人民共和国国家统计局统计数据整理

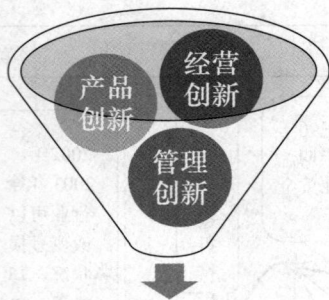

图 11-3　酒店业创新之风

# 第一节　特色酒店的兴起

特色酒店的创建和发展，在海内外并不是创新，正如业界专家魏小安所说，进行系统性的研究和宣传、有组织有规模地推动特色酒店的发展，才属于创新之举①。本节首先从经济型酒店的困境谈起，分析特色酒店兴起的原因以及发展历程；其次，在介绍特色酒店的同时，就特色酒店和主题酒店的异同从多个角度展开对比；最后，结合当下市场形势阐述了特色酒店的未来经营趋势。

## 一、特色酒店

### （一）特色酒店的概念

特色酒店是指瞄准特定的细分市场，采用一次性的高端设计，为商业和休闲旅游者提供别致的住宿服务的酒店。或者是指通过引入独特的自然、文化资源以及现代科技成果赋予酒店外形、氛围或者服务产品某种与传统酒店相区别，能够给消费者带来独特感受的酒店。

特色酒店在界定上主要有如下几个特点：第一，设计上的高度创造性和非通俗性，主要区域的设计与常见酒店有明显的区别。第二，有取自某种文化背景、文化素材和艺术形式的主题是设计原则，并将这一原则有机地贯彻到酒店的全部经营区域中。第三，酒店宣传、经营和服务都围绕已有的设计原则展开并发展。第四，能够成为所在城市或地区的文化标志之一。

### （二）特色酒店与主题酒店

目前一个普遍现象是许多人习惯将主题酒店和特色酒店等同起来看待，甚至一些人习惯使用"主题特色酒店"的概念，然而什么是主题酒店？什么是特色酒店？什么又是

---

① 魏小安，赵准旺 . 主题酒店 [M]. 广州：广东旅游出版社，2005.

二者之间的内涵与联系？只有搞清楚这些基本问题，中国的主题酒店和特色酒店的建设才能健康发展。

**1. 主题酒店一定是特色酒店**

独特性、新颖性、文化性是主题酒店和特色酒店生存与发展的基础[①]。从这个层面而言，主题酒店和特色酒店具有同质性，二者都具有以下的特征：

第一，鲜明的文化特色。二者都通过引入人类文明的某些基因使酒店从外形的建筑符号、装饰艺术到内涵的产品组合、服务品位能够与传统酒店产生差异，形成特色，对消费者的视觉感官、心理体验造成冲击。即利用文化的力量取得市场竞争的最终胜利。

第二，张扬的个性特征。与传统酒店相比，主题酒店与特色酒店都很注重差异性的营造，力求在酒店建设、产品设计与服务提供各方面创新，突破千店一面的传统格局。张扬酒店的个性特征是主题酒店与特色酒店追求的一种效果。

第三，高质量的消费对象。由于具有鲜明的文化特色与个性特征，除少部分的猎奇者以外，吸引来的消费者绝大多数是对生活有较高品位的客人。体味特色、感受氛围成为他们购买酒店产品的重要动机。酒店实际上成为爱好相同、兴趣接近、具有共同语言的人群集聚地。人们到此消费，除满足基本的生理需求外更注重精神上的享受与共鸣。

**2. 特色酒店不一定是主题酒店**

目前许多酒店以特色餐厅、特色客房、特色酒吧、特色装饰风格取得了"特色的地位"，但这些酒店只能称为特色酒店，而不能被视为主题酒店。二者的差异表现在：

第一，地域化。特色酒店的文化取材可以古今中外、包罗万象，凡是人类文明的结晶均可成为选择的目标，主题酒店的主题则一定是与酒店所在地地域特征、文化特质具有密切联系的内容。

第二，体系化。特色酒店文化的引入可以局限在饭店的某一局部、某一环节，在一座酒店中也可以表现不同的文化内容。主题酒店则强调酒店整体的主题化，必须围绕主题构建完整的酒店体系，各功能区、各服务细节应能展示同一主题服务、围绕同一核心内涵。用酒店的全部空间和服务来营造一种无所不在的主题文化氛围。

第三，时效性。独特与新颖的特色酒店能够形成一种轰动效应，但与主题酒店相比较，却呈现出明显的生命周期。因为特色极易被模仿和复制，随着同质竞争者的不断出现和客人的消费疲劳，特色成为一种共性产品，便走完了它的生命周期。

# 二、特色酒店的兴起

## （一）经济型快捷酒店的发展瓶颈

根据经济型酒店的经营及管理特点，国内学者普遍认为经济型酒店是指以大众旅行

---

① 李原. 主题酒店与特色酒店 [J]. 饭店现代化，2005（2）.

者和中小商务者为主要服务对象，以客房为唯一或核心产品，价格低廉（一般在 300 元人民币以下），服务标准，环境舒适，硬件上乘，性价比高的现代酒店业态。与一般社会旅馆不同的是，经济型酒店非常强调客房设施的舒适性和服务的标准化，突出清洁卫生、舒适方便的特点。

经济型酒店最早出现在 20 世纪 50 年代的美国，如今在欧美国家已是相当成熟的酒店形式。我国经济型酒店最初的发展始于 1996 年，上海锦江集团旗下的"锦江之星"作为中国第一个经济型酒店品牌问世，随后诞生了一系列快捷酒店品牌，遍布我国大江南北。2000—2010 年是中国酒店业的标准规划化成熟期，在这期间形成了多重行业发展标准。随后经济型酒店进入快速发展时期，发展中国家的市场开拓和本土品牌的发展并步齐驱，经济型酒店很快以较高的性价比占据酒店业市场的半壁江山。在中国、东南亚等地区，世界著名的经济型酒店品牌陆续进入，如雅高集团的宜必思（Ibis）、方程式1（Formula1）、圣达特集团的速 8（Super8）、天天客栈（Days Inn）、洲际集团的假日快捷（Holiday Inn Express）等。同时，一些亚洲本土的经济型酒店品牌也开始发展，如中国的锦江之星、如家、7 天。截至 2016 年，我国已基本形成如家、七天、汉庭、锦江之星四家快捷酒店占据超过半数市场份额的垄断局面，这种垄断很大程度上意味着很多区域市场已经饱和，造成房价和出租率逐年下滑，这也是如家、汉庭等股价下跌的重要原因，经济型的快捷酒店似乎走进了发展的"死胡同"。

随着人群的细分和酒店行业的纵深发展，经济型酒店的同质化已经不能满足人们不同的需求，个性化、时尚化是未来酒店发展的重要趋势，特色酒店逐步进入市场[①]。特色酒店业将成为酒店行业新的蓝海，市场研究发现只有提供与四大品牌不一样的价值，才有更大的发展空间。实际上，寻找差异化发展路径，对消费人群进行更准确的细分，也正是未来酒店发展的重要方向。近年来，四大品牌也在寻求细分市场的机会，如锦江之星的百元酒店、汉庭的中端品牌、如家的四星级定位，这些都是经济型酒店规避趋于饱和的标准型经济型酒店，开拓差异化市场的表现。可见，经济型酒店虽然有其庞大的市场，但随着旅游发展的深入、旅游者个性化追求的加强，经济型酒店将面临发展瓶颈也是不争的事实。

## （二）特色酒店的兴起

目前，我国酒店的设计和管理在追求标准化的路上已经越来越远，这在带来规模效益的同时，也导致我国的酒店管理以及酒店设计方面，风格不明确，除了无休止的"华丽"之外没有更多的特点，更加没有形成自己的精神和元素。住酒店时，甚至不清楚自己是在哪个城市，因为酒店设计完全没有地域性表达。酒店业的"整体通俗"已经见怪不怪，包括豪华和高档酒店的通俗、外商投资酒店的通俗、国内投资自己经营酒店的通俗、小型饭店的通俗等。总之，同等规模同等档次的酒店一般都会十分相像和近似，这

---

① 小宁，尚文.特色酒店崛起 [J].商业价值，2012（9）.

些通俗酒店或者出于商业运作的目的，追求方便、高效，有意避免"特色"可能带来的麻烦；或者由于缺乏经验，甚至不完全理解"特色"究竟是什么，无从下手。在这种情况下，酒店会逐渐被模式化和同质化，失去了它所应该具有的文化力量。

正如餐饮在满足人们吃饱的需求后，出现诸如法国菜、日韩料理、八大菜系等特色餐饮；汽车在满足人们出行的目的时，进一步分化出现了房车、跑车、CRV 等功能各异、自身特点显著的细分车型；特色酒店的出现道理亦然。从目前国内的发展情况来看，酒店差异化发展的趋势日益明显，尤其是经济型酒店已经被四大品牌垄断，高端酒店被外资酒店所占据的情况下，特色酒店的兴起成为必然。

特色酒店作为一个投资研究的命题，在实践中的探索已有 40 多年，特别是近 10 年来，越来越多的精品酒店、设计酒店、时尚酒店、豪华酒店、休假酒店、主题酒店等不断兴起。这些称谓从各自的经营特点出发，或体现建筑的设计感，或体现设施的现代化，或体现酒店主要功能，各成体系。一方面，这些特色酒店的说法和实例充分体现了业界在特色酒店方面的探索。另一方面，由于特色酒店与经营都需要独特，给约定俗成的酒店常规管理带来一定的挑战和难题，所以绝大多数特色酒店长期以来往往并不由连锁品牌酒店集团涉足管理。但随着其竞争力效益的显现，一些传统连锁酒店也开始涉足特色酒店行业，借助特色提高自身经营力，如拉斯维加斯的丽思·卡尔顿酒店，是一个以意大利佛罗伦萨的历史文化为素材的主题式特色酒店，也是拉斯维加斯第一家全球连锁品牌的酒店。

开发特色酒店，无论对酒店本身还是对酒店所在的城市而言，都是一个文化亮点。而文化一旦渗透到经济的肌体中就会产生强大的附加值，对酒店的投资和设计的定位来说，如果能够在建筑风格、服务风格等方面形成自己的特色，并产生长期的品牌效应，不论是自身发展还是市场竞争中都有事半功倍的效果。

## 三、特色的价值

优秀的设计带给人不一样的感受，也带来了独特的价值。所谓的酒店特色，也即酒店通过外在的建筑风格、装修特点、标识品牌，以及内在的核心价值观、企业文化、顾客服务等表现形式，针对不同的消费群体呈现出不同于其他酒店的独特的价值，满足不同人除了遮风避雨之外的高层次住宿需求。其中"特色"是特色酒店的核心。在价值观的层面上，我们将特色酒店定义为：通过引入独特的自然、文化资源以及现代科技成果赋予酒店外形、氛围或者服务产品某种与传统酒店相区别，能够给消费者带来独特感受的酒店[①]。

随着酒店业的快速发展和业内竞争的加剧，特色酒店的话题越来越多地引起人们的关注，多一分特色就多一分竞争力的观点，已经为大家认同。在经济快速发展的时期，特色实际上已成为一种强大的生产力。在同等投资条件下，缺乏特色的通俗酒店一定竞

---

① 宋丹莉. 对特色酒店的经营现状及策略的分析 [J]. 华章，2010(3).

争不过具有某种深厚区域特征的特色酒店，这是一个不争的事实，也终将被国内外酒店市场发展实践所检验。就目前看来，以全面科技化为特色的智慧酒店、以当地文化风情为特色的民宿业、以产权红利为特色的产权式酒店已经受到大量消费者的青睐。21世纪，特色不仅展现出创新酒店业态的行业价值，更在吸引投资、吸收顾客、引领行业发展等方面展现惊人的经济价值。具体来说，有如下三个方面的价值。

### （一）引发注意力、深化记忆力

市场经济日益发达，各地酒店多如牛毛，几乎每一个人都曾是酒店的顾客或者将要成为某个酒店的顾客，在这种情况下，酒店创造特色的首要价值就是引发注意力。作为一个酒店如果具有某种让人耳目一新的特色，使顾客产生"这个酒店有点意思"的想法，就是酒店特色的成功。但是仅仅"有点意思"是不够的，一个酒店可以通过一个简单的物品、一句特别的口号甚至一张特别的名片就能引发注意力，而真正让人记住的酒店恐怕屈指可数。在同质化极度严重的现在，很多酒店在当时让人觉得不错，过后却印象全无。这就要求酒店通过由外及内、内外统一的全方位特色形成自身的品牌价值，通过内在的文化的特色，达到深化记忆力的目标。

通俗地讲，"引发注意力"和"吸引头回客"有同样的意义；"深化记忆力"则相当于"培育回头客"。酒店经营追求的是"回头客"，而"回头客"来自于"头回客"的良好住宿体验。所以，不管是想要引发注意力、吸引顾客，还是深化记忆力、留住顾客，都需要以酒店特色作为特殊吸引物，在"头回客"向"回头客"转变中体现价值。

### （二）创造文化力、突出价值观

酒店是一个综合性的服务产业，是设施设备、空间布局等有形产品与服务接待等无形产品的结合。对于现代酒店企业来说同等硬件条件下经营活动的关键在于无形服务的提升，与其他企业不同，酒店服务人员本身的价值观、理念、素质以及服务水平等软实力直接决定了酒店产品的质量。从这个意义上来说，酒店进行内部服务提升的最大价值莫过于创造文化力。

酒店要赢得持久的竞争优势，持续稳定的发展壮大，就必须夯实基础，构筑深厚的酒店文化。既然是文化，自然不能照搬照抄、千篇一律，因为文化意味着品位、意味着个性，尤其是对于酒店来说，旅游者往往希望在异地他乡感受到不一样的风土人情和特色服务，满足自己生理以及心理的需求。这就要求酒店不但要给他们提供热情周到的服务，还要在服务上体现出一种独特的文化，因此在酒店文化软实力的创造上，酒店特色有其独特的价值体现。

### （三）形成品牌力、培育竞争力

当今社会是一个品牌的社会，企业通过品牌树立自身形象，保证顾客的忠实度，进而在市场竞争中独树一帜，最终实现利润的最大化。品牌的核心是特色，酒店以独特的风格和新颖的服务项目吸引客人，这是最基本有力的促销方式，也是酒店竞争力的源泉。品牌说到底，无非是信息浓缩，也是交易成本的下降，消费者一旦认准某个品牌，就对它具有一定的忠诚度。很多国家化的酒店管理公司之所以能够通行世界，最重要的原因就在于通过某种特色的打造形成固定的品牌。如认准"喜来登"的消费者，他们知道喜来登大堂的设施，房间内部的摆设，大体的价格和服务水平，即使身在异乡也倍感亲切。

一般化的经营没有品牌，特色化的经营形成品牌，从这一点来说，品牌的形成必须依靠自己，先进的生产经营模式可以学习借鉴，本质却需要企业的创新。形成品牌力的主要目的是提高企业在市场上的竞争力，一个牢固的品牌需要长期形成的特定人文环境来培养，有特色才能有差异，有差异才能形成品牌力，才能真正培育出酒店的核心竞争力。

## 四、特色酒店的未来

特色酒店作为酒店未来的一种重要发展趋势，在设计和建设的过程中既要合理地开发自身特色，又要与当地实际相结合，规避易同质化和复制化的内容，所以在讨论特色酒店的未来时，笔者认为主要有如下四条发展趋势。

### （一）结合各地自然社会风情，强化特色

在中国，"风情万种"应该是旅游者给中国的风土人情下的最好的定义。越是民族的越是流行，中国的特色在于民族的多元化，由民族的多元化带来了文化的多元化。正是基于这个特点，中国的特色酒店应当注重自身的酒店的文化的建设，以酒店的文化吸引海内外的游客前来驻足与消费。同时，针对不同的地理区域，酒店的特色也应该各有千秋，对于国内外的游客来说地方特色是旅游吸引力的核心所在，也是特色酒店设计之魂。

### （二）以特色餐饮拉动特色酒店

"食在丁山，住在金陵"，南京丁山饭店以餐厅创造特色。丁山饭店创造了一个餐位1年14万元的营业额，在中国为最高。民以食为天，中国本就是个美食大国，地域美食的丰富性也是当前旅游的热点，合理开发当地特色餐饮，将之打造成酒店的地方特色，即使是同一品牌酒店，也因为酒店地理位置的不同提供不同的菜肴，给游客以特色餐饮文化体验。

### （三）增加特色酒店之特色服务

特色服务也是特色酒店的体现。不同的酒店可以创造出富于自身特色的服务程序、服务模式和服务氛围，如有的热情、有的细致、有的互动、有的贴心等，这对客人来说，就会形成一种鲜明的不同感受。因此，特色酒店在未来的发展历程中要注重特色服

务的培训，培养酒店工作人员的服务意识。

### （四）注重对目标市场的探索与整合

目标市场，是饭店企业准备用其产品以及相应的一套市场营销组合去满足的一群特定的消费者。通过对这样的一群特定消费者的探索与整合，然后进行细分，可以找出适合自己酒店特色的消费者群体，进而对该群体进行调研以及进一步分析，以做到有目的地进行市场营销，获得"事半功倍"的效果。

# 第二节　绿色酒店的发展

随着绿色时代的到来，人们越来越关注资源消耗与环境保护。各个行业都在追求可持续发展和生态平衡，经济、社会、环境三种效益并举成为业界讨论的热点，酒店业的发展也应同当地社会资源和环境发展相协调。为了追求经济效益，同时做到生态可持续，创建绿色酒店成为酒店业的发展趋势和明智选择。在现有酒店资源优势的基础上，加入绿色酒店的元素，发展为一个绿色高档酒店，提升酒店价值，是酒店获得持续不断的生存与发展能力的重要战略。

## 一、绿色酒店

### （一）绿色酒店的概念

绿色酒店是指那些为旅客提供的产品与服务，既符合充分利用资源、保护生态环境的要求，又有益于顾客身体健康的酒店。简而言之，就是环境效益和经济效益双赢的酒店。

在国外，绿色酒店被简单地翻译为"green hotel"或"ecology-efficient hotel"，在国内通常被翻译为"生态效益型酒店"或"环境友好型酒店"。从名称上，生态效益和环境友好都指向安全、健康、环保理念；在这个层面上，绿色酒店指坚持绿色管理，倡导绿色消费，保护生态和合理使用资源的酒店[①]。与通俗型酒店相比，绿色酒店自成一套经营管理体系。在酒店产品方面，绿色酒店提倡绿色消费，为顾客提供健康、环保的绿色客房，减少一次性床品的使用，并且提供绿色、生态餐饮。在酒店日常运营和管理方面，绿色酒店关注节能、降耗和垃圾处理，关注对环境的保护和资源的合理利用，强调减少废料和污染物的生成和排放，促进酒店与周围环境相适应，降低酒店对周边环境的危害。在企业核心价值观方面，绿色酒店的内涵在于贯彻绿色理念，节能减排，增收节支，走可持续发展道路。

绿色酒店的原则是：自觉贯彻环境保护法律、法规，不对周边环境造成污染；酒店

---

① 陈的非. 绿色酒店——中国酒店业永恒的选择 [J]. 当代经理人，2006(6)：164.

经营不产生扰民问题，采用清洁燃料，不烧原煤；不经营国家明令禁止的野生动植物食品；不使用一次性发泡餐盒和造成资源浪费的一次性餐具，餐具有完备的消毒措施；积极经营绿色无污染食品，做到食品无公害；提倡节约，能主动建议顾客带走剩余食品；环境整洁、空气清新，体现绿色风格；服务员服饰整洁，室内外设置有环境公益宣传画或警语；推行标准化管理，符合卫生防疫标准。

### （二）经营方式

作为酒店业的一个新的经营理念，绿色酒店在更新酒店的经营体系更利于环保的同时，引导公众"减量化""再使用""再循环"以及"替代"的绿色消费是一个重要内容。如建议同一个客人多次使用一套一次性用品拖鞋、清洁用品等；同一个客人可以减少床单、被套、茶杯、毛巾等洗涤次数；此外减少塑料制品的使用，减少肥皂、口杯等包装、封条；酒店使用无污染的物品或再生物品，节约资源。绿色酒店的建设给酒店也带来了经济的效益。"绿色"标准由节能、环保、降耗、绿色服务（包括绿色采购）、绿色宣传及绿色营销等环节组成，但客人看到的往往只是一部分，而节能、环保、台账的建立、废气排放、固废处理等都是隐形的，刚开始，很多酒店认为这是搞形式文章，对实际的成效还比较怀疑，运行发现带来良性循环的经济效益，才慢慢接受了"绿色"理念。例如，之江饭店通过全面推行环保、节能的"绿色管理"，一举扭转了连续 7 年亏损的局面，上缴国家利税 500 多万元；杭州国大雷迪森广场酒店将原来 50 千瓦的水泵换成 22 千瓦的高效泵，一年节电 26 万千瓦时，节省电费 18.98 万元。

### （三）绿色酒店标准及要求

#### 1. 绿色酒店的标准

绿色酒店标准由中国饭店协会提出、归整并负责解释及修订，其具体要求如表 11–1 所示。

表 11–1　我国绿色酒店标准

| 绿色饭店管理规定 | 1 总则 | 1.1 目的<br>本标准为申请"绿色饭店"评审的酒店、宾馆、度假村以及餐馆、酒家、饭庄等企业规定了应达到的要求<br>1.1.1 证实其有能力稳定提供满足顾客和适用法规要求的绿色饭店服务内容<br>1.1.2 通过持续的改进提高顾客的消费满意程度和环境保护功能<br>1.2 适用范围<br>本标准适用于中华人民共和国境内的酒店、宾馆、度假村以及餐馆、酒家、饭庄等企业 |
|---|---|---|
| | 2 引用标准 | 下列标准所包含的条文，通过在本标准中引用而构成为本标准的条文。本标准出版时，新示版本均为有效，所有标准都会被修订，使用本标准的各方应探讨使用下列标准最新版本的可能性<br>GB/T 19001—2000 质量管理体系要求（ISO9001：2000）<br>GB/T 24001—1996 环境管理体系要求（ISO14001：1996） |

| 绿色饭店管理规定 | 3 定义 | 本标准采用下列定义<br>3.1 绿色饭店：运用环保、健康、安全理念，倡导绿色消费，保护生态和合理使用资源的饭店，其核心是为顾客提供舒适、安全、有利于人体健康要求的绿色客房和绿色餐饮，并且在生产经营过程中加强对环境的保护和资源的合理利用<br>3.2 绿色消费：指人们在购买商品和消费时，关注商品在生产、使用和废弃后对环境的影响问题，并在消费过程中关注环境保护的问题<br>3.3 绿色食品：指遵循可持续发展原则，按照规定的要求进行生产，经专业机构认定、许可使用绿色食品标志的无污染、安全、优质、营养的食品 |
|---|---|---|
| | 4 等级划分及标识 | 绿色饭店分为五个等级，根据企业在提供绿色服务，保护环境等方面做出不同程度的努力，分为A级、AA级、AAA级、AAAA级、AAAAA级共五个等级，AAAAA级为最高级<br>A级：表示饭店符合国家环保、卫生、安全等方面法律法规，并已开始实施一些改进环境的措施，在关键的环境原则方面已做了时间上的承诺<br>AA级：表示饭店在为消费者提供绿色服务，减少企业运营对环境的影响方面已做出了一定的努力，并取得了初步的成效<br>AAA级：表示饭店通过持续不断地实践，在生态效益成果方面取得了卓有成效的进步，在本地区饭店行业处于领先地位<br>AAAA级：表示饭店的服务与设施在提高生态效益的实践中，获得了社会的高度认可，并不断提出新的创举，处于国内饭店行业领先地位<br>AAAAA级：表示饭店的生态效益在世界饭店业处于领先地位，其不断改进的各项举措，为国内外酒店采纳和效仿 |
| | 5 等级划分的依据和评定方法 | 5.1 等级划分的依据是绿色饭店标准<br>5.2 评定方法<br>5.2.1 企业自愿向中国饭店协会及其委派机构报名，并组织相关人员参加培训<br>5.2.2 企业参照绿色饭店标准及细则，开展实施活动，根据企业的需要，全国绿色饭店评定机构将派专家进行具体指导<br>5.2.3 企业根据实施结果，填写有关评估材料报全国绿色饭店评定机构<br>5.2.4 全国绿色评定机构对材料进行书面审核后，委派审核组对现场进行检查评审，出具评审报告并确定等级<br>5.2.5 一个企业评定一个等级，如果企业由若干分店组成，应按各店的实际情况分别评定等级；如果是连锁店，可以统一申报，一次评定 |
| | 6 等级评定和管理原则 | 6.1 绿色饭店的评定采取企业自愿申请，评定为绿色饭店的企业实行强制管理制度<br>6.2 经评定的绿色饭店授予相应等级的绿色饭店标志牌，对本企业生产的餐饮食品经专家委员会认定准许使用"绿色美食"标志并颁发证书<br>6.3 绿色饭店标志牌由全国绿色饭店评定机构统一制作、颁发，任何单位或个人未经授权或认可，不得擅用<br>6.4 经评定的绿色饭店，由全国绿色饭店评定机构每两年进行一次年度监督，四年进行一次复评。在此期间，应企业的申请，可安排进行晋级评定。同时，中国饭店协会还将作不定期暗访，在监督、暗访、复评人员出示审核员证及绿色饭店评定机构委托书后，饭店应积极配合开展相关工作。标志的有效期为四年（自颁发证书之日起计算）<br>6.5 企业在使用标志期间，一经发现与标准不符或发生给消费者带来直接的、间接的利益损害的其他行为，将根据情节严重给予警告、降级、摘牌等处理 |

续表

| | | |
|---|---|---|
| 绿色饭店标准 | 7 审核员 | 7.1 绿色饭店的等级评定工作实行审核员制度。审核员必须经专业培训与考核，合格者颁发审核员资格证书<br>7.2 绿色饭店审核员资格分为初级、中级、高级三级实行注册制度。注册初级审核员有资格实施绿色饭店的企业内部审核，注册中级审核员有资格实施绿色饭店的外部审核，注册高级审核员有资格担任绿色饭店外部审核组组长<br>7.3 审核员在四年内要定期接受再培训及验证，以确定其注册资格<br>7.4 审核员按规定的审核程序进行审核，应严格执行有关纪律<br>7.5 审核员只能在接受执行全国绿色饭店评定机构委派书后方能行使审核职责 |
| | A1 前提条件 | A1.1 严格遵守国家有关环保、节能、卫生、防疫、食品、消防、规划等法律法规，各项证照齐全合格<br>A1.2 饭店最高管理者必须任命专人（绿色代表）负责本企业的创建绿色饭店任务，饭店有绿色工作计划，明确环境目标和行动措施，健全有关公共安全、食品安全、节能降耗、环保的规章制度，并且不断更新和发展，饭店管理者定期检查目标的实现情况及规章制度的执行情况<br>A1.3 饭店有关于公共安全、食品安全、环境保护的培训计划，全员参与，提高员工安全和环保意识；分管创建绿色饭店工作的负责人必须参加有关安全、环境问题的培训和教育<br>A1.4 客人活动区域以告示、宣传牌等形式鼓励并引导顾客进行绿色消费，使顾客关心绿色行动。饭店被授予"绿色饭店"后，必须把牌匾置于醒目处<br>A1.5 有建立绿色饭店的相关文件档案 |
| | A2 节约用水 | A2.1 积极引入新型节水设备，采取多种节水措施，加强水资源的回收利用<br>A2.2 饭店用水总量每月至少登记一次，厕所水箱每次冲水量、水龙头每分钟水的流量、浴池水龙头的水流量、小便池的用水量、洗碗机的用水量等有明确的标准并执行<br>A2.3 饭店的水消耗主要来源客房、厨房清洁和餐具清洗。各主要部门要有用水的定额标准和责任制<br>A2.4 饭店用水消耗每月至少监测一次，建立水计量系统，并对用水状况进行记录、分析<br>A2.5 严格禁止水龙头漏水 |
| | A3 能源管理 | A3.1 饭店要有能源管理体系报告，每年至少做一次电平衡监测，各主要部门有电、煤（油）能耗定额和责任制<br>A3.2 通风、制冷和供暖设备应强化日常维护及清洁管理，并配有监控系统，对冷柜、窗户的密封情况每年都要检查，并写出检查报告<br>A3.3 健全饭店的能源使用计量系统<br>A3.4 积极采用节能新技术，有条件的企业应使用可再利用的能源（太阳能供热装置、地热等）系统 |
| | A4 环境保护 | A4.1 饭店污水排污、锅炉烟尘排放、废热气排放、厨房大气污染物排放、噪音控制达到国家有关标准<br>A4.2 洗浴与洗涤用品不能含磷，使用和用量正确，对于环境的影响降到最低<br>A4.3 冰箱、空调、冷水机组等积极采用环保型设备用品<br>A4.4 室内绿化与环境相协调，无装饰装修污染，空气质量符合国家标准<br>A4.5 室外可绿化地的绿化覆盖率达到100% |
| | A5 垃圾管理 | A5.1 饭店要通过垃圾分类、回收利用和减少垃圾数量等方式进行控制和管理<br>A5.2 饭店建立垃圾分类收集设备以便回收利用，员工将垃圾按照细化的标准分类<br>A5.3 对顾客做好分类处理垃圾的宣传<br>A5.4 对废电池等危险废弃物有专用存放点 |

| | | |
|---|---|---|
| 绿色饭店标准 | A6<br>绿色<br>客房 | A6.1 有无烟客房楼层（无烟小楼）<br>A6.2 房间的牙刷、梳子、小香皂、拖鞋等一次性客用品和毛巾、枕套、床单、浴衣等客用棉织品，按顾客意愿更换，减少洗涤次数<br>A6.3 改变（使用可降解的材料）、简化或取消客房内生活、卫浴用品用的包装<br>A6.4 放置对人体有益的绿色植物<br>A6.5 供应洁净的饮用水<br>A6.6 客房采光充足，有良好的新风系统，封闭状态下室内无异味、无噪音，各项污染物及有害气体检测均符合国家标准. |
| | A7<br>绿色<br>餐饮 | A7.1 餐厅有无烟区，设有无烟标志<br>A7.2 餐厅内有良好的通风系统，无油烟味<br>A7.3 保证出售检疫合格的肉食品，严格蔬菜、果品等原材料的进货渠道，确保食品安全。在大厅显著位置设置外购原料告示牌，标明主要原料的品名、供应商、电话、质检状态、进货时间、保质期、原产地等内容<br>A7.4 积极采用绿色食品、有机食品和无害蔬菜<br>A7.5 不出售国家禁止销售的野生保护动物<br>A7.6 制订绿色服务规范，倡导绿色消费，提供剩余食品打包服务、存酒等服务<br>A7.7 不使用一次性发泡塑料餐具、一次性木制筷子，积极减少使用一次性毛巾<br>A7.8 餐厅内有男女分用卫生间，洁净无异味，卫生间面积及厕位与餐厅面积成恰当比例，卫生间各项用品齐全并符合环保要求 |
| | A8<br>绿色<br>管理 | A8.1 饭店应建立有效的环境管理体系<br>A8.2 饭店应建立积极有效的公共安全和食品安全的预防、管理体系<br>A8.3 饭店应建立采购人员和供应商监控体系，尽量选用绿色食品和环保产品<br>A8.4 饭店积极采用绿色设计<br>A8.5 饭店的绿色行动受到社会的积极赞同，顾客对饭店的综合满意率达到 80% 以上 |

**2. 绿色酒店要求**

（1）酒店严格遵守建设和运营中涉及的节能、环保、卫生、防疫、安全、规划等法律、法规和标准的要求，饭店所在地有严于国家污染物排放标准的地方污染物排放标准时，应执行地方污染物排放标准。

（2）酒店有科学有效的资源节约和环境保护方针，制定了明确的目标和可量化的行动指标，并有完善的经营管理制度保障执行。

（3）酒店有相应组织机构，有经过专业培训的高层管理者具体负责绿色饭店的创建活动。

（4）酒店每年有为员工提供节约、环保、安全、健康等相关知识的教育和培训活动。

（5）酒店有提供绿色行动的预算资金及人力资源的支持。

（6）酒店有绿色行动的考核及奖励制度，并纳入饭店整体的绩效评估体系。

（7）酒店有倡导节约资源、保护环境和绿色消费的宣传行动以营造绿色消费环境的氛围，对消费者的节约、环保消费行为能够提供多项鼓励措施。

（8）酒店无安全事故和环境污染超标事故。

## 二、绿色酒店的发展

### （一）绿色酒店的提出

工业文明的兴起，为人类提供日益增多的福利事业、丰富的物质资料和精神资料，现代生活中的每一个人都离不开这样高度发达的技术社会。然而，产业革命造成了全球严重的环境污染，如大气污染、水体污染、土壤污染、生物污染、噪声污染、农药污染以及核污染。环境污染、物种资源损失、土地破坏以及粮食和资源短缺成为人类面临的几大难题。值得庆幸的是，人类认识到了保护环境的紧迫性，在各自的领域纷纷行动起来。

人们的环境保护意识起源于 20 世纪 60 年代末、70 年代初，到了 20 世纪 80 年代才将环保话题推至高潮。所以，早在 20 世纪 80 年代末期，欧洲一些国家的酒店经营者们就意识到了酒店业对环境造成的危害，提出了绿色酒店的概念。在概念的实施上，国外在这一领域很早就取得了不错的成果，例如，20 世纪 90 年代初期，雅高集团为其经营和管理的 2000 多家酒店定制了《雅高酒店管理环保指南》手册，洲际酒店集团通过改善经营模式减少的能源成本高达 27%。20 世纪 90 年代中期，国外"绿色酒店"的理念传入我国，在北京、上海、广州等一些大城市的外资、合资饭店和一些由国外管理集团管理的饭店中实施"绿色行动"，其他也有一些酒店自发开展了活动[①]。1999 年，浙江省全省范围内开展创建"绿色饭店"的活动，这是国内首次在省级区域内开展的创建"绿色饭店"活动。此后，深圳、广西、四川、河北、山东等一些省市开展绿色饭店创建活动。

我国的酒店业发展虽然晚于欧美国家，但随着国民经济的增长和消费水平的不断提高，我国酒店业的发展速度远远超过了西方国家。21 世纪初期，受全世界环保风潮的影响，我国也开始盛行绿色酒店的概念，国家旅游局也发布了《绿色旅游饭店》行业标准，积极推进绿色酒店创建活动，目前已有超过 1800 家酒店被评选为绿色酒店，覆盖范围达 14 个省或直辖市等[②]。

### （二）绿色酒店的认证

#### 1. ISO 14000 系列标准

ISO 14000 系列标准是由国际标准化组织下属的 ISO/TC207 环境管理技术委员会针对日益恶化的全球环境问题而制定的，它用于规范企业的环境管理行为，ISO 14001 环境管理体系标准是由 ISO/TC207 环境管理技术委员会颁布的核心标准，为企业的环境管理工作找到了一个正确途径，为企业管理体系的建立实施提供了指导[③]。

---

① 刘砺. 我国旅游酒店业"绿色酒店"建设研究 [J]. 特区经济，2005(5).
② 张茜. 浅析绿色酒店在我国的现状及发展对策 [J]. 白城师范学院学报，2016(2).
③ 李惠娟，祝圣训. ISO 14000 与绿色酒店 [J]. 企业标准化，2002(7).

ISO 14000 系列标准提出了新的环境管理理念，即该标准的核心思想。首先，ISO 14000 系列标准对环境管理体系建立实施提供了政策上和思想上的保证，ISO 14001 环境管理体系标准的条款明确要求企业最高管理者制定环境管理方针政策；其次，ISO 14000 系列标准对环境管理体系建立实施做出组织上和职责上的落实，环境管理体系将管理工作融合在企业的全员管理体系之中，在企业现有的组织结构中赋予了环境功能，这就为环境管理工作的发展提供了组织上的保证；最后，它将过去片面注重"尾端"治理转向全过程的污染控制，提出以预防为主、持续改进提高，在处理任何事情上都讲究文件化和程序化，以环保法律法规为依据，把工作重点摆在环境因素的控制和改善上。

### 2.ISO 14001 在酒店业的应用

ISO 14001 环境管理体系标准是创建绿色酒店的有效工具，它适用于任何组织的标准，在世界各地得到了广泛的发展。随着环境管理体系的不断发展，人们把目光从生产企业逐渐转向旅游行业，特别是酒店业，那些通过 ISO 14001 环境管理体系标准认证的酒店被人们认为是绿色酒店。

全球酒店业积极推行的绿色宾馆酒店活动，体现了 ISO 14000 国际标准所倡导的预防污染、节能降耗的宗旨，在酒店业实施 ISO 14000 认证已成为一种趋势，具有积极的意义。应深刻认识到 ISO 14000 认证蕴藏着巨大的市场机遇和挑战，环境形象对宾馆酒店发展战略具有越来越重大的影响。实施 ISO 14000 认证给宾馆酒店带来了效益，一方面是可以衡量的经济效益，体现在降低成本、节约费用方面；另一方面是一些无法以简单的经济手段衡量的效益，如市场竞争力的增强和市场占有率的扩大、环境管理水平的提高、企业形象的改善、守法程度的提高、员工协作的加强等。前一种效益可以使企业在短期内获得对建立体系花费的人力、物力的补偿，而后一种改变则可以在企业长期发展的过程中带来不可估量的效益。

## （三）绿色酒店与提升酒店价值的内在联系

顾客让渡价值理论中指出，顾客的满意度与顾客实际得到的总价值和消耗的总成本密切相关[1]。顾客在购买产品或服务时，总希望花费最少的货币支出、时间和精力，得到最大的价值和效用。使顾客获得更大让渡价值的途径可以通过不断创新酒店服务、提升文化品牌形象来提高顾客感受价值。同时，酒店在日常经营管理中通过节能降耗，合理利用资源，以降低酒店经营成本，减少顾客总支出成本。创建绿色酒店，建立绿色价值创造模式，提高绿色顾客让渡价值，对于酒店价值提升具有重要意义，如图 11-4 所示。

---

① 徐仰前，王娜，高树军．绿色酒店创建与价值提升实证研究 [J]．经济研究导刊，2010(16)．

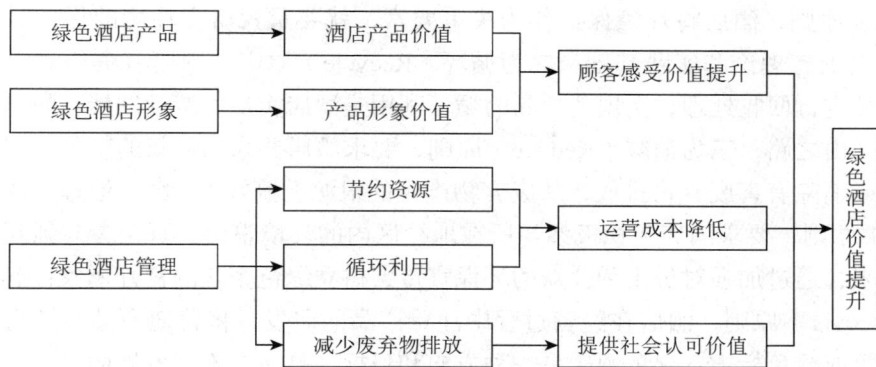

图 11-4　绿色酒店价值提升路径

第一，提供绿色酒店产品。酒店向顾客提供保护环境和有益于人体健康绿色的产品和服务，符合消费的发展新趋势，满足了顾客对于绿色产品的需求。

第二，塑造绿色酒店形象，提高酒店的绿色品牌价值。随着人们环境意识的逐渐增强，通过倡导绿色消费，使绿色理念深入人心，树立酒店良好的品牌形象，赢得消费者的信任，提高顾客对绿色酒店的认知和认同感，提升顾客的感受价值。

第三，加强绿色管理。从可持续发展的角度考虑，加强酒店节能、节电、节水管理。在酒店内部大力实行节能降耗，合理、循环利用资源。另外，减少污染废弃物的排放，加大环境保护力度，降低酒店生产对周边环境的危害程度，提升酒店的社会价值。绿色管理将大大降低酒店的经营成本和日常消耗费用，进而降低酒店总成本，提升酒店价值。

## 三、绿色酒店发展前景

与发达国家不同，我国工业化发展起步晚，土地的过度开垦、工业废气的大量排放使得近年来雾霾、沙尘暴等恶劣气候时有发生，环境问题日益凸显，环保、低碳生活的呼声越来越高。各行各业都在制定和执行着自己的绿色行业标准，作为耗能大户的酒店业更是积极参与其中。

我国的绿色酒店处在初级阶段，制定有合理的法规政策，但落地艰难。然而，随着居民环保意识以及企业责任感的加强，绿色酒店大有可为，发展前景一片光明。酒店业作为旅游业的支柱产业，对环境保护和合理利用资源所做的努力直接关系到旅游业的发展并影响到社会的可持续发展，绿色酒店在我国的发展前景是大势所趋，符合我国发展政策、符合我国人民日益转变的消费观念。

一种新型业态的产生不是盲目的，发展绿色酒店也应选择正确的道路、正确的对策。酒店属于服务行业，所以建立绿色服务企业制度，就要遵循 5R 原则[①]。一为研究

---

① 李莉.社会责任视角下的绿色酒店管理 [J].WTO 经济导刊，2012(9).

（Research）原则，酒店将环境保护作为决策要素，就要重视研究环境的保护对策，在对策的制定上有理论和实践基础；二为循环（Recycle）原则，酒店有责任对内部产生的废旧产品进行回收处理，实现消耗品的循环利用是酒店实现可持续发展、同时减少经营成本的必由之路；三为消减（Reduce）原则，要求酒店要采用创新的工艺、技术等手段，减少或消除有害废弃物排放，从废弃物产生的根源上搞好"三废"治理；四为保护（Reserve）原则，要求酒店要积极参与所在地社区内的环境整治、真正参与到环境保护的过程中来，通过加强对员工和公众的环保宣传，树立绿色企业的良好形象；五为再开发（Rediscover）原则，酒店在经营过程中注重产品的研发，将普通商品转换为绿色商品，积极争取绿色标志。绿色酒店是一种方向和目标，是一个不断发展的概念，绿色酒店的创建、实施与保持是一个不断发展的过程，在实施过程中应与饭店其他管理体系的运行相协调，是一个与酒店各方面的发展相互促进的过程。

环保力度的加大，覆盖的范围增加，产生环境效益的同时也意味着绿色酒店所需要的绿色技术水平在不断提高。绿色酒店的改造不是一朝一夕可以完成的，不同的酒店建设年代不同，设备设施技术性能也有差别，因此在创建、实施过程中，要避免跟风、避免设备上的攀比，需要根据酒店各自的实际情况采取不同的措施，逐步引入适合自己发展的先进的环保技术和设备，获得环境绩效的持续改进。

# 第三节　低端市场的开拓

本章的第一节中，讲到了经济型快捷酒店的发展瓶颈，其中，定价相对低廉的经济型酒店有巨大的市场规模，但又同时面临着自身特色不足，难以满足当下个性化需求的发展瓶颈。本节将讨论酒店业低端市场的开拓，主要从低端市场占有者的角度，举例阐述低端市场独特的经营、管理以及控制模式，单从数量上来看，低端市场拥有最多的经营者和消费者，是酒店业发展中不可忽视的一支。希望本节内容能够在酒店业的创新趋势上给予读者一定的启示。

## 一、低端市场

### （一）低端市场范畴

现有的中国酒店业市场规模宏大，根据我国第三次经济普查数据显示，我国统计内住宿机构达 7.3 万家，主要由旅游饭店、一般旅馆和其他住宿服务机构组成，除此之外还有大量难以计数的城市、乡村家庭旅馆等住宿设施，如表 11-2 所示。在酒店的分类上我国存在多重标准，根据不同的考察形式更有不同的分类方法，本节中讲述的酒店业低端市场主要以酒店价格为标准，参考 2010—2014 年我国居民平均消费水平（如表 11-3 所示）以及现有主要酒店销售网站定价系统，我们将单价在 300 元以下的酒店市场称为低端市场，这里面主要包括价格在 100~300 元的经济型酒店和单价低于 150 元的低廉旅馆[①]。

表 11-2  住宿业主要经济指标（第三次经济普查）

| | | 企业法人单位（万个） | 从业人员（万人） | 资产总计（亿元） |
|---|---|---|---|---|
| 住宿业 | | 7.3 | 294.3 | 13745.9 |
| 行业中细分 | 旅游饭店 | 2.4 | 199.3 | 10723.5 |
| | 一般旅馆 | 4.2 | 80.1 | 2427.6 |
| | 其他住宿业 | 0.7 | 14.9 | 594.8 |

数据来源：中华人民共和国国家统计局

表 11-3  中国居民平均消费水平（2010—2014 年）

| 指标 | 2014 | 2013 | 2012 | 2011 | 2010 |
|---|---|---|---|---|---|
| 居民消费水平（元） | 17778 | 16190 | 14699 | 13134 | 10919 |

数据来源：中华人民共和国国家统计局

### 1. 经济型酒店

经济型酒店又称为有限服务酒店，其最大的特点是房价便宜（国际上指 1991—1993 年房价维持在 33 美元以下），经济型酒店服务模式为"b&b"（Bed & Breakfast，即住宿＋早餐）。近年来，中国经济型酒店的扩张非常迅速，不仅有世界著名的经济型酒店品牌的陆续进入，还有本土酒店品牌的发展。这种以连锁为主，可以迅速复制扩张的酒店形式，无论在装修、服务还是信誉上都有较大的竞争优势：预订方便快捷、价格透明、不需要前台议价、干净卫生、服务和安全有保障。因此，虽然经济型酒店在创新经营管理方式上略有不足，难以吸引对当地旅游文化有浓厚兴趣的人，但它的普适性依然对传统低星级酒店形成巨大威胁并抢占其大量低端市场。

2011 年，我国连锁经济型酒店巨头扩张加剧，一线城市竞争激烈，发展重心转移至二、三线城市，价格有所上涨，2011 年，经济型酒店平均价格为 128 元，同比上涨10%。2012 年，我国四大经济型连锁酒店的市场占有率排名，如家以 21.81% 排名第一，7 天、华住（汉庭）、锦江之星分别以 13.6%、11.58% 和 8.54% 的市场占有率排名第二至第四位。2013 年，高端酒店市场在"国八条"导致消费市场缩水以及经济型连锁酒店规模扩张的双重冲击下，难抗需求疲软，业绩呈现大幅下滑趋势，而与之形成鲜明对比的，是经济型酒店呈现一片欣欣向荣的景象[②]。2013 年，中国酒店集团规模排行榜前五强

---

① 依据 2016 年的酒店价格水平确定。
② 张宏坤 . 中外经济型酒店管理模式比较分析 [J]. 饭店世界，2005(2).

中，有 4 个是以经济型酒店为主体的酒店集团。

### 2. 廉价旅馆

紧随其后的廉价旅馆（budget hotel）是指房价不足百元的城市连锁饭店、青年旅舍和胶囊旅馆等，它们正如雨后春笋般快速成长，对那些小招待所、社会旅馆甚至地下旅馆也形成了很大的替代性。尤其是青年旅舍、胶囊旅馆等新型的住宿设施，它们的成长契合中国大基数、低消费的大众化需求，更能通过特殊的经营形式，使居住者与周围旅客产生情感的交流，满足了部分旅游者外出旅行的精神需求。同时，此类旅馆大都在设备设施上采用可循环使用的产品，符合低碳排放、经济实用、安全卫生、节约资源的发展理念，因此在我国未来的酒店业发展中具有广阔的成长空间。

## （二）低端市场目标定位

在酒店业的细分领域，低端市场主要定位于那些住不起中高档酒店，又无法接受那些小招待所、地下旅馆的脏乱差的客户群体。不同于快捷酒店和商务酒店，这些旅店锁定的是低端酒店市场，想要解决和改善传统小型廉价居所"缺乏安全"和"卫生条件差"的现状。下面以目前低端酒店市场中运营较为成功的布丁连锁酒店和万里路中国青年旅舍（连锁）为例分别讲述这两个不同类型的低端酒店品牌的市场目标定位。

### 1. 布丁连锁酒店——年轻时尚的平价酒店

布丁连锁酒店成立于 2007 年，创始人朱晖别具慧眼，看中的是中国日益兴起的以年轻人为主的休闲旅游市场，并由此摆脱"类如家模式"的经济型酒店同质化现象，将布丁连锁的目标客户定位于"80 后""90 后"，18~35 岁、月收入在 2000~6000 元的年轻白领，以为他们提供足够超值的服务为经营宗旨[①]。

由于布丁连锁酒店的目标客户以追求时尚、对价格敏感的年轻人为主，因此布丁定价在 90~150 元，切合低端市场的消费特征。结合酒店"时尚、自助、小而精致、环保、乐活、适度消费"的品牌理念，酒店充分考虑年轻人的个性化需求，突出年轻时尚的特点。例如，在房间内部产品的选购上，注重青年一代的消费趋势和倾向，与宜家家居合作，从软装选择到物品搭配都体现出潮流时尚的气息。在顾客体验上，从建立之初就开始全面推广会员制，房卡即会员卡，是我国第一家实行"入住免押金、退房免查房"的酒店。在市场推广上，布丁密切关注年轻人消费特点，成为业内首家在淘宝网开设旗舰店的酒店；此外，新浪微博、蘑菇街等新兴社交平台上也都有布丁吸纳会员、推广市场的踪影。

### 2. 万里路青年旅舍——以顾客需求为导向

酒店与青年旅舍有很多不同之处，其中一个很显著的区别是两者的目标顾客是不一样的。酒店的目标往往是大的主流市场，如商务旅客和休闲旅游客人，而青年旅舍的主要目标却是特定的利基市场，如背包客和年轻旅行者。中国青年旅舍的服务对象层面很窄，以自助旅游的青少年为主，在青年旅舍住客年龄的调查中，有一半的住客是青年，

---

① 中国旅游研究院. 中外旅游饭店产业发展与创新趋势 [M]. 北京：中国旅游出版社，2013.

大约有超过 90% 的住客为年龄在 15~44 岁的青年人，吸引他们的不仅仅是廉价的住宿，更重要的是青年旅舍营造的文化氛围。为了满足目标顾客的需求，青年旅舍向住客提供不同于传统酒店的服务，包括有形展示中如设备、环境等要素也会根据目标顾客的需求而设计。

万里路·青年旅舍连锁（UTELS）品牌是北京青年旅舍协会在中国经历了六年时间引进和推广国际青年旅舍理念的基础上，结合我国的市场实际创立的中国青年旅舍的民族品牌。"读万卷书，行万里路"是中国青年旅舍的发展方向，青年旅舍国内与国内经济型酒店的差异化和目标客户群的市场细分是万里路·青年旅舍的核心竞争优势。

万里路集团下属的青年旅舍目标客户普遍具有如下特征：（1）预算低，偏好经济实惠的旅行；（2）偏好自助游和灵活的旅游行程；（3）偏好娱乐活动而非文化体验活动，喜欢集体社交活动；（4）依赖网络，从搜集资料、计划行程、购买机票、预订住宿，甚至旅程结束后，做出评价、发表意见都大量运用互联网。因此在酒店设计上普遍制定极低的价格，但又在房型设计上尽量满足青年人需求，如安装 Wi-Fi、预留公共休息室、设有阅览室、24 小时接待处等。像这样在充分认识顾客需求的基础上，以顾客需求为导向设计有形展示，保障旅舍洁净、控制噪声，根据目标顾客需求设计房间类型和其他设施，并注意发展有特色的风格，在吸引较低消费群体，与同等价位其他旅馆竞争中就会拥有显著的服务优势。

## 二、低端市场运营策略

### （一）成本控制

以"99 旅馆连锁"为代表，99 旅馆连锁是一家以全国房价 99 元在经济型酒店里开辟全新发展空间的超经济型酒店，为在较低的定价上保证足够的经营利润，99 连锁在成本控制方面主要采取了独特的经营措施。

一是在房间设计上，以 10 平方米左右为主，只将最重要的床、洗浴卫生间、网络等置入，将电话机、电水壶、毛巾（只保留一条）等非必要设施精小化，将吹风机等可共用的设施放到房间外的公共区域共用。

二是在运营系统上，用信息化推进标准化管理和人力资源节约。除内部运营系统的信息化外，99 连锁目前正在推广自助服务机入住方式，希望将来能够成为不设前台的自助服务式酒店，客人可通过自助服务机直接取卡入住，从而使一家拥有 30 间客房的门店，员工可以精简到 4~5 人。

三是在管控模式上，99 连锁采取的是"一只狼领导一群优秀的羊"的模式，即并非每家门店都有店长，而是五家门店只设一个店长，每家店设一个驻店经理。驻店经理主要负责店内事务，而店长主要负责五家店的整体运营。

### （二）经营形式

和星级酒店集团相比较，包括经济型酒店在内的低端酒店在服务器材上整体处于劣势地位，而其小而专的企业配置，以及拥有的优势的管理方式则是使其转败为胜的中坚力量[①]。因此，经济型酒店、低廉旅馆等往往都会在经营形式上进行创新，以另辟蹊径、谋求生存，这就要求酒店持续改善服务效果，优化管理品质，逐渐实现人力资本促成物质资本最大化的理想成果。

企业的经营方面，酒店连锁的市场开拓模式是业内普遍认可的，具有优秀实操性能，简单来讲，主要有如下四种经营形式。四种方式各有利弊，但都成功实现了酒店低端市场的开拓。

#### 1. 直营连锁

是指经济型连锁酒店各旗下分店由总部实行直接管理、直接经营、直接投资，这种经营模式主要特点就是总部与各分店的联系密切，分店对酒店没有经营权也没有管理经营权，他们需要对酒店总部直接负责，并无条件地服从总部管理。这种经营模式主要在新开发一个市场经营区域时运用，尽管这种模式需要总部投入更多的时间、人力及财力，但是它却是最有效的经营模式，只有这样才能让这些分店高效率地去实行总部的经营策略，扩大市场经营，增强竞争力，降低经营风险。

#### 2. 特许加盟

这种经营模式主要是加盟酒店与连锁总部签订特许经营权协议，由酒店总部将分店经营权、运营模式等授权给分店，由分店自主经营，总部提供一定的技术支持。这种模式目前是我国流行最广的一种经营模式，与直营经营模式相比，这种经营模式下，分店具有自主经营权利，可以根据本地区的具体情况适当调整总部经营策略，实施更适合自己分店的经营策略。但是这种经营模式对连锁酒店总部的要求比直营模式高，它需要总部有一套完整有效的管理模式，来对旗下分店进行有效的控制，保证分店可以对总部的命令进行高效率的实施，提升酒店经营效益，以吸引更多的加盟者。这种经营模式可以使经济型酒店的品牌推广速度更快，较快地形成规模化的市场效应，这对加盟者与总部都有着很大的益处，对增加他们的市场竞争力有着很大帮助。

#### 3. 自愿加盟

这种经营模式主要是一些已经开始经营并具有一定效益的酒店自愿加盟到某个连锁酒店的旗下，与连锁酒店总部签订一定的协议，并每年交付一定的年费。在这种模式下，总部需要向加盟店提供技术指导以及经营形式，但是分店的所有权与经营管理权仍由分店所有，分店的经营后果皆由加盟者承担，其品牌效益、技术所有权归总部所有。

#### 4. 兼并收购

这种模式是市场经济发展的必然结果，它体现了适者生存的生存理念，它是市场细

---

① 陈瑞萍. 经济型酒店连锁经营管理模式研究 [J]. 消费电子，2013(16).

化分工以及优化资源的表现。这种经营模式的实现要求经济型连锁酒店具有较大的规模、较高的经济效益与成熟的品牌形象，具备了这些条件的连锁酒店对一些经济效益低下的经济型酒店实行收购或者兼并，占有被兼并收购酒店的技术与市场等一切资源资产，从而达到扩大自身经营规模、提升经济效益与市场竞争优势的目的。兼并模式包括两种，即横向与纵向。横向兼并主要是在不同的经济型酒店之间进行，以此来提高市场经营份额，纵向收购主要是兼并收购那些可以与酒店行业实现互补的企业，如旅游公司等。通过收购这些企业，使酒店具有完整的服务系统，将不同的产业融合一体，达到提升酒店的经营效益的效果。

## 三、低端市场机遇与挑战

### （一）机遇

#### 1. 入住率高，市场潜力大

低端酒店由于价格便宜、卫生、实惠，深受广大游客的喜爱，获得市场的普遍认可。前几年的低端酒店的统计数据显示，其入住率年平均达到 80% 以上，市场潜力巨大，备受投资者青睐。

#### 2. 投资回报率高，资金回收周期较短

低端酒店由于入住率高，经营利润也达到了 50%，一般情况下 3~5 年就能收回投资，投资年回报率在 30% 左右，吸引了众多投资商的目光。

#### 3. 投资少，收效快，进入门槛较低

面对低端酒店的高回报率，众多的投资者把目光盯在这一行业，从出资十几万元的门头房改造到出资几百万元、几千万元改建、新建，从民间资本到社会资本，蜂拥而至。以如家酒店为例。从如家连锁酒店提供的数据显示，如家的单店投入的改造装修、房屋租赁资金在 500 万 ~1500 万元，而投资一家客单价相仿的二、三星级酒店则需要几千万元甚至上亿元。不仅投资成本只有星级酒店的十分之一，如家的平均入住率一般在 90% 左右，四五年可以收回全部投资；每间客房出售成本在 45~52 元，利润在 52%~62%[①]。也正因此，低端酒店以较低的客单价在激烈的市场竞争中得以不断开拓版图。

### （二）挑战

#### 1. 缺乏行业标准

一方面，低端酒店发展迅速，然而与之相应的行业体制、行业标准、宏观管理规范尚缺。不仅没有一个政府部门能对此进行全面监控，而且在部门和部门联合管理上也处于"无法可依"的尴尬境界[②]。另一方面，在酒店的基础设施建设上尚无标准，如房间的

---

① 牟峰. 成都低星级酒店与经济型酒店竞争现状 [J]. 饭店世界，2007(3).
② 邱明海. 青岛中低端酒店旅馆的发展反思 [J]. 经济视野，2014(17).

大小究竟应该是多大目前国家尚无统一规定，这导致公安、工商、卫生等部门抽查后经常发出整改通知等，一定程度上制约了企业发展。

### 2. 投资过热

由于低端酒店的高回报率、低成本、易进入等特点，导致了目前低端市场大幅度的开拓。特别是一些招待所、门头房甚至是住宅纷纷改建、扩建，一拥而上。这么多的低端酒店的存在势必会分摊客源，导致入住率下降，而物业成本却逐步升高。因此盲目跟风，忽略了市场容量以及成本的控制，势必会导致投资失败。

### 3. 营销乏力

相对于高端星级酒店的营销模式来讲，低端酒店大部分缺乏有效的营销手段。除了部分国际、国内知名连锁品牌，有自己的营销渠道网络外，大部分的中低端酒店旅馆对特色、品牌、质量等营销方式认知较低，仅仅以价格作为竞争手段，缺乏宣传力度和营销覆盖面。

### 4. 专业人才缺乏

我国现有低端酒店市场中，除了知名的连锁品牌有完善的人才培训之外，其余普遍存在专业管理人员缺乏状态，酒店只是简单地在开业前从社会上招聘一些服务人员，进行简单的培训便迅速上岗。这在一定程度上使得酒店对客服务、客房卫生质量等缺乏统一标准，难以形成文化内涵。此外，由于社会和市场对中低端酒店旅馆的认知度较低，导致大部分的酒店高层管理人员对加盟低端酒店缺乏兴趣。

# 第四节　产权式酒店的崛起

近年来，在旅游和房地产两个完全不同行业的相互交叉和渗透下，应运而生了许多边缘性的全新综合结构，如产权式酒店、分时度假项目、度假公寓、景观别墅等。随着限购、限贷等调控政策的出台，我国住宅地产投资空间紧缩，相对地，旅游地产开始成为全新的投资热点。其中，产权式酒店是旅游行业里一种重要的创新模式，也是发达国家中备受中产家庭青睐的一种旅游投资方式。随着国内经济和旅游业的迅速发展，产权酒店在国内著名旅游及经济繁荣城市也将逐步形成燎原之势。

## 一、产权式酒店概述

### （一）产权式酒店概念

产权式酒店，是由个人投资者买断酒店客房的产权，即开发商以房地产的销售模式将酒店每间客房的独立产权出售给投资者[①]。每一套客房都各拥有独立的产权，投资者如

---

① 刘锋，等.酒店经济学 [M].北京：机械工业出版社，2014.

购买商品房一样投资置业，将客房委托给酒店管理公司分取投资回报及获取该物业的增值，同时获得酒店管理公司赠送的一定期限的免费入住权，如图 11-5 所示。

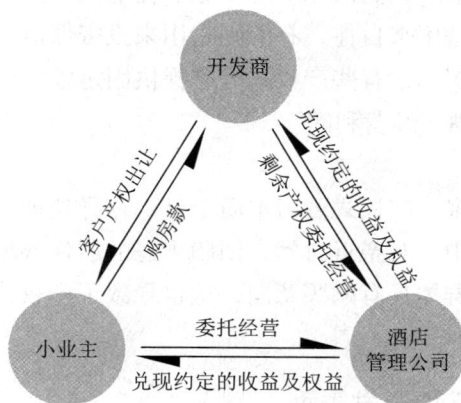

**图 11-5　产权式酒店运营方式**

产权酒店概念的实质就是迎合普通老百姓的不动产投资理财需求，产权酒店是指由众多普通投资者购买酒店物业项目中的一间或多间客房的一种投资模式，并不是指某单一类型的酒店住宿产品[①]。从产权酒店的基本定位来看，主要为各类商务人员、旅游人员提供基本的住宿服务。

## （二）产权式酒店的四种特征

在欧美等旅游及经贸发达的国家和地区，产权酒店通常被称为私人酒店，它是投资赚取回报，进行休闲、度假、娱乐为目的新型物业形式，属于旅游房地产类，它与旅游经济，贸易及房地产是有机结合互动发展的关系[②]。产权式酒店的主要特征包括：

### 1. 地域特征

目前产权式酒店的开发一般都要以旅游和交通作为基础，项目多位于风景相对较好，具有良好休闲度假条件且交通方便的区域，这与购买产权是酒店人的追求不无关系。

### 2. 客群特征

产权酒店的消费者集中在城市的高收入阶层。大批有"闲钱"的高收入阶层，是产权酒店瞄准的目标客户。因为相对于普通地产投资项目来说，产权式酒店一般远离原有生活圈子，为投资者提供了更好的居住环境，满足了消费者更高层次的心理需求，而这些需要往往是在人进入一定的收入阶层之后才会有的。

---

① 中国房产信息集团 . 一店万利：产权式酒店的高利润投资术 [M].北京：机械工业出版社，2011.
② 余源鹏 . 有钱还是应该买房：高房价下的房产投资获利法则与实例 [M].北京：机械工业出版社，2013.

### 3. 投资特征

产权式酒店既可以用来居住度假，也可以用来投资。遍植于买房人头脑中的投资意识，为产权酒店提供了土壤。人们认识到房产除了住宅的功能之外，还是进行投资的重要手段。有的购买者纯粹是用来自住，有的则是用来投资保值。不同的产权式酒店提供的回报方式也有所不同。例如，有些产权式酒店提供固定投资回报率，有些则提供免费居住天数，有些则只提供酒店经营利润。

### 4. 销售特征

异地代理销售逐渐增多。产权式酒店本质上是一种异地地产投资，购买者大都生活在工作节奏较快的城市群中，对亲近自然、回归生态的居住环境很是向往。因此，往往非产权式酒店本地的目标群体具有购买意向，这也导致了产权式酒店在销售方式上以异地销售为主。

## （三）产权酒店的五种开发类型

### 1. 时权酒店

瑞士亚历山大·奈首先提出的"Timeshare Hotel"是产权式酒店的发端。酒店向游客、中产家庭或企业集团出售在一定时期内使用酒店住宿或娱乐设施的权利。即将酒店的每个单位分为一定的时间段（如一年产值 51 周，共 51 个时间段），出售每一个时间段的使用权。消费者拥有一定年限内在该酒店每年一定时间段（如一周）的居住权。

### 2. 纯产权式酒店

将酒店的每一个单位分别出售给投资人，同时投资人委托酒店管理公司或分时度假网络管理，获取一定的管理回报。纯产权式酒店又分为商务型及度假型。

### 3. 养老式酒店

投资人（往往是最终消费者）购买用于退休后养老的物业。在退休前委托管理公司经营管理直至退休后自用。委托管理期间，投资人可获取一定的投资回报。一般情况下，该物业在产权人去世后由管理公司回购，再出售，收益归其继承人所有。

### 4. 高尔夫、登山、滑雪胜地的度假村

在高尔夫、登山、滑雪等运动胜地开发的度假别墅项目。

### 5. 时值度假型酒店

消费者购买一定数量的分数，这些分数就成为他们选购产品的货币。他们可以在不同时间、不同地点、不同档次的度假村使用这些分数，灵活选择其分数所能负担的住宿设施。消费者不拥有使用权或产权，只是为休闲消费提供便利、优惠和更多选择。分数消费可以获取更大的折扣和免费居住时间。

酒店式公寓、公寓式酒店、产权式酒店的区别如表 11-4 所示。

表 11-4　酒店式公寓、公寓式酒店、产权式酒店的区别

|  | 定义 | 关于产权 | 经营方式 | 特点 |
|---|---|---|---|---|
| 酒店式公寓 | 意为"酒店式的服务，公寓式的管理"，是亚洲兴起的一种只做服务，没有任何酒店经营的纯服务式公寓 | 土地性质为住宅用地，产权一般70年；拥有独立产权，配备包括厨卫在内的综合套间 | 投资者既可以像购买普通住宅一样自住，也可以交由大厦以酒店的形式出租，获得投资回报 | 既吸收了星级酒店的服务功能和管理模式，也吸收了信息时代写字楼的特点，拥有良好的通信条件，可针对性地提供秘书、信息、翻译等商务服务[①] |
| 公寓式酒店 | 就是设置于酒店内部，以公寓形式存在的酒店套房 | 土地性质为旅游用地，产权通常为40年；禁止申报时是商业用地立项，销售时不能分割出售产权 | 本质上是一种特殊酒店，与一般酒店的经营方式相同 | 类似于公寓，有居家的格局和良好的居住功能；配有全套家具与家电，也能够为客人提供酒店的专业服务 |
| 产权式酒店 | 是由个人投资者买断酒店客房的产权，即开发商以房地产的销售模式将酒店每间客房的独立产权出售给投资者 | 不属于住宅房地产开发；每一套客房都各自拥有独立的房屋产权，投资者如购买商品房一样投资置业 | 业主每年拥有一定的时间段免费入住，其余时间段可以委托开发商或管理公司经营，并享受一定的分红，同时业主可以转卖、继承、抵押、馈赠 | 迎合普通老百姓的不动产投资理财需求，是由投资者购买酒店物业项目中的一间或多间客房的一种投资模式，并不是指某单一类型的酒店住宿产品 |

从上面的论述中我们可以看出，在服务上，酒店式公寓与公寓式酒店几乎没什么差别；它们之间的本质差别在于：酒店式公寓是提供了酒店式服务的公寓，而公寓式酒店则是在酒店客房中提供了相当家庭设备（如厨具）的酒店，它的实质还是酒店；而产权式酒店则是从产权的角度对物业的定义。

# 二、产权式酒店的崛起

## （一）崛起背景

产权式酒店作为投资类物业的重要形式之一，近年来越来越受到广大投资人士的青睐，这与我国旅游市场以及房地产市场的客观环境分割不开。

### 1. 国内房地产积压和饭店出租率下降

经济过热时期，我国各地建起大批房地产项目，经济回落，许多盲目开发的房地产由于价格高、市场定位不准等因素出现了严重的积压。据国家统计局城调总队对全国35个大中城市的调查结果表明，目前这些城市还有6000多万平方米的商品房空置，商品房严重积压。这些积压的房地产中，有相当大一部分位于度假地和旅游城市[②]。

---

① 杨立娟，等 . 新经济新生活：分时度假在中国 [M]. 北京：机械工业出版社，2004.
② 余源鹏 . 有钱还是应该买房：高房价下的房产投资获利法则与实例 [M]. 北京：机械工业出版社，2013.

**2. 休闲观念逐步成熟**

随着旅游消费的不断增长和旅游者的日渐成熟，经过初期单纯以观光为目的的发展阶段之后，休闲度假旅游需求已经产生，并形成了一定的市场规模。因此，我国在 3~5 年，可望形成具有一定规模的旅游度假市场。这一市场的形成和扩大，将为产权式酒店创造出旺盛的需求。

**3. 可投资领域少，可利用资金相对充足**

由于在工业技术方面与发达国家存在较大的差距，加上面临加入世界贸易组织后开放市场的威胁，工业领域的投资需求不旺。以家庭经营为基础的农业领域内虽存在较大的资金需求，但由于经营单位分散，无法吸纳大额资金。资金需求较旺的第三产业中，投入产出效益好的产业也不多。所以，在总体资金短缺的背景下，对资金的有效需求却严重不足。

## （二）崛起原因

**1. 发展条件成熟**

分析时下中国产权式酒店发展的条件，我们可以看到：首先，原来制约产权式酒店发展的条件——旅游度假地的软、硬件环境已渐趋成熟，国内旅游度假的市场气候已经形成；其次，近年来国内经济发展迅速，白领阶层急剧扩大，成为都市消费主流群体，同时全新的休闲消费观念为产权式酒店消费带来了商机；再次，旅游产业近年来发展迅速，国内新兴旅游资源越来越丰富；最后，国际产权式酒店公司进入中国，使产权式酒店和产权式酒店的概念得以在国内业界、消费圈中逐渐得到认同。可以说，产权式酒店发展的大环境已经基本成熟。

**2. 具有投资优势**

产权式酒店有旅游业和房地产业的双重属性，作为面向消费者的酒店，它是旅游业的配套产品，提供住宿、餐饮、娱乐、商务等服务项目；而作为面向投资者的产权开发商，又具有房地产商的众多个性，提供产权服务、物业管理、委托经营等。因此，从产权式酒店的开发商角度分析，必须沿着旅游产业和房地产业两条思路运作。而这种模式既契合了产权式酒店的本质，又迎合了消费者的投资利益。站在投资者的角度具体来说，产权式酒店相比于一般的地产投资有如下两点优势：

（1）委托经营，省去麻烦。产权式酒店投资的基本形式为，业主拥有一套星级酒店客房的产权之后，再委托开发商或专门的酒店经营公司出租、打理，自己按时收取租金或年底的酒店盈利分红。这样，对于业主来说，省去了不少管理麻烦。

（2）提供包租，收益稳定。不少产权式酒店都提供相当诱人的包租服务，每年给予业主固定百分比的回报率，包租年限有 3 年、5 年，甚至 10 年不等。业界普遍认为，产权式酒店的投资回报相对于其他类型物业而言，是比较稳定的，并且风险相对也小一些。另外，很多产权式酒店的开发商每年都会提供给业主一定时间的免费入住权，10~30 天不等，对于异地置业者而言，这一条件相当具有吸引力。

### （三）发展概况

#### 1. 国外产权式酒店发展状况

产权式酒店这种新颖的经营和投资方式，目前在世界范围的旅游城市已迅速发展起来。据资料显示，全球就有 540 万个家庭参与了分时度假网络，全球分时度假物业销售额达到 67.2 亿美元。近 10 年来，全世界产权式酒店平均每年以 15% 的速度递增，所有这些表明，产权式酒店正在成为旅游经营的一种重要的经营创新模式，同时成为最受中产家庭青睐的旅游、投资形式。

#### 2. 国内产权式酒店发展状况

1989 年前后，中国海南某些房地产商最先引入产权式酒店概念。当时，这些项目策划者之所以引进这个概念，是看到了产权式酒店房地产投资资金回流快的特点，其主要目的是尽早售出手中的楼房，与拓展自己的旅游服务客户毫不沾边。

继海南之后，产权式酒店概念开始在深圳、北京等大中城市流行。近年来，产权式酒店从大中城市向二、三线城市蔓延。据统计数据显示，我国的产权式酒店项目已经发展到 200 多个，遍布 25 个省、自治区、直辖市[①]。无论是在风景名胜区，还是在具有一定规模的城市街头，都能发现"产权式酒店"的推销广告。目前，就项目的开发动机看，国内"产权式酒店"项目可分四种情况：一是为盘活"烂尾盘"某些房地产工程重新定位；二是某些经营遇到困难、需要资金的酒店宾馆出售房间；三是某些急于实现资金回笼的房地产项目；四是真正计划长久经营的酒店项目。

# 第五节　房车营地的流行

根据马斯洛的人类需求层次学说，伴随着目前我国经济的快速发展和人民生活品位的提高，走马观花式的观光旅游已经过时，人们在旅游的同时更多在追求精神的诉求。越来越多的"先富"人群和在大城市里的工薪层，都有渴望走出"笼子"到郊外和自然环境美好的地方，这是人们渴望拥抱自然的一种集体无意识的追求。21 世纪将是中国休闲经济时代。

鉴于我国"双休日"和"黄金周"等休假制度机制的建立，私人汽车房车保有量的增加，我国高速公路系统的日渐发达，自驾游、房车露营等休闲产业迎来了难得的发展契机。虽然我国在这方面起步晚，但房车自驾市场依然彰显着巨大潜力。自驾游，是最主要的旅游方式；房车，不只是交通和住宿工具；营地，更是度假地的新升级。

## 一、房车营地

房车营地是指在交通发达、风景优美之地开设的，专门为自驾车爱好者提供自助或

---

① 杨立娟，等 . 新经济新生活：分时度假在中国 [M]. 北京：机械工业出版社，2004.

半自助服务的休闲度假区。主要服务包括住宿、露营、餐饮、娱乐、拓展、汽车保养与维护等，是满足现代人休闲时尚需求的旅游新产品。

露营作为一种健康、时尚、无污染的绿色休闲方式，顺应了人类渗透到"骨子"里的休闲情结。对于彰显人类的活力、促进大家的友好相处、开阔人们的心胸都有很大作用。自驾游房车营地作为一种露营主题的旅游模式，在发达国家甚为流行，如表 11-5 所示。

表 11-5　汽车营地的分类表（按规模大小分类）

| 汽车度假村 | 利用目前业已存在的各类旅游度假村，再针对自驾车旅游者的需求加以改造和完善，重点开发旅游度假项目，方便游客长时间逗留。建设规模较大，设施较完善，是目前各类旅游度假村转型的较好选择 |
|---|---|
| 汽车营地 | 在交通发达、风景优美之地开设的，专门为自驾车爱好者提供自助或半自助服务的休闲度假区。提供但不仅限于住宿、露营、餐饮、娱乐、拓展、汽车保养与维护等服务。其选址方便，规模适中，投入不大，往往与旅游景区互为依托，能够进行迅速推广 |
| 汽车休闲站 | 和高速公路直接连接的为驾车一族提供途中补给和短期间休闲服务的服务设施。休闲站一般选址于风景怡人、值得停车欣赏的道路两旁。站内设有简便的车辆维护、用餐休息、闲聊观景的地方，主要目的是使旅途变得轻松、惬意。它既可以依托现有的高速公路服务站，也可以另行建设。能够有效延伸和扩展现有高速公路服务站的服务内容，成为高速公路时代不可或缺的服务设施 |

### （一）国外房车营地的发展

追溯房车历史，它的雏形在汽车发明前就有了，即吉卜赛人的大篷车。第一次世界大战末，美国人把帐篷、床、厨房设备等加到了家用轿车上。据统计，欧洲目前拥有6000 多个标准的露营地，每年的夏季都处于爆满的状态，各种文体活动也吸引了成千上万的爱好者以露营方式参与。德国是欧洲房车露营发展最快的国家，房车露营已成为德国的一项支柱经济。据统计，德国有 1300 万人在房车里度假，房车和露营每年总收入为 100 亿欧元，其中 39 亿欧元为停靠地花费，31 亿欧元为路途花费，30 亿欧元为车辆和装备。美国 1/3 的旅游住宿设施、1/3 的旅游时间、1/3 的旅游土地是以露营形式存在的，有 9%~10% 的家庭拥有房车，使用天数每年在 50 天以上，共有 800 万美国人常年住房车。目前在欧洲已有 50000 个露营地，在日本有 1000 个露营地，美国露营地超过 20000个。露营地的发展，也为相关国家带来巨大的经济效益，促进了其国民幸福指数的提高。

### （二）我国房车营地的发展

中国房车起步较晚，2001 年中国首辆拥有自主知识产权的自行式房车下线，此后中国房车行业产业在摸索中不断前进。虽然只有短短 10 余年的发展历程，但是迅速发展的房车旅游已经获得国内中产阶级人士的青睐，房车旅游产业发展也初具规模，北京、海南等地多建有房车小镇，国内房车露营地主要集中在环渤海经济圈、长江三角洲经济圈、珠江三角洲经济圈和两条精品旅游线上。但有体而言，我国房车营地的发展与主要房车大国仍然有较大的差距，如表 11-6 所示。

表 11-6　中国与主要房车大国相关数据比较（截至 2014 年）

| | 房车保有量（万） | 露营地保有量（个） | 人口（万） | 面积km²（万平方公里） |
|---|---|---|---|---|
| 中国 | 2.1 | 200 | 130000 | 960 |
| 欧洲 | 697 | 26000 | 50640 | 1018 |
| 美国 | 900 | 19000 | 32076 | 937 |
| 德国 | 152 | 360 | 8186 | 35.7 |
| 加拿大 | 116 | 4200 | 3516 | 998 |
| 澳大利亚 | 52.8 | 2500 | 2313 | 761.8 |
| 南非 | 11.2 | 1600 | 5298 | 122 |
| 日本 | 89.8 | 3000 | 12730 | 37.8 |
| 韩国 | 1 | 100 | 5022 | 9.93 |

据中国旅游车船协会的数据显示，2015 年，我国房车年销售量为 2000 多台。截至 2015 年，我国已投入运营的营地约 400 多家，规划和在建的有 400 多家，我国房车保有量仅约 3 万辆。2016 年，各省市规划中的露营地数据如表 11-7 所示，累计全国各地区共规划大概 475 个露营地。对于中国较大的人口基数和丰富的旅游资源，我国的房车旅游市场将迎来快速发展时期，房车旅游将协同全域旅游成为我国旅游发展的下一个旅游蓝海。

表 11-7　2016 年全国自驾车房车营地建设数目表 [①]

| 省份 | 汽车营地数（个） | 省份 | 汽车营地数（个） | 省份 | 汽车营地数（个） |
|---|---|---|---|---|---|
| 北京 | 1 | 湖北 | 50 | 福建 | 42 |
| 天津 | 5 | 湖南 | 18 | 江西 | 22 |
| 河北 | 19 | 广东 | 14 | 山东 | 11 |
| 山西 | 5 | 广西 | 14 | 河南 | 8 |
| 辽宁 | 5 | 海南 | 7 | 安徽 | 10 |
| 吉林 | 7 | 重庆 | 8 | 甘肃 | 17 |
| 黑龙江 | 25 | 四川 | 21 | 青海 | 10 |
| 上海 | 6 | 贵州 | 16 | 宁夏 | 6 |
| 江苏 | 8 | 云南 | 20 | 新疆 | 25 |

---

① 根据中国经济网《2016 年全国自驾车房车营地建设项目表（图表）》数据整理。

续表

| 省份 | 汽车营地数（个） | 省份 | 汽车营地数（个） | 省份 | 汽车营地数（个） |
|---|---|---|---|---|---|
| 浙江 | 32 | 西藏 | 13 | 陕西 | 20 |
| 新疆生产建设兵团 | 10 | | | | |

根据《关于促进自驾车旅居车旅游发展的若干意见（旅发〔2016〕148号）》[①]（以下简称《意见》），自驾车旅居车（房车）旅游是发展速度快、消费潜力大的领域。为了促进我国自驾车旅居车旅游持续健康发展，增加新供给，释放新需求，发挥其引领旅游消费和投资的积极作用。我国房车建设应当推进政策创新，加强规划建设，优化空间布局，提升服务功能；发挥自驾车旅居车旅游的带动作用，使之成为引领旅游供给侧结构性改革，推动我国旅游产业向中高端迈进的重要载体。

为此，《意见》要求到2020年，我国将重点建成一批公共服务完善的自驾车旅居车旅游目的地，推出一批精品自驾车旅居车旅游线路，培育一批自驾游和营地连锁品牌企业，增强旅居车产品与使用管理技术保障能力；形成网络化的营地服务体系和完整的自驾车旅居车旅游产业链条，建成各类自驾车旅居车营地2000个。宏观上，优化相关政策环境，壮大产业规模，大幅提升发展质量和综合效益，初步构建起我国自驾车旅居车旅游产业体系。

## 二、中国房车营地发展中的问题与反思

### （一）发展中的问题

房车营地是未来的流行趋势，这一点毋庸置疑，但是中国房车露营地近些年的发展也存在较多问题，具体表现在以下几方面。

**1. 露营地选址先天不足**

露营地应该是人们亲近自然，与自然亲密接触的场所，所以营地选址要有很好的生态环境。一般都会远离现有城市建成区，甚至远离人口聚集的村镇。现阶段，我国部分露营地距离旅游景区较远，游客在景区游览结束后需要较长时间才能到达露营地，距离问题可能会降低游客的参观游览欲望。

**2. 露营地缺乏配套的设施项目**

我国汽车营地建设尚处于起步和探索阶段，由于前期建设的问题，很多营地其实还只能起到停车场的作用，配套设施和相应服务还没有跟上，安全保障能力也有欠缺，对营地的功能定位也还没有从观光转到休闲娱乐上来，因此还远不能发挥汽车营地强大的辐射带动作用。现阶段大部分自驾游房车露营地的配套基础设施都处于建设完善中。

---

① 根据中华人民共和国国家旅游局官网信息整理

### 3. 露营地缺乏专业性的营地规划和营地标准

部分露营地的规划者、建设者与运营商的目标存在一些差异，导致规划建设不专业，尚未实现良好的经济效益、社会效益与生态效益的统一。目前汽车营地数量有限，缺乏相应的规划建设标准，并没有对现有的汽车营地硬件软件进行分等定级，不利于自驾车旅游者的选择。同时，汽车营地的宣传推广、汽车营地的信息化也存在很多不足，不利于自驾车旅游者搜索预订。

### 4. 露营地缺乏游客体验项目

部分露营地是以完成"指标""任务"式的心态建设的。追求投资规模和高档大气，却忽视了露营旅游者的体验。营位、道路设计不合理，娱乐休闲活动项目、高峰期游客公共安全应急预案、服务人员专业培训的缺乏等，都会给客户带来不良的体验。露营地能留住旅游者是营地发展壮大的关键，让游客真正亲自参与体验活动、感受营地的乐趣是留住游客的最佳选择。要有一些必要的休闲娱乐项目，满足各类人群的需求，这样的营地才有可能实现盈利。

### 5. 露营地建设缺乏生态保护理念

部分营地在建设时，会大面积硬化路面，迫于经营和收回成本的压力，甚至会违规建设酒店、固定结构木屋等，这些行为对土地的破坏是永久的、不可恢复的。人类与大自然应该实现和谐共生，汽车营地的流行体现的是人们亲近自然、逃离城市的思想，因此，在投资建设一个营地时，企业应承担社会责任，尽可能少地破坏和污染环境、植被、生态等，只有生态型、环境友好型的营地才是可持续的。

## （二）问题反思

### 1. 规划先行，实时衔接

房车营地是汽车露营旅游服务中重要的一环，房车营地的规划建设必须要有专业、实力雄厚的公司对房车营地进行一个总体规划，并和专业的运营公司不断进行衔接、商洽，力求做出让运营商、游客都满意的自驾游房车露营地。

### 2. 政府为主、企业为辅

中国房车露营地需要靠政府部门的大力支持才能长期发展，资金、用地、审核上都需要政府主导，企业进行投资运营才能确保自驾游房车露营地的正常运营和盈利。

### 3. 业态并举、智慧运营

营地度假旅游本身是属于高消费型产品，游客滞留时间长，对餐饮、住宿、购物、娱乐进行综合性消费。所以营地周边一定要有多种业态，把露营地建设成集露营、景观、休闲、娱乐于一体的休闲场所，并配有独特的主题，彰显个性，尽可能满足游客休闲娱乐方面的需求。在营地产业链里面，还有木屋、租赁、亲子游、教育、餐饮、衍生品等多个环节和元素可做文章。此外，为了解决营地成为停车场这一问题，可以采取智慧化措施，如 IC 卡门锁，一辆车只能占一个营地。

### 4. 房车自驾游为主、销售为辅

营地经营者要有一种观念，不能以自驾车销售为主，因为中国传统观念的制约，对房子具有浓厚的感情，房子给人以安全感，所以不会有太多人买房车，营地经营者应该以自驾游为主来揽客源，配合房车展示、房车升级改装、房车体验、房车线路推荐等，就像是房产界的 4S 店。房车销售和露营本身并不是目的，只是给民众户外旅行提供一个渠道。

### 5. 生态优先，合理布局

保护原有生态环境为原则，并与自然环境相融合、配套；合理确定露营地建设规模和等级；合理布局、体现特点；建筑因地制宜；确保环境舒适、安全；全面考虑不同游客的需求。

### 6. 细分市场，人文关怀

自驾游房车露营地根据其所在的地区、服务对象、管理方式等条件，合理确定露营地建设规模和等级，以满足各种类别的露营者对露营地设施的各种需求，内部的配套设施要根据不同游客的需求，人性化地制定，可以适当区分中档和高档。营地要针对客人的需求，大力推进多元化运营，用养生、休闲、娱乐活动等特色来招徕和留住客人，以微信互动推介，每天推出房车的资讯和营地动态，吸引眼球。

## 三、房车露营地流行趋势

### （一）自驾游淡季，营地变多业务接待场地

营地一般拥有大面积空闲之地，在开展营地活动之余，可将场地出租用于会展业务，收取租金并招徕游客来此消费。如房车营地办理房车展销会、户外营地办理户外用品展览会等，或出租会议场地承接企事业单位的会议及个人婚礼包办等事宜。但营地必须注意环境问题，尤其对于展览业务的接待，尤其需要考虑场地容量。

### （二）自驾游房车营地结合旅游地产进行开发

营地在发展过程中，应同时注意地产的开发。营地与主题公园类似，都具有聚揽人气的作用，能够提高该地区知名度，使得一个鲜为人知的区域为人们所熟知，从而带动原本低廉的地产增值。因此可对旅游地产进行开发，如木屋别墅、野奢饭店等，作为营地的配套品出售，从而加速资金回流。

### （三）自驾游房车营地发展成为房车界的"4S"店

营地是房车制造、展示、定制、体验、销售、养护最好的平台，故可将营地发展为房车俱乐部，各房车拥有者定期或不定期地会聚于此交流沟通，从而形成房车界的 4S 店。另外，不同于 4S 店，此地还可以租赁房车，因为由于中国传统农耕文明的根深蒂固，国人的"家"观念比较浓厚，房车在普通人家普及的现象目前还不能实现，有能力购买房车的家庭毕竟是少数，更为广阔的房车交易市场应该是通过租赁房车的形式实现。

### （四）多业态并举，成为旅游爱好者的集散地

为吸引除房车旅游者外的游客来营地，营地除了应做到环境良好、风景优美之外，必须建设大量的游乐项目来丰富营地活动，只有这样，才能留住游客，让游客体会到营地的快乐。根据营地周边丰富的旅游资源，可开发多项游乐项目，水上、林间、草地等皆可建收费性游乐设施，形成娱乐区和运动休闲区。例如，动物喂养、射击运动、篝火晚会、BBQ、露天影院等，这些游乐项目可以让游客亲自参与其中，感受到体验式旅游的乐趣，同时也能为营地带来丰厚的经济收益。

### （五）智慧化解说、服务、消费系统

自驾游房车露营地的智慧化体现在导视与解说系统、IC 卡服务系统、消费系统等方面。因为房车用户的智能手机普及程度很高，对科技的依赖较强，智慧化的运营能得到用户的支持，也能增加其满意度。

从宏观层面，房车露营地用户能够轻松通过网站、App、地图手册，或纸质或数字，轻松获得房车营地的区位和信息；从中观角度，用户在路上，能够根据道路交通解说和指示系统，前往房车营地；从微观角度，进入房车露营地后，能容易停车，容易找到自己的房车／露营地位置，营地内 Wi-Fi 和营地 App，能帮助用户快速、及时了解营地内和周边即将举办的活动，并将房车露营地 App 当成了解周边和目的地的窗口，从而增加房车营地的潜在收益。

### （六）营地走向标准化、连锁化和集团化

露营旅游在西方之所以能蓬勃发展，一些优秀的房车露营地连锁机构功不可没。西方的一些房车露营地连锁除了实现如"异地还车"等基本管理功能外，还在整合宣传渠道、构建露营文化、制定统一的标准等方面起到巨大作用。有组织地针对不同地域、不同地貌、不同文脉，制定差异化的主题标准，有利于避免同质和无序竞争，对于稳定产业机构和健全的市场环境发挥重要作用。

一方面，未来具有中国特色和中国基因的房车连锁集团或本土旅游集团的房车业务模块，在中国房车露营地发展中将发挥极大的作用。这些企业了解用户和市场的需求，并且清楚国外房车露营地优劣，能根据中国用户的需求和市场发展，对房车露营地结合本土实情进行创新，从而促进房车旅游市场的快速发展。

另一方面，综合型的房车营地必然是未来的发展主流。台湾地区的自驾游房车露营地比大陆要成熟很多，但是现在台湾地区的营地正面临着发展的瓶颈：大型营地的主要经营业务是青少年的户外教育项目。因此，我们欣慰于汽车营地正流行的同时，也应当对其进行冷思考，在建设初期就转变发展思路，避免陷入台湾倒闭营地的发展困局。

## 【本章小结】

1. 中国的酒店走过了完全功能化的生成阶段，又经历了标准规范化的成熟期。为了适应市场形势，中国酒店业创新之风兴起，主要表现在三个方面：经营创新、产品创新和管理创新。其中经营创新主要有四大类，分别是主题酒店、绿色酒店、产权式酒店和房车营地，其中主题酒店和绿色酒店又是特色酒店的一种表现形式。

2. 特色酒店是指瞄准特定的细分市场，采用一次性的高端设计，为商业和休闲旅游者提供别致的住宿服务，或者是指通过引入独特的自然、文化资源以及现代科技成果赋予酒店外形、氛围或者服务产品某种与传统酒店相区别，能够给消费者带来独特感受的酒店。

3. 绿色酒店是指那些为旅客提供的产品与服务既符合充分利用资源、又保护生态环境的要求和有益于顾客身体健康的酒店。简而言之，就是环境效益和经济效益双赢的结晶。

4. 汽车营地是指在交通发达、风景优美之地开设的，专门为自驾车爱好者提供自助或半自助服务的休闲度假区。主要服务包括住宿、露营、餐饮、娱乐、拓展、汽车保养与维护等，是满足现代人休闲时尚需求的旅游新产品。

5. 产权式酒店是由个人投资者买断酒店客房的产权，即开发商以房地产的销售模式将酒店每间客房的独立产权出售给投资者。每一套客房都各拥有独立的产权，投资者如购买商品房一样投资置业，将客房委托给酒店管理公司分取投资回报及获取该物业的增值，同时还获得酒店管理公司赠送的一定期限的免费入住权。

## 【案例分析】

### 全民齐上建民宿？民宿的火热与隐忧

2016年10月10日至12日，第二届全国民宿大会暨中国旅游协会民宿客栈与精品酒店分会成立大会在贵州安顺举办。来自国内大型旅游集团、全国各地民宿自组织机构、民宿业者、民宿投资者、非标住宿产业链上下游企业及贵州省各区县的600多名代表与会。会上发布了《2016中国民宿发展研究报告》，多名业界大咖做了专题演讲，各方代表就非标住宿业发展所面临的痛点、难点、热点话题进行了探讨……在民宿火热发展的当下，不少与会代表表现出一份冷静。

**一、小民宿孕育大市场**

根据去哪儿网的数据，截至2015年10月30日，民宿客栈在去哪儿网登记数量为42658家，而至2016年9月30日，这一数据增长到48070家，不足一年时间增加了5412家，增速相当快。迈点网丁晓宇在会上做"2016年中国民宿品牌发展趋势和区域人群分析"演讲时给出了这样一组数字：截至2016年年初，全国有超过4万家的民宿，民宿从业人员近 100 万人，市场规模已达 200 亿元。

民宿客栈发展为何如此火热？这跟我国进入工业化发展中后期面临经济转型，中产阶层的崛起、消费能力的增强，人们对旅游方式、生活方式的新追求，城镇化进程的加快，相关利好政策的推动以及乡村旅游的蓬勃发展等因素有关。

## 二、新环境助推新变化

新当选的中国旅游协会民宿客栈与精品酒店分会会长、北京世纪唐人旅游发展股份有限公司董事长张晓军表示，近一年来，民宿客栈等非标住宿迅速发展。不管是政策、标准还是产品、市场，都在发生着巨大的变化。

《2016 中国民宿发展研究报告》显示，2016 年，国家层面及地方层面都出台了相关政策鼓励民宿发展，为民宿提供了前所未有的政策环境。2015 年 11 月，《国务院办公厅关于加快发展生活性服务业促进消费结构升级的指导意见》首次提出"积极发展客栈民宿、短租公寓、长租公寓等细分业态"；2016 年 2 月 17 日，十部门联合发布《关于促进绿色消费的指导意见》，鼓励个人闲置资源有效利用，有序发展民宿出租。地方层面，《浙江省旅游管理条例》首次将民宿概念纳入国内法律法规中，并将其纳入政府机关、企事业单位的会务等采购范围；新修订的《福建省旅游条例》《北京市旅游条例（草案）》，纷纷把民宿纳入其中。

此外，民宿自组织的数量增加尤为明显，且平台类型与功能呈现多样化的发展趋势。国内首个省级民宿组织——福建省民宿协会已成立；北京民宿联盟、乡关何宿、国际民宿联盟等自组织也在促进民宿的有序发展；一些地方政府也在成立相关协会组织引导民宿发展，如厦门市海沧区民宿旅游协会、乐清民宿协会等。

同时，各地不断涌现出一些成功的民宿品牌，包括唐人投资开发的新乡居生活——唐乡模式，民宿业的小米模式——宛若故里，O2O 模式——游多多客栈，精品连锁——花间堂，以及自成风景——猪栏酒吧等。

## 三、热发展已现冷思考

民宿客栈作为火爆、快速发展的新兴业态，其积累的问题也开始逐步显现。段强在大会发言时指出，民宿产业当前面临现实的挑战不容忽视。例如，个性化本是民宿的灵魂，但产品与服务趋同现象已经在悄然蔓延；过度与不当的设计违反了住宿服务的基本规律，会降低客人的体验感；盈利模式不够成熟，让一批民宿项目难以实现基本的经营利润；消防、土地等法律法规的滞后，也成为制约民宿发展的制度瓶颈。此外，政府的强力推动与民宿业自我发展规律的关系协调、大企业大资本的进入与民宿小微投资本质的矛盾处理、民宿个性化的特征与实施连锁化发展如何权衡等，都是当前民宿产业发展要面临的问题。

各地民宿的经营并不是都火爆，而是出现了两极分化。一方面，以莫干山为代表的早期民宿发展区，依托成熟的区域市场及强大的品牌效应，表现出强劲的发展活力，定价堪比星级酒店却异常火爆，全年无淡季；另一方面，大批新晋民宿经营者，却面临着定位失准、客源不稳的发展困境，在日益激烈的竞争之下举步维艰。

前几年各地民宿一哄而上，同质化严重、故事性缺失、人情味流失、地方性消失、乡村性遗失等突出问题，也正让投资者逐渐理性起来。来自山西的投资者苏女士此次参会就是想听听各地民宿的发展情况及相关的政策、市场分析。"真金白银不能贸然砸出去，做与不做还是要根据自身当地的市场情况而定。毕竟全国各地的市场不同，各家成功的民宿的做法也不同，火热中还是应该保持一份冷静。"

**分析内容：**

根据上述案例，并结合相关知识，思考：

1. 近年来民宿业发展"火热"的原因是什么？

2. 民宿业发展为什么会有"隐忧"？

3. 如何实现民宿的可持续发展？从哪些角度来进行民宿开发？

# 第 十 二 章

## 酒店集团经营管理

![放大镜图标]【学习目标】

学习本章后，你应该能够：

1. 理解酒店委托经营、特许经营、租赁经营的内涵；
2. 掌握委托经营、特许经营、租赁经营各自的优缺点；
3. 了解酒店集团化经营的优势。

![文档图标]【章前引例】

1952 年，世界上第一家假日酒店在美国田纳西州的孟菲斯诞生。假日酒店定位于中等价格、高标准服务，很快就吸引了占当地市场总量 65% 的中等价格市场的客人。当时，市场上几乎没有中等价格的酒店，假日酒店顺理成章地获得了成功。而他的创始人凯蒙斯·威尔逊先生第一个将特许经营方式引入酒店业，业界评价他"改变了世界酒店业的发展史"。

假日酒店目前有这样几个种类：人所皆知的传统假日酒店；位于世界各主要城市及度假胜地、服务设施更全的皇冠假日和皇冠假日度假村；流行于美洲地区的假日快线酒店；集中在欧洲、具有假日传统的舒适和价值，但不配有餐厅、酒吧、会议厅的庭院假日酒店以及位于游乐胜地、为中阶游客提供舒适、全面饭店服务的假日阳光度假酒店。

但自筹资金建立了最初几家假日酒店以后，威尔逊先生很快意识到独立一人很难进行大规模酒店扩展以满足顾客与日俱增的需求。于是，他开始让投资者购买假日酒店的品牌使用权，由他们自行兴建及经营酒店。这一决定使威尔逊先生成为世界酒店业引入特许经营机制进行扩张的先驱。

除了引入特许加盟机制之外，威尔逊先生还赶上了另外一个大好时机——美国的州际高速公路系统正向全国伸展。假日酒店以中等价格酒店的定位，周到、温馨、舒适的服务和独特的特许经营方式，很快成为"二战"后的美国最有吸引力的酒店。到20世纪50年代末，美国已经有100家假日酒店；到1964年，数量达到500家；到1968年，假日酒店的数量突破1000家。当美国的州际高速公路建设接近尾声时，假日酒店集团已开始向机场附近、市区中心地带、近郊写字楼区发展了，假日酒店已遍布美国。1968年，欧洲第一家假日酒店开张，1973年，亚洲第一家假日酒店开门迎客。

凯蒙斯·威尔逊先生从1952年创建第一个假日酒店起，在不到20年间，就把假日酒店开到了1000家，每两天半就会有一家假日酒店在世界的某个地方开业，假日酒店集团由此成为世界上第一家达到10亿美元规模的酒店集团。现在的假日酒店集团已被英国BASS集团收购，成为世界上第二大酒店集团的重要组成部分。

# 第一节　酒店管理公司与委托经营

## 一、委托经营的出现

委托经营的雏形就是20世纪60年代希尔顿酒店集团与波多黎各合作经营加勒比希尔顿（Carribe Hilton）酒店时运用的利润共享租赁（Profit-sharing Lease）。当时波多黎各的开发部门为了吸引国外游客，需要一座高档名牌酒店。他们要求要有知名酒店参与酒店的设计、建造和装备。波多黎各政府同意把酒店租给希尔顿酒店集团，只要求获取2/3的经营毛利，并且不需要希尔顿酒店集团的任何担保，希尔顿酒店集团提供的广告促销费用还可以得到补偿。希尔顿酒店集团只需要提供营业前的开销和营业资本。这种协议就是利润共享租赁。

后来希尔顿酒店集团又把这种租赁形式逐渐转变为现代管理合同，要求股东承担全部经营风险，包括提供利息及营业资本。管理公司有经营的全部权利，包括员工的雇用、解聘，员工薪酬和客房价格的确定等。后来，希尔顿酒店集团认为股东应当支付酒店使用管理公司品牌、系统及专家的费用，为此引进了5%毛收入外加10%经营利润的薪酬体系，并要求酒店股东支付广告费、市场促销费、预订费和业务指导费等。

## 二、委托经营的内容

委托经营又称管理合同或合同经营，是指酒店管理公司接受酒店业主委托，与酒店业主签订合同，约定双方的权利、义务，酒店管理公司将根据自身经营管理标准和规范来经营管理酒店，以确保将酒店管理公司的管理风格、服务规范、质量标准和运营方式代入酒店，向酒店输出专业技术和管理人才，并向酒店收取管理薪酬的管理方式。

美国康奈尔大学教授伊斯特（James J. Eyster）认为委托经营由 3 个基本要点构成[①]：①酒店管理公司全权负责酒店的经营管理，不受酒店业主的干预；②酒店业主支付一切经营费用和财务费用，并承担所有权风险；③除重大疏忽或欺诈行为外，酒店经营者的行为受酒店业主的保护。

委托经营的出现，主要源于酒店业主在建造或投资购买酒店后，不打算自己经营或缺乏管理经验，便委托酒店管理公司或酒店集团进行经营管理，同时使酒店成为酒店集团的一员。在委托经营模式下，酒店业主是委托人，酒店管理公司是受托人，酒店业主提供包括土地、建筑、设备、器具和运营资本等所有资产，酒店集团不需要对酒店建设进行投资，只负责酒店的经营管理，并向酒店业主收取相应管理酬金。酒店业主通常将管理费用分为基本管理费和效益提成。效益提成是指当酒店营业额、入住率或某个约定项目达到一定标准后，酒店管理公司可以获得额外管理费。

委托经营实质上是酒店所有权和经营权分离的结果。酒店集团通过采用委托经营模式，以最小的成本和风险来扩大酒店集团的规模，并依靠人力、网络和信息等优势增加收入。酒店业主则利用酒店集团的品牌和声誉等无形资产来筹措资金、占领市场。

对于酒店管理公司或酒店集团而言，委托管理流程如下：

（1）考察评估被委托管理酒店的主要项目，并形成市场分析报告和可行性分析报告。

（2）根据市场分析报告和可行性分析报告，确定酒店的星级标准和市场定位，并根据自身酒店集团品牌的相关标准来确定酒店所适用的品牌等。

（3）与酒店业主依法签订酒店全权管理合同。

（4）由酒店管理公司任命和委派以总经理为首的管理团队，并对酒店进行全面管理。被托管酒店将遵循酒店管理公司管理理念，按其标准建设酒店运作和控制系统，以确保酒店运营的高效和资产的增值。

不同时期介入酒店管理的委托经营方案设计，大致包括以下几个阶段：

（1）设计阶段。酒店管理公司若在酒店设计初期就与酒店确立合同关系，则可使酒店项目在功能布局、设计及建造过程中避免很多错误，减少资金、人员方面的不必要浪费。

（2）筹建阶段。酒店管理公司若在酒店筹建阶段介入酒店管理，则可以为酒店提供技术支持和管理咨询服务，如平面布局、施工及设备配置要求、建筑主题、酒店文化定位、员工招聘与培训、筹办开业事宜等。

（3）建造阶段。酒店管理公司若在酒店筹建阶段介入酒店管理，则可以评估现有施工阶段，定位建筑结构，并根据酒店实际需求对原有规划进行修订和改进，提升酒店外在品质。

（4）经营阶段。酒店管理公司若在酒店已处于运营阶段介入酒店管理，则可根据自

---

[①] James J. Eyster.The Negotiation and Administration of Hotel and Restaurant Management Contracts[M]. NY: School of Hotel Administration,1988.

身丰富的酒店管理经验，分析酒店现状，并针对存在的问题提出相应改进方案。此外，酒店管理公司可借助自身品牌、服务和管理团队优势，为酒店引入先进的财务、营销、服务及培训系统，进而改善酒店经营状况，提升酒店品质。

## 三、委托经营存在的问题

### （一）委托代理问题

委托代理理论建立的基础是委托人和代理人间的信息不对称。在委托经营关系中，酒店业主为委托人，酒店管理公司为代理人。酒店委托人无法直接观测代理人的工作努力程度，而代理人却很清楚自己的付出水平。由此，代理人可能会利用自身信息优势条件，谋取自身最大利益。委托人的收益取决于代理人的成本（付出的努力），而代理人的收益来源于委托人的成本（支付的报酬）。当双方都只追求自身利益最大化时，就容易出现目标利益不一致的状况。外加双方信息不对称，代理人在自身利益的驱使下，其行为容易偏离委托人的期望，而这种偏离情况又难以被委托人观测到，无法采取有效措施来监督或约束，代理人则容易采取损伤委托人利益的行为，进而产生委托代理问题。

### （二）道德风险问题

在酒店业主和酒店管理公司签约之后，代理人借由其掌握的一些随机因素信息而采取自主行动，但委托人只能观测其行为，不能了解到随机因素发挥作用的信息情况。在此情形中，代理人可能会采取损害委托人利益的行为，却向委托人传递虚假信息。同时，委托人只能观测到代理人行动的结果，却无法了解代理人工作的努力程度，难以识别酒店经营业绩提升的真正原因。在委托经营关系中，代理人由于不用完全承担其经营行为结果，故而加大了其为谋求自身利益最大化而采取损害委托人利益行为的可能性，从而造成代理人的道德风险问题。

### （三）代理成本问题

在委托经营中，代理成本指因代理人的道德风险而导致委托人利益的损失。代理成本由三部分构成：代理人的担保成本、委托人的监督成本和剩余损失。剩余损失是指委托人因代理人代为决策而产生的价值损失。为减少代理成本，降低代理人从事有悖于委托人利益的行为，委托人就会通过监督代理人的行为来约束其经营活动，而这又会增加监督成本，故代理成本和监督成本是反方向变动的。委托人为使代理人努力工作，可以强化契约约束或者加强观察代理人行为，两种途径对代理人的预期产出影响是相同的。委托人需要比较监督成本和代理成本的大小，再做出决定。

## 四、委托经营的发展趋势

第一，委托经营期限逐渐缩短。以往的委托经营期限一般为20~25年，现在5~10

年的期限更为常见。此外，定期业绩检查也成为委托经营的一个趋势。

第二，添加经营业绩条款。越来越多的酒店业主要求在合同中添加有关经营业绩的条款，并以此作为管理酬金支付的条件，酒店管理公司必须要达到的最低财务标准也会被列入条款中，酒店管理公司若未达到最低标准，酒店业主则有权终止双方合同。

第三，酒店出售时终止委托经营。大量酒店业主期望在出售酒店的同时，终止双方的委托经营关系，尤其是那些成熟并获利颇丰的房地产企业。在出售酒店后，酒店业主可以利用自身资源，为酒店管理公司提供新的酒店进行管理，并与酒店管理公司分享出售酒店所获利润。

第四，酒店管理公司参与直接投资。经营成熟的酒店管理公司可能会对酒店进行直接投资，同时也有助于分担酒店业主的投资风险。

# 第二节　酒店特许经营

## 一、特许经营的出现

在酒店系统中，最早运用特许经营的人是西萨·里兹。早在 1907 年，西萨·里兹就允许纽约、波士顿、蒙特利尔、巴塞罗那、里斯本等多个城市使用其品牌。20 世纪 50 年代，酒店的品牌、形象、声誉、预订系统、顾客网络等的价值逐渐被广大酒店业主重视起来，他们也意识到特许经营模式容易获利，并且相对便宜。

凯蒙斯·威尔逊的假日集团在 20 世纪 50 年代开创了现代酒店特许经营的新局面。假日集团的特许经营起始于汽车旅馆范畴，汽车旅馆的地皮一般比较便宜，有两层矮小的简单建筑，多位于居民中心、高速公路、交叉路口等地段。即使成本较低，假日集团还是积极争取让其他旅馆参与投资，以实现旅馆扩张，由此开创了特许经营模式。凡是能够遵守假日集团制定的营业程序和会计制度，就可以成为假日集团的正式成员。在餐饮方面，尽管菜价便宜，但由于投资成本低、工资水平低，假日集团的成员旅馆仍然能够获得不少利润。成员旅馆可以参与联号公司的采购计划，在采购设备、家具以及日用品等方面享受折扣，与此同时，成员旅馆还能享受到假日集团的品牌、经营规范、广告、预订、促销等服务。成员旅馆只需要交付初始费用和 3%~4% 的客房收入费用。

假日集团开创了现代酒店特许经营这一新模式，此后，万豪（Marriott）、喜来登（Sheraton）、希尔顿（Hilton）等许多国际著名酒店也纷纷采用特许经营模式。世界最大的饭店特许经营者——圣达特集团（Cendant）的特许经营比例已接近 100%。世界酒店集团前十强几乎都运用了特许经营模式，很多国际酒店集团也都采用特许经营模式在中国扩张市场，并取得了很好的发展结果。例如，万豪集团旗下的华美达（RAMADA），近年来以特许经营模式在中国上海、武汉、大连、广州、杭州和苏州等地发展了大量的加盟店，并且加盟店以每年 10~20 个的速度迅速增加。

## 二、特许经营的内容

### （一）特许经营的内涵

特许经营的定义有多种，Vaugh C.L. 认为特许经营（Franchise）是饭店的一种营销与分配形式，联号公司（franchisor）授予成员饭店（franchisee）在某特定时间、特定地点按照规定的方式经营业务的权利和特权。目前被广泛采用的是国际特许经营协会（International Franchise Association，IFA）的定义，特许经营（Franchise）是指拥有特许经营权人向受特许经营权人提供特许经营权力，以及在组织、经营和管理方面提供支持，并从受特许经营权人获得相应回报的一种经营形式。

### （二）特许经营的基本原则

#### 1. 规范管理原则

加盟店的连锁管理模式要与特许人一致，且其产品和质量标准也必须统一。

#### 2. 互利互惠原则

特许经营以双方获利为基础，单方获利或双方权利、义务关系失衡都将会导致特许经营模式的瓦解。

#### 3. 开放原则

发展特许经营模式需要建立开放的市场环境，突破行业、区域、部门、所有制等的限制。

#### 4. "3S" 原则

特许经营的本质是知识产权或工业产权的转让，"3S" 原则的运用可以使特许经营双方都能获取最大效用。

（1）标准化（standardization）。标准化是指特许人对其业务运作的各个方面，包括步骤、方法和流程等都是统一的。标准化是特许经营的优势之一，有助于特许经营模式的复制，有利于特许经营体制的管控，保持整个特许经营体系的一致性。

（2）专业化（specialization）。专业化是指将不同的职能交给不同的部分完成，各个部分有机协调、合作的结果保障了特许经营体系成为一个拥有自我发展，并能对外部环境做出良好反应的有机整体。

（3）简单化（simplification）。简单化是指作业流程和作业岗位活动简单化，这样可以使员工节约精力，提高工作效益，以最小的时间和精力支出获取最大效益。在实践活动中，特许人往往会深入研究作业流程和岗位工作的每一个细节，进而通过手册归纳出来，使所有的员工都可以按照手册规定进行规范操作，即便是新手，也可以按照工作程序快速解决操作问题。例如，麦当劳手册中就详细规定了奶昔员应当如何拿杯子、开机、装奶昔直至出售等所有程序。

## （三）特许经营的优劣

### 1. 特许经营的优势

（1）特许经营对特许商的优势：①特许商可以在进行集中控制的同时保持较小的规模，不仅可以赚取适当利润，还可不涉及资本风险，更无须兼顾加盟商的琐事；②由于特许商无须参与加盟商的员工管理工作，因而自身需要处理的员工问题相对较少；③由于加盟店对所属地区有较深入的了解，因而容易开拓出企业尚未涉及的业务范围；④由于特许商没有加盟商资产所有权，因而就由资产所有人来保障资产安全，特许商不需要承担相关责任；⑤从事批发业或制造业的特许商能够借助特许经营模式建立分销网络，进而确保产品的市场开拓。

（2）特许经营对特许商的优势：①享受现成商誉和品牌。加盟商由于承袭了特许商的商誉和品牌，因而在酒店创业初期就能够拥有良好的形象，使许多工作得以顺利开展，而无须再花费大量广告费用来树立自身形象。②分享规模效益。加盟商通过特许经营模式可以享受到采购规模效益、经营规模效益、广告规模效益和技术开发规模效益等。③降低市场风险。面对激烈的市场竞争，投资者往往由于缺乏市场经验而处于劣势。投资一个实力雄厚、信誉良好的特许商，并借助其形象、品牌、管理模式及其他支持系统来经营，便可大大降低自身市场风险。④获取多方支持。加盟商可以从特许商处获取诸如培训、广告、市场分析、资金融通和技术转让等多方面的支持。

### 2. 特许经营的劣势

对特许商而言，特许经营中存在的风险主要在于与加盟商的关系，具体表现在以下几方面。

（1）承担声誉受损风险。特许商在甄选加盟商时，有必要设定并保持较高标准，并进行科学评估。因为仅仅根据资金能力而盲目选择或降低甄选标准，特许商则容易面临由个别加盟商的不良行为进而损害整个品牌声誉的威胁。

（2）加盟商独立愿望。在服务类或加盟结合因素较少的特许经营环境中，加盟商在加盟一段时间后，往往由于掌握了运营操作技巧而获取一定成绩，进而要求离开特许经营网络，不再向特许商交纳相关费用，以获取更多盈利。

（3）制约力减弱。与直营店不同，加盟商在法律、财务等方面都拥有独立性，即使特许商规定加盟商必须遵守一系列经营条款，但加盟商仍然有权选用自己认为最好的方式来经营，因而令加盟商采用某种经营策略对特许商而言存在一定难度。

（4）协调供货体系的困难。出于质量等方面的考量，特许商一般会控制加盟连锁店的供货环节，限制使用其他的产品或服务供应渠道，若加盟商拒绝执行，则会造成双方间的矛盾，乃至关系破裂。

# 第三节　资本纽带下的酒店集团

酒店集团产生于 20 世纪初期，在 20 世纪 50 年代进入大发展时期，在 20 世纪 90 年代已经发展成为酒店经营的主流。进入 21 世纪后，酒店集团经营因其所具有的形象策划、市场份额、规模经济的优势，且迎合了经济全球化、产业竞争国际化、商业活动信息化及大规模兼并、重组等发展趋势，使得自身的集团化经营趋势得到进一步加强。

## 一、酒店集团的内涵

酒店集团又称饭店联号或连锁饭店，是指以酒店企业为主体，以经营酒店资产为主要内容，通过产权交易（包括有形资产和无形资产）、资产融合、人员派遣、管理合同及市场和技术网络等形式而相互关联的企业集团。酒店集团实际上是以经营酒店为主的联合经济实体或系统，一般至少拥有或经营两个以上的酒店，统一使用相同的名称和标志，并按照统一的经营管理规范和服务标准来进行联合经营。

酒店集团的内涵主要包括三个方面：第一，酒店集团通常拥有属于自身的产权酒店，有其经营管理权。酒店集团不同于酒店管理公司，酒店集团拥有属于自身产权的酒店，而酒店管理公司是向酒店输出自身的专业技术和管理人才，未必拥有属于自身产权的酒店。第二，酒店集团采取统一的经营管理。酒店集团使用统一的店名、标志、经营程序、管理程序、操作程序和服务标准，以便于酒店统一管理，形成自身品牌，进行市场推广。第三，酒店集团是酒店的联合经营体。各个酒店间可以实行联合培训、联合促销和管理输出，同时可以互为预订、互荐客源。

一个酒店集团必须具备三类要素：第一，硬要素，包括土地、资金、人才、技术；第二，软要素，包括品牌、制度、市场、环境；第三，根本要素，即管理模式。

酒店集团要以管理模式为中心，以知识产权为主导，协调软硬要素，实现全面整合。

## 二、酒店集团经营优势

### （一）品牌优势

品牌是酒店集团对自身产品和服务规定的有利于识别的名称和标注。酒店集团品牌的辨识度、一致性往往较高，有着统一的名称、标志、服务和类似的设施，通过宣传在公众中留下深刻印象。酒店品牌实际上是对顾客的服务质量标准的承诺，这有助于进行酒店集团的市场宣传，引导顾客对酒店产品进行品牌联想，形成对酒店产品的质量预期和感知，进而培养顾客的品牌忠诚度。在国际市场的开拓方面，一个为公众所熟知的国际酒店集团名称及其在服务质量上的声誉，往往容易吸引大量顾客，并使顾客对酒店产生信赖。

当顾客在陌生环境中选择酒店产品时，对酒店集团产品品牌的信任可以显著提升顾客对酒店产品和服务的信心。所以，酒店集团的品牌及其明确的市场定位已成为酒店集团占领市场、扩大市场份额、降低营销成本的有效手段。

### （二）规模优势

酒店集团可以通过规模经营实现规模经济，在市场中取得由规模和范围带来的效率优势及由交易成本和信息成本带来的成本优势。具体表现在以下几个方面：

#### 1. 采购优势

为保障为顾客提供优质的酒店产品和服务质量，酒店集团往往要求所属酒店的各类原材料和设备要符合一定规格和标准，如酒店电梯、中央空调、客房用品等都要符合酒店集团规定的质量标准。酒店集团通常采用集中采购的方式来严格控制采购质量，同时能够增强采购讨价还价能力，进而获得供货商的最大优惠。批量集中购买可以有效降低酒店集团所属酒店的经营成本，显著提高经营利润。

#### 2. 财务优势

就酒店集团的外部而言，相较于独立的酒店企业，酒店集团更容易获得金融机构信任，在筹措资金方面有明显优势，甚至可以得到某些机构的高额借贷，并且条件往往很优惠。如此，酒店就有能力及时改造酒店，运用新技术，更新服务项目，进而在市场竞争中处于优势地位。

就酒店集团内部，酒店集团总部可以通过资金的集中使用，来帮扶集团内部某些资金短缺或有资金困难的酒店成员。此外，酒店集团借由规模经济效益，使得自身的平均费用支出少于一般的独立酒店企业，这成为酒店集团在市场竞争中的一大优势。

#### 3. 竞争优势

酒店集团与单体酒店相比有明显的竞争优势，这主要表现在酒店集团对客源市场和价格的垄断，以及在大规模促销活动中所具有的优势。

在客源市场上，每个酒店集团都拥有自身的市场信息预测系统，可以随时了解到市场的最新动态、顾客的需求，进而不断调整酒店经营战略，使自己获得稳定的客源市场。此外，酒店集团还可以运用自身预订中心，有力控制顾客流向，进而达到垄断客源目的。由于酒店集团占有较大的市场份额，它可以通过价格垄断与单体酒店进行竞争，并且往往具有竞争优势。

为了争取更多的客源，酒店需要进行大规模促销活动，而这种促销活动的费用通常较高。单体酒店常因资金问题而难以进行大规模的宣传促销，相反，酒店集团则可以充分利用其财务优势迅速集中资金，发动促销攻势。同时这些促销费用可以由酒店成员共同分担，每个成员支出的资金相对都会少些。另外，相对于一般酒店，酒店集团更能够进行深入细致的市场分析与调研，使其促销活动更易成功。

### （三）人力资源优势

第一，在酒店员工的教育培训方面，很多酒店集团专门在集团总部或地区中心建立自己的培训基地，形成完整的培训系统，用于轮训集团成员酒店的管理人员以及培训新员工。第二，酒店集团可以进行统一的人力资源管理和安排。酒店集团通常由集团总部的人力资源部门负责在世界范围内招聘、选拔和考核各级员工，并为其制订个人职业生涯发展计划和工资福利计划，建立能力与绩效档案。酒店集团甚至可以从整个集团需求出发，将整个市场分析、市场营销、工程技术、装潢、财务会计、计算机、食品技术等各领域专家集中起来，服务于酒店集团内部的各个酒店。这些专家往往了解酒店集团整体的宏观经营战略和实际经营状况，熟知集团各方面的标准和工作程序，因而能够有效地解决酒店存在的问题，并在经营管理活动中发挥积极作用。第三，酒店集团一般比较注重培养和使用当地的员工，既培养他们的国际意识，又使他们注重与当地风俗习惯和地方文化相结合。这些都是单体酒店无法比拟的优势。

### （四）市场信息优势

信息在现代市场竞争中占据了重要位置。计算机信息技术在酒店行业中的运用，大大加强了酒店搜集和处理信息的能力。计算机技术在酒店行业中的运用大致经历了HMS、CRS 和 GDS 三个阶段。HMS（Hotel Management System）指酒店管理系统，一般仅限于酒店内部的预订、客房、客账管理等；CRS（Center Reservation System）是指中央预订系统，是酒店集团为控制客源采用的集团内部预订系统，CRS 使酒店集团在客源控制方面一直处于优势地位；GDS（Global Distribution System）是指全球预订系统，是一种网络信息共享系统。GDS 的诞生，令很多中小单体酒店得以利用网络技术扩大客源市场，然而，酒店集团往往更有实力购买 CRS 和 GDS 兼容技术，开发出能够准确掌握顾客信息的系统，从而在市场中获取更大份额。但随着互联网技术的发展，网络信息费用进一步下降，更多的单体酒店能够支付 GDS，并谋求发展，因而未来的酒店行业竞争将变得难以预测。

## 三、我国酒店集团的发展

我国酒店的集团化起步于 20 世纪七八十年代，1978 年我国实行改革开放政策后，国外酒店管理公司开始逐步渗入我国酒店业，我国酒店业才开始逐渐集团化。

根据《2020 中国酒店业发展报告》显示，截至 2020 年 1 月 1 日，我国住宿业设施总数为 60.8 万家，客房总规模 1891.7 万间。其中酒店业设施 33.8 万家，客房总数 1762万间，酒店业设施和客房数分别占我国住宿业的 56% 和 93%。2020 中国酒店集团规模TOP50 排行榜居前 5 位的分别是：锦江国际集团、华住酒店集团、首旅如家酒店集团、格林酒店集团、尚美生活集团。

目前我国酒店集团大致按三种方式进行酒店集团化的扩张和经营：第一是采取直接

经营形式，通过直接投资、兼并收购，或借助参股控股等资本联结方式获得酒店的所有权和经营权，进而对下属酒店成员进行集团化管理；第二是采用合同经营形式，通过与其他单体酒店签订管理合同或协议来扩大酒店规模；第三是组成酒店联合体，采用酒店组织形式来扩大集团规模。

我国酒店集团化的进程有自身的特点，主要表现在以下几个方面。

### （一）集团扩张与游客流向高度相关

改革开放之后，我国很多酒店开始从政府主导向企业化过渡，很多旅游热点地区的酒店集团化发展迅猛，如北京、上海和广州等地，游客流向不仅反映了旅游业发展的走向，也成为我国酒店集团化发展的一个趋势。

### （二）融资渠道多元化

我国很多成功的酒店集团在发展过程中，除酒店行业外还在其他领域进行了扩展。例如，首旅建国集团，不仅发展酒店行业，还拥有旅行社、餐饮、汽车、购物和景区等许多业务板块，同时还在向旅游房地产、金融市场等领域不断延伸；湖南华天酒店集团，更是将经营范围扩展到了钢铁、金融等行业，有助于酒店集团的多元化融资。我国本土的酒店在集团化发展过程中，逐步意识到了融资的重要性，融资渠道的多元化更是为酒店集团化打下了坚实基础。

### （三）经营特色化

经营特色化是指酒店在硬件设施服务方式和营业环境等诸多方面树立自身风格，与其他酒店形成差异，以便吸引顾客，在顾客心中形成良好印象和鲜明特征。我国酒店在集团化过程中注重培养自身特色，致力于提供优质服务。例如，北京贵宾楼酒店，有"昔日帝王宫"之美誉，它将我国古典艺术的典雅庄重与现代建筑的华丽巧妙地结合起来，酒店大堂的设置充满古代皇家韵味，古今文化的衔接恰到好处。

### （四）信息化程度加深

目前，我国各大酒店集团都不断加大对信息化建设的资金投入，大量购买高科技硬件设施，运用多媒体、通信卫星、信息高速公路、可视技术等来为顾客提供更优质的服务。相较于国际酒店集团，我国本土酒店的信息化建设起步较晚，但发展十分迅猛。例如，锦江集团不仅设立了超大的易懂办公平台、通信平台、电子商务系统、门户网站系统，还引进了 CRS 系统，并进一步与 IDS 和 GDS 对接，向国际化标准迈进。

# 第四节　酒店租赁经营

## 一、租赁经营的内涵

酒店租赁经营是指酒店集团以承租方式租赁某个酒店，即控制租赁期内该酒店生产资料的经营管理权和使用权，并按照租赁合同向被租酒店所有者支付租金的一种合作形式。租赁范围包括业主的土地、酒店、建筑物和家具设备等。在租赁经营中，酒店集团作为法人直接经营，如果只租赁了土地，酒店集团则需要投资建造酒店，如果租赁了全部硬件，那么可以在租赁合同中预先规定双方对固定资产更新费用所负担的责任范围，通常是由进行经营管理的酒店集团来承担。在租赁合同期内，承租者还需要承担房地产税、使用费、保险税等固定费用。承租的酒店集团每年要向酒店业主交付租金和一定比例的年营业收入作为租赁费用，而酒店经营所得经营利润则归酒店集团。

租赁经营可以让酒店集团在较小投资下，租赁其他酒店进行经营管理，进而扩大自身规模。酒店集团不拥有被租酒店的所有权，但拥有经营权，故而该酒店就成为酒店集团的一员。某些酒店集团不打算经营自身拥有的酒店，就租让给其他酒店公司来经营，但要求仍使用本酒店集团的名称，按照集团的规定和经营规范来进行连锁经营。在以上两种情况中，酒店业主和经营者分属于两个独立公司，酒店的所有权和经营权相互独立，酒店集团只需要承担经营风险，酒店大多数固定资产属于业主，所以一旦经营失败，酒店集团可以将损失降到最低。

## 二、租赁经营的种类

### （一）直接租赁

直接租赁是指承租公司使用酒店的土地、建筑物、设备等，负责经营管理，每月向酒店交纳定额租金。如果酒店集团只租赁酒店土地和建筑物，不包括酒店的家具设备等，那么租赁合同就需要确定家具设备的更新改造或大规模修理等的费用该由谁负责。这些费用可以由酒店业主承担，也可以由酒店集团承担，或双方共同承担，这些都需要在租赁合同中明确说明。酒店主要的固定资产用于酒店业主公司，因此，在租赁合同中也要规定火灾保险、财产税等费用需要由谁承担。酒店的成功经营一般需要花费一段较长时间，故而在租赁合同中需要规定租赁年限，以防酒店集团在经营成功之际被酒店业主收回财产，按照国际惯例，租赁经营期限一般为 25 年，承租人作为法人直接经营管理酒店。

### （二）盈利分享租赁

在酒店租赁经营中，有些酒店业主愿意将租金与酒店营业收入和利润挂钩。具体计算方法有 3 种：①将营业总收入的一定比例作为租金；②将经营利润的一定比例作为租金；③将营业收入和经营利润的混合比例作为租金，如有的酒店集团向酒店业主交纳 5% 的营业收入和 60% 的经营利润作为租金。酒店业主一般不愿意承担经营风险，往往喜欢收取一定比例的营业收入来作为租金。对酒店业主而言，按照经营利润计算租金可能会造成不必要的风险，如有的酒店占据优越的地理位置，硬件设施齐全，但由于酒店集团经营管理不善，没有达到预期利润，就会使酒店业主蒙受损失，由此酒店业主在与酒店集团制定租赁合同时，往往会要求加上最低租金限额这一个保障条款。

### （三）售后回租租赁

售后回租租赁是指企业就酒店产权转让给他方后再将酒店租回以继续经营。企业出售酒店产权动机各异，有些企业为降低风险，不愿意再经营下去，而让渡酒店的经营权，但同时保留这家酒店的产权；有些企业急于周转现金，就将酒店资产转变为现金；还有些企业借助贷款建造另一公司时，若要求继续经营该酒店，那么双方签订售后回租协议，承租公司需要定期向买方交付租金，这对卖方而言，也是筹集资金的有效方法。

## 三、租金的确定

租赁经营的"租"指酒店业主在让渡酒店经营权期间，定期向承租者收取的资金。影响租金确定的因素一般包括以下三个方面：

### （一）有形资产价值

酒店的有形资产指由酒店支配以进行生产经营的资金或财产，可以分为固定资产和流动资金两部分。

第一，酒店实行租赁经营，出租的主要是用于生产的固定资产。在生产的过程中，固定资产一部分被使用，另一部分被磨损，其价值就被转移到所生产的产品中来。故而固定资产的存在形式也有两种，分别是固定资产的原值和固定资产的净值。其中，只有固定资产的净值才是真正存在的价值，是能够发挥其功能的价值，所以一般是按照固定资产净值来计算和确定租金。

第二，酒店流动资金有两方面来源：一是自有资金；二是银行贷款。由于银行贷款所有权仍归属于银行，不能用来出租，而自有资金的所有权归属于酒店，所以一般将自有资金纳入确定租金的因素。

### （二）级差收益能力

所谓级差收益，是指同一生产要素投入到不同的经济主体而形成的超额利润[①]。不同的酒店之间也存在着级差收益。影响酒店级差收益的因素主要包括以下三个方面：

---

① 唐启国.“级差收益”现象初探 [J]. 湖南商学院学报，1998（5）：14-16.

### 1.酒店地理位置

地理位置对一个酒店的经营而言有着重要的影响。我国地域辽阔，东、中、西部差异明显，即便处于一个城市中，区位条件仍有较大差别，地理位置优越的酒店，更容易获得良好的经济效益，反之就会弱些。

### 2.酒店无形资产

酒店的品牌、声誉、企业文化、员工向心力等无形资产虽然不具有实物形态，但能够为酒店带来优势，是酒店的宝贵财富。酒店的无形资产越丰富，酒店的获利能力就越强；反之，获利能力就越弱。在确定租金时，如果酒店无形资产丰富，信誉良好，就可以将租金定得高些；反之，则要定得低些。

### 3.酒店综合素质

（1）人员素质。酒店人员素质可以分为领导素质、技术人员素质和员工素质，人员素质包含一个人的思想、文化、业务和技能水平等；

（2）管理素质。管理素质分为组织机构、管理体制、专业管理和管理基础工作等。

（3）技术素质。技术素质分为硬技术素质（如设备水平等）和软技术素质（如工作质量和服务能力等）。

酒店综合素质对于酒店的生存和发展至关重要，人员素质、管理素质和技术素质相互关联，综合形成酒店综合素质。技术素质是基础，管理素质是技术素质得意充分发挥的保证，人员素质是酒店成败的关键。因此，酒店综合素质越高，则可以将租金定得高些；反之，则定得低些。

## （三）供求状况

商品价格，不仅受到商品自身价值影响，也会受到市场供求状况影响。当酒店要出租经营时，若求租者较多，且租价定位很高，此时就可以将租金定得高些；反之，若求租者较少，出价较低，甚至无人愿意求租，就可以将租金定得低些。由于市场供求关系对租金的确定有一定影响，为使租赁经营得到有效发展，可以为出租者之间、承租者之间以及出租者和承租者之间的竞争提供一定条件，形成租赁市场，从而使租赁经营趋于合理化。

## 【本章小结】

1.酒店集团通常采用委托经营、特许经营和租赁经营等经营管理方式进行扩张。

2.在酒店委托经营过程中，可能会面临委托代理问题、道德风险问题、代理成本问题。

3.特许经营的基本原则包括规范管理原则、互利互惠原则、开放原则和"3S"原则，其中"3S"原则分别指标准化、专业化和简单化。

4.酒店集团经营具有品牌优势、规模优势、人力资源优势和市场信息优势，其中规模优势包括采购优势、财务优势、竞争优势。

5.租赁经营的种类主要包括直接租赁、盈利分享租赁和售后回租租赁。

## 【案例分析】

### 酒店管理合同的解约之痛①

2013年5月24日下午，上海（楼盘）耀达房地产开发有限公司就其与国际酒店管理集团洲际集团关于酒店管理纠纷的案件召开了说明会。耀达方面的委托律师刘俊寅指出洲际集团应赔偿上海耀达的1.5亿元处于无法执行的状态。

据介绍，2007年10月，上海耀达房地产开发有限公司与国际酒店管理集团洲际集团就管理上海浦西洲际酒店达成了20年的合作意向，洲际提供品牌和管理团队，耀达每年支付1000多万元的固定费用和与经营业绩相挂钩的奖励费用。

然而在合同履行期间，耀达认为洲际方面管理缺位，导致经营状况惨淡。同时酒店也接连暴露了有关人员的刑事犯罪案件和相关行政机关对酒店的处罚。在此情况下，上海耀达多次向洲际要求改善经营管理，但没有得到洲际方面的积极回应。此后，洲际宣布单方面撤牌，并撤离了全部人员。

上海耀达向中国经济贸易仲裁委员会上海分会提出了仲裁申请。该案受理后，贸仲上海分会于2013年3月21日做出了最终裁决，判决洲际向上海耀达支付总额为1.5亿元的赔偿，并在判决生效的30天内履行给付义务。但洲际方面没有按期履行，他们表示，上海耀达有违约行为，并已在北京（楼盘）对上海耀达提出仲裁。

鉴于此，耀达方面又向上海市第二中级人民法院申请了强制执行。上海二中院于2013年5月16日在国家商标局对洲际在中国境内所有系列商标，包括中英文名称以及相关Logo全部进行了查封。

而洲际方面并不认可上述说法，他们对媒体表示，洲际与不少中国业主方的合作都很愉快，该酒店的人员更换等也是有合理原因的。并表示耀达房产存在一系列违约行为，如在洲际明确撤牌后，该酒店还一直对外使用洲际品牌的Logo就非常不当。鉴于目前北京方面的仲裁还未出结果，所以洲际不对该纠纷做太多表述。

此前洲际方面传出与上海东湖公司合作的消息，并将于5月28日举行上海瑞金洲际酒店的开业仪式。刘俊寅表示，洲际在与耀达合同的有效期限内又与瑞金进行合作，违背了合同中签订的排他性条约，属于违约行为，已在仲裁中得到裁决。

不过洲际在接受媒体采访时也表示，既然已与上海耀达决裂，那么再挂牌其他酒店是正常之事。而上海瑞金洲际酒店的开业也被业界认为是洲际对上海耀达做出的"各走各路"表示。

---

① http://sh.sina.com.cn/news/to/2013-05-27/184248818.html

此外，刘俊寅在说明会上表示，中国高档酒店的管理行业近年来发展速度非常惊人，市场潜力也很大。但整个业主的行业联盟始终没有有效地建立。即使有部分业主组成了自发的联盟，也没有和国际的相关行业协会进行接轨，导致一旦业主和酒店管理人发生纠纷，很难通过有效的业内解决渠道进行自我维权，业主往往只能和管理人单打独斗。

**分析内容：**

根据上述案例，并结合相关知识，思考酒店管理合同的解约原因。

# 第 十 三 章

## 酒店投资筹划与筹备管理

### 【学习目标】

学习本章后，你应该能够：

1. 清楚在选择酒店投资时应如何展开市场调研；
2. 掌握酒店投资的可行性分析方法；
3. 了解酒店筹资的方式，并认识不同筹资的不同风险；
4. 大致了解酒店的设计与施工。

### 【章前引例】

假设你是某煤矿老板，由于煤炭市场已经饱和，想把自己的资金放到一个新的领域从而实现资金保值，现在欲把资金投资到酒店行业。有一个项目，是一个已经建成的四星级标准的公寓式酒店，有关它的各种改造方案及其所对应的经营模式如表 13-1 所示。酒店位于静安区，交通便利，距离机场 10 分钟车程，距离火车站 15 分钟车程。

酒店高 33 层，建筑面积约 45200 平方米。其中，第 1 层到第 3 层为店面及办公楼，第 4 层是酒店办公室，第 32 层和 33 层有中餐厅、酒吧、桑拿中心、美容美发室、健身房等配套设施（部分设施在建设中），其余楼层皆为豪华客房（共 441 套）。该项目可出售的 441 套房间的总面积为 39681 平方米。

表 13-1　改造方案及其所对应的经营模式

| 方　案 | 方案所对应的经营模式 |
|---|---|
| 方案1 | 收购公寓酒店，分拆出售后回租经营 |
| 方案1A | 100%自有资金收购 |

续表

| 方　案 | 方案所对应的经营模式 |
| :---: | :---: |
| 方案1B | 30%自有资金、70%银行贷款收购 |
| 方案2 | 收购公寓酒店，分拆出售后不回租经营 |
| 方案2A | 100%自有资金收购 |
| 方案2B | 30%自有资金、70%银行贷款收购 |
| 方案3 | 收购公寓酒店，分拆出售后回租委托经营 |
| 方案3A | 100%自有资金收购 |
| 方案3B | 30%自有资金、70%银行贷款收购 |

过去，酒店都是由个人或家族投资，并且自行管理，但是经济效益不佳，利润率不高。后来，由于房地产业兴旺，建筑成本越来越高，小型酒店逐渐被大型酒店建筑群体所替代。酒店的所有制和投资规模也发生了巨大的变化，酒店的业主大多是某一大型机构，或保险公司，或财务公司，或交通运输公司、通信公司、工业公司、金融机构和养老基金共同组成的联合投资机构。酒店投资主体的复杂性在一定程度上也导致了投资风险的多样性，因此，本章的讲解在实际操作过程中非常有必要。

而且酒店的投资筹建与筹备不同于其他房地产行业的投资筹建与筹备。首先，酒店投资所需资金大，管理要求高，是资金密集型行业，因此，酒店有较高的投资风险，也有较高的营运风险；其次，酒店亦不同于其他的工业产品，它对市场相当敏感，产品不能储备，如客房和食品若今日销售不出去，就会造成经济损失，以后也无法弥补。基于此，在决定投资建设酒店前要做完整的市场调研，进行可行性分析，考虑用哪种筹资方式，最终目标群体是谁，要如何设计与施工。

# 第一节　酒店市场调研

## 一、全球连锁酒店总体发展概况

据《中国主题酒店行业市场前瞻与投资机会分析报告前瞻》数据显示，全球各类酒店所占的比重分别为：豪华型5%，高档30%，中档37%，经济型20%，适用型8%。不过，经济型和适用型的酒店仅占28%，发展潜力较大。从全球各地区的酒店数量分布来看，北美的各类酒店分布最均衡，经济适用型酒店占到41%，代表酒店业的发展方向。对于南美来说，其酒店业很不成熟，豪华和高档酒店所占比重过大，经济适用型酒店仅有6%。对于欧洲来说，豪华高档酒店所占的比重也较大，但比南美要好一些，经济适用型酒店的发展潜力也较大。值得注意的是，东欧的大部分酒店都是高档和豪华型的，酒店档次分布不平衡。对于中东和非洲来说，这种不平衡更突出，尤其是非洲，其酒店服务仅仅针对国际旅游者，国内居民较少使用。对于亚太地区来说，高档和豪华型的比例也较大。

目前，全球连锁酒店的客房出租率超过 70%，尤其是豪华酒店的出租率高达 75%。这说明，酒店服务的需求量较大，有些供不应求。其中，尤以欧洲的阿姆斯特丹最为突出，客房出租率高达 90%，由于不能新建酒店，只能扩建，即在原有酒店基础上增加楼层，即使这样，也不能满足市场的需求。此外，全球连锁酒店客房的 60% 集中在北美，24% 集中在欧洲，其他几个地区的拥有量分别为：南美 3%，亚太 10%，中东和非洲 3%[①]。

从连锁酒店的市场占有率来看，在美国高达 70%，在欧洲也有 30%，在其他地区亦超过 15%。北美地区的酒店企业主要以连锁经营的方式运作，因此连锁酒店所占的比重较大，而亚洲的酒店企业则主要以个体经营的方式运作，连锁酒店所占的比重较小。

## 二、全球酒店房价行情分析

据 Hotels.com® 酒店房价指数（Hotel Price Index™，HPI®）显示，2010 年全球酒店平均房价涨幅为 4%，新兴经济体尤为迅猛。HRS 的数据显示，2015 年纽约的一至五星级酒店均价达到每晚人民币 1893 元，为全球最贵。这一数字比 2014 年的高出 28.57%，比第二位的华盛顿高出 416 元。其他位列全球酒店最贵的五大城市还包括东京（1233 元）、悉尼（1219 元）和新加坡（1197 元），它们均为亚太地区的城市。

受大宗商品价格萧条、国内消费萎靡等影响，巴西正面临严重的经济衰退，2015 年里约热内卢的酒店均价全球下跌幅度最大，达到 10.12%。同样，受累于经济增长放缓以及货币贬值，马来西亚城市吉隆坡的酒店均价下跌 5.63%。

从全球来看，吉隆坡的酒店均价为全球主要城市中最低的，2015 年，平均只需要花费 480 元就可在吉隆坡住上一晚。上海、北京亦属于全球酒店最便宜的城市之列，上海 2015 年的酒店均价为 645 元，北京为 631 元。

从价格变化幅度的角度，2015 年除吉隆坡和里约热内卢之外，全球主要城市酒店价格普涨。纽约、东京、迈阿密、华盛顿的酒店均价较 2014 年均上涨 20% 以上。新兴经济体的酒店价格上涨更为迅猛。墨西哥城以 56.41% 的幅度领涨全球，达 875 元。印度孟买次之，涨幅为 32.93%，达 782 元。上海、北京的酒店均价较 2014 年涨幅也超过了 20%[②]，如表 13-2 所示。

---

① 万豪，希尔顿，洲际等全球大酒店集团 2015 业绩 [EB/OL].http://www.winshang.com，2016-03-29.

② 2015 年全球酒店价格监测数据 [EB/OL].http://www.hrs.cn，2016-01-18.

表 13-2　全球主要城市的房价变化

| 全球主要城市 | 2015年一至五星级酒店房价（元人民币/晚） | 与2014年相比（%） |
|---|---|---|
| Bangkok 曼谷 | 545 | 31.03 |
| Beijing 北京 | 631 | 22.22 |
| Buenos Aires 布宜诺斯艾利斯 | 746 | 13.04 |
| Cape Town 开普敦 | 782 | 2.84 |
| Dubai 迪拜 | 1054 | 18.55 |
| Kuala Lumpur 吉隆坡 | 480 | -5.63 |
| Mexiko City 墨西哥 | 875 | 56.41 |
| Miami 迈阿密 | 1104 | 27.27 |
| Mumbai 孟买 | 782 | 32.93 |
| New York 纽约 | 1893 | 28.57 |
| Rio de Janeiro 里约热内卢 | 1083 | -10.12 |
| Seoul 首尔 | 903 | 11.50 |
| Shanghai 上海 | 645 | 28.57 |
| Singapore 新加坡 | 1197 | 11.33 |
| Sydney 悉尼 | 1219 | 4.29 |
| Tokyo 东京 | 1233 | 27.41 |
| Toronto 多伦多 | 899 | 10.71 |
| Washington 华盛顿 | 1477 | 21.18 |

　　HRS 数据显示，在整个大中华区，港澳地区的酒店价格最贵，一至五星级酒店的均价在千元以上，澳门为 1821 元，香港为 1154 元。大陆地区的上海（645 元）、北京（631元）、深圳（617 元）紧随其后，居于大中华区酒店最贵的五大城市之列。在被统计的大中华区城市中，杭州的酒店最便宜，均价为 445 元。

　　值得注意的是，杭州是大中华区唯一酒店均价较 2014 年有所下跌的城市，跌幅为3.13%。与全球趋势一致，大中华区主要城市的酒店均价较 2014 年呈普涨态势。其中澳门相较于 2014 年的上涨幅度最大，达到 90% 以上。广州酒店均价则领涨中国内地，上涨 42.22%，达 459 元。其他涨幅较高的城市还包括深圳（30.30%）、成都（29.31%）和上海（28.57%）[①]，如表 13-3 所示。

---

　　① 2015 年全球酒店价格监测数据调查 [EB/OL].http://www.hrs.cn，2016-01-18.

表 13-3　大中华区主要城市的房价变化

| 大中华区主要城市 | 2015年一至五星级酒店房价<br>（元人民币/晚） | 与2014年相比（％） |
|---|---|---|
| Beijing 北京 | 631 | 22.22 |
| Chengdu 成都 | 538 | 29.31 |
| Dalian 大连 | 509 | 24.56 |
| Guangzhou 广州 | 459 | 42.22 |
| Hangzhou 杭州 | 445 | −3.13 |
| Hong Kong 香港 | 1154 | 13.38 |
| Macao 澳门 | 1821 | 90.98 |
| Nanjing 南京 | 509 | 18.33 |
| Qingdao 青岛 | 509 | 16.39 |
| Shanghai 上海 | 645 | 28.57 |
| Shenzhen 深圳 | 617 | 30.30 |
| Suzhou 苏州 | 523 | 28.07 |

# 三、世界酒店业发展趋势探析

## （一）规模化发展趋势

"大鱼吃小鱼、强鱼吃弱鱼、快鱼吃慢鱼"使得"强者恒强，弱者恒弱"，这也是近几年全球酒店业集团规模化发展的真实写照。现有的酒店集团，也包括刚进入和计划进入酒店业的投资者，将通过不断扩大规模经营和连锁经营，打造实力强大的超级酒店集团，实现规模化、连锁化竞争优势。

在规模化过程中，酒店集团将借助多种形式包括地域扩张、品牌扩张、网络扩张、联盟扩张，通过市场手段实现酒店集团之间的并购将逐渐成为规模化的主流。

例如，在 2016 年 9 月 23 日，万豪国际集团已成功完成对喜达屋酒店与度假酒店国际集团的并购，至此，万豪国际集团旗下汇聚 30 个领先酒店品牌，成为全球最大的酒店集团。随着并购的完成，万豪在亚洲和中东及非洲地区的市场规模将扩大一倍以上，即在全球 110 多个国家和地区拥有逾 5700 家物业，客房总数超过 110 万间。同时，万豪也成为拥有品类最全的酒店品牌组合。其中，丽兹·卡尔顿酒店、瑞吉酒店、宝格丽酒店及度假村、JW 万豪、豪华精选、W 酒店和艾迪逊酒店开启了奢华旅行的新纪元。威斯汀、万丽酒店及傲途格精选酒店等生活时尚品牌则为该品类增添了全新活力。万豪首席执行长索伦森（Arne Sorenson）表示，该公司认为这笔交易具有真正的规模优势，合并交易每年将带来 2.5 亿美元的成本节约效应。其巨大规模有助于在和 Expedia Inc 等网上旅行中介谈判时更具优势，并且能够说服更多旅行者直接在该公司网站上进行预订。两家公司合并后，万豪旗下的丽兹·卡尔顿（Ritz Carlton）、万怡（Courtyard）和Residence Inn 等品牌将与喜达屋旗下的 W 酒店（W Hotels）、威斯汀（Westin）和喜来登（Sheraton）等品牌合并起来 [①]。

### （二）信息化发展趋势

通过现代信息技术和互联网平台，提高酒店集团业务的及时性，实现业务网络化。在当前竞争阶段，信息化已经成为一种竞争基础，其发展历程如图 13-1 所示，离开信息化就无法有效竞争。信息化的酒店集团可通过互联网这个平台为旗下酒店提供网络版的前台运营系统（PMS）、后台管理系统（ERP）、客户关系管理系统（CRM）、采购供应管理系统（SCM）、办公室自动化系统（OA）、中央预订系统（CRS）、知识管理系统（KMS）、远程教育 / 培训系统（e-learning/training）等集团化服务经营与管理产品，从而使分散的人力、物力、财力、信息等资源能够得到有效的使用、开发与共享 [②]。

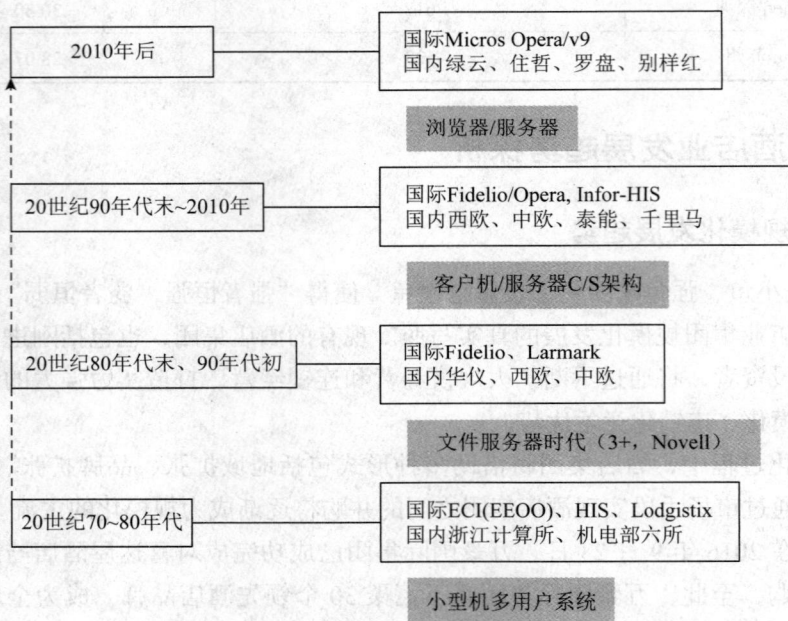

| 2010年后 | 国际Micros Opera/v9<br>国内绿云、住哲、罗盘、别样红 |

浏览器/服务器

| 20世纪90年代末~2010年 | 国际Fidelio/Opera, Infor-HIS<br>国内西欧、中欧、泰能、千里马 |

客户机/服务器C/S架构

| 20世纪80年代末、90年代初 | 国际Fidelio、Larmark<br>国内华仪、西欧、中欧 |

文件服务器时代（3+，Novell）

| 20世纪70~80年代 | 国际ECI(EEOO)、HIS、Lodgistix<br>国内浙江计算所、机电部六所 |

小型机多用户系统

**图 13-1　酒店信息化发展（计算机体系结构）**

酒店的良好网络会为酒店带来多大的客源？据《中国主题酒店行业市场前瞻与投资机会分析报告前瞻》统计，目前，国际酒店集团通过网络带来的客源达 20%~25%，国

---

① 万豪和喜达屋并购完成，全球最大酒店集团诞生 [EB/OL].http://www.traveldaily.cn/article/106894，2016-09-23.
② 杨铭魁.酒店信息化发展趋势，2015-07-25.

内金陵做得比较好，网络带来的客源达 20% 左右。

Hotel Technology Next Generation（HTNG）对全球酒店科技发展趋势的展望如下：

一是无拘无束的移动服务（untethering）。随着移动互联网的发展，科技将进一步帮助酒店服务人员脱离固定柜台的束缚，在移动状态、在任意场所为客人提供包括入住登记、离店结账等在内的多种服务。

二是基于社交媒体的对客服务（social）。酒店各部门员工将有效利用社交媒体与客人直接交流，提供服务。这种服务形式，是对此前流行的一站式服务模式（Express Service）的进一步提升。

三是无处不在的 Wi-Fi（infinite wife）。Wi-Fi 的重要性日益提升，它已成为现代人最基本的生存需求。Wi-Fi 的品质也已成为客人选择酒店的重要参考因素。在未来几年，Wi-Fi 的覆盖将更加广泛。

Gartner 于 2014 年 10 月在奥兰多做了十大战略性技术趋势分析，这些战略技术是指未来三年对企业有重要潜在影响的技术，包括移动设备的多样性及管理（Mobile Device Diversity and Management）、移动 App 和应用程序（Mobile Apps and Applications）、万物互联（Internet of Everything）、混合云以及 IT 作为服务代理（Hybrid Cloud and IT as Service Broker）、云端 / 客户端的架构（Cloud/Client Architecture）、个人云时代（The Era of Personal Cloud）、软件定义一切（Software Defined Anything）、网络规模 IT（Web-Scale IT）、智能机器的兴起（The Rise of Smart Machines）、3D 打印技术（3D Printing）。

### （三）品牌化发展趋势

目前，连锁酒店市场上传统的星级酒店，仍然多为单体经营，管理的专业化程度和品牌知名度不高，更缺少对中端消费群体核心住宿需求的关注，因此经营生存困难。正是这种市场情况给了连锁品牌一个很大的发展空间，通过收购兼并、特许经营和委托管理等方式，对中端连锁品牌资产进行有效的整合，为酒店提供会员体系、分销体系、整体营销策略和运营指导、培训、集团采购等方面的支持，以此实现快速的成本扩张的目的，同时也大大增强了自身品牌的知名度和影响力。

酒店品牌是酒店产品与产品之外被顾客接收的一切总和。概括地说，酒店品牌包括酒店品牌名称、标志物、标识语，酒店品牌认知，酒店品牌体现的质量，酒店品牌联想，酒店品牌忠诚五个部分。

品牌是企业持续发展所需要的一种无形竞争手段，是企业通过自己的产品及服务与消费者建立起来的，同时需要企业开发和维护的一种关系。它是企业内在物质在消费者层面的一种外在表现。承认品牌的价值，将品牌从标识上升为资产，这是传统的定义方式。现代意义的品牌是指消费者和产品之间的全部体验，它不仅包括物质的体验，更包括精神的体验。品牌向消费者传递一种生活方式，人们在消费某种产品时被赋予一种象征性的意义，最终改变人们的生活态度及生活观点。

　　品牌体现了酒店集团对于自身产品、市场的定位，体现了其核心的经营理念和运营思路，未来的竞争将直接表现为品牌之间竞争。酒店集团将通过对消费需求的研究、产品质量的严格控制和有效的宣传活动来提高消费者对品牌的认知。对于一些规模发展到一定程度的酒店集团，尤其需要进行市场细分，根据需求开发推广合适的产品和品牌，未来酒店集团的品牌化发展将成为竞争成败的重要因素已成为不争的事实。

　　截至 2010 年，各大酒店连锁品牌的发展情况如下：

　　洲际集团（英）在 100 多个国家有酒店 3250 家、房间 536318 间；品牌为洲际、假日、皇冠、假日快捷、恒桥公寓、Candlewood；特许经营约占 88.9%、委托管理约占 6%、带资管理及其他 5.1%。

　　圣达特（美）有酒店 6403 家、房间 518435 间；品牌为豪生、天天、速 8，是全球排名第一的特许经营酒店集团，特许经营饭店数占 100%。

　　万豪国际（美）有酒店 2656 家、房间 479882 间；品牌为万豪、万丽、万怡、丽嘉、华美达、新世界、行政公寓。特许经营占 53.1%，委托管理 42.3%，带资管理及其他 4.6%；旗下华美达完全实行特许经营。

　　雅高（法）有酒店 3894 家、房间 453403 间；品牌为老沃特尔、伊比斯、墨奇勒、索菲特、佛缪勒第 1、汽车旅馆第 6。带资管理 46.5%，租赁饭店 21.8%，委托管理 15.4%，特许经营 16.3%；索菲特尔和老沃特尔以委托管理为主。

　　精品国际（美）有酒店 4810 家、房间 388618 间；品牌为 Clarion Hotels、Comfort inn&Quality Suits、Quality Inns Hotel & Suites、Sleep Inn、Econo Loddge、Rodeway Inn、MainStay Suites。 特许经营 100%，是位于世界排名第二的饭店特许经营公司，并引入战略联盟的新经营模式。

　　希尔顿（美）有酒店 2161 家、房间 349965 间；品牌为希尔顿。特许经营 23.8%，委托管理 3%，带资管理及其他 73.2%。

　　最佳西方（美）有酒店 4110 家、房间 310245 间。

　　喜达屋（美）有酒店 738 家、房间 229247 间，品牌为圣-瑞吉斯、福朋、寰鼎、至尊精选、W 饭店。特许经营 41.8%，委托管理 28.5%，带资管理及其他 29.7%。

　　香格里拉（中国香港）有酒店 45 家、房间 18 万间，品牌为香格里拉、商贸、嘉里中心。以带资管理为主，委托管理为辅。

　　凯悦（美）有酒店 210 家、房间 14 万间，品牌为凯悦、君悦、柏悦。以特许经营为主。

## 四、投资效益的六个来源

　　酒店主要提供客房和餐饮服务，但是投资五星级酒店的收益来源，并不单纯地由酒店服务的主体——客房和餐饮、会务等构成。其效益的来源是非常多样化的，主要有以下几个方面。

### （一）酒店自身的营运收入

按照一般说法，在正常房价下（千分之一定价法），酒店盈亏平衡点的入住率在60%左右，平衡点可以依据管理水平而浮动。但是实际上这个数字可能不准确。例如，重庆的五星级酒店在2012年年底房价曾跌破400元。拥有顶级品牌的重庆希尔顿酒店标准间房价仅398元，而希尔顿酒店的主管表示实行这一房价，酒店并不会亏，因为常住客户的房价比这还要低（常住客户的房价水平至少在赢利水平点上）。

### （二）五星级品牌效应，带来衍生性收益

在任何一个二线城市，五星级酒店都是一个知名度极高的品牌，这种知名度可以带来各种衍生性收益。如当五星级酒店试图以其品牌进入经济型酒店市场时，它的市场推广和营销活动的成本，建立品牌形象的成本，要远远低于一般酒店，可以迅速地获得市场认可。

### （三）酒店采购中的高折扣

一般来说，高星级酒店的房间数量都比较多，对于酒店日常运营中的易耗品需求数量大，在采购中可以获得最高的折扣，从而使得其在许多方面的运营成本，按照单间客房计算，甚至低于三星级酒店。

### （四）向上、下游产业扩展，形成产业集群

向上可以发展酒店易耗品制造业，向下可以向旅游业、餐饮业、娱乐广告业发展，形成产业集群。

### （五）管理扩张，向酒店管理集团发展

五星级酒店的运营管理，具有明显的市场领先性和五星级酒店的投资效益及投资方式解析示范性，所以在向酒店管理集团方向发展方面，五星级酒店有着无可比拟的先天优势。通过管理其他酒店，可以获得丰厚的管理收入，并且进一步提升酒店品牌和形象。

### （六）土地储备的升值效益

五星级酒店一般除主要客房建筑外，还拥有众多的附属设施，从而占地面积较大。在中国经济快速增长的时期，土地价值也在快速攀升。五星级酒店可以在土地价值的升值中获得巨大收益。这也是目前许多地区五星级酒店投资商瞄准的主要收益点之一。

# 五、投资和管理酒店的六种模式

## （一）投资者自己经营、管理酒店，不与其他酒店产生关系

酒店投资者不同任何外部公司产生任何关系，采用自己经营、管理的方式运营酒店，也就是选择作为单体酒店（Independent Hotel）存在，这种单体酒店的经营模式在我国最为常见，目前大量的国有酒店都采用了这种方式。

这种模式的优点在于酒店投资者可以从所有权、管理权、营销权等各个方面对酒店进行严格的控制，如果酒店投资者有良好的管理团队、知名度很高的品牌形象及完善的营销系统渠道，酒店可以获得良好的发展，并且这种模式可以使酒店投资者得到酒店经营所产生的所有利润。这种模式的缺点在于这种单体酒店无法获得通过网络化经营实现的规模经济，在提高品牌知名度和扩大营销渠道方面存在很大困难。在国外，随着各种形式的酒店集团的发展，大型酒店集团凭借其强大的品牌及营销优势对单体酒店施加了巨大的压力，大量单体酒店纷纷加入某个酒店集团的系统。在欧美等酒店业发达的国家，单体酒店在酒店业中的比重不断降低。

## （二）投资者自己管理经营，但是加入一个更大的联盟团体来获得一些支持

酒店完全由投资者来进行管理和经营，但通过加入一个或几个酒店联盟获得营销和预订方面的支持，这种情况在国内比较少见。目前国内虽然也有一些联盟性组织，但尚无法对酒店的运营带来实质性效益。国外的一些酒店在完全由投资者经营和管理的同时，会选择加入诸如世界一流酒店组织（Leading Hotels of The World）、世界小型豪华酒店组织（Small Luxury Hotels of the World Ltd.）等酒店联盟的方式获得营销方面的支持。这种模式的优点在于选择加入酒店联盟所支付的费用要远远小于加入某个特许经营联号系统，而且酒店自身的品牌不必发生改变，可以保持相当的独立性。但是由于酒店联盟不像酒店联号那样向酒店提供全面的营销支持，酒店自身营销能力的强弱和品牌知名度的高低成了选择这种模式的酒店成功与否的关键因素。此外，如果自身没有一个良好的管理队伍的话，这类酒店的发展会受到很大的限制。

## （三）投资者把酒店交给专业的酒店管理公司管理

投资者选择由独立的酒店管理公司或联号管理公司管理五星级酒店的投资效益及投资方式，再加入酒店联盟。在酒店投资者没有酒店业管理经验的情况下，选择专业的管理公司管理酒店成为一种较好的选择。这种模式的优点在于，如果投资者本身并不具备管理酒店的先进经验以及其他资源储备，那么专业的管理公司将帮助其实现这些并带来良好效益。这种模式的缺点在于投资者必须将酒店的管理权让渡给酒店管理公司，对酒店经营管理的控制大大降低。而且，聘请专业的酒店管理公司往往需要支付高昂的管理费用和人员开支，使酒店的经营利润受到侵蚀。此时，管理公司的选择和管理合同的谈

判变得十分重要。选择了酒店管理公司以后，投资者面临的一个问题是如何扩大酒店自身的影响，增强营销能力。这种情况下可以选择加入酒店联盟的方式参与到更大范围内的促销、常客优惠计划、信用卡优惠折扣等活动中，以吸引更多的客源。

### （四）投资者自己经营管理酒店，但通过特许经营等方式

酒店投资者可以成为某一个酒店联号的特许经营受许方，使用其品牌，但由自己经营管理酒店。一些酒店在长期的发展过程中积累了丰富的管理经验，对客服务已经达到了很高的水平，但是由于品牌的知名度较低，限制了酒店客源的进一步扩大。这种模式的优点在于可以利用具有知名酒店品牌在整个市场上的广泛影响力提高自己的销售能力。一般来说，这种酒店由于没有将管理权让渡给外部的管理公司，投资者对酒店仍可以实施严格的控制，让渡出去的仅仅是酒店的营销权，所给付的也仅仅是与酒店客房数量比例关系固定的特许经营费用，不会随酒店经营状况的变化而变化。对于管理水平很高的酒店来说，这种模式是迅速扩大自身影响的一种有效方式。这种模式的缺点在于酒店的未来发展，要受到品牌的限制。

### （五）委托管理＋特许经营的双重运作

酒店的投资者可以通过某种一揽子协议，或者在和某个酒店联号签订管理合同的同时，又和这家酒店联号签订一份特许经营协议，即一家酒店可以同时接受一家酒店联号提供的两类不同的服务——管理服务和品牌及相关营销服务。目前，诸如希尔顿、喜来登等大型的酒店公司，既可以向酒店投资者提供酒店管理服务，同时又可以向酒店投资者提供酒店品牌特许经营服务。各个不同的酒店公司所提供服务的功能、特色、费用是各不相同的，在这种情况下，一些酒店投资者往往选择最有利于自身的组合方式，由不同的酒店管理公司分别提供不同的管理服务和品牌许可服务。

但是，一般而言，酒店的投资者在选择酒店品牌和酒店管理公司时，最好能选择同一家酒店公司。在酒店业的实践中，投资者可以和酒店公司签订两份合同，也可以和酒店公司签订一份总括性的管理合同，特许经营的相关内容同时包含在管理合同中，即通过一个一揽子的管理合同，同时得到一家酒店公司能提供的两类服务。

### （六）让委托管理方成为酒店的股东，带资管理

选择带资管理合同，酒店管理公司参股酒店，成为联合投资者。一些酒店管理公司在和酒店业主签订管理合同的同时，购买酒店的部分股权。这种方式的优点在于将管理公司和酒店捆绑到一起，防止酒店管理公司做出不利于业主的决策。同时，酒店管理公司可以在酒店的战略计划制订过程中起关键作用，减少战略决策失误而给业主和管理方带来损失的可能性。虽然目前进入中国市场的国外酒店集团大都只是单纯提供管理服务，不介入酒店的产权投资，但是也有一些酒店公司在提供酒店管理合同的同时通过参与股权投资的方式加强对被托管酒店的控制能力。

# 第二节 酒店投资可行性分析

酒店的可行性分析就是在酒店投资决策之前，对酒店投资的环境以及投资时机进行综合分析，从而进行选择，这对于一家酒店的成败至关重要。如果是投资国际酒店，还要求对国外的政治、经济、社会、文化等方面作具体的研究。由于投资国际酒店的情况太过复杂多变，因此此章节只对我国酒店投资的可行性分析进行阐述。

## 一、酒店投资可行性分析概述

### （一）酒店投资可行性分析概念

可行性分析是通过对项目的主要内容和配套条件，如市场需求、资源供应、建设规模、工艺路线、设备选型、环境影响、资金筹措、盈利能力等，从技术、经济、工程等方面进行调查研究和分析比较，并对项目建成以后可能取得的财务、经济效益及社会环境影响进行预测，从而提出该项目是否值得投资和如何进行建设的咨询意见，为项目决策提供依据的一种综合性的系统分析方法[1]。

酒店投资可行性分析是指在酒店投资决策之前，对酒店投资的环境以及投资时机进行综合分析。完整的步骤应该包括：第一，研究酒店的投资环境、投资时机、酒店市场，对酒店项目是否可以投资做出初步的判断；第二，在初步判断可以投资的前提下，提出各种可选的饭店项目的建设方案，并对各种方案在经济上的合理性、建设上的可能性、技术上的先进性进行分析、评估和判断；第三，最终对该酒店投资是否可行以及可选的建设方案中哪种方案是最佳投资方案做出结论，为酒店项目投资者进行投资决策提供科学可行的依据。基于后两点实践性较强，且具有极强的项目针对性，本书就不对这两点展开阐述，只对投资时机和投资环境进行系统化的阐述。

### （二）酒店投资可行性分析意义

首先，酒店投资可行性分析是有效保障投资人资金财富，使酒店项目在建成运营后能有不错的经济效益的前提。酒店项目投资的可行性研究，需要对项目的投资环境、旅游市场、酒店市场、客户需求、项目选址、经济效益、投资风险等问题进行研究，并在分析研究后对酒店投资项目给出分析评价意见。而这些意见，就是投资者用来鉴定该项目是否可行，并决定是否投资的可靠依据。

其次，酒店投资可行性分析是投资者筹集资金的重要依据。酒店项目投资者要想筹集资金，通常会向银行进行融资贷款。在同意放款前，银行会对项目进行详细、全面的

---

① （澳）凯文·贝克.饭店项目评估与可行性分析 [M].北京：旅游教育出版社，2006.

分析评估，在提交给银行审批的资料中，可行性研究报告便是其中一个十分重要的材料。只有在经分析论证该项目的收益较好，偿还能力较强，能有效控制风险的情况下，银行才会同意贷款。

再次，酒店投资可行性分析是办理项目立项、获取土地，以及前期各项报建手续，取得批文，获得施工许可的依据[①]。

最后，酒店投资可行性分析是进行初步方案设计的依据。不同类型的酒店，针对不同的客源，不同的客户需求，在酒店的硬件规划设计上会有不同的要求。酒店投资可行性分析在对市场、行业竞争情况、客户需求等方面进行分析后，得出的酒店定位以及相关的硬件标准，对酒店日后的运营取得良好的经济效益具有十分重要的作用。

### （三）酒店投资可行性分析的基本原则

酒店投资的可行性研究，必须为酒店项目的投资者判断该投资项目是可行还是不可行，并提供可信的依据。而提出这些可信依据的前提是在进行酒店投资的可行性分析时必须遵循以下基本原则[②]。

#### 1. 客观性原则

首先，是要客观地进行调查。酒店投资的可行性分析必须对项目投资的宏观环境、微观环境、酒店市场、酒店竞争格局等进行分析和研究，以便进一步对该项目投资的可行性做出初步的判断。这种判断的正确性，直接取决于调查所得的资料是否充分和真实，没有充分和真实的调查作基础，无论多么高明的分析和研究方法，都不可能得出正确的判断和结论。

其次，是要客观地进行分析。所谓客观的分析，至少要满足两个要求：第一个要求是既要分析酒店投资的有利条件，也要分析酒店投资的不利条件，不能"有此无彼"；第二个要求是不仅要对酒店投资的有利条件进行详尽的分析，而且要对酒店投资的不利条件也进行详尽的分析，不能"厚此薄彼"。一个好的可行性研究，要对酒店投资的所有有利条件和所有不利条件都进行尽可能详尽的分析。

最后，是要客观地做出结论。作为酒店投资可行性研究的承担者，其职责所在就是必须将可行性研究的结论建立在严肃科学的调查研究基础之上，可行则行之，不可行则不行之。在我国，由于体制弊端的客观存在及其负面作用的影响，对酒店投资可行性研究客观性的最大干扰，往往来自于酒店投资者本身。某些酒店投资者不是把投资决策建立在充分和客观的调查研究的基础上，而是事先就定了调子，只是把可行性研究当作一种手段，使"可行性报告"变成了"可批性报告"，这种状况常常使可行性研究的承担者陷于尴尬。

#### 2. 科学性原则

科学性原则是指在进行酒店投资可行性研究的过程中，调查问题、分析问题和解决

---

① 羊依依. 度假酒店项目投资可行性分析研究——以度假区的度假酒店为例 [D]. 广西大学，2013.
② 邓新华. 饭店投资的可行性研究 [M]. 长沙：湖南师范大学出版社，2005.

问题的方法要科学。由于人力、物力、财力以及时间等各方面因素的制约，酒店可行性研究的承担者在调查相关问题时，不得不较多地采用抽样调查的方法，这种方法的科学性和可信度，取决于样本量大小的确定和样本抽取的方式是否正确。因此，酒店投资可行性研究的承担者在对酒店投资的宏观、微观环境和酒店市场、酒店竞争格局进行抽样调查时，一定要非常慎重地确定好抽取的样本量以及抽取样本的方式。

此外，分析问题的方法本身要有实际可行的操作性。例如，在分析某一地区酒店客房总需求量时，运用分别计算所有竞争者酒店各细分市场租用客房间天数之和的方法，虽然在理论上站得住脚，但是缺乏实际操作。

### 3. 最优化原则

在确认投资时机和投资环境都有利的前提下，应该根据项目任务设计出多种可供选择的实施方案，然后逐个加以论证分析。通过陈述各个方案的利弊，进而从中选出最优方案，供投资者进行评价和决策。供选方案以 3 个为宜，不能少于 2 个；但是方案也不宜过多，方案过多反而不利于投资者进行决策。

### 4. 效益原则

任何投资，都是为了营利或更好地营利，不能营利，则没有必要进行投资。因此，应该充分认真地对酒店项目的投资进行技术经济分析，以论证该项目的投资获益性。此外，在分析经济效益的同时，也要注重环保效益和社会效益。

### 5. 竞争优势原则

酒店业是一个竞争日益激烈、优胜劣汰最为突出的行业。酒店经营是亏是盈，是否能生存和发展，都决定于酒店是否具有竞争优势。因此，酒店投资的可行性分析必须充分地分析本地酒店业当前的竞争状况以及未来可能发生的竞争状况，并据此设计出能够在战略上形成相对竞争优势的酒店项目建设方案。如果有各种原因使拟投资的酒店项目不能拥有相对的竞争优势，则此项目的投资就仍然是不可行。酒店的经营期通常以 20 年来计算，但实际上要长久很多。因此，酒店应该拥有的战略上的竞争优势不是一种短时间的优势，而是一种在较长时间内都能保持的竞争优势。

### 6. 整体性原则

如果所研究的酒店项目不是一个独立的新项目，而是一个与原有酒店项目配合呼应一体经营的项目，那么在进行该项目的可行性研究时，就必须结合原酒店项目的投资、投资规模、服务项目、服务设施与数量，以及目前营运状况等一起考察，综合分析，进行新旧项目融为一体的整体性研究。

## 二、我国酒店投资环境分析

酒店投资的环境分析，主要是从空间上对酒店的投资进行宏观的把握。它的目的是解决和回答以下问题：是否能在此地进行酒店项目的投资。

由于酒店产品的一个显著特点就是它不能像其他企业的产品那样实现异地销售，只能吸引消费者前来就地消费，其产品的提供与消费往往是同时进行的，因此，酒店项目所在地的环境对酒店经营管理的影响和作用就显得更为重要。酒店投资环境涉及面非常广，包括酒店项目所在地的经济要素、政治要素、资源要素、文化要素等，是各种社会要素的综合体。其中，政治要素和经济要素是最主要的。在进行酒店投资环境经济要素分析时，最基本的内容是酒店所在区域国民经济和酒店业的发展现状和未来趋势。

### （一）酒店投资环境的政治要素分析

政治环境是影响最大、作用最直接的因素，随着经济、社会以及相关产业的不断发展，政策取向对企业经营活动的态度和影响也是不断变化的。因此，酒店投资者必须了解所在地的政治环境因素对于投资可能产生的影响，使酒店业活动符合社会利益，受到政府的保护和支持。酒店项目投资所在地的国民经济的发展状态与未来趋势，是酒店投资环境中影响最大、作用最直接的因素。

近十年来，我国旅游业和酒店业持续升温，国家为了更好地促进酒店业投资，加快促进产业发展，出台了一系列产业调整计划、政策、法律和规章。2003年3月，商务部正式成立。国务院规定由商务部负责全国餐饮业、住宿业的行业管理工作，制定《全国餐饮业和住宿业振兴计划》；2004年4月，商务部颁布了《外商投资商业领域管理办法》，将《外商投资企业从事特许经营业务管理暂行办法》进行公开征求意见，2004年年年底，我国在服务贸易领域取消了对外商特许经营的限制。这意味着原来一直受限的外商投资企业进入酒店业特许经营即将放开；2004年7月，发布《国务院关于投资体制改革的决定》和其附件《政府核准的投资项目目录（2004年本）》，以及已于7月1日生效的《中华人民共和国行政许可法》。"两改制"及其配套政策措施，改变了酒店和各行业在投资和运营环节上的某些行政审批、许可程序，即更改了这些投资项目在相关环节上的"合法性标准"。对于所有新建项目、重组和并购项目和融资项目，各个环节的合法性必然是境内外投融资主体的关注重点之一。如按照《核准目录》的新规定，总投资额在5000万美元或以上的四星级酒店项目，应由国务院投资主管部门审批。其他投资总额较小的酒店项目，由地方投资主管部门审批。同时，2006年出台的《国民经济和社会发展第十一个五年规划纲要（草案）》强调，要坚持市场化、产业化、社会化方向，拓宽领域、扩大规模、优化结构、增强功能、规范市场，提高服务业的比重和水平。鼓励社会资金投入服务业，提高非公有制经济比重。这些都从直接和间接的方面对我国酒店业投资营造了良好的政治环境；另外，由于国家对房地产业的整体调控效果并不明显，如2008年9月全国70个大中城市房屋销售价格同比上涨8.9%，涨幅比8月高0.7个百分点，环比上涨1.7%，涨幅比上月高0.3个百分点，住宅价格涨幅更大，因此房地产业宏观调控有进一步加强的客观需要。受地产行业的拖动，酒店行业消费市场也将呈现上升趋势，高星级酒店以及经济型酒店被普遍看好。2015年11月，国务院网站发布《国务院办公厅关于加快发展生活性服务业促进消费结构升级的指导意见》（国办发〔2015〕85号），提出"积极发展客栈民宿、短租公寓、长租公寓等细分业态"，并将其定性为生活性服务业，将在多维度给予政策支持。

### 1. 全国酒店产业政策与发展方向——改革开放

一个产业的发展必须有强大的产业基础支持。这里除了国家政策的引导，基础设施的完善外，还必须有一个稳定的对外开放的市场环境和强大的市场需求。

持续稳定地保持对外开放的政策将有利于我国旅游酒店业的进一步发展。改革开放是决定中国命运的重大决策。40多年来的实践证明，我国经济社会所取得的一切成就，都与坚决地推进经济体制改革和对外开放分不开。40多年来中国旅游业突飞猛进的发展，可以说是改革开放的直接结果。旅游产业从一个政府接待型为主的事业发展成为今天的旅游产业，国内旅游蓬勃发展，成为国民经济新的增长点和战略性支柱产业，中国已经跨入了世界旅游大国的行列，这些成绩的取得，都是直接得益于国家的对外开放政策。

旅游业在我国未来十几年的历史时期内将再一次迎来历史性的大发展，而作为旅游业的基础产业之一的酒店业也将获得空前的大发展的机遇。早在20世纪90年代，旅游业就已成为世界上最大的产业。按照世界旅游理事会的数据，旅游业对全球GDP的贡献已经超过10%。旅游业是在最近半个多世纪以来一直保持持续发展的产业，这样的产业在世界上为数不多。旅游业的一个重要发展规律是，跨越国界的旅游活动既能够为发达国家带来财富和发展，也能为发展中国家带来财富和发展，而且欣欣向荣的发展中国家的旅游业发展将会取得更大的跨越式发展。2019年，我国国内旅游市场和出境旅游市场稳步增长，入境旅游市场基础更加稳固。国内旅游人数60.06亿人次，比上一年同期增长8.4%；入出境旅游总人数3.0亿人次，同比增长3.1%；全年实现旅游总收入6.63万亿元，同比增长11%。旅游业对GDP的综合贡献为10.94万亿元，占GDP总量的11.05%。世界酒店业的供给能力不再集中在欧美发达地区，经济快速发展的亚太区域早已引起酒店投资者和管理者的注意和行动。

旅游者是酒店业最重要的市场，旅游市场需求的变化促进新产品的开发，新产品的开发又反过来引导新的需求。对于大中城市来讲，特别是北京、上海、广州等中心城市，商务客人的增多，促进了大型豪华商务酒店和公寓式酒店的发展，并且不断完善其住宿、会议和商务功能的设施设备，以适应商务市场的新需求。

### 2. 全国酒店产业政策与发展方向——经济全球化

经济全球化是目前世界经济发展的一个重要趋势，经济的全球化刺激着经营的国际化和企业集团化的发展。传统工业如此，酒店业也是如此。世界上许多著名的酒店集团不断地扩展规模，进入的市场面越来越宽，扩展的方式也出现了新的突破，不再局限于自己建酒店，或者一个一个单体酒店的购买或兼并，而是通过大鱼吃小鱼的方式，成建制地兼并，兼并的标的和范围越来越大。中国作为经济发展最快、市场潜力最大的地区之一，早已引起了国外大型酒店集团的关注，如雅高集团、万豪集团、洲际集团、喜达屋集团，他们投资的高星级酒店，高质量的专业化管理，较好的酒店投资回报率等将进一步引起国际酒店集团在中国的投资、管理、兼并和收购的热潮。这些酒店集团的发展，都是通过兼并、收购等超常规的方式发展的，而中国将是未来若干年内国际酒店集团在此竞争角逐的重要区域。

### 3. 全国酒店产业政策与发展方向——连锁化集团化

20 世纪不是某一个成功国家的世纪，而是一批超大规模的成功企业集团的世纪。世界 500 强之首的沃尔玛集团，其年营业收入是多个国家的国内生产总值之和。而美国、日本和德国等少数几个发达国家几乎囊括了世界 500 强的绝大部分企业。超大企业集团的竞争今天更是愈演愈烈，而表现在我国旅游业，特别是酒店业，这种竞争将越来越激烈，竞争的方式将越来越创新，竞争的程度将越来越白热化。这种竞争来源于以下几个方面：

国际酒店集团将把中国作为重要的战略竞争之地。雅高、万豪、洲际、喜达屋等酒店集团将在中国展开全方位的竞争，将不仅仅是高星级酒店市场的竞争，还有中档酒店、经济型酒店和公寓住宿方面的竞争，各大酒店集团的中、高、低端品牌将全方位登陆中国市场。例如，雅高集团目前除了将索菲特、诺富特等高端品牌推向中国外，其旗下的宜必思经济型酒店已经在天津、西安等地开办成功，以雅高酒店集团的资金实力、品牌优势和管理优势，他们未来在中国的发展之势不容小觑。

国内酒店集团的发展速度也在进一步加快。锦江国际酒店管理公司、东方酒店管理有限公司、凯莱国际酒店有限公司、中旅酒店总公司、开元旅业集团以及首旅集团等都是国内酒店集团投资和管理领域的佼佼者。经过十多年的发展，我国本土的酒店集团正面临着新的发展机遇，他们在政策的掌握、市场的熟悉、人才的积累、资金的优势和管理的成熟等方面都有着比外方集团更多的优势和潜力，特别是在集团化过程中的财务掌控、人力资源使用、资本运作等方面更为成熟。可以预测，中国大的经济发展环境和企业集团内部集团化运作手段的成熟，将很有可能在较短时间内催生出一批能够做大做强、立足国内、走出国门的酒店企业集团。

### 4. 全国酒店产业政策与发展方向——民营企业

酒店业是竞争性极强的行业，在这个领域将是竞争出强者，而不是通过国家的政策保护来做大做强。国有资产退出后，各种所有制的企业将大显身手，股份制也好，民营的也好，在中国已经融入国际经济大环境的背景下，最终是要和外国人竞争抢市场。

## （二）酒店投资环境的经济要素分析

经济环境主要包括宏观和微观两方面的内容。宏观经济环境：主要指一个国家的人口数量及其增长趋势、国民收入、国民生产总值为企业经营提供了丰富的劳动力资源，决定了总的市场规模，又可能因生活需求难以充分满足，从而构成经济发展的障碍。经济繁荣能为企业的发展提供机会，而宏观经济的衰退则可能给所有酒店投资带来生存的困难。微观经济环境：主要指企业所在地区或所需要服务地区的消费者的收入水平、消费偏好、储蓄情况、就业程度、旅游地旅游资源吸引力、旅游交通方便度、区域酒店业规模等因素。这些因素直接决定酒店投资在目前以及未来的市场量。

### 1. 中国 GDP 的发展水平与酒店投资环境

2019 年，我国全年国内生产总值为 990865 亿元，比上一年增长 6.1%。其中，第一产业增加值为 70467 亿元，比上一年增长 3.1%；第二产业增加值 386165 亿元，比上一年增长 5.7%；第三产业增加值为 534233 亿元，比上一年增长 6.9%。第一产业增加值占国内生产总值的比重为 7.1%，第二产业增加值比重为 39.0%，第三产业增加值比重为 53.9%。

GDP 绝对量是反映饭店项目所在地国民经济发展变化的第一个指标。一般情况下，GDP 绝对量的发展状态有以下三种可能性。

其一，持续的增值状态，即趋势是向上发展的。当一个国家或地区的生产总值呈持续性正值增长状态时，表明国民经济的发展正处于宏观的持续的上升通道之中。在这种状态下，酒店市场一般会随着国民经济的发展和人均可支配收入的提高而较快扩大。因此，在这种时期进行酒店项目的投资，宏观经济环境可能带来的风险相对而言会比较小，即使出现，也能够控制。

其二，持平或震荡状态，即趋势是横向发展的，这个时期可以被称为酒店投资规划环境的谨慎乐观期。这是因为当 GDP 绝对量出现负增长或震荡时，表明国民经济的发展已经或即将处于宏观的盘整时期。在宏观盘整期后，国民经济的发展可能会存在两种趋势：一种可能是重新步入上升通道；另一种则可能是进入下降通道。一旦国民经济的发展进入下降通道，GDP 绝对量就有可能出现持续负增长，宏观经济环境可能逐渐恶化，从而带来更大的风险。因此，当 GDP 绝对量横向发展一段时间后，不再出现震荡回升，而是接连负增长，则有可能是国民经济进入了下降通道，这时，属于酒店投资宏观环境的风险期，如图 13-2 所示。

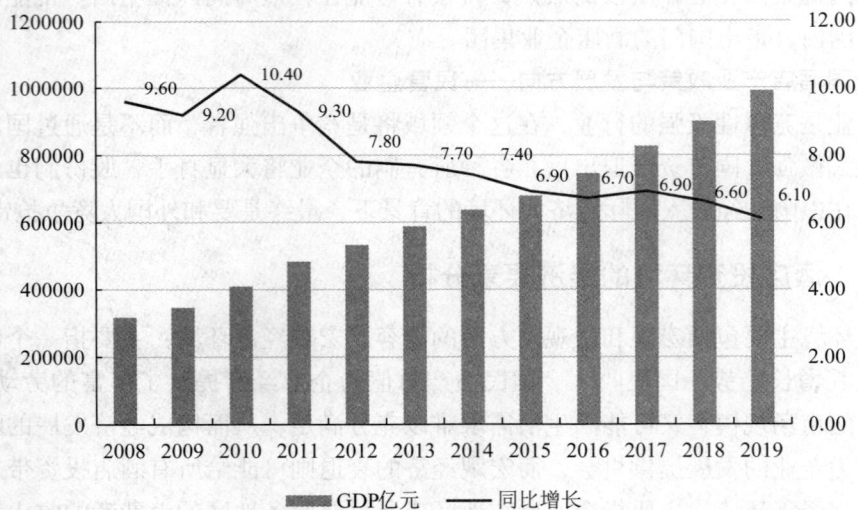

**图 13-2  2008—2019 年中国 GDP 绝对量和增速**

其三，持续地负增长，即趋势明显地向下发展，这时说明国民经济已经进入下降通道。此时投资于酒店，由于宏观经济环境明显地恶化，有可能面临较大风险。因而，在这种状况下不适宜进行酒店项目的投资，因为正处于酒店投资宏观环境的高风险期。

### 2. 中国 CPI 指数与酒店投资环境

根据国家统计局公布的数据显示，2019 年 12 月，全国居民消费价格指数（CPI）同比上涨 4.5%，其中：城市上涨 4.2%，农村上涨 5.3%；食品价格上涨 17.4%，非食品价格上涨 1.3%；消费品价格上涨 6.4%，服务价格上涨 1.2%。城市居民消费价格指数环比持平，农村居民消费价格指数环比下降 0.1%，食品价格环比下降 0.4%，非食品价格环比上涨 0.1%；消费品和服务价格均环比持平。2019 年全年，我国居民消费价格比上一年上涨 2.9%，如图 13-3 所示。

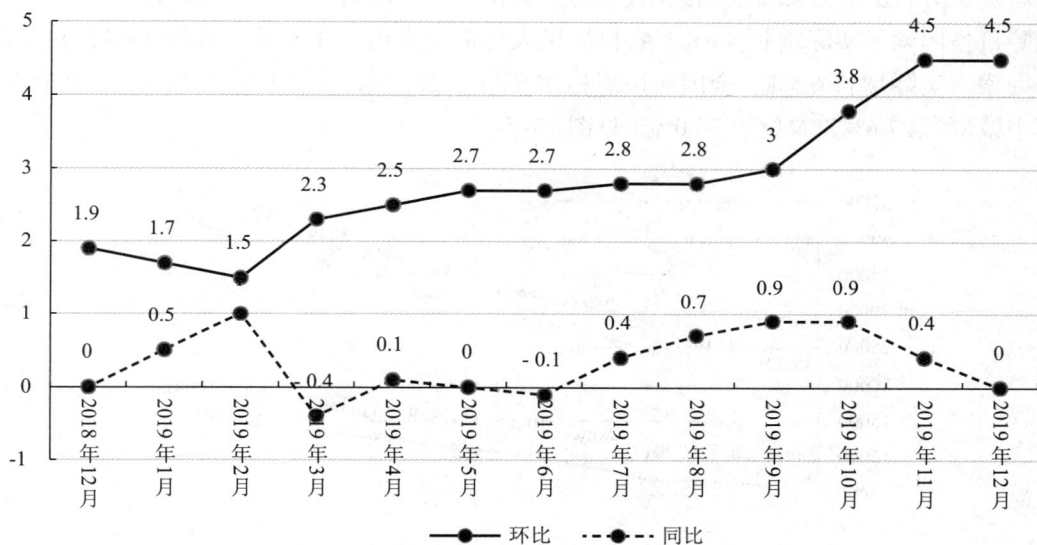

图 13-3　全国居民消费价格涨跌幅

居民消费价格指数的变化对酒店的成长有着显著的负相关关系。也就是说，居民消费价格指数越高，通货膨胀越严重，酒店的成长机会越小，而在物价相对稳定的情况下，酒店的成长机会将较大。笔者认为原因有以下两点：第一，在通货膨胀较严重的情况下，国家担心物价上涨引起人民恐慌，势必会出台相关政策来抑制通货膨胀率，如提高利率，这使得银行储蓄会增加，居民就更倾向储蓄而非消费。而酒店业属于消费型的服务性行业，在人们把大多数钱都放在银行的情况下，势必会影响其发展。第二，当人们更多地把资金放在银行里时，连锁上市酒店的股票数量就会减少，使得价格会相应降低，更多的人会产生避险情绪，把资金转而投向比较保值的黄金外汇等行业。

### 3. 中国城镇居民家庭人均可支配收入与酒店投资环境

根据国家统计局公布的数据显示，2019 年我国居民人均可支配收入为 30733 元，比上一年增长 8.9%，扣除价格因素，实际增长 5.8%。全国居民人均可支配收入的中位数为 26523 元，增长 9.0%。按常住地分，城镇居民人均可支配收入为 42359 元，比上一年增长 7.9%，扣除价格因素，实际增长 5.0%。城镇居民人均可支配收入的中位数为 39244 元，增长 7.8%。

农村居民人均可支配收入为 16021 元，比上一年增长 9.6%，扣除价格因素，实际增长 6.2%。农村居民人均可支配收入的中位数为 14389 元，增长 10.1%。按全国居民五等份收入分组，低收入组人均可支配收入 7380 元，中间偏下收入组人均可支配收入 15777 元，中间收入组人均可支配收入 25035 元，中间偏上收入组人均可支配收入 39230 元，高收入组人均可支配收入 76401 元。全国农民工人均月收入 3962 元，比上一年增长 6.5%（见图 13-4）。

2019 年，我国居民人均消费支出 21559 元，比上一年增长 8.6%，扣除价格因素，实际增长 5.5%。其中，人均服务性消费支出 9886 元，比上一年增长 12.6%，占居民人均消费支出的比重为 45.9%。按常住地分，城镇居民人均消费支出 28063 元，增长 7.5%，扣除价格因素，实际增长 4.6%；农村居民人均消费支出 13328 元，增长 9.9%，扣除价格因素，实际增长 6.5%。全国居民恩格尔系数为 28.2%，比上一年下降 0.2 个百分点，其中城镇为 27.6%，农村为 30.0%（见图 13-5）。

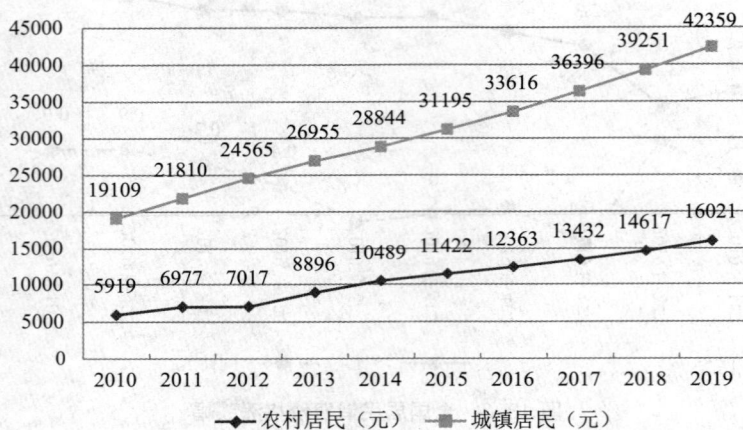

图 13-4　2010—2019 年中国城乡居民可支配收入

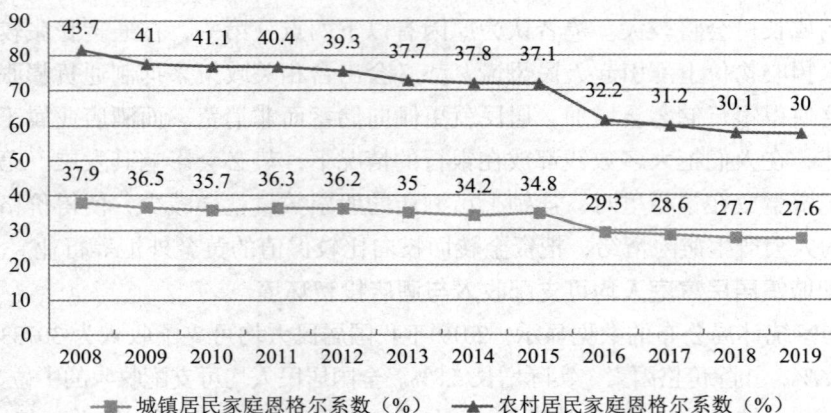

图 13-5　2008—2019 年中国城乡居民恩格尔系数

中国城镇居民家庭人均可支配收入与投资哪类酒店有一定的关联，如果人均可支配收入低，且中低端酒店市场没有饱和，那么投资中低端酒店势必是可以盈利的；但如果人均可支配收入高，且高端酒店市场没有饱和，那么投资高端酒店势必是一个很好的契机。

### 4. 中国固定资产投资与酒店投资环境

2015 年，全国固定资产投资（不含农户）551590 亿元，比上一年名义增长 10%（扣除价格因素，实际增长 12%），增速比 1~11 月回落 0.2 个百分点。从环比速度看，12 月固定资产投资（不含农户）增长 0.68%。

分产业看，第三产业中，2015 年基础设施投资（不含电力）101271 亿元，比上一年增长 17.2%，增速比 1~11 月份回落 1 个百分点。其中，水利管理业投资增长 21%，增速回落 2.3 个百分点；公共设施管理业投资增长 20.2%，增速回落 0.3 个百分点；道路运输业投资增长 16.7%，增速回落 0.8 个百分点；铁路运输业投资增长 0.6%，增速回落 0.2 个百分点。

2016 年年初，寒潮的来袭并未使中国旅游业的投融资热度衰退。定制旅游、体育旅游、OTA、酒店业等旅游业细分领域尤其受资本市场的青睐，当然还有新兴的配合目的地旅游资源开拓的金融服务领域。酒店作为固定资产的投资依旧具有前景。

### 5. 新常态下对中国酒店业发展的影响

所谓常态，就是正常状态；新常态，就是经过一段不正常状态后重新恢复正常状态。人类社会就是从常态到非常态再到新常态的否定之否定中发展，人对社会的认识就是从常态到非常态再到新常态的否定之否定中上升。经济新常态，就是人类经济发展肯定—否定—否定之否定波浪式前进的成果；经济学新常态，就是人类经济认识肯定—否定—否定之否定螺旋式上升的结晶。

新常态经济是经济学范式转换、经济发展模式转轨、经济增长方式转变，新常态经济是与 GDP 导向的旧经济形态与经济发展模式不同的新的经济形态与经济发展模式。新常态经济用发展促进增长、用社会全面发展扬弃 GDP 增长，用价值机制取代价格机制作为市场的核心机制，把改革开放的目标定位于可持续发展的社会主义市场经济而不是不可持续增长的资本主义市场经济。新常态经济就是社会主义市场经济，新常态经济学就是社会主义市场经济学。以新常态经济为经济形态的社会主义市场经济、以新常态经济学为理论形态的社会主义市场经济学，是中国社会主义理论与实践发展的必然结果，是中国社会发展的自然历史过程。新常态是一种趋势性、不可逆的发展状态。那么新常态对酒店投资业有什么机遇？

从国内社会经济环境来说，我国社会经济新常态的表现之一是产业发展进入了新常态。2013 年以来第三产业比重超过第二产业，意味着我国正在由工业主导型向服务业主导型转变。实现我国经济战略转型、产业结构优化升级、发展方式转变等目标，服务业是关键，是突破口。大力发展服务经济，实现经济跨越式转型，是当前我国的战略选择。经济全球化和国际产业重新布局的新趋势，将提供给中国一个全面提升现代服务业的机会，提高国际竞争力及其在世界经济分工中的地位，会成为中国进入后工业化面临的重要挑战。

酒店业作为我国现代服务业的重要组成，作为投资、消费的重要领域，必然会得到快速发展，在投资上也会吸引无数新的投资商的进入。

### （三）我国酒店投资时机选择

如果说酒店投资的环境分析，主要是从空间上对饭店的投资进行宏观的把握，那么对饭店投资的时机分析，主要就是从时间上对酒店的投资进行宏观的把握。酒店项目的投资与其他建设项目的投资一样，也是一个科学地选择投资时机的问题。在酒店投资可行性研究中，这个问题可以单独进行，也可以和酒店投资宏观环境的研究合并在一起。

进行酒店投资时机的选择的目的是要使酒店项目的投资"生逢其时"，以获得理想的投资回报。"生"是指酒店项目的开业或运营；"时"是指酒店业发展的好时机。一个酒店项目是开业在酒店业发展顺畅的上升时期或高峰时期，还是开业在酒店业发展的滑坡时期甚至是低谷时期，其经营管理的难易程度和对酒店以后的经营管理与经济效益也会产生不同的影响。

那在当下这种经济形势不景气的情况下，酒店投资与否主要取决于项目的可行性与落地性，以融侨的两个例子加以说明。

其一，融侨在天津落地时，起初选择的是 IHG 的华邑酒店。而对于天津来说，五星级酒店市场非常难做，四星级酒店比较容易占领市场，同时更重要的问题是，就华邑酒店的投入成本来讲，至少高于普通四星级酒店 50%。基于这两点，集团经过充分论证，在 IHG 的支持下将其置换为假日套房。虽然酒店档次有所降低，但在保证基建品质的基础上，也算实现了投入和市场的双重保证。

其二，2015 年开业的合肥融侨皇冠假日酒店，也是一个品牌翻转的成果。起初融侨集团将其规划为自主经营管理的融侨大酒店，但在实际落成后，结合合肥市场品牌溢价等因素考虑，用三个月的时间将其从自有管理酒店改为皇冠假日酒店。以两个项目，从资产管理的价值考量，创造近 10 亿元的价值。

从融侨的这两个案例中，可以看出，酒店投资其实是非常具体的。所以，在酒店投资方面，不是完全没有机会切入，有好的项目就可以入手，且一个好的投资就是确保酒店的可持续发展。以下几点值得投资者们关注与思考。

**1. 改善性需求是未来的最大机会，存量酒店资产改造正当时**

正如"招待所"的演变历程：我们的父辈以前出差时，住体系内的招待所，因为那时没有连锁的招待所；之后的如家酒店，乃至一系列的连锁酒店，以"统一品牌、统一布置、统一形象、统一标准、统一定价"抓住了需求的空白点，迅速占有市场。但中国消费者具有强大的学习能力，随着需求的不断升级，消费者自身也在不断地被教育。在适应如家模式及品质后，他们开始追求更好的服务。如同房地产行业内经常提到的问题，如果说 2011 年房地产处于刚需阶段，那目前已逐步转型为改善性需求。不断改善与升级的需求、差异化的需求，是房地产下半场最大的动力和机会。

酒店行业面临同样的问题，不断差异化和升级的消费者需求是酒店行业最大的机会。放眼全国目前的酒店存量市场，值得反复入住的酒店少之又少。以香港港岛香格里拉酒店作为对比，它开业于 1991 年，酒店门锁至今仍是最初的钥匙锁，如果将这样的品质作为追求，中国大量的存量酒店资产的改造具有很大的机会，这样的机会值得去把握，北京瑰丽酒店也是存量改造的典型代表。

### 2. 突破酒店固有空间概念，打造跨界的复合型空间平台及产品

酒店的跨界是现在以及未来的一个重要问题。目前来讲，酒店更多的是一个场所、空间，这是当下需要我们打开思维，抱持开放性态度看待的一个问题。从平台战略和平台转型层面来说，线上空间由于存储成本接近免费，因此线上空间实质上越发接近无限，故线上空间资源并不稀缺；而线下空间永远是有限的，也是奇缺的空间平台。但是如果我们转换思维，将线下空间连接在一起时，它则成为最大的平台。如在房地产行业平台中，以万达来讲，它的机会不在于万达酒店或者万达百货，而是这些资产占有的空间未来会产生的价值。

具体到酒店的案例，水乡酒店在改造时，就是从"酒店综合体"的角度出发，旨在打造出综合性的酒店产品。通常来说，酒店的大堂、会议室、行政酒廊的盈利点是很低的。但是如果我们以开放的思维去关联酒店产品、酒店投资，如不在大堂设置咖啡吧，而是引入星巴克，甚至书店、面包店等，用类似这样的方式，突破酒店本身的载体形式，将空间价值最大化，打造一体化的综合性产品，一定可以打造出成功的跨界复合型产品。

### 3. 关注轻资产投资机会，重视酒店选址独特性

在酒店投资中，轻资产是非常值得关注的。举例来说，复星投资 Club Med 是成功的，它实际上可以看成品牌的整合。类似这种轻资产的投资，是未来酒店投资的重要方向。又如国泰君安投资花间堂，发力旅游度假市场，虽然会在改建上大量投入，但重心依旧是着眼于品牌的输出。

重资产的变现能力不佳，因此更需要认真对待轻资产的投资。与房地产转向轻资产，其核心命题是金融和投资相同，酒店行业投资则更多要时刻关注行业内产业上下游酒店的产业生态链的股权投资机会。从另外一个层面来说，如阿里收购石基信息这样的酒店管理系统，说明目前的酒店行业也确实存在着很多这样的轻资产投资机会。

此外，在中国做酒店投资，地段也是需要考虑的重要因素。如一些新开业的精品酒店，开业一年多以来，只收获了 30% 左右的入住率，很大一部分原因就是选址问题。酒店市场的现实性时刻提醒投资者，在中国做酒店投资，选址一定要强调稀缺性。

### 4. 关注旅游产业价值，深入资产管理本质

多年前就有学者总结了旅游地产三种成功的产品模型：其一是全国性的旅游目的地加上全国性的房地产市场，如三亚。其二是全国性的旅游目的地加上区域性的房地产市

场产品，如丽江、大理。其三是大中城市郊区的旅游小镇项目。上海周边的南通、昆山、太仓、常熟以及宜兴等地的旅游地产项目，目标市场无一例外都是上海。而我们讲的产品类型强调更多的是本地化的需求。旅游小镇项目是一个具有现代生活功能、城市功能配套但增加了旅游休闲度假功能属性的现代化社区。旅游休闲度假功能是人们生活方式升级的重要领域，这样的产品未来一定能成功，因为它关注的就是本地化的需求，而且是满足本地化升级的需求。

所以，目前来说，做文旅地产，特别是针对第三种具备度假休闲属性的旅游地产，更多的是要想产业而非地产，要将地产的属性减弱，旅游度假的属性反之要增强。如何用最少的投入撬动旅游项目，是产业关注的根本。

就民宿和客栈而言，像以花间堂、隐居为代表，最终走上连锁道路的民宿客栈、精品客栈大规模复制具有很大挑战。究其原因，民宿、客栈越发具有了私人化属性，标榜"情怀"的民宿客栈层出不穷，如果以连锁为目的，以商业价值为追求，则是不现实的。就像裸心谷的成功，更多的是借助其得天独厚的地理位置以及前期在外国人之间的口碑传播，从而逐步打开国内市场，但缺少了这些先决条件，它则是一个难以复制推广的作品。

所以，对酒店投资而言，资产管理是非常重要的。但目前谈及资产管理，更多人关注的是财务管理。但财务数据实际是结果的表现，背后才是真正的资产管理。如设备、结构、动线以及后期的维护保养、物业服务，才是实际决定资产能走多远、能否在消费者中形成口碑的关键。在厦门，普遍被商务人士称为最佳的是凯宾斯基大酒店，它细节到大堂里的茶都被来访者口口称道，茶的口感、品质等都远胜于其他酒店。像这样带着有关资产本身的建造、设备、运营、维护的思考，才是长久发展的推动力，否则只能是空中楼阁，毫无价值。

# 第三节　酒店筹资

## 一、酒店筹资概述

### （一）筹资

筹资（Raise Cash）是通过一定渠道、采取适当方式筹措资金的财务活动，是财务管理的首要环节。筹资等同于资金筹集，是指企业通过各种方式和法定程序，从不同的资金渠道，筹措所需资金的全过程。无论其筹资的来源和方式如何，其取得途径不外乎两种：一种是接受投资者投入的资金，即企业的资本金；另一种是向债权人借入的资金，即企业的负债。

### 1. 企业筹资的目的

（1）维持企业简单再生产。由于在结算和赊销活动过程中，被其他企业占用的应收账款暂时无法收回，需要加以补充，以维持经营服务的急需；对生产经营或服务的设备、设施进行改进或淘汰更新，提高技术装备水平；由于经营管理不善，发生亏损，需要补充欠缺资金，以维持原来的生产经营规模和能力。

（2）用于企业扩大再生产。新建企业，支付开办费，进行基本建设投资；在原有的基础上进行改建或扩建，增加固定资产或流动资金的投资，扩大企业的生产经营规模和能力。

（3）调整企业的资本结构。调整企业的资本结构的目的主要是降低企业经营风险。如负债结构过大，自有资本过低，将增加企业的偿债压力。这时可采取集资还贷，以减少债务负担；增加资本金；或将债务转化为资本金的办法，以确保企业资产经营的安全。

那么一般企业筹集资金的渠道和方式又有哪些？顾名思义，企业筹集资金的渠道是指企业取得资金的来源，筹集资金的方式是指企业取得资金的具体形式。两者既有联系，又有区别，同一渠道的资金往往可以采取不同的方式取得，而同一筹资方式往往可以适用于不同的资金渠道。

### 2. 企业筹资的渠道

资金筹集的渠道体现资金的源泉和流量。过去，企业从国家单一的渠道取得资金，随着我国经济体制改革的深化，社会主义市场经济体制的建立和发展，企业资金来源的渠道日益多样化，已经由单一渠道向多种渠道发展。认识筹资渠道的种类及其特点，有利于企业充分开拓和正确利用筹资渠道。企业主要的筹资渠道有以下几种形式。

（1）国家财政投入资金。国家财政对企业的投资，是国有企业资金的主要来源。国家财政资金具有广阔的来源和稳固的基础，今后仍然是国有企业筹集资金的主要渠道。

（2）银行信贷资金。银行对企业的各种贷款，是各类企业重要的资金来源。银行通过基本建设投资贷款、流动资金贷款、贴现和各种专项贷款等多种形式，为企业提供中长期和短期临时性的资金来源。银行贷款的方式灵活多样，适应各类企业的多种需要，是企业资金的主要供应渠道。

（3）非银行金融机构债务资金。非银行金融机构主要有信托投资公司、保险公司、证券公司、财务公司、租赁公司等。它们有的融资融物，有的承销证券，有的为了一定目的而积聚资金，可以为一些企业直接提供部分资金或为企业筹集资金提供服务。随着我国市场经济的发展，这种筹资渠道的财力虽然比银行要小，但具有广阔的发展前景。

（4）其他企业投入资金。企业在生产经营过程中，往往形成部分暂时闲置的资金，同时出于一定的经营目的也会相互投资，这都为筹资企业提供了资金来源的渠道。

（5）民间投入资金。企业职工和城乡居民的闲余货币资金，可以进行购买企业的股票或债券，为企业所利用，形成民间资金渠道。

（6）企业内部积累资金。企业内部形成的资金，主要是指计提固定资产折旧、提取公积金和为分配利润而形成的资金。随着企业的发展，经营规模的扩大，经济效益的不断提高，企业内部积累资金的数量将日益增加。

### 3. 企业筹资的方式

企业筹资方式是指企业筹措资金所采用的具体形式，体现企业资金的属性。认识筹资方式的种类和每种筹资方式的属性，有利于企业选择适宜的筹资方式和组合。筹资方式有以下分类。

（1）按直接或间接取得资金划分，可分为直接筹资方式和间接筹资方式两类。直接筹资，是指企业直接从资本市场上筹集资金，主要有发行股票、发行债券、合资经营、融资租赁等方式。直接筹资具有筹资风险较小，筹资自主性强，资金流动快速的特点。间接筹资，是指通过中介机构取得的信贷资金，如银行贷款、商业信用等。间接筹资的资金成本一般较低，可使资金来源多样化，积少成多，分散风险。

（2）按筹集资金的权益划分，可分为主权资本筹资和负债筹资两类。主权资本，是指所有者投入的资金，反映所有者权益，主要有独资、合资或发行股票等方式。主权资本一经投入企业，就形成企业的自有资金，是企业经营资金的主要来源。负债筹资，是指向债权人借入的资金，反映债权人权益。如银行贷款、发行债券、融资租赁及商业信用等。出于一定的经营目的也会相互投资，这都为筹资企业提供了资金来源的渠道。

## （二）酒店筹资

酒店筹资是指酒店根据其生产经营、对外投资和调整资本结构等活动对资金的需要，通过筹资渠道和资本市场，并运用筹资方式，经济有效地筹集饭店所需资金的财务活动。

### 1. 酒店筹资的作用

第一，筹集资金既是保证饭店正常生产经营的前提，又是谋求饭店发展的基础。

第二，筹资工作做得好，不仅能降低资本成本，给经营或投资创造较大的可行或有利的空间，而且能降低财务风险，增大饭店经济效益。

第三，筹集资金是饭店资金运动的起点，它会影响乃至决定饭店资金运动的规模及效果。

### 2. 酒店筹资的基本原则

酒店筹资是一项重要而复杂的工作，为了有效地筹集酒店所需资金，必须遵循以下基本原则。

（1）规模适当原则。不同时期企业的资金需求量并不是一个常数，企业财务人员要认真分析科研、生产、经营状况，采用一定的方法，预测资金的需要数量，合理确定筹资规模。

（2）筹措及时原则。企业财务人员在筹集资金时必须熟知资金时间价值的原理和计算方法，以便根据资金需求的具体情况，合理安排资金的筹集时间，适时获取所需资金。

（3）来源合理原则如图 13-6 所示。资金的来源渠道和资金市场为企业提供了资金的源泉和筹资场所，它反映资金的分布状况和供求关系，决定着筹资的难易程度。不同来源的资金，对企业的收益和成本有不同影响，因此，企业应认真研究资金来源渠道和资金市场，合理选择资金来源。

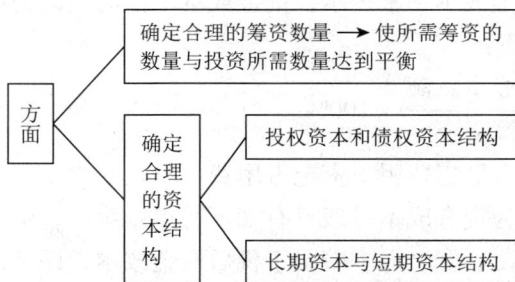

图 13-6　来源合理原则

（4）方式经济原则如图 13-7 所示。在确定筹资数量，筹资时间，资金来源的基础上，企业在筹资时还必须认真研究各种筹资方式。企业筹集资金必然要付出一定的代价，不同筹资方式下的资金成本有高有低。为此，就需要对各种筹资方式进行分析、对比，选择经济、可行的筹资方式以确定合理的资金结构，以便降低成本，减少风险。

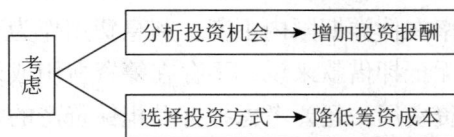

图 13-7　方式经济原则

# 二、酒店资金成本与筹资风险

## （一）资金成本

### 1. 资金成本的概念

资金成本（Cost of Funds）是指企业为筹集和使用资金而付出的代价，是资金使用者向资金所有者和中介机构支付的占用费和筹集资金。资金成本包括资金筹集费用和资金占用费用两部分。资金筹集费用指资金筹集过程中支付的各种费用，如发行股票，发行债券支付的印刷费、律师费、公证费、担保费及广告宣传费。需要注意的是，企业发行股票和债券时，支付给发行公司的手续费不作为企业筹集费用。因为此手续费并未通过企业会计账务处理，企业是按发行价格扣除发行手续费后的净额入账的。资金占用费是指占用他人资金应支付的费用，或者说是资金所有者凭借其对资金所有权向资金使用者索取的报酬。如股东的股息、红利、债券及银行借款支付的利息。酒店占有资金时间越长，风险越大，资金成本也越大。

### 2. 资金成本的衡量

资金成本通常用资金成本率来表示，资金成本率指的是因为使用资金而付出的年复利率 IRR。计算公式如下：

$$资金成本率 = \frac{资金成本总额}{所筹资金} \times 100\%$$

资金成本总额 = 资金筹集费用 + 资金占用费

特别注意的是，作为资金成本一般具有如下特点：第一，资金成本是较满意的财务结构前提下的产物；第二，资金成本着眼于税后资金成本，即考虑筹资方式的节税效应后的成本；第三，资金成本强调资金成本率和加权平均资金成本率。

根据以上资金成本的特点，下面分别论述负债、权益资金成本的计算方法。从广义讲，企业筹集和使用资金，不论是短期的，还是长期的，都要付出代价。狭义的资金成本仅指筹集和使用长期资金（包括长期负债和权益）的成本。

（1）长期负债资金成本。长期负债包括长期银行借款，应付公司债及长期应付款。从资金成本的基本原理来讲，长期应付款与长期借款的情况类似。下面主要讨论长期银行借款与应付公司债的资金成本的计算。

①长期银行借款的资金成本。长期银行借款是企业获取长期资金的重要方式之一。它的特点是偿还期长，利率在债券期限内不变，利息费用作为费用于税前列支，因而利息可产生节税效应。对于无抵押借款来说，不存在筹资费用或筹资费用较小，可不予考虑；对于抵押借款则有筹资费用，还要考虑抵押及担保资产的机会成本。无抵押长期借款的资金成本实际上只是税后资金占用成本，即年利息额 ×（1– 所得税率）。

Eg：某企业从银行借入 50 万元，三年期，年利率为 12% 的无抵押长期借款，该企业所得税率为 33%。则：

该无抵押借款资金成本率 =12% ×（1–33%）=8.04%

抵押长期借款资金成本可以把抵押条件和筹资过程中发生的相关费用作为筹资费用。这些筹资费用包括：公证机构对抵押品及担保的公证费；担保品及抵押品的保险费；律师签证费；银行所要求的手续费；抵押设定的各种费用；其他因抵押而发生的机会成本。

Eg：某企业拟定与银行商议借款 100 万元，年利息率为 10%，期限 5 年，另附房产抵押权，该企业房产抵押后的机会成本为 3%，其他筹资费用率为 1%，所得税率为 33%。该抵押长期借款资金成本率 =10% ×（1–33%）+3%+1%=10.7%

②应付公司债资金成本。应付公司债是指期限在一年以上，由公司发行的，用来筹

集资金的一种长期负债。应付公司债在确定的期限，票面面值，票面利率，可以平价、溢价和折价发行。债券利息有节税效应，发行公司往往存在筹资费用，其筹资费用一般包括印刷费、信誉评估费、公证费、其他有关附带费用，但支付给代理发行承销商（证券公司）的手续费不构成筹资费用，因为在会计上不构成财务费用，而是按实际筹得的资金入账。

中国证券投资资金招募说明书对发行价格的说明是：发行价格 1.01 元，面值 1.00 元，发行费用 0.01 元，募集资金 1.00 元。因此，实际筹集资金是不含发行费用的，发行费用在企业会计处理上不作反映。如果是平价发行，则实际筹集资金等于发行债券面值总额；如果是折价发行，实际筹集资金小于债券发行面值总额；如果是溢价发行，实际募集资金大于发行债券面值总额。

Eg：某企业发行债券面值 100 万元，以溢价 105 万元发行，票面利率为 12%，期限为 5 年，分期付息一次还本。筹资费用 1 万元，所得税率为 33%。

（2）权益资金成本，具体可分为优先股资金成本、普通股资金成本、保留盈余资金成本三种类型。

①优先股资金成本。股票筹资分为优先股筹资和普通股筹资，优先股是因为它对公司的股利和剩余财产优先分配而得名。优先股的基本特点是：股息率是固定和稳定的，与债券利率类似，因优先股股利于税后支付，因而，优先股股利无节税效应；具有对股利、剩余财产的优先分配权；有筹资费用，如印刷费、公证费等，不含支付给承销商的发行手续费，因为股票筹资所筹到的资金是扣除手续费后的余额，其发行手续费不通过企业入账。由于发行的股票一般为无纸股票，因而无印刷费，其他筹资费用金额相对较小，为了简化资金成本的计算，可不予考虑。优先股资金成本为年股息额。需要注意的是，优先股资金成本率并不是年股利率，因为股票一般是溢价发行的。其资金成本率一般小于年股利率。

Eg：某企业发行优先股 100 万股，每股面值 1 元，年固定股利率 14%，以每股 2 元发行（已扣除发行费），实募资金 200 万元。

②普通股资金成本。发行普通股是股份公司筹资的主要形式，普通股股东对公司的股利分配依公司的经营效益而定，其分配股利的不确定性和波动性较大。因此，计算普通股资金成本是一个期望的估计数，计算普通股资金成本的假设前提应是企业未来的一个比较稳定的且逐年增长的股利分配。离开这一前提，计算普通股资金成本是没有意义的。

Eg：某企业发行普通股 1000 万股，每股面值 1 元，以每股 3 元发行，实得资金 3000 万元，假设各年每股股利 0.25，且每年股利增长 3%。

③保留盈余资金成本。这是一个近几年比较得到普遍肯定的观点，即企业保留盈余作为内部融资也有资金成本。其理由是，"不管这部分盈余是否发放给股东，其所有权仍属于股东。保留盈余是投资者对企业进行的再投资，作为再投资，投资者要求有适当的报酬率，此报酬就是保留盈余的资金成本率。如果投资得不到适当的报酬率时，就会

将股票抛售，或把此盈余作为股利分配后投资于别处。这是股东的机会成本。"

企业资金成本与股东的机会成本是没有必然联系的。在研究企业的资金成本时，可以考虑企业的机会成本。根据前述资金成本的概念，资金成本是指企业因使用资金而付出的代价，包括企业实际流出的现金和企业因使用资金而发生的机会成本，即抵押资产的机会成本。此概念与投资者，即股东的机会成本无任何关系。如果要把投资者的机会成本作为企业资金成本考虑的话，企业资金成本将与其概念不完全相符。因此，持保留盈余有资金成本的观点无论是在理论上，还是在实际上都是不能成立的。企业利用保留盈余资金既不需要实际多付股利，对于企业来说也不存在机会成本，因而，保留盈余是无资金成本的，就像目前我国的无息票据和应付账款（未考虑现金折扣）购货一样，是没有资金成本的。

### （二）筹资风险

#### 1. 筹资风险的概念

筹资风险，是指企业由于负债经营，受到投资收益波动而产生的风险。企业为筹资而举债，就增加了到期还本付息的负担，企业的预期投资收益能否达到，存在一定的风险，存在着到期不能还本付息和资不抵债而面临破产的可能性。

#### 2. 筹资风险的内因分析

（1）负债规模。负债规模是指企业负债总额的大小或负债在资金总额中所占比重的高低。企业负债规模大，利息费用支出增加，由于收益降低而导致丧失偿付能力或破产的可能性也增大。同时，负债比重越高，企业的财务杠杆系数越大，股东收益变化的幅度也随之增加。所以负债规模越大，财务风险也越大。

$$企业的财务杠杆系数 = \frac{税息前利润}{税息前利润 - 利息} \times 100\%$$

（2）负债的利息率。在同样负债规模的条件下，负债的利息率越高，企业所负担的利息费用支出就越多，企业破产危险的可能性也随之增大。同时，利息率对股东收益的变动幅度也大有影响，因为在税息前利润一定的条件下，负债的利息率越高，财务杠杆系数越大，股东收益受影响的程度也越大。

（3）负债的期限结构。是指企业所使用的长短期借款的相对比重。如果负债的期限结构安排不合理，如应筹集长期资金却采用了短期借款，或者相反，都会增加企业的筹资风险。原因在于：第一，如果企业使用长期借款来筹资，它的利息费用在相当长的时期中将固定不变，但如果企业用短期借款来筹资，则利息费用可能会有大幅度的波动；第二，如果企业大量举借短期借款，并将短期借款用于长期资产，则当短期借款到期时，可能会出现难以筹措到足够的现金来偿短期借款的风险。此时，若债权人由于企业财务状况差而不愿意将短期借款展期，则企业有可能被迫宣告破产；第三，长期借款的融资速度慢，取得成本通常较高，而且还会有一些限制性条款。

### 3. 筹资风险的外因分析

（1）经营风险。经营风险是企业生产经营活动本身所固有的风险，其直接表现为企业税息前利润的不确定性。经营风险不同于筹资风险，但又影响筹资风险。当企业完全用股本融资时，经营风险即为企业的总风险，完全由股东均摊。当企业采用股本与负债融资时，由于财务杠杆对股东收益的扩张性作用，股东收益的波动性会更大，所承担的风险将大于经营风险，其差额即为筹资风险。如果企业经营不善，营业利润不足以支付利息费用，则不仅股东收益化为泡影，而且要用股本支付利息，可能会使企业丧失偿债能力而被迫宣告破产。

（2）根据国家统计局公布的数据显示，2019 年我国全社会固定资产投资 560874 亿元，比上一年增长 5.1%。其中，固定资产投资（不含农户）551478 亿元，增长 5.4%。分区域看，东部地区投资比上一年增长 4.1%，中部地区投资增长 9.5%，西部地区投资增长 5.6%，东北地区投资下降 3.0%。

在固定资产投资（不含农户）中，第一产业投资 12633 亿元，比上一年增长 0.6%；第二产业投资 163070 亿元，增长 3.2%；第三产业投资 375775 亿元，增长 6.5%。民间固定资产投资 311159 亿元，增长 4.7%。基础设施投资增长 3.8%。六大高耗能行业投资增长 4.7%。

旅游业作为我国国民经济新的增长点和战略性支柱产业，受到了资本市场的青睐。酒店业作为旅游业的重要组成部分，是社会固定资产投资的热门领域。

### 4. 筹资风险的规避

企业负债经营，是期望取得包括风险收益在内的资金利润率。但是，风险是客观存在的，关键在于如何规避，以减少风险损失。从筹资风险产生的原因分析，筹资风险有两类：一是现金性筹资风险；二是收支性筹资风险。可根据风险产生的原因进行规避。

（1）现金性筹资风险是个别现象，主要是由于理财不当而引起现金流出量过大。应合理安排现金流量，严格按照量入为出、以收抵支的原则办事。

（2）收支性筹资风险是结构性的，最终会影响企业的经营状况，以及财务收支状况的好坏。可从两个方向着手：一是优化资本结构，进行债务重组，使负债比率达到安全程度，降低筹资成本，减轻筹资风险；二是提高资金的盈利能力[①]。

## （三）民间自有资本的筹资与运营风险分析

近期，全球股市、汇市、商品市场大幅震荡，在经济全球化的今天，中外经济相互依存、相互影响日益加强，因此，中国经济也面临着较大的下行压力。此外，欧洲恐怖袭击问题、美国加息预期等将导致大多数新兴经济体金融市场动荡、资本外流、本币贬值。总体来看，中国经济发展进入新常态。

---

① 严金明，谢东风. 酒店理财 [M]. 北京：清华大学出版社，2004.

与此大环境相反，旅游行业却呈现欣欣向荣发展态势。据了解，全国有 28 个省区市把旅游业定位为战略性支柱产业，85% 以上的城市、80% 以上的区县将旅游业定位为支柱产业，旅游业成为新常态下经济增长的重要驱动力。我国国内和出境旅游市场需求日益旺盛，除了生产力水平的提高，人们可自由自配收入增加等原因，也受国内节假日调整的有利影响，使得休闲时间增多。旅游现在兼具扩内需、扶贫困、惠民生、增就业的作用，也受到了国家顶层设计方面的重视。当前我国旅游业已然进入大众化、产业化、全域化发展的新阶段。在强劲的需求驱动下，旅游供给必然发生变化，全国旅游投资规模、投资结构和投资热点必然发生变化。

其中，酒店民间投资更是呈现出强劲的发展态势，逐渐成为酒店投资中的主力军，但由于其投资主体、客体的复杂性，目前国内较少有相关的研究。而民间投资者多是将资产转移到酒店行业，并不具备专业背景，投资风险也相对较高。

酒店投资市场一旦规模过大，没有较成熟的机制交易约束，很容易成为第二个房地产市场。且酒店投资项目具有与一般投资项目不同的特点，项目未来走势具有极大的不确定性，项目周期特别长，民营企业进入酒店业也多是利基行为，并不完全清楚酒店产业相比于其他产业的特殊性，这就使得酒店项目投资决策理论和方法和传统项目投资评价理论与方法有很大的不同。

"十一五"期间，我国旅游项目总投资 17834.22 亿元，各类企业投资达到 10868.13 亿元，占总投资的 62.24%，其中国有企业的比率占旅游总投资的 14%，股份制企业和其他类企业投资占总投资的 85.99%。从资金流向的角度看，占比 53% 的民间资金主要是流向基础设施、宾馆饭店、各类景区等方面，如图 13-8 所示。

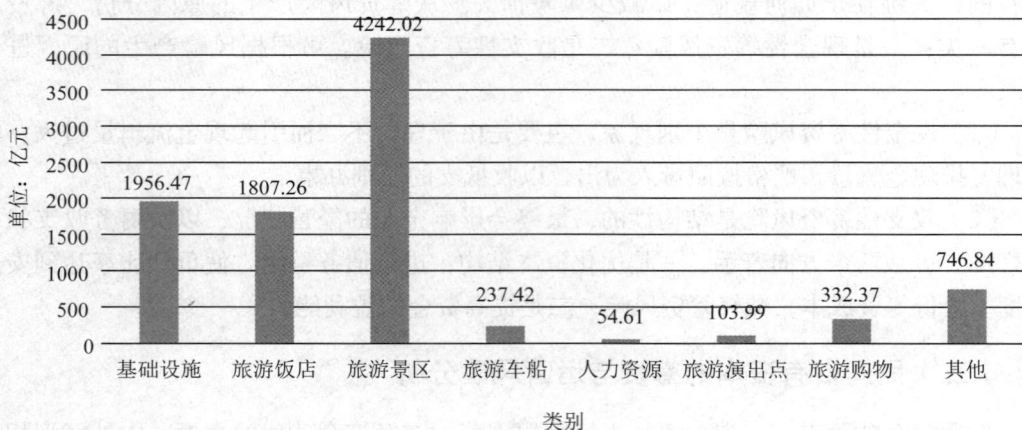

图 13-8　"十一五"期间民间资本旅游投资流向

### 1. 民间投资酒店的模式

（1）BOT 模式。BOT 是英文 Build–Operation–Transfer 的缩写，是"建设—经营—转让"的意思。其基本思路是：政府通过特许权协议，将本应或习惯上由其自身投资经营的具有公益性质的基础设施项目或其他相关项目，让给私有资本投资者或者私有资本组成参与的项目公司，进行融资、建设、经营、收益、维修，并在约定的年限届满后，由投资者将特定项目移交给当地政府的一种系统的投资和融资方式如图13-9所示。

旅游涵盖食、住、行、游、购、娱等方面，由此旅游投资也涉及餐饮、酒店、交通、景区、商店、娱乐设施等各方面，其内容和要求各有差异。一般来说，旅游基础设施项目、重要服务设施项目、间接项目、长远效益项目要采取政府融资方式，而经营性的项目应该采取企业融资方式，这样最终可以获得经济上的收益，对这些项目可采用BOT投资模式。

比较成功地运用BOT模式投资旅游业的是台湾投资商投资17亿元人民币在广西桂林建成桂林乐满地度假世界，多年来，收益不断创新高，对当地的GDP也产生了巨大的推动作用，同时为民营资本投资广西的旅游业起到了示范作用。靖西通灵大峡谷、资源八角寨、资源资江等景区也相继采用买断经营权的方式，这也都为BOT模式奠定了基础。

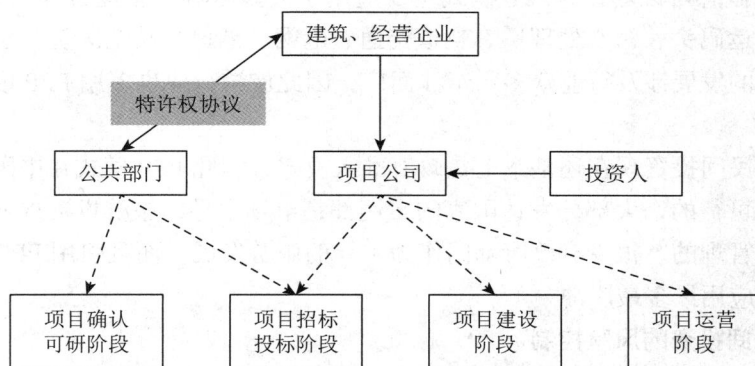

图13-9　BOT模式组织结构形式

（2）PPP模式。PPP是Public-Private Partnership的缩写形式，即公共部门与私人企业合作模式，是指政府、营利性企业和非营利性企业基于某个项目而形成的相互合作关系的形式如图13-10所示。通过这种合作形式，可以达到双赢或者多赢的效果，更有效率地实现既定目标。参与各方在进行某个项目时，不是政府将项目责任全部转移，而是通过政府对项目的扶持，使参与各方的利益维持一定的水平，并且共同承担责任和相应的风险。PPP代表的是一个完整的项目融资的概念，是民间参与公共基础设施建设和运行管理的公私合作模式。

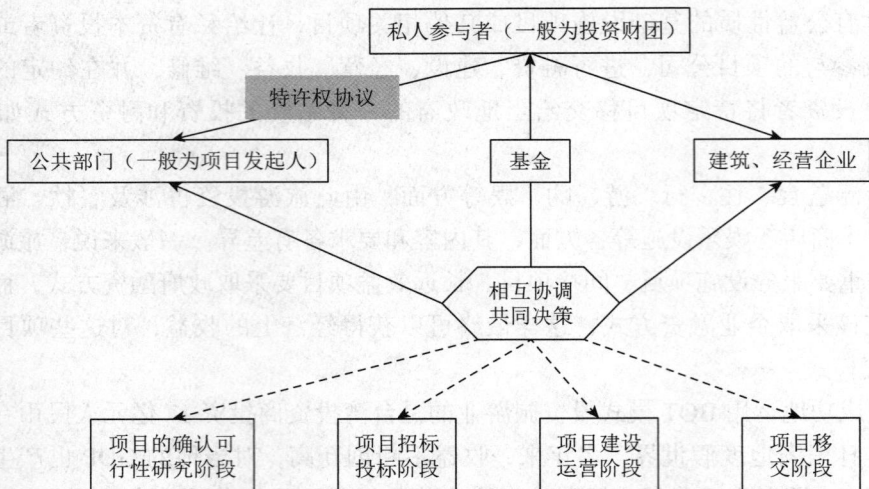

**图 13-10　PPP 模式组织结构形式**

根据以上概念可以看出，PPP 模式主要适用于大型基础设施建设项目，包括机场、高速公路、货运码头、污水处理厂、轨道交通、电网、港口，甚至医院、学校和敬老院等。因为旅游的发展涉及行业众多，牵涉面广，因此旅游行业也多用 PPP 模式进行民间融资。

我国旅游民间投资现在还基本上是政府准入模式，因此 PPP 模式在中国的政治体制下实施是比较可行的，大部分发达国家的案例都是市场主导，旅游投资规划与实践也是针对旅游影响管理的，很少有政府部门作为主导的旅游发展。而且引用 PPP 模式投资酒店业也是目前应用最多最广的。

**2. 酒店民间投资的风险控制**

（1）风险预警。旅游项目建设中 PPP 投资模式的风险预警是指 PPP 项目投资者或者管理者为预防风险的发生或将已发生的风险造成的损失降到最低，建立风险评估体系进行风险控制。PPP 项目风险预警系统是一个循环往复的过程，需要接收实时信息，并且事先有计划地对各种预测的风险做出应对程序，根据实时信息按照相应程序做出反应。未达到对风险的实时监控和管理，这个过程需要根据风险动态进行反复调整。当影响项目的不利因素通过某些风险指标显现出来时，风险预警系统就会发出明确的信号，项目风险预警系统通过各项风险指标对外部环境和项目内部的各项风险因素进行实时监控与反应，借以保证项目可以按原定计划顺利进行，如图 13-11 所示。

（2）风险规避。投资者判断 PPP 模式下的投资风险，有必要从政府财力、社会资本实力、项目收益等多个角度去判断。

（3）风险分担。在 PPP 项目实施方案中，风险分担机制是政府和社会资本关注的焦点。风险分担主要是通过项目公司和政府之间的项目合同达成的，目标是将风险和对应的回报进行匹配。建立起合理的风险分担机制，可以使得项目整体更加物有所值。

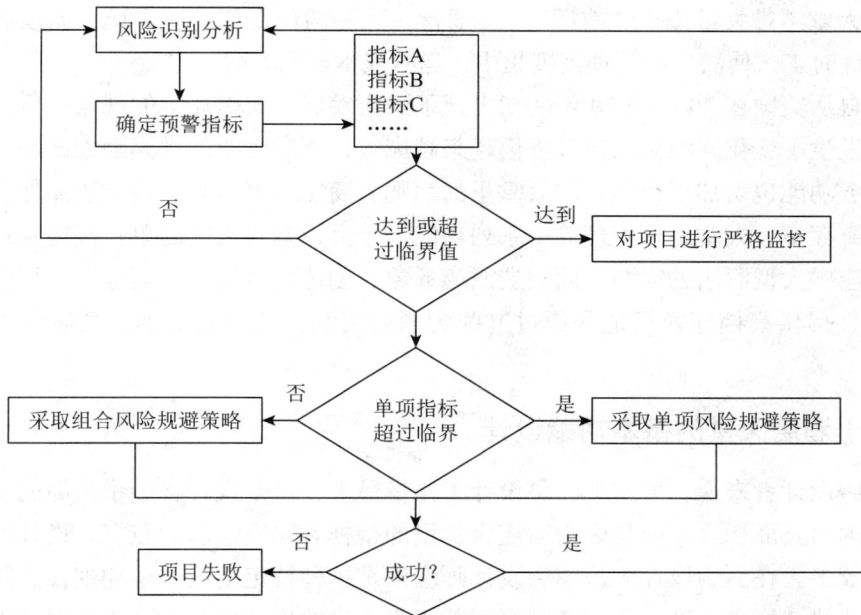

图 13-11 风险预警系统

各类风险分配遵循"最优承担"原则，即由最有能力处理的一方来承担。这能降低风险的边际成本，达到 PPP 项目资金的最佳使用价值。设计风险、施工风险、完工风险、市场风险、管理风险等由项目公司主要承担，政治风险、金融风险等应由政府主要承担，需在合同及特许经营协议中明确规定。不可抗力风险等应根据双方的权责进行分担，一般政府公共部门承担较多。另外，还应引入保险与再保险，用于转移不确定性大、损失额度大的风险，如某些不可抗力事件导致的项目重大损失。风险分配应在签约性谈判阶段完成，并体现在合同及特许经营协议中。

# 第四节　酒店设计与施工

## 一、酒店大堂设计与施工

### （一）酒店大堂的发展简史

酒店的大堂（Hotel Lobby）是酒店在建筑内接待客人的第一个空间，也是使客人对酒店产生第一印象的地方。在早期的欧洲酒店中大堂通常都不大，但却是酒店的管理和经营中枢。在这里，接待、登记、结算、寄存、咨询、礼宾、安全等各项功能齐全，甚至连客房的管理和清洁工作都一并在这里办理。不少只有十几间或二十几间客房的城市小酒店的大堂（过去常译作"前厅"），通常只需一两位专职管理人员，而酒店清洁工人则都是计时工，使酒店的管理高度集中，运营成本相当有限。

但是自从美国在 20 世纪 70 年代初出现了酒店发展"大爆炸"的现象以后，传统酒店的模式发生了变化，酒店的建设规模越来越庞大，酒店大堂的规模随之膨胀，提供给客人的服务功能也增加了很多，如大堂里的酒吧、商店、书报亭、贵重物品保管室、客人的行李寄存室、大堂经理管理等一系列功能。今天，老式大堂的单一接待管理功能已经不能适应中大型酒店的需要，而塑造酒店形象、创造高雅氛围、营造客人好感、丰富服务功能、提供高档迎宾场地并通过这些为酒店营利，就变成了当代酒店大堂的主要特征。

### （二）酒店大堂的基本功能设计

对酒店设计者来说，大堂可能是设计工作量最大，也是设计含金量最高的空间。这并不仅仅因为其面积大，而是因为酒店大堂里的精神和物质需求比较多，设计的潜目标也就相对较多。在酒店设计中，酒店设计师应该是一种特定生活质量和现代交际环境的创造者，从这个意义上说，设计者既要不断积累大量的生活体验，又要懂得这类事情涉及的所有设计细节。在酒店大堂的设计中，功能细节之多尤其不能忽视。大堂设计中的基本功能包括以下几方面：

#### 1. 接待与服务功能

（1）前台。

①前台是大堂活动的主要焦点，向客人提供咨询、入住登记、离店结算、兑换外币、转达信息、贵重品保存等服务。

②前台的电脑要可以随时显示客人全部资料，平均50~80间客房设立一部前台电脑。

③前台可以设置为柜式（站立式），也可以设置为桌台式（坐式）。前台两端不宜完全封闭，应有不少于一人出入的宽度或更宽敞的空间，便于前台人员随时为客人提供个性化服务。

④站式前台的长度与酒店的类型、规模、客源定位和风格均相关。通常每 50~80 间客房为一个单元，每个单元的宽度可以控制在 1.8 米。

⑤坐式前台应以办理入住手续为主，同时必须另外配置一组站式的独立结算柜台。

⑥站立式前台的高度分为客用书写、服务书写和设备摆放 3 个高度标准，设备摆放高度依据实际尺寸和用途分别设定。

⑦酒店电话总机室可以安排在前台办公室区域，更方便管理。

⑧贵重物品保险室由前厅部人员管理，客人和工作人员分走 2 个入口，室内分为可视而分隔的两部分，类似银行的柜台。客人入口应尽量隐蔽，安全监控录像要安装到位。

⑨前台的类型分为风格型和功能型两种。风格型也可以称为时尚型，表现为对前台整体设计特色和形式美感的追求，不搞主题，不求宏大，适用于三星级、四星级和五星

级酒店，这种类型都具有完备合理的实用功能。功能型通常以保障实用为原则，设计手法、用材均简洁、大方、成本低，只做少量装饰。如果点缀巧妙得法，也会有出人意料的不俗效果，适用于中低星级酒店。另外，有一种主题型前台的做法在我国曾经比较流行，通常以一组大型艺术作品作为前台背景，点出酒店的文化主体。但这种设计要特别注意避免过于强烈和具体的表现手法，反差要小，视觉感受要温和，以免造成酒店大堂过于沉重的视觉负担，造成客人心理上的不舒适感。

（2）大堂经理台和客户关系经理台。

①这两种职能的性质略有区别，但工作方式基本相同，分为坐式和移动式两种。坐式单元的组合，通常包括配置不少于2部电话和电脑的桌台、2把客人沙发椅、1把经理值班沙发椅、块型地毯、台灯、绿化盆栽、背景艺术陈设品等，面积约为8~12平方米。坐式大堂经理台的位置应可以看到大门、前台和客用电梯厅的出入口。

②坐式大堂经理区域是大堂的一个景点，其家具、灯具设计应该不低于酒店内高级豪华套房的标准，风格、尺度和式样应与大堂环境相协调。

③移动式大堂值班经理或客户服务经理可能需要1间不小于10平方米的办公室，作为处理事务时使用。

（3）公用电话。

①公用电话包括磁卡电话和内线直拨电话。分为敞开式和封闭式，通常设在大堂主流程之外较隐蔽和安静的位置。

②每100间客房设1部公用电话，其中磁卡电话和内线电话各占一半数量。

③封闭式电话间必须用透明玻璃门，留排风口，电话间内不设座位。

④电话磁卡可以在前台出售。

（4）公共卫生间。

①要包括残疾人卫生间和清洁工具储存室。

②大堂公共卫生间的装修标准至少不低于豪华套房卫生间的标准，而且要有创意和个性化设计。

③公共卫生间门不可直对大堂的中央空间，必须隐蔽。

**2.经营**

（1）酒店大堂依据各自的条件，也可以是经营和创造收入的场所，使环境气氛更富于人性化，使客人心情愉悦并对酒店的服务产生信心。

（2）大堂的经营内容、分区和各自所需要的面积必须根据酒店的类型、规模和档次定位精确计算并选定。

（3）商业经营区应该与大堂主流程分离，但又要比较容易被客人看到。经营区后线的供应流程必须完全与客人视线范围隔绝。

（4）大堂公共卫生间应该邻近餐饮经营区（如大堂酒吧）。

（5）大堂经营内容可以包括：大堂酒吧、邮政快递服务、书报亭、银行小型精品店、旅行社及订票服务、饼店、洗印照片服务、鲜花店、商务中心、礼品店、咖啡厅，也可以根据酒店规划设计上的创意设立新的内容。

## 二、酒店客房设计与施工

客房是酒店获取经营收入的主要来源，是客人入住后使用时间最长的，也是最具有私密性质的场所，对城市酒店而言尤其如此。一个酒店客房的未来命运，很大程度上就取决于最初的建筑设计与室内设计是否准确、恰当，是否有经验、有修养、有远见。酒店和度假村的客房室内设计有三个主要内容：第一是功能设计；第二是风格设计；第三是人性化设计。在设计的流程顺序上，功能第一，风格也许就会不那么精致。把握好这三个设计的尺度，充分发挥这三个设计的作用，客房设计的质量就有了保证。

客房功能设计是客房设计的基础工作，包括基本功能设计和细节功能设计。酒店客房的基本功能设计是：休息、办公、通信、休闲、娱乐、洗浴、化妆、卫生间（坐便间）、行李存放、衣物存放、会客、私晤、早餐、闲饮、安全等。由于酒店的性质不同，客房的基本功能会有增减。为基本功能进行的设计主要体现在客房建筑平面、家具平面、水电应用平面、天花平面的布置中，以及在这些平面设计中已经定位的门窗、家具、洁具、五金和主要电器设施的选择，当然还要有必要的设计说明。

城市经济型酒店这种客房只满足客人的基本生活需要。平面设计是以长 6.2 米，宽 3.2 米（轴线），建筑面积 19.84 平方米构成的，这基本上是中等级酒店客房面积的底线。虽然小，但仍然可以做出很好的设计，满足基本的功能。这种客房设计卫生间时最好有所创意，力争做到"小而不俗，小中有大"，如利用虚实分割手法，利用镜面反射空间，利用色彩变化，或者采用一些趣味设计，都可以起到不同凡响的作用，使小客房产生大效果。这样的案例在欧美的酒店设计中屡见不鲜。

位于风景名胜地的度假酒店这种客房的首要功能是要满足家庭或团体旅游、休假的入住需求和使用习惯，保证宽阔的面积和预留空间是最起码的平面设计要求。对钢筋混凝土框架结构的度假酒店来说，客房楼的横向柱网尺寸应不小于 8 米，能达到 8.4~8.6 米更好，这样可以使单间客房的宽度不会少于 4 米。当然，如果建筑师对平面有所创造，使房间宽度达到 6 米以上，使房间形态成为"阔方型"，就更加理想了。这就要让度假酒店的平面设计从城市酒店平面设计的模式中彻底脱离出来。应该说，度假酒店的客房不论档次高低，房间都该比城市酒店大一些。五星级的高档度假酒店标准客房最好不要小于 50 平方米，多一点则更好。

## 三、中式酒店设计与施工

### （一）中国国内酒店建筑风格现状

#### 1. 西方建筑风格大行其道，传统特色几近消失

截至 2005 年年底，中国星级酒店数量已超过 11000 家，然而其中绝大多数的酒店建筑无论建筑造型、内部装修、外部装饰采用的都是现代的、西方的建筑风格。钢筋混

凝土式的高层建筑、五彩缤纷的玻璃幕墙、高挑的中庭、旋转餐厅、观光电梯等现代西方酒店的特征符号成为中国酒店的主流，中国传统建筑风格的元素反而不多见。如同中国的城市规划与建设一样，盲目追求高大、现代的建筑风格，完全失去了自己的特色，以至于置身于中国任何一个大城市都无法分辨出城市的特色。

### 2. 风格雷同，缺乏特色

中国国内酒店建筑不仅仅是放弃了本国建筑风格，而且互相模仿的现象十分普遍，很多酒店的造型都给人似曾相识的感觉，内部布局就更是如此，最突出的就是客房部分，"标准间"实在太过标准，以至于无论入住哪家酒店，不借助窗外的景物很难分辨置身何处[①]。

### 3. 缺乏系统性与协调性

首先体现在酒店建筑的外部造型，很多纯现代风格的酒店建筑简单地加盖中式屋顶；中式风格的建筑内部完全采用现代装修风格，西式家具、灯具、装饰陈设与整体环境氛围不协调；中式酒店却配以西式庭院；中餐厅服务人员穿着西式服装等现象十分普遍，酒店的风格定位混乱，给人以不伦不类的感觉。

## （二）中国国内酒店建筑风格弱化的原因

中国本土传统建筑风格的缺失与弱化的原因是多方面的，主要可以概括为以下几个方面：

### 1. 人文环境的弱化

表面上看来是对传统建筑文化的忽视，实际上是对中国传统文化的整体的忽视。近几十年我国在发展现代文明、学习西方先进经验等方面成绩斐然，然而对传统文化的保护与传承被忽视，传统文化赖以生存的土壤越来越贫瘠，传统建筑文化的弱化也就不足为奇了。

### 2. 观念

投资者和建筑设计师更倾向于采用西式建筑风格。由于现代酒店起源于西方，更由于近现代西方经济实力的强大，大多数的投资者"厚洋薄中"，更偏爱西式建筑风格，对线条简单、流畅的高楼大厦更加推崇。

### 3. 专业人才匮乏

中国传统建筑种类繁多、工艺复杂，需要高水平的建筑设计师和专业施工队伍。目前中国国内有能力作中式传统建筑的设计和施工队伍及其匮乏，且多集中于文物保护等领域，在民用和商用领域更加缺乏。这也是众多酒店投资人放弃中式建筑的重要原因。

### 4. 中式传统建筑的局限性

除了以上客观原因之外，中式建筑的一些自身问题也阻碍了其在现代社会的应用。中国的传统建筑由于采用土木结构，导致建筑高度和内部布局受到极大限制；同时由于

---

① 任洋 . 国内精品酒店建筑设计初探 [D]. 重庆大学，2014.

结构和建筑材料的特性导致中式建筑的防火、防腐性能不足，这些特点都与现代社会的生产生活产生矛盾。中式建筑由于工艺复杂，导致其建筑和设计成本要高于西式建筑。这些原因都导致了更多的中国设计师摒弃了中式建筑的风格，更多地采用西式建筑。

### （三）打造中式传统建筑风格酒店的意义

#### 1. 体现民族特色，弘扬传统文化

中国具有五千年的灿烂文明，中国的建筑体系同样博大精深，是世界建筑体系的重要组成部分，理应也应当得到弘扬。众多的现代酒店耸立在现代化城市的各个角落，作为星级酒店特别是三星级以上酒店建筑，由于其投资较大、建筑规格较高，往往成为其所在区域的标志性建筑，其中的一些著名酒店建筑还成为所在城市的标志性建筑之一。众多的酒店建筑成为体现其所处区域的建筑风格的代表，理应体现地区、民族与国家的特色建筑风格[①]。

#### 2. 打造独特风格，增强企业竞争力

现代酒店企业都致力于寻找自身的竞争优势，差异化是重要的策略之一，在酒店产品、服务、人员管理方面众多酒店企业都在努力地寻求自身特色和优势，然而酒店建筑设计这一基础性工作、酒店产品和服务的重要载体却往往被忽视。

具有传统风格的现代酒店，会让宾客入住酒店时感受到一种浓郁的中国文化氛围，体会到中国文化特有的感染力和表现力。对于国际宾客来讲，既可以满足他们的好奇心，使其产生新鲜感，又从一个侧面向他们展示了中国文化；对于中国国内游客，这种风格的酒店会让人产生一种凝聚力和归属感，令人感到十分亲切。酒店的客人本身存在体验异地特色风俗文化的需求，建筑无疑是重要的组成部分和载体。正如梁思成先生所言："我们有传统习惯和趣味，家庭组织、生活方式、工作、游憩以及烹饪、缝纫，室内的书画陈设，室外的庭院花木，都不与西人相同。这一切表象的总表现曾是我们的建筑。现在我们不必削足适履，改变生活来将就欧美的部署。我们要创造适合自己的建筑。"中国酒店只有创出属于自己的特色建筑，才能更快、更好、更全面地发展下去；只有依托在中国灿烂的文化之基上，才能更稳固地屹立于酒店业之林。

### （四）中式传统建筑风格的主要特点

#### 1. 土木框架的结构

中式传统建筑主要是土木材料，采用框架式结构，榫卯安装、梁架承重。这种砖木建筑在造型上注重曲线美，强调气韵生动，符合温和、使用、平缓、轻捷的中式建筑理念。但是这种结构只适用于小规模建筑，凭借技巧和经验即可完成，且缺乏坚固性和耐久性。

---

① 张文明. 传承中华文化在酒店设计中的实现 [D]. 南京林业大学，2007.

### 2. 轴线贯通的布局

中式传统建筑为群体组合，即由一个个的单位建筑组合而成的一个大的建筑群，空间上横向扩展，讲究中轴对称，追求纵深效果。整体风格上是内向的、封闭的、写意的，追求内在的含蓄和私密性。既要求视觉上的通透，又要求空间上的隐蔽。

### 3. 绚丽夺目的色彩

中式建筑由于是木质材料的建筑，需要油漆或涂料保护，所以建筑外观的色彩十分鲜艳，浓重的色彩和强烈的对比体现了中国传统文化的精髓。

### 4. 精巧实用的装饰

中式建筑的装饰鲜明地体现出了中国建筑的美学特征，它们的艺术风格有着鲜明的时代性、地区性和民族性，而它们的制作工艺趋向于规范化、定型化，有严格的规定作法。这些精美的装饰大多都具有很强的实用性，并非是可有可无的附加物。例如，油饰彩画是为了保护木材，花格窗棂是便于夹纱糊纸。门楼、花窗、带弧度的屋脊则是传统建筑的经典符号。

## （五）中式传统建筑风格的基本类型

### 1. 按用途
可以分为：祭祀、宗教、宫殿、官衙、民居、园林、陵墓等。

### 2. 按地域
可以分为：北方、江南、西北、西南、岭南等类型。

### 3. 按民族
可以分为：汉、满、回、藏、傣、蒙古等民族风格。

### 4. 按历史朝代
可以分为：前秦、汉唐、两宋、明清等。

## （六）传统建筑风格在现代酒店设计中的应用方法

中式建筑的很多方面已经无法满足现代社会的需要，酒店建筑作为一个经营活动的载体，首先要满足现代人生活和生产的需要，然而好的传统要继承、要弘扬、更要发展、要创新。我们要提倡"仿古但不拘泥于古"的理念，要对传统建筑进行现代化改造，以满足酒店经营的需要，主要体现在以下两个方面：

第一，采用现代建筑技术和材料。放弃以砖木为主要建筑材料的土木结构，采用现代建筑技术和建筑材料，在外墙装饰中采用一些仿古技术就可以达到很好的效果。既能避免传统建筑的安全隐患，又可以保证灵活的内部布局，同时还降低了建筑成本。

第二，重点在于中式传统建筑符号的发掘。酒店建筑不需要也不能修建成原汁原味的仿古建筑，要将中式建筑的典型符号，如中式曲面的屋顶、门窗格、中式家具、宫灯、中国红色彩等巧妙地应用于酒店建筑的外部造型与内部装修中，可以起到事半功倍的效果。

**1. 设计中要考虑的因素**

（1）地域因素。不同地区拥有不同的自然环境、人文环境、民俗风情，形成了不同地域风格的特色中式建筑。酒店的建筑风格要与当地历史文化和地域特色紧密结合，否则会给人以无源之水、无本之木的感觉。

（2）民族因素。这主要是针对少数民族地区而言。众所周知，中国是一个多民族的国家，每一个少数民族都有它特有的建筑风格，民族特色建筑也是吸引游客的重要资源。如果能够合理而巧妙地运用这些风格元素，就会给酒店带来很多与众不同的特色。当然还有一种方式是将其他民族的建筑风格引入本地，具体如何要根据目标市场来确定。

（3）环境因素。酒店的建筑风格要与周围环境协调一致。就是要将这种中式酒店的建筑融入周围的环境中去，使人不感到另类和突兀。在现代摩天大楼林立的区域内建造中式风格的建筑不是一个明智的选择，这也是为什么中国国内少数中式建筑多出现在风景区或者历史文化名城的原因。

（4）客源因素。划分主要客源市场，针对目标群体设计合理的营销方案，这是现代营销手段中最基本的步骤，也是建设中式酒店的前提因素。只有清楚地知道顾客喜欢什么、想要什么，才能为顾客提供具有吸引力和竞争力的产品，这些理念对于酒店同样适用。

（5）安全因素。中式传统建筑当中大量地使用木材，既不环保，又会存在安全隐患。所以，中式酒店的材料选择要慎重，既要体现出中式建筑的风格，又要符合安全要求。可以用钢筋混凝土的框架结构来替代传统的土木式结构；可以用高分子、外墙保温材料对陶瓦、墙砖进行更新；可以用仿木制品的家具来替换实木质的桌椅板凳等。

随着近年国学的复苏，庄重和优雅的简约中式装修被越来越多的人所喜欢。现在人们对生活品位的要求也在不断提高，使得很多酒店在装修上也是下足了功夫，近几年来很多酒店装修都在向中式风格靠拢。

**2. 设计要点**

（1）酒店大堂空间是每位光顾这里的客人最为关注的一个地方。多叠级的天花造型，配以中央大型豪华吊灯，营造出豪华堂皇的氛围。再配以发光灯槽，既能体现酒店档次，也能满足酒店的功能需求。大堂墙面的处理往往会用大量石材为主要材料，增加大堂的光感，使大堂光亮、洁净。

（2）中式酒店设计中会客、接待空间是最需要做细文章的地方，因为在这个空间中人们都渴望能够有一种温暖的亲切感，这样也方便无拘无束地倾心交谈。在空间上可以利用柱子、高差变化等一些手段来使它和门厅、大厅、过厅相隔。在装饰设计上，利用这些空间要素做一些细腻的质感表现，亲切宜人就成了独特的空间特色。

（3）中式风格酒店的门厅和过厅是整个空间中人类活动量最大的区域，因此，这里能否给人留下深刻的印象也是至关重要的。大厅里的空间，在设计上可以采用大尺度的、现代加古典的手法来处理，无论采用古典主义，还是融入时尚现代的设计意境，都是为了能够体现室内设计的壮观、豪华、高大和富丽堂皇。

（4）注意"中国风酒店"背后对应的是一种中国传统文化。通过寻找出与中国传统文化相匹配的印记和符号，并经过家装设计师的专业设计，诠释与某一类消费群体相吻合的文化底蕴，从而使中国传统文化在中国风酒店上落地，以描绘一种消费者所熟悉或向往的生活方式，以获取精神和文化价值享受。

中国的传统建筑与家居文化曾经有着辉煌的历史，五千年的历史和文化的精髓更是很多西方国家所无法比拟的。从新石器时代的彩陶到殷商时期的青铜，从战国时期的器皿、帛画到汉代的雕塑画像石，从唐宋的绘画到明清的瓷器，以及民间广为流传的剪纸、木版年画、建筑、纹饰、戏装、面具等，充分体现了或恢宏或灵巧，或简约或精致，或工整或粗放，或热烈或娟秀，或质朴或奢华等多种手法。无论是逸笔草草的国画笔墨还是板刻结圆的装饰图案，无论是造型夸张的民间剪纸还是色彩强烈的木版年画，这一切无不为"中国风酒店"的开发提供着丰富的表现形式和图式语言。

# 四、酒店设计与施工中执行节能环保理念

酒店是社会当中具备特殊功能的服务企业，拥有相当的社会地位与作用。现代酒店的设计与投用，为人们日常生活生产带来便利的同时，也被作为一种时尚与潮流的象征，引领社会诸多行为与思想的整形和转变。基于节能环保理念的风行，各酒店均应当努力贯彻可持续发展的核心要求，改变以往相对陈旧的观念，站在人类社会长远生存发展的高度，将该类思想和理念运用到实践过程中去，从酒店的设计到施工，尽力促进环保事业的发展。

## （一）酒店设计与施工的节能环保概念

可以分别从两个方面来加以理解，既节能和环保。所谓节能，就是指尽最大的努力将能源的消耗程度降到最低，并能在此基础上可以生产出跟原来一样多的高质量产品，或者是从另外一个角度去看问题，即消耗与原来同样多的能源，却能生产出比以往更多或者数量相同但质量却更高的产品。节能是我国的一项基本国策，是完成可持续发展的长远战略。所谓环保，就是指人类所采取的一系列的为解决眼下及未来的一些环境问题的行动和措施，让人类和环境和谐发展，为社会和经济的持续发展提供环境保障。环境是人类得以生存和发展的主要依托，做好环保工作是每个人都应该放在第一位的事情。从现代酒店的设计到施工，有关的负责人都应该起好带头作用，把节能环保放在首要位置，这样设计和建造出来的酒店才是符合当代节能环保要求的合格酒店，才能得到广大人民的信赖。

## （二）酒店设计与施工执行节能环保理念的意义

在现代酒店的设计和施工中加入节能环保概念并不是想当然的，有其现实意义。节能环保是世界各地的酒店行业非常关注和重视的一个话题，由于各种能源的紧张和耗竭，

能源价格急速上涨，这种情况会导致酒店的投资成本大大增加。因此，在酒店的设计和施工过程中，怎样才能提高酒店行业的整体管理水平以及能源节约水平，建造什么样的酒店设备才能最大限度地节约能源，采取什么样的措施才能更加有效地保护环境，打造出集节能和环保于一体的绿色酒店，是酒店所必须及时解决的问题。如果可以在酒店的设计和施工过程中做好节能环保工作，为客户提供舒适环保的住宿、休闲、娱乐的空间，再加上酒店的优质服务，将大大提高酒店的荣誉度，会为酒店带来更多的客源，这些优势都将给酒店带来更多的经济效益，使酒店可以做到低成本、高收入。

### （三）设计与施工要求

#### 1. 设计需求

酒店设计应该把节约能源和环境保护作为根本出发点，坚持走可持续发展的道路，坚持绿色环保，促进能源和环境的持续发展。酒店是营利性的行业，经济效益是酒店设计和施工的最终目的，因此，有关的设计人员和施工人员应该在节能环保的基础上重点抓经济，以推动酒店的经济效益。

#### 2. 成本与绿色概念下的施工作业

所谓的成本概念，就是同一般的经营理念下成本控制相同的一种概念性要求。它的核心是节约成本，减少资源浪费，并以资源的合理利用或循环使用来减少投资数额。而绿色概念则是在施工过程中，要求减少对环境的破坏和资源的浪费。在这样的背景下，施工作业需要注重两个方面：

第一，要重视设计与施工的整体过程中的节能环保，如电源电力的节约、用材的环保性能等，其目的在于保护环境、营造舒适安全的酒店居住空间。

第二，确保酒店内部环境的自然性，即在"回归自然"的社会价值取向上，酒店要想切合客户的消费心理，就必然会在空间构造上下功夫，特别是在装饰装修方面，会有诸多既实惠又环保的方案。

## 【本章小结】

1. 近五年世界酒店三大发展趋势：规模化、信息化、品牌化。

2. 酒店投资收益的六大来源：酒店自身的营运收入；星级品牌效应，带来衍生性收益；酒店采购中的高折扣；向上、下游产业扩展，形成产业集群；管理扩张，向饭店管理集团发展；土地储备的升值效应。

3. 投资和酒店管理的六种模式：投资者自己经营、管理酒店，不与其他酒店产生关系；投资者自己管理经营，但是加入一个更大的联盟团体来获得一些支持；投资者把酒店交给专业的酒店管理公司管理；投资者自己经营管理酒店，但通过特许经营等方式；委托管理＋特许经营的双重运作；让委托管理方成为酒店的股东，带资管理。

4. 酒店投资可行性分析是指在酒店投资决策之前，对酒店投资的环境以及投资时机进行综合分析。

5. 酒店投资可行性分析的基本原则：客观性原则、科学性原则、最优化原则、效益原则、整体性原则。

6. 我国酒店投资时机选择：改善性需求是未来的最大机会，存量酒店资产改造正当时；突破酒店固有空间概念，打造跨界的复合型空间平台及产品；关注轻资产投资机会，重视酒店选址独特性；关注旅游产业价值，深入资产管理本质。

7. 酒店筹资是指酒店根据其生产经营、对外投资和调整资本结构等活动对资金的需要，通过筹资渠道和资本市场，并运用筹资方式，经济有效地筹集酒店所需资金的财务活动。

8. 资金成本是指企业为筹集和使用资金而付出的代价，是资金使用者向资金所有者和中介机构支付的占用费和筹集资金。资金成本包括资金筹集费用和资金占用费用两部分。

$$资金成本率 = \frac{资金成本总额}{所筹资金} \times 100\%$$

9. 筹资风险，是指企业由于负债经营，受到投资收益波动而产生的风险。企业为筹资而举债，就增加了到期还本付息的负担，企业的预期投资收益能否达到，存在一定的风险，存在着到期不能还本付息和资不抵债而面临破产的可能性。

$$企业的财务杠杆系数 = \frac{税息前利润}{税息前利润 - 利息} \times 100\%$$

10. 中国国内酒店建筑风格现状：西方建筑风格大行其道、传统特色几近消失；风格雷同、缺乏特色；缺乏系统性与协调性。

## 【案例分析】

### 国内五星级酒店首现倒闭破产

2015 年，受"刹奢风"影响，国内酒店业特别是五星级酒店经受考验。在业绩大幅下滑、星级酒店主动要求摘星、高星级酒店出现资产转让潮之后，国内五星级酒店首现倒闭破产案例。

穿过大大小小的汽车 4S 店，可以走入被慈溪市汽车贸易城包围的雷迪森广场酒店。这家酒店 2009 年建成，2013 年 12 月被国家旅游局授予五星级称号。

然而，还来不及为挂牌周年"庆生"，该店就传出破产重整、老板失联的消息。其母公司慈溪市金色港湾旅业有限公司 2014 年 11 月发布的投资人招募公告显示，目前正委托会计师事务所对该店执行破产管理。

慈溪当地企业家周乾桥自称是雷迪森广场酒店"失联老板"杜天明近 20 年的老友。他告诉记者，当年杜天明用每亩 12 万～14 万元的价格拿到了这片土地，"说实话，虽然是五星级酒店，消费只能算得上三星级。参加过几次婚宴，都发现菜不新鲜"。另有知情者透露，该酒店规划为三星级，后来改成五星级。建三星级酒店可能只要 6000 万元，改为五星级后，成本剧增到 3.6 亿元。由于客人稀少，入住率只有百分之十几，以至于经营 4 年后，财务负担过重，仅借贷产生的利息就超过了 1 亿元。

**分析内容：**

根据上述案例，并结合相关知识，思考：

慈溪雷迪森广场酒店为什么会破产，有哪些外在原因和自身原因，如何预防类似情况的发生？

项目策划：段向民
责任编辑：段向民　武　洋
责任印制：孙颖慧
封面设计：武爱听

---

图书在版编目（CIP）数据

酒店管理 ／ 邓爱民，任斐主编. -- 2版. -- 北京：
中国旅游出版社，2021.8
　　中国旅游业普通高等教育应用型规划教材
　　ISBN 978-7-5032-6754-3

　　Ⅰ. ①酒… Ⅱ. ①邓… ②任… Ⅲ. ①饭店－商业企
业管理－高等学校－教材 Ⅳ. ①F719.2

中国版本图书馆CIP数据核字(2021)第157533号

---

书　　　名：酒店管理（第二版）

作　　　者：邓爱民　　任斐
出版发行：中国旅游出版社
　　　　　　（北京静安东里 6 号　邮编：100028）
　　　　　　http://www.cttp.net.cn　E-mail:cttp@mct.gov.cn
　　　　　　营销中心电话：010-57377108，010-57377109
　　　　　　读者服务部电话：010-57377151
排　　　版：北京旅教文化传播有限公司
经　　　销：全国各地新华书店
印　　　刷：北京明恒达印务有限公司
版　　　次：2021 年 8 月第 2 版　2021 年 8 月第 1 次印刷
开　　　本：787 毫米 ×1092 毫米　1/16
印　　　张：26
字　　　数：565 千
定　　　价：49.80 元
I S B N　　978-7-5032-6754-3